U0940581

宁夏调查年鉴 2023

Ningxia Survey Yearbook

国家统计局宁夏调查总队 编

Compiled by
Survey Office of the National Bureau of Statistics in Ningxia

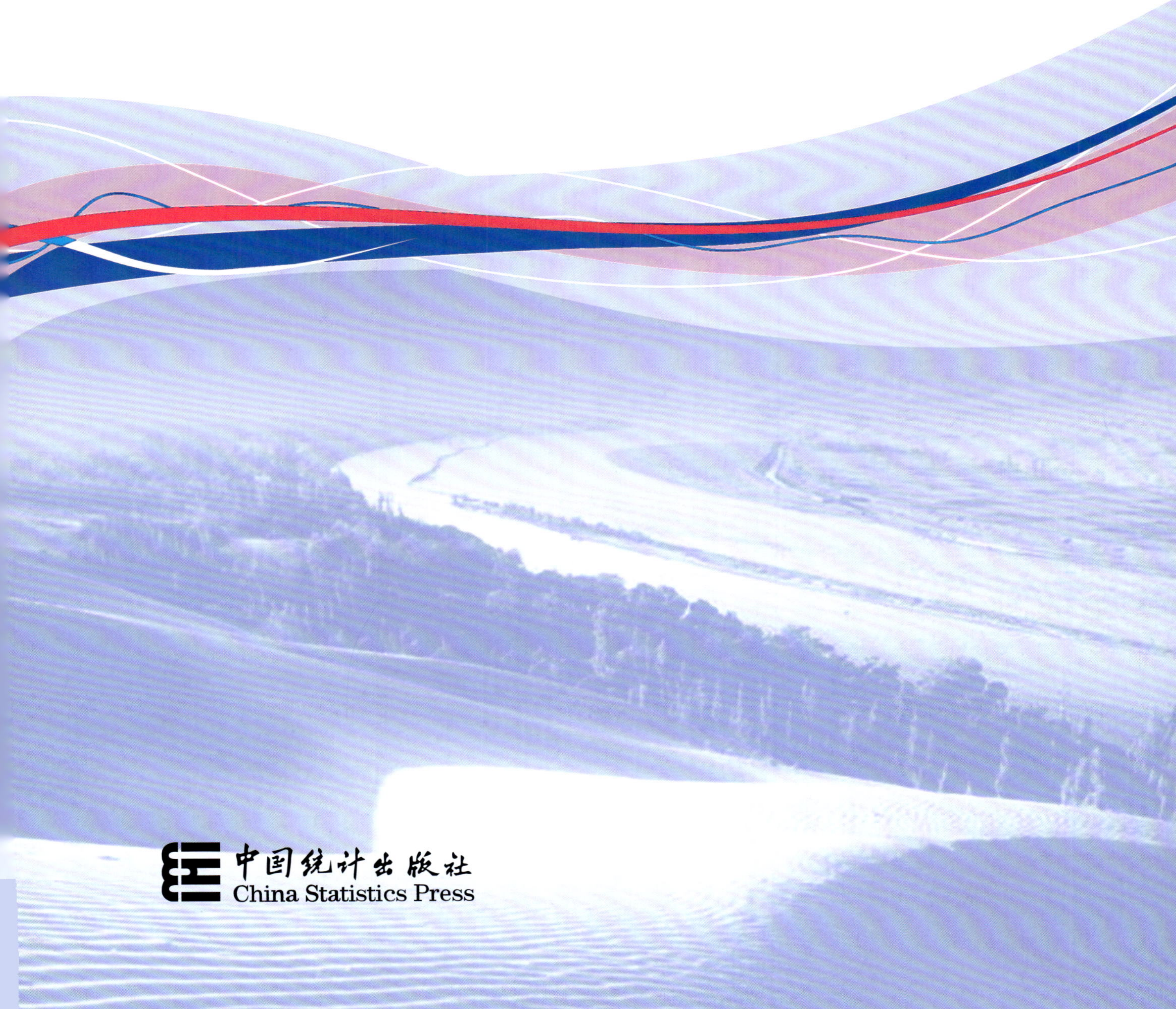

中国统计出版社
China Statistics Press

图书在版编目（CIP）数据

宁夏调查年鉴. 2023 = Ningxia Survey Yearbook 2023 : 汉英对照 / 国家统计局宁夏调查总队编. -- 北京 : 中国统计出版社, 2023.6
ISBN 978-7-5230-0129-5

Ⅰ. ①宁… Ⅱ. ①国… Ⅲ. ①统计资料－宁夏－2022－年鉴－汉、英 Ⅳ. ①C832.43-54

中国国家版本馆 CIP 数据核字(2023)第 066538 号

宁夏调查年鉴 2023

作　　者/ 国家统计局宁夏调查总队
责任编辑/ 张　洁
封面设计/ 黄　晨
出版发行/ 中国统计出版社有限公司
地　　址/ 北京市丰台区西三环南路甲 6 号　邮政编码/100073
发行电话/ 邮购（010）63376909　书店（010）68783171
网　　址/ http://www.zgtjcbs.com
印　　刷/ 三河市双峰印刷装订有限公司
经　　销/ 新华书店
开　　本/ 890mm×1240mm　1/16
字　　数/ 836 千字
印　　张/ 25.5　0.75 彩页
版　　别/ 2023 年 6 月第 1 版
版　　次/ 2023 年 6 月第 1 次印刷
定　　价/ 380.00 元

The Grain Output in Main Years

主要年份粮食产量

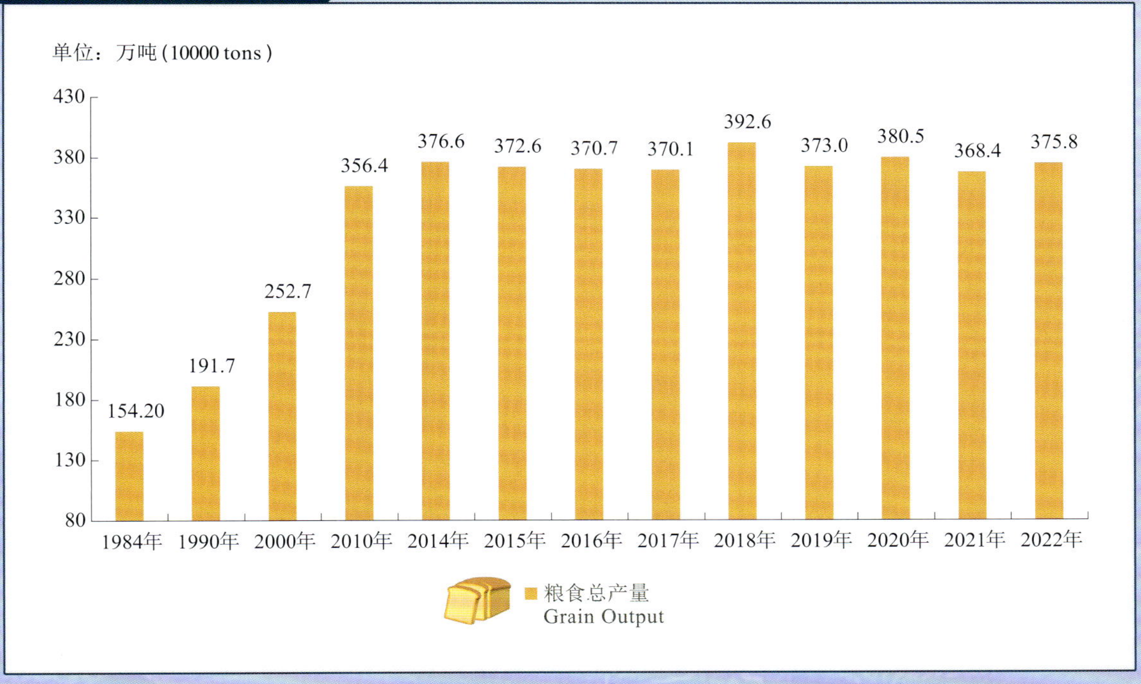

The Grain Output of Summer and Autumn in Main Years

主要年份夏、秋粮产量

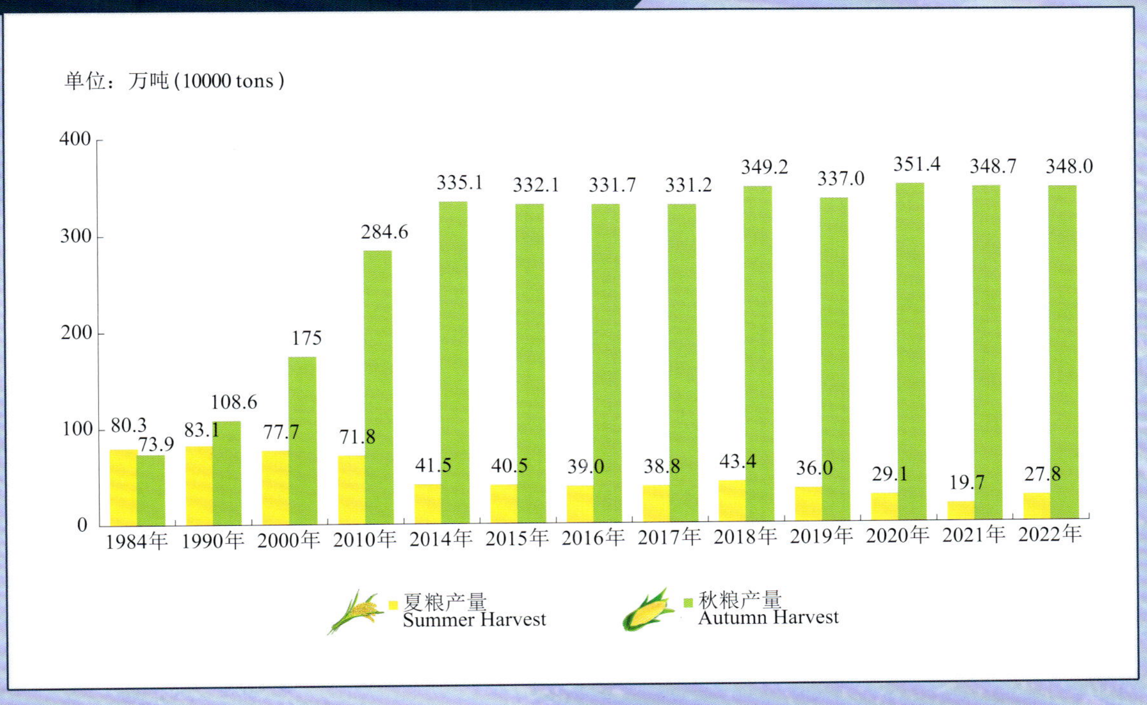

2010-2022年主要牲畜存栏

Number of Livestock in Stock（2010-2022）

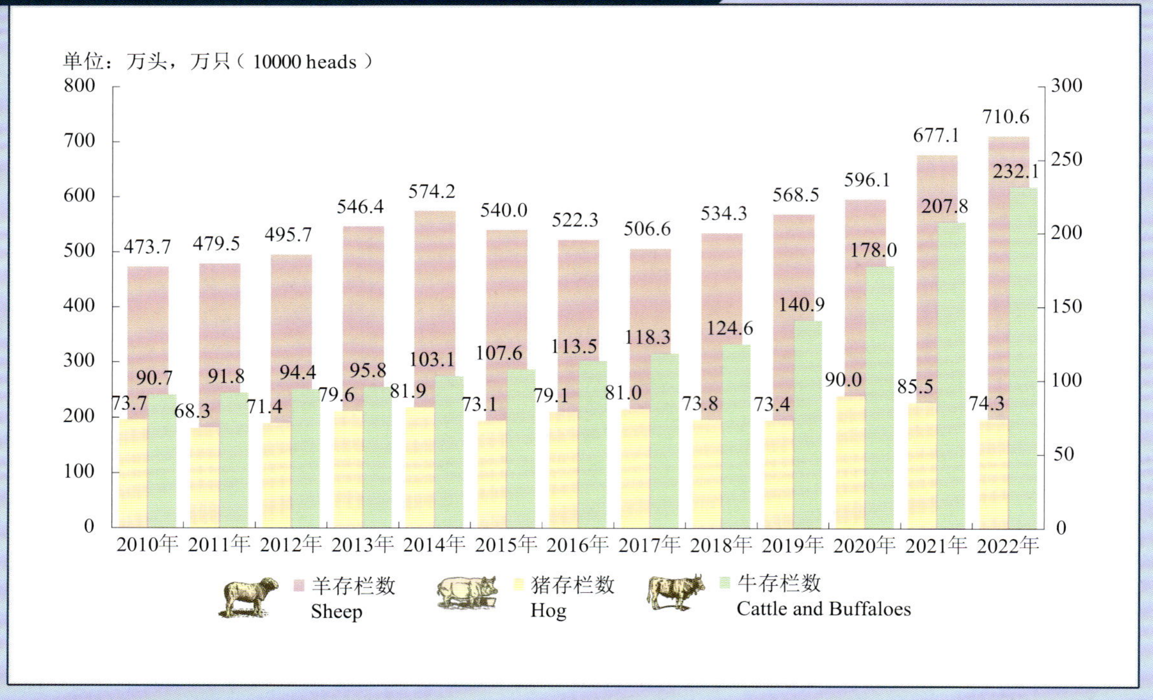

2010-2022年主要牲畜出栏

Number of Slaughtered Livestock（2010-2022）

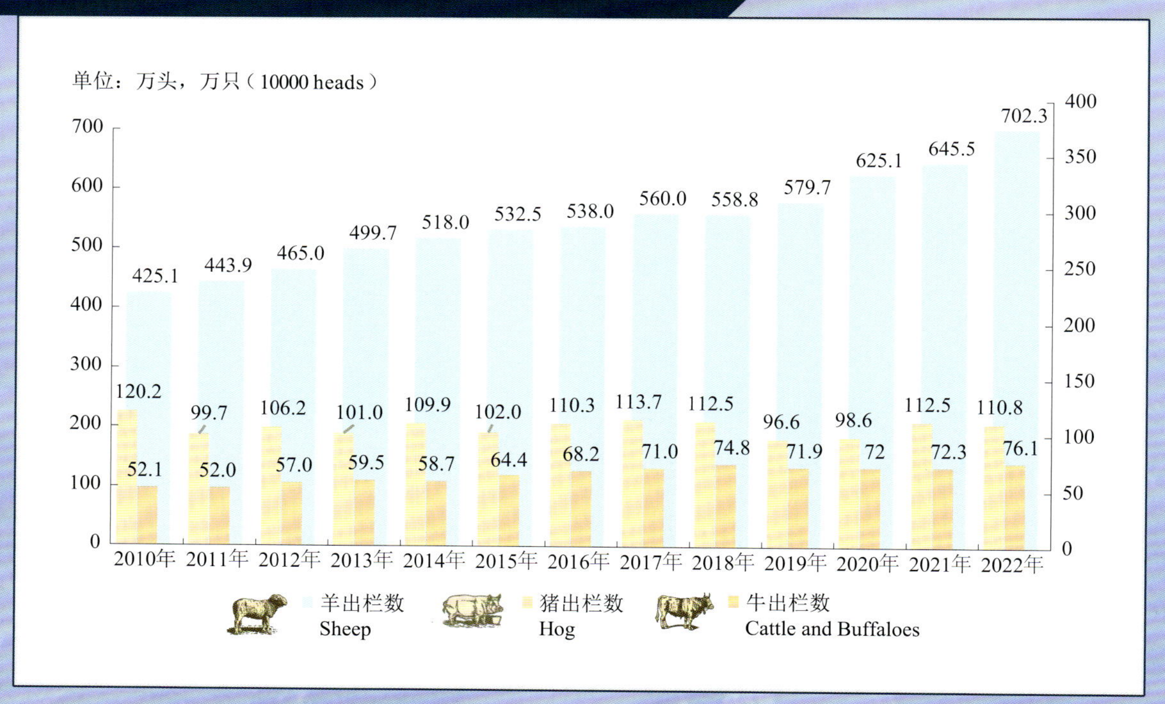

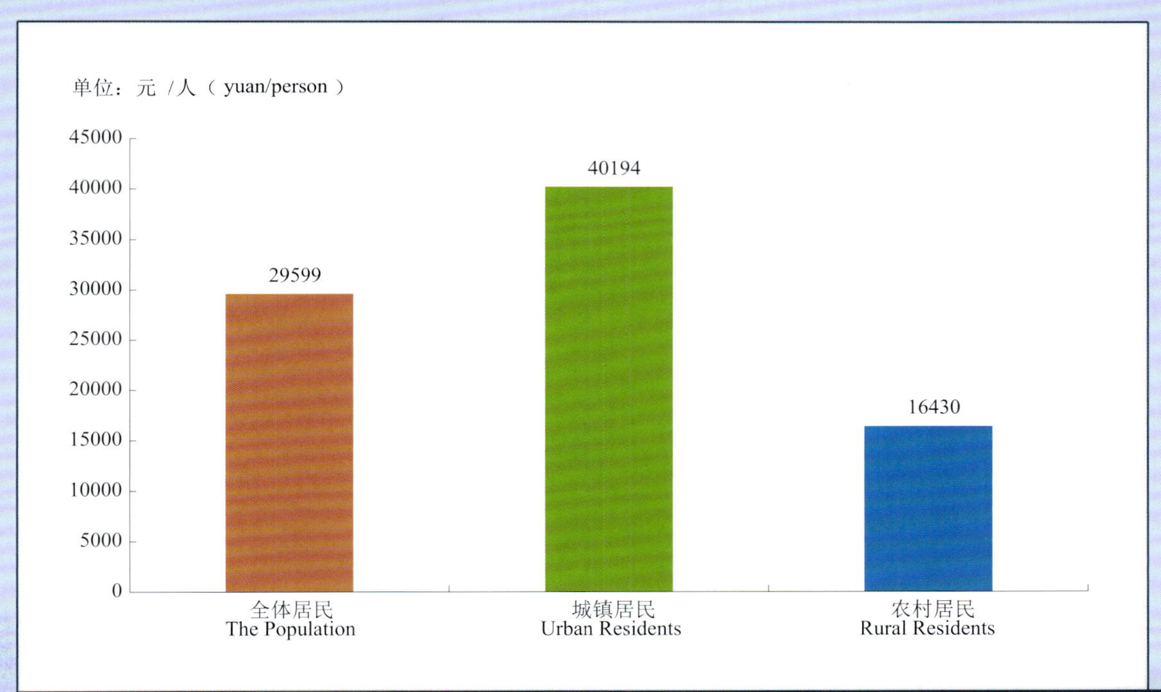

2022年宁夏居民人均可支配收入

Per Capita Disposable Income of Residents in Ningxia （2022）

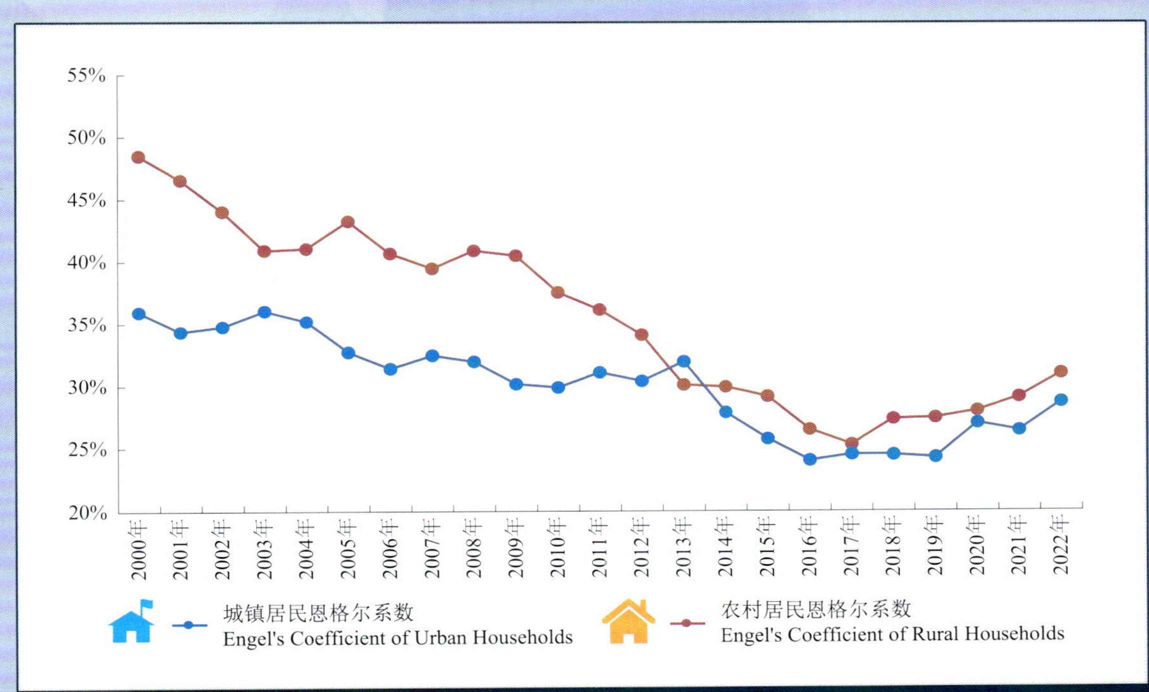

主要年份居民家庭恩格尔系数

Household's Engle's Coefficient in Main Years

主要年份城镇居民人均可支配收入

Per Capita Disposable Income of Urban Households in Main Years

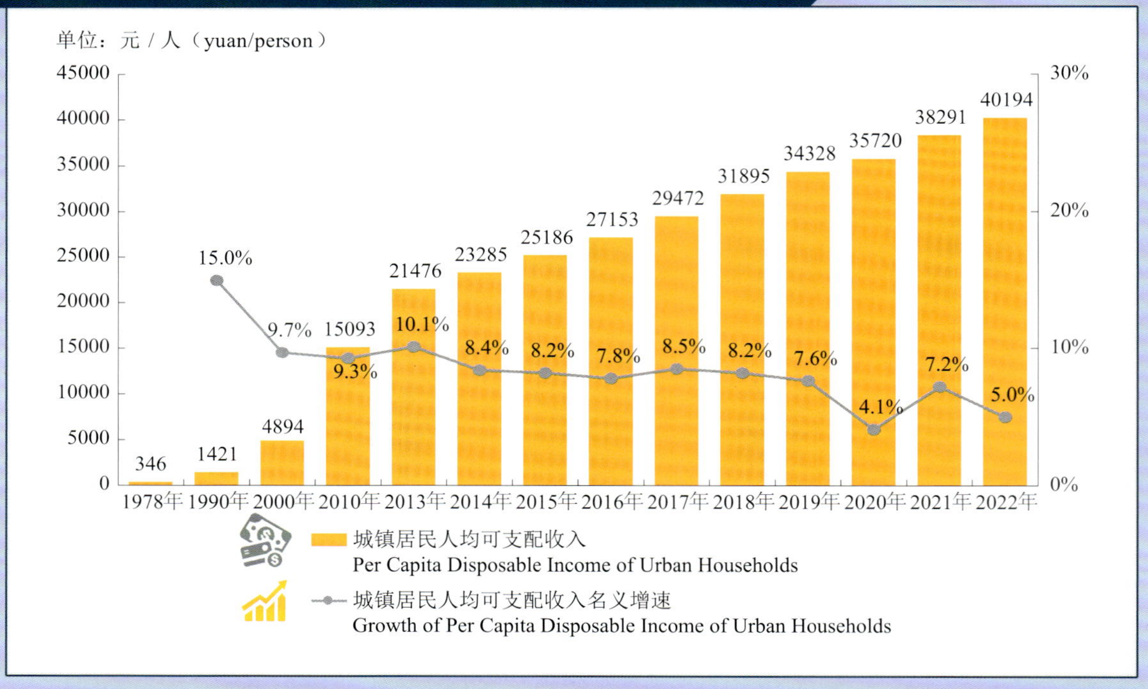

主要年份农村居民人均可支配收入

Per Capita Disposable Income of Rural Households in Main Years

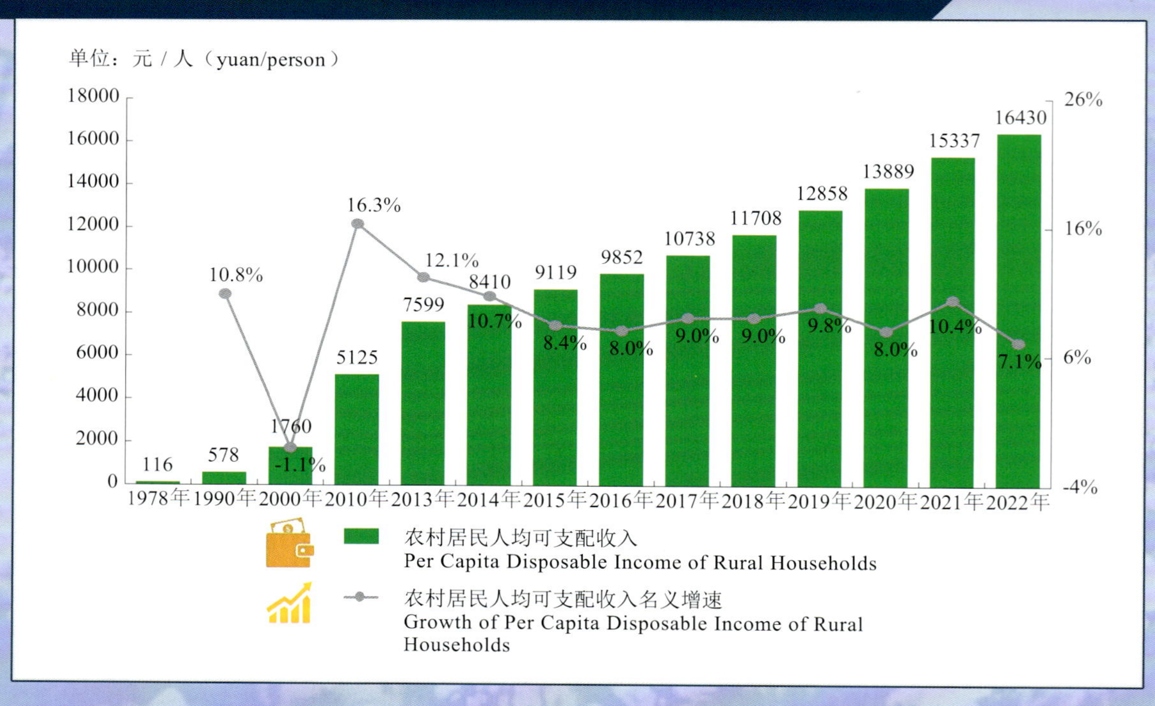

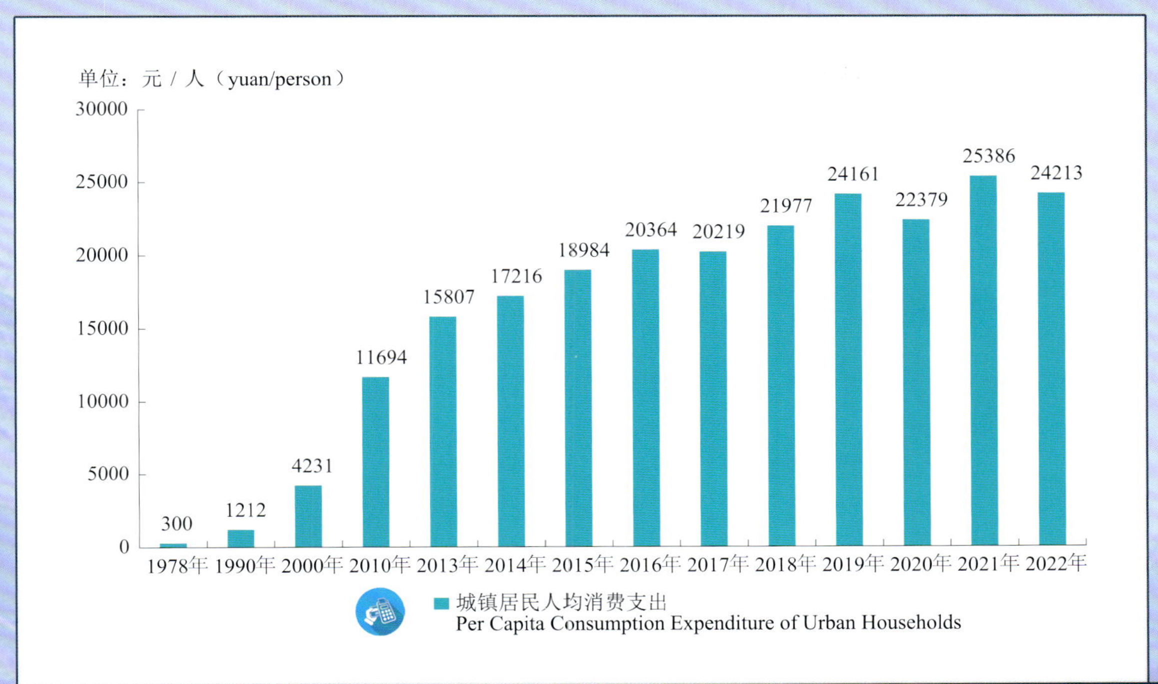

主要年份城镇居民人均消费支出

Per Capita Consumption Expenditure of Urban Households in Main Years

主要年份农村居民人均消费支出

Per Capita Consumption Expenditure of Rural Households in Main Years

城镇居民生活消费支出构成情况

The Composition of Expenditure of Urban Households

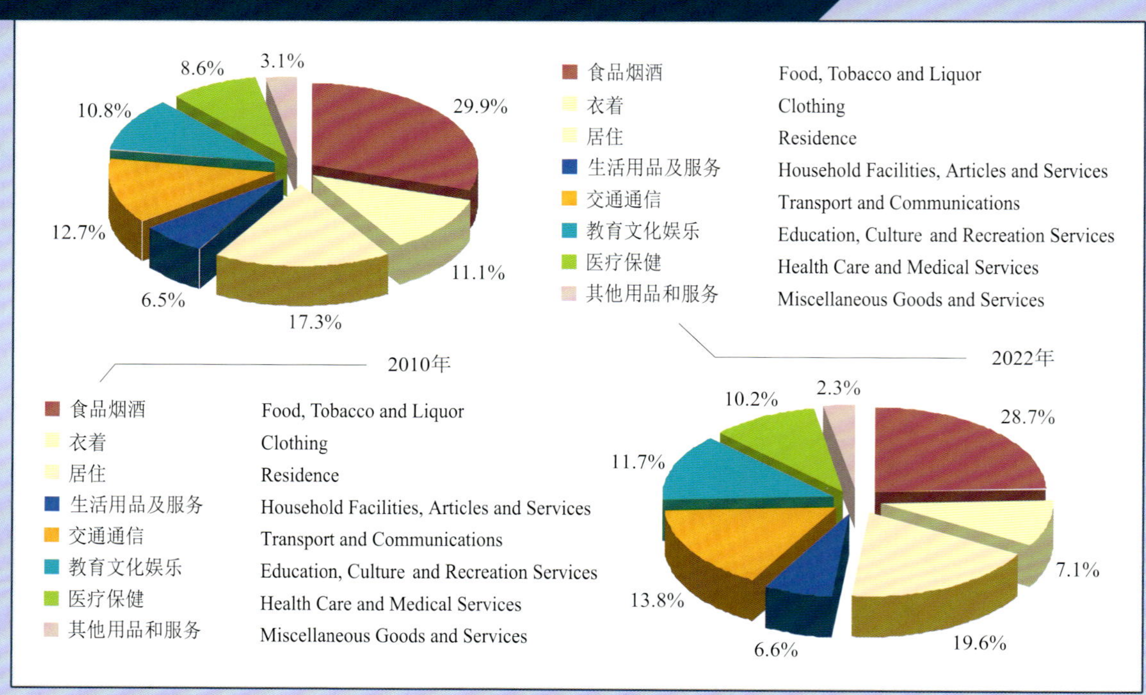

农村居民生活消费支出构成情况

The Composition of Expenditure of Rural Households

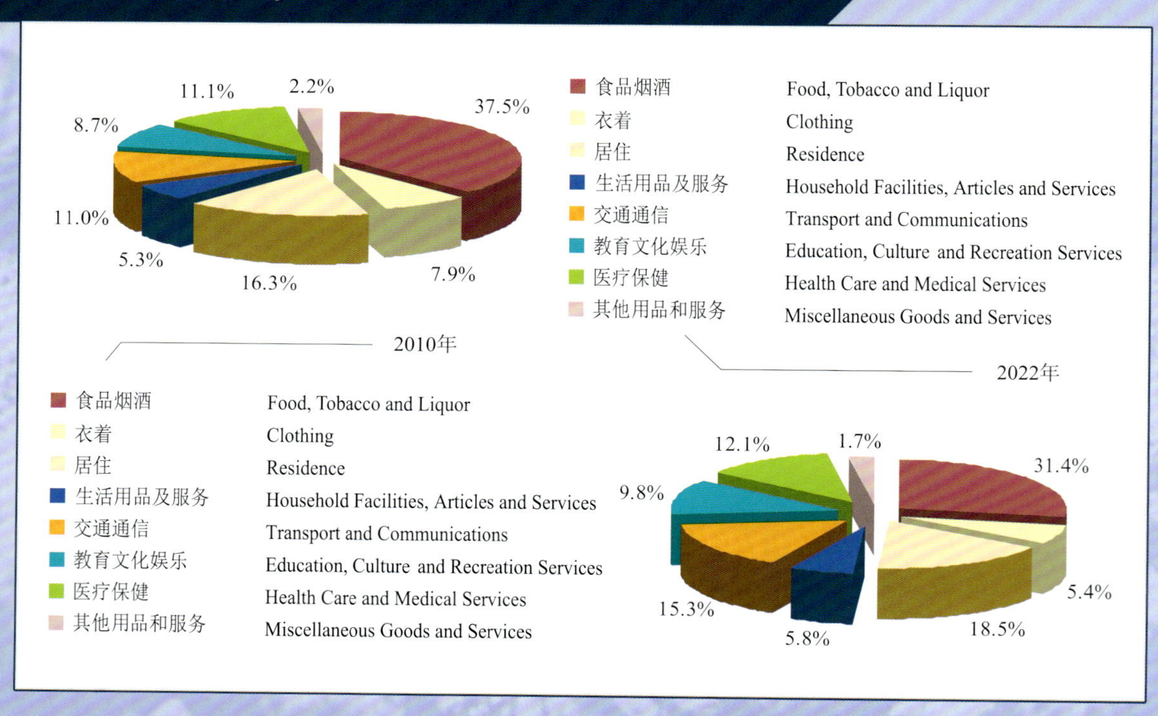

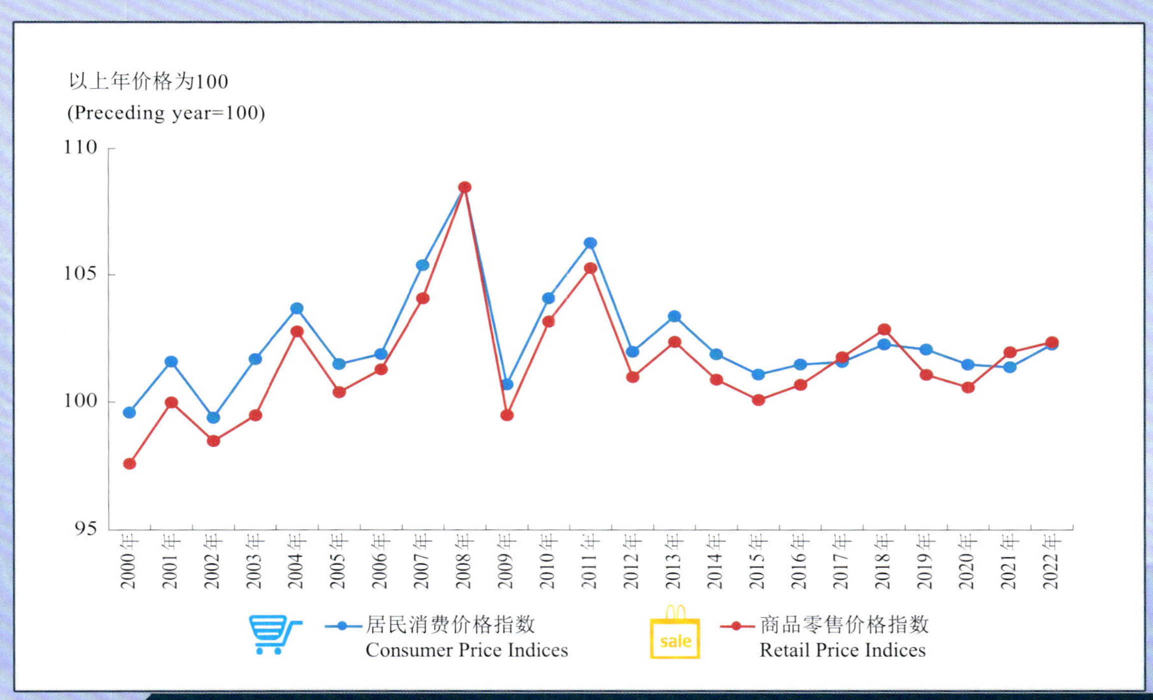

主要年份流通消费价格指数

Circulation Consumer Price Indices in Main Years

主要年份工业生产者价格指数

Producer Price Indices for Industry in Main Years

2022年银川市新建商品住宅和二手住宅价格指数

Price Indices for Newly Built Commercial House and Second-Hand House in Yinchuan (2022)

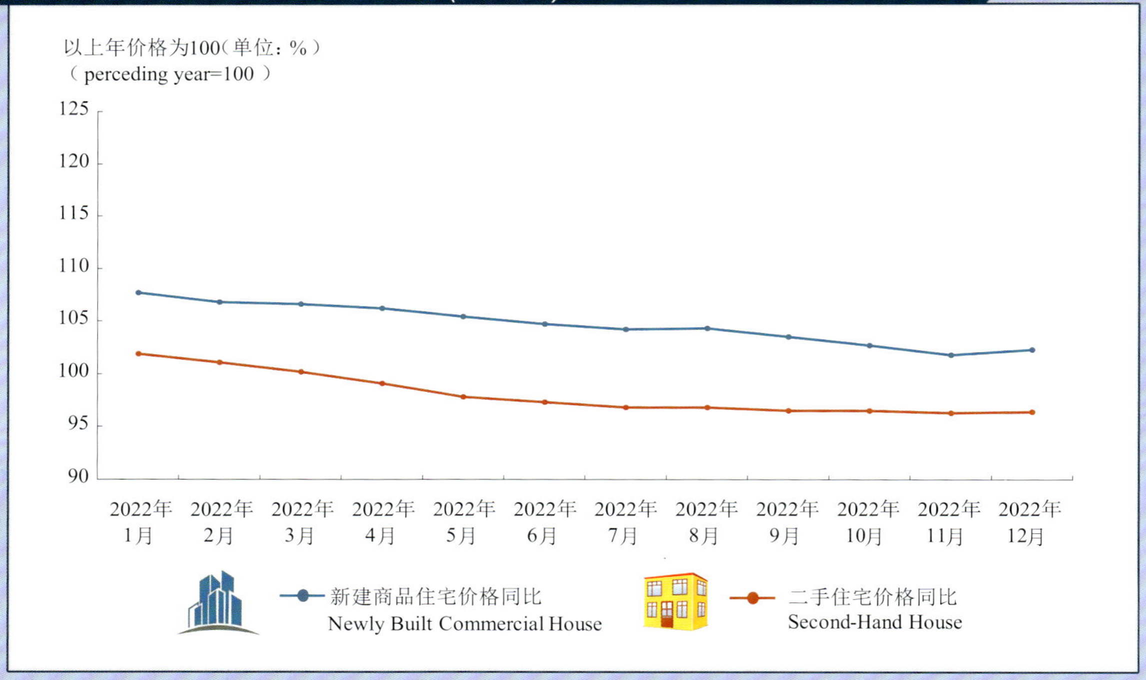

主要年份农产品生产者价格指数

Producer Price Indices for Farm Products in Main Years

《宁夏调查年鉴2023》

编委会和编辑人员

编 委 会

编辑工作人员

NINGXIA SURVEY YEARBOOK 2023
EDITORIAL BOARD AND EDITORIAL STAFF

编者说明

一、《宁夏调查年鉴2023》是国家统计局宁夏调查总队编辑的集调查分析报告和统计调查数据于一体的资料性书籍。

二、《宁夏调查年鉴2023》系统收录了宁夏全区及沿黄地区、中南部地区和各市、县（区）2022年城乡居民收入、物价、粮食产量、畜禽产品产量、农民工就业、农村贫困等统计调查数据，同时还整理了历史重要年份全国、全区主要统计调查数据，是一部从不同侧面反映宁夏经济和社会发展情况的资料性年刊。

三、本书正文内容分为七大篇章，即，1. 综合；2. 住户调查；3. 价格调查；4. 农业调查；5. 农民工调查；6. 脱贫县农村住户监测调查；7. 附录。为方便读者使用，每篇调查数据前后分别附简要说明和主要指标解释，对本项调查的数据来源、主要指标口径变动情况、主要指标涵义等作了说明和解释。

四、本书所涉及的调查数据有的是调查样本数据超级汇总的结果，有的是根据调查样本数据计算的平均数，有的是根据调查样本数据计算的结构数，有的是根据调查样本数据加权推算的总体数据，在每篇数据前附有具体说明。

五、根据宁夏区情特点，本书除提供全区、市、县（市、区）调查数据外，还根据调查样本数据推算出沿黄地区、中南部地区汇总数据。沿黄地区包括兴庆区、西夏区、金凤区、永宁县、贺兰县、灵武市、大武口区、惠农区、平罗县、利通区、青铜峡市、沙坡头区、中宁县。中南部地区包括红寺堡区、盐池县、同心县、原州区、西吉县、隆德县、泾源县、彭阳县、海原县。银川市辖区包括：兴庆区、金凤区、西夏区。石嘴山市辖区包括：大武口区、惠农区。

六、本书中有些历史数据由于制度方法的改革，调查指标口径、范围、涵义等发生变化，为了便于可比，有的指标按现行方案规定作了调整，有的指标口径无法调整仍沿用过去口径。有的指标最近几年有，而过去没有；有的指标过去有，而现行指标体系已经取消。使用时要注意。

七、本年鉴所涉及的全国性统计数据均未包括香港、澳门特别行政区和台湾省数据。

八、本书所使用的度量衡单位，均采用国际统一标准计量单位。

九、本书中部分数据合计数或相对数由于单位取舍不同而产生的计算误差，均未作机械调整。

十、符号使用说明：表中的“空格”表示该项统计指标数据不足本表最小单位数、不详或无该项数据；“#”表示其中的主要项；“*”或“①”表示本表下有注解。

Editor's Notes

Ⅰ. *Ningxia Survey Yearbook 2023* is an annual statistical publication compiled by Survey Office of the National Bureau of Statistics in Ningxia, which reflects comprehensively investigation analysis report and statistical data.

Ⅱ. *Ningxia Survey Yearbook 2023* covers income of urban and rural residents, price, grain yield, livestock and poultry yield, employment in migrant, rural poverty, etc of Ningxia, Plain Areas, Mountain Areas and Counties in 2022. It digested statistical data from historically important years at the national and the district, is an informative publication yearly which reflected Ningxia economic and social development from different aspects.

Ⅲ.The Yearbook contains 7 chapters: 1.General Survey; 2.Household Survey; 3.Price Survey; 4.Agriculture Survey; 5.Migrant Workers Survey; 6. Rural Household Survey of County Lifted out of Poverty; 7.Appendix. Brief description and explanatory note on main statistical indicators before and after each chapter is attached to the readers to use, it elaborates on the data source, the main indicators caliber changes in meaning, main index of the survey.

Ⅳ. The survey data of the Yearbook have a plenty of the super summary results, have a plenty of the average, have a plenty of the sample data structure, have a plenty of the weighted overall data, with details before each data.

Ⅴ. According to provincial characteristics of Ningxia, the Yearbook provides the survey data in addition to district, city and county (city, area), and calculates the summary data according to the sample data of Plain Areas and Mountain Areas. Plain Areas include Xingqing, Xixia, Jinfeng, Yongning, Helan, Lingwu, Dawukou, Huinong, Pingluo, Litong, Qingtongxia, Shapotou, Zhongning. Mountain Areas include Hongsipu, Yanchi, Tongxin, Yuanzhou, Xiji, Longde, Jingyuan, Pengyang, Haiyuan. Yinchuan area includes Xingqing, Jinfeng, Xixia district. Shizuishan area includes Dawukou, Huinong district.

Ⅵ. Some historical data as the reform of the system method, survey indicators caliber, scope, meaning, etc, in order to facilitate comparable, some indexes have adjusted on the current system, some indicators caliber are still using the past as failing adjust. Some indicators are in recent years, but not in the past; some index in the past and the current index system has been cancelled. Pay attention when using.

Ⅶ. The national data in this book do not include those of the Hong Kong Special Administrative Region, the Macao Special Administrative Region and Taiwan Province.

Ⅷ. The units of measurement used in this Yearbook are internationally standard measurement units.

Ⅸ. Statistical discrepancies on total and relative figures due to rounding are not adjusted in the Yearbook.

Ⅹ. Notations used in the Yearbook: (blank space) indicates that the figure is not large enough to be measured with the smallest unit in the table, or data are unknown, or are not available; "#" indicates a major breakdown of the total; and "*" or "①" indicates footnotes at the end of the table.

目　　录

Contents

第一篇　综　合

General Survey

第二篇　住户调查

Household Survey

第三篇 价格调查
Price Survey

第四篇　农业调查

Agriculture Survey

第五篇 农民工调查
Migrant Workers Survey

第六篇 脱贫县农村住户监测调查
Rural Household Survey of County Lifted out of Poverty

第七篇 附 录
Appendix

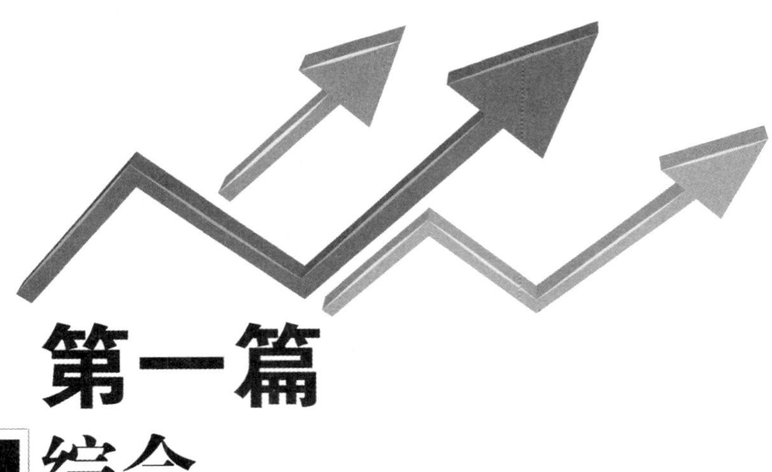

第一篇

综合

General Survey

宁夏回族自治区2022年国民经济和社会发展统计公报[1]

宁夏回族自治区统计局　国家统计局宁夏调查总队

2023年4月26日

2022年，在自治区党委和政府的正确领导下，全区上下深入学习贯彻习近平总书记视察宁夏重要讲话和重要指示批示精神，完整、准确、全面贯彻新发展理念，坚决落实党中央、国务院各项决策部署，高效统筹疫情防控和经济社会发展，全区经济运行总体平稳，转型升级步伐加快，发展动能持续增强，质量效益不断提升，民生保障有力有效，先行区建设迈上新台阶，社会主义现代化美丽新宁夏建设迈出坚实步伐。

一、综合

初步核算，全年全区实现生产总值[2]5069.57亿元，按不变价格计算，比上年增长4.0%。其中，第一产业增加值407.48亿元，增长4.7%；第二产业增加值2449.10亿元，增长6.1%；第三产业增加值2212.99亿元，增长2.1%。第一产业增加值占地区生产总值的比重为8.0%，第二产业增加值比重为48.3%，第三产业增加值比重为43.7%。按常住人口计算，人均地区生产总值69781元，增长3.5%。

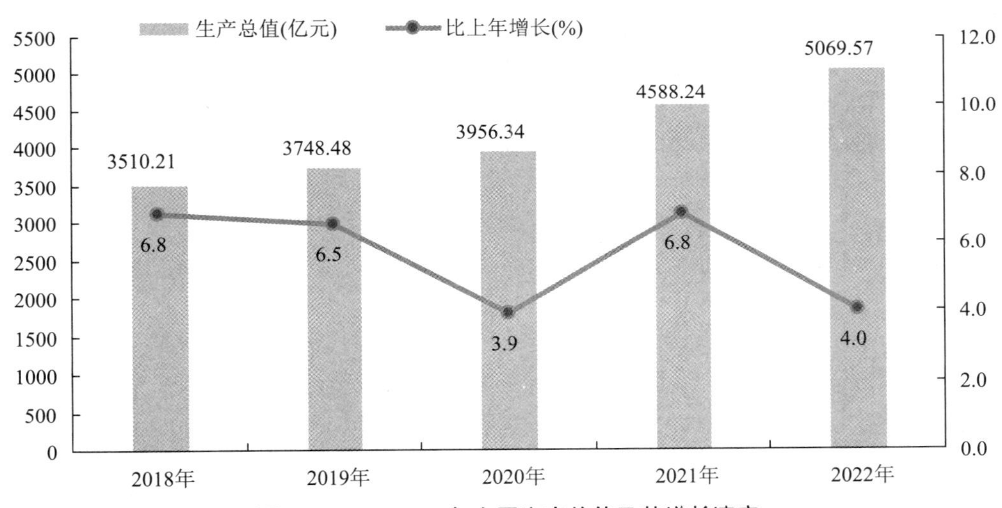

图1　2018—2022年全区生产总值及其增长速度

年末全区常住人口728万人，比上年末增加3万人。其中城镇常住人口483万人，占常住人口比重（常住人口城镇化率）为66.34%，比上年末提高0.3个百分点。全年全区出生人口7.7万人，出生率为10.60‰；死亡人口4.5万人，死亡率为6.19‰；自然增长率为4.41‰。

全年全区城镇新增就业7.95万人，农村劳动力转移就业82.30万人，年末全区城镇调查失业率为5.3%。全年全区农民工[3]总量为103.8万人，比上年增加4.3万人，增长4.3%。其中，外出农民工79.4万人，增加3.1万人，增长4.1%；本地农民工24.5万人，增加1.3万人，增长5.6%。

表 1　2022 年年末全区人口数及其结构

指　　标	年末数（万人）	比重（%）
年末常住人口	728	100.00
其中：城镇	483	66.34
乡村	245	33.66
其中：男性	371	50.96
女性	357	49.04
其中：0-15 周岁（含不满 16 周岁）	153	21.01
16-59 周岁（含不满 60 周岁）	471	64.70
60 周岁及以上	104	14.29
65 周岁及以上	76	10.44

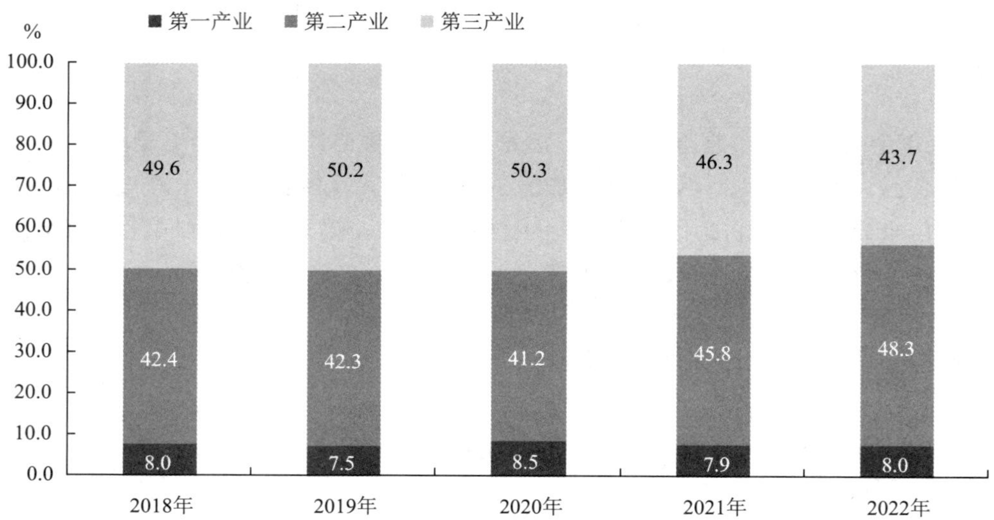

图 2　2018—2022 年全区三次产业增加值占地区生产总值比重

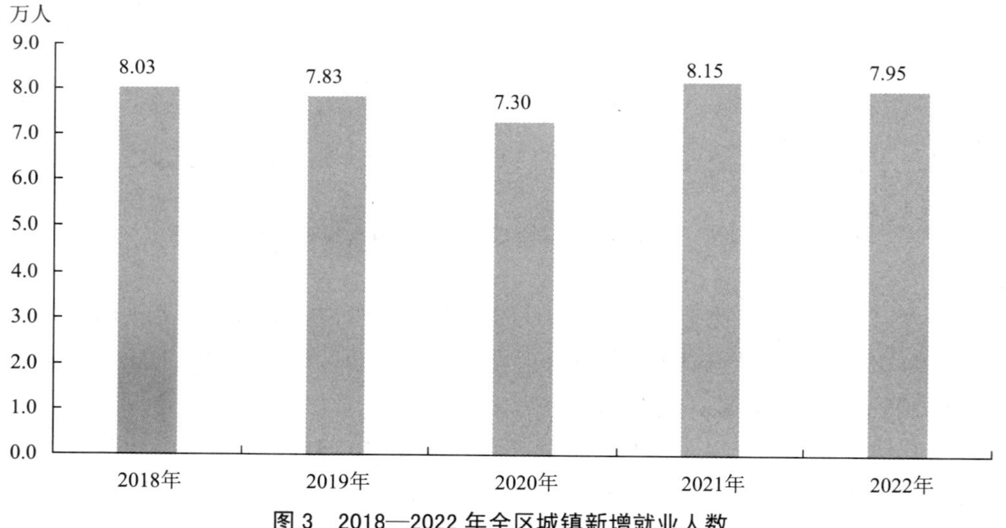

图 3　2018—2022 年全区城镇新增就业人数

全年全区居民消费价格比上年上涨 2.3%，工业生产者出厂价格上涨 11.1%，工业生产者购进价格上涨 17.6%，农产品生产者价格[4]下跌 1.7%。

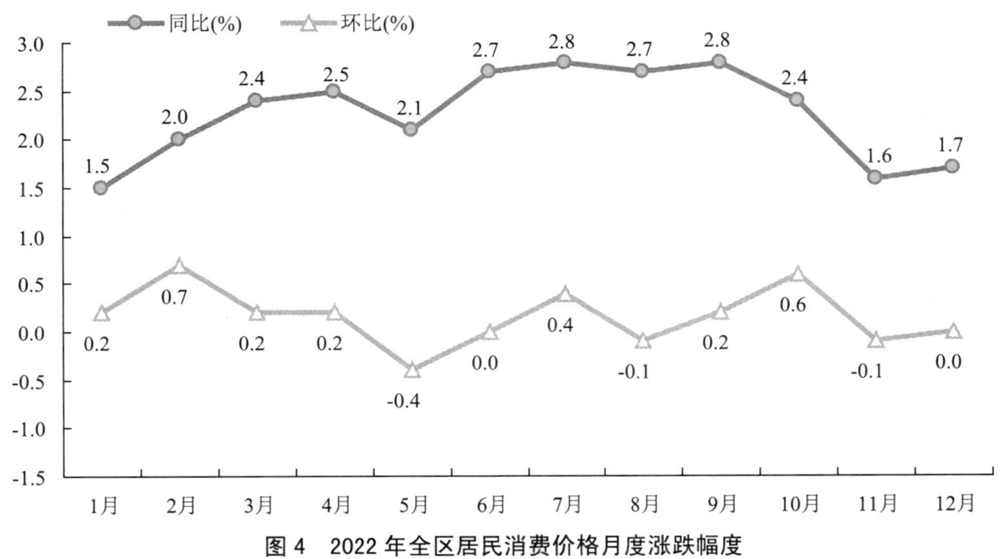

图 4　2022 年全区居民消费价格月度涨跌幅度

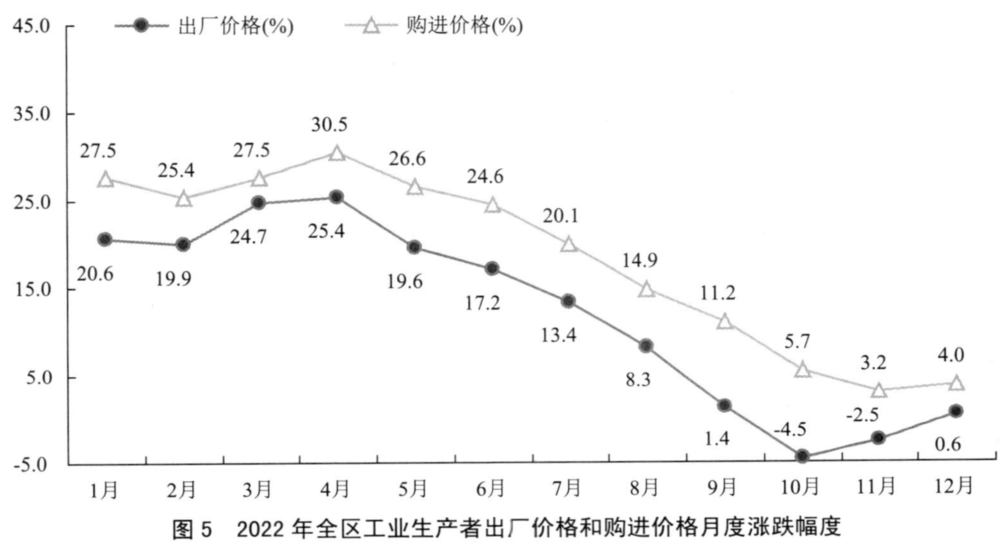

图 5　2022 年全区工业生产者出厂价格和购进价格月度涨跌幅度

新兴动能茁壮成长。高技术和装备制造业快速增长。全年全区规模以上高技术制造业[5]增加值比上年增长 31.7%，装备制造业[6]增加值比上年增长 24.6%，分别比全部规模以上工业增加值增速高 24.7 个和 17.6 个百分点。水电、风电、太阳能等可再生能源发电量 513.9 亿千瓦时，增长 5.9%。互联网经济快速发展。全年全区网上零售额[7]167.3 亿元，其中，实物商品网上零售额 108.2 亿元，增长 19.3%。

二、农业

全年全区粮食播种面积 1038.44 万亩，比上年增加 4.51 万亩。其中，小麦播种面积 122.03 万亩，增加 21.47 万亩；水稻播种面积 44.06 万亩，减少 32.19 万亩；玉米播种面积 548.39 万亩，减少 2.74 万亩；马铃薯播种面积 121.01 万亩，减少 28.96 万亩。油料播种面积 39.98 万亩，减少 0.90 万亩。蔬菜播种面积 194.10 万亩，减少 3.59 万亩。瓜果播种面积 78.26 万亩，减少 6.10 万亩。园林水果面积 156.24 万亩，增加 0.18 万亩。

全年全区粮食总产量 375.83 万吨，比上年增产 7.39 万吨，增长 2.0%，实现十九连丰。其中，夏粮产量 27.86 万吨，增长 41.2%；秋粮产量 347.97 万吨，下降 0.2%。全年全区小麦产量 27.27 万吨，增长 43.9%；水稻产量 23.66 万吨，下降 42.3%；玉米产量 276.63 万吨，增长 5.0%；马铃薯产量（折粮）32.59 万吨，下降 9.9%。

全年全区蔬菜产量 527.92 万吨，比上年下降 1.0%；红枣产量 9.67 万吨，增长 25.6%；枸杞产量 8.63

万吨，增长 0.4%；油料产量 4.54 万吨，下降 5.8%。全年全区肉类总产量 36.53 万吨，比上年增长 4.4%。其中，猪肉产量 9.03 万吨，下降 0.9%；牛肉产量 12.47 万吨，增长 5.4%；羊肉产量 12.48 万吨，增长 8.8%；禽肉产量 2.55 万吨，下降 0.8%。禽蛋产量 13.21 万吨，增长 2.7%。牛奶产量 342.50 万吨，增长 22.1%。水产品产量 17.04 万吨，增长 2.7%。年末全区生猪存栏 74.26 万头，下降 13.1%；肉牛存栏 148.39 万头，增长 7.8%；奶牛存栏 83.69 万头，增长 19.2%；羊存栏 710.55 万只，增长 4.9%；活家禽存栏 1512.66 万只，增长 22.9%。全年生猪出栏 110.79 万头，下降 1.5%；肉牛出栏 76.14 万头，增长 5.3%；羊出栏 702.28 万只，增长 8.8%；活家禽出栏 1216.32 万只，下降 0.7%。

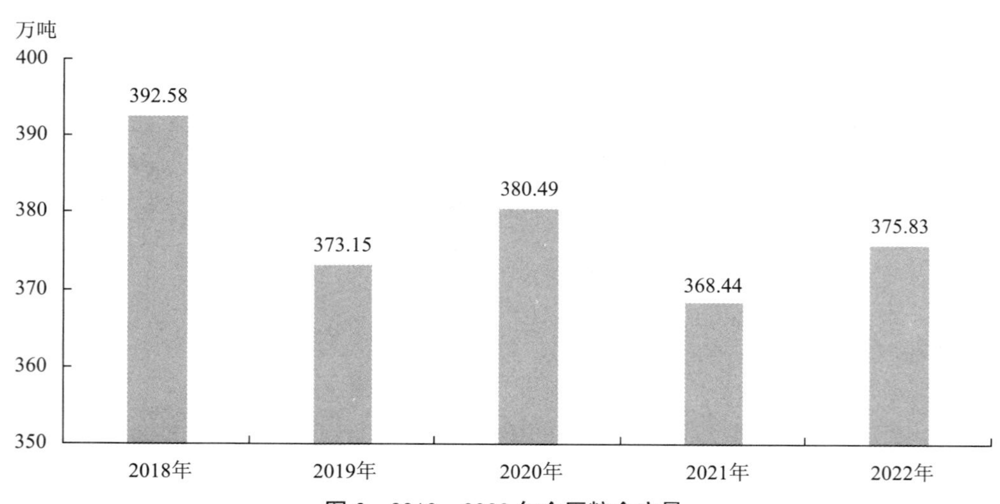

图 6　2018—2022 年全区粮食产量

表 2　2022 年全区主要农林牧渔业产品产量及其增长速度

指　　标	产量　（万吨）	比上年增长（%）
粮食	375.83	2.0
小麦	27.27	43.9
水稻	23.66	-42.3
玉米	276.63	5.0
油料	4.54	5.8
蔬菜	527.92	-1.0
瓜果	201.04	8.6
枸杞	8.63	0.4
肉类总产量	36.53	4.4
其中：猪、牛、羊肉产量	33.98	4.8
禽蛋	13.21	2.7
牛奶	342.50	22.1
水产品	17.04	2.7

三、工业和建筑业

全年全区工业增加值 2093.96 亿元，比上年增长 6.4%。规模以上工业增加值增长 7.0%。在规模以上工业中，分轻重工业看，轻工业增加值增长 13.8%，重工业增长 6.4%。分经济类型看，国有控股企业增加值增长 3.0%；股份制企业增长 6.2%，外商及港澳台商投资企业增长 12.4%；非公有工业增长 10.4%，其中，私营企业增长 10.8%。分门类看，采矿业增加值增长 6.0%，制造业增长 9.0%，电力、热力、燃气及水生产和供应业增长 0.7%。

年末全区发电装机容量 6474.5 万千瓦，比上年末增长 4.2%。其中，火电装机容量 3303.8 万千瓦，下降 0.9%；水电装机容量 42.6 万千瓦，与上年持平；风电装机容量 1456.7 万千瓦，增长 0.1%；太阳能发电装机容量 1583.7 万千瓦，增长 14.4%。

全年全区规模以上工业企业利润 412.72 亿元，比上年下降 10.9%。分经济类型看，国有控股企业利润 172.69 亿元，增长 71.3%；股份制企业 307.27 亿元，下降 9.0%；外商及港澳台商投资企业 57.46 亿元，下降 41.0%。分门类看，采矿业利润 112.94 亿元，同比增长 68.1%；制造业 268.33 亿元，下降 31.3%；电力、热力、燃气及水生产和供应业 31.45 亿元，增长 4.6 倍。

表 3　2022 年全区主要工业产品产量及其增长速度

指　标	单位	产量	比上年增长（%）
原　煤	万吨	9479.3	9.3
发电量	亿千瓦时	2235.1	7.3
焦　炭	万吨	1225.4	18.0
原铝（电解铝）	万吨	125.2	3.6
农用化肥（折纯）	万吨	71.0	13.8
精甲醇	万吨	997.2	14.1
电石（碳化钙）	万吨	470.4	5.6
水　泥	万吨	1667.4	-13.2
铁合金	万吨	383.8	3.4
乳制品	万吨	235.4	29.5
金属切削机床	台	2639.0	-0.7

全区具有资质等级的总承包和专业承包建筑业企业 816 家，全年完成建筑业总产值 725.85 亿元，比上年增长 6.5%。按建筑业总产值计算的劳动生产率 44.55 万元/人，比上年增长 14.7%。

四、服务业

全年全区批发和零售业增加值 218.83 亿元，比上年增长 0.5%；交通运输、仓储和邮政业增加值 213.50 亿元，增长 0.2%；住宿和餐饮业增加值 54.10 亿元，增长 0.2%；金融业增加值 352.17 亿元，增长 4.2%；房地产业增加值 185.07 亿元，下降 4.5%；信息传输、软件和信息技术服务业增加值 174.58 亿元，增长 10.7%；租赁和商务服务业增加值 66.82 亿元，下降 5.5%。

全年全区货物运输总量 4.9 亿吨，比上年增长 3.6%；货物运输周转量 874.0 亿吨公里，增长 7.6%。全年全区旅客运输总量 0.3 亿人，下降 25.7%；旅客运输周转量 63.1 亿人公里，下降 40.1%。

表 4　2022 年全区各种运输方式完成运输量及其增长速度

运输方式	货物				旅客			
	运输总量		运输周转量		运输总量		运输周转量	
	绝对值（万吨）	比上年增长（%）	绝对值（亿吨公里）	比上年增长（%）	绝对值（万人）	比上年增长（%）	绝对值（亿人公里）	比上年增长（%）
总 计	48624.2	3.6	874.0	7.6	2805.3	-25.7	63.1	-40.1
铁 路	10159.8	7.8	276.0	17.7	433.9	-39.8	17.5	-39.6
公 路	38462.9	2.6	597.8	3.5	2195.1	-19.1	19.0	-29.2
航 空	1.4	-36.6	0.2	-29.1	176.3	-48.3	26.6	-46.3

全年全区邮政行业寄递业务累计完成 19267.1 万件，比上年增长 2.0%。邮政业完成邮政函件业务 201.1 万件；包裹业务 4.5 万件；快递业务量 9905.9 万件，快递业务收入 15.6 亿元。全年全区完成电信业务总量[8]106.9 亿元，增长 22.6%。年末全区电话用户总数 938.4 万户，其中移动电话用户 891.0 万户。（固定）互联网宽带接入用户 349.4 万户，比上年增加 32.3 万户。移动互联网用户 787.9 万户，比上年增加 37.1 万户；移动互联网接入流量 18.0 亿 GB，增长 20.9%。

五、固定资产投资

全年全区全社会固定资产投资比上年增长 8.2%。其中，固定资产投资（不含农户）增长 10.2%。

在固定资产投资（不含农户）中，第一产业投资比上年下降 10.0%，第二产业投资增长 23.3%，第三产业投资增长 1.1%。工业投资增长 23.2%，占固定资产投资（不含农户）的比重为 49.0%。基础设施投资[9]增长 19.1%，占固定资产投资（不含农户）的比重为 17.9%。民间固定资产投资[10]增长 10.7%，占固定资产投资（不含农户）的比重为 57.7%。

全年全区房地产开发投资 419.95 亿元，比上年下降 10.1%。其中，住宅投资 316.17 亿元，下降 8.2%；办公楼投资 2.84 亿元，增长 45.0%；商业营业用房投资 42.63 亿元，下降 22.6%。

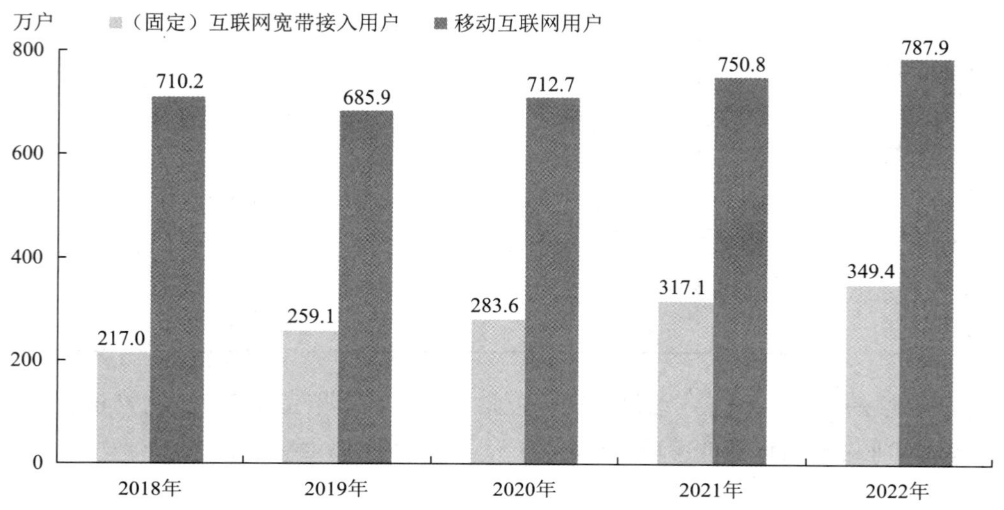

图 7　2018—2022 年年末全区（固定）互联网宽带接入用户数和移动互联网用户数

表 5　2022 年全区房地产开发和销售主要指标及其增长速度

指　　标	单位	绝对值	比上年增长（%）
房地产开发投资	亿元	419.95	-10.1
房屋施工面积	万平方米	4918.44	-12.3
其中：住宅	万平方米	3402.57	-9.5
其中：本年新开工面积	万平方米	766.18	-45.1
房屋竣工面积	万平方米	627.13	-45.2
其中：住宅	万平方米	483.13	-36.7
商品房销售面积	万平方米	715.60	-29.5
其中：住宅	万平方米	650.74	-23.1
商品房待售面积	万平方米	817.55	-20.4
其中：住宅	万平方米	258.49	-16.6
商品房销售额	亿元	502.07	-25.6
其中：住宅	亿元	450.95	-22.9
本年实际到位资金	亿元	627.90	-14.5
其中：国内贷款	亿元	44.84	15.2
自筹资金	亿元	126.44	-2.2
其他资金来源	亿元	456.61	-19.3

六、国内贸易

全年全区实现社会消费品零售总额 1338.44 亿元，比上年增长 0.2%。按经营地统计，城镇消费品零售额 1162.82 亿元，增长 0.6%；乡村消费品零售额 175.62 亿元，下降 1.8%。按消费类型统计，商品零售额 1172.69 亿元，增长 0.4%；餐饮收入额 165.76 亿元，下降 0.6%。

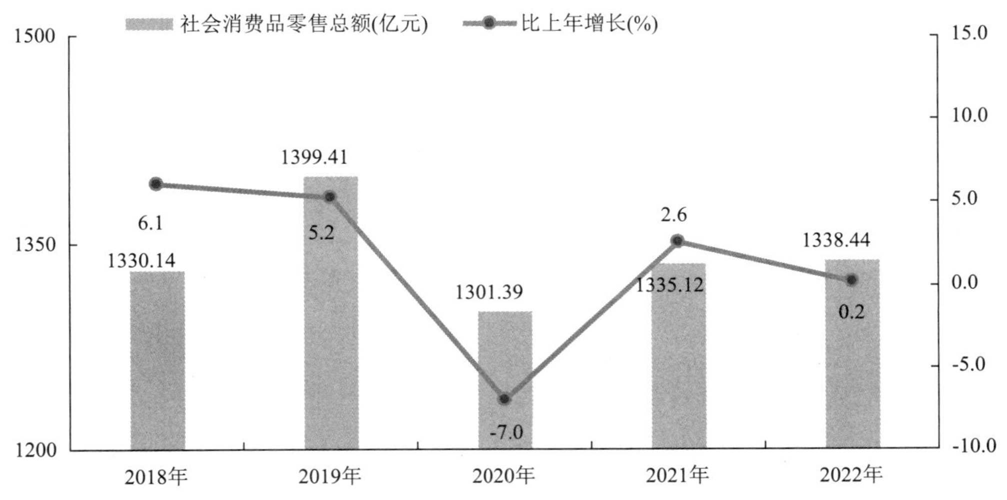

图 8　2018—2022 年全区社会消费品零售总额及其增长速度

在限额以上单位商品零售额中，粮油、食品类零售额比上年增长 7.4%，饮料类增长 27.7%，烟酒类增长 18.9%，服装、鞋帽、针纺织品类下降 9.3%，化妆品类下降 10.8%，金银珠宝类下降 14.3%，日用品类增长 22.1%，体育娱乐用品类下降 17.2%，书报杂志类增长 19.9%，家用电器和音像器材类增长 0.3%，中西药品类增长 6.7%，文化办公用品类下降 11.7%，通讯器材类增长 7.5%，石油及制品类增长 4.6%，汽车类增长 1.8%。

七、对外经济[11]

全年全区货物进出口总额 257.38 亿元，比上年增长 23.7%。其中，出口 196.78 亿元，增长 16.6%；进口 60.60 亿元，增长 54.5%。货物进出口差额（出口减进口）136.18 亿元。对“一带一路”沿线国家进出口总额 80.20 亿元，增长 23.7%。其中，出口 76.36 亿元，增长 25.7%；进口 3.84 亿元，下降 6.1%。

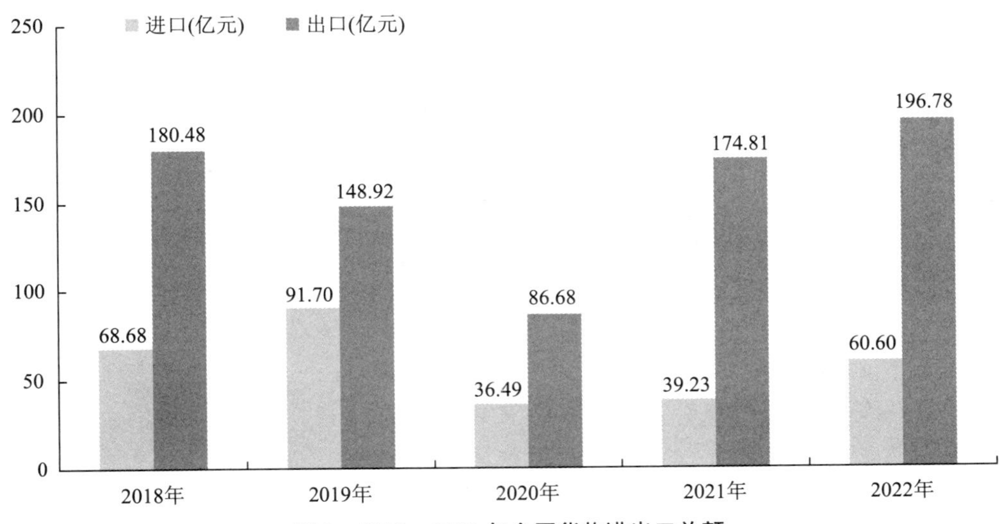

图 9　2018—2022 年全区货物进出口总额

表 6　2022 年全区主要商品出口金额及其增长速度

商品名称	出口值（亿元）	比上年增长（%）
枸杞	2.05	-6.6
泰乐菌素	7.55	2.1
维生素 C 及其衍生物	2.45	-23.4
双氰胺	12.39	12.1
金属锰	10.28	-4.5
钽铌铍制品	4.26	-1.4
机床及铸件	7.23	83.3
赖氨酸酯及盐	5.19	4.7
蛋氨酸	2.73	16.6
碳化硅	2.63	99.5

全年全区新设外商直接投资企业 22 个，实际使用外资 3.43 亿美元，比上年增长 55.3%。其中，信息传输、软件和信息技术服务业实际使用外资 0.9 亿美元，与上年持平。

八、财政金融

全年全区一般公共预算总收入[12]765.97 亿元，比上年下降 3.7%。其中，地方一般公共预算收入 460.14 亿元，同口径（扣除留抵退税因素后）增长 13.7%。在地方一般公共预算收入中，税收收入 306.82 亿元，同口径增长 22.3%，占地方一般公共预算收入的 66.7%。

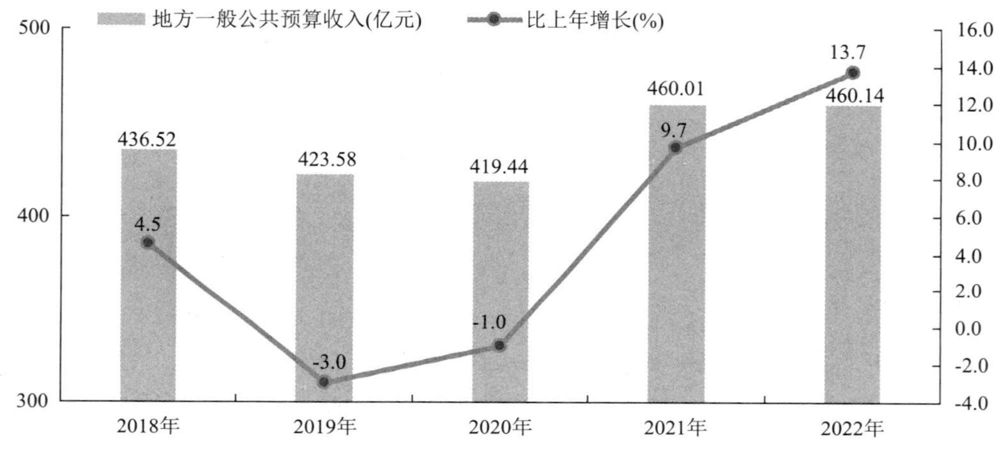

图 10　2018—2022 年全区地方一般公共预算收入及其增长速

年末全区金融机构本外币各项存款余额 8484.87 亿元，其中，人民币各项存款余额 8465.31 亿元。金融机构本外币各项贷款余额 8969.70 亿元，其中，人民币各项贷款余额 8885.35 亿元。

表 7　2022 年年末全区金融机构存贷款余额及其增长速度

指　　标	年末数（亿元）	比上年末增长（%）
本外币各项存款余额	8484.87	13.4
人民币存款余额	8465.31	13.4
其中：住户存款	4899.59	14.8
非金融企业存款	1533.73	4.8
机关团体及财政性存款	1757.22	16.8
本外币各项贷款余额	8969.70	6.0
人民币贷款余额	8885.35	7.3
其中：短期贷款	1965.07	-6.0
中长期贷款	6014.62	13.1
票据融资	892.94	3.5

年末全区共有上市公司 15 家，总股本 209.22 亿股，总市值 1619.19 亿元，比上年末下降 23.8%。其中，流通市值 964 亿元，下降 14.7%。全年证券交易额 12083.28 亿元，下降 14.0%。年末全区在全国中小企业股份转让系统[13]挂牌公司 40 家，比上年末下降 2.4%。

年末全区共有省级营业性保险分公司 25 家，全年实现保费收入 215.83 亿元，比上年增长 2.2%。其中，财产险收入 70.84 亿元，增长 8.4%；寿险收入 102.32 亿元，增长 1.5%；健康险收入 36.14 亿元，下降 5.0%；意外伤害险收入 6.54 亿元，下降 5.9%。支付各类赔款和给付 72.16 亿元，下降 1.2%。其中，财产险赔付 43.18 亿元，下降 5.8%；寿险业务赔付 15.98 亿元，增长 15.9%；健康险赔付 10.85 亿元，下降 3.1%；意外伤害险赔付 2.15 亿元，下降 3.8%。

九、居民收入消费和社会保障

全年全区全体居民人均可支配收入 29599 元，比上年增长 6.1%。按常住地分，城镇居民人均可支配收入 40194 元，增长 5.0%；农村居民人均可支配收入 16430 元，增长 7.1%。

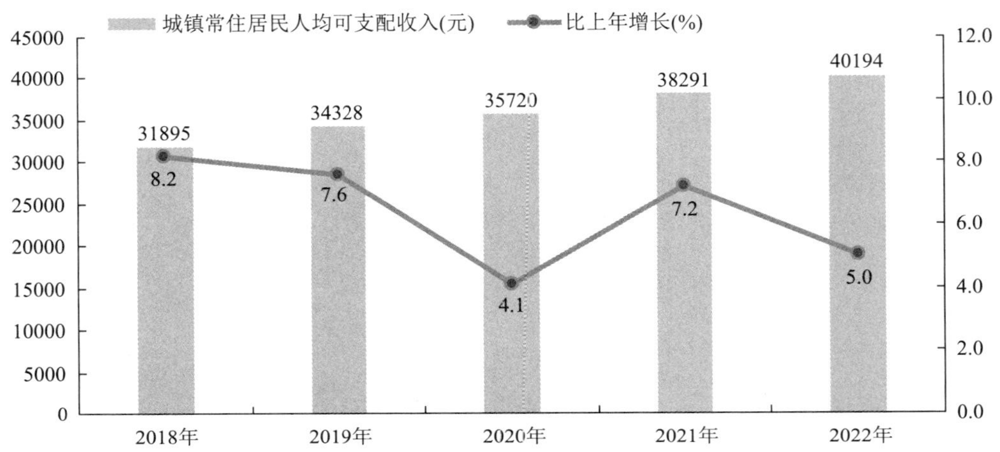

图 11　2018—2022 年全区城镇居民人均可支配收入及其增长速度

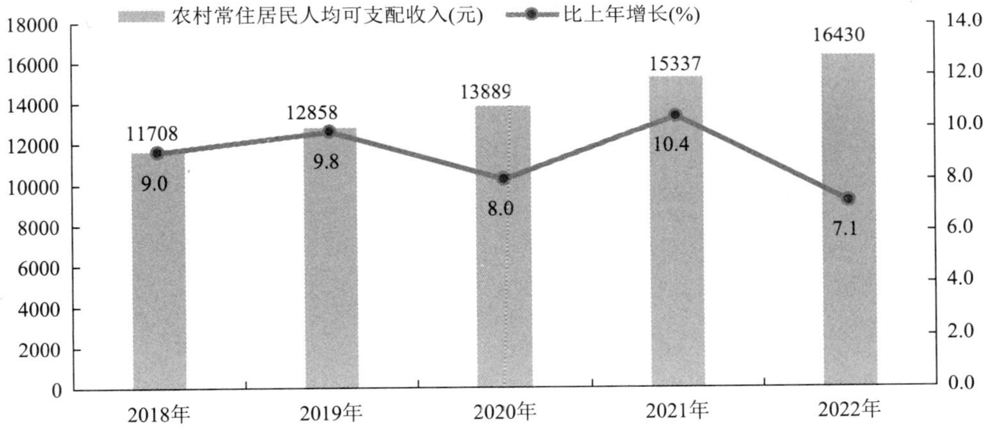

图 12　2018—2022 年全区农村居民人均可支配收入及其增长速度

全年全区全体居民人均消费支出 19136 元，比上年下降 4.4%。按常住地分，城镇居民人均消费支出 24213 元，下降 4.6%；农村居民人均消费支出 12825 元，下降 5.2%。全区全体居民恩格尔系数为 29.5%，其中城镇为 28.7%，农村为 31.4%。

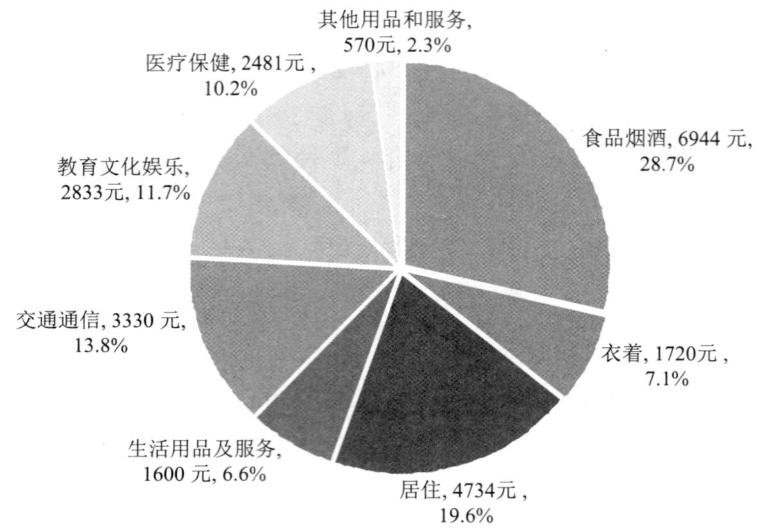

图 13　2022 年全区城镇居民人均生活消费支出及其构成

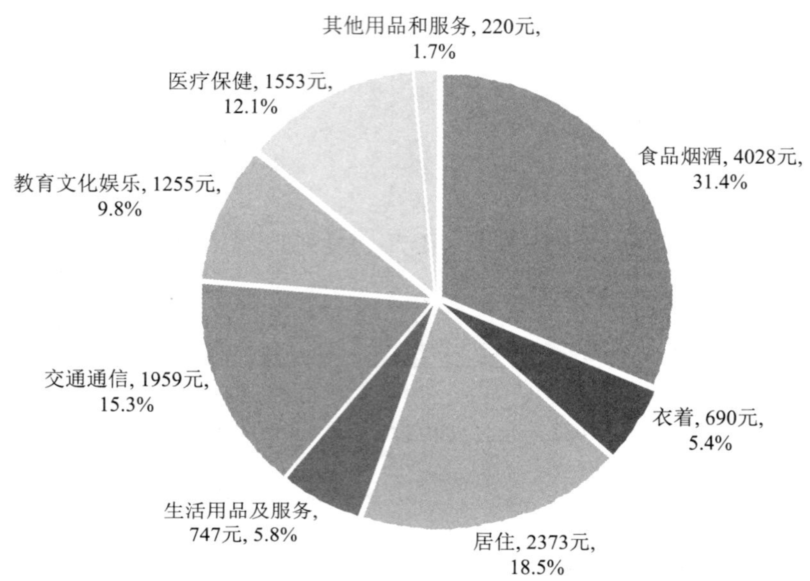

图 14　2022 年全区农村居民人均消费支出及其构成

年末全区参加城镇职工基本养老保险人数 283.79 万人，比上年末增加 31.68 万人。参加城乡居民基本养老保险人数 235.89 万人，减少 5.15 万人。参加基本医疗保险人数 662.81 万人，减少 0.6 万人。其中，参加城镇职工基本医疗保险 162.37 万人，增加 2.78 万人；参加城乡居民基本医疗保险 500.44 万人，减少 3.38 万人。参加失业保险人数 117.43 万人，增加 8.36 万人。参加工伤保险人数 147.33 万人，增加 3.54 万人。参加生育保险人数 114.08 万人，增加 2.58 万人。

十、教育、科学技术和文化体育

2022 年末，全区共有各级各类学校 3307 所（含小学教学点 345 所），教职工 12.64 万人。全年全区学前教育毛入园率 91.3%，小学学龄人口入学率 100%，初中阶段毛入学率 104.5%，高中阶段毛入学率 94.7%，高等教育毛入学率 59.9%，九年义务教育巩固率为 99.3%。

表 8　2022 年全区各级教育招生、在校、毕业生人数

类　　别	校数（所）	招生数（人）	在校学生数（人）	毕业学生数（人）
普通高等学校	20	57225	185194	43995
#研究生	0	4837	12737	3509
成人高等学校	1	18468	51952	16308
中等职业教育学校	32	28930	77874	23672
普通中学	320	155737	456555	153012
#高　中（含完全中学）	70	58653	172385	53161
初　中（含完全中学）	250	97084	284170	99851
普通小学（含教学点）	1446	101742	609840	97329
幼儿园	1473	97492	255799	107869
特殊教育学校	15	1169	7127	1500

2022 年，全区登记自治区级科技成果 802 项，比上年增长 27.7%。其中，基础理论成果 118 项，应用技术成果 628 项，软科学成果 56 项。专利授权量 12451 件，下降 3.4%。其中，发明专利授权量 1204 件，增长 9.1%。全年共签订技术合同 3594 项，技术合同成交金额 34.37 亿元。

年末全区拥有国家级工程技术研究中心 3 个，自治区级工程技术研究中心 83 个；国家级重点实验室 3 个，自治区级重点实验室 39 个；自治区级产业技术协同创新中心 5 个，自治区临床医学研究中心 29 个，自治区技术创新中心 565 个；国家级企业（集团）技术中心（含分中心）11 个，自治区级企业（集团）技术中心 95 个；国家地方联合工程研究中心 26 个，自治区工程研究中心 54 个。

全年全区运动员参加国际国内比赛共取得金牌 6 枚，银牌 6 枚，铜牌 3 枚。全年有 1 人获得国际级运动健将等级称号，3 人获得国家级运动健将等级称号，232 人获得国家一级运动员等级称号，547 人获得国家二级运动员等级称号，1 人获得国际级裁判员等级称号，5 人获得国家级裁判员等级称号，42 人获得国家一级裁判员等级称号。

十一、旅游和社会服务

全年全区接待国内游客 3882.48 万人次，比上年增长 7.2%。国内旅游收入 304.28 亿元，增长 6.3%。

年末[14]全区共有各类提供住宿的社会服务机构 157 个，其中养老服务机构 134 个，儿童收养救助服务机构 11 个。社会服务床位 29394 张（不包括社区床位数），其中养老机构床位 27484 张（不包括社区日间照料床位 5530 张、社区全托服务床位 739 张），儿童福利和救助机构床位 1070 张。年末全区共有社区服务机构和设施 3020 个（不包括社区养老服务机构和设施），社区服务中心 44 个，社区服务站 2852 个。

十二、资源、环境和应急管理

全年全区水资源总量 8.92 亿立方米。平均降水量 254 毫米，比上年下降 7.3%。总用水量 66.33 亿立方米，下降 2.6%。其中，生活用水 3.70 亿立方米，增长 0.7%；工业用水 4.46 亿立方米，增长 5.1%；农业用水 53.64 亿立方米，下降 5.7%；人工生态环境用水 4.53 亿立方米，增长 36.5%。万元地区生产总值用水量[15]130.84（当年价）立方米，比 2020 年下降 15.2%；万元工业增加值用水量 21.3（当年价）立方米，比 2020 年下降 12.2%。

全年全区完成营造林面积 10.05 万公顷，其中人工造林面积 4.56 万公顷。森林抚育面积 1.60 万公顷。年末全区自然保护区 13 个，其中国家级自然保护区 9 个，自治区级自然保护区 4 个。

全年[16]黄河干流宁夏段入境至出境断面水质均为Ⅱ类优水质，地表水国控考核断面达到或好于Ⅲ类水质比例为 90%。5 个地级城市环境空气质量平均优良天数为 307 天，比例为 84.2%，细微颗粒（$PM_{2.5}$）平

均浓度为30微克/立方米，比上年上升11.1%；可吸入颗粒物（PM_{10}）平均浓度为64微克/立方米，上升3.2%。

2022年，全区城市区域昼间平均等效声级为51.7分贝，同比减少0.3分贝，昼间区域声环境质量等级为二级，总体水平评价为较好。

全年全区累计发生各类生产经营性事故156起，比上年下降8.8%，死亡150人，下降9.6%。亿元生产总值生产安全事故死亡人数0.0296人，下降20.0%。道路交通万车死亡人数1.907人，下降5.4%。煤矿生产安全死亡事故4起，死亡4人，煤矿百万吨死亡人数0.042人。

注释：

[1]本公报中数据均为初步统计数，正式数据以《宁夏统计年鉴2023》为准。部分数据因四舍五入的原因，存在总计与分项合计不等的情况。

[2]地区生产总值、各产业增加值绝对值按现价计算，增长速度按不变价格计算。

[3]年度农民工数量包括年内在本乡镇以外从业6个月及以上的外出农民工和在本乡镇内从事非农产业6个月及以上的本地农民工。

[4]农产品生产者价格是指农产品生产者直接出售其产品时的价格。

[5]高技术制造业包括医药制造业，航空、航天器及设备制造业，电子及通信设备制造业，计算机及办公设备制造业，医疗仪器设备及仪器仪表制造业，信息化学品制造业。

[6]装备制造业包括金属制品业，通用设备制造业，专用设备制造业，汽车制造业，铁路、船舶、航空航天和其他运输设备制造业，电气机械和器材制造业，计算机、通信和其他电子设备制造业，仪器仪表制造业。

[7]网上零售额是指通过公共网络交易平台（包括自建网站和第三方平台）实现的商品和服务零售额之和。商品和服务包括实物商品和非实物商品（如虚拟商品、服务类商品等）。

[8]电信业务总量按2021年价格计算。

[9]基础设施投资包括交通运输、邮政业，电信、广播电视和卫星传输服务业，互联网和相关服务业，水利、环境和公共设施管理业投资。

[10]民间固定资产投资是指具有集体、私营、个人性质的内资调查单位以及由其控股（包括绝对控股和相对控股）的调查单位建造或购置固定资产的投资。

[11]货物进出口采用人民币计价。实际使用外商直接投资由于技术原因仍主要沿用美元计价。

[12]2022年数据为初步数，正式数据以自治区财政厅决算数据为准。

[13]全国中小企业股份转让系统又称“新三板”，是2012年经国务院批准设立的全国性证券交易场所。

[14]此部分数据为民政厅预计数，正式数据以民政厅公布数据为准。

[15]万元地区生产总值用水量、万元工业增加值用水量比2020年增减幅度按2020年价格计算。

[16]数据来源于《2022年宁夏生态环境质量状况》。地表水达到或好于Ⅲ类水体比例为15个国控断面监测统计结果；环境空气质量优良天数及比例为未剔除沙尘天气数据，PM_{10}、$PM_{2.5}$平均浓度均为剔除沙尘天气后数据。

资料来源：

本公报中城镇新增就业、社会保障数据来自自治区人力资源和社会保障厅；财政数据来自自治区财政厅；水资源数据来自自治区水利厅；林业数据来自自治区林业和草原局；发电装机容量数据来自国网宁夏电力公司；铁路运输数据来自中国铁路兰州局集团有限公司；公路运输数据来自自治区交通运输厅；民航数据来自西部机场集团宁夏机场有限公司；电信业务总量、电话用户、宽带用户、移动互联网接入流量、互联网普及率等数据来自宁夏通信管理局；货物进出口数据来自银川海关；外商直接投资等数据来自自治区商务厅；邮政业务数据来自宁夏邮政管理局；货币金融数据来自人民银行银川中心支行；上市公司数据来自宁夏证监局；保险业数据来自宁夏银保监局；社会服务数据来自自治区民政厅；教育数据来自自治区教育厅；国家工程研究中心、国家工程实验室、企业技术中心等数据来自自治区科技厅；专利数据来自自治区市场监管厅（自治区知识产权局）；体育数据来自自治区体育局；环境监测数据来自自治区生态环境厅；安全生产数据来自自治区应急管理厅；道路交通事故数据来自自治区公安厅；其他数据均来自自治区统计局和国家统计局宁夏调查总队。

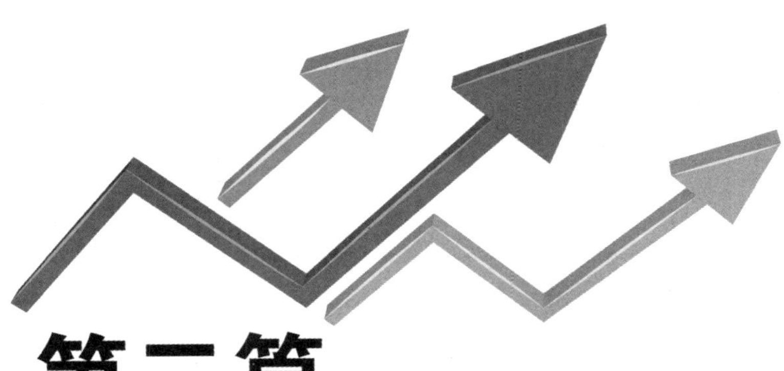

第二篇
住户调查
Household Survey

简要说明

为满足城乡统筹发展，更加全面准确地反映居民收入分配格局，国家统计局对长期分开进行的城镇住户调查和农村住户调查实施了一体化改革，建立了城乡一体化住户收支调查制度，并于 2013 年起在全国统一实施。从 2014 年开始，本年鉴中增加了宁夏全区、5 个地级市及 22 个县（市、区）全体居民可支配收入及来源数据，增加了全体居民消费情况数据。同时为了和历史数据对比，在城乡一体化住户调查改革完成后，再统一对指标口径和历史数据进行调整。

城乡居民收支调查数据是根据抽样方法随机抽取的，分布在全区 22 个市县（区）范围的 328 个调查小区，3280 户城乡居民家庭记账资料得到的。全区及银川市、石嘴山市、吴忠市、固原市、中卫市 5 个地级市、22 个县（市、区）城乡可比的全体居民可支配收入与消费等数据，是根据城乡住户收支与生活状况调查记账数据和城镇化率加权汇总计算得出，住户人口特征、就业情况、住房情况、耐用消费品拥有情况等数据通过问卷方式获取。

Brief Description

In order to satisfy development of urban and rural as a whole, reflect the residents income distribution pattern more comprehensively and accurately, the National Bureau of Statistics carried out reform on the integration of urban and rural household survey, set up a unified survey system, and implemented throughout the whole country from 2013. Since 2014, the yearbook has added all the residents' disposable income and the source data of Ningxia district, 5 cities and 22 counties (city, area) in it, and added all the residents' consumption data. At the same time in order to contrast the historical data, after the completion of the integration of urban and rural household survey, uniformly adjust indicators caliber and historical data.

The survey data of urban and rural residents are based on random sampling method, distributed in 22 counties (districts) range of 328 survey areas, from accounting information of 3280 urban and rural residents families. All the residents' disposable income and consumption data are weighted and summed according to the urban and rural residents and living conditions and urbanization rate of Ningxia district and 5 cities, 22 counties (cities, districts), the data of resident population characteristics, employment, housing, consumer durables are obtained through the questionnaire survey.

居民收入平稳增长　消费支出小幅下降

2022 年，自治区党委、政府科学统筹疫情防控和经济社会发展，采取有效措施稳定市场、做强产业、扩大就业、保障民生，精心部署实施“居民收入提升行动”，各项政策落实有力，全区居民收入平稳增长，城乡居民收入差距进一步缩小。受收入预期下降、消费意愿降低影响，居民生活消费支出下降。

一、居民收入总体情况

（一）居民收入平稳增长

2022 年，全体居民人均可支配收入 29599 元，与全国平均水平的差距为 7284 元；增速较上年增长 6.1%，居全国第 6 位，比全国平均增速（5.0%）高 1.1 个百分点。

表 1　2022 年全国和宁夏居民人均可支配收入情况

单位：元、%

地　区	全体居民		城镇居民		农村住户	
	收入水平	比上年增长	收入水平	比上年增长	收入水平	比上年增长
全　国	36883	5.0	49283	3.9	20133	6.3
宁　夏	29599	6.1	40194	5.0	16430	7.1

（二）城镇居民收入突破 4 万元，城乡收入比继续缩小

2022 年，城镇居民人均可支配收入 40194 元，比上年增长 5.0%，比全国平均水平高 1.1 个百分点，增速排位居全国第 5 位。农村居民人均可支配收入 16430 元，比上年增长 7.1%，比全国平均水平高 0.8 个百分点，增速排位居全国第 4 位。农村居民人均可支配收入增速快于城镇居民 2.1 个百分点，城乡收入比为 2.45，比上年缩小 0.05，城乡居民收入相对差距进一步缩小。

二、收入结构特点及增收因素

（一）工资性收入增收作用明显

宁夏持续强化就业优先政策，积极采取措施稳岗扩岗，鼓励农村居民就近务工，城乡居民就业形势持续好转；及时兑现行政事业单位各项增资项目、提前发放 2022 年度考核奖等，拉动居民工资性收入增加。2022 年，全体居民人均工资性收入 17753 元，比上年增长 5.9%，增收贡献率为 58.6%。分城乡看，城镇居民人均工资性收入 27144 元，比上年增长 4.8%，拉动可支配收入增长 3.2 个百分点，是带动城镇居民增收的主动力；农村居民人均工资性收入 6079 元，比上年增长 6.9%，拉动可支配收入增长 2.5 个百分点，在稳定农村居民增收中发挥了积极作用。

（二）经营净收入增收幅度最大

粮食再获丰收、牛羊出栏增加、二、三产业缓慢恢复、农牧产品价格稳定，城乡居民家庭经营净收入较快增长。2022 年，全体居民人均经营净收入 5184 元，比上年增长 8.4%，增收贡献率为 23.8%。分城乡看，城镇居民人均经营净收入为 3999 元，比上年增长 9.3%，拉动可支配收入增长 0.9 个百分点；农村居民人均经营净收入为 6656 元，比上年增长 8.5%，拉动可支配收入增长 3.4 个百分点，是农村居民增收的主要渠道。

（三）转移净收入和财产净收入小幅增长

养老金、低保标准提高、惠农补贴及时兑付、外出从业人员寄带回和赡养收入增加。2022 年，全体居民人均转移净收入 5757 元，比上年增长 4.7%，增长贡献率为 15.3%。分城乡看，城镇居民人均转移净收入为 7713 元，比上年增长 3.8%，拉动可支配收入增长 0.7 个百分点；农村居民人均转移净收入为 3325 元，

比上年增长 5.3%，拉动可支配收入增长 1.1 个百分点。受土地流转加快、居民储蓄增加等影响，居民人均财产净收入比上年增长 4.5%，人均水平为 906 元。其中，城镇居民人均财产净收入 1337 元，比上年增长 3.5%；农村居民人均财产净收入 369 元，比上年增长 4.8%。

表 2　2022 年全国和宁夏居民人均可支配收入来源及构成

单位：元、%

指　标	全　国				宁　夏			
	2022 年	增幅	比重	增　收 贡献率	2022 年	增幅	比重	增　收 贡献率
可支配收入	36883	5.0	—	—	29599	6.1	—	—
工资性收入	20590	4.9	55.8	54.8	17753	5.9	60.0	58.6
经营净收入	6175	4.8	16.7	16.1	5184	8.4	17.5	23.8
财产净收入	3227	4.9	8.7	8.6	906	4.5	3.1	2.3
转移净收入	6892	5.5	18.7	20.6	5757	4.7	19.4	15.3

三、居民消费支出减少，恩格尔系数上升

受疫情和收入预期下降影响，居民减少了部分领域的消费，生活消费支出下降。2022 年，全体居民人均生活消费支出 19136 元，比上年下降 4.4%。分城乡看，城镇居民人均生活消费支出 24213 元，比上年下降 4.6%；农村居民人均生活消费支出 12825 元，比上年下降 5.2%。

表 3　2022 年宁夏城乡居民人均生活消费情况

单位：元、%

指　标	全　体			城　镇			农　村		
	2022 年	2021 年	增幅	2022 年	2021 年	增幅	2022 年	2021 年	增幅
生活消费支出	19136	20024	-4.4	24213	25386	-4.6	12825	13536	-5.2
食品烟酒	5644	5446	3.6	6944	6690	3.8	4028	3942	2.2
衣　着	1261	1370	-8.0	1720	1897	-9.3	690	733	-5.9
居　住	3682	3693	-0.3	4734	4610	2.7	2373	2584	-8.1
生活用品及服务	1220	1203	1.4	1600	1569	2.0	747	761	-1.8
交通通信	2719	3379	-19.5	3330	4233	-21.3	1959	2344	-16.4
教育文化娱乐	2130	2273	-6.3	2833	3076	-7.9	1255	1302	-3.6
医疗保健	2067	2127	-2.8	2481	2559	-3.0	1553	1603	-3.2
其他用品和服务	414	533	-22.3	570	752	-24.3	220	266	-17.4

（一）基本生活类消费保持增长

各地加大保供稳价工作力度，积极做好民生物资生产供应，城乡居民基本生活类消费继续保持增长。2022 年，全体居民人均食品烟酒消费 5644 元，比上年增长 3.6%；生活用品及服务消费 1220 元，比上年增长 1.4%。

（二）城乡居民恩格尔系数均上升

收入预期下降影响居民消费支出减少，城乡消费结构也发生了较大的变化，恩格尔系数上升。2022 年，全体、城镇、农村居民恩格尔系数分别是 29.5%、28.7%和 31.4%，均比 2021 年上升 2.3 个百分点，为近三年最高。

（三）疫情对居民生活消费的影响较大

疫情对城乡居民的出行、旅游、娱乐、教育培训等有较大影响，各类服务性行业经营场所因疫情防控，经营时断时续，使得居民相关消费支出也出现下降。2022 年，全体居民交通通信、教育文化娱乐、医疗保健消费分别比上年下降 19.5%、6.3%和 2.8%。

（贺俊峰）

城镇居民收入突破 4 万元大关

2022 年，自治区党委、政府坚持大抓发展、抓大发展、抓高质量发展，坚决落实疫情防控优化政策和稳经济保增长促发展各项措施，全区城镇居民收入稳定增长，收入水平突破 4 万元大关。

一、城镇居民收入情况

2022 年，宁夏城镇居民人均可支配收入 40194 元，比上年增加 1903 元，增长 5.0%，四大项收入全面增长。

（一）工资性收入稳步增长

城镇居民人均工资性收入 27144 元，比上年增加 1236 元，增长 4.8%，拉动可支配收入增长 3.2 个百分点，对收入增长的贡献达 64.9%。2022 年以来，宁夏全面落实中央和自治区稳经济保增长促发展政策措施，及时出台青年就业创业、打好就业收入扩增战等政策文件，就业形势总体平稳，城镇新增就业 7.9 万人。同时，调整机关事业单位工资标准、提高事业单位绩效工资水平、落实学前教育教师待遇，拉动城镇居民工资性收入稳步增长，为可支配收入增长提供了有力支撑。

（二）经营净收入增幅最大

城镇居民人均经营净收入 3999 元，比上年增加 339 元，增长 9.3%，增幅最大，拉动可支配收入增长 0.9 个百分点，对收入增长的贡献达 17.8%。2022 年全区上下紧紧围绕经济社会发展大局，突出"稳经济保增长促发展"这个中心任务，积极优化营商环境，全面落实税费减免、贴息贷款、稳岗就业等服务政策，大力推进创新创业，积极培育市场主体，1—11 月，全区新登记个体工商户 7.7 万户。出台消费恢复"30 条"、扩大消费"17 条"等政策措施，抢抓季节消费热点，广泛开展"夜宁夏　潮生活"等促消活动，带动居民经营净收入稳定增长。

（三）财产净收入小幅增长

城镇居民人均财产净收入 1337 元，比上年增加 45 元，增长 3.5%，拉动可支配收入增长 0.1 个百分点，对收入增长的贡献为 2.4%。近年来，居民投资理财意识逐步增强，土地流转加快，居民财产增收渠道逐步拓宽，城镇居民红利、出租资产、转让承包土地租金等收入在年底相继兑现，加之房地产价格相对稳定，带动城镇居民财产性收入稳步增长。

（四）转移净收入平稳增长

城镇居民人均转移净收入 7713 元，比上年增加 282 元，增长 3.8%，拉动可支配收入增长 0.7 个百分点，对收入增长的贡献为 14.8%。2022 年，宁夏持续加大民生保障力度，提高企业和机关事业单位退休人员基本养老金、低保、临时救助标准，及时发放失业保险金、临时价格补贴，促进城镇居民转移净收入稳定增长。

二、城镇居民收入特点

（一）增速呈前低后高走势

分季度看，一季度、上半年、前三季度城镇居民人均可支配收入增速分别为 4.5%、4.2%、5.3%，全年增长 5.0%，增速呈现低开高走、稳步增长态势。

（二）收入增幅高于全国，与全国差距缩小

2022 年全国城镇居民人均可支配收入 49283 元，增长 3.9%，宁夏城镇居民收入增速高于全国平均水平 1.1 个百分点，在全国 31 个省（区、市）中排名第 5 位，是近年来增速排位最好的一年。收入水平在全国 31 个省（区、市）中排名第 22 位，与全国平均水平相差 9089 元，差距十年来首次缩小。

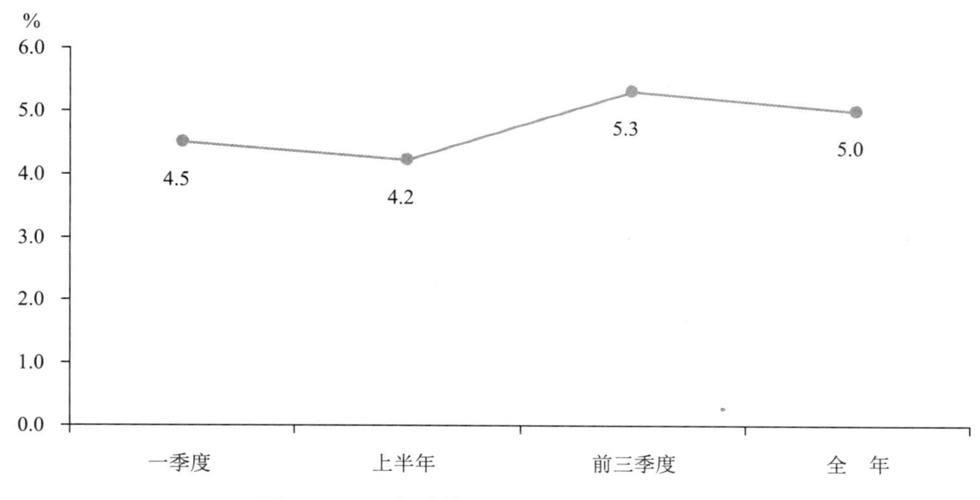

图 1　2022 年城镇居民人均可支配收入增速

（三）西北五省增速第一，收入水平仅低于陕西

2022 年宁夏城镇居民人均可支配收入增速在西北五省（区）居第 1 位。从收入水平看，在西北五省（区）居第 2 位，比陕西低 2238 元，比甘肃、青海、新疆分别高 2621 元、1458 元、1783 元。

（四）低收入户收入增速较快，高低收入户差距缩小

据住户调查五等份分组资料显示：2022 年宁夏 20%城镇居民高收入户人均可支配收入为 88042 元，比上年增长 3.6%；20%低收入户人均可支配收入为 13375 元，比上年增长 6.6%；高低收入户收入比为 6.6∶1，低于 2021 年的 6.8∶1，高低收入户收入相对差距有所缩小。

三、城镇居民生活消费支出及特点

2022 年宁夏城镇居民人均生活消费支出 24213 元，同比下降 4.6%。与 2020 年相比，年均增长 4.0%，与 2019 年相比，年均增长 0.07%。

（一）八大项消费呈现“3 增 5 降”态势

从消费支出构成看，八大类消费呈现“3 增 5 降”态势。食品烟酒、居住和生活用品及服务类消费支出均有所上涨。主要是受经济社会环境及疫情影响，城镇居民消费意愿减弱，消费需求优先考虑吃、住、用等生存型消费，其他消费被压缩。居民用车成本增加，新增汽车购买减少，交通类支出大幅减少。其次，2022 年下半学期线上教学时间较长，教育文化娱乐支出下降明显。

表 1　2022 年城镇居民人均消费支出结构

单位：元、%

指标名称	2022 年	2021 年	增加	增幅	拉动百分比
消费支出	24213	25386	-1172	-4.6	—
（一）食品烟酒	6944	6690	254	3.8	1.0
（二）衣着	1720	1897	-176	-9.3	-0.7
（三）居住	4734	4610	124	2.7	0.5
（四）生活用品及服务	1600	1569	32	2.0	0.1
（五）交通通信	3330	4233	-903	-21.3	-3.6
（六）教育文化娱乐	2833	3076	-242	-7.9	-1.0
（七）医疗保健	2481	2559	-78	-3.0	-0.3
（八）其他用品和服务	570	752	-183	-24.3	-0.7

（二）基本生活类消费增加，发展享受类消费减少

生存型消费比重上涨。城镇居民恩格尔系数为28.7%，较上年上升2.3个百分点。衣、食、住所构成的生存型消费在生活消费中所占比重由上年的52.0%上升到55.3%，城镇居民消费倾向于满足基本生活需求。

服务性消费占比略有下降。城镇居民人均服务性消费和商品性消费支出分别为10311元和13902元，同比分别下降5.4%和4.0%。服务性消费占比由上年的42.9%下降至42.6%。

（三）耐用消费品升级换代明显

随着城镇居民生活水平的不断提高、居住环境的不断改善，城镇居民家用电器升级加快。2022年城镇居民每百户拥有家用汽车47.5辆、增长4.0%，微波炉54.9台、增长2.2%，空调27.0台、增长15.5%。现代化、智能化生活耐用品拥有量快速增长，每百户洗碗机拥有量增长41.6%、乐器增长14.5%、空气净化器（含新风系统）增长10.5%、地面清洁电器增长9.8%。

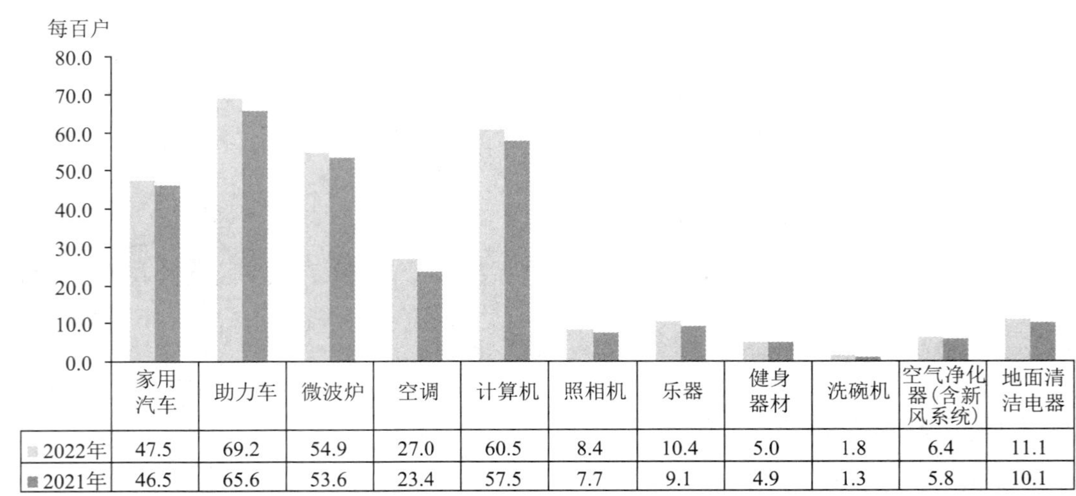

	家用汽车	助力车	微波炉	空调	计算机	照相机	乐器	健身器材	洗碗机	空气净化器(含新风系统)	地面清洁电器
2022年	47.5	69.2	54.9	27.0	60.5	8.4	10.4	5.0	1.8	6.4	11.1
2021年	46.5	65.6	53.6	23.4	57.5	7.7	9.1	4.9	1.3	5.8	10.1

图2　2022年城镇居民每百户耐用消费品拥有量

四、存在的问题

（一）收入结构与全国差距较大

从收入构成看，城镇居民四项收入均低于全国平均水平，其中财产净收入差距最大，比全国平均水平低3901元，与上年相比差距扩大141元。工资性收入差距比上年缩小，比全国平均水平低2434元，缩小139元。从占比上看，财产净收入占比仅有3.3%，低于全国7.3个百分点，在全国31个省（区、市）中最低。工资性收入占比达67.5%，高于全国7.5个百分点，反映出城镇居民对工资性收入的依赖性较大。

（二）收入增速趋缓

随着经济增速放缓，就业和工资性收入持续增长受到影响。且近五年宁夏城镇居民工资性收入和转移净收入占可支配收入的比重始终超过85.0%，二者受政策影响较大，如无后续有力的政策支撑，城镇居民持续增收将面临较大的压力。财产净收入一直是宁夏城镇居民收入的短板，通过出租或营运家庭拥有的动产及不动产增加居民财产收入不可能一蹴而就，但近年来家庭消费信贷增多，房贷、车贷等财产性支出增加，使得财产净收入增长放缓。其次，随着疫情防控进入新阶段，实体经济尤其住宿餐饮、文化娱乐等服务行业的恢复增长仍需一系列切实可行的政策措施提振经营信心。

（三）居民消费恢复缓慢

近三年，城镇居民收入保持了相对稳定的增长态势，但居民消费却不及预期，居民收入与消费的增长趋势呈现背离。一是疫情冲击下居民收入增速减缓，居民对未来预期不确定，导致居民储蓄增长，抑制了消费支出。2022年宁夏新增住户存款630.27亿元，同比增长93.6%。二是2022年疫情多点散发，疫情防控影响居民生产、生活，压缩了居民消费空间，2022年宁夏社会消费品零售总额同比仅增长0.2%。三是2022

年宁夏城镇居民消费价格同比上涨 2.1%，物价上涨一定程度上抑制了居民的消费，除生活必需品外，其他方面消费支出减少。

五、对策建议

（一）稳定和扩大就业

持续强化就业优先政策，缓解结构性就业矛盾，精准施策确保高校毕业生、城镇就业困难群体等重点群体就业，以稳定和扩大就业。完善工资指导线制度，建立统一规范的企业薪酬调整制度，促进中低收入职工工资合理增长，坚持创造更多就业岗位和稳定现有就业岗位并重。

（二）提升经营质量

用好用足中央、自治区促进经济高质量发展的一揽子政策，落实落细经营户扶持政策，精准扶持，畅通人、财、物渠道，提高家庭经营能力。抢抓新机遇，适时完善“互联网+”商业模式，大力发展网上超市、网上菜场、网上餐厅等新业态新模式，发挥各大生活服务类电子商务平台的优势，积极培育市场主体，推动城镇居民第三产业发展提质增效。

（三）多渠道增加财产性收入

加强金融体制机制改革，激发创新活力，丰富和规范居民投资理财产品，充分利用家庭各类资源、资产和资金，增加城镇居民财产净收入。稳定金融投资市场，提升金融服务质效，完善经济落后地区、中低收入人群获得的金融资源配置，拓宽财产性收入渠道。提升居民投资理财意识，引导居民逐步从存款保值向投资生财转变，加快提高财产净收入在城镇居民收入中的比重。

（四）挖掘消费潜力，破解消费不振

引导传统行业、个体经营及时捕捉未来发展的机遇，加快“实体+线上”的消费服务模式的转型，在特色餐饮、休闲娱乐等方面营造消费新场景，释放居民多样化的消费需求，深挖消费潜力，围绕夜经济、特色产品、汽车家电、文旅体育等重点消费领域实施专项补贴和引导措施。举办形式多样的消费促进活动，发放消费券，有效释放城镇居民消费潜力。进一步推进“菜篮子”工程建设，提高价格调控能力，加大社会福利和价格临时补贴力度，提升居民消费信心。

（哈　婷）

农民收入持续增长　乡村振兴全面推进

2022 年，自治区党委、政府深入贯彻落实习近平总书记关于“三农”工作重要论述和视察宁夏重要讲话指示批示精神，紧紧围绕全面推进乡村振兴，加快推进农业农村现代化建设，坚持稳字当头、稳中求进，全区农村居民收入持续增长。

一、乡村振兴背景下农村居民收入现状

（一）收入平稳较快增长

1.增速跑赢全国，位居全国前列。2022 年，宁夏农村居民人均可支配收入 16430 元，增长 7.1%，增速快于全国农村居民 0.8 个百分点，在全国各省（区、市）中位居第 4 位，在西北地区居第 1 位。

2.增速跑赢 GDP，共享发展成果。全区上下坚持以人民为中心的发展思想，把高质量发展同满足人民美好生活需要紧密结合起来，用心办好民生实事。2022 年，全国 GDP 按不变价格计算，比上年增长 3.0%；而同期的宁夏农村居民人均可支配收入扣除价格因素，实际增长 4.1%。农村居民人均可支配收入增速快于全国地区生产总值 1.1 个百分点。

3.增速跑赢城镇，城乡差距不断缩小。2022 年，农村居民人均可支配收入增速比城镇居民快 2.1 个百分点，全区城乡居民收入相对差距（城乡居民收入比值）由 2021 年的 2.50 缩小至 2.45。

（二）收入渠道更趋多元

1.稳定就业成效显著，工资性收入稳步提升。宁夏始终坚持把稳就业保就业作为保障和改善民生的头等大事，通过实施一系列援企稳岗措施和惠企惠民政策，支持多渠道灵活就业，完善工资增长机制、提高最低工资标准，务工人员收入水平持续提高，就业人数稳定增加。2022 年，农村居民人均工资性收入 6079 元，增长 6.9%，拉动人均可支配收入增长 2.5 个百分点，是农村居民收入增长的重要支撑。

2.产业振兴有序推进，经营性收入步入快车道。大力发展优势特色产业，持续优化调整农业产业结构，全面推进农业现代化、畜牧业供给侧结构性改革，农牧业生产结构更加合理；积极推动电商等新业态，拓宽农产品销售渠道，加快发展乡村特色休闲游等；深入推进农村一二三产业融合发展，为农民收入增长提供有力保障。2022 年，农村居民人均经营净收入 6656 元，增长 8.5%，拉动人均可支配收入增长 3.4 个百分点，是农村居民收入增长的最主要因素。

3.改革红利成效显著，财产性收入拓展新空间。随着乡村振兴战略稳步推进，乡村产业规模化趋势增强，村集体经济逐步壮大，土地租赁市场机制不断健全，土地流转日趋活跃，转让承包土地经营权租金等收入显著提升。同时，近年来疫情带来的不确定影响，农民储蓄意愿增强，带动居民存款余额不断提高，利息净收入实现攀升。2022 年，宁夏农村居民人均财产净收入为 369 元，增长 4.8%，是农村居民收入增长的新突破。

4.民生保障持续发力，转移性收入保驾护航。随着各项惠农政策落地落实，社会保障覆盖面扩大，带动养老金或离退休金、社会救济和补助以及报销医疗费等收入实现较快增长，农民获得感成色更足。同时，随着农村外出务工就业的稳定向好，寄回带回收入也明显增加。2022 年，农村居民人均转移净收入 3325 元，增长 5.3%，拉动人均可支配收入增长 1.1 个百分点，是农村居民收入增长的重要补充。

二、乡村振兴背景下农民增收面临的挑战

2022 年，农村居民收入保持了平稳较快增长态势，但收入增速有所放缓，比上年回落 3.3 个百分点，持续增收态势放缓。加之，当前仍受疫情冲击、经济下行压力加大等多重因素叠加，农民增收面临严峻挑战。

（一）工资性收入增长动力有所弱化，影响农民增收持续性

一是受疫情和经济下行压力增大的影响，传统制造业、建筑业等劳动密集型行业发展不景气，用工需

求增长趋缓，制约了农村居民工资性收入持续较快增长。二是当前经济发展存在内需不足、投资乏力、新动能不足等新变化，加之在当前用工技能要求不断提升的大环境下，农村剩余劳动力大多文化程度较低，年龄偏大，普遍没有专业技能，使农民工在就业、技能提升等方面面临挑战，务工总量、就业招工“两难”的结构性矛盾突出，工资提升空间较窄。三是新冠疫情反复性和不确定性仍然存在，对住宿餐饮、休闲娱乐、文化旅游等服务业的影响较大；与此同时，疫情造成部分企业生产经营困难，用工计划缩减，甚至出现停产停业，农民就业压力加大，给农民增收形势带来不确定性。

（二）经营净收入增长存在不确定性，影响农民增收稳定性

一是由于资源禀赋和历史发展等原因，农村居民收入增长过度依赖经营收入的状况还未得到根本性改变，尤其是对农牧业生产的依赖性更强，但农牧业生产规模化水平不够高，抵御风险能力还不够强，易受到极端气候、价格波动、成本上升、突发疫病等多因素影响，给农民持续增收带来了不稳定性和不确定性。二是种植成本上涨。农业生产成本逐年提高挤压了本就有限的农业增收空间，化肥、农药、土地流转、人工等价格逐年攀升，农民在防灾、灭害和租用现代化机械等方面都面临较大的成本压力。三是养殖成本上升。以生猪为主的畜禽产品价格波动频繁，规模养殖户养殖风险增大，散户养殖耗时费力，且饲料价格上涨幅度比较明显，生产投入成本加大，严重挤压了利润空间，依靠畜牧业生产实现农民增收面临更多不确定性。

（三）财产净收入增长动力尚未形成，影响农民增收多元化

财产性收入来源狭窄，主要是通过利息、转让承包土地经营权租金和出租房屋收入来体现，目前宁夏新型农村集体经济仍处在发展阶段，集体分配的红利等收入仍然较少，且农村居民财产净收入基数小、来源少，在推动农村居民增收方面力量较为薄弱。

三、促进农民可持续增收的建议

促进农民持续增收是乡村振兴战略的中心任务，也是实现共同富裕的关键所在。在经济下行压力加大的背景下，需要统筹疫情防控和经济社会发展，全力保障农业生产，实现农民持续增收。

（一）拓展就业渠道，保障工资性收入

一是继续做好就业服务工作，加强就业咨询、职业指导和技能培训，不断完善农村公共就业服务保障体系。二是加大职业技能培训力度，解决结构性就业矛盾，促进重点人群就业，努力实现更高质量和更充分就业，稳固城乡居民收入增长基础。三是探索推进地区间劳务合作，通过定岗培训、以工代赈等措施吸纳农民工务工增收，促进本地充分就业和高质量就业。

（二）加快产业融合，拓宽经营性收入

一是大力推动乡村振兴战略实施，做大做强特色优势农业，优化产业结构，有效实现传统农业生产向全产业链转变，真正实现一二三产业融合发展。二是大力发展休闲农业，积极推进乡村旅游、乡村民宿等农业旅游产品，实现特色农业产业与旅游业的结合。三是着力打造优势特色种养殖业，优化种养殖业产业布局，推动特色种养殖业规模化发展，拓宽农民增收新亮点。

（三）拓宽理财渠道，提振财产性收入

一是发展壮大新型农村集体经济，完善农户土地承包经营权流转管理制度，激发集体组织活力，为农民带来长期稳定收益。二是增强农民金融投资理财能力和金融风险防范意识，充分利用新媒体宣传金融理财等相关方面政策，不断丰富农民的投资理财知识，有效拓宽财产净收入增长渠道。

（四）完善民生保障，稳固转移性收入

一是不断健全完善农业支持政策体系，提高强农惠农资金，落实各项农业补贴政策，适时调整惠农补贴标准。二是加快健全农村社会保障体系，及时调整农村低保、养老金等标准，进一步增强农民的获得感和幸福感。三是切实做好民生兜底工作，健全防止返贫动态监测和帮扶机制，不断完善社会援助救助政策保障制度。

（黎　雪）

2-1 全体居民家庭基本情况

指标名称	Item	单位	Unit	2013
一、户主文化程度	**Cultural Level of Head of a Household**			
(一)未上过学	No Schooling	%	%	6.1
(二)小学	Primary School	%	%	21.3
(三)初中	Junior Secondary School	%	%	35.9
(四)高中	Senior Secondary School	%	%	18.5
(五)大学专科	Junior College	%	%	11.2
(六)大学本科	Undergraduate College	%	%	6.8
(七)研究生	Postgraduate	%	%	0.3
二、按家庭规模分的住户类型	**Households Type Divided by Family Size**			
(一)一人户	One Person	%	%	3.3
(二)二人户	Two Persons	%	%	18.8
(三)三人户	Three Persons	%	%	30.5
(四)四人户	Four Persons	%	%	23.7
(五)五人户	Five Persons	%	%	13.6
(六)六人及以上户	Six Persons and over	%	%	10.1
三、按世代分的住户类型	**Households Type Divided by Generation**			
(一)一代户	One-Generation Households	%	%	11.8
(二)二代户	Two-Generation Households	%	%	30.4
(三)三代户	Three-Generation Households	%	%	8.9
(四)四代及以上户	Four-Generation Households and over	%	%	0.2
四、住户特征	**Household Characteristics**			
(一)纯老人户	Households of only the old	%	%	12.2
(二)家中有未成年子女户	Households of Couple with Minor Children	%	%	81.8
(三)年轻夫妻无子女户	Households of Young Couple without Children	%	%	
(四)无劳动力户	Households without Labour Force	%	%	6.0
五、住户经营情况	**Household Business Situation**			
(一)生产经营户	Production Business Households	%	%	50.5
农业户	Agriculture	%	%	43.2
农业兼业户	Agriculture and Business Households	%	%	
非农兼业户	Non-agriculture and Business Households	%	%	
非农业户	Non-agriculture Households	%	%	15.6
(二)非生产经营户	Non-production Business Households	%	%	49.6
六、参加医疗保险情况	**Medical Insurance Participation**			
(一)参加城乡居民基本医疗保险	Basic Medical Insurance for Urban and Rural Residents	%	%	74.2
(二)参加城镇职工基本医疗保险	Basic Medical Insurance for Urban Employee	%	%	18.5
(三)商业及其他医疗保险	Commercial and Other Health Insurance	%	%	1.9
(四)没有参加任何医疗保险	Non-joined any Medical Insurance	%	%	5.4

Basic Statistics of Urban and Rural Households

2014	2015	2016	2017	2018	2019	2020	2021	2022
5.8	4.9	4.1	4.2	4.0	4.1	4.3	5.0	5.0
19.9	20.5	20.6	20.3	20.2	19.8	20.1	20.1	20.2
36.8	37.5	37.9	38.1	36.6	37.2	37.1	38.9	38.7
18.4	17.4	18.7	18.8	17.9	17.5	17.1	17.4	17.2
11.0	11.9	10.8	10.8	11.0	11.3	11.9	10.3	10.4
7.9	7.6	7.6	7.6	9.6	9.4	9.1	7.6	7.9
0.3	0.1	0.2	0.2	0.6	0.8	0.5	0.6	0.7
3.0	2.7	3.3	3.1	3.4	4.0	3.7	3.7	4.1
19.4	20.7	26.2	27.6	28.0	28.9	30.5	33.1	32.9
31.3	29.6	31.4	31.4	28.7	27.6	28.1	25.6	26.6
23.8	24.9	21.5	20.7	21.5	21.8	20.7	21.1	20.9
12.9	12.8	10.7	10.3	10.4	9.4	8.9	8.3	7.7
9.6	9.3	6.9	7.0	7.9	8.3	8.1	8.2	7.9
23.0	24.3	24.2	24.9	26.4	26.6	27.9	29.8	—
60.3	59.6	59.8	59.9	58.0	57.7	57.7	56.6	—
16.3	15.7	15.6	14.8	15.6	15.5	14.0	13.5	—
0.4	0.4	0.4	0.5		0.2	0.4	0.1	—
13.3	15.1	15.1	17.4	15.5	17.9	20.1	22.0	24.1
79.8	78.1	79.7	78.5	80.6	78.8	78.3	77.5	75.1
1.1	1.2	0.7	0.8	1.8	1.2	0.9	0.1	0.1
5.8	5.6	4.5	3.3	2.1	2.2	0.8	0.4	0.6
52.0	49.3	36.7	48.4	72.0	49.6	51.5	51.8	51.5
81.8	83.3	60.3	59.5	53.2	59.7	56.8	58.6	58.8
		7.3	7.6	3.6	6.9	5.4	5.1	6.0
		10.0	9.3	4.4	7.1	7.6	5.8	5.7
10.2	10.4	33.4	32.6	38.9	34.6	30.7	30.5	29.5
48.0	50.7	63.3	51.6	28.0	50.4	48.5	48.2	48.5
75.9	77.5	77.9	77.5	80.3	78.5	77.9	79.1	77.7
17.9	16.7	17.5	17.7	17.2	18.6	19.3	20.4	21.6
4.3	1.6	2.2	2.1	3.0	5.0	5.8	3.6	3.9
5.2	4.8	4.1	4.2	2.1	2.3	2.3	0.4	0.2

2-2 全体居民家庭就业年龄及学历构成情况

指标名称	Item	单位	Unit
一、基本情况	**Basic Statistics of Households Surveyed**		
(一)户均常住人口	Average Number of Permanent Residents per Household	人/户	person/household
(二)户均常住从业人口	Average Number of Employed Persons per Household	人/户	person/household
(三)平均每户家庭从业人口比重	Proportion of Employed Persons per Household	%	%
(四)平均每一从业人口负担人数	Average Number of Dependency Coefficient per Employed Persons	人	person
(五)由本户供养的在校学生	Supported Students in School by the Family	人/户	person/household
(六)户均整半劳动力人口	Whole and Half Labor Force per Household	人/户	person/household
(七)平均每户家庭整半劳动力人口比重	Proportion of Whole and Half Labor Force per Household	%	%
二、家庭劳动力年龄构成	**Age Composition of Permanent Employed Persons**		
(一)16-19岁	Aged 16-19	%	%
(二)20-24岁	Aged 20-24	%	%
(三)25-29岁	Aged 25-29	%	%
(四)30-34岁	Aged 30-34	%	%
(五)35-40岁	Aged 35-40	%	%
(六)41-50岁	Aged 41-50	%	%
(七)51-60岁	Aged 51-60	%	%
(八)61-65岁	Aged 61-65	%	%
(九)66岁及以上	Aged 66 and over	%	%
三、家庭劳动力文化程度构成	**Composition of Education Level for Labor Force**		
(一)未上过学	No Schooling	%	%
(二)小学	Primary School	%	%
(三)初中	Junior Secondary School	%	%
(四)高中	Senior Secondary School	%	%
(五)大学专科	Junior College	%	%
(六)大学本科及以上	Bachelor Degree or above	%	%
(七)研究生	Graduate Student	%	%
四、常住从业人员就业类型	**Type of Employment of Permanent Employed Persons**		
(一)雇主	Employer	%	%
(二)公职人员	Civil Servants	%	%
(三)事业单位人员	Institution Officers	%	%
(四)国有企业雇员	State-owned Enterprises Employees	%	%
(五)其他雇员	Other Employees	%	%
(六)农业自营	Self-employed of Agriculture	%	%
(七)非农自营	Self-employed of Non-Agriculture	%	%
五、常住从业人员从事主要行业	**Type of Industry for Permanent Employed Persons**		
(一)第一产业	Primary Industry	%	%
(二)第二产业	Secondary Industry	%	%
(三)第三产业	Tertiary Industry	%	%

Composition Statistics of Employment Age and Education for Urban and Rural Households

2013	2014	2015	2016	2017	2018	2019	2020	2021	2022
3.4	3.4	3.4	3.4	3.3	3.4	3.3	3.3	3.3	3.2
1.7	1.8	1.7	1.7	1.7	1.7	1.7	1.6	1.6	1.6
51.2	53.3	51.4	51.7	51.0	49.6	49.6	48.5	49.7	48.2
2.0	1.9	1.9	1.9	2.0	2.0	2.0	2.1	2.0	2.1
0.7	0.8	0.8	0.8	0.7	0.7	0.7	0.7	0.8	0.8
2.2	2.2	2.2	2.2	2.2	2.2	2.2	2.2	2.2	2.2
63.4	63.9	64.4	66.0	66.6	65.9	66.0	67.7	67.9	68.4
2.2	2.1	2.0	1.9	1.4	1.3	0.9	0.7	0.6	0.6
7.6	6.0	5.5	6.1	4.9	5.0	4.6	4.6	3.2	3.4
8.8	7.9	7.9	7.0	6.8	8.7	7.6	5.9	4.9	4.3
10.1	10.4	8.7	7.8	7.2	9.7	9.6	9.4	8.4	7.9
15.7	15.7	15.6	14.5	13.3	13.3	13.1	12.2	12.9	11.9
29.6	30.5	30.9	31.8	32.3	29.7	29.2	27.6	26.5	26.8
16.4	17.5	18.7	20.6	22.2	19.8	21.2	23.0	24.9	25.6
5.3	5.5	5.5	5.4	5.8	7.1	7.5	7.5	7.1	7.0
4.3	4.3	5.1	5.0	6.1	5.5	6.3	8.9	11.4	12.4
8.5	8.2	8.3	7.6	7.5	8.9	8.6	9.3	9.4	9.5
22.4	21.4	20.9	20.4	20.2	20.6	20.7	20.8	21.2	21.0
35.0	35.4	36.3	36.9	36.4	33.8	33.5	33.2	35.0	34.5
16.5	16.4	16.1	16.5	16.7	16.0	15.9	15.5	16.1	15.9
11.2	11.2	11.3	11.0	11.3	11.4	11.7	12.2	9.8	10.1
6.3	7.1	6.7	7.3	7.7	9.0	8.8	8.6	7.9	8.4
0.2	0.2	0.4	0.3	0.3	0.5	0.6	0.4	0.5	0.6
2.1	1.3	0.4	0.3	0.1	0.5	0.4	0.4	0.2	0.2
2.7	3.0	2.3	2.4	2.2	2.1	1.9	1.9	2.0	2.1
6.7	6.5	5.5	5.7	5.9	5.4	5.2	4.7	5.2	5.5
7.4	6.8	6.9	6.6	6.4	4.3	4.6	4.2	3.4	3.6
39.2	40.5	45.4	46.6	48.4	52.2	50.7	52.0	51.0	51.8
31.4	30.1	27.9	25.6	24.9	23.1	24.7	24.5	26.4	25.8
10.6	11.9	11.6	12.8	12.1	12.4	12.5	12.2	11.7	10.9
33.4	32.0	30.5	28.9	28.8	26.4	28.3	28.7	30.4	30.3
25.2	24.7	25.7	25.1	24.1	24.4	22.5	21.9	21.5	20.3
41.4	43.3	43.8	46.0	47.1	49.2	49.2	49.4	48.1	49.4

2-3 全体居民家庭房屋基本情况

指标名称	Item	单位	Unit
一、期末现住房情况	**Current House Condition of Term End**		
(一)人均现住房面积	Per Capita Current Housing Area	平方米/人	sq.m/person
人均自有现住房面积	Per Capita Self-owned Current Housing Area	平方米/人	sq.m/person
户均现住房面积	Per Household Current Housing Area	平方米/户	sq.m/household
户均自有现住房面积	Per Household Self-owned Current Housing Area	平方米/户	sq.m/household
(二)现住房市场价月租金	Monthly Rent of Current Housing	元/人	yuan/person
自有现住房市场价月租金	Monthly Rent of Self-owned Current Housing	元/人	yuan/person
二、期内新购建住房情况	**Newly Bought or Built Residential Buildings Condition During Period**		
(一)新建住房竣工建筑面积	Completing Floor Space of Newly Built Residential Buildings	平方米/人	sq.m/person
(二)新建住房总费用	Total Cost of Newly Built Residential Buildings	元/人	yuan/person
(三)新建住房价值	Value of Newly Built Residential Buildings	元/平方米	yuan/sq.m
三、期末现住房构成	**Current Housing Constitute of Term End**		
(一)本住户居住类型	Residence Type		
其中：普通住宅	General Residence	%	%
(二)本住户居住空间样式	House Construction Space Style		
1.单栋楼房	Single Building	%	%
2.单栋平房	Single Bungalow	%	%
3.四居室及以上单元房	House with Four Bedrooms and Above	%	%
4.三居室单元房	House with Three Bedrooms	%	%
5.二居室单元房	House with Two Bedrooms	%	%
6.一居室单元房	House with One Bedrooms	%	%
7.其他	Others	%	%
(三)主要建筑材料	Main Building Materials		
1.钢筋混凝土	Reinforced Concrete	%	%
2.砖混材料	Brick and Concrete	%	%
3.砖瓦砖木	Brick and Wood	%	%
4.竹草土坯	Bamboo Grass Adobe	%	%
5.其他	Others	%	%
(四)现住房房屋来源	Current Housing Source		
1.租赁公房	Public House Leasing	%	%
2.租赁私房	Private House Leasing	%	%
3.自建住房	Self-built Housing	%	%
4.购买商品房	Commercial Residential Building	%	%
5.购买房改住房	Reformed Housing	%	%
6.购买保障性住房	Security Housing	%	%
7.拆迁安置房	Removal Settlement Housing	%	%
8.继承或获赠住房	Inheritance or Gift Housing	%	%
9.免费借用房	Borrow Housing for Free	%	%
10.其他	Others	%	%
(五)现住房建筑面积	Current Residential Buildings Area		
1.10平方米以内	Less than 10 sq.m	%	%
2.10-20平方米	10-20 sq.m	%	%
3.20-30平方米	20-30 sq.m	%	%
4.30-60平方米	30-60 sq.m	%	%
5.60-90平方米	60-90 sq.m	%	%
6.90-120平方米	90-120 sq.m	%	%
7.120-200平方米	120-200 sq.m	%	%
8.200平方米以上	200 sq.m above	%	%

Basic Statistics of House for Urban and Rural Households

2013	2014	2015	2016	2017	2018	2019	2020	2021	2022
28.4	29.8	30.5	31.7	32.0	31.7	32.5	33.5	33.8	34.0
26.7	28.4	29.3	30.6	30.9	30.7	31.5	32.5	33.0	33.1
97.0	100.7	102.7	106.2	106.6	106.5	108.4	110.8	110.3	110.0
90.9	96.1	98.5	102.6	102.8	102.9	105.0	107.6	107.7	107.1
136.5	154.1	162.0	170.9	177.6	178.5	183.7	184.7	190.6	192.6
124.4	144.7	154.0	163.4	169.6	171.9	176.8	178.5	185.6	187.2
0.9	1.1	0.7	0.6	0.9	0.4	0.4	0.6		
662.9	806.4	584.7	6553.7	746.0	419.3	343.0	529.8		
744.7	702.9	790.2	10459.7	868.1	1076.6	859.7	870.2		
98.6	99.4	98.8	99.3	99.6	100.0	100.0	100.0	100.0	100.0
1.8	1.4	2.7	3.2	2.7	1.6	1.3	0.7	0.8	0.8
47.6	48.1	46.6	44.2	43.4	40.7	43.8	43.1	42.8	42.4
1.2	1.6	1.0	1.8	1.9	1.5	1.2	1.1	1.6	1.7
15.1	16.2	17.7	19.6	20.6	24.6	25.0	25.7	22.5	22.9
29.2	29.6	28.8	29.7	29.7	26.5	27.6	28.1	30.7	30.9
3.5	1.6	2.1	1.0	1.1	1.1	1.0	1.2	1.4	1.4
1.5	1.5	1.1	0.5	0.5	4.1	0.0	0.2	0.3	0.0
7.8	10.0	11.5	18.2	18.7	36.2	36.1	36.5	37.1	37.8
51.2	50.2	51.0	49.0	48.6	34.6	35.8	36.5	36.0	35.3
33.9	34.0	33.0	30.5	30.5	28.0	27.1	26.4	26.8	26.7
6.5	5.2	3.7	2.1	1.9	1.0	0.8	0.4		0.1
0.6	0.6	0.9	0.3	0.3	0.2	0.2	0.2	0.1	0.1
1.0	0.5	0.9	1.1	1.0	0.8	0.7	0.8	0.7	0.9
6.7	5.1	3.2	2.3	2.3	2.3	2.3	2.1	1.6	1.7
45.8	45.4	44.4	43.0	42.1	43.8	42.9	42.2	42.0	41.2
27.8	31.1	33.1	35.5	36.7	39.5	40.0	40.9	41.4	42.0
9.0	8.5	8.4	8.5	8.3	2.8	2.7	2.7	1.3	1.2
3.5	3.2	2.9	2.5	2.6	2.0	1.7	1.6	2.7	2.8
4.0	4.1	3.9	4.6	4.7	7.3	8.2	8.3	9.2	9.2
0.3	0.5	0.6	0.4	0.4	0.4	0.5	0.5	0.1	0.1
1.7	1.2	1.2	1.0	1.0	0.8	0.7	0.8	0.8	0.8
0.3	0.6	1.3	1.1	1.0	0.3	0.2	0.2	0.1	0.2
0.2									
1.5	1.1	1.3	0.6	0.2					
0.8	0.8	0.4	0.2	0.2	0.1	0.1	0.0	0.0	0.1
14.7	12.3	11.7	11.6	11.4	8.4	7.0	6.0	6.8	7.0
33.6	32.2	31.2	29.4	28.8	30.0	28.4	27.9	28.1	28.2
32.9	34.8	34.0	33.8	35.0	36.6	38.2	36.7	36.4	36.1
14.2	15.7	18.1	20.7	20.8	22.7	23.9	26.6	25.5	25.8
2.3	3.1	3.3	3.6	3.5	2.2	2.4	2.8	3.2	2.9

2-3 续表

指标名称	Item	单位	Unit
(六)住宅有管道供水情况	Pipeline Water Supplying of Residential Buildings	%	%
1.住宅内管道取水	Pipeline Water Supplying in the Home	%	%
2.住宅内其他方式取水	Other Ways Water Supplying in the Residence	%	%
3.院内管道取水	Pipeline Water Supplying to Public Water Intaking Spot	%	%
4.院内其他方式取水	Other Ways Water Supplying in the Courtyard	%	%
5.其他位置取水	Water Supplying from other locations	%	%
(七)住户厕所类型	Residence Toilet Type	%	%
1.水冲式卫生厕所	Water Flushing Sanitary Toilet	%	%
2.水冲式非卫生厕所	Water Flushing Insanitary Toilet	%	%
3.卫生旱厕	Sanitary Pit Latrine	%	%
4.普通旱厕	General Pit Latrine	%	%
5.无厕所	No Toilet	%	%
(八)住户厕所使用情况	Using Condition of Residence Toilet	%	%
1.本住户独用	Exclusive Use	%	%
2.几户合用	Sharing with Several Households	%	%
3.公用厕所	Public Toilet	%	%
(九)住户洗澡设施情况	Residence Shower Equipment Condition	%	%
1.统一供热水	Unified Supply Hot Water	%	%
2.家庭自装热水器	House Self-Installing Water Heater	%	%
3.其他	Others	%	%
4.无洗澡设施	No Shower Equipment	%	%
(十)住户主要取暖设备状况	Residence Main Heating Equipment Condition	%	%
1.由市政或小区集中供暖	Central Heating by Government or Housing Estate	%	%
2.自行供暖	Self Heating	%	%
3.无取暖设备	No Heating Equipment	%	%
(十一)住户主要取暖用能源状况	Residence Main Heating Energy Condition	%	%
1.柴草	Firewood	%	%
2.煤炭	Coal	%	%
3.罐装液化石油气	Canned Liquefied Petroleum Gas	%	%
4.管道液化石油气	Pipeline Liquefied Petroleum Gas	%	%
5.管道煤气	Pipeline Coal Gas	%	%
6.管道天然气	Pipeline Natural Gas	%	%
7.电	Electricity	%	%
8.燃料用油	Fuel Oils	%	%
9.沼气	Biogas	%	%
10.其他	Others	%	%
11.无取暖行为	No Heating Behavior	%	%
(十二)主要炊用能源状况	Main Condition of Cooking Energy	%	%
1.柴草	Firewood	%	%
2.煤炭	Coal	%	%
3.罐装液化石油气	Canned Liquefied Petroleum Gas	%	%
4.管道液化石油气	Pipeline Liquefied Petroleum Gas	%	%
5.管道煤气	Pipeline Coal Gas	%	%
6.管道天然气	Pipeline Natural Gas	%	%
7.电	Electricity	%	%
8.燃料用油	Fuel Oils	%	%
9.沼气	Biogas	%	%
10.其他	Others	%	%
11.无炊用行为	No Heating Behavior	%	%

continued

2013	2014	2015	2016	2017	2018	2019	2020	2021	2022
100.0									
80.9	81.8	86.6	90.8	91.5	94.8	88.9	90.0	91.7	91.6
						1.0	0.9		
0.2	0.3	0.1	0.2	0.2	0.3	7.8	7.6	6.0	6.4
						0.9	1.4		
18.9	18.0	13.2	9.1	8.3	4.9	0.1	0.1	2.3	1.9
100.0									
52.4	52.6	54.2	56.2	57.2	56.9	62.6	64.8	68.2	68.1
0.8	0.7	0.4	0.4	0.4	1.1	2.9	2.4	1.5	1.7
2.6	2.9	4.0	3.8	3.7	6.7	3.6	4.2	6.7	8.7
43.3	43.1	40.9	39.4	38.5	35.2	30.8	28.5	23.6	21.4
0.9	0.7	0.4	0.2	0.2	0.1	0.1	0.1		
100.0									
96.3	97.4	96.6	97.8	98.2	99.0	99.1	99.3	99.6	99.6
2.5	1.6	2.4	1.5	1.1	0.7	0.8	0.5	0.2	0.3
1.2	1.0	1.0	0.7	0.7	0.3	0.2	0.2	0.2	0.1
100.0									
3.4	3.2	2.7	3.1	2.9	3.0	1.1	1.3	1.1	1.2
53.7	55.7	63.6	73.6	76.7	89.1	91.3	91.4	95.8	96.8
8.7	8.2	6.1	3.5	3.2	1.8	2.9	2.8	1.8	1.5
34.3	33.0	27.6	19.9	17.2	6.0	4.6	4.4	1.3	0.6
100.0									
49.3	49.5	49.8	50.2	51.7	47.1	47.4	48.3	48.9	50.3
46.1	45.9	47.6	47.5	46.5	51.9	52.0	51.2	51.0	49.7
4.7	4.6	2.6	2.2	1.8	1.0	0.6	0.4		
100.0									
1.4	1.0	0.9	0.8	0.8	0.2	0.1		0.1	0.3
93.7	47.9	47.8	48.2	42.5	44.6	42.2	41.8	42.1	40.6
0.6	0.3	0.1	0.0	0.0					
0.1	0.1	0.0	0.2	0.2	0.2				
0.2	0.1	0.0			0.2				
3.0	1.1	3.5	3.1	3.3	8.6	8.7	8.8	8.3	7.4
0.6	4.5	0.4	1.7	0.8	0.6	1.1	0.9	0.5	0.6
0.0									
0.1	2.3	5.6	3.4	7.3	13.5	0.1	0.0	0.1	0.6
0.3	42.7	41.6	42.6	45.1	32.0	47.7	48.5	48.9	50.4
100.0									
9.5	8.6	5.4	3.5	4.0	4.2	1.8	1.1	0.7	0.4
18.3	18.8	18.1	16.6	15.2	13.4	9.9	8.4	3.9	3.6
15.6	11.2	12.3	11.7	10.8	9.3	9.3	9.8	10.6	10.1
0.2	0.2	0.2	0.2	0.2	0.1	0.1	0.1		
0.2	0.1	0.1	0.1	0.1	0.4	0.4	0.1		
30.2	34.1	35.4	38.2	39.4	44.6	46.0	46.9	45.3	46.0
25.8	26.8	28.4	29.0	30.0	27.8	32.3	33.4	39.5	39.7
					0.1	0.1			
0.1	0.1				0.1				0.1
0.1	0.1		0.6	0.3	0.1	0.2	0.1		

2-4 全体居民年末拥有生产性固定资产情况

指标名称	Item	单位	Unit
年末生产性固定资产原价	**Original Price of Productive Fixed Assets Year-end**	**元/户**	**yuan/household**
(一)第一产业固定资产原价	**The Primary Industry**	**元/户**	**yuan/household**
1.农业固定资产原价	Agricultural	元/户	yuan/household
2.林业固定资产原价	Forestry	元/户	yuan/household
3.牧业固定资产原价	Animal Husbandry	元/户	yuan/household
4.渔业固定资产原价	Fishery	元/户	yuan/household
5.农林牧渔专业及辅助性活动固定资产原价	Agriculture, Forestry, Animal Husbandry, Fishery and Auxiliary Activities	元/户	yuan/household
(二)第二产业固定资产原价	**The Secondary Industry**	**元/户**	**yuan/household**
1.采矿业固定资产原价	Mining Industry	元/户	yuan/household
2.制造业固定资产原价	Manufacturing Industry	元/户	yuan/household
3.电力热力燃气及水生产和供应业	Production and Supply of Electric, Heat, Gas and Water	元/户	yuan/household
4.建筑业固定资产原价	Construction Industry	元/户	yuan/household
(三)第三产业固定资产原价	**The Tertiary Industry**	**元/户**	**yuan/household**
1.批发和零售业	Wholesales and Retail Trade	元/户	yuan/household
2.交通运输仓储和邮政业	Transportation, Warehousing and Postal Services	元/户	yuan/household
3.住宿和餐饮业	Hotel and Catering Sectors	元/户	yuan/household
4.房地产业	Real Estate	元/户	yuan/household
5.租赁和商务服务业	Leasing and Business Service	元/户	yuan/household
6.居民服务修理和其他服务业	Residential Services, Repair and Other Services	元/户	yuan/household
7.其他行业	Others	元/户	yuan/household
年末主要生产性固定资产数量	**Quantity of Main Productive Fixed Assets Year-end**		
1.农业生产性用房及建筑物	House and Buildings for Agricultural Production	平方米/百户	sq.m/100 households
2.大中型农用拖拉机	Large and Medium Agrimotor	辆/百户	unit/100 households
3.小型农用拖拉机	Small Agrimotor	辆/百户	unit/100 households
4.农用排灌动力机械	Drainage and Irrigation Power Machinery for Agriculture	台/百户	unit/100 households
5.插秧机	Rice Transplanter	台/百户	unit/100 households
6.收割机	Harvesting Implements	台/百户	unit/100 households
7.脱粒机	Threshing Machine	台/百户	unit/100 households
8.产品畜	Livestock Products	头/百户	unit/100 households
9.其他农业机械	Other Agricultural Machinery	台/百户	unit/100 households

Ownership of Productive Fixed Assets for Urban and Rural Households Year-end

2013	2014	2015	2016	2017	2018	2019	2020	2021	2022
20521.6	**20078.5**	**22091.8**	**23002.5**	**23541.9**	**34362.9**	**35413.0**	**37625.6**	**32568.6**	**32705.1**
7389.8	**8695.4**	**7570.6**	**7696.7**	**8742.4**	**11139.4**	**14139.7**	**14582.6**	**13180.2**	**13110.4**
4929.6	5933.0	5289.7	5378.8	5635.4	5406.1	6022.6	5386.1	5511.3	5536.4
8.6	39.7	7.4	1.6	3.8	14.4	59.9	68.8	6.1	7.5
2290.7	2581.1	1953.2	1947.7	2755.9	4707.0	6338.4	7638.2	7490.1	7237.5
			10.3	10.3					
160.8	141.6	320.4	358.3	337.1	1011.9	1718.7	1489.6	172.6	329.1
1060.9	**1139.5**	**1680.2**	**1378.6**	**872.8**	**3346.0**	**3602.0**	**4149.4**	**1022.0**	**857.0**
	120.3	4.0	20.8	20.9	257.5	212.2	323.9		
341.5	243.1	121.5	414.9	370.5	140.1	128.2	113.2	220.3	322.5
0.9						1.2			
718.5	776.1	1554.6	942.8	481.4	2948.4	3260.4	3712.2	801.6	534.5
12070.9	**10243.6**	**12841.0**	**13927.3**	**13926.7**	**19877.6**	**17671.4**	**18893.6**	**18366.4**	**18737.7**
4397.7	2963.2	5714.8	2755.5	3358.5	3387.9	3340.9	3978.8	6044.7	6123.7
6326.1	5949.6	5606.5	7852.3	7776.5	7926.3	8770.8	9199.2	9421.2	10203.4
357.5	115.0	376.6	463.0	655.4	5853.5	2890.6	2829.6	1020.5	620.4
26.7	15.1	10.2	178.4	1073.3					
248.4	320.1	371.8	1894.2	113.5	559.9	109.6	97.7	79.4	92.9
581.8	769.5	734.2	770.4	813.3	1316.1	1597.5	1963.4	1302.4	1292.4
132.8	111.0	26.9	13.6	136.2	833.8	961.9	824.8	498.3	404.9
2017.6	2307.2	3672.3	3045.1	2948.0	2900.3	3284.4	3207.2	3641.0	4778.8
2.3	2.9	2.2	2.6	2.9	2.6	2.4	1.9	2.2	4.5
25.3	25.7	24.5	24.3	23.1	19.3	19.2	18.3	19.8	19.3
0.7	1.1	0.5	0.6	0.8	0.3	0.4	0.3	0.6	0.8
0.3	0.3	0.2	0.1	0.1					0.1
0.9	1.5	1.7	1.7	1.7	1.0	0.7	0.5	0.4	0.8
1.6	1.9	1.8	1.3	1.6	2.1	1.9	2.0	2.9	2.4
22.9	17.7	10.0	8.1	29.3	38.1	62.1	157.9	45.1	64.3
-	-	6.5	10.1	10.5	13.5	16.1	17.0	18.7	—

2-5 全体居民家庭经营土地及农作物种植情况

指标名称	Item	单位	Unit
期末实际经营的土地面积	**Area of Cultivated Land at Year-end**	**亩/人**	**mu/person**
耕地	Arable Land	亩/人	mu/person
有效灌溉面积	Effective Irrigated Area	亩/人	mu/person
林地、园地	Woodland, Garden	亩/人	mu/person
牧草地	Grass Land	亩/人	mu/person
养殖水面	Aquaculture	亩/人	mu/person
粮食播种面积	**Grain Sown Area**	**亩/人**	**mu/person**
小麦	Wheat	亩/人	mu/person
水稻	Rice	亩/人	mu/person
玉米	Corn	亩/人	mu/person
豆类	Soybeans	亩/人	mu/person
薯类	Tubers	亩/人	mu/person
经济作物播种面积	**Sown Area of Economy Crops**	**亩/人**	**mu/person**
油料	Bearing	亩/人	mu/person
蔬菜	Vegetable	亩/人	mu/person
设施蔬菜设施蔬菜	Facilities Vegetables	亩/人	mu/person
水果	Fruits	亩/人	mu/person
设施水果	Facilities Fruit	亩/人	mu/person
机耕面积	**Machine-cultivated Area**	**亩/人**	**mu/person**
机播面积	**Mechanical Sowing Area**	**亩/人**	**mu/person**
机收面积	**Mechanical Harvesting Area**	**亩/人**	**mu/person**
机电灌溉面积	**Electromechanical Irrigation Area**	**亩/人**	**mu/person**
主要农产品产量	**Output of Major Agricultural Products**		
谷物产量	Cereal	公斤/人	kg/person
小麦产量	Wheat	公斤/人	kg/person
稻谷产量	Rice	公斤/人	kg/person
玉米产量	Corn	公斤/人	kg/person
薯类产量	Tubers	公斤/人	kg/person
豆类产量	Soybeans	公斤/人	kg/person
油料产量	Bearing	公斤/人	kg/person

Basic Statistics of Land Managed and Farm Crop Planting for Urban and Rural Households

2013	2014	2015	2016	2017	2018	2019	2020	2021	2022
2.32	**2.56**	**2.29**	**2.40**	**2.23**	**2.31**	**2.43**	**2.23**	**2.14**	**2.13**
1.86	1.83	1.80	2.01	1.90	1.96	2.01	1.77	1.80	1.81
0.97	0.95	1.00	1.06	1.03	1.03	1.16	0.99	0.93	0.99
0.16	0.22	0.16	0.31	0.25	0.22	0.27	0.26	0.23	0.16
0.30	0.51	0.33	0.08	0.08	0.13	0.16	0.19	0.10	0.16
1.22	**1.23**	**1.35**	**1.37**	**1.26**	**1.25**	**1.39**	**1.25**	**1.25**	**1.21**
0.21	0.22	0.20	0.24	0.22	0.20	0.19	0.13	0.13	0.18
0.26	0.19	0.21	0.30	0.26	0.14	0.15	0.09	0.04	0.04
0.63	0.68	0.81	0.71	0.65	0.80	0.95	0.92	0.92	0.87
0.01	0.01	0.02	0.02	0.04	0.02	0.02	0.01	0.05	0.05
0.12	0.12	0.10	0.11	0.10	0.08	0.08	0.11	0.11	0.07
0.17	**0.19**	**0.14**	**0.20**	**0.26**	**0.30**	**0.29**	**0.25**	**0.27**	**0.20**
0.08	0.08	0.06	0.09	0.05	0.08	0.05	0.05	0.04	0.04
0.04	0.04	0.04	0.05	0.05	0.11	0.10	0.07	0.06	0.09
0.02	0.01	0.02	0.01	0.01	0.01	0.01	0.01	0.02	0.01
0.04	0.06	0.04	0.05	0.15	0.11	0.14	0.13	0.17	0.08
0.01	0.02	0.01	0.00	0.01	0.00	0.00	0.00	0.01	0.01
1.35	**1.35**	**1.37**	**1.55**	**1.38**	**1.63**	**1.72**	**1.52**	**1.46**	**1.58**
1.08	**1.09**	**1.14**	**1.26**	**1.15**	**1.22**	**1.50**	**1.30**	**1.34**	**1.44**
0.67	**0.62**	**0.73**	**0.92**	**0.82**	**0.94**	**1.12**	**0.83**	**0.89**	**1.03**
0.08	**0.02**	**0.15**	**0.15**	**0.21**	**0.22**	**0.16**	**0.17**	**0.24**	**0.30**
588.35	626.40	610.67	657.71	564.86	725.84	809.59	790.16	634.88	707.89
39.34	42.94	48.07	49.66	48.77	46.53	46.20	34.93	22.30	29.37
153.33	102.44	96.50	183.64	148.06	83.79	86.88	46.86	26.60	25.49
388.36	469.42	453.20	411.84	356.32	568.68	666.54	702.87	583.18	617.77
30.57	39.38	24.69	21.47	25.73	16.28	21.72	34.30	21.45	18.24
2.33	2.69	5.45	5.13	4.72	2.30	2.57	1.38	6.62	4.10
7.81	9.32	6.83	11.01	5.65	5.88	5.46	4.02	2.28	2.93

2-6 全体居民家庭主要食品消费数量

单位：公斤/人

指标名称	Item	2013	2014
一、粮食消费量	**Grain**	**150.4**	**136.8**
(一)谷物消费量	Cereal	143.8	129.9
1.小麦	Wheat	89.7	78.8
2.稻谷	Rice	49.8	47.3
3.玉米	Corn	1.5	1.5
4.其他谷物	Others	2.8	2.3
(二)薯类消费量	Tubers	3.0	2.8
1.红薯	Sweet Potato	0.2	0.3
2.马铃薯	Potato	2.4	2.2
3.其他薯类	Others	0.4	0.3
(三)豆类消费量	Beans	3.6	4.1
1.大豆	Soybeans	0.2	0.1
2.其他豆类	Others	3.5	4.0
二、蔬菜及菜制品消费量	**Vegetables and Processed Products**	**88.2**	**87.8**
其中：鲜菜	Fresh Vegetables	86.9	86.2
三、肉禽及其制品	**Meat, Poultry and Processed Products**	**21.1**	**22.9**
1.猪肉	Pork	8.4	8.3
2.牛肉	Beef	3.4	3.2
3.羊肉	Mutton	3.8	4.0
4.家禽	Poultry	5.5	6.5
5.其他肉类及制品	Others	—	1.1
四、蛋类及蛋制品	**Eggs and Processed Products**	**4.6**	**5.1**
五、奶和奶制品	**Milk and Processed Products**	**17.0**	**17.1**
六、水产品	**Aquatic Products**	**2.7**	**2.6**
其中：鱼类	Fish	2.2	2.1
七、油脂类消费量	**Grease**	**10.6**	**10.5**
1.植物油	Vegetable Oil	10.5	10.4
2.动物油	Animal Oil	0.1	0.1
八、糖果糕点类	**Confection and Pastry**	**—**	**4.1**
1.食糖	Sugar	—	—
九、干鲜瓜果类	**Melon and Fruits**	**27.8**	**62.6**
1.鲜瓜果	Melons	27.8	58.5
2.瓜果制品	Watermelon	—	0.7
3.坚果类	Nuts	—	3.4
十、消费茶叶	**Tea Leaves**	**0.2**	**0.2**
十一、酒	**Liquor**	**3.6**	**3.9**
1.白酒	White Spirit	0.7	0.7
2.啤酒	Beer	2.8	3.1
3.果酒	Fruit Wine	0.1	0.1

注：1.从2022年起不再统计糖果糕点类消费量。
2.从2022年起不再统计瓜果制品、坚果类消费量。
3.从2022年起不再统计茶叶、酒（包括白酒、啤酒、果酒）的消费量。

Consumption Quantity of Major Foods for Urban and Rural Households

(kg/person)

2015	2016	2017	2018	2019	2020	2021	2022
131.1	**123.1**	**111.2**	**112.1**	**106.7**	**115.6**	**121.0**	**117.1**
123.9	115.3	104.4	105.4	99.7	107.9	113.4	109.7
76.4	70.0	62.5	63.8	60.4	65.7	68.1	67.8
44.3	41.0	39.3	37.6	35.6	38.9	41.4	38.5
1.1	0.9	0.5	1.0	1.1	1.1	1.5	0.7
2.1	3.3	2.2	3.0	2.5	2.2	2.4	2.6
3.0	3.1	2.5	2.7	2.5	2.7	2.5	2.4
0.3	0.3	0.3	0.3	0.4	0.4	0.5	0.5
2.2	2.3	1.9	2.0	1.7	1.9	1.5	1.4
0.5	0.4	0.4	0.4	0.4	0.4	0.4	0.5
4.2	4.7	4.3	4.0	4.6	5.0	5.1	5.1
0.1	0.1	0.1	0.1	0.1	0.1	0.1	0.1
4.1	4.6	4.2	3.9	4.5	4.9	5.0	5.0
87.6	**89.4**	**87.2**	**87.5**	**88.8**	**88.8**	**97.7**	**96.7**
85.8	87.4	85.4	85.8	86.9	86.8	95.4	94.8
23.1	**22.7**	**21.7**	**23.0**	**24.0**	**24.7**	**29.3**	**30.5**
7.1	6.7	6.3	7.0	6.3	5.8	8.0	8.7
3.5	3.5	3.6	4.1	4.8	4.9	5.7	6.0
5.4	5.3	4.7	4.1	4.1	4.4	5.0	5.9
6.0	6.1	6.0	6.8	7.7	8.4	9.2	8.7
1.2	1.2	1.1	1.0	1.1	1.1	1.3	1.3
6.0	**5.5**	**5.5**	**5.9**	**6.2**	**7.4**	**7.6**	**8.4**
15.5	**14.4**	**13.4**	**13.5**	**14.6**	**13.5**	**15.4**	**14.8**
2.6	**2.8**	**2.6**	**2.5**	**3.0**	**2.9**	**2.8**	**3.0**
1.9	2.1	1.9	1.9	2.1	2.0	1.8	1.9
8.7	**8.3**	**7.7**	**7.2**	**7.6**	**8.5**	**9.4**	**9.7**
8.6	8.2	7.6	7.1	7.5	8.4	9.4	9.7
0.0	0.0	0.0	0.1	0.1	0.1	0.0	0.1
4.1	**4.0**	**3.7**	**4.2**	**4.2**	**4.2**	**4.9**	—
1.2	1.4	1.3	1.4	1.4	1.5	1.6	1.6
64.9	**72.0**	**71.2**	**78.7**	**79.2**	**73.3**	**80.6**	—
60.3	66.8	66.8	74.0	74.7	69.2	76.0	68.2
0.9	1.1	1.0	1.1	1.0	1.0	1.1	—
3.7	4.1	3.4	3.6	3.5	3.2	3.5	—
0.2	**0.2**	**0.2**	**0.2**	**0.3**	**0.3**	**0.3**	—
3.9	**3.3**	**2.9**	**2.4**	**2.5**	**2.6**	**3.1**	—
0.7	0.6	0.5	0.5	0.6	0.5	0.7	—
3.1	2.6	2.3	1.8	1.8	2.0	2.3	—
0.2	0.1	0.1	0.1	0.1	0.1	0.1	—

Note: a)From 2022, the consumption of confection and pastry will no longer be counted.
b)From 2022, the consumption of watermelon and nuts will no longer be counted.
c)From 2022, the consumption of tea and liquor (including white spirit, beer and fruit wine) will no longer be counted.

2-7 全体居民家庭主要产品出售情况

指标名称		Item		单位	Unit	2013
谷物	数量	Cereal	Quantity	公斤/人	kg/person	391.5
	金额		Amount	元/人	yuan/person	873.4
小麦	数量	Wheat	Quantity	公斤/人	kg/person	14.5
	金额		Amount	元/人	yuan/person	35.3
稻谷	数量	Rice	Quantity	公斤/人	kg/person	121.7
	金额		Amount	元/人	yuan/person	312.6
玉米	数量	Corn	Quantity	公斤/人	kg/person	244.7
	金额		Amount	元/人	yuan/person	502.5
薯类	数量	Soybeans	Quantity	公斤/人	kg/person	22.1
	金额		Amount	元/人	yuan/person	114.7
豆类	数量	Tubers	Quantity	公斤/人	kg/person	5.1
	金额		Amount	元/人	yuan/person	17.7
油料	数量	Bearing	Quantity	公斤/人	kg/person	3.5
	金额		Amount	元/人	yuan/person	17.5
蔬菜及食用菌	数量	Vegetables and Edible Fungi	Quantity	公斤/人	kg/person	100.7
	金额		Amount	元/人	yuan/person	211.6
瓜类	数量	Melons	Quantity	公斤/人	kg/person	94.0
	金额		Amount	元/人	yuan/person	104.3
园林水果	数量	Fruits	Quantity	公斤/人	kg/person	16.3
	金额		Amount	元/人	yuan/person	57.0
中药材	数量	Medicinal Materials	Quantity	公斤/人	kg/person	5.0
	金额		Amount	元/人	yuan/person	127.9
林木种苗	数量	Wood and Germchit	Quantity	公斤/人	kg/person	10.4
	金额		Amount	元/人	yuan/person	44.4
肉猪	头数(头)	Hog	Count (head)	头/人	head/person	0.1
	毛重		Gross Weight	公斤/人	kg/person	6.8
	金额		Amount	元/人	yuan/person	108.4
自宰猪	数量	Homestead Hog	Quantity	公斤/人	kg/person	0.4
	金额		Amount	元/人	yuan/person	10.5
肉牛	头数(头)	Cattle	Count (head)	头/人	head/person	0.0
	毛重		Gross Weight	公斤/人	kg/person	13.9
	金额		Amount	元/人	yuan/person	398.0
自宰牛	数量	Homestead Cattle	Quantity	公斤/人	kg/person	0.2
	金额		Amount	元/人	yuan/person	6.6
菜羊	只数(只)	Sheep	Count (head)	只/人	head/person	0.3
	毛重		Gross Weight	公斤/人	kg/person	7.8
	金额		Amount	元/人	yuan/person	218.2
自宰羊	数量	Homestead Sheep	Quantity	公斤/人	kg/person	0.1
	金额		Amount	元/人	yuan/person	7.0
家禽	重量	Poultry	Weight	公斤/人	kg/person	0.6
	金额		Amount	元/人	yuan/person	14.6
蛋类	数量	Eggs	Quantity	公斤/人	kg/person	3.1
	金额		Amount	元/人	yuan/person	24.0
畜皮	数量(张)	Fur	Quantity (piece)	张/人	piece/person	
	金额		Amount	元/人	yuan/person	2.3
毛绒	数量	Wool	Quantity	公斤/人	kg/person	0.3
	金额		Amount	元/人	yuan/person	3.3
奶类	数量	Milk	Quantity	公斤/人	kg/person	73.8
	金额		Amount	元/人	yuan/person	241.6
鱼类	数量	Fish	Quantity	公斤/人	kg/person	1.5
	金额		Amount	元/人	yuan/person	12.6

Basic Statistics of Sales of Main Products for Urban and Rural Households

2014	2015	2016	2017	2018	2019	2020	2021	2022
396.3	384.2	600.8	427.0	475.0	452.5	416.7	272.8	332.3
873.1	860.2	1120.1	861.2	933.1	900.0	844.1	684.5	901.2
8.1	13.4	21.5	24.8	20.8	16.4	17.3	7.6	8.7
20.8	37.8	51.5	61.7	51.3	39.6	44.5	21.4	27.6
99.4	93.9	149.8	121.2	70.2	78.7	15.1	14.4	19.9
251.6	270.8	389.6	336.8	181.4	192.3	40.5	40.4	54.0
280.5	268.8	422.5	276.5	380.7	334.7	379.7	248.0	275.3
578.1	525.8	660.9	450.9	692.4	602.8	743.1	613.9	725.7
22.9	19.8	12.6	13.9	14.5	13.3	21.2	14.7	11.7
100.6	80.4	67.9	52.9	58.2	67.8	109.1	57.7	61.4
2.8	5.2	4.9	2.1	2.6	2.5	1.4	0.9	0.8
11.0	16.0	16.2	7.7	11.1	8.6	5.3	4.0	4.4
4.2	3.4	5.4	1.9	4.6	1.8	0.8	0.6	1.6
16.3	16.7	17.6	6.6	20.4	7.6	3.1	3.7	9.5
111.5	137.4	152.4	154.8	195.7	252.2	212.5	263.3	264.6
167.0	273.8	217.2	235.0	294.2	310.7	406.4	507.5	526.3
136.8	104.2	137.2	149.2	142.8	154.3	131.6	67.9	59.5
121.1	110.1	129.6	102.2	159.6	125.3	126.8	145.5	90.6
31.8	29.5	44.2	16.7	17.6	57.3	18.0	40.4	16.2
71.9	68.3	97.0	99.1	48.0	127.1	71.9	116.1	73.6
6.4	6.7	6.7	22.0	3.2	2.2	1.6	3.1	2.3
181.9	205.1	173.2	154.0	70.8	59.8	33.8	97.5	34.2
8.6	13.5	6.6	3.6	10.6	8.8	10.7	7.2	4.9
27.2	58.9	44.8	40.1	65.2	83.7	45.1	42.6	21.5
0.1	0.1	0.1	0.1	0.1	0.1	0.1	0.0	0.1
9.7	10.5	6.1	7.4	17.9	19.6	12.5	5.3	9.1
132.1	166.5	113.0	114.9	255.1	327.3	392.6	94.4	153.8
0.5	0.5	0.5	1.0	2.6	1.1	0.8	3.7	0.8
12.0	12.3	14.5	30.6	89.5	39.9	44.6	91.9	25.4
0.0	0.0	0.0	0.0	0.1	0.1	0.1	0.1	0.1
14.6	13.3	13.4	18.0	24.1	30.7	34.4	41.6	46.4
426.7	365.9	375.0	480.8	644.2	907.0	1141.6	1437.5	1618.7
0.1	0.2	1.0	0.3	0.6	0.4	0.2	1.1	0.7
2.6	7.5	52.0	16.7	27.1	23.5	15.9	66.7	49.6
0.2	0.3	0.6	0.5	0.4	0.5	0.3	0.3	0.4
5.4	7.4	17.4	15.5	13.4	13.2	14.4	12.8	16.2
150.3	159.1	334.8	322.7	331.0	368.3	448.5	408.5	478.5
0.1	0.1	0.5	0.3	0.4	0.5	0.3	0.5	0.5
5.6	4.0	20.3	13.7	20.8	29.0	17.0	34.3	33.2
2.6	1.4	1.3	2.2	11.0	4.3	5.4	5.9	9.0
24.2	26.9	19.2	27.9	147.4	72.4	100.1	122.1	196.4
6.8	20.0	10.6	6.8	1.3	0.9	3.8	15.2	13.3
63.3	144.2	74.4	43.5	10.6	7.5	24.5	134.6	134.9
				0.1				0.1
1.3	0.8	0.9						
0.3	0.4	0.5	0.2	0.4	0.4	0.6	0.8	0.9
4.2	2.7	3.9	2.1	13.9	20.1	10.3	21.2	24.3
70.9	12.7	1.8	2.4	0.3			23.1	50.5
236.2	24.4	4.2	5.9	0.7			87.5	164.3
	0.1	2.6	4.6	0.3				
	0.9	29.2	50.2	4.7				

2-8 全体居民家庭平均每人购买主要商品数量

指标名称	Item	单位	Unit	2013
粮食	Grain	公斤	kg	316.7
蔬菜和食用菌	Vegetables and Edible Fungi	公斤	kg	78.1
食用植物油	Edible Vegetable Oil	公斤	kg	7.6
猪肉	Pork	公斤	kg	5.4
牛羊肉	Beef and Mutton	公斤	kg	6.4
禽类	Poultry	公斤	kg	4.9
鲜蛋	Fresh Eggs	公斤	kg	4.0
鱼	Fish	公斤	kg	2.2
糖果糕点类	Candy and Cake	公斤	kg	3.4
卷烟	Cigarette	盒	pack	20.3
酒类	Liquor	公斤	kg	3.6
水	Water	吨	ton	16.8
电	Electricity	度	kWh	359.7
煤炭	Coal	公斤	kg	211.0
液化石油气	Liquefied Petroleum Gas	公斤	kg	3.5
管道天燃气	Pipeline Natural Gas	立方米	cu.m	19.3

注：1.从2010年起粮食包括大米、面粉和其他粮食及制品。
2.从2010年起禽类包括鸡、鸭和其他禽类及制品。
3.从2010年起鲜蛋不包含蛋制品。
4.从2010年起酒类包括白酒、果酒、啤酒和其他酒，2022年起不再统计酒类购买量。
5.从2022年起不再统计糖果糕点类和卷烟的购买量。

Per Capita Annual Purchases of Major Commodities for Urban and Rural Households

2014	2015	2016	2017	2018	2019	2020	2021	2022
354.9	381.8	365.9	341.5	364.3	365.0	398.7	434.0	455.0
79.9	81.2	82.2	79.3	82.0	83.1	82.7	89.7	88.8
8.1	8.1	7.7	7.2	6.7	7.1	8.1	9.1	9.5
5.7	5.7	5.5	5.5	6.0	5.4	5.0	7.2	7.6
6.4	7.9	8.0	7.5	7.7	8.3	8.4	9.7	10.3
5.4	5.3	5.3	5.1	6.0	6.8	7.4	7.9	7.6
4.8	5.4	5.2	5.1	5.6	5.8	6.9	7.0	7.9
2.1	1.9	2.1	1.9	1.9	2.1	2.0	1.8	1.9
4.1	4.1	4.0	3.7	4.2	4.2	4.2	4.9	—
21.4	20.4	20.6	20.6	21.8	24.3	24.9	27.5	—
3.9	3.9	3.3	2.9	2.4	2.5	2.6	3.1	—
18.7	20.3	20.4	19.7	20.2	18.5	21.8	25.9	28.6
391.4	406.1	416.8	436.4	412.3	401.3	423.9	480.4	509.3
238.6	241.8	222.3	217.9	244.2	225.4	220.5	192.0	164.1
2.8	3.7	2.7	2.9	1.8	1.6	1.7	1.9	1.9
20.7	24.6	33.5	34.0	40.8	43.9	45.8	49.5	46.5

Notes: a)Data in the table of Grain includes rice and flour since 2010.
b)Data in the table of Poultry includes chickens and ducks since 2010.
c)Data in the table of Fresh Eggs does not include egg products since 2010.
d)Data in the table of Liquor includes liquor, fruit wine and beer since 2010, from 2022, the purchases of liquor will no longer be counted.
e)From 2022, the purchases of confection and pastry and cigarette will no longer be counted.

2-9 全体居民家庭分行业人均可支配收入情况

单位：元/人

指标名称	Item	2013
可支配收入	**Disposable Income**	**14565.8**
(一)工资性收入	Income from Wages and Salaries	8836.3
(二)经营净收入	Net Business Income	2991.7
1.第一产业经营净收入	The Primary Industry	1456.4
(1)农业	Agriculture	1055.3
(2)林业	Forestry	23.6
(3)牧业	Animal Husbandry	313.8
(4)渔业	Fishery	11.3
2.第二产业经营净收入	The Secondary Industry	245.2
(1)工业	Industry	40.7
(2)建筑业	Construction Industry	204.5
3.第三产业经营净收入	The Tertiary Industry	1290.2
(1)交通运输业	Transportation Industry	402.2
(2)批发零售和住宿餐饮业	Wholesales, Retail Trade, Hotel and Catering Sectors	672.5
(3)社会服务业	Social Services	171.0
(4)其他家庭经营	Others	44.5
(三)财产净收入	Net Income from Property	474.1
1.红利收入	Dividend Income	10.7
#2.转让承包土地经营权租金收入	Rental Income from the Management Rights Transfer of Land Contracted	37.5
(四)转移净收入	Net Income from Transfer	2263.6
#1.养老金或离退休金	Pension or Retirement Benefits	2240.0
2.报销医疗费	Reimbursement of Medical Expenses	86.1
3.政策性惠农补贴	Political Subsidy Supporting Agriculture	142.3
现金可支配收入	**Cash Disposable Income**	
实物可支配收入	**Physical Disposable Income**	

Basic Statistics of Disposable Income for Urban and Rural Households by Sector

(yuan/person)

2014	2015	2016	2017	2018	2019	2020	2021	2022
15906.8	**17329.1**	**18832.3**	**20561.7**	**22400.4**	**24411.9**	**25734.9**	**27904.5**	**29599.3**
9612.7	10395.5	11238.9	12270.3	13440.8	14887.5	15526.3	16759.2	17752.8
3161.0	3255.8	3359.7	3628.2	3958.2	4198.0	4418.4	4781.0	5183.8
1446.2	1473.7	1416.6	1474.2	1578.4	1625.9	1889.4	2041.9	2250.2
1126.6	1124.1	1032.5	1056.1	1141.3	1099.7	1280.7	1403.8	1556.9
13.1	51.1	39.1	33.0	36.5	51.9	34.0	33.1	36.7
306.5	297.7	337.5	375.3	395.8	474.3	574.7	605.2	656.7
0.0	0.7	7.6	9.7	4.7		0.0	-0.1	-0.1
274.7	293.0	335.8	358.2	407.0	441.3	417.9	328.9	352.8
62.4	68.5	51.2	48.4	48.9	51.2	29.7	37.4	43.4
212.3	224.6	284.7	309.8	358.1	390.2	388.2	291.6	309.4
1440.1	1489.1	1607.2	1795.8	1972.8	2130.7	2111.1	2410.1	2580.9
440.3	316.2	387.6	438.4	476.6	548.8	581.3	725.8	798.7
761.5	826.7	955.0	1070.1	1032.0	1073.8	1048.5	1171.2	1286.2
145.4	232.4	214.1	197.2	340.9	363.1	373.2	354.3	335.6
92.9	113.7	50.5	90.0	123.2	145.0	108.1	158.8	160.3
589.9	645.5	792.0	819.8	885.1	944.0	881.7	866.7	905.7
11.9	15.0	29.1	14.1	142.5	133.9	66.8	75.1	89.9
51.4	83.3	119.1	123.2	167.6	185.2	201.8	207.9	248.2
2543.2	3032.3	3441.7	3843.3	4116.3	4382.4	4908.5	5497.6	5757.0
2532.1	3132.3	3657.3	4138.9	4162.3	4456.0	4950.4	5469.9	5830.7
82.2	82.5	87.3	367.0	563.4	528.3	505.6	528.4	516.1
176.0	196.1	281.3	240.9	311.5	326.0	373.1	410.0	421.6
15051.9	**16549.0**	**18231.1**	**19840.5**	**21773.2**	**23631.2**	**24941.6**	**26882.9**	**28441.3**
854.9	**780.1**	**601.2**	**721.2**	**627.2**	**780.7**	**793.3**	**1021.6**	**1158.0**

2-10 全体居民人均生活消费支出情况

单位：元/人

指标名称	Item	2013
生活消费支出	**Living Expenditure**	**11292.0**
(一)食品烟酒	Food, Tobacco and Liquor	3226.2
#粮食	Grain	490.5
油脂	Oil and Fats	133.4
肉禽及制品	Meat, Poultry and Processed Products	677.8
蛋	Eggs	41.4
水产品	Aquatic Products	46.1
蔬菜	Vegetables	316.1
烟草	Tobacco	171.1
酒和饮料	Liquor and Beverages	119.2
奶及奶制品	Milk and Processed Products	154.8
(二)衣着	Clothing	1022.9
#服装	Garments	790.6
(三)居住	Residence	2036.2
#住房维修及管理	Housing Maintenance and Management	416.8
水电燃料及其他	Water, Electricity, Fuels and Others	568.8
(四)生活用品及服务	Household Facilities, Articles and Services	762.9
#家用器具	Home Appliances	170.5
家具及室内装饰品	Articles for Interior Decoration	189.4
家用纺织品	Bed Articles	69.8
家庭日用杂品	Household Articles for Daily Use	169.0
(五)交通通信	Transport and Communications	1577.3
#交通	Transport	1127.7
通信	Communications	448.4
(六)教育文化娱乐	Education, Culture and Recreation	1273.0
文化娱乐	Culture and Recreation	304.3
#教育	Education	759.4
(七)医疗保健	Health Care and Medical Services	1066.1
#医疗器具及药品	Medical Instrument and Medicine	373.1
(八)其他用品及服务	Other Commodities and Services	327.5
服务性消费支出	**Consumption Expenditure for Service**	
商品性消费支出	**Consumption Expenditure for Commodity**	

Per Capita Living Expenditure for Urban and Rural Residents

(yuan/person)

2014	2015	2016	2017	2018	2019	2020	2021	2022
12484.5	**13815.6**	**14965.4**	**15350.3**	**16715.1**	**18296.8**	**17505.8**	**20023.8**	**19136.3**
3555.6	3694.8	3701.3	3796.4	4234.1	4605.2	4816.3	5446.5	5643.9
518.0	527.4	494.5	487.3	502.7	492.8	536.4	587.7	608.8
140.5	139.7	127.8	121.5	116.6	122.6	138.9	167.7	188.6
723.7	738.0	743.9	742.0	830.6	941.0	1149.5	1334.5	1343.3
52.6	56.2	48.9	46.0	60.4	65.9	71.7	79.9	97.8
48.8	51.0	56.6	58.1	66.3	78.0	84.1	80.4	92.7
310.6	315.0	327.5	322.5	327.8	330.9	378.6	405.0	437.4
188.3	208.0	219.3	234.8	263.9	293.2	302.9	346.7	369.7
140.5	151.9	143.3	141.9	164.9	194.2	188.7	220.1	253.4
170.6	170.6	164.7	177.4	217.6	220.4	216.0	243.8	233.0
1170.0	1237.9	1219.9	1268.9	1388.2	1476.6	1263.9	1370.1	1260.8
900.0	967.2	962.7	1004.7	1137.4	1189.4	1008.1	1096.4	997.5
2214.4	2607.3	2741.7	2861.5	3014.3	3245.1	3348.8	3693.1	3681.8
365.9	594.6	624.9	630.3	638.5	706.3	694.4	842.9	786.4
659.7	733.8	703.5	754.7	783.1	813.2	914.0	1015.8	996.4
797.9	885.4	924.6	932.4	1067.1	1144.5	1037.2	1203.1	1220.0
208.6	213.2	204.8	174.0	231.9	217.6	217.5	250.2	285.6
145.3	187.1	211.2	230.2	213.6	215.0	150.4	207.4	187.6
74.5	85.1	84.1	87.3	112.8	107.4	88.4	102.8	104.9
198.4	191.8	187.5	192.6	213.6	210.3	207.9	228.3	234.1
1763.5	1806.1	2748.6	2616.8	2724.4	3018.1	2922.0	3378.5	2719.0
1259.3	1222.1	2090.8	1977.7	2116.8	2395.8	2195.7	2726.3	2043.9
504.2	584.0	657.8	639.1	607.6	622.3	726.3	652.2	675.1
1416.4	1707.9	1772.1	1955.6	2139.5	2352.4	1760.6	2273.2	2129.8
342.8	381.7	393.5	409.7	431.5	423.6	452.9	452.1	459.4
878.0	1095.3	1119.7	1311.8	1384.6	1585.5	1331.7	1808.2	1700.0
1239.9	1482.9	1473.2	1553.6	1727.1	1929.3	1906.3	2126.6	2067.2
463.6	494.0	505.8	541.3	552.0	577.0	557.9	592.3	600.4
326.7	393.4	384.1	365.1	420.4	525.5	450.7	532.5	413.8
			6266.3	**7050.8**	**7887.5**	**7041.4**	**8097.7**	**7732.6**
			9084.0	**9664.3**	**10409.2**	**10464.4**	**11926.1**	**11403.6**

2-11 全体居民家庭总收入情况

单位：元/人

指标名称	Item	2013
全年总收入	**Total Revenue**	**17690.3**
1.工资性收入	Income from Wages and Salaries	8836.1
2.经营性收入	Business Income	5361.7
(1)第一产业收入	The Primary Industry	3302.5
农业收入	Agriculture	1935.6
林业收入	Forestry	48.1
牧业收入	Animal Husbandry	1238.5
渔业收入	Fishery	11.4
(2)第二产业收入	The Secondary Industry	286.2
工业收入	Industry	55.6
建筑业收入	Construction Industry	230.7
(3)第三产业收入	The Tertiary Industry	1773.0
交通运输业收入	Transportation Industry	636.7
批发零售和住宿餐饮业收入	Wholesales ,Retail Rrade,Hotel and Catering Sectors	840.8
社会服务业收入	Social Services	198.6
其他家庭经营收入	Others	96.9
3.财产性收入	Income from Property	478.9
红利收入	Dividend Income	10.7
#转让承包土地经营权租金收入	Rental Income from the Management Rights Transfer of Land Contracted	37.5
4.转移性收入	Income from Transfer	3013.7
#养老金或离退休金	Pension or Retirement Benefits	2240.0
报销医疗费	Reimbursement of Medical Expenses	219.6
政策性惠农补贴	Political Subsidy Supporting Agriculture	142.3
5.非收入所得	Non-income Revenue	871.3
(1)出售资产所得	Proceeds from Sale of Assets	379.2
(2)非经常性转移所得	Income from Non-recurrent Transfers	489.3
(3)其他非收入所得	Other Non-income Revenue	2.9
6.借贷性所得	Borrowing Income	4745.4
(1)提取储蓄存款	Dissaving	3591.1
(2)借入款	Borrowed	634.0
(3)收回借出款	Recall the Loan	118.9
(4)收回储蓄性保险本金	Redemption of Deposit Insurance Principal	
(5)银行信用社得到的贷款	Bank Loan	384.5

Basic Statistics of Total Income for Urban and Rural Households

(yuan/person)

2014	2015	2016	2017	2018	2019	2020	2021	2022
19670.1	**21378.4**	**23668.9**	**25473.7**	**28634.4**	**31135.4**	**33326.9**	**35776.2**	**38240.9**
9612.7	10395.5	11238.9	12270.3	13440.8	14887.5	15526.3	16759.2	17752.8
6000.3	6110.2	6682.1	6888.6	8349.4	8925.9	9726.6	10160.8	11142.2
3588.9	3391.3	3379.1	3356.2	4113.9	4617.2	5291.8	5830.2	6632.7
2168.6	2158.2	2073.2	1963.3	2221.9	2385.0	2469.0	2660.0	2910.0
33.9	78.9	49.7	44.5	73.1	92.3	54.6	46.3	49.4
1386.4	1147.4	1225.5	1295.9	1814.3	2139.9	2768.1	3123.9	3673.3
0.0	6.8	30.8	52.6	4.7				
377.0	477.3	646.0	576.3	862.0	869.5	1024.7	461.5	484.0
102.7	101.3	86.2	77.5	105.1	95.6	154.1	50.1	54.8
274.3	376.0	559.9	498.8	756.9	773.8	870.6	411.4	429.3
2034.3	2241.6	2656.9	2956.1	3373.5	3439.2	3410.1	3869.1	4025.5
838.9	619.8	979.8	1019.4	1123.6	1343.2	1367.7	1758.9	1847.2
890.0	1144.0	1260.2	1521.1	1522.0	1349.2	1370.1	1474.5	1550.7
182.7	317.8	276.2	265.5	468.6	431.1	441.2	410.6	405.9
122.6	160.0	140.7	150.1	259.4	315.6	231.0	225.2	221.7
689.8	783.8	952.1	968.7	1127.9	1198.0	1159.5	1287.8	1354.9
11.9	15.0	29.1	14.1	142.5	133.9	66.8	75.1	89.9
51.4	83.3	119.1	123.2	167.6	185.2	201.8	207.9	248.2
3367.3	4089.0	4795.8	5346.1	5716.2	6124.1	6914.5	7568.3	7991.0
2532.1	3132.3	3657.3	4138.9	4162.3	4456.0	4950.4	5469.9	5830.7
232.7	299.9	340.1	367.0	563.4	528.3	505.6	528.4	516.1
176.0	196.1	281.3	240.9	311.5	326.0	373.1	410.0	421.6
1028.4	1840.4	3162.9	3449.9	3058.2	3490.8	2630.7	3897.3	2755.3
265.5	572.8	1855.9	2110.4	1100.1	1399.7	1006.4	1584.5	816.2
754.8	1266.3	1295.4	1332.1	1955.0	2083.0	1611.5	2279.8	1843.2
8.1	1.2	11.6	7.4	3.1	8.1	12.8	33.0	95.8
2758.6	3064.3	2604.2	2721.0	3601.4	4390.6	4463.2	3853.7	3700.3
1622.8	1497.4	1114.4	1034.0	1176.0	1165.8	1000.9	825.2	1205.8
532.7	571.8	557.5	567.3	734.1	1061.7	683.8	650.4	437.3
128.5	136.2	153.7	220.8	242.4	577.4	89.4	93.3	106.9
1.5	0.9	0.4	2.3	8.5	6.3	1.6	9.2	13.8
460.7	825.0	692.1	858.5	1376.8	1550.0	2627.5	2251.3	1914.2

2-12 全体居民家庭总支出情况

单位：元/人

指标名称	Item	2013
全年总支出	**Total Expenditure**	**21576.0**
1.生活消费支出	Living Expenditure	11292.0
食品烟酒	Food Tobacco Liquor	3226.2
衣着	Clothing	1022.9
居住	Residence	2036.2
生活用品及服务	Articles and Services for Daily Use	762.9
医疗保健	Health Care	1066.1
交通通信	Transportation Communication	1577.3
教育文化娱乐	Education, Culture and Entertainment	1273.0
其他用品及服务	Other Supplies and Services	327.5
2.生产经营费用支出	Expenditure for Household Business	1949.2
(1)第一产业生产支出	The Primary Industry	1711.6
农业生产支出	Agricultural	790.3
林业生产支出	Forestry	24.4
牧业生产支出	Animal Husbandry	883.4
渔业生产支出	Fishery	0.1
(2)第二产业生产支出	The Secondary Industry	19.2
工业生产支出	Industrial	6.0
建筑业生产支出	Construction Industry	13.1
(3)第三产业生产支出	The Tertiary Industry	218.4
交通运输业生产支出	Transportation Industry	108.5
批发零售和住宿餐饮业生产支出	Wholesales, Retail Trade, Hotel and Catering Sectors	77.7
社会服务业生产支出	Social Services	17.1
其他家庭经营生产支出	Others	15.1
3.财产性支出	Property Expenditure	89.6
4.转移性支出	Transfer Expenditure	749.7
5.部分商业保险支出	Commercial Insurance Expenditure	139.3
6.购置资产及非经常性转移支出	Acquisition of Assets and Non-recurrent Transfer Expenses	2694.2
(1)建造住房支出	Build Housing	298.7
(2)购买住房支出	Purchase Housing	410.6
(3)购建第一产业生产性固定资产	Purchase and Build the Productive Fixed Assets of the Primary Industry	248.9
#购买或建造农业生产性用房	Purchase or Build Agricultural Productive Housing	27.4
购买产品畜	Purchase Stock	101.1
购买或建造农业设施	Purchase or Build Agricultural Facilities	14.5
购买农业机械	Purchase Agricultural Machinery	96.5
(4)购建第二产业生产性固定资产支出	Purchase and Build the Productive Fixed Assets of the Secondary Industry	7.7
(5)购建第三产业生产性固定资产支出	Purchase and Build the Productive Fixed Assets of the Tertiary Industry	74.2
(6)非经常性转移支出	Non-recurrent Transfer Expenditures	1633.3
7.借贷性支出	Borrowing Expenditure	4661.9
(1)归还银行信用社贷款	Repay the Loan to the Bank or Credit Union	517.0
(2)归还借款	Pay off the Loan	294.5
(3)存入银行款	Bank Deposit	3736.3

Basic Statistics of Total Expenses for Urban and Rural Households

(yuan/person)

2014	2015	2016	2017	2018	2019	2020	2021	2022
22594.6	**24687.5**	**26174.3**	**27345.7**	**30573.5**	**34727.4**	**33447.2**	**37902.6**	**35729.7**
12484.5	13815.6	14965.4	15350.3	16715.1	18296.8	17505.8	20023.8	19136.3
3555.6	3694.8	3701.3	3796.4	4234.1	4605.2	4816.3	5446.5	5643.9
1170.0	1237.9	1219.9	1268.9	1388.2	1476.6	1263.9	1370.1	1260.8
2214.4	2607.3	2741.7	2861.5	3014.3	3245.1	3348.8	3693.1	3681.8
797.9	885.4	924.6	932.4	1067.1	1144.5	1037.2	1203.1	1220.0
1239.9	1482.9	1473.2	1553.6	1727.1	1929.3	1906.3	2126.6	2067.2
1763.5	1806.1	2748.6	2616.8	2724.4	3018.1	2922.0	3378.5	2719.0
1416.4	1707.9	1772.1	1955.6	2139.5	2352.4	1760.6	2273.2	2129.8
326.7	393.4	384.1	365.1	420.4	525.5	450.7	532.5	413.8
2449.9	2416.6	2868.4	2810.9	3708.4	4020.3	4550.4	4715.1	5285.3
1974.1	1773.9	1816.5	1713.9	2334.3	2743.1	3138.6	3522.8	4119.5
925.1	929.2	933.7	794.4	973.1	1165.0	1079.8	1143.7	1239.1
20.0	27.7	10.6	11.4	36.3	39.2	19.2	13.1	12.6
1028.9	811.0	849.2	865.4	1324.9	1538.9	2039.6	2365.9	2867.6
	6.0	23.0	42.6	0.1			0.1	0.1
79.8	150.9	282.8	200.6	388.5	356.1	523.3	111.7	113.6
33.1	30.3	26.4	21.2	48.3	37.7	115.6	8.2	4.7
46.7	120.6	256.4	179.4	340.2	318.5	407.7	103.5	108.9
396.0	491.8	769.1	896.4	985.6	921.0	888.4	1080.6	1052.2
281.2	192.5	435.9	425.4	489.4	619.2	601.2	840.8	838.4
67.8	196.5	241.3	370.8	306.3	150.9	184.5	159.0	125.7
22.2	70.8	46.8	52.0	101.5	36.1	28.5	29.8	43.6
24.8	32.0	45.1	48.3	88.3	114.9	74.3	51.1	44.4
93.6	138.3	160.1	148.9	242.9	254.0	277.9	421.1	449.2
824.2	1056.8	1354.1	1502.7	1599.9	1741.7	2006.0	2070.8	2233.9
162.0	155.6	222.8	248.0	402.5	430.4	392.6	417.5	377.4
3274.4	4475.4	4876.3	5827.9	5243.5	6835.1	6248.9	6394.8	5458.9
319.3	380.6	326.6	416.0	299.3	319.2	389.1	256.7	217.9
567.7	1283.5	1461.0	2013.3	1111.8	1992.5	2321.9	2489.1	2041.9
280.3	285.6	281.8	210.9	348.9	292.0	507.5	423.5	239.5
56.0	84.5	55.8	55.4	80.0	64.7	111.1	125.3	61.6
54.3	41.6	54.6	49.1	71.3	62.1	208.0	99.6	77.3
28.4	34.2	17.6	40.7	14.6	51.2	10.2	16.8	13.9
127.9	122.2	153.8	65.6	181.7	113.9	176.6	181.8	86.8
50.3	5.2	12.7	0.4	25.8	114.3	9.4	3.2	19.7
150.8	177.2	234.4	526.6	441.4	693.1	710.4	333.3	174.1
1899.7	2326.8	2544.7	2646.7	3004.7	3303.3	2281.1	2831.4	2735.1
3306.0	2629.1	1727.1	1457.1	2661.3	3149.2	2465.7	3859.5	2788.7
577.5	819.1	975.3	874.4	1726.6	1936.3	1832.4	2658.2	2290.8
377.4	343.6	342.2	358.7	742.7	845.3	483.4	833.6	429.6
2260.2	1374.7	322.6	97.5	55.0	190.6	72.4	268.5	26.4

2-13 全体居民家庭现金收入情况

单位：元/人

指标名称	Item	2013
全年现金收入	**Annual Cash Income**	**16487.7**
1.工资性收入	Income from Wages and Salaries	8806.5
2.经营性收入	Business Income	4792.9
(1)第一产业收入	The Primary Industry	2733.7
农业收入	Agriculture	1464.3
林业收入	Forestry	47.8
牧业收入	Animal Husbandry	1144.0
渔业收入	Fishery	11.4
(2)第二产业收入	The Secondary Industry	286.2
工业收入	Industry	55.6
建筑业收入	Construction Industry	230.7
(3)第三产业收入	The Tertiary Industry	1773.0
交通运输业收入	Transportation Industry	636.7
批发零售和住宿餐饮业收入	Wholesales, Retail Trade, Hotel and Catering Sectors	840.8
社会服务业收入	Social Services	198.6
其他家庭经营收入	Others	96.9
3.财产性收入	Income from Property	157.8
红利收入	Dividend Income	10.7
#转让承包土地经营权租金收入	Rental Income from the Management Rights Transfer of Land Contracted	37.5
4.转移性收入	Income from Transfer	2730.5
#养老金或离退休金	Pension or Retirement Benefits	2240.0
报销医疗费	Reimbursement of Medical Expenses	27.6
政策性惠农补贴	Political Subsidy Supporting Agriculture	142.3
5.非收入所得	Non-income Revenue	871.3
(1)出售资产所得	Proceeds from Sale of Assets	379.2
(2)非经常性转移所得	Income from Non-recurrent Transfers	489.3
(3)其他非收入所得	Other Non-income Revenue	2.9
6.借贷性所得	Borrowing Income	4745.4
(1)提取储蓄存款	Dissaving	3591.1
(2)借入款	Borrowed	634.0
(3)收回借出款	Recall the Loan	118.9
(4)收回储蓄性保险本金	Redemption of Deposit Insurance Principal	
(5)银行信用社得到的贷款	Bank Loan	384.5

Basic Statistics of Cash Income for Urban and Rural Households

(yuan/person)

2014	2015	2016	2017	2018	2019	2020	2021	2022
18230.7	**20029.5**	**22489.8**	**24111.0**	**27076.5**	**29369.5**	**31444.0**	**33569.7**	**35805.5**
9584.5	10368.4	11214.3	12246.7	13407.9	14836.2	15450.7	16626.4	17595.6
5351.5	5622.4	6433.4	6466.7	7805.6	8191.1	8888.2	9170.4	9963.3
2940.1	2903.5	3130.4	2934.3	3570.2	3882.4	4453.4	4839.8	5453.8
1611.3	1742.4	1884.8	1591.5	1729.3	1711.5	1700.9	1749.2	1840.3
33.3	69.4	49.6	44.0	68.2	91.6	53.3	45.4	32.0
1295.5	1084.9	1165.4	1246.3	1768.0	2079.4	2699.1	3045.2	3581.5
	6.8	30.6	52.5	4.7				
377.0	477.3	646.0	576.3	862.0	869.5	1024.7	461.5	484.0
102.7	101.3	86.2	77.5	105.1	95.6	154.1	50.1	54.8
274.3	376.0	559.9	498.8	756.9	773.8	870.6	411.4	429.3
2034.3	2241.6	2656.9	2956.1	3373.5	3439.2	3410.1	3869.1	4025.5
838.9	619.8	979.8	1019.4	1123.6	1343.2	1367.7	1758.9	1847.2
890.0	1144.0	1260.2	1521.1	1522.0	1349.2	1370.1	1474.5	1550.7
182.7	317.8	276.2	265.5	468.6	431.1	441.2	410.6	405.9
122.6	160.0	140.7	150.1	259.4	315.6	231.0	225.2	221.7
219.3	300.6	436.7	452.1	742.2	781.7	738.2	799.8	826.4
11.9	15.0	29.1	14.1	142.5	133.9	66.8	75.1	89.9
51.4	83.3	119.1	123.2	167.6	185.2	201.8	207.9	248.2
3075.4	3738.1	4405.3	4945.4	5120.8	5560.5	6367.0	6973.1	7420.2
2532.1	3132.3	3657.3	4138.9	4162.3	4456.0	4950.4	5469.9	5830.7
37.9	37.2	34.0	37.7	59.6	85.1	156.7	170.8	176.3
176.0	196.1	281.3	240.9	311.5	326.0	373.1	410.0	421.6
1028.4	1840.4	3162.9	3449.9	3058.2	3490.8	2630.7	3897.3	2755.3
265.5	572.8	1855.9	2110.4	1100.1	1399.7	1006.4	1584.5	816.2
754.8	1266.3	1295.4	1332.1	1955.0	2083.0	1611.5	2279.8	1843.2
8.1	1.2	11.6	7.4	3.1	8.1	12.8	33.0	95.8
2758.6	3064.3	2604.2	2721.0	3601.4	4390.6	4463.2	3853.7	3700.3
1622.8	1497.4	1114.4	1034.0	1176.0	1165.8	1000.9	825.2	1205.8
532.7	571.8	557.5	567.3	734.1	1061.7	683.8	650.4	437.3
128.5	136.2	153.7	220.8	242.4	577.4	89.4	93.3	106.9
1.5	0.9	0.4	2.3	8.5	6.3	1.6	9.2	13.8
460.7	825.0	692.1	858.5	1376.8	1550.0	2627.5	2251.3	1914.2

2-14 全体居民家庭现金支出情况

单位：元/人

指标名称	Item	2013
全年现金支出	**Annual Cash Expenditure**	**19876.1**
1.生活消费支出	Living Expenditure	9785.4
食品烟酒	Food Tobacco Liquor	2946.0
衣着	Clothing	1022.6
居住	Residence	1085.0
生活用品及服务	Articles and Services for Daily Use	745.6
医疗保健	Health Care	843.2
交通通信	Transportation Communication	1576.1
教育文化娱乐	Education, Culture and Entertainment	1271.9
其他用品及服务	Other Supplies and Services	294.9
2.生产经营费用支出	Expenditure for Household Business	1755.9
(1)第一产业生产支出	The Primary Industry	1518.3
农业生产支出	Agriculture	742.3
林业生产支出	Forestry	24.4
牧业生产支出	Animal Husbandry	740.8
渔业生产支出	Fishery	0.1
(2)第二产业生产支出	The Secondary Industry	19.2
工业生产支出	Industry	6.0
建筑业生产支出	Construction Industry	13.1
(3)第三产业生产支出	The Tertiary Industry	218.4
交通运输业生产支出	Transportation Industry	108.5
批发零售和住宿餐饮业生产支出	Wholesales, Retail Trade, Hotel and Catering Sectors	77.7
社会服务业生产支出	Social Services	17.1
其他家庭经营生产支出	Others	15.1
3.财产性支出	Property Expenditure	89.6
4.转移性支出	Transfer Expenditure	749.7
5.部分商业保险支出	Commercial Insurance Expenditure	139.3
6.购置资产及非经常性转移支出	Acquisition of Assets and Non-recurrent Transfer Expenses	2694.2
(1)建造住房支出	Build Housing	298.7
(2)购买住房支出	Purchase Housing	410.6
(3)购建第一产业生产性固定资产	Purchase and Build the Productive Fixed Assets of the Primary Industry	248.9
#购买或建造农业生产性用房	Purchase or Build Agricultural Productive Housing	27.4
购买产品畜	Purchase Stock	101.1
购买或建造农业设施	Purchase or Build Agricultural Facilities	14.5
购买农业机械	Purchase Agricultural Machinery	96.5
(4)购建第二产业生产性固定资产支出	Purchase and Build the Productive Fixed Assets of the Secondary Industry	7.7
(5)购建第三产业生产性固定资产支出	Purchase and Build the Productive Fixed Assets of the Tertiary Industry	74.2
(6)非经常性转移支出	Non-recurrent Transfer Expenditures	1633.3
7.借贷性支出	Borrowing Expenditure	4661.9
(1)归还银行信用社贷款	Repay the Loan to the Bank or Credit Union	517.0
(2)归还借款	Pay off the Loan	294.5
(3)存入银行款	Bank Deposit	3736.3

Basic Statistics of Cash Expenses for Urban and Rural Households

(yuan/person)

2014	2015	2016	2017	2018	2019	2020	2021	2022
20794.6	**22815.3**	**24177.1**	**25188.9**	**28056.5**	**32095.9**	**30703.2**	**34780.0**	**32426.8**
10873.5	12074.6	13092.2	13385.4	14446.0	15942.9	15093.6	17421.3	16437.6
3331.6	3504.1	3528.8	3626.2	4066.5	4418.2	4602.0	5160.3	5310.9
1169.9	1237.1	1219.8	1268.8	1387.7	1476.4	1263.6	1369.2	1260.7
1104.1	1405.5	1411.5	1451.2	1490.6	1623.7	1670.0	1929.4	1849.9
783.0	871.8	913.6	923.3	1058.5	1140.4	1034.2	1199.2	1209.3
1006.0	1179.2	1139.9	1186.7	1168.2	1399.9	1400.5	1597.7	1548.1
1759.6	1793.1	2747.7	2613.9	2722.5	3015.2	2917.3	3372.7	2716.4
1416.1	1707.8	1771.9	1955.6	2139.2	2352.0	1759.3	2272.7	2129.7
303.2	375.9	359.2	359.8	413.0	517.1	446.8	520.3	412.6
2260.9	2285.5	2744.4	2618.9	3460.5	3742.6	4218.6	4194.9	4681.1
1785.1	1642.8	1692.5	1521.9	2086.4	2465.5	2806.8	3002.6	3515.3
867.9	898.5	901.9	752.0	937.9	1134.2	1048.4	1098.7	1199.1
20.0	27.7	10.6	11.4	36.3	39.2	19.2	13.1	12.6
897.1	710.6	757.0	715.9	1112.1	1292.1	1739.2	1890.7	2303.5
0.0	6.0	23.0	42.6	0.1		0.0	0.1	0.1
79.8	150.9	282.8	200.6	388.5	356.1	523.3	111.7	113.6
33.1	30.3	26.4	21.2	48.3	37.7	115.6	8.2	4.7
46.7	120.6	256.4	179.4	340.2	318.5	407.7	103.5	108.9
396.0	491.8	769.1	896.4	985.6	921.0	888.4	1080.6	1052.2
281.2	192.5	435.9	425.4	489.4	619.2	601.2	840.8	838.4
67.8	196.5	241.3	370.8	306.3	150.9	184.5	159.0	125.7
22.2	70.8	46.8	52.0	101.5	36.1	28.5	29.8	43.6
24.8	32.0	45.1	48.3	88.3	114.9	74.3	51.1	44.4
93.6	138.3	160.1	148.9	242.9	254.0	277.9	421.1	449.2
824.2	1056.8	1354.1	1502.7	1599.9	1741.7	2006.0	2070.8	2233.9
162.0	155.6	222.8	248.0	402.5	430.4	392.6	417.5	377.4
3274.4	4475.4	4876.3	5827.9	5243.5	6835.1	6248.9	6394.8	5458.9
319.3	380.6	326.6	416.0	299.3	319.2	389.1	256.7	217.9
567.7	1283.5	1461.0	2013.3	1111.8	1992.5	2321.9	2489.1	2041.9
280.3	285.6	281.8	210.9	348.9	292.0	507.5	423.5	239.5
56.0	84.5	55.8	55.4	80.0	64.7	111.1	125.3	61.6
54.3	41.6	54.6	49.1	71.3	62.1	208.0	99.6	77.3
28.4	34.2	17.6	40.7	14.6	51.2	10.2	16.8	13.9
127.9	122.2	153.8	65.6	181.7	113.9	176.6	181.8	86.8
50.3	5.2	12.7	0.4	25.8	114.3	9.4	3.2	19.7
150.8	177.2	234.4	526.6	441.4	693.1	710.4	333.3	174.1
1899.7	2326.8	2544.7	2646.7	3004.7	3303.3	2281.1	2831.4	2735.1
3306.0	2629.1	1727.1	1457.1	2661.3	3149.2	2465.7	3859.5	2788.7
577.5	819.1	975.3	874.4	1726.6	1936.3	1832.4	2658.2	2290.8
377.4	343.6	342.2	358.7	742.7	845.3	483.4	833.6	429.6
2260.2	1374.7	322.6	97.5	55.0	190.6	72.4	268.5	26.4

2-15 全体居民家庭主要耐用品每百户拥有情况

单位：百户均

指标名称	Item	2013	2014
家用汽车	Automobile	15.2	20.4
摩托车	Motorcycle	48.2	51.3
助力车	Powered Bicycle	37.8	45.2
洗衣机	Washing Machine	91.0	95.1
电冰箱(柜)	Refrigerator	77.3	86.0
微波炉	Microwave Oven	27.4	30.1
彩色电视机	Color TV Set	105.9	108.7
空调	Air Conditioner	6.3	8.0
热水器	Water Heater	57.4	63.4
洗碗机	Dishwasher	0.2	0.3
排油烟机	Smoke Exhaust Ventilator	43.4	46.6
固定电话	Telephone	33.5	34.4
移动电话	Mobile Telephone	231.0	249.9
其中：接入互联网	Internet Mobile Telephone	68.9	93.5
计算机	Computer	42.8	49.3
其中：接入互联网	Internet Computer	32.0	31.3
照相机	Camera	14.4	16.2
中高档乐器	Secondary and Top Grade Musical Instrument	2.5	3.1
健身器材	Body-building Apparatus	0.8	1.4
空气净化器(含新风系统)	Air Purifier (Include Fresh Air System)		
地面清洁电器	Ground Cleaning Appliances		

注：从2022年起移动电话和计算机不再统计接入互联网数量。

Ownership of Major Durable Consumer Goods per 100 Urban and Rural Households

(per 100 households)

2015	2016	2017	2018	2019	2020	2021	2022
25.2	30.1	33.6	38.3	39.8	40.5	42.2	42.7
47.3	42.5	38.5	34.7	30.4	29.7	27.9	25.8
47.6	53.2	58.2	58.2	61.6	67.3	75.3	79.3
96.5	98.9	100.1	101.4	102.7	103.2	102.8	103.3
90.0	94.5	96.2	98.8	100.5	101.2	101.9	102.5
31.7	34.2	35.9	35.7	40.2	40.7	39.7	40.7
108.4	107.7	107.4	104.5	105.3	105.7	105.2	105.2
7.9	8.7	9.4	12.6	13.7	13.9	15.1	17.5
73.5	82.6	89.1	98.3	99.9	102.0	101.7	101.9
0.3	0.2	0.3	0.2	0.4	0.5	0.9	1.1
47.3	51.2	54.4	61.3	64.9	67.8	68.5	69.0
25.7	15.5	9.6	3.9	2.5	2.2	1.3	1.1
255.9	265.1	269.0	265.5	270.7	271.0	264.4	265.9
125.3	154.0	184.2	233.2	246.7	259.6	256.3	—
47.3	50.1	52.1	48.9	51.3	52.7	43.3	45.5
34.0	37.8	40.1	40.1	41.6	43.2	38.7	—
13.6	12.9	12.3	8.8	9.3	8.9	5.1	5.5
2.6	3.2	4.5	4.8	6.8	7.2	5.9	6.7
1.3	2.1	2.5	3.1	4.3	4.7	3.1	3.1
		0.3	2.3	2.7	2.8	3.5	3.9
		2.5	5.4	6.7	7.7	6.3	7.1

Note: From 2022, mobile telephone and computer no longer count the number of internet access.

2-16　2022年各市县全体居民人均可支配收入情况

单位：元/人

指标名称	Item	全区 Total	沿黄地区 Plain	中南部地区 Mountain Area	银川市 Yinchuan
可支配收入	**Disposable Income**	**29599.3**	**32630.2**	**19266.8**	**38216.2**
(一)工资性收入	Income from Wages and Salaries	17752.8	20398.2	11029.4	24648.4
(二)经营净收入	Net Business Income	5183.8	5571.6	5478.2	4935.3
1.第一产业经营净收入	The Primary Industry	2250.2	2203.7	3671.5	1264.0
(1)农业	Agriculture	1556.9	1704.4	1508.2	1049.4
(2)林业	Forestry	36.7	0.3	60.2	0.2
(3)牧业	Animal Husbandry	656.7	507.1	2103.4	225.7
(4)渔业	Fishery	-0.1	-8.0	-0.3	-11.3
2.第二产业经营净收入	The Secondary Industry	352.8	390.4	234.8	463.0
(1)工业	Industry	43.4	15.8	60.5	1.1
(2)建筑业	Construction Industry	309.4	374.6	174.3	461.9
3.第三产业经营净收入	The Tertiary Industry	2580.9	2977.5	1572.0	3208.2
(1)交通运输业	Transportation Industry	798.7	948.5	491.4	821.7
(2)批发零售和住宿餐饮业	Wholesales, Retail Trade, Hotel and Catering Sectors	1286.2	1446.2	834.8	1602.2
(3)社会服务业	Social Services	335.6	431.4	143.5	666.0
(4)其他家庭经营	Others	160.3	151.3	102.4	118.3
(三)财产净收入	Net Income from Property	905.7	1056.6	290.8	1575.9
1.红利收入	Dividend Income	89.9	35.0	35.3	60.1
#2.转让承包土地经营权租金收入	Rental Income from the Management Rights Transfer of Land Contracted	248.2	169.8	60.1	150.6
(四)转移净收入	Net Income from Transfer	5757.0	5603.8	2468.4	7056.7
#1.养老金或离退休金	Pension or Retirement Benefits	5830.7	6711.8	1549.0	9031.8
2.报销医疗费	Reimbursement of Medical Expenses	516.1	437.2	184.5	525.9
3.政策性惠农补贴	Political Subsidy Supporting Agriculture	421.6	122.9	650.7	59.7
现金可支配收入	**Cash Disposable Income**	**1158.0**	**1055.5**	**370.0**	**1486.4**
实物可支配收入	**Physical Disposable Income**	**28441.3**	**31574.7**	**18896.8**	**36729.8**

Basic Statistics of Disposable Income for Urban and Rural Households by City and County (2022)

(yuan/person)

兴庆区 Xingqing	西夏区 Xixia	金凤区 Jinfeng	永宁县 Yongning	贺兰县 Helan	灵武市 Lingwu	石嘴山市 Shizuishan	大武口区 Dawukou	惠农区 Huinong	平罗县 Pingluo	吴忠市 Wuzhong
45980.8	34047.2	43333.0	26052.7	28078.7	31125.2	32896.2	40808.5	32313.3	25385.3	23886.8
29129.3	22605.7	30030.9	15706.9	16872.9	19816.6	19378.8	26139.8	20748.7	11042.4	13579.4
3838.0	2526.4	3612.4	7573.3	6235.2	9846.9	5326.9	3006.0	3473.8	9425.2	6741.5
371.0	291.0	243.1	3043.9	3379.3	3188.2	2215.9	176.5	1350.3	5420.1	3437.5
332.0	288.4	193.3	2886.2	3414.3	1500.1	1878.4	160.2	1094.2	4632.4	1712.2
0.3	1.8	-2.3	1.3		-0.8	13.0	0.2		40.8	4.0
66.4	0.8	52.1	156.4	-159.4	1688.9	324.8	16.1	256.1	747.9	1722.0
-27.6				124.4		-0.3			-1.0	-0.6
248.5	71.7	136.6	1062.0	385.3	1344.9	421.3	2.2	94.8	1003.0	214.0
					11.3	2.9	2.2	5.6		98.5
248.5	71.7	136.6	1062.0	385.3	1333.6	418.4		89.2	1003.0	115.5
3218.5	2163.6	3232.7	3467.4	2470.6	5313.8	2689.7	2827.3	2028.7	3002.2	3090.0
459.1	578.7	163.3	2089.8	406.0	2895.0	1208.4	1487.6	991.6	960.1	1034.0
1942.3	1262.5	1651.5	975.4	960.0	2063.2	1184.6	1228.5	883.9	1432.7	1631.6
706.3	114.9	1260.9	356.3	923.8	292.2	145.6	65.3	121.3	228.6	354.9
110.8	207.5	157.0	45.9	180.8	63.3	151.2	45.9	31.9	380.8	69.5
2369.6	929.5	1906.2	785.5	1009.6	451.7	620.8	994.9	470.8	345.4	473.9
138.8		10.4		45.7		0.7			1.9	33.7
46.3	36.7	52.9	537.9	374.7	150.3	124.7	89.3	150.9	141.1	127.2
10643.9	7985.6	7783.5	1987.0	3961.1	1010.0	7569.8	10667.8	7620.0	4572.2	3091.9
13781.1	9532.0	9465.3	2686.1	4237.3	3223.5	8547.1	12777.1	8031.6	4711.7	2535.3
648.6	593.6	472.3	369.5	559.1	236.5	447.9	669.5	187.8	444.5	200.2
16.0	10.6	10.3	243.7	186.5	55.3	145.6	4.2	27.3	428.6	336.1
43250.0	32662.7	42118.0	26427.4	26474.8	31547.3	954.9	39908.9	31608.8	24168.7	997.2
2730.8	1384.6	1215.0	-374.6	1603.9	-422.1	31941.3	899.6	704.5	1216.6	22889.6

2-16 续表

单位：元/人

指标名称	Item	利通区 Litong	红寺堡区 Hongsipu	盐池县 Yanchi	同心县 Tongxin
可支配收入	**Disposable Income**	**28812.2**	**17255.7**	**24420.7**	**17326.3**
(一)工资性收入	Income from Wages and Salaries	17064.5	10567.1	11427.2	8545.3
(二)经营净收入	Net Business Income	6814.5	4667.6	9425.5	5514.2
1.第一产业经营净收入	The Primary Industry	3021.2	2515.4	5584.6	3662.7
(1)农业	Agricultural	1019.2	1651.9	1396.4	1412.7
(2)林业	Forestry		9.5	7.3	8.9
(3)牧业	Animal Husbandry	2002.0	857.7	4180.9	2241.1
(4)渔业	Fishery		-3.6		
2.第二产业经营净收入	The Secondary Industry	341.3	563.2	84.6	176.8
(1)工业	Industrial	158.7		-2.2	176.8
(2)建筑业	Construction Industry	182.5	563.2	86.8	
3.第三产业经营净收入	The Tertiary Industry	3452.1	1589.0	3756.3	1674.6
(1)交通运输业	Transportation Industry	1144.4	315.0	976.1	741.2
(2)批发零售和住宿餐饮业	Wholesales, Retail Trade, Hotel and Catering Sectors	2069.9	951.9	2070.4	756.9
(3)社会服务业	Social Services	133.4	286.7	698.3	127.8
(4)其他家庭经营	Others	104.3	35.4	11.5	48.8
(三)财产净收入	Net Income from Property	691.7	205.3	539.8	183.4
1.红利收入	Dividend Income	37.6	83.8	153.5	
#2.转让承包土地经营权租金收入	Rental Income from the Management Rights Transfer of Land Contracted	77.0	76.6	174.5	32.4
(四)转移净收入	Net Income from Transfer	4241.6	1815.6	3028.2	3083.4
#1.养老金或离退休金	Pension or Retirement Benefits	3917.9	743.4	1624.8	2011.7
2.报销医疗费	Reimbursement of Medical Expenses	276.3	215.5	152.1	162.8
3.政策性惠农补贴	Political Subsidy Supporting Agriculture	60.4	559.1	1213.8	578.7
现金可支配收入	**Cash Disposable Income**	**27022.2**	**15958.3**	**21737.5**	**16661.3**
实物可支配收入	**Physical Disposable Income**	**1790.1**	**1297.4**	**2683.2**	**665.0**

continued

(yuan/person)

青铜峡市 Qingtongxia	**固原市 Guyuan**	原州区 Yuanzhou	西吉县 Xiji	隆德县 Longde	泾源县 Jingyuan	彭阳县 Pengyang	**中卫市 Zhongwei**	沙坡头区 Shapotou	中宁县 Zhongning	海原县 Haiyuan
25731.1	**19384.8**	**23776.2**	**17245.3**	**17181.0**	**16968.8**	**17829.4**	**20413.1**	**24053.0**	**22649.5**	**15448.4**
15175.3	**11030.4**	15799.0	7771.6	9748.0	10866.7	9382.8	**12443.9**	15500.2	12477.7	9037.3
7815.6	**5676.3**	5046.0	6953.0	4270.0	4519.9	5765.0	**4640.3**	4651.2	6395.8	4014.4
3655.6	**4212.7**	2863.3	5662.3	3634.6	3478.8	4545.8	**3016.3**	3038.2	4048.0	2865.7
3042.6	**1641.2**	624.5	2680.8	1896.1	422.2	2209.5	**2116.6**	2401.1	3744.3	1419.2
	106.4	10.1	36.7	47.1	858.7	137.8	**-4.1**	-12.1	-5.6	
613.3	**2465.1**	2228.6	2944.8	1691.3	2197.9	2198.5	**905.8**	657.8	309.2	1446.5
-0.3							**-1.9**	-8.6		
	258.4	373.7	427.7	9.7			**67.5**	63.8	168.8	9.3
	23.6	28.4	41.2	7.1			**0.2**	0.8		
	234.8	345.2	386.5	2.6			**67.3**	63.0	168.8	9.3
4160.0	**1205.3**	1809.1	863.0	625.8	1041.1	1219.2	**1556.5**	1549.2	2179.1	1139.3
1570.2	**275.1**	339.2	404.4	122.2	196.9	38.3	**559.2**	259.1	660.3	704.4
1798.7	**724.9**	1198.5	410.5	352.2	803.9	731.1	**714.1**	757.3	1256.2	288.9
722.9	**55.1**	32.5	26.2	61.6	40.4	121.0	**109.1**	105.9	103.8	86.4
68.3	**150.1**	238.8	22.0	89.8	0.0	328.8	**174.1**	426.8	158.7	59.7
545.8	**325.0**	669.3	118.1	217.9	237.8	176.2	**425.3**	602.2	583.6	150.1
	47.6	138.4		12.2	21.7		**15.7**	15.3	37.0	4.2
266.3	**52.8**	81.6	14.5	108.3	19.9	39.0	**125.2**	146.0	325.4	25.1
2194.3	**2353.0**	2261.9	2402.6	2945.1	1344.3	2505.4	**2903.6**	3299.4	3192.4	2246.7
2354.2	**1331.2**	2069.5	974.9	1420.4	736.2	921.5	**2753.9**	3760.7	2825.6	1674.3
147.0	**221.5**	196.2	255.0	161.1	163.1	245.9	**246.1**	263.7	550.4	82.3
93.7	**700.2**	740.0	701.3	660.2	479.5	631.9	**421.0**	302.2	342.0	564.3
26386.6	**18918.5**	**23270.0**	**17410.4**	**16109.5**	**16897.6**	**16166.8**	**21141.8**	**22778.1**	**22593.5**	**17795.2**
-655.5	**466.3**	**506.2**	**-165.1**	**1071.5**	**71.2**	**1662.6**	**-728.7**	**1274.9**	**56.0**	**-2346.7**

2-17 2022年各市县全体居民人均生活消费支出情况

单位：元/人

指标名称	Item	全区 Total	沿黄地区 Plain	中南部地区 Mountain Area	银川市 Yinchuan
生活消费支出	**Living Expenditure**	**19136.3**	**20610.7**	**12807.3**	**25145.9**
(一)食品烟酒	Food, Tobacco and Liquor	5643.9	6139.4	3959.1	7254.4
#粮食	Grain	608.8	583.7	563.3	631.7
油脂	Oil and Fats	188.6	164.4	173.1	167.1
肉禽及制品	Meat, Poultry and Processed Products	1343.3	1332.4	1040.8	1426.8
蛋	Eggs	97.8	104.7	71.0	123.3
水产品	Aquatic Products	92.7	126.7	36.8	185.1
蔬菜	Vegetables	437.4	511.2	289.6	584.9
烟草	Tobacco	369.7	369.8	271.3	363.4
酒和饮料	Liquor and Beverages	253.4	276.8	179.5	355.3
奶及奶制品	Milk and Processed Products	233.0	275.0	152.5	340.0
(二)衣着	Clothing	1260.8	1478.6	959.9	1803.3
#服装	Garments	997.5	1189.8	728.6	1468.5
(三)居住	Residence	3681.8	4012.6	2413.5	5306.2
#住房维修及管理	Housing Maintenance and Management	786.4	630.8	305.7	786.6
水电燃料及其他	Water, Electricity, Fuels and Others	996.4	1009.8	732.1	1188.9
(四)生活用品及服务	Household Facilities, Articles and Services	1220.0	1265.1	745.8	1577.2
#家用器具	Home Appliances	285.6	263.4	115.3	327.9
家具及室内装饰品	Articles for Interior Decoration	187.6	157.2	104.3	175.4
家用纺织品	Bed Articles	104.9	110.6	74.4	134.7
家庭日用杂品	Household Articles for Daily Use	234.1	253.4	177.2	311.6
(五)交通通信	Transport and Communications	2719.0	2909.5	1950.3	3457.7
#交通	Transport	2043.9	2156.2	1437.4	2588.4
通信	Communications	675.1	753.3	512.9	869.3
(六)教育文化娱乐	Education, Culture and Recreation	2129.8	2201.8	1542.1	2751.9
文化娱乐	Culture and Recreation	459.4	515.1	383.4	568.6
#教育	Education	1700.0	1655.1	1342.4	2013.3
(七)医疗保健	Health Care and Medical Services	2067.2	2069.5	1033.9	2317.4
#医疗器具及药品	Medical Instrument and Medicine	600.4	638.8	397.6	735.3
(八)其他用品及服务	Other Commodities and Services	413.8	534.1	202.7	677.8
服务性消费支出	**Consumption Expenditure for Service**	7732.6	8741.5	4851.0	11184.2
商品性消费支出	**Consumption Expenditure for Commodity**	11403.6	11869.2	7956.3	13961.7

Per Capita Living Expenditure for Urban and Rural Residents by City and County (2022)

(yuan/person)

兴庆区 Xingqing	西夏区 Xixia	金凤区 Jinfeng	永宁县 Yongning	贺兰县 Helan	灵武市 Lingwu	**石嘴山市 Shizuishan**	大武口区 Dawukou	惠农区 Huinong	平罗县 Pingluo	**吴忠市 Wuzhong**
31083.5	**21700.9**	**28820.7**	**17316.4**	**19284.8**	**17079.8**	**18458.7**	**22871.1**	**16902.1**	**15235.5**	**14541.4**
8703.7	6796.7	7629.2	5248.2	6097.0	5452.0	**5958.7**	7252.8	5684.0	4880.4	**4612.8**
645.5	571.7	608.1	652.1	892.8	444.5	**602.0**	697.3	499.5	596.8	**505.5**
172.0	145.9	154.2	184.2	196.7	148.0	**147.5**	150.4	134.0	155.7	**178.0**
1655.4	1349.0	1225.2	1143.2	1263.5	1535.8	**1290.7**	1365.5	1350.3	1202.5	**1356.6**
146.8	139.6	118.9	105.0	95.5	79.4	**111.7**	150.1	109.1	74.2	**71.9**
267.1	153.3	227.2	102.2	77.8	70.0	**117.6**	197.6	121.7	35.3	**51.9**
717.2	577.7	509.4	535.3	499.0	406.3	**530.3**	614.2	541.2	440.9	**356.5**
382.6	416.0	315.2	259.3	417.7	357.1	**396.1**	477.9	364.7	329.9	**297.6**
448.0	334.4	447.5	213.8	249.7	153.4	**261.4**	346.9	233.9	196.5	**141.7**
395.2	418.6	341.5	261.9	252.6	202.4	**241.0**	314.8	222.4	178.5	**166.7**
2147.0	1591.2	2167.5	1325.6	1375.8	1295.5	**1479.9**	1924.0	1361.1	1108.2	**1113.6**
1779.5	1245.1	1808.8	1007.7	1115.4	1024.5	**1198.8**	1578.2	1074.9	897.8	**869.1**
7120.8	3916.2	7057.7	3282.1	3256.4	1877.3	**2776.8**	3276.8	2201.2	2684.8	**2789.1**
831.8	410.0	1349.1	676.5	736.8	320.2	**590.8**	622.0	510.0	674.1	**394.5**
1520.0	1157.5	1037.0	1008.7	831.2	840.1	**936.4**	1016.4	787.4	953.0	**766.9**
2007.4	1273.0	1649.2	1180.8	1290.2	996.4	**1158.8**	1507.7	1111.9	872.8	**906.1**
471.7	198.3	280.5	223.9	278.0	168.1	**230.9**	260.6	244.2	195.2	**186.4**
236.6	150.4	119.7	119.7	177.8	150.6	**207.4**	327.9	118.8	166.3	**116.7**
173.6	113.2	110.9	119.8	127.1	85.6	**106.6**	143.1	114.3	67.1	**77.7**
351.8	293.6	337.1	243.2	310.9	221.6	**229.8**	283.0	223.4	188.0	**180.3**
4034.6	2827.7	3897.8	2647.9	2609.3	3095.2	**2496.5**	3074.4	2443.9	1932.5	**2059.2**
3024.0	1902.1	3092.1	1900.0	1856.7	2436.2	**1855.4**	2115.2	1929.5	1526.7	**1443.5**
1010.6	925.5	805.8	747.9	752.6	659.0	**641.1**	959.1	514.4	405.8	**615.7**
3591.7	1885.5	3412.5	1821.6	1522.4	2233.0	**2010.1**	2598.2	2090.9	1375.3	**1506.7**
624.8	566.6	551.8	553.0	508.3	470.5	**478.9**	727.1	349.0	314.8	**469.0**
2701.9	1218.0	2391.0	1398.4	981.7	1853.8	**1543.8**	1853.9	1726.2	1113.9	**1205.9**
2534.4	2932.4	2295.3	1502.5	2722.9	1517.1	**2163.1**	2560.4	1720.1	2133.7	**1250.7**
828.7	705.4	885.1	491.5	788.6	439.4	**699.5**	912.7	518.6	596.9	**425.8**
944.0	478.2	711.6	307.7	410.8	613.2	**414.8**	676.7	289.0	247.8	**303.3**
14524.0	**9173.1**	**13598.7**	**6544.1**	**7800.0**	**6579.8**	**7176.2**	**9234.5**	**6385.0**	**5692.1**	**5614.7**
16559.5	**12527.8**	**15222.0**	**10772.3**	**11484.9**	**10500.0**	**11282.6**	**13636.6**	**10517.1**	**9543.4**	**8926.7**

2-17 续表

单位：元/人

指标名称	Item	利通区 Litong	红寺堡区 Hongsipu	盐池县 Yanchi	同心县 Tongxin
生活消费支出	**Living Expenditure**	**17974.1**	**12424.5**	**14358.5**	**10818.4**
(一)食品烟酒	Food, Tobacco and Liquor	5954.2	3965.1	4403.4	3378.0
#粮食	Grain	526.0	506.4	530.6	502.9
油脂	Oil and Fats	197.1	139.5	156.4	185.0
肉禽及制品	Meat, Poultry and Processed Products	1766.7	1108.8	1248.2	1169.5
蛋	Eggs	85.9	50.9	100.0	53.9
水产品	Aquatic Products	67.2	36.8	51.5	27.4
蔬菜	Vegetables	428.2	268.2	254.9	300.2
烟草	Tobacco	376.6	188.7	309.7	164.7
酒和饮料	Liquor and Beverages	145.1	184.5	180.2	82.9
奶及奶制品	Milk and Processed Products	181.1	143.4	196.2	136.9
(二)衣着	Clothing	1373.7	881.6	1223.9	942.3
#服装	Garments	1069.6	662.3	985.8	726.5
(三)居住	Residence	3248.5	2167.8	2479.1	2576.2
#住房维修及管理	Housing Maintenance and Management	387.2	321.6	331.7	271.0
水电燃料及其他	Water, Electricity, Fuels and Others	768.5	502.4	806.7	896.0
(四)生活用品及服务	Household Facilities, Articles and Services	1134.4	656.9	785.8	768.0
#家用器具	Home Appliances	181.1	92.4	213.7	136.7
家具及室内装饰品	Articles for Interior Decoration	186.0	67.0	36.1	110.0
家用纺织品	Bed Articles	92.5	82.6	53.5	73.3
家庭日用杂品	Household Articles for Daily Use	201.3	168.0	176.6	175.8
(五)交通通信	Transport and Communications	2358.7	1963.9	2444.6	1353.7
#交通	Transport	1567.1	1461.6	1917.5	1042.2
通信	Communications	791.6	502.3	527.0	311.5
(六)教育文化娱乐	Education, Culture and Recreation	1770.2	1703.6	1493.5	1037.1
文化娱乐	Culture and Recreation	584.2	331.1	379.8	263.8
#教育	Education	1278.4	1471.5	1234.3	903.4
(七)医疗保健	Health Care and Medical Services	1697.0	887.5	1277.3	617.1
#医疗器具及药品	Medical Instrument and Medicine	493.5	305.2	494.7	384.5
(八)其他用品及服务	Other Commodities and Services	437.2	198.1	250.9	145.9
服务性消费支出	**Consumption Expenditure for Service**	**7314.8**	**4918.9**	**5156.1**	**3495.4**
商品性消费支出	**Consumption Expenditure for Commodity**	**10659.2**	**7505.7**	**9202.3**	**7323.1**

continued

(yuan/person)

青铜峡市 Qingtongxia	**固原市 Guyuan**	原州区 Yuanzhou	西吉县 Xiji	隆德县 Longde	泾源县 Jingyuan	彭阳县 Pengyang	**中卫市 Zhongwei**	沙坡头区 Shapotou	中宁县 Zhongning	海原县 Haiyuan
14057.2	**13541.1**	**16818.8**	**12102.8**	**12430.9**	**10672.9**	**12166.4**	**13332.9**	**15900.1**	**14657.9**	**10661.5**
4240.6	**4175.9**	5123.6	3767.7	3975.0	3418.9	3670.5	**3926.6**	4692.9	3795.4	3413.9
475.2	**595.2**	592.6	626.2	657.0	540.8	537.4	**540.8**	538.3	495.8	572.0
172.4	**174.9**	181.8	173.7	242.6	162.6	129.6	**166.8**	183.7	127.7	181.1
1095.9	**974.4**	1094.8	1036.5	818.5	686.1	838.7	**963.6**	1076.3	831.9	967.6
71.1	**79.0**	84.5	70.8	106.0	70.1	79.4	**69.7**	78.9	68.6	62.7
63.1	**38.6**	58.9	30.7	35.0	20.7	24.9	**43.9**	56.5	44.8	30.8
399.8	**284.6**	334.6	202.3	321.5	345.7	313.4	**360.9**	452.0	362.5	298.8
368.1	**339.8**	331.5	381.6	394.5	190.6	330.0	**266.3**	412.7	303.5	166.2
156.3	**213.5**	224.7	200.6	212.6	127.7	259.6	**178.3**	247.1	181.7	130.0
172.3	**156.6**	207.8	145.4	132.0	206.5	79.9	**174.8**	263.1	155.1	118.4
945.7	**919.5**	1280.0	697.1	716.5	848.3	818.3	**887.8**	1019.1	787.6	810.7
744.3	**695.7**	997.4	516.2	533.7	639.6	594.0	**671.3**	808.9	623.2	570.8
2774.0	**2504.2**	3124.2	2119.3	2450.7	2036.2	2366.1	**2590.3**	3531.7	2617.3	1938.8
580.1	**329.0**	476.6	232.6	214.4	143.9	349.8	**349.1**	348.0	603.1	231.2
794.4	**761.8**	884.6	740.6	793.6	562.6	633.7	**745.3**	968.9	722.9	600.7
881.6	**729.3**	944.1	645.5	599.1	598.7	610.4	**780.1**	788.8	881.3	683.5
283.7	**104.8**	106.6	114.7	128.1	70.1	89.9	**143.8**	178.2	228.3	81.1
77.2	**115.2**	144.3	113.9	97.5	47.6	85.8	**108.7**	117.0	98.2	94.3
65.1	**67.9**	87.6	56.6	61.5	65.3	57.2	**81.9**	76.6	83.9	84.4
165.6	**174.8**	212.4	142.9	142.7	161.6	190.2	**171.8**	158.0	175.7	176.0
2196.3	**2181.1**	3030.8	1819.4	1600.9	1570.4	1866.6	**1944.7**	2249.1	2575.6	1402.0
1464.8	**1602.5**	2368.7	1214.9	1243.9	1119.0	1302.2	**1426.6**	1737.2	1982.0	931.8
731.6	**578.6**	662.1	604.6	357.0	451.3	564.4	**518.1**	511.9	593.6	470.1
1364.4	**1667.8**	1813.7	1701.7	1646.6	1189.5	1615.5	**1465.2**	1582.0	1651.7	1241.2
600.2	**446.7**	525.2	447.2	220.5	393.7	451.1	**346.2**	317.8	408.6	323.5
1133.8	**1455.6**	1503.2	1530.7	1445.8	1064.1	1456.3	**1236.4**	1301.3	1419.7	1071.6
1322.2	**1131.3**	1147.4	1179.3	1202.0	919.4	1068.6	**1448.2**	1543.5	2018.5	1053.7
402.2	**406.5**	453.6	371.8	458.5	364.6	378.2	**462.3**	497.1	598.4	355.1
332.5	**231.9**	355.0	172.8	240.1	91.4	150.4	**289.9**	492.9	330.6	117.8
5519.8	**5346.1**	**6725.7**	**4741.6**	**4577.8**	**4431.2**	**4899.3**	**5256.3**	**6461.3**	**5945.6**	**3913.5**
8537.4	**8195.0**	**10529.0**	**7751.2**	**8566.0**	**5732.2**	**7542.2**	**8076.6**	**9438.8**	**8712.4**	**6748.0**

2-18 2022年各市县全体居民家庭主要耐用品每百户拥有情况

单位：百户均

指标名称	Item	全区 Total	沿黄地区 Plain	中南部地区 Mountain Area	银川市 Yinchuan
家用汽车	Automobile	42.7	49.0	48.8	54.5
摩托车	Motorcycle	25.8	17.5	42.5	9.3
助力车	Powered Bicycle	79.3	83.8	64.1	63.3
洗衣机	Washing Machine	103.3	102.7	105.9	101.8
电冰箱(柜)	Refrigerator	102.5	102.5	104.5	101.8
微波炉	Microwave Oven	40.7	49.2	27.5	59.3
彩色电视机	Color TV Set	107.3	103.2	105.5	99.9
空调	Air Conditioner	17.5	24.6	4.3	40.2
热水器	Water Heater	101.9	99.9	104.9	100.3
洗碗机	Dishwasher	1.1	1.3	0.5	2.0
排油烟机	Smoke Exhaust Ventilator	69.0	79.0	50.1	90.1
固定电话	Telephone	1.1	1.4	0.5	2.1
移动电话	Mobile Telephone	265.9	253.4	303.8	248.0
计算机	Computer	45.5	50.4	43.1	61.5
照相机	Camera	5.5	8.0	3.4	10.7
中高档乐器	Secondary and Top Grade Musical Instrument	6.7	9.2	5.9	12.6
健身器材	Body-building Apparatus	3.1	4.0	2.0	6.8
空气净化器(含新风系统)	Air Purifier (Include Fresh Air System)	3.9	5.3	1.3	8.2
地面清洁电器	Ground Cleaning Appliances	7.1	10.2	4.3	15.2

Ownership of Major Durable Consumer Goods per 100 Urban and Rural Households by City and County (2022)

(per 100 households)

兴庆区 Xingqing	西夏区 Xixia	金凤区 Jinfeng	永宁县 Yongning	贺兰县 Helan	灵武市 Lingwu	**石嘴山市** Shizuishan	大武口区 Dawukou	惠农区 Huinong	平罗县 Pingluo	**吴忠市** Wuzhong
51.6	47.0	65.8	54.5	53.6	47.3	**46.4**	46.4	54.9	39.0	**40.9**
				1.5		**15.6**	1.6	3.1	0.7	**33.4**
4.0	3.2	4.0	28.0	13.2	27.0	**90.0**	15.6	8.3	11.6	**95.5**
48.4	64.9	48.8	73.0	105.8	91.2	**100.6**	90.0	74.4	88.3	**102.2**
100.7	101.0	100.0	105.2	100.0	108.3	**101.0**	100.6	99.2	101.3	**102.9**
100.6	100.4	100.9	106.4	101.3	106.7	**41.8**	101.0	100.4	99.7	**36.9**
63.3	58.0	66.8	53.5	46.0	46.3	**98.7**	41.8	53.8	41.6	**100.4**
66.7	16.0	40.7	12.4	14.9	13.4	**17.6**	17.6	32.9	8.7	**7.5**
99.8	100.6	100.0	97.9	99.4	106.8	**99.3**	99.3	99.4	100.9	**100.5**
3.1		2.8	0.6	1.8		**1.3**	1.3	2.0		**0.2**
98.1	93.5	93.0	88.4	63.5	72.1	**75.1**	75.1	91.1	82.6	**69.7**
3.0		1.8	2.2	2.8	0.4	**0.4**	0.4		1.8	**0.7**
234.3	243.7	238.2	287.2	264.6	265.0	**240.9**	240.9	226.8	261.2	**270.3**
69.6	56.7	75.3	49.7	39.0	44.7	**44.9**	44.9	53.5	44.2	**42.8**
11.7	1.4	14.1	7.4	11.4	11.3	**9.2**	9.2	19.3	0.6	**4.7**
13.5	6.5	23.6	3.7	8.9	9.7	**9.3**	9.3	13.2	3.8	**4.6**
11.9	1.6	5.9	2.6	1.6	2.4	**3.0**	3.0	6.3		**1.3**
12.0	1.9	6.1	4.2	7.8	5.8	**6.1**	6.1	12.9	0.6	**0.8**
18.4	6.9	15.8	14.1	14.1	11.3	**6.2**	6.2	13.3		**5.1**

2-18 续表

单位：百户均

指标名称	Item	利通区 Litong	红寺堡区 Hongsipu	盐池县 Yanchi	同心县 Tongxin
家用汽车	Automobile	39.0	48.5	47.8	37.5
摩托车	Motorcycle				
助力车	Powered Bicycle	20.3	31.0	24.6	70.9
洗衣机	Washing Machine	93.9	87.7	88.4	91.3
电冰箱(柜)	Refrigerator	103.5	101.3	102.5	103.7
微波炉	Microwave Oven	103.0	105.5	101.6	104.8
彩色电视机	Color TV Set	37.0	57.2	36.9	37.7
空调	Air Conditioner	10.4	4.6	10.1	6.1
热水器	Water Heater	103.4	102.3	94.9	102.1
洗碗机	Dishwasher		0.6		0.3
排油烟机	Smoke Exhaust Ventilator	77.1	53.0	81.9	67.7
固定电话	Telephone	1.7			0.6
移动电话	Mobile Telephone	261.1	275.4	256.8	287.8
计算机	Computer	42.2	45.1	39.3	36.2
照相机	Camera	5.7	2.1	7.7	1.1
中高档乐器	Secondary and Top Grade Musical Instrument	7.7	2.2	4.8	1.1
健身器材	Body-building Apparatus	1.7	1.1	1.2	1.6
空气净化器(含新风系统)	Air Purifier (Include Fresh Air System)	1.0	0.6	1.9	0.9
地面清洁电器	Ground Cleaning Appliances	8.2	5.5	4.0	1.8

continued

(per 100 households)

青铜峡市 Qingtongxia	**固原市 Guyuan**	原州区 Yuanzhou	西吉县 Xiji	隆德县 Longde	泾源县 Jingyuan	彭阳县 Pengyang	**中卫市 Zhongwei**	沙坡头区 Shapotou	中宁县 Zhongning	海原县 Haiyuan
40.4	**53.4**	62.8	57.8	38.5	38.5	44.0	**42.4**	43.1	43.0	41.9
0.6	**40.2**						**40.0**			
30.7	**49.8**	24.3	47.3	53.2	32.7	55.8	**99.4**	30.2	45.3	48.6
103.3	**108.2**	58.8	46.6	22.2	50.3	49.3	**105.8**	121.9	132.2	59.6
99.4	**105.8**	111.0	109.6	104.0	105.1	104.5	**103.4**	100.6	113.5	105.1
100.9	**20.0**	103.2	114.0	98.9	99.2	103.8	**32.2**	101.1	109.4	101.6
28.4	**110.8**	33.2	14.2	19.8	17.6	8.4	**107.1**	39.1	41.6	15.5
3.7	**2.7**	3.1	2.4	2.0	1.2	2.9	**7.5**	11.1	10.3	1.3
96.7	**107.8**	102.9	122.8	106.0	106.4	93.2	**101.8**	88.5	108.0	106.0
0.6	**0.5**	0.7	0.4		0.5	0.9	**0.6**	1.5		0.4
65.2	**40.6**	57.5	33.4	31.8	29.2	33.9	**53.8**	54.5	63.0	39.0
	0.3			1.0		1.2	**1.1**		2.8	0.9
270.6	**320.7**	286.7	368.8	305.8	303.6	315.6	**275.3**	254.9	271.6	296.1
47.9	**46.7**	53.9	54.3	32.7	32.3	37.1	**28.7**	19.1	42.4	25.1
5.8	**3.4**	2.0	4.4	4.8	2.8	3.4	**1.1**	0.5	1.7	1.4
4.0	**8.4**	9.4	12.8	7.4	3.8	1.7	**2.0**	1.7	1.9	2.4
0.6	**1.8**	2.3	1.5	2.3	1.4	1.2	**2.0**	0.6	4.1	1.7
	1.1	1.3	1.2	1.7		0.3	**1.6**	0.6	4.0	0.7
3.6	**5.4**	11.0	4.1	2.9	2.8	2.1	**2.6**	2.8	1.8	2.3

2-19 主要年份各市县全体居民人均可支配收入情况

单位：元/人

年 份 Year	全区 Total	沿黄地区 Plain	中南部地区 Mountain Area	银川市 Yinchuan	兴庆区 Xingqing	西夏区 Xixia	金凤区 Jinfeng
2010	**9863.6**	**12366.4**	**5925.8**	**14036.3**	17917.0	12523.9	15139.7
2011	**11479.5**	**14178.8**	**6813.3**	**16017.0**	20430.6	14295.3	17271.9
2012	**13104.3**	**15986.2**	**7795.4**	**18063.9**	22912.0	16208.0	19487.4
2013	**14565.8**	**17637.8**	**8734.3**	**19914.3**	25010.9	18028.4	21829.1
2014	**15906.8**	**19226.0**	**9625.0**	**21749.9**	27346.1	19682.8	23911.6
2015	**17329.1**	**20803.0**	**10499.2**	**23551.0**	29541.9	21322.3	25960.3
2016	**18832.3**	**22410.0**	**11447.0**	**25397.0**	31738.6	23032.8	27994.8
2017	**20561.7**	**24305.9**	**12622.6**	**27516.9**	34323.0	25026.1	30182.8
2018	**22400.4**	**26014.0**	**13745.0**	**29722.9**	36981.0	26906.2	32920.4
2019	**24411.9**	**27796.0**	**15319.0**	**32023.4**	39776.8	29069.5	35633.1
2020	**25734.9**	**28782.9**	**16613.4**	**33547.0**	40956.0	30367.4	37776.7
2021	**27904.5**	**31085.5**	**18092.0**	**36432.0**	43852.6	32686.2	41214.4
2022	**29599.3**	**32630.2**	**19266.8**	**38216.2**	45980.8	34047.2	43333.0

2-19 续表

单位：元/人

年 份 Year	利通区 Litong	红寺堡区 Hongsipu	盐池县 Yanchi	同心县 Tongxin	青铜峡市 Qingtongxia	固原市 Guyuan	原州区 Yuanzhou
2010	9953.4	5189.8	7314.9	5265.9	8732.9	**5826.7**	7219.3
2011	11411.0	5958.6	8305.6	6025.0	10172.9	**6709.1**	8316.1
2012	12902.2	6806.9	9453.8	6914.9	11574.3	**7688.1**	9485.0
2013	14259.2	7741.4	10569.7	7811.1	12733.3	**8675.9**	10678.0
2014	15570.6	8529.1	11615.6	8634.7	13924.2	**9590.7**	11761.3
2015	16840.7	9306.9	12719.8	9459.8	15024.3	**10409.2**	12792.1
2016	18149.5	10198.2	13919.0	10329.5	16144.0	**11330.0**	13898.4
2017	19727.5	11250.2	15362.4	11278.8	17445.5	**12484.5**	15193.7
2018	21421.1	12329.6	16957.4	12266.4	18941.1	**13958.1**	16803.6
2019	23379.0	13752.5	19219.5	13706.5	20615.5	**15323.1**	18826.7
2020	24864.1	14951.6	21115.6	14772.9	22127.2	**16708.4**	20484.6
2021	27052.2	16221.7	23008.9	16161.5	24140.7	**18178.8**	22334.7
2022	28812.2	17255.7	24420.7	17326.3	25731.1	**19384.8**	23776.2

Basic Statistics of Disposable Income for Urban and Rural Households by City and County in Main Year

(yuan/person)

永宁县 Yongning	贺兰县 Helan	灵武市 Lingwu	**石嘴山市 Shizuishan**	大武口区 Dawukou	惠农区 Huinong	平罗县 Pingluo	**吴忠市 Wuzhong**
9373.7	9953.5	10840.7	**11987.2**	14646.5	11509.6	8866.0	**7800.7**
10674.1	11405.6	12413.8	**13879.7**	16970.4	13330.0	10142.9	**8912.2**
12154.2	12968.2	14113.1	**15733.8**	19195.1	15000.8	11536.6	**10135.5**
13482.4	14314.2	15652.6	**17293.9**	21302.6	16523.5	12785.7	**11240.8**
14721.7	15665.8	17076.7	**18748.4**	23125.3	17888.0	13923.0	**12321.9**
16017.3	16955.2	18460.4	**20220.3**	25081.6	19306.2	14973.8	**13373.3**
17239.2	18294.6	19906.5	**21747.0**	27033.2	20745.0	16101.9	**14510.0**
18682.1	19846.0	21661.4	**23621.6**	29437.3	22454.2	17473.7	**15847.9**
19845.9	21464.2	23362.1	**25638.5**	32000.3	24202.0	18999.9	**17416.1**
21451.5	23211.4	25217.1	**27725.5**	34576.4	26341.5	20527.5	**19164.7**
22670.6	24782.3	26786.2	**28906.5**	35959.1	28145.9	21726.5	**20608.0**
24915.0	26715.3	29197.0	**31190.1**	38656.1	30622.7	24007.7	**22462.7**
26052.7	28078.7	31125.2	**32896.0**	40808.5	32313.3	25385.3	**23886.8**

continued

(yuan/person)

西吉县 Xiji	隆德县 Longde	泾源县 Jingyuan	彭阳县 Pengyang	**中卫市 Zhongwei**	沙坡头区 Shapotou	中宁县 Zhongning	海原县 Haiyuan
4951.8	5055.1	5031.3	5125.0	**7009.8**	8833.4	8290.4	4536.4
5715.3	5831.6	5810.3	5928.2	**8055.5**	10117.9	9308.9	5271.9
6569.2	6704.6	6709.0	6811.6	**9140.8**	11429.6	10538.1	6054.3
7444.8	7586.8	7600.1	7741.5	**10139.7**	12630.2	11738.7	6899.7
8261.6	8409.8	8414.3	8590.3	**11093.6**	13778.0	12816.7	7641.1
9016.6	9102.2	9107.4	9360.9	**12011.0**	14912.3	13900.4	8284.3
9846.5	9937.0	9921.0	10210.4	**12941.0**	15992.6	14997.6	9046.2
10802.7	11001.8	10883.0	11293.7	**14066.9**	17356.0	16333.5	10006.9
11808.1	12050.7	12052.9	12490.5	**15333.9**	18825.2	17659.8	10773.2
13218.0	13417.2	13419.7	13919.4	**16904.3**	20376.3	19167.9	12188.4
14755.6	14705.8	14581.0	15194.6	**17864.2**	21086.4	19916.5	13172.7
15980.3	15985.2	15956.6	16546.9	**19382.7**	22836.6	21629.3	14371.4
17245.3	17181.0	16968.8	17829.4	**20413.1**	24053.0	22649.5	15448.4

2-20 主要年份各市县全体居民人均生活消费支出情况

单位：元／人

年 份 Year	全区 Total	沿黄地区 Plain	中南部地区 Mountain Area	银川市 Yinchuan	兴庆区 Xingqing	西夏区 Xixia	金凤区 Jinfeng
2013	**14565.8**			**19807.0**	25010.8	18028.4	21829.1
2014	**12484.5**	**14769.5**	**7913.5**	**17350.0**	21634.9	16348.4	20652.6
2015	**13815.6**	**15943.0**	**8579.2**	**18507.9**	23333.5	17944.9	21000.1
2016	**14965.4**	**17174.6**	**9353.6**	**19958.6**	23670.9	19533.1	21312.9
2017	**15350.3**	**17080.1**	**9534.0**	**19933.8**	24206.6	19789.2	21636.5
2018	**16715.1**	**18371.0**	**10233.0**	**21898.0**	28428.5	21056.6	23384.4
2019	**18296.8**	**19697.0**	**11235.0**	**23733.6**	30996.6	21231.6	25450.4
2020	**17505.8**	**19189.0**	**12246.7**	**23261.0**	29113.8	20261.1	25935.9
2021	**20023.8**	**21093.6**	**13579.3**	**25520.1**	31561.7	21411.1	29122.8
2022	**19136.3**	**20610.7**	**12807.3**	**25145.9**	31083.5	21700.9	28820.7

2-20 续表

单位：元／人

年 份 Year	利通区 Litong	红寺堡区 Hongsipu	盐池县 Yanchi	同心县 Tongxin	青铜峡市 Qingtongxia	固原市 Guyuan	原州区 Yuanzhou
2013	14280.4	7752.7	10583.1	7722.8	12754.4	**8643.6**	10704.7
2014	11815.0	7431.5	9499.5	7474.2	10892.0	**7720.8**	9300.2
2015	13015.3	7871.4	10111.4	8359.1	11510.1	**8287.0**	10600.0
2016	13586.6	8560.2	11229.5	8918.1	10569.0	**9020.1**	11689.6
2017	14165.9	9763.7	11678.2	9447.3	11465.5	**9755.1**	12949.3
2018	15764.0	10572.9	11751.2	9671.5	11770.1	**10555.4**	13599.4
2019	16280.2	11835.1	13600.5	10589.6	12829.6	**11554.6**	14663.9
2020	15354.7	12739.5	13040.4	11172.9	12871.0	**12680.4**	15613.8
2021	18014.7	13733.1	14000.0	11544.8	13971.3	**14212.6**	18094.9
2022	17974.1	12424.5	14358.5	10818.4	14057.2	**13541.1**	16818.8

Per Capita Living Expenditure for Urban and Rural Residents by City and County in Main Year

(yuan/person)

永宁县 Yongning	贺兰县 Helan	灵武市 Lingwu	**石嘴山市 Shizuishan**	大武口区 Dawukou	惠农区 Huinong	平罗县 Pingluo	**吴忠市 Wuzhong**
13261.4	13912.9	15656.5	**17334.5**	21312.2	16563.5	12888.0	**11253.2**
11065.5	13035.9	11309.5	**12297.5**	13738.5	11558.4	11043.6	**9725.6**
12182.6	13859.5	13195.7	**13370.5**	15425.5	11768.5	12083.3	**10626.6**
13058.9	14671.1	14132.4	**14379.9**	16565.8	12494.9	12768.8	**11529.8**
14819.5	15249.0	15148.2	**15048.0**	17791.7	13199.5	13656.3	**11436.2**
14902.2	16345.6	16404.7	**16598.9**	20023.4	13993.4	13778.2	**12292.5**
15690.8	17589.2	17156.1	**17119.7**	21565.9	14877.8	13395.7	**13426.7**
16678.2	18158.4	16865.3	**16865.2**	21170.0	15564.0	13203.9	**13432.0**
18245.2	20055.0	18315.3	**18294.8**	22928.0	16558.4	15039.8	**14790.7**
17316.4	19284.8	17079.8	**18458.7**	22871.1	16902.1	15235.5	**14541.4**

continued

(yuan/person)

西吉县 Xiji	隆德县 Longde	泾源县 Jingyuan	彭阳县 Pengyang	**中卫市 Zhongwei**	沙坡头区 Shapotou	中宁县 Zhongning	海原县 Haiyuan
7451.4	7586.6	7609.7	7745.4	**10153.3**	12635.3	11872.7	6921.3
6701.1	7682.8	7147.1	6606.7	**9537.8**	11279.1	10720.1	6851.6
6851.1	7983.2	7393.2	7060.4	**10349.7**	12149.8	11970.9	7740.9
7188.8	8796.7	7958.7	7344.1	**11151.0**	13490.0	13041.1	7879.0
7734.0	10500.7	8423.6	7996.4	**11505.8**	13950.5	14409.4	8396.2
8346.2	11718.3	8214.4	8925.8	**12261.8**	14974.1	13999.4	8672.7
9408.0	12385.7	8953.9	10059.8	**13222.1**	16156.5	14682.2	9821.1
11207.7	12783.7	9442.7	10987.8	**13097.4**	15158.9	14251.0	10133.5
12428.5	13911.4	10516.2	12028.0	**14792.7**	17503.5	16339.3	11724.5
12102.8	12430.9	10672.9	12166.4	**13332.9**	15900.1	14657.9	10661.5

2-21 城镇居民家庭基本情况

指标名称	Item	单位	Unit	2013
一、户主文化程度	**Cultural Level of Head of a Household**			
(一)未上过学	No Schooling	%	%	3.8
(二)小学	Primary School	%	%	12.7
(三)初中	Junior Secondary School	%	%	28.9
(四)高中	Senior Secondary School	%	%	24.1
(五)大学专科	Junior College	%	%	18.4
(六)大学本科	Undergraduate College	%	%	11.7
(七)研究生	Postgraduate	%	%	0.4
二、按家庭规模分的住户类型	**Households Type Divided by Family Size**			
(一)一人户	One Person	%	%	5.4
(二)二人户	Two Persons	%	%	24.0
(三)三人户	Three Persons	%	%	42.8
(四)四人户	Four Persons	%	%	17.1
(五)五人户	Five Persons	%	%	8.7
(六)六人及以上户	Six Persons and over	%	%	2.0
三、按世代分的住户类型	**Households Type Divided by Generation**			
(一)一代户	One-Generation Households	%	%	15.7
(二)二代户	Two-Generation Households	%	%	34.0
(三)三代户	Three-Generation Households	%	%	5.4
(四)四代及以上户	Four-Generation Households and over	%	%	0.0
四、住户特征	**Household Characteristics**			
(一)纯老人户	Households of only the old	%	%	16.0
(二)家中有未成年子女户	Households of Couple with Minor Children	%	%	75.8
(三)年轻夫妻无子女户	Households of Young Couple without Children	%	%	
(四)无劳动力户	Households without Labor Force	%	%	8.2
五、住户经营情况	**Household Business Situation**			
(一)生产经营户	Production Business Households	%	%	17.6
农业户	Agriculture	%	%	7.1
农业兼业户	Agriculture and Business Households	%	%	
非农兼业户	Non-agriculture and Business Households	%	%	
非农业户	Non-agriculture Households	%	%	12.0
(二)非生产经营户	Non-production Business Households	%	%	82.4
六、参加医疗保险情况	**Medical Insurance Participation**			
(一)参加城乡居民基本医疗保险	Basic Medical Insurance for Urban and Rural Residents	%	%	53.9
(二)参加城镇职工基本医疗保险	Basic Medical Insurance for Urban Employee	%	%	35.0
(三)商业及其他医疗保险	Commercial and Other Health Insurance	%	%	3.1
(四)没有参加任何医疗保险	Non-joined any Medical Insurance	%	%	8.0

Basic Statistics of Urban Households

2014	2015	2016	2017	2018	2019	2020	2021	2022
3.6	3.1	2.7	2.8	1.1	1.3	1.4	1.8	1.8
11.2	12.7	12.1	12.2	9.7	9.3	9.5	10.8	10.5
28.9	29.4	31.3	31.1	31.9	32.6	32.5	35.1	34.9
24.1	21.9	23.6	23.6	22.3	21.8	21.7	22.0	22.1
18.3	19.8	17.6	17.6	18.0	18.2	19.2	16.6	16.6
13.6	12.9	12.5	12.4	16.0	15.5	15.0	12.6	13.0
0.4	0.2	0.3	0.3	1.0	1.4	0.8	1.0	1.1
4.7	4.2	5.2	4.5	5.0	5.4	4.8	4.6	5.2
25.0	25.7	29.5	29.8	29.5	29.7	30.9	34.1	33.9
43.3	40.1	38.1	38.1	35.1	34.0	34.9	31.8	32.1
17.0	20.7	19.9	19.7	21.6	22.3	21.4	22.4	22.1
7.9	6.8	5.6	6.2	6.6	5.9	5.7	4.8	4.2
2.1	2.6	1.8	1.6	2.2	2.7	2.3	2.4	2.5
28.4	29.7	29.5	29.1	30.2	30.3	31.1	32.7	—
63.2	62.2	61.9	62.5	60.5	60.9	60.9	60.5	—
8.3	7.9	8.4	8.3	9.3	8.8	8.0	6.9	—
0.0	0.2	0.2	0.1					
17.3	20.6	20.4	22.9	18.7	21.1	23.3	24.4	26.3
72.2	69.8	72.6	71.9	75.6	74.3	74.7	75.2	73.2
1.9	2.0	1.2	1.2	2.7	1.7	1.2	0.2	0.2
8.6	7.6	5.8	4.0	3.0	2.9	0.8	0.2	0.3
20.7	18.8	23.8	26.3	56.2	30.4	30.0	30.8	30.1
33.6	37.0	27.3	25.6	19.4	27.7	28.5	28.2	28.5
		2.0	2.3	0.6	1.1	1.5	2.4	1.7
		4.7	5.1	2.1	3.2	3.0	2.3	2.4
4.7	3.9	70.4	69.5	78.0	71.1	67.3	67.1	67.4
79.3	81.2	76.2	73.7	43.8	69.6	70.0	69.2	69.9
56.8	58.8	59.8	59.9	65.5	62.8	61.7	63.9	62.8
34.0	31.6	32.3	32.4	30.5	32.4	33.5	35.4	36.6
5.5	2.5	3.6	3.7	4.2	7.3	8.8	6.1	6.5
7.6	7.8	6.9	6.6	3.3	3.8	3.8	0.5	0.3

2-22 城镇居民家庭就业年龄及学历构成情况

指标名称	Item	单位	Unit
一、基本情况	**Basic Statistics of Households Surveyed**		
(一)户均常住人口	Average Number of Permanent Residents per Household	人/户	person/household
(二)户均常住从业人口	Average Number of Employed Persons per Household	人/户	person/household
(三)平均每户家庭从业人口比重	Proportion of Employed Persons per Household	%	%
(四)平均每一从业人口负担人数	Average Number of Dependency Coefficient per Employed Persons	人	person
(五)由本户供养的在校学生	Supported Students in School by the Family	人/户	person/household
(六)户均整半劳动力人口	Whole and Half Labor Force per Household	人/户	person/household
(七)平均每户家庭整半劳动力人口比重	Proportion of Whole and Half Labor Force per Household	%	%
二、家庭劳动力年龄构成	**Age Composition of Permanent Employed Persons**	**%**	**%**
(一)16-19岁	Aged 16-19	%	%
(二)20-24岁	Aged 20-24	%	%
(三)25-29岁	Aged 25-29	%	%
(四)30-34岁	Aged 30-34	%	%
(五)35-40岁	Aged 35-40	%	%
(六)41-50岁	Aged 41-50	%	%
(七)51-60岁	Aged 51-60	%	%
(八)61-65岁	Aged 61-65	%	%
(九)66岁及以上	Aged 66 and over	%	%
三、家庭劳动力文化程度构成	**Composition of Education Level for Labor Force**	**%**	**%**
(一)未上过学	No Schooling	%	%
(二)小学	Primary School	%	%
(三)初中	Junior Secondary School	%	%
(四)高中	Senior Secondary School	%	%
(五)大学专科	Junior College	%	%
(六)大学本科及以上	Bachelor Degree or above	%	%
(七)研究生	Graduate Student	%	%
四、常住从业人员就业类型	**Type of Employment of Permanent Employed Persons**	**%**	**%**
(一)雇主	Employer	%	%
(二)公职人员	Civil Servants	%	%
(三)事业单位人员	Institution Officers	%	%
(四)国有企业雇员	State-owned Enterprises Employees	%	%
(五)其他雇员	Other Employees	%	%
(六)农业自营	Self-employed of Agriculture	%	%
(七)非农自营	Self-employed of Non-Agriculture	%	%
五、常住从业人员从事主要行业	**Type of Industry for Permanent Employed Persons**	**%**	**%**
(一)第一产业	Primary Industry	%	%
(二)第二产业	Secondary Industry	%	%
(三)第三产业	Tertiary Industry	%	%

Composition Statistics of Employment Age and Education for Urban Households

2013	2014	2015	2016	2017	2018	2019	2020	2021	2022
3.0	3.0	3.0	3.0	3.0	3.0	3.0	3.0	3.0	3.0
1.4	1.5	1.4	1.4	1.4	1.5	1.5	1.4	1.4	1.4
48.8	50.8	48.3	48.3	47.6	48.0	48.0	46.4	46.9	46.0
2.0	2.0	2.1	2.1	2.1	2.1	2.1	2.2	2.1	2.2
0.6	0.6	0.6	0.6	0.6	0.6	0.6	0.6	0.7	0.7
2.0	2.0	2.0	2.0	2.1	2.1	2.1	2.1	2.1	2.1
66.9	67.1	67.8	68.7	69.5	68.9	69.1	70.6	70.7	71.1
100.0	**100.0**	**100.0**	**100.0**	**100.0**	**100.0**	**100.0**	**100.0**	**100.0**	**100.0**
0.8	0.7	1.0	0.7	0.7	0.6	0.5	0.3	0.4	0.4
5.5	4.3	3.9	4.7	3.5	4.0	3.8	3.5	2.8	2.7
8.8	7.1	7.8	6.4	6.0	8.6	7.3	5.5	4.1	3.2
10.7	11.2	9.5	9.2	8.2	10.6	10.5	10.3	8.3	7.7
17.2	17.9	16.6	15.5	14.0	15.0	14.3	13.6	14.0	12.8
30.0	30.7	31.3	31.3	32.6	30.4	30.9	30.0	29.4	29.6
15.9	16.7	17.0	20.0	21.0	17.3	18.2	20.1	23.0	24.8
5.6	6.4	6.3	5.8	6.3	7.7	7.8	8.0	7.4	6.9
5.5	5.0	6.5	6.5	7.7	5.9	6.6	8.8	10.6	11.8
100.0	**100.0**	**100.0**	**100.0**	**100.0**	**100.0**	**100.0**	**100.0**	**100.0**	**100.0**
4.4	4.2	4.5	3.8	3.7	3.1	3.3	3.6	4.1	4.0
12.8	11.0	11.6	11.6	11.6	10.3	10.2	10.4	11.8	11.5
29.1	29.0	30.8	31.3	31.0	31.0	30.6	31.1	33.0	32.7
22.8	23.1	21.6	22.1	21.9	21.0	21.2	20.5	21.3	21.3
19.3	19.5	19.4	18.3	18.5	18.6	18.8	19.2	15.7	15.9
11.3	12.8	11.4	12.3	12.8	15.0	14.7	14.5	13.2	13.7
0.3	0.4	0.7	0.5	0.5	0.9	1.1	0.8	0.9	0.9
100.0	**100.0**	**100.0**	**100.0**	**100.0**	**100.0**	**100.0**	**100.0**	**100.0**	**100.0**
3.8	2.3	0.8	0.4	0.2	0.7	0.5	0.6	0.4	0.4
5.5	6.2	4.6	4.5	4.1	4.1	3.7	3.7	3.8	4.1
13.1	12.7	10.4	10.3	10.7	9.9	9.3	9.0	9.9	10.3
14.6	13.7	14.0	13.4	12.9	8.2	8.7	8.0	6.4	6.7
46.0	45.9	51.8	52.7	54.7	58.4	57.2	59.4	58.5	59.3
4.9	4.8	4.5	4.2	3.9	4.8	5.9	5.1	6.6	5.8
12.2	14.4	13.8	14.5	13.5	13.9	14.6	14.1	14.3	13.4
100.0	**100.0**	**100.0**	**100.0**	**100.0**	**100.0**	**100.0**	**100.0**	**100.0**	**100.0**
6.5	6.0	5.3	5.3	5.0	5.9	7.4	7.0	7.9	7.2
27.3	26.6	29.3	28.2	27.2	26.6	25.3	25.3	24.7	24.5
66.1	67.4	65.4	66.5	67.8	67.4	67.4	67.8	67.4	68.3

2-23 城镇居民家庭房屋基本情况

指标名称	Item	单位	Unit
一、期末现住房情况	**Current House Condition of Term End**		
(一)人均现住房面积	Per Capita Current Housing Area	平方米/人	sq.m/person
人均自有现住房面积	Per Capita Self-owned Current Housing Area	平方米/人	sq.m/person
户均现住房面积	Per Household Current Housing Area	平方米/户	sq.m/household
户均自有现住房面积	Per Household Self-owned Current Housing Area	平方米/户	sq.m/household
(二)现住房市场价月租金	Monthly Rent of Current Housing	元/人	yuan/person
自有现住房市场价月租金	Monthly Rent of Self-owned Current Housing	元/人	yuan/person
二、期内新购建住房情况	**Newly Bought or Built Residential Buildings Condition During Period**		
(一)新建住房竣工建筑面积	Completing Floor Space of Newly Built Residential Buildings	平方米/人	sq.m/person
(二)新建住房总费用	Total Cost of Newly Built Residential Buildings	元/人	yuan/person
(三)新建住房价值	Value of Newly Built Residential Buildings	元/平方米	yuan/sq.m
三、期末现住房构成	**Current Housing Constitute of Term End**		
(一)本住户居住类型	Residence Type	%	%
其中：普通住宅	General Residence	%	%
(二)本住户居住空间样式	House Construction Space Style	%	%
1.单栋楼房	Single Building	%	%
2.单栋平房	Single Bungalow	%	%
3.四居室及以上单元房	House with Four Bedrooms and above	%	%
4.三居室单元房	House with Three Bedrooms	%	%
5.二居室单元房	House with Two Bedrooms	%	%
6.一居室单元房	House with One Bedrooms	%	%
7.其他	Others	%	%
(三)主要建筑材料	Main Building Materials	%	%
1.钢筋混凝土	Reinforced Concrete	%	%
2.砖混材料	Brick and Concrete	%	%
3.砖瓦砖木	Brick and Wood	%	%
4.竹草土坯	Bamboo Grass Adobe	%	%
5.其他	Others	%	%
(四)现住房房屋来源	Current Housing Source	%	%
1.租赁公房	Public House Leasing	%	%
2.租赁私房	Private House Leasing	%	%
3.自建住房	Self-built Housing	%	%
4.购买商品房	Commercial Residential Building	%	%
5.购买房改住房	Reformed Housing	%	%
6.购买保障性住房	Security Housing	%	%
7.拆迁安置房	Removal Settlement Housing	%	%
8.继承或获赠住房	Inheritance or Gift Housing	%	%
9.免费借用房	Borrow Housing for Free	%	%
10.其他	Others	%	%
(五)现住房建筑面积	Current Residential Buildings Area	%	%
1.10平方米以内	Less than 10 sq.m	%	%
2.10-20平方米	10-20 sq.m	%	%
3.20-30平方米	20-30 sq.m	%	%
4.30-60平方米	30-60 sq.m	%	%
5.60-90平方米	60-90 sq.m	%	%
6.90-120平方米	90-120 sq.m	%	%
7.120-200平方米	120-200 sq.m	%	%
8.200平方米以上	200 sq.m above	%	%

Basic Statistics of House for Urban Households

2013	2014	2015	2016	2017	2018	2019	2020	2021	2022
29.6	31.0	30.7	31.3	31.3	34.0	34.0	34.5	34.6	34.9
26.2	28.6	28.5	29.4	29.5	32.2	32.4	32.9	33.5	33.6
87.7	91.5	90.9	93.3	93.8	102.9	103.1	103.8	103.2	103.2
77.7	84.4	84.4	87.5	88.4	97.5	98.2	99.0	99.9	99.4
226.2	252.2	259.1	268.2	273.9	279.0	280.6	280.0	284.4	285.5
202.6	235.5	244.5	254.3	261.3	266.6	268.0	269.1	276.1	276.6
0.3	0.4	0.1	0.1	0.2	0.1	0.0	0.1		
372.4	329.0	83.7	56.1	105.7	76.1	12.1	83.2		
1237.1	772.4	669.4	521.8	602.8	1473.2	830.7	1002.6		
100.0	100.0	100.0	100.0	100.0	100.0	100.0	100.0	100.0	100.0
97.6	99.0	97.9	98.7	99.4	100.0	100.0	100.0	100.0	100.0
100.0	100.0	100.0	100.0	100.0	100.0	100.0	100.0	100.0	100.0
1.4	1.2	2.9	2.7	2.5	1.0	0.6	0.3	0.5	0.5
13.4	13.5	12.3	11.3	10.7	9.4	10.2	9.0	9.2	9.5
1.9	2.6	1.7	2.9	3.1	2.4	2.0	1.9	2.6	2.7
26.2	28.1	29.8	31.5	32.8	41.1	41.2	42.0	36.4	36.6
50.3	51.0	49.1	49.6	48.9	43.2	44.4	44.9	48.8	48.6
6.0	2.8	3.5	1.6	1.8	1.7	1.6	1.8	2.1	2.1
0.8	0.9	0.7	0.4	0.3	1.1	0.0	0.0	0.4	
100.0	100.0	100.0	100.0	100.0	100.0	100.0	100.0	100.0	100.0
12.6	16.3	19.0	29.1	29.2	56.9	56.8	57.1	58.7	59.2
78.9	75.7	72.1	63.7	64.1	37.1	37.1	37.1	35.9	35.1
8.1	7.8	8.6	7.2	6.5	5.6	5.9	5.6	5.3	5.6
0.3	0.2	0.1		0.2	0.2	0.2	0.2		
0.2		0.2	0.0	0.0	0.1	0.1	0.1	0.1	0.1
100.0	100.0	100.0	100.0	100.0	100.0	100.0	100.0	100.0	100.0
1.7	0.8	1.4	1.8	1.6	1.2	1.0	1.2	1.0	1.3
10.9	6.7	4.7	4.0	3.5	3.8	3.8	3.2	2.4	2.5
9.6	10.1	9.1	8.3	8.1	8.9	8.9	8.6	9.3	9.1
46.8	52.5	54.7	57.0	58.1	65.5	65.7	66.4	67.4	67.5
15.5	14.7	14.4	14.3	14.0	4.7	4.6	4.5	2.1	1.9
5.8	5.4	5.0	4.1	4.3	3.2	2.7	2.7	4.2	4.1
6.0	6.3	5.6	6.6	6.8	10.7	11.6	11.3	12.5	12.4
0.5	0.7	1.0	0.6	0.7	0.7	0.7	0.7	0.2	0.2
2.7	1.9	2.0	1.5	1.6	1.3	1.0	1.2	1.0	1.0
0.4	1.0	2.1	1.7	1.4	0.1	0.1	0.2	0.0	0.1
100.0	100.0	100.0	100.0	100.0	100.0	100.0	100.0	100.0	100.0
0.3									
2.2	0.9	2.1	1.0	0.4					
0.8	0.7	0.4	0.2	0.2	0.1				
16.4	14.4	14.2	15.7	15.7	6.7	6.4	6.2	6.5	6.6
40.0	39.0	38.5	36.4	36.0	32.9	32.0	32.4	33.2	33.1
29.8	32.5	32.4	32.6	33.4	38.0	39.0	37.7	38.3	38.1
9.9	11.6	11.1	12.1	12.4	20.8	21.1	22.2	20.4	20.6
0.9	1.0	1.3	2.0	1.9	1.5	1.5	1.6	1.6	1.6

2-23 续表

指标名称	Item	单位	Unit
(六)住宅有管道供水情况	Pipeline Water Supplying of Residential Buildings	%	%
1.住宅内管道取水	Pipeline Water Supplying in the Home	%	%
2.住宅内其他方式取水	Other Ways Water Supplying in the Residence	%	%
3.院内管道取水	Pipeline Water Supplying to Public Water Intaking Spot	%	%
4.院内其他方式取水	Other Ways Water Supplying in the Courtyard	%	%
5.其他位置取水	Water Supplying from Other Locations	%	%
(七)住户厕所类型	Residence Toilet Type	%	%
1.水冲式卫生厕所	Water Flushing Sanitary Toilet	%	%
2.水冲式非卫生厕所	Water Flushing Insanitary Toilet	%	%
3.卫生旱厕	Sanitary Pit Latrine	%	%
4.普通旱厕	General Pit Latrine	%	%
5.无厕所	No Toilet	%	%
(八)住户厕所使用情况	Using Condition of Residence Toilet	%	%
1.本住户独用	Exclusive Use	%	%
2.几户合用	Sharing with Several Households	%	%
3.公用厕所	Public Toilet	%	%
(九)住户洗澡设施情况	Residence Shower Equipment Condition	%	%
1.统一供热水	Unified Supply Hot Water	%	%
2.家庭自装热水器	House Self-Installing Water Heater	%	%
3.其他	Others	%	%
4.无洗澡设施	No Shower Equipment	%	%
(十)住户主要取暖设备状况	Residence Main Heating Equipment Condition	%	%
1.由市政或小区集中供暖	Central Heating by Government or Housing Estate	%	%
2.自行供暖	Self Heating	%	%
3.无取暖设备	No Heating Equipment	%	%
(十一)住户主要取暖用能源状况	Residence Main Heating Energy Condition	%	%
1.柴草	Firewood	%	%
2.煤炭	Coal	%	%
3.罐装液化石油气	Canned Liquefied Petroleum Gas	%	%
4.管道液化石油气	Pipeline Liquefied Petroleum Gas	%	%
5.管道煤气	Pipeline Coal Gas	%	%
6.管道天然气	Pipeline Natural Gas	%	%
7.电	Electricity	%	%
8.燃料用油	Fuel Oils	%	%
9.沼气	Biogas	%	%
10.其他	Others	%	%
11.无取暖行为	No Heating Behavior	%	%
(十二)主要炊用能源状况	Main Condition of Cooking Energy	%	%
1.柴草	Firewood	%	%
2.煤炭	Coal	%	%
3.罐装液化石油气	Canned Liquefied Petroleum Gas	%	%
4.管道液化石油气	Pipeline Liquefied Petroleum Gas	%	%
5.管道煤气	Pipeline Coal Gas	%	%
6.管道天然气	Pipeline Natural Gas	%	%
7.电	Electricity	%	%
8.燃料用油	Fuel Oils	%	%
9.沼气	Biogas	%	%
10.其他	Others	%	%
11.无炊用行为	No Heating Behavior	%	%

continued

2013	2014	2015	2016	2017	2018	2019	2020	2021	2022
100.0	100.0	100.0	100.0	100.0	100.0	100.0	100.0	100.0	100.0
95.3	95.9	97.9	99.0	99.2	97.8	97.9	98.6	97.1	97.3
							0.0		
0.1	0.2				0.1	1.6	1.0	1.4	1.6
						0.3	0.3		
4.5	3.9	2.1	1.0	0.8	2.2	0.1	0.1	1.5	1.2
100.0	100.0	100.0	100.0	100.0	100.0	100.0	100.0	100.0	100.0
88.7	89.1	90.4	91.3	91.8	91.0	92.8	93.2	93.2	93.5
1.3	1.2	0.7	0.5	0.4	0.8	1.0	0.8	0.7	0.7
0.5	0.7	0.7	1.4	1.3	1.0	0.3	1.0	1.6	2.4
8.7	8.5	7.8	6.6	6.3	7.1	5.9	4.9	4.5	3.4
0.7	0.5	0.4	0.3	0.1	0.1		0.1		
100.0	100.0	100.0	100.0	100.0	100.0	100.0	100.0	100.0	100.0
95.6	97.3	96.1	97.7	98.5	99.3	99.5	99.4	99.8	99.8
3.2	1.8	3.0	1.7	0.9	0.4	0.5	0.5	0.1	0.1
1.1	0.9	0.8	0.6	0.6	0.3		0.1	0.1	0.1
100.0	100.0	100.0	100.0	100.0	100.0	100.0	100.0	100.0	100.0
5.4	5.0	4.1	4.8	4.6	3.8	1.9	1.9	1.4	1.5
77.9	80.8	83.6	87.0	88.2	91.7	94.5	94.4	96.2	97.0
2.3	2.1	1.1	1.2	1.1	1.3	1.4	1.3	1.3	0.9
14.4	12.1	11.1	7.1	6.1	3.2	2.2	2.5	1.1	0.6
100.0	100.0	100.0	100.0	100.0	100.0	100.0	100.0	100.0	100.0
84.2	84.7	84.8	84.1	84.4	78.9	78.4	78.9	79.5	81.0
15.1	14.6	14.8	15.8	15.5	21.0	21.5	20.9	20.5	19.0
0.7	0.7	0.4	0.1	0.1	0.2	0.1	0.2		
100.0	100.0	100.0	100.0	100.0	100.0	100.0	100.0	100.0	100.0
0.6	0.1	0.1	0.1	0.0	0.1			0.1	
91.6	12.7	13.3	17.2	9.6	10.3	8.5	8.3	9.2	8.8
0.6	0.1	0.0	0.0	0.0					
0.1			0.2	0.2	0.2				
0.4	0.1	0.1			0.4				
5.0	2.0	5.3	4.5	4.6	12.3	12.8	12.5	10.9	9.7
1.0	7.7	0.6	2.6	1.3	0.2	0.1	0.1	0.1	0.3
0.2	3.7	9.6	5.9	11.7	22.7			0.2	0.2
0.6	73.5	71.1	69.7	72.6	53.9	78.6	79.0	79.5	81.0
100.0	100.0	100.0	100.0	100.0	100.0	100.0	100.0	100.0	100.0
0.5	0.3	0.4	0.2	0.2	0.8	0.1	0.1	0.1	0.1
5.9	4.8	5.4	3.6	3.1	2.6	2.1	1.9	1.7	1.6
21.0	15.4	14.3	11.3	11.8	8.1	6.4	6.7	7.6	7.1
0.3	0.4	0.3	0.2	0.2	0.1	0.1	0.1		
0.3	0.1	0.2	0.1	0.1	0.5	0.5	0.1		
52.2	59.1	60.1	63.8	64.6	73.0	74.4	75.4	71.7	72.3
19.4	19.5	19.3	19.8	19.7	14.8	16.1	15.5	18.9	18.9
					0.1	0.1			
0.2	0.2								
0.2	0.2		1.1	0.5		0.2	0.2		

2-24 城镇居民年末拥有生产性固定资产情况

指标名称	Item	单位	Unit
年末生产性固定资产原价	**Original Price of Productive Fixed Assets Year-end**	**元/户**	**yuan/household**
(一)第一产业固定资产原价	The Primary Industry	元/户	yuan/household
1.农业固定资产原价	Agriculture	元/户	yuan/household
2.林业固定资产原价	Forestry	元/户	yuan/household
3.牧业固定资产原价	Animal Husbandry	元/户	yuan/household
4.渔业固定资产原价	Fishery	元/户	yuan/household
5.农林牧渔专业及辅助性活动固定资产原价	Agriculture, Forestry, Animal Husbandry ,Fishery and Auxiliary Activities	元/户	yuan/household
(二)第二产业固定资产原价	The Secondary Industry	元/户	yuan/household
1.采矿业固定资产原价	Mining Industry	元/户	yuan/household
2.制造业固定资产原价	Manufacturing Industry	元/户	yuan/household
3.电力热力燃气及水生产和供应业	Production and Supply of Electric, Heat, Gas and Water	元/户	yuan/household
4.建筑业固定资产原价	Construction Industry	元/户	yuan/household
(三)第三产业固定资产原价	The Tertiary Industry	元/户	yuan/household
1.批发和零售业	Wholesales and Retail Trade	元/户	yuan/household
2.交通运输仓储和邮政业	Transportation, Warehousing and Postal Services	元/户	yuan/household
3.住宿和餐饮业	Hotel and Catering Sectors	元/户	yuan/household
4.房地产业	Real Estate	元/户	yuan/household
5.租赁和商务服务业	Leasing and Business Service	元/户	yuan/household
6.居民服务修理和其他服务业	Residential Services, Repair and Other Services	元/户	yuan/household
7.其他行业	Others	元/户	yuan/household
年末主要生产性固定资产数量	**Quantity of Main Productive Fixed Assets Year-end**		
1.农业生产性用房及建筑物	House and Buildings for Agricultural Production	平方米/百户	sq.m/100 households
2.大中型农用拖拉机	Large and Medium Agrimotor	辆/百户	unit/100 households
3.小型农用拖拉机	Small Agrimotor	辆/百户	unit/100 households
4.农用排灌动力机械	Drainage and Irrigation Power Machinery for Agriculture	台/百户	unit/100 households
5.插秧机	Rice Transplanter	台/百户	unit/100 households
6.收割机	Harvesting Implements	台/百户	unit/100 households
7.脱粒机	Threshing Machine	台/百户	unit/100 households
8.产品畜	Livestock Products	头/百户	unit/100 households
9.其他农业机械	Other Agricultural Machinery	台/百户	unit/100 households

Ownership of Productive Fixed Assets for Urban Households Year-end

2013	2014	2015	2016	2017	2018	2019	2020	2021	2022
15981.8	**13062.4**	**14093.2**	**13317.7**	**11605.2**	**30150.6**	**28604.0**	**31527.7**	**23785.8**	**24763.5**
1842.2	1593.8	1053.6	1139.3	1092.6	3045.3	5574.9	4662.9	2718.3	2764.4
766.8	834.6	434.6	761.0	698.3	1421.7	2065.0	1329.4	1419.9	1522.3
0.2	0.2				3.9	13.4	3.8		
929.3	590.0	619.0	350.8	390.7	798.0	1816.3	1879.1	1298.4	1214.0
145.9	168.9		27.5	3.6	821.7	1680.2	1450.7		28.1
843.0	1825.0	2345.4	1252.6	692.3	4359.6	4765.0	6581.3	1525.3	1346.2
	208.4	7.0	35.6	35.8	222.5	252.1	511.4		
521.5	352.3	105.1	68.9	28.3	48.3	57.9	161.5	342.2	499.4
321.5	1264.2	2233.3	1148.1	628.2	4088.8	4455.0	5908.5	1183.1	846.9
13296.6	9643.6	10694.2	10925.8	9820.3	22745.7	18264.1	20283.5	19542.1	20652.9
6049.2	3392.3	8011.5	3487.8	4019.6	3814.9	4066.0	4580.6	8016.3	8211.9
6413.6	5001.9	1377.7	3413.4	4411.2	8081.9	8636.1	8482.9	8119.9	9315.7
119.4	130.7	198.2	106.3	419.7	7696.4	2770.9	3625.4	734.3	535.4
	26.2	17.5	68.0	368.9					
329.2	554.8	638.9	3245.5	2.0	553.2	161.6	163.9	132.4	153.0
224.4	534.3	443.2	604.9	599.0	1700.5	1796.0	2629.4	2036.4	2030.9
160.9	3.4	7.2			898.8	833.6	801.3	502.7	405.9
365.4	594.1	317.9	408.0	345.2	505.4	974.9	828.8	816.1	685.4
0.7	0.6	0.3	0.5	0.5	0.9	0.5	0.9	0.9	1.1
2.9	3.2	2.2	3.4	2.7	3.5	4.3	4.8	5.2	5.1
0.2	0.1	0.1		0.1	0.2	0.2	0.1	0.1	0.1
0.1	0.1								
0.0	0.0			0.1	0.2	0.2	0.1	0.1	0.5
0.3	0.5	0.2			0.1	0.1	0.1	0.8	0.7
13.1	2.6	1.4	2.3	2.9	4.6	40.3	45.3	9.1	7.1
-	-	2.0	2.3	1.4	0.8	2.9	2.7	3.6	3.7

2-25 城镇居民家庭经营土地及农作物种植情况

指标名称	Item	单位	Unit	2013
期末实际经营的土地面积	**Area of Cultivated Land at Year-end**	**亩/人**	**mu/person**	**0.34**
耕地	Arable Land	亩/人	mu/person	0.23
有效灌溉面积	Effective Irrigated Area	亩/人	mu/person	0.20
林地、园地	Woodland, Garden	亩/人	mu/person	0.01
牧草地	Grassland	亩/人	mu/person	0.10
养殖水面	Aquaculture	亩/人	mu/person	
粮食播种面积	**Grain Sown Area**	**亩/人**	**mu/person**	**0.19**
小麦	Wheat	亩/人	mu/person	0.03
水稻	Rice	亩/人	mu/person	0.01
玉米	Corn	亩/人	mu/person	0.15
豆类	Soybeans	亩/人	mu/person	0.00
薯类	Tubers	亩/人	mu/person	0.00
经济作物播种面积	**Sown Area of Economy Crops**	**亩/人**	**mu/person**	**0.02**
油料	Bearing	亩/人	mu/person	0.00
蔬菜	Vegetable	亩/人	mu/person	0.01
设施蔬菜	Facilities Vegetables	亩/人	mu/person	0.00
水果	Fruits	亩/人	mu/person	0.01
设施水果	Facilities Fruit	亩/人	mu/person	0.01
机耕面积	**Machine-cultivated Area**	**亩/人**	**mu/person**	**0.20**
机播面积	**Mechanical Sowing Area**	**亩/人**	**mu/person**	**0.17**
机收面积	**Mechanical Harvesting Area**	**亩/人**	**mu/person**	**0.12**
机电灌溉面积	**Electromechanical Irrigation Area**	**亩/人**	**mu/person**	**0.02**
主要农产品产量	**Output of Major Agricultural Products**			
谷物产量	Cereal	公斤/人	kg/person	128.04
小麦产量	Wheat	公斤/人	kg/person	5.32
稻谷产量	Rice	公斤/人	kg/person	25.74
玉米产量	Corn	公斤/人	kg/person	96.87
薯类产量	Tubers	公斤/人	kg/person	0.32
豆类产量	Soybeans	公斤/人	kg/person	0.06
油料产量	Bearing	公斤/人	kg/person	0.71

Basic Statistics of Land Managed and Farm Crop Planting for Urban Households

2014	2015	2016	2017	2018	2019	2020	2021	2022
0.43	**0.26**	**0.38**	**0.41**	**0.52**	**0.75**	**0.70**	**0.63**	**0.53**
0.28	0.16	0.36	0.39	0.40	0.64	0.61	0.46	0.46
0.27	0.15	0.35	0.37	0.29	0.52	0.53	0.37	0.35
0.01	0.02	0.02	0.02	0.11	0.10	0.06	0.13	0.03
0.13	0.08	0.00	0.00	0.01	0.01	0.03	0.03	0.04
0.19	**0.15**	**0.33**	**0.34**	**0.31**	**0.46**	**0.47**	**0.34**	**0.29**
0.02	0.02	0.02	0.02	0.04	0.05	0.04	0.01	0.01
0.03	0.00	0.02	0.02	0.05	0.04	0.06	0.02	0.03
0.14	0.11	0.29	0.27	0.21	0.36	0.37	0.23	0.24
	0.01	0.00	0.03	0.00	0.01		0.08	0.01
0.00	0.00	0.00	0.00	0.01	0.01	0.00	0.01	0.00
0.04	**0.03**	**0.04**	**0.04**	**0.07**	**0.10**	**0.07**	**0.14**	**0.04**
0.01	0.00	0.01	0.00	0.01	0.01	0.01	0.00	0.00
0.02	0.01	0.01	0.02	0.01	0.02	0.02	0.01	0.01
0.00	0.00	0.00	0.00	0.00	0.00	0.00	0.00	0.00
0.02	0.02	0.02	0.02	0.05	0.07	0.04	0.13	0.03
0.01	0.00				0.00	0.00	0.01	0.00
0.22	**0.15**	**0.34**	**0.18**	**0.37**	**0.57**	**0.57**	**0.39**	**0.44**
0.20	**0.11**	**0.29**	**0.16**	**0.30**	**0.51**	**0.54**	**0.35**	**0.40**
0.11	**0.08**	**0.30**	**0.11**	**0.26**	**0.41**	**0.44**	**0.36**	**0.33**
0.01	**0.03**	**0.03**	**0.06**	**0.14**	**0.12**	**0.08**	**0.11**	**0.14**
152.09	93.63	148.37	102.36	207.88	304.27	333.48	187.54	275.23
5.48	7.84	7.38	7.41	12.44	15.39	15.04	3.66	6.18
17.32	1.83	10.49	11.06	31.23	26.35	27.35	10.25	20.19
129.25	83.97	130.50	83.87	162.79	261.29	290.79	173.44	200.62
0.27	0.25	0.15	0.59	1.13	2.15	2.27	1.34	0.60
	0.19	0.25	3.63	0.04	0.15	0.04	9.64	1.07
1.27	0.04	1.27	0.30	0.38	1.30	1.24	0.14	0.14

2-26 城镇居民家庭主要食品消费数量

单位：公斤/人

指标名称	Item	2013	2014
一、粮食消费量	**Grain**	**112.6**	**117.8**
(一)谷物消费量	Cereal	104.9	109.5
1.小麦	Wheat	60.6	62.8
2.稻谷	Rice	41.5	43.1
3.玉米	Corn	0.7	1.0
4.其他谷物	Others	2.1	2.6
(二)薯类消费量	Tubers	2.1	2.0
1.红薯	Sweet Potato	0.3	0.4
2.马铃薯	Potato	1.3	1.2
3.其他薯类	Others	0.4	0.4
(三)豆类消费量	Beans	5.7	6.4
1.大豆	Soybeans	0.2	0.1
2.其他豆类	Others	5.5	6.2
二、蔬菜及菜制品消费量	**Vegetables and Processed Products**	**101.4**	**103.5**
其中：鲜菜	Fresh Vegetables	99.2	100.9
三、肉禽及其制品	**Meat, Poultry and Processed Products**	**20.8**	**23.8**
1.猪肉	Pork	7.2	7.4
2.牛肉	Beef	4.0	3.7
3.羊肉	Mutton	4.7	4.8
4.家禽	Poultry	5.0	6.3
5.其他肉类及制品	Others	—	1.7
四、蛋类及蛋制品	**Eggs and Processed Products**	**5.7**	**6.3**
五、奶和奶制品	**Milk and Processed Products**	**25.9**	**25.1**
六、水产品	**Aquatic Products**	**4.4**	**4.1**
其中：鱼类	Fish	3.5	3.1
七、油脂类消费量	**Grease**	**8.4**	**9.1**
1.植物油	Vegetable Oil	8.3	9.1
2.动物油	Animal Oil	0.1	0.0
八、糖果糕点类	**Confection and Pastry**	**—**	**5.6**
1.食糖	Sugar	—	—
九、干鲜瓜果类	**Melon and Fruits**	**32.5**	**74.6**
1.鲜瓜果	Melons	32.5	69.1
2.瓜果制品	Watermelon	—	1.1
3.坚果类	Nuts	—	4.4
十、消费茶叶	**Tea Leaves**	**0.2**	**0.2**
十一、酒	**Liquor**	**3.5**	**3.5**
1.白酒	White Spirit	0.9	0.9
2.啤酒	Beer	2.4	2.4
3.果酒	Fruit Wine	0.1	0.2

注：1.从2022年起不再统计糖果糕点类消费量。
2.从2022年起不再统计瓜果制品、坚果类消费量。
3.从2022年起不再统计茶叶、酒(包括白酒、啤酒、果酒)的消费量。

Consumption Quantity of Major Foods for Urban Households

(kg/person)

2015	2016	2017	2018	2019	2020	2021	2022
114.2	**103.4**	**95.9**	**88.8**	**88.2**	**93.0**	**100.0**	**100.3**
106.3	95.3	89.2	82.4	80.9	84.9	91.9	92.2
61.5	54.9	51.3	46.3	46.0	49.1	52.5	54.6
41.2	36.2	35.1	32.7	31.4	32.7	35.5	33.6
1.0	1.1	0.3	0.4	0.6	0.4	0.7	0.6
2.6	3.1	2.5	3.0	2.9	2.8	3.2	3.3
1.9	1.8	1.1	1.2	1.2	1.5	1.5	1.6
0.4	0.4	0.4	0.4	0.5	0.5	0.6	0.7
1.1	0.9	0.4	0.5	0.4	0.6	0.6	0.5
0.5	0.5	0.4	0.3	0.3	0.4	0.4	0.4
6.1	6.4	5.6	5.2	6.0	6.6	6.6	6.5
0.1	0.1	0.1	0.1	0.1	0.1	0.1	0.1
6.0	6.2	5.5	5.1	5.9	6.5	6.5	6.4
99.3	**101.3**	**96.6**	**92.8**	**95.5**	**96.9**	**103.7**	**105.2**
96.5	98.2	93.9	90.4	92.8	94.0	100.6	102.4
25.3	**24.4**	**23.2**	**23.3**	**24.1**	**24.7**	**29.3**	**30.8**
7.4	6.8	6.6	7.3	6.7	6.4	9.1	9.8
3.9	3.7	3.9	3.9	4.4	4.8	5.1	5.5
6.1	5.8	5.1	4.7	4.5	4.6	5.3	5.7
6.2	6.4	6.1	5.9	7.0	7.4	7.9	8.0
1.8	1.8	1.5	1.5	1.5	1.6	1.9	1.9
7.2	**6.9**	**6.8**	**7.1**	**7.5**	**8.9**	**9.0**	**10.2**
22.4	**20.3**	**18.7**	**18.0**	**19.7**	**18.1**	**19.5**	**19.2**
3.9	**4.3**	**3.8**	**3.6**	**4.2**	**4.1**	**4.0**	**4.3**
2.8	3.0	2.6	2.4	2.9	2.7	2.4	2.6
8.8	**8.3**	**7.6**	**6.4**	**6.9**	**7.6**	**8.4**	**8.8**
8.8	8.2	7.6	6.3	6.9	7.6	8.3	8.7
0.1	0.0	0.0	0.1	0.1	0.1	0.0	0.0
5.5	**5.2**	**4.8**	**5.3**	**5.1**	**5.0**	**5.9**	—
1.3	1.3	1.4	1.4	1.3	1.2	1.3	1.4
76.9	**80.3**	**77.9**	**84.7**	**84.6**	**81.4**	**85.7**	—
70.9	74.0	72.7	79.0	79.1	76.2	80.2	74.3
1.4	1.5	1.3	1.6	1.3	1.3	1.4	—
4.6	4.8	3.9	4.2	4.2	3.9	4.1	—
0.2	**0.2**	**0.2**	**0.2**	**0.2**	**0.2**	**0.3**	—
3.6	**3.2**	**2.7**	**2.3**	**2.7**	**3.0**	**3.6**	—
0.9	0.8	0.6	0.7	0.7	0.6	0.8	—
2.4	2.1	2.0	1.5	1.8	2.2	2.6	—
0.2	0.2	0.1	0.2	0.2	0.1	0.1	—

Note: a)From 2022, the consumption of confection and pastry will no longer be counted.
b)From 2022, the consumption of watermelon and nuts will no longer be counted.
c)From 2022, the consumption of tea and liquor (including white spirit, beer and fruit wine) will no longer be counted.

2-27 城镇居民家庭主要产品出售情况

指标名称		Item		单位	Unit	2013
谷物	数量	Cereal	Quantity	公斤/人	kg/person	70.4
	金额		Amount	元/人	yuan/person	150.0
小麦	数量	Wheat	Quantity	公斤/人	kg/person	2.9
	金额		Amount	元/人	yuan/person	7.5
稻谷	数量	Rice	Quantity	公斤/人	kg/person	6.5
	金额		Amount	元/人	yuan/person	17.8
玉米	数量	Corn	Quantity	公斤/人	kg/person	58.5
	金额		Amount	元/人	yuan/person	119.7
薯类	数量	Tubers	Quantity	公斤/人	kg/person	0.2
	金额		Amount	元/人	yuan/person	1.6
豆类	数量	Soybeans	Quantity	公斤/人	kg/person	0.7
	金额		Amount	元/人	yuan/person	2.5
油料	数量	Bearing	Quantity	公斤/人	kg/person	0.7
	金额		Amount	元/人	yuan/person	3.5
蔬菜及食用菌	数量	Vegetables and	Quantity	公斤/人	kg/person	22.9
	金额	Edible Fungi	Amount	元/人	yuan/person	35.6
瓜类	数量	Melons	Quantity	公斤/人	kg/person	5.0
	金额		Amount	元/人	yuan/person	3.9
园林水果	数量	Fruits	Quantity	公斤/人	kg/person	5.4
	金额		Amount	元/人	yuan/person	26.8
中药材	数量	Medicinal Materials	Quantity	公斤/人	kg/person	0.5
	金额		Amount	元/人	yuan/person	0.9
林木种苗	数量	Wood and Germchit	Quantity	公斤/人	kg/person	3.4
	金额		Amount	元/人	yuan/person	39.2
肉猪	头数(头)	Hog	Count (head)	头/人	head/person	0.0
	毛重		Gross Weight	公斤/人	kg/person	0.3
	金额		Amount	元/人	yuan/person	4.6
自宰猪	数量	Homestead Hog	Quantity	公斤/人	kg/person	0.0
	金额		Amount	元/人	yuan/person	0.9
肉牛	头数(头)	Cattle	Count (head)	头/人	head/person	0.0
	毛重		Gross Weight	公斤/人	kg/person	3.5
	金额		Amount	元/人	yuan/person	106.2
自宰牛	数量	Homestead Cattle	Quantity	公斤/人	kg/person	0.3
	金额		Amount	元/人	yuan/person	11.3
菜羊	只数(只)	Sheep	Count (head)	只/人	head/person	0.0
	毛重		Gross Weight	公斤/人	kg/person	1.5
	金额		Amount	元/人	yuan/person	42.3
自宰羊	数量	Homestead Sheep	Quantity	公斤/人	kg/person	0.0
	金额		Amount	元/人	yuan/person	0.6
家禽	重量	Poultry	Weight	公斤/人	kg/person	0.1
	金额		Amount	元/人	yuan/person	2.3
蛋类	数量	Eggs	Quantity	公斤/人	kg/person	5.8
	金额		Amount	元/人	yuan/person	45.8
畜皮	数量(张)	Fur	Quantity (piece)	张/人	piece/person	0.0
	金额		Amount	元/人	yuan/person	0.1
毛绒	数量	Wool	Quantity	公斤/人	kg/person	0.0
	金额		Amount	元/人	yuan/person	0.3
奶类	数量	Milk	Quantity	公斤/人	kg/person	57.0
	金额		Amount	元/人	yuan/person	189.5
鱼类	数量	Fish	Quantity	公斤/人	kg/person	
	金额		Amount	元/人	yuan/person	

Basic Statistics of Sales of Main Products for Urban Households

2014	2015	2016	2017	2018	2019	2020	2021	2022
90.9	69.0	148.3	81.4	93.3	81.8	107.9	75.3	160.0
190.9	135.7	234.6	136.9	176.3	152.8	216.6	189.3	445.3
2.6	2.9	3.4	5.6	5.9	4.4	4.7	0.5	2.1
7.4	8.0	8.2	14.1	14.6	10.7	12.2	1.6	6.6
5.2	1.2	5.9	5.0	14.8	9.9	2.5	10.0	21.2
14.4	3.4	15.4	13.6	37.2	23.7	6.3	30.4	58.2
81.4	64.9	138.6	70.8	72.3	67.2	100.3	64.6	89.8
164.7	123.9	209.8	109.2	123.5	117.4	196.9	156.6	229.1
0.2	0.1	0.1	0.3	1.5	0.8	1.4	1.4	0.5
0.7	0.6	0.4	0.8	4.9	4.0	8.7	6.3	2.2
0.1	0.1	0.2	0.5	0.1	0.0			0.3
0.4	0.3	0.5	1.8	0.5	0.1			1.7
1.1	0.0	2.2		0.2	0.0	0.3		
4.6	0.1	4.0		0.8	0.0	1.5		
42.1	17.5	27.1	24.2	16.8	31.7	30.0	28.2	25.9
58.1	19.9	32.8	27.7	32.2	38.4	55.4	53.9	67.4
30.1	4.2	21.3	14.5	38.6	38.2	13.9	14.5	1.3
18.9	9.7	20.9	13.2	39.8	35.9	17.1	49.9	2.0
20.0	25.9	29.7	6.3	1.3	5.0	2.2	19.0	7.4
55.9	38.9	49.6	29.1	3.7	22.9	17.4	28.5	27.7
0.2	0.5	0.7	1.2	0.1	0.1	0.2	2.6	2.6
8.6	13.5	15.1	20.6	2.3	1.5	3.7	76.9	18.7
5.4	1.1	1.0	0.6	2.0	6.5	2.8	0.2	0.4
19.8	63.0	25.2	8.9	26.9	47.6	28.1	3.3	2.6
0.0	0.0	0.0	0.0	0.1	0.1	0.0	0.0	0.1
1.4	5.9	0.1	2.1	9.8	18.4	4.0	0.9	9.4
17.4	106.6	1.4	30.3	124.5	282.9	125.3	15.8	146.1
0.1	0.1	0.0	0.2	0.2	0.1	0.0	0.1	0.3
1.7	2.2	1.2	6.5	7.2	2.9	1.2	3.1	8.6
0.0	0.0	0.0	0.0	0.0	0.0	0.0	0.0	0.0
2.2	4.5	1.3	1.0	1.6	3.1	6.2	5.7	5.9
72.6	131.7	46.0	30.7	45.8	91.4	212.7	195.0	201.9
	0.0	0.1	0.0				0.0	0.1
	2.4	3.3	2.0				3.9	4.0
0.0	0.0	0.1	0.0	0.1	0.0	0.1	0.1	0.1
1.2	1.1	2.3	1.4	3.1	1.5	3.4	2.5	3.3
37.3	24.6	46.4	29.4	74.4	41.8	105.1	89.3	98.5
0.1	0.1	0.0	0.1	0.1	0.4	0.1	0.2	0.1
2.0	2.6	1.7	4.7	3.5	28.5	8.0	14.4	7.1
4.8	2.3	1.6	2.4	0.2	1.6	1.7	2.3	2.6
40.8	47.1	22.9	29.7	3.6	22.7	23.7	29.3	36.9
13.4	38.1	7.1	4.6	2.4	1.7	6.9	27.7	24.0
124.7	275.0	48.4	28.3	19.7	13.5	45.2	245.0	243.2
0.0	0.0	0.0	0.0	0.0	0.0	0.0	0.0	0.0
0.2	0.1	0.0						
0.1	0.1	0.1	0.0	0.1	0.1	0.3	0.4	0.4
0.9	1.1	0.8	0.6	3.5	3.8	1.6	21.3	8.2
34.7	19.5	3.5	4.5					
92.8	31.6	8.1	11.3					
				0.7				
				8.9				

2-28 城镇居民家庭平均每人购买主要商品数量

指标名称	Item	单位	Unit	2013	2014
粮食	Grain	公斤	kg	372.9	429.2
蔬菜和食用菌	Vegetables and Edible Fungi	公斤	kg	99.4	101.8
食用植物油	Edible Vegetable Oil	公斤	kg	8.2	9.0
猪肉	Pork	公斤	kg	7.0	7.2
牛羊肉	Beef and Mutton	公斤	kg	8.5	8.3
禽类	Poultry	公斤	kg	5.7	6.0
鲜蛋	Fresh Eggs	公斤	kg	5.4	6.1
鱼	Fish	公斤	kg	3.5	3.2
糖果糕点类	Candy and Cake	公斤	kg	5.0	5.6
卷烟	Cigarette	盒	pack	22.1	22.2
酒类	Liquor	公斤	kg	3.5	3.5
水	Water	吨	ton	23.8	28.3
电	Electricity	度	kWh	451.1	489.2
煤炭	Coal	公斤	kg	58.1	74.8
液化石油气	Liquefied Petroleum Gas	公斤	kg	4.2	3.4
管道天然气	Pipeline Natural Gas	立方米	cu.m	35.5	38.2

注：1.从2010年起粮食包括大米、面粉和其他粮食及制品。
2.从2010年起禽类包括鸡、鸭和其他禽类及制品。
3.从2010年起鲜蛋不包含蛋制品。
4.从2010年起酒类包括白酒、果酒、啤酒和其他酒，2022年起不再统计酒类购买量。
5.从2022年起不再统计糖果糕点类和卷烟的购买量。

Per Capita Annual Purchases of Major Commodities for Urban Households

2015	2016	2017	2018	2019	2020	2021	2022
432.9	408.6	384.8	387.1	388.1	410.9	446.8	480.4
97.5	99.2	95.0	91.9	94.1	95.4	101.5	102.6
8.7	8.2	7.6	6.3	6.9	7.6	8.3	8.7
7.2	6.7	6.5	7.2	6.6	6.3	8.9	9.6
9.7	9.3	8.7	8.5	8.8	9.3	10.2	11.0
6.0	6.2	5.8	5.8	6.9	7.2	7.6	7.7
6.9	6.7	6.6	6.9	7.2	8.5	8.5	9.8
2.8	3.0	2.6	2.4	2.9	2.7	2.4	2.6
5.4	5.2	4.8	5.3	5.1	5.0	5.9	—
20.1	21.3	21.5	22.8	23.9	24.6	28.2	—
3.5	3.2	2.7	2.3	2.7	3.0	3.6	—
29.8	28.0	26.8	26.4	24.4	27.6	31.5	34.8
489.0	476.1	496.0	451.2	438.2	466.5	517.2	538.2
77.5	65.6	52.4	58.4	52.7	59.9	45.2	34.3
3.5	2.7	2.7	1.4	1.3	1.2	1.4	1.3
42.2	56.4	56.7	65.5	70.6	72.8	77.6	72.2

Notes: a)Data in the table of Grain includes rice and flour since 2010.
b)Data in the table of Poultry includes chickens and ducks since 2010.
c)Data in the table of Fresh Eggs does not include egg products since 2010.
d)Data in the table of Liquor includes liquor, fruit wine and beer since 2010, from 2022, the purchases of liquor will no longer be counted.
e)From 2022, the purchases of confection and pastry and cigarette will no longer be counted.

2-29 城镇居民家庭分行业人均可支配收入情况

单位：元/人

指标名称	Item	2013	2014
可支配收入	**Disposable Income**	**21475.7**	**23284.6**
(一)工资性收入	Income from Wages and Salaries	14594.0	15735.6
(二)经营净收入	Net Business Income	2506.5	2685.1
1.第一产业经营净收入	The Primary Industry	305.8	286.5
(1)农业	Agriculture	192.7	241.6
(2)林业	Forestry	31.2	6.0
(3)牧业	Animal Husbandry	78.3	38.9
(4)渔业	Fishery		
2.第二产业经营净收入	The Secondary Industry	382.0	471.6
(1)工业	Industry	52.1	100.6
(2)建筑业	Construction Industry	329.9	371.0
3.第三产业经营净收入	The Tertiary Industry	1818.7	1927.0
(1)交通运输业	Transportation Industry	484.1	500.5
(2)批发零售和住宿餐饮业	Wholesales, Retail Trade, Hotel and Catering Sectors	1021.0	1135.4
(3)社会服务业	Social Services	244.4	185.3
(4)其他家庭经营	Others	69.2	105.9
(三)财产净收入	Net Income from Property	833.4	1023.9
1.红利收入	Dividend Income	20.4	16.8
#2.转让承包土地经营权租金收入	Rental Income from the Management Rights Transfer of Land Contracted	4.9	11.8
(四)转移净收入	Net Income from Transfer	3541.9	3840.0
#1.养老金或离退休金	Pension or Retirement Benefits	4155.3	4617.9
2.报销医疗费	Reimbursement of Medical Expenses	123.7	114.3
3.政策性惠农补贴	Political Subsidy Supporting Agriculture	23.1	27.1
现金可支配收入	**Cash Disposable Income**		**22181.3**
实物可支配收入	**Physical Disposable Income**		**1103.3**

Basic Statistics of Disposable Income for Urban Households by Sector

(yuan/person)

2015	2016	2017	2018	2019	2020	2021	2022
25186.0	**27153.0**	**29472.3**	**31895.2**	**34328.5**	**35719.6**	**38290.7**	**40193.7**
16884.7	18032.9	19568.7	21337.5	23406.1	24272.6	25908.1	27144.0
2699.6	2824.4	3062.3	3354.2	3530.2	3465.1	3660.0	3999.2
258.5	259.2	237.9	291.9	311.8	413.8	360.8	438.5
152.9	171.1	181.7	219.8	214.0	299.5	347.0	416.5
31.6	23.2	6.6	4.0	27.7	26.5	3.9	7.5
74.5	64.9	49.6	59.2	70.2	87.9	9.9	14.5
-0.4			8.9				
488.7	537.3	571.3	649.7	713.5	660.1	506.5	542.8
105.5	30.3	32.7	88.3	67.2	35.5	43.4	49.4
383.2	507.0	538.5	561.4	646.3	624.6	463.0	493.4
1952.4	2027.9	2253.1	2412.7	2504.8	2391.2	2792.7	3017.9
193.7	300.4	346.8	490.9	535.5	541.0	673.2	725.6
1262.0	1381.7	1539.2	1323.1	1352.3	1254.1	1438.3	1594.8
369.1	352.7	300.7	506.6	510.0	519.4	554.3	573.7
127.6	-6.8	66.3	92.0	106.9	76.8	126.9	123.8
1081.5	1255.4	1269.8	1348.8	1421.2	1293.2	1291.7	1337.1
26.9	45.1	18.4	238.5	193.9	91.9	95.6	123.9
26.6	30.5	26.0	115.9	144.2	112.4	114.8	140.3
4520.3	5040.3	5571.6	5854.7	5971.0	6688.7	7430.9	7713.3
5513.0	6365.8	7120.4	7008.9	7364.0	8137.6	8953.5	9463.4
84.5	66.2	465.4	817.9	684.8	642.5	667.0	620.8
20.7	45.7	29.2	67.4	85.4	110.8	103.7	106.6
24102.6	**26027.7**	**28188.2**	**30773.5**	**33061.6**	**34510.2**	**36800.3**	**38735.1**
1083.4	**1125.3**	**1284.1**	**1121.7**	**1266.9**	**1209.5**	**1490.5**	**1458.6**

2-30 城镇居民人均生活消费支出情况

单位：元/人

指标名称	Item	2013	2014
生活消费支出	**Living Expenditure**	**15806.9**	**17216.2**
(一)食品烟酒	Food, Tobacco and Liquor	4415.5	4795.3
#粮食	Grain	457.4	526.0
油脂	Oil and Fats	138.4	148.5
肉禽及制品	Meat, Poultry and Processed Products	819.1	843.4
蛋	Eggs	55.2	65.6
水产品	Aquatic Products	78.0	80.4
蔬菜	Vegetables	449.8	427.5
烟草	Tobacco	233.4	231.7
酒和饮料	Liquor and Beverages	174.3	189.6
奶及奶制品	Milk and Processed Products	239.2	252.6
(二)衣着	Clothing	1544.9	1729.0
#服装	Garments	1201.8	1346.2
(三)居住	Residence	2893.1	3027.6
#住房维修及管理	Housing Maintenance and Management	482.7	340.4
水电燃料及其他	Water, Electricity, Fuels and Others	732.4	845.7
(四)生活用品及服务	Household Facilities, Articles and Services	1060.8	1094.9
#家用器具	Home Appliances	218.0	272.3
家具及室内装饰品	Articles for Interior Decoration	238.6	181.9
家用纺织品	Bed Articles	79.7	95.6
家庭日用杂品	Household Articles for Daily Use	254.9	269.7
(五)交通通信	Transport and Communications	2301.2	2552.8
#交通	Transport	1644.5	1842.6
通信	Communications	654.7	710.3
(六)教育文化娱乐	Education, Culture and Recreation	1806.7	1957.5
文化娱乐	Culture and Recreation	458.9	509.3
#教育	Education	961.7	1079.9
(七)医疗保健	Health Care and Medical Services	1344.5	1616.9
#医疗器具及药品	Medical Instrument and Medicine	555.8	682.3
(八)其他用品及服务	Other Commodities and Services	440.1	442.3
服务性消费支出	**Consumption Expenditure for Service**		
商品性消费支出	**Consumption Expenditure for Commodity**		

Per Capita Living Expenditure for Urban Residents

(yuan/person)

2015	2016	2017	2018	2019	2020	2021	2022
18983.9	**20364.2**	**20219.5**	**21976.7**	**24161.0**	**22379.1**	**25385.6**	**24213.4**
4883.4	4889.2	4952.2	5374.4	5858.9	6068.3	6689.8	6943.8
516.9	497.2	496.6	482.1	481.4	519.9	588.5	629.5
140.6	135.2	123.8	108.4	117.6	132.5	150.7	173.8
864.7	868.1	852.7	906.0	1012.4	1268.1	1429.1	1443.7
69.3	63.5	58.6	73.3	81.5	88.5	96.7	120.9
81.5	92.0	91.0	103.2	122.2	132.1	123.7	143.5
414.3	437.8	413.5	401.0	412.1	477.3	495.0	537.1
254.6	274.7	289.8	322.7	336.8	351.8	409.2	434.3
199.9	186.4	180.2	210.6	252.7	243.9	280.8	334.3
249.5	228.0	254.8	305.8	312.3	311.3	316.1	309.9
1787.0	1726.7	1768.1	1952.9	2104.5	1776.3	1896.7	1720.3
1419.5	1383.8	1416.5	1617.5	1718.0	1439.8	1543.5	1388.8
3608.3	3770.5	3680.3	4032.2	4326.5	4319.2	4610.0	4734.4
780.2	879.5	762.7	833.4	905.5	768.6	924.1	1028.4
918.3	876.5	902.5	909.5	974.9	1122.7	1145.8	1082.9
1185.4	1245.1	1257.1	1416.7	1529.1	1383.5	1568.6	1600.4
271.4	255.2	224.8	310.8	285.5	278.5	322.8	352.7
248.3	296.9	322.1	266.6	263.1	188.8	259.0	254.7
104.7	104.5	106.9	150.0	135.1	106.8	125.1	130.5
235.0	236.2	243.2	263.4	264.7	261.9	274.6	286.0
2509.6	3896.5	3470.9	3528.6	4077.0	3680.3	4233.1	3330.4
1700.3	3008.2	2656.9	2757.1	3313.3	2770.7	3452.9	2529.0
809.3	888.3	814.0	771.5	763.7	909.6	780.2	801.4
2389.8	2415.7	2629.7	2888.7	3188.2	2250.3	3075.7	2833.3
550.5	549.4	548.1	560.5	524.1	558.9	532.8	536.4
1397.7	1351.6	1610.7	1673.7	1962.1	1599.8	2349.3	2177.8
2016.0	1874.0	1936.6	2152.0	2342.2	2267.3	2559.2	2481.2
706.0	712.2	738.2	725.3	743.0	712.3	748.5	759.4
604.5	546.6	524.5	631.1	734.6	634.0	752.4	569.5
		8603.9	**9788.6**	**10884.4**	**9442.0**	**10901.8**	**10311.0**
		11615.6	**12188.1**	**13276.6**	**12937.1**	**14483.8**	**13902.4**

2-31 城镇居民家庭总收入情况

单位：元/人

指标名称	Item	2013	2014
全年总收入	**Total Revenue**	**23826.1**	**26369.5**
1.工资性收入	Income from Wages and Salaries	14593.7	15735.6
2.经营性收入	Business Income	3632.4	4219.8
(1)第一产业收入	The Primary Industry	849.3	935.7
农业收入	Agriculture	358.4	484.2
林业收入	Forestry	39.2	20.2
牧业收入	Animal Husbandry	441.6	431.4
渔业收入	Fishery		
(2)第二产业收入	The Secondary Industry	422.5	657.9
工业收入	Industry	71.3	172.9
建筑业收入	Construction Industry	351.1	485.1
(3)第三产业收入	The Tertiary Industry	2360.6	2626.1
交通运输业收入	Transportation Industry	750.4	994.3
批发零售和住宿餐饮业收入	Wholesales, Retail Trade, Hotel and Catering Sectors	1179.2	1281.7
社会服务业收入	Social Services	262.1	224.5
其他家庭经营收入	Others	168.9	125.6
3.财产性收入	Income from Property	840.8	1191.5
红利收入	Dividend Income	20.4	16.8
#转让承包土地经营权租金收入	Rental Income from the Management Rights Transfer of Land Contracted	4.9	11.8
4.转移性收入	Income from Transfer	4759.3	5222.7
#养老金或离退休金	Pension or Retirement Benefits	4155.3	4617.9
报销医疗费	Reimbursement of Medical Expenses	284.2	282.8
政策性惠农补贴	Political Subsidy Supporting Agriculture	23.1	27.1
5.非收入所得	Non-income Revenue	776.0	1161.6
(1)出售资产所得	Proceeds from Sale of Assets	367.3	335.0
(2)非经常性转移所得	Income from Non-recurrent Transfers	406.8	822.7
(3)其他非收入所得	Other Non-income Revenue	1.9	4.0
6.借贷性所得	Borrowing Income	6359.0	2843.3
(1)提取储蓄存款	Dissaving	5577.9	2237.3
(2)借入款	Borrowed	424.7	296.4
(3)收回借出款	Recall the Loan	70.7	33.8
(4)收回储蓄性保险本金	Redemption of Deposit Insurance Principal		2.9
(5)银行信用社得到的贷款	Bank Loan	278.1	268.9

Basic Statistics of Total Income for Urban Households

(yuan/person)

2015	2016	2017	2018	2019	2020	2021	2022
28640.0	**30966.7**	**33583.3**	**37520.1**	**40492.7**	**42434.3**	**45159.7**	**47605.1**
16884.7	18032.9	19568.7	21337.5	23406.1	24272.6	25908.1	27144.0
4272.9	4363.5	4645.9	6149.9	6603.1	6801.1	6732.3	7315.6
994.0	613.7	590.1	828.6	1241.2	1431.0	1483.7	1771.6
274.9	372.1	362.6	462.8	656.8	755.8	778.2	865.7
63.5	26.1	9.3	29.7	49.1	29.5	4.4	7.6
655.6	215.4	218.3	327.1	535.3	645.7	701.2	898.2
			8.9				
769.1	1023.4	816.7	1274.5	1426.6	1712.3	710.1	743.7
139.4	37.0	47.3	121.9	115.4	250.3	51.7	60.7
629.7	986.4	769.4	1152.6	1311.2	1462.0	658.4	683.0
2509.8	2726.4	3239.1	4046.8	3935.4	3657.8	4538.4	4800.3
310.0	530.4	602.0	1218.7	1425.1	1147.3	1822.7	1937.9
1583.3	1699.4	2169.4	1915.6	1668.6	1720.1	1878.9	1983.5
462.7	426.7	397.6	687.1	574.7	603.0	650.8	696.9
154.0	69.8	70.0	225.4	267.0	187.4	186.0	182.0
1301.8	1487.1	1484.5	1693.5	1794.8	1697.2	1911.7	1984.2
26.9	45.1	18.4	238.5	193.9	91.9	95.6	123.9
26.6	30.5	26.0	115.9	144.2	112.4	114.8	140.3
6180.7	7083.2	7884.2	8339.2	8688.7	9663.3	10607.6	11161.3
5513.0	6365.8	7120.4	7008.9	7364.0	8137.6	8953.5	9463.4
350.9	389.9	465.4	817.9	684.8	642.5	667.0	620.8
20.7	45.7	29.2	67.4	85.4	110.8	103.7	106.6
2087.2	2208.2	2782.8	3829.0	4411.8	3111.4	5075.6	2905.3
592.3	848.2	1352.7	1550.3	2196.6	1440.6	2248.6	959.4
1493.8	1358.2	1425.4	2274.9	2213.6	1669.6	2799.0	1842.1
1.1	1.8	4.7	3.8	1.5	1.2	28.0	103.8
2622.0	1912.4	2066.8	2593.8	4335.2	4305.5	3661.2	4210.8
1673.8	1166.8	570.4	1165.5	1278.2	1516.6	1197.1	1872.5
291.4	451.7	408.9	302.1	901.3	338.1	600.2	279.5
42.4	42.0	323.8	214.4	907.4	85.7	113.9	91.8
1.8	0.7	0.4	16.0	11.7			24.9
593.5	249.6	725.4	878.1	1220.5	2355.7	1723.0	1912.4

2-32 城镇居民家庭总支出情况

单位：元/人

指标名称	Item	2013
全年总支出	**Total Expenditure**	**28223.3**
1.生活消费支出	Living Expenditure	15806.9
食品烟酒	Food Tobacco Liquor	4415.5
衣着	Clothing	1544.9
居住	Residence	2893.1
生活用品及服务	Articles and Services for Daily Use	1060.8
医疗保健	Health Care	1344.5
交通通信	Transportation Communication	2301.2
教育文化娱乐	Education, Culture and Entertainment	1806.7
其他用品及服务	Other Supplies and Services	440.1
2.生产经营费用支出	Expenditure for Household Business	700.0
(1)第一产业生产支出	The Primary Industry	502.0
农业生产支出	Agriculture	148.4
林业生产支出	Forestry	8.0
牧业生产支出	Animal Husbandry	342.4
渔业生产支出	Fishery	
(2)第二产业生产支出	The Secondary Industry	17.0
工业生产支出	Industry	3.0
建筑业生产支出	Construction Industry	14.0
(3)第三产业生产支出	The Tertiary Industry	181.0
交通运输业生产支出	Transportation Industry	121.9
批发零售和住宿餐饮业生产支出	Wholesales, Retail Trade, Hotel and Catering Sectors	19.3
社会服务业生产支出	Social Services	12.6
其他家庭经营生产支出	Others	27.1
3.财产性支出	Property Expenditure	113.1
4.转移性支出	Transfer Expenditure	1216.6
5.部分商业保险支出	Commercial Insurance Expenditure	221.2
6.购置资产及非经常性转移支出	Acquisition of Assets and Non-recurrent Transfer Expenses	2808.5
(1)建造住房支出	Build Housing	130.9
(2)购买住房支出	Purchase House	604.7
(3)购建第一产业生产性固定资产	Purchase and Build the Productive Fixed Assets of the Primary Industry	90.2
#购买或建造农业生产性用房	Purchase or Build Agricultural Productive Housing	1.1
购买产品畜	Purchase Stock	46.9
购买或建造农业设施	Purchase or Build Agricultural Facilities	1.6
购买农业机械	Purchase Agricultural Machinery	38.7
(4)购建第二产业生产性固定资产支出	Purchase and Build the Productive Fixed Assets of the Secondary Industry	14.3
(5)购建第三产业生产性固定资产支出	Purchase and Build the Productive Fixed Assets of the Tertiary Industry	21.6
(6)非经常性转移支出	Non-recurrent Transfer Expenditures	1925.0
7.借贷性支出	Borrowing Expenditure	7357.1
(1)归还银行信用社贷款	Repay the Loan to the Bank or Credit Union	616.0
(2)归还借款	Pay off the Loan	151.5
(3)存入银行款	Bank Deposit	6518.6

Basic Statistics of Total Expenses for Urban Households

(yuan/person)

2014	2015	2016	2017	2018	2019	2020	2021	2022
28214.9	**30818.4**	**30896.5**	**31729.1**	**35405.6**	**41310.4**	**38125.5**	**43670.5**	**41134.5**
17216.2	18983.9	20364.2	20219.5	21976.7	24161.0	22379.1	25385.6	24213.4
4795.3	4883.4	4889.2	4952.2	5374.4	5858.9	6068.3	6689.8	6943.8
1729.0	1787.0	1726.7	1768.1	1952.9	2104.5	1776.3	1896.7	1720.3
3027.6	3608.3	3770.5	3680.3	4032.2	4326.5	4319.2	4610.0	4734.4
1094.9	1185.4	1245.1	1257.1	1416.7	1529.1	1383.5	1568.6	1600.4
1616.9	2016.0	1874.0	1936.6	2152.0	2342.2	2267.3	2559.2	2481.2
2552.8	2509.6	3896.5	3470.9	3528.6	4077.0	3680.3	4233.1	3330.4
1957.5	2389.8	2415.7	2629.7	2888.7	3188.2	2250.3	3075.7	2833.3
442.3	604.5	546.6	524.5	631.1	734.6	634.0	752.4	569.5
1252.9	1256.9	1242.8	1333.4	2131.7	2444.0	2638.6	2540.6	2758.2
617.1	711.8	329.6	328.0	487.8	843.7	946.1	1062.2	1271.3
223.8	112.2	184.0	165.4	211.7	397.4	426.9	399.5	414.9
14.2	32.0	2.9	2.7	25.7	21.1	2.9	0.4	0.1
379.1	567.2	142.7	160.0	250.3	425.2	516.3	662.2	856.4
	0.4			0.1				
145.1	227.6	458.1	230.0	528.8	608.3	906.6	169.5	170.5
59.6	31.4	4.4	13.1	27.6	41.4	199.9	0.6	0.1
85.5	196.2	453.8	216.9	501.1	566.9	706.7	168.9	170.5
490.7	317.5	455.0	775.3	1115.1	992.0	785.9	1308.9	1316.3
380.9	85.3	153.6	156.9	549.8	699.7	418.7	968.0	1002.3
66.8	136.8	237.4	531.3	339.0	166.0	284.5	245.0	191.5
27.1	83.6	60.6	83.5	143.0	25.1	25.5	51.0	77.4
15.9	11.8	3.4	3.6	83.3	101.3	57.2	44.9	45.0
155.0	220.3	231.8	214.7	344.7	373.6	404.0	620.0	647.1
1382.6	1660.5	2042.9	2312.6	2484.5	2717.7	2974.6	3176.6	3448.0
264.3	216.7	341.6	361.8	617.4	690.7	650.0	675.8	602.3
2972.5	4677.5	4657.7	5813.3	5172.9	7594.1	6640.4	6967.3	6184.9
103.4	94.5	55.8	68.0	79.6	93.4	98.9	147.0	83.8
502.4	1600.7	1897.0	2249.5	1389.9	2591.3	3306.3	3511.8	3097.4
59.0	39.8	33.8	38.7	70.3	92.6	99.4	95.3	36.8
19.0	13.1	2.8	12.6	33.7	13.8	21.4	28.6	11.3
19.3	0.4	2.0	15.9	9.1	7.0	35.3	24.2	2.4
1.2	0.5	24.3	4.1	9.7	21.0	0.2	0.7	1.0
18.7	25.7	4.7	6.2	17.7	50.8	42.5	41.7	22.1
95.3	7.3			33.3	212.4	9.4		
121.1	230.2	16.2	579.5	320.9	1002.4	778.3	56.8	67.2
2088.2	2673.4	2638.7	2856.2	3268.0	3379.5	2319.1	3060.2	2850.3
4971.4	3802.6	2015.6	1473.8	2677.7	3329.4	2438.8	4304.6	3280.6
776.5	1142.3	1135.3	1152.0	2028.4	2114.2	2133.2	3114.6	2880.8
303.6	211.1	237.7	178.8	470.2	749.7	186.7	590.7	325.7
3783.1	2305.1	512.4	106.0	60.0	311.3	31.1	468.9	47.7

2-33 城镇居民家庭现金收入情况

单位：元/人

指标名称	Item	2013	2014
全年现金收入	**Annual Cash Income**	**22611.2**	**24947.9**
1.工资性收入	Income from Wages and Salaries	14539.0	15683.1
2.经营性收入	Business Income	3494.1	4086.6
(1)第一产业收入	The Primary Industry	711.0	802.5
农业收入	Agriculture	232.1	363.4
林业收入	Forestry	39.2	20.1
牧业收入	Animal Husbandry	429.6	419.0
渔业收入	Fishery		
(2)第二产业收入	The Secondary Industry	422.5	657.9
工业收入	Industry	71.3	172.9
建筑业收入	Construction Industry	351.1	485.1
(3)第三产业收入	The Tertiary Industry	2360.6	2626.1
交通运输业收入	Transportation Industry	750.4	994.3
批发零售和住宿餐饮业收入	Wholesales, Retail Trade, Hotel and Catering Sectors	1179.2	1281.7
社会服务业收入	Social Services	262.1	224.5
其他家庭经营收入	Others	168.9	125.6
3.财产性收入	Income from Property	135.8	257.8
红利收入	Dividend Income	20.4	16.8
#转让承包土地经营权租金收入	Rental Income from the Management Rights Transfer of Land Contracted	4.9	11.8
4.转移性收入	Income from Transfer	4442.3	4920.5
#养老金或离退休金	Pension or Retirement Benefits	4155.3	4617.9
报销医疗费	Reimbursement of Medical Expenses	28.3	39.4
政策性惠农补贴	Political Subsidy Supporting Agriculture	23.1	27.1
5.非收入所得	Non-income Revenue	776.0	1161.6
(1)出售资产所得	Proceeds from Sale of Assets	367.3	335.0
(2)非经常性转移所得	Income from Non-recurrent Transfers	406.8	822.7
(3)其他非收入所得	Other Non-income Revenue	1.9	4.0
6.借贷性所得	Borrowing Income	6359.0	2843.3
(1)提取储蓄存款	Dissaving	5577.9	2237.3
(2)借入款	Borrowed	424.7	296.4
(3)收回借出款	Recall the Loan	70.7	33.8
(4)收回储蓄性保险本金	Redemption of Deposit Insurance Principal		2.9
(5)银行信用社得到的贷款	Bank Loan	278.1	268.9

Basic Statistics of Cash Income for Urban Households

(yuan/person)

2015	2016	2017	2018	2019	2020	2021	2022
27218.3	**29526.9**	**32024.6**	**35713.5**	**38549.4**	**40476.9**	**43071.9**	**45518.7**
16842.7	17999.6	19536.6	21287.7	23328.3	24164.4	25708.8	26935.7
4220.2	4352.2	4580.0	5946.7	6200.1	6384.8	6428.1	7026.3
941.3	602.4	524.2	625.4	838.1	1014.7	1179.6	1482.3
231.0	369.4	307.7	265.7	261.0	348.5	493.3	591.8
63.0	26.1	9.3	29.6	49.0	29.3	4.4	6.7
647.3	206.8	207.3	321.2	528.1	636.9	681.8	883.8
			8.9				
769.1	1023.4	816.7	1274.5	1426.6	1712.3	710.1	743.7
139.4	37.0	47.3	121.9	115.4	250.3	51.7	60.7
629.7	986.4	769.4	1152.6	1311.2	1462.0	658.4	683.0
2509.8	2726.4	3239.1	4046.8	3935.4	3657.8	4538.4	4800.3
310.0	530.4	602.0	1218.7	1425.1	1147.3	1822.7	1937.9
1583.3	1699.4	2169.4	1915.6	1668.6	1720.1	1878.9	1983.5
462.7	426.7	397.6	687.1	574.7	603.0	650.8	696.9
154.0	69.8	70.0	225.4	267.0	187.4	186.0	182.0
356.3	494.2	499.4	965.2	1021.1	920.6	1020.4	1030.5
26.9	45.1	18.4	238.5	193.9	91.9	95.6	123.9
26.6	30.5	26.0	115.9	144.2	112.4	114.8	140.3
5799.1	6681.0	7408.6	7513.9	7999.9	9007.0	9914.6	10526.2
5513.0	6365.8	7120.4	7008.9	7364.0	8137.6	8953.5	9463.4
39.2	41.6	31.2	60.2	74.3	143.7	173.4	184.4
20.7	45.7	29.2	67.4	85.4	110.8	103.7	106.6
2087.2	2208.2	2782.8	3829.0	4411.8	3111.4	5075.6	2905.3
592.3	848.2	1352.7	1550.3	2196.6	1440.6	2248.6	959.4
1493.8	1358.2	1425.4	2274.9	2213.6	1669.6	2799.0	1842.1
1.1	1.8	4.7	3.8	1.5	1.2	28.0	103.8
2622.0	1912.4	2066.8	2593.8	4335.2	4305.5	3661.2	4210.8
1673.8	1166.8	570.4	1165.5	1278.2	1516.6	1197.1	1872.5
291.4	451.7	408.9	302.1	901.3	338.1	600.2	279.5
42.4	42.0	323.8	214.4	907.4	85.7	113.9	91.8
1.8	0.7	0.4	16.0	11.7			24.9
593.5	249.6	725.4	878.1	1220.5	2355.7	1723.0	1912.4

2-34 城镇居民家庭现金支出情况

单位：元/人

指标名称	Item	2013
全年现金支出	**Annual Cash Expenditure**	**26302.8**
1.生活消费支出	Living Expenditure	13922.5
食品烟酒	Food Tobacco Liquor	4355.8
衣着	Clothing	1544.5
居住	Residence	1388.1
生活用品及服务	Articles and Services for Daily Use	1037.9
医疗保健	Health Care	1054.0
交通通信	Transportation Communication	2299.2
教育文化娱乐	Education, Culture and Entertainment	1805.2
其他用品及服务	Other Supplies and Services	437.8
2.生产经营费用支出	Expenditure for Household Business	663.8
(1)第一产业生产支出	The Primary Industry	465.8
农业生产支出	Agriculture	145.7
林业生产支出	Forestry	8.0
牧业生产支出	Animal Husbandry	308.9
渔业生产支出	Fishery	
(2)第二产业生产支出	The Secondary Industry	17.0
工业生产支出	Industry	3.0
建筑业生产支出	Construction Industry	14.0
(3)第三产业生产支出	The Tertiary Industry	181.0
交通运输业生产支出	Transportation Industry	121.9
批发零售和住宿餐饮业生产支出	Wholesales, Retail Trade, Hotel and Catering Sectors	19.3
社会服务业生产支出	Social Services	12.6
其他家庭经营生产支出	Others	27.1
3.财产性支出	Property Expenditure	113.1
4.转移性支出	Transfer Expenditure	1216.6
5.部分商业保险支出	Commercial Insurance Expenditure	221.2
6.购置资产及非经常性转移支出	Acquisition of Assets and Non-recurrent Transfer Expenses	2808.5
(1)建造住房支出	Build Housing	130.9
(2)购买住房支出	Purchase Housing	604.7
(3)购建第一产业生产性固定资产	Purchase and Build the Productive Fixed Assets of the Primary Industry	90.2
#购买或建造农业生产性用房	Purchase or Build Agricultural Productive Housing	1.1
购买产品畜	Purchase Stock	46.9
购买或建造农业设施	Purchase or Build Agricultural Facilities	1.6
购买农业机械	Purchase Agricultural Machinery	38.7
(4)购建第二产业生产性固定资产支出	Purchase and Build the Productive Fixed Assets of the Secondary Industry	14.3
(5)购建第三产业生产性固定资产支出	Purchase and Build the Productive Fixed Assets of the Tertiary Industry	21.6
(6)非经常性转移支出	Non-recurrent Transfer Expenditures	1925.0
7.借贷性支出	Borrowing Expenditure	7357.1
(1)归还银行信用社贷款	Repay the Loan to the Bank or Credit Union	616.0
(2)归还借款	Pay off the Loan	151.5
(3)存入银行款	Bank Deposit	6518.6

Basic Statistics of Cash Expenses for Urban Households

(yuan/person)

2014	2015	2016	2017	2018	2019	2020	2021	2022
26121.1	**28582.6**	**28542.2**	**29249.2**	**32324.0**	**38193.6**	**34964.8**	**40260.3**	**37671.8**
15146.3	16770.1	18028.1	17763.9	18916.1	21091.6	19268.9	22041.0	20820.4
4746.1	4837.2	4835.8	4894.0	5314.6	5779.7	5959.9	6470.6	6719.2
1728.7	1785.6	1726.7	1768.1	1952.3	2104.4	1776.1	1896.3	1720.1
1318.1	1834.1	1890.2	1761.1	1847.2	2036.6	1975.8	2165.8	2211.7
1084.6	1175.0	1238.1	1252.2	1413.2	1524.3	1380.2	1563.0	1587.6
1331.5	1658.7	1483.9	1471.5	1343.6	1655.3	1624.5	1891.4	1855.0
2545.1	2488.5	3895.3	3465.3	3526.5	4071.8	3672.5	4227.3	3325.9
1957.1	2389.8	2415.2	2629.7	2888.5	3187.3	2248.0	3075.3	2833.2
435.1	601.2	542.9	522.1	630.3	732.3	632.0	751.3	567.5
1229.0	1234.9	1224.6	1309.0	2110.8	2396.5	2588.1	2475.0	2688.6
593.2	689.8	311.4	303.7	466.9	796.2	895.7	996.6	1201.7
222.4	110.3	182.6	163.8	207.1	393.7	420.9	397.1	412.1
14.2	32.0	2.9	2.7	25.7	21.1	2.9	0.4	0.1
356.7	547.1	125.9	137.3	234.1	381.4	471.8	599.0	789.5
	0.4			0.1				
145.1	227.6	458.1	230.0	528.8	608.3	906.6	169.5	170.5
59.6	31.4	4.4	13.1	27.6	41.4	199.9	0.6	0.1
85.5	196.2	453.8	216.9	501.1	566.9	706.7	168.9	170.5
490.7	317.5	455.0	775.3	1115.1	992.0	785.9	1308.9	1316.3
380.9	85.3	153.6	156.9	549.8	699.7	418.7	968.0	1002.3
66.8	136.8	237.4	531.3	339.0	166.0	284.5	245.0	191.5
27.1	83.6	60.6	83.5	143.0	25.1	25.5	51.0	77.4
15.9	11.8	3.4	3.6	83.3	101.3	57.2	44.9	45.0
155.0	220.3	231.8	214.7	344.7	373.6	404.0	620.0	647.1
1382.6	1660.5	2042.9	2312.6	2484.5	2717.7	2974.6	3176.6	3448.0
264.3	216.7	341.6	361.8	617.4	690.7	650.0	675.8	602.3
2972.5	4677.5	4657.7	5813.3	5172.9	7594.1	6640.4	6967.3	6184.9
103.4	94.5	55.8	68.0	79.6	93.4	98.9	147.0	83.8
502.4	1600.7	1897.0	2249.5	1389.9	2591.3	3306.3	3511.8	3097.4
59.0	39.8	33.8	38.7	70.3	92.6	99.4	95.3	36.8
19.0	13.1	2.8	12.6	33.7	13.8	21.4	28.6	11.3
19.3	0.4	2.0	15.9	9.1	7.0	35.3	24.2	2.4
1.2	0.5	24.3	4.1	9.7	21.0	0.2	0.7	1.0
18.7	25.7	4.7	6.2	17.7	50.8	42.5	41.7	22.1
95.3	7.3			33.3	212.4	9.4		
121.1	230.2	16.2	579.5	320.9	1002.4	778.3	56.8	67.2
2088.2	2673.4	2638.7	2856.2	3268.0	3379.5	2319.1	3060.2	2850.3
4971.4	3802.6	2015.6	1473.8	2677.7	3329.4	2438.8	4304.6	3280.6
776.5	1142.3	1135.3	1152.0	2028.4	2114.2	2133.2	3114.6	2880.8
303.6	211.1	237.7	178.8	470.2	749.7	186.7	590.7	325.7
3783.1	2305.1	512.4	106.0	60.0	311.3	31.1	468.9	47.7

2-35 城镇居民家庭主要耐用品每百户拥有情况

单位：百户均

指标名称	Item	2013	2014
家用汽车	Automobile	17.8	25.6
摩托车	Motorcycle	20.3	26.0
助力车	Powered Bicycle	33.8	40.2
洗衣机	Washing Machine	90.3	95.2
电冰箱(柜)	Refrigerator	85.4	92.4
微波炉	Microwave Oven	42.4	47.2
彩色电视机	Color TV Set	100.1	102.7
空调	Air Conditioner	10.6	13.4
热水器	Water Heater	80.3	86.0
洗碗机	Dishwasher	0.4	0.4
排油烟机	Smoke Exhaust Ventilator	71.1	74.8
固定电话	Telephone	43.3	46.0
移动电话	Mobile Telephone	215.7	230.4
其中：接入互联网	Internet Mobile Telephone	85.3	106.4
计算机	Computer	62.0	70.0
其中：接入互联网	Internet Computer	50.4	50.0
照相机	Camera	22.8	25.9
中高档乐器	Secondary and Top Grade Musical Instrument	3.9	5.2
健身器材	Body-building Apparatus	1.1	2.1
空气净化器(含新风系统)	Air Purifier (Include Fresh Air System)		
地面清洁电器	Ground Cleaning Appliances		

注：从2022年起移动电话和计算机不再统计接入互联网数量。

Ownership of Major Durable Consumer Goods per 100 Urban Households

(per 100 households)

2015	2016	2017	2018	2019	2020	2021	2022
30.0	35.7	37.6	42.8	45.0	45.3	46.5	47.5
21.4	16.2	14.5	14.2	12.8	12.5	11.0	10.0
42.6	48.3	52.5	51.1	54.6	60.2	65.6	69.2
95.3	98.2	99.1	100.4	101.3	101.4	102.1	102.7
93.4	96.6	97.0	99.6	100.3	100.6	101.2	101.8
48.2	52.0	54.6	53.2	56.6	56.9	53.6	54.9
101.8	102.4	103.5	101.6	102.8	102.1	103.4	103.8
13.1	14.0	14.9	20.0	21.9	22.0	23.4	27.0
87.4	91.5	93.6	98.0	99.2	100.7	100.0	100.1
0.2	0.3	0.5	0.4	0.5	0.6	1.3	1.8
74.5	77.3	80.7	89.0	90.2	91.4	91.8	91.9
34.8	21.7	13.2	6.1	3.7	3.2	1.9	1.6
237.3	248.8	253.5	249.7	253.6	256.2	249.2	251.1
140.7	174.5	195.5	225.9	233.7	245.7	242.1	—
65.6	71.2	72.7	67.0	68.7	69.6	57.5	60.5
53.2	58.4	61.1	57.3	56.8	58.0	51.7	—
21.6	21.3	20.0	13.8	14.9	14.1	7.7	8.4
4.0	5.0	7.0	7.4	10.4	10.7	9.1	10.4
2.2	3.4	4.0	5.0	6.6	7.3	4.9	5.0
		0.5	3.8	4.4	4.6	5.8	6.4
		4.2	9.0	10.9	12.0	10.1	11.1

Note: From 2022, mobile telephone and computer no longer count the number of internet access.

2-36 2022年各市县城镇居民人均可支配收入情况

单位：元/人

指标名称	Item	全区 Total	沿黄地区 Plain	中南部地区 Mountain Area	银川市 Yinchuan
可支配收入	**Disposable Income**	**40193.7**	**41232.9**	**32514.7**	**44391.7**
(一)工资性收入	Income from Wages and Salaries	**27144.0**	**27754.8**	**25047.7**	**29744.9**
(二)经营净收入	Net Business Income	**3999.2**	**3965.4**	**4322.0**	**3851.6**
1.第一产业经营净收入	The Primary Industry	**438.5**	**140.8**	**242.0**	**84.8**
(1)农业	Agriculture	**416.5**	**144.2**	**208.7**	**86.4**
(2)林业	Forestry	**7.5**	**-0.2**	**6.3**	**-0.1**
(3)牧业	Animal Husbandry	**14.5**	**-3.2**	**27.1**	**-1.5**
(4)渔业	Fishery				
2.第二产业经营净收入	The Secondary Industry	**542.8**	**545.4**	**714.5**	**546.3**
(1)工业	Industry	**49.4**	**15.7**	**179.1**	
(2)建筑业	Construction Industry	**493.4**	**529.8**	**535.3**	**546.3**
3.第三产业经营净收入	The Tertiary Industry	**3017.9**	**3279.2**	**3365.5**	**3220.4**
(1)交通运输业	Transportation Industry	**725.6**	**966.8**	**921.2**	**626.9**
(2)批发零售和住宿餐饮业	Wholesales, Retail Trade, Hotel and Catering Sectors	**1594.8**	**1673.8**	**1901.9**	**1738.9**
(3)社会服务业	Social Services	**573.7**	**545.9**	**364.2**	**736.5**
(4)其他家庭经营	Others	**123.8**	**92.7**	**178.1**	**118.1**
(三)财产净收入	Net Income from Property	**1337.1**	**1440.7**	**905.6**	**1847.8**
1.红利收入	Dividend Income	**123.9**	**43.9**	**82.3**	**75.6**
#2.转让承包土地经营权租金收入	Rental Income from the Management Rights Transfer of Land Contracted	**140.3**	**54.6**	**67.7**	**27.2**
(四)转移净收入	Net Income from Transfer	**7713.3**	**8072.0**	**2239.5**	**8947.4**
#1.养老金或离退休金	Pension or Retirement Benefits	**9463.4**	**10004.5**	**3456.7**	**11595.9**
2.报销医疗费	Reimbursement of Medical Expenses	**620.8**	**530.5**	**167.7**	**629.9**
3.政策性惠农补贴	Political Subsidy Supporting Agriculture	**106.6**	**12.9**	**84.5**	**3.3**
现金可支配收入	**Cash Disposable Income**	**38735.1**	**39702.9**	**31716.8**	**42379.5**
实物可支配收入	**Physical Disposable Income**	**1458.6**	**1530.0**	**797.9**	**2012.2**

Basic Statistics of Disposable Income for Urban Households by City and County (2022)

(yuan/person)

兴庆区 Xingqing	西夏区 Xixia	金凤区 Jinfeng	永宁县 Yongning	贺兰县 Helan	灵武市 Lingwu	石嘴山市 Shizuishan	大武口区 Dawukou	惠农区 Huinong	平罗县 Pingluo	吴忠市 Wuzhong
47222.2	36345.8	49509.3	38065.5	39197.3	41229.6	38518.5	43154.9	34857.7	33925.5	35548.0
30133.8	24540.7	34600.1	28152.5	27123.9	30072.7	24567.9	27443.5	23351.0	20260.2	23237.8
3538.0	1961.6	3438.0	5645.4	3614.3	9622.9	3442.6	3007.4	2159.0	6127.0	5708.6
	1.7	-0.7	354.3	-3.4	912.1	142.2	96.1	55.9	357.7	345.7
	1.7		354.3	-9.1	943.3	150.6	116.0	35.5	382.3	350.9
		-0.7				-0.1	-0.1			2.6
				5.8	-31.2	-8.4	-19.8	20.4	-24.6	-7.8
257.0	80.8		2435.3	793.0	2481.4	487.0		107.1	2028.4	423.7
										216.6
257.0	80.8		2435.3	793.0	2481.4	487.0		107.1	2028.4	207.1
3281.0	1879.1	3438.7	2855.8	2824.6	6229.4	2813.3	2911.3	1996.1	3740.9	4939.3
390.2	609.4		731.2	599.4	4243.7	1400.2	1474.6	918.6	1912.0	1673.9
2036.6	1036.1	1926.8	1709.3	917.3	1503.1	1225.1	1314.4	1021.0	1321.7	2682.7
742.8	-1.3	1316.6	415.3	1320.0	482.7	137.4	71.5	56.5	386.9	539.7
111.3	234.9	195.3		-12.1	0.0	50.6	50.7	0.0	120.3	42.9
2412.3	986.3	2215.6	478.2	1471.5	759.1	768.8	1081.2	417.8	603.8	1096.3
143.9		1.2		108.6		0.7			3.2	28.1
			22.0	191.7	195.5	93.1	92.4	84.7	106.2	123.8
11138.0	8857.1	9255.5	3789.4	6987.5	774.9	9739.2	11622.8	8929.8	6934.6	5505.4
14467.3	10631.7	11317.0	5647.5	8387.1	4432.2	11245.4	13871.6	9392.2	8338.7	5242.0
672.4	653.6	549.8	439.0	955.0	362.3	472.0	715.1	201.2	340.3	201.6
			8.5	10.8	29.7	13.9	3.6	22.8	23.1	108.6
44331.9	34824.2	47988.5	37257.9	37666.2	41251.3	37980.0	42177.5	35044.4	33297.5	34065.0
2890.3	1521.6	1520.8	807.6	1531.1	-21.6	538.5	977.4	-186.7	628.0	1483.0

2-36 续表

单位：元/人

指标名称	Item	利通区 Litong	红寺堡区 Hongsipu	盐池县 Yanchi	同心县 Tongxin
可支配收入	**Disposable Income**	**38766.1**	**28586.0**	**33757.8**	**30879.0**
(一)工资性收入	Income from Wages and Salaries	24543.9	21325.8	22711.0	20088.8
(二)经营净收入	Net Business Income	4715.6	5561.0	6565.6	6631.4
1.第一产业经营净收入	The Primary Industry	391.8	136.9	236.2	666.8
(1)农业	Agriculture	385.3	136.9	194.5	711.5
(2)林业	Forestry			15.9	
(3)牧业	Animal Husbandry	6.5		25.8	-44.7
(4)渔业	Fishery				
2.第二产业经营净收入	The Secondary Industry	373.0	2042.7	185.6	794.4
(1)工业	Industry	227.9		-4.8	794.4
(2)建筑业	Construction Industry	145.1	2042.7	190.4	
3.第三产业经营净收入	The Tertiary Industry	3950.8	3381.4	6143.8	5170.3
(1)交通运输业	Transportation Industry	1086.2	550.5	1394.1	1617.7
(2)批发零售和住宿餐饮业	Wholesales, Retail Trade, Hotel and Catering Sectors	2569.5	1952.7	3204.3	3162.1
(3)社会服务业	Social Services	295.1	752.5	1538.8	162.0
(4)其他家庭经营	Others	0.0	125.7	6.6	228.5
(三)财产净收入	Net Income from Property	1495.1	732.7	800.9	784.8
1.红利收入	Dividend Income	24.3	202.2	40.1	
#2.转让承包土地经营权租金收入	Rental Income from the Management Rights Transfer of Land Contracted	17.0		293.1	127.7
(四)转移净收入	Net Income from Transfer	8011.4	966.4	3680.3	3373.8
#1.养老金或离退休金	Pension or Retirement Benefits	6624.2	1905.2	3218.2	4258.7
2.报销医疗费	Reimbursement of Medical Expenses	293.8	334.1	107.5	114.3
3.政策性惠农补贴	Political Subsidy Supporting Agriculture	27.6	12.5	445.9	103.5
现金可支配收入	**Cash Disposable Income**	**36559.6**	**28229.7**	**32952.8**	**29114.1**
实物可支配收入	**Physical Disposable Income**	**2206.4**	**356.3**	**804.9**	**1764.9**

continued

(yuan/person)

青铜峡市 Qingtongxia	**固原市** Guyuan	原州区 Yuanzhou	西吉县 Xiji	隆德县 Longde	泾源县 Jingyuan	彭阳县 Pengyang	**中卫市** Zhongwei	沙坡头区 Shapotou	中宁县 Zhongning	海原县 Haiyuan
35673.0	**34367.9**	**36591.3**	**33026.1**	**30019.0**	**31056.1**	**32206.6**	**34090.7**	**35558.8**	**33578.0**	**30980.4**
23805.7	**28028.0**	29055.2	27459.1	24656.5	27083.8	27895.9	**26116.1**	27206.3	23796.2	26782.0
6438.3	**3486.9**	4275.4	3767.0	2401.9	2021.8	1278.3	**2852.1**	2349.8	4421.1	1777.8
157.3	**128.1**	81.7	9.0	709.3	135.6	23.1	**88.6**	94.2	136.5	
195.6	**47.9**		14.8	406.4		6.3	**89.4**	94.2	139.2	
	7.2			7.0	135.6	16.8	**-0.8**		-2.6	
-38.4	**73.0**	81.7	-5.9	295.9						
	816.8	778.1	1997.1				**189.8**	92.4	470.4	17.9
	35.7	69.2								
	781.1	708.9	1997.1				**189.8**	92.4	470.4	17.9
6281.0	**2542.0**	3415.6	1761.0	1692.6	1886.3	1255.2	**2573.7**	2163.2	3814.2	1759.8
3442.2	**622.7**	682.3	1195.5	187.7	54.8		**605.9**	171.2	1305.7	685.7
2355.4	**1491.2**	2363.8	414.7	1040.9	1831.5	119.0	**1642.8**	1551.8	2219.1	999.9
483.4	**151.4**		150.9	254.5		674.3	**241.1**	276.2	289.3	74.3
0.0	**276.7**	369.4		209.4		462.0	**83.9**	164.0	0.0	0.0
836.7	**1206.1**	1608.0	560.6	933.5	862.4	964.5	**944.9**	1174.6	810.3	541.6
	176.7	336.5		27.9			**10.3**	20.1		
241.6	**10.0**			83.1		7.5	**48.8**	28.8	115.2	
4592.3	**1646.9**	1652.8	1239.4	2027.1	1088.0	2068.0	**4177.7**	4828.1	4550.3	1879.0
5614.5	**3563.6**	4260.3	3198.6	2973.2	2240.7	2257.1	**5603.0**	6513.8	5489.6	3359.7
113.9	**208.2**	146.4	119.5	185.7	321.0	567.7	**283.3**	194.7	607.4	20.8
42.1	**14.8**		24.7	82.5		5.4	**41.0**	60.8	33.5	
35045.1	**33842.5**	**36075.8**	**33472.5**	**28942.6**	**29782.5**	**30772.2**	**33025.8**	**34455.5**	**32175.8**	**30535.0**
627.9	**525.4**	**515.5**	**-446.4**	**1076.5**	**1273.6**	**1434.4**	**1064.9**	**1103.3**	**1402.2**	**445.5**

2-37 2022年各市县城镇居民人均生活消费支出情况

单位：元/人

指标名称	Item	全区 Total	沿黄地区 Plain	中南部地区 Mountain Area	银川市 Yinchuan	兴庆区 Xingqing
生活消费支出	**Living Expenditure**	24213.4	24971.3	19052.1	28685.6	31919.6
(一)食品烟酒	Food, Tobacco and Liquor	6943.8	7276.0	5674.2	8073.4	8899.5
#粮食	Grain	629.5	592.4	577.7	628.7	649.9
油脂	Oil and Fats	173.8	156.7	163.1	161.8	170.8
肉禽及制品	Meat, Poultry and Processed Products	1443.7	1420.7	1298.4	1491.6	1670.3
蛋	Eggs	120.9	122.1	86.6	135.0	150.2
水产品	Aquatic Products	143.5	176.9	72.5	225.6	277.9
蔬菜	Vegetables	537.1	572.5	408.6	625.4	731.6
烟草	Tobacco	434.3	387.4	330.5	374.3	383.0
酒和饮料	Liquor and Beverages	334.3	354.2	274.6	419.0	461.6
奶及奶制品	Milk and Processed Products	309.9	348.7	260.0	393.2	406.4
(二)衣着	Clothing	1720.3	1885.5	1786.8	2089.4	2221.7
#服装	Garments	1388.8	1532.4	1420.6	1716.3	1844.0
(三)居住	Residence	4734.4	4858.5	3435.9	6129.2	7322.7
#住房维修及管理	Housing Maintenance and Management	1028.4	720.7	425.4	887.1	846.3
水电燃料及其他	Water, Electricity, Fuels and Others	1082.9	1107.6	812.6	1281.4	1522.7
(四)生活用品及服务	Household Facilities, Articles and Services	1600.4	1581.7	1174.7	1819.9	2063.3
#家用器具	Home Appliances	352.7	321.9	155.1	384.5	484.0
家具及室内装饰品	Articles for Interior Decoration	254.7	198.8	141.6	204.8	242.9
家用纺织品	Bed Articles	130.5	132.7	112.7	152.6	178.9
家庭日用杂品	Household Articles for Daily Use	286.0	298.6	244.9	343.1	357.9
(五)交通通信	Transport and Communications	3330.4	3460.6	2982.3	3902.7	4125.7
#交通	Transport	2529.0	2589.0	2329.2	2952.2	3097.9
通信	Communications	801.4	871.6	653.1	950.4	1027.8
(六)教育文化娱乐	Education, Culture and Recreation	2833.3	2789.8	2313.0	3241.8	3713.3
文化娱乐	Culture and Recreation	536.4	570.4	458.8	602.7	631.7
#教育	Education	2177.8	2028.6	1929.9	2344.8	2790.9
(七)医疗保健	Health Care and Medical Services	2481.2	2422.4	1302.7	2601.2	2601.2
#医疗器具及药品	Medical Instrument and Medicine	759.4	766.8	566.8	819.2	852.1
(八)其他用品及服务	Other Commodities and Services	569.5	696.6	382.5	828.1	972.2
服务性消费支出	**Consumption Expenditure for Service**	10311.0	11000.4	7583.2	13085.5	14999.1
商品性消费支出	**Consumption Expenditure for Commodity**	13902.4	13970.9	11468.9	15600.1	16920.5

Per Capita Living Expenditure for Urban Residents by City and County (2022)

(yuan/person)

西夏区 Xixia	金凤区 Jinfeng	永宁县 Yongning	贺兰县 Helan	灵武市 Lingwu	石嘴山市 Shizuishan	大武口区 Dawukou	惠农区 Huinong	平罗县 Pingluo	吴忠市 Wuzhong
22740.2	**31920.6**	**22905.9**	**23579.9**	**22040.2**	**20653.9**	**23824.3**	**17940.9**	**17803.6**	**18822.4**
7122.5	8300.1	6786.2	7078.0	6160.1	**6685.5**	7551.1	6065.6	5739.8	**5824.6**
584.3	623.9	617.7	778.6	417.1	**602.6**	717.6	493.3	514.3	**488.5**
144.8	156.5	178.0	150.0	136.8	**142.4**	149.1	134.3	139.5	**163.7**
1395.4	1282.5	1255.2	1298.1	1487.9	**1351.4**	1421.3	1391.2	1150.4	**1472.6**
145.0	127.6	112.4	105.0	82.0	**127.8**	153.9	118.4	86.5	**82.4**
164.1	261.4	137.0	125.7	99.9	**154.1**	210.8	139.5	56.3	**79.4**
600.2	533.9	533.5	501.8	394.2	**582.1**	635.4	569.9	487.9	**421.6**
427.2	321.2	378.0	349.0	361.9	**423.7**	475.8	385.4	368.4	**402.2**
347.5	512.5	288.3	386.1	204.3	**301.2**	364.1	250.5	240.5	**203.0**
444.6	373.1	386.2	373.8	261.0	**280.6**	329.8	235.9	239.9	**233.6**
1683.8	2436.5	1670.1	1969.4	1727.5	**1728.6**	2015.4	1456.0	1508.4	**1670.2**
1321.5	2040.9	1309.9	1605.4	1402.2	**1412.7**	1659.5	1154.2	1256.4	**1311.9**
4050.8	7656.7	4004.7	4326.8	2324.2	**2939.5**	3371.7	2191.5	3074.6	**3189.3**
434.0	1585.8	982.6	698.8	314.5	**587.2**	672.3	566.9	437.8	**346.3**
1228.4	1154.2	1034.3	657.4	972.5	**909.2**	1010.7	714.4	967.6	**788.1**
1333.8	1882.5	1682.6	1516.3	1411.3	**1309.5**	1584.6	1219.5	860.8	**1227.3**
203.8	323.0	408.7	309.5	254.9	**258.5**	274.3	263.7	218.1	**235.0**
166.6	145.1	191.9	143.1	259.6	**228.1**	350.8	134.3	102.3	**154.8**
119.1	124.2	139.3	165.9	109.6	**121.5**	149.3	125.7	57.7	**100.8**
306.6	365.9	290.3	384.7	271.7	**240.8**	291.8	232.3	146.2	**217.8**
2894.1	4325.3	3984.3	3069.1	4136.7	**2833.1**	3176.4	2601.5	2438.2	**2681.9**
1938.1	3432.3	3155.1	2213.6	3353.6	**2102.3**	2184.8	2089.5	1948.3	**1916.6**
956.1	893.0	829.3	855.5	783.1	**730.7**	991.6	512.1	489.8	**765.3**
1987.4	3873.9	2208.1	2167.6	3377.5	**2356.6**	2731.5	2286.7	1671.8	**2183.7**
579.4	588.5	592.6	569.2	523.0	**535.2**	747.1	330.1	377.6	**514.1**
1255.0	2706.9	1473.1	1346.4	2759.4	**1771.5**	1936.5	1883.4	1272.9	**1686.1**
3152.5	2602.0	2062.2	2790.8	1866.8	**2293.0**	2671.5	1803.8	2181.7	**1629.7**
727.4	993.2	675.4	803.6	492.3	**797.9**	931.5	562.5	845.7	**579.6**
515.3	843.6	507.7	662.0	1036.2	**508.2**	721.9	316.3	328.3	**415.7**
9656.3	**15007.0**	**8800.6**	**10906.4**	**9173.0**	**8266.8**	**9701.4**	**6847.3**	**7242.9**	**7633.7**
13083.9	**16913.6**	**14105.3**	**12673.5**	**12867.2**	**12387.1**	**14122.9**	**11093.6**	**10560.7**	**11188.6**

2-37 续表

单位：元/人

指标名称	Item	利通区 Litong	红寺堡区 Hongsipu	盐池县 Yanchi	同心县 Tongxin	青铜峡市 Qingtongxia
生活消费支出	**Living Expenditure**	**21628.4**	**17855.7**	**16203.0**	**17110.0**	**16632.9**
(一)食品烟酒	Food, Tobacco and Liquor	7013.8	5692.0	5008.7	4341.0	5149.3
#粮食	Grain	524.9	513.3	426.2	499.5	447.7
油脂	Oil and Fats	183.0	139.0	138.5	180.0	138.3
肉禽及制品	Meat, Poultry and Processed Products	1837.6	1224.6	1210.8	1281.0	1136.9
蛋	Eggs	92.9	77.8	85.2	47.4	85.8
水产品	Aquatic Products	86.6	77.3	58.2	49.8	103.3
蔬菜	Vegetables	491.4	383.6	259.4	369.5	453.6
烟草	Tobacco	513.9	331.2	286.2	220.5	416.5
酒和饮料	Liquor and Beverages	197.3	274.4	224.5	127.4	234.0
奶及奶制品	Milk and Processed Products	251.7	243.0	278.3	181.3	197.7
(二)衣着	Clothing	1813.8	1516.2	1612.3	1863.0	1321.2
#服装	Garments	1398.4	1183.3	1315.1	1513.5	1018.9
(三)居住	Residence	3478.8	2991.4	2707.5	3276.3	2960.9
#住房维修及管理	Housing Maintenance and Management	364.2	491.9	194.7	471.8	295.5
水电燃料及其他	Water, Electricity, Fuels and Others	741.3	516.8	751.0	815.9	966.1
(四)生活用品及服务	Household Facilities, Articles and Services	1408.2	999.9	897.8	1272.0	1142.2
#家用器具	Home Appliances	229.9	134.4	198.1	191.3	333.4
家具及室内装饰品	Articles for Interior Decoration	263.2	54.8	36.7	151.1	54.3
家用纺织品	Bed Articles	110.7	91.0	61.3	140.2	85.1
家庭日用杂品	Household Articles for Daily Use	226.4	206.9	166.1	241.9	225.8
(五)交通通信	Transport and Communications	2791.4	3043.3	2212.1	2712.9	2701.9
#交通	Transport	1843.6	2440.8	1691.0	2240.5	1860.8
通信	Communications	947.8	602.5	521.0	472.4	841.0
(六)教育文化娱乐	Education, Culture and Recreation	2469.3	2408.7	2169.5	2385.3	1400.6
文化娱乐	Culture and Recreation	636.1	342.2	313.1	289.3	632.5
#教育	Education	1716.2	2026.7	1835.3	2157.2	1069.5
(七)医疗保健	Health Care and Medical Services	2112.4	860.5	1348.6	974.0	1550.8
#医疗器具及药品	Medical Instrument and Medicine	704.1	407.9	580.6	449.5	466.0
(八)其他用品及服务	Other Commodities and Services	540.7	343.8	246.7	285.6	406.1
服务性消费支出	**Consumption Expenditure for Service**	**9032.3**	**7235.2**	**6631.8**	**6199.7**	**6710.3**
商品性消费支出	**Consumption Expenditure for Commodity**	**12596.1**	**10620.5**	**9571.3**	**10910.4**	**9922.6**

continued

(yuan/person)

固原市 Guyuan	原州区 Yuanzhou	西吉县 Xiji	隆德县 Longde	泾源县 Jingyuan	彭阳县 Pengyang	中卫市 Zhongwei	沙坡头区 Shapotou	中宁县 Zhongning	海原县 Haiyuan
22312.7	25303.8	20390.0	17610.3	16625.0	18953.0	18424.7	18626.7	19641.6	16021.1
6764.8	7510.2	6608.3	5434.5	5209.3	5594.1	5211.2	5506.4	4793.0	5069.4
657.0	685.5	700.9	648.0	495.1	526.5	522.9	503.9	501.4	606.3
153.8	159.2	170.5	171.1	159.5	93.6	165.6	157.3	151.1	209.7
1355.5	1397.0	1663.6	1030.3	988.6	1070.8	1049.3	1078.5	861.1	1260.9
107.5	110.0	113.3	102.2	102.7	94.4	83.9	92.1	72.2	79.9
92.7	110.7	82.9	61.2	43.2	76.0	75.2	91.5	55.7	61.9
458.7	474.8	395.7	473.9	478.1	477.2	454.5	493.9	388.5	450.9
429.7	427.3	540.7	356.7	261.6	365.5	287.8	326.5	294.5	175.0
354.9	328.7	363.8	333.4	206.2	490.2	266.5	274.2	274.1	234.1
302.1	311.3	397.1	215.7	422.7	164.5	296.2	343.1	259.4	228.4
1925.7	2161.0	1782.9	1583.8	1508.0	1619.9	1416.4	1433.5	1233.2	1652.5
1527.3	1744.9	1380.6	1209.7	1180.8	1258.5	1131.1	1153.2	993.7	1283.4
4102.2	4686.6	3521.9	3472.9	3248.0	3470.1	3599.5	3792.5	3890.7	2640.3
528.8	593.7	386.0	538.0	389.9	525.2	428.7	219.0	934.3	209.8
967.0	1058.3	946.4	801.6	876.0	805.2	870.0	1037.3	815.5	509.3
1260.8	1367.9	1307.3	952.1	1082.0	1070.5	1165.8	1083.5	1331.8	1129.5
128.3	115.8	198.6	130.8	121.1	68.3	209.7	155.9	339.3	153.7
178.3	171.5	152.7	205.2	144.0	228.9	178.0	216.1	149.6	120.4
114.8	120.3	123.6	69.0	111.2	117.6	90.3	81.3	84.9	122.5
272.5	293.9	253.7	192.0	208.1	297.9	204.9	186.8	203.0	256.1
3685.3	4480.8	3273.9	2003.9	2848.8	2829.2	2677.5	2420.2	3424.8	2213.5
2871.9	3585.5	2356.9	1643.9	2201.7	2085.7	2025.4	1827.5	2611.4	1651.4
813.5	895.3	917.0	360.0	647.1	743.5	652.1	592.8	813.3	562.2
2496.8	2772.9	2333.8	2186.6	1620.8	2145.3	2034.0	1982.9	2236.6	1858.9
620.1	694.6	676.5	250.4	494.2	574.4	423.8	372.6	538.2	383.9
1989.1	2162.2	1906.2	1789.6	1306.9	1773.6	1610.9	1528.9	1795.3	1545.3
1568.6	1712.1	1177.5	1470.2	934.7	1840.8	1802.9	1751.6	2321.9	1142.9
630.7	680.1	554.9	609.9	400.7	628.1	683.2	611.7	843.3	627.4
508.6	612.4	384.4	506.4	173.5	383.2	517.4	656.2	409.7	314.1
9302.8	11051.0	7591.3	6702.4	6805.2	7929.0	7736.2	8043.1	8277.1	6091.5
13009.9	14252.9	12798.7	10907.9	9819.8	11023.9	10688.5	10583.6	11364.5	9929.7

2-38 2022年各市县城镇居民家庭主要耐用品每百户拥有情况

单位：百户均

指标名称	Item	全区 Total	沿黄地区 Plain	中南部地区 Mountain Area	银川市 Yinchuan
家用汽车	Automobile	**47.5**	**52.2**	**61.7**	**55.3**
摩托车	Motorcycle	**10.0**	**5.2**	**11.5**	**2.6**
助力车	Powered Bicycle	**69.2**	**63.5**	**58.2**	**50.8**
洗衣机	Washing Machine	**102.7**	**101.1**	**106.7**	**101.1**
电冰箱(柜)	Refrigerator	**101.8**	**100.6**	**102.5**	**101.0**
微波炉	Microwave Oven	**54.9**	**61.8**	**54.0**	**66.5**
彩色电视机	Color TV Set	**103.8**	**101.4**	**103.8**	**102.5**
空调	Air Conditioner	**27.0**	**36.1**	**9.0**	**50.5**
热水器	Water Heater	**100.1**	**100.0**	**100.4**	**100.1**
洗碗机	Dishwasher	**1.8**	**2.0**	**1.6**	**2.6**
排油烟机	Smoke Exhaust Ventilator	**91.9**	**97.6**	**92.9**	**98.5**
固定电话	Telephone	**1.6**	**1.9**	**1.0**	**2.3**
移动电话	Mobile Telephone	**251.1**	**244.5**	**279.7**	**240.5**
其中：接入互联网	Internet Mobile Telephone	—	—	—	—
计算机	Computer	**60.5**	**64.1**	**76.3**	**71.0**
其中：接入互联网	Internet Computer	—	—	—	—
照相机	Camera	**8.4**	**11.5**	**8.8**	**13.1**
中高档乐器	Secondary and Top Grade Musical Instrument	**10.4**	**13.9**	**14.5**	**15.6**
健身器材	Body-building Apparatus	**5.0**	**6.2**	**5.5**	**8.5**
空气净化器(含新风系统)	Air Purifier (Include Fresh Air System)	**6.4**	**8.4**	**3.6**	**10.5**
地面清洁电器	Ground Cleaning Appliances	**11.1**	**14.9**	**11.8**	**18.5**

Ownership of Major Durable Consumer Goods per 100 Urban Households by City and County (2022)

(per 100 households)

兴庆区 Xingqing	西夏区 Xixia	金凤区 Jinfeng	永宁县 Yongning	贺兰县 Helan	灵武市 Lingwu	**石嘴山市 Shizuishan**	大武口区 Dawukou	惠农区 Huinong	平罗县 Pingluo	**吴忠市 Wuzhong**
51.2	46.2	65.2	65.0	76.4	45.6	**49.2**	55.8	38.1	48.8	**44.4**
2.6	1.0	1.8	4.2		10.5	**7.9**	8.7	9.8	3.4	**14.0**
45.1	60.3	41.2	68.7	60.4	76.4	**74.0**	69.5	74.5	84.6	**79.4**
100.7	101.0	100.0	107.7	100.0	101.9	**99.7**	98.9	99.7	101.7	**101.7**
100.5	100.0	101.1	103.8	102.0	101.9	**99.7**	101.0	97.3	100.0	**100.6**
64.1	60.5	75.1	69.5	73.9	63.3	**51.9**	55.7	48.3	47.3	**49.0**
105.3	99.2	98.8	101.2	100.0	102.0	**99.3**	98.1	97.3	105.2	**101.7**
69.3	16.4	48.8	19.7	35.4	25.0	**24.1**	34.8	10.4	17.2	**13.9**
100.0	100.0	100.0	101.2	100.0	100.0	**99.2**	100.6	99.8	94.8	**100.0**
3.3		3.4	1.6	4.5		**1.8**	2.2		3.2	**0.6**
99.3	96.9	97.7	97.0	100.0	97.5	**95.9**	96.3	94.8	96.4	**94.0**
3.2		2.2	2.4	2.0		**0.6**		2.1		**2.0**
232.5	238.5	237.5	264.8	272.4	258.2	**238.4**	224.8	263.1	236.5	**258.7**
—	—	—	—	—	—	—	—	—	—	—
71.8	60.0	80.5	61.5	82.6	58.5	**53.0**	55.1	49.7	52.4	**60.1**
—	—	—	—	—	—	—	—	—	—	—
12.1	1.0	15.5	18.7	29.2	17.4	**12.1**	20.8	0.7	6.7	**9.4**
14.0	7.2	25.7	10.0	22.7	17.5	**12.4**	14.0	4.2	20.5	**11.1**
12.4	1.0	6.6	7.3	4.0	3.7	**4.1**	6.6		3.5	**3.5**
12.5	2.1	7.4	11.6	20.0	9.4	**8.6**	13.9	0.7	6.6	**2.0**
19.3	7.1	17.5	19.6	36.1	20.3	**8.5**	14.1		6.7	**11.6**

2-38 续表

单位：百户均

指标名称	Item	利通区 Litong	红寺堡区 Hongsipu	盐池县 Yanchi	同心县 Tongxin
家用汽车	Automobile	41.6	62.4	49.6	47.7
摩托车	Motorcycle	7.9	10.3	7.7	39.5
助力车	Powered Bicycle	75.6	73.7	90.7	93.4
洗衣机	Washing Machine	102.4	104.0	102.3	103.1
电冰箱(柜)	Refrigerator	101.1	105.8	100.0	101.6
微波炉	Microwave Oven	43.8	79.7	50.5	60.9
彩色电视机	Color TV Set	101.3	102.0	99.8	105.5
空调	Air Conditioner	16.0	8.8	16.5	18.9
热水器	Water Heater	100.0	101.4	96.2	104.1
洗碗机	Dishwasher		1.9		1.2
排油烟机	Smoke Exhaust Ventilator	93.6	95.7	94.6	86.2
固定电话	Telephone	3.5			3.0
移动电话	Mobile Telephone	258.3	240.2	254.6	298.3
其中：接入互联网	Internet Mobile Telephone	—	—	—	—
计算机	Computer	52.6	73.2	61.7	79.0
其中：接入互联网	Internet Computer	—	—	—	—
照相机	Camera	9.9	3.9	12.3	1.5
中高档乐器	Secondary and Top Grade Musical Instrument	15.7	4.4	9.5	
健身器材	Body-building Apparatus	3.6	3.9	2.9	7.6
空气净化器(含新风系统)	Air Purifier (Include Fresh Air System)	2.2	1.9	2.4	4.4
地面清洁电器	Ground Cleaning Appliances	14.3	18.7	9.6	8.8

continued

(per 100 households)

青铜峡市 Qingtongxia	**固原市 Guyuan**	原州区 Yuanzhou	西吉县 Xiji	隆德县 Longde	泾源县 Jingyuan	彭阳县 Pengyang	**中卫市 Zhongwei**	沙坡头区 Shapotou	中宁县 Zhongning	海原县 Haiyuan
40.6	**71.7**	77.0	79.8	50.0	65.4	60.3	**49.8**	42.0	56.6	61.3
17.2	**2.5**	1.5	2.1	5.9	3.8	3.5	**12.1**	5.5	26.3	7.6
72.9	**34.0**	40.0	32.8	14.0	15.7	33.1	**108.7**	111.5	130.3	63.9
98.4	**109.1**	113.7	111.9	100.0	103.7	98.3	**104.9**	101.5	106.6	112.1
98.4	**103.6**	105.1	109.5	99.9	97.9	94.8	**100.9**	100.0	101.6	102.3
45.0	**53.6**	66.7	45.1	59.6	35.3	21.0	**63.3**	63.8	70.0	50.5
101.5	**105.5**	108.4	108.2	100.0	99.8	97.8	**101.1**	101.5	99.9	102.1
6.1	**4.7**	5.1		9.7		6.5	**14.5**	16.8	16.6	3.8
100.0	**102.5**	105.0	108.3	99.9	111.6	87.1	**99.6**	101.4	100.0	93.5
1.5	**1.9**	1.5	2.1		1.9	4.2	**1.1**	1.3		2.2
98.4	**98.6**	102.0	102.1	98.0	83.5	86.7	**95.5**	98.5	98.3	82.0
	0.3					2.2	**2.7**		8.0	1.7
244.5	**283.4**	271.9	308.3	294.1	279.2	284.6	**257.1**	247.0	267.1	269.8
—	—	—	—	—	—	—	—	—	—	—
60.6	**85.1**	95.5	83.5	76.2	59.4	64.5	**50.4**	34.2	69.9	64.9
—	—	—	—	—	—	—	—	—	—	—
12.1	**9.8**	3.4	16.3	17.9	11.9	16.9	**2.5**		3.6	8.1
10.8	**22.2**	19.8	40.9	25.8	6.0	8.3	**5.6**	3.0	5.4	13.9
1.5	**5.0**	3.2	8.2	6.0	5.7	6.1	**5.4**	1.5	11.8	6.2
	3.3	2.0	6.3	8.0		1.7	**4.9**	1.5	11.4	4.2
7.5	**16.3**	24.2	14.5	3.8	11.9	2.2	**5.7**	5.8	5.2	5.9

2-39 主要年份各市县城镇居民人均可支配收入情况

单位：元/人

年　份 Year	全区 Total	沿黄地区 Plain	中南部地区 Mountain Area	银川市 Yinchuan	兴庆区 Xingqing	西夏区 Xixia	金凤区 Jinfeng
2010	**15093.3**	**15716.0**	**11935.0**	**16957.8**	18523.5	13660.1	17735.7
2011	**17291.0**	**18011.0**	**13618.0**	**19335.1**	21120.4	15575.0	20221.7
2012	**19507.0**	**20262.0**	**15429.7**	**21768.7**	23680.5	17641.4	22794.5
2013	**21475.7**	**22288.2**	**17003.5**	**23940.3**	25835.4	19562.8	25529.9
2014	**23284.6**	**24159.6**	**18449.0**	**26117.7**	28246.5	21347.1	27957.0
2015	**25186.0**	**26154.5**	**19920.1**	**28261.4**	30513.9	23125.5	30361.3
2016	**27153.0**	**28172.0**	**21533.6**	**30477.8**	32780.8	24976.3	32733.6
2017	**29472.3**	**30539.7**	**23383.2**	**32980.8**	35451.5	26985.2	35560.1
2018	**31895.2**	**33013.4**	**25324.0**	**35586.3**	38307.1	29191.5	38348.0
2019	**34328.5**	**35594.8**	**27256.6**	**38216.8**	41218.4	31302.3	41190.6
2020	**35719.6**	**36731.5**	**28577.5**	**39416.4**	42363.5	32610.6	43578.2
2021	**38290.7**	**39302.7**	**30806.5**	**42412.0**	45080.0	34928.7	47208.2
2022	**40193.7**	**41232.9**	**32514.7**	**44391.7**	47222.2	36345.8	49509.3

2-39 续表

单位：元/人

年　份 Year	利通区 Litong	红寺堡区 Hongsipu	盐池县 Yanchi	同心县 Tongxin	青铜峡市 Qingtongxia	固原市 Guyuan	原州区 Yuanzhou
2010	14083.5	10353.6	12494.4	10866.8	12874.1	**12555.5**	13135.9
2011	16121.9	11879.0	14216.8	12337.3	15111.9	**14321.8**	15029.4
2012	18205.7	13527.7	16054.8	14126.9	17107.1	**16222.8**	17001.3
2013	19953.4	15223.3	17652.7	15774.0	18712.5	**18085.4**	19008.6
2014	21710.0	16488.6	19156.7	17131.0	20292.3	**19676.5**	20680.0
2015	23581.9	17875.4	20919.5	18758.0	22003.2	**21144.0**	22463.2
2016	25303.1	19412.1	22673.2	20277.2	23633.2	**22716.8**	24153.5
2017	27386.7	21194.9	24676.9	22101.4	25547.4	**24628.2**	26258.3
2018	29827.7	23045.0	26601.1	23803.3	27591.1	**26709.2**	28595.7
2019	32291.5	24774.2	28463.9	25660.6	29716.4	**28726.8**	30595.1
2020	33977.3	25468.0	29830.9	27126.8	31201.0	**30052.1**	31972.4
2021	36626.4	27250.8	32281.2	29036.9	33610.2	**32546.4**	34683.2
2022	38766.1	28586.0	33757.8	30879.0	35673.0	**34367.9**	36591.3

Basic Statistics of Disposable Income for Urban Households by City and County in Main Year

(yuan/person)

永宁县 Yongning	贺兰县 Helan	灵武市 Lingwu	**石嘴山市 Shizuishan**	大武口区 Dawukou	惠农区 Huinong	平罗县 Pingluo	**吴忠市 Wuzhong**
15023.4	14795.5	15637.0	**14408.1**	15870.6	12883.1	13008.8	**12940.4**
16958.5	16889.9	17866.9	**16701.7**	18397.0	14933.9	14769.4	**14719.5**
19252.5	19117.2	20299.7	**18905.9**	20800.0	16776.8	16719.4	**16674.3**
21177.4	20905.6	22405.4	**20703.3**	22734.4	18437.4	18307.8	**18297.7**
23017.1	22790.9	24309.8	**22379.7**	24671.3	19913.7	19735.7	**19852.9**
25091.4	24548.1	26255.0	**24168.3**	26767.6	21495.0	21216.1	**21552.9**
26948.0	26468.0	28329.5	**25970.1**	28855.4	23110.1	22738.5	**23351.5**
29210.8	28641.2	30624.4	**28186.3**	31365.3	25055.9	24606.5	**25363.6**
30729.8	31051.1	32859.9	**30583.0**	34220.0	26944.2	26647.4	**27478.1**
33031.9	33660.3	35251.6	**33015.9**	36960.5	29163.3	28684.5	**29616.1**
33697.6	35195.1	35887.2	**34157.6**	38270.3	30809.0	29682.5	**31159.5**
36600.8	37473.5	38809.8	**36548.7**	40887.7	33089.3	32299.3	**33589.9**
38065.5	39197.3	41229.6	**38518.5**	43154.9	34857.7	33925.5	**35548.0**

continued

(yuan/person)

西吉县 Xiji	隆德县 Longde	泾源县 Jingyuan	彭阳县 Pengyang	**中卫市 Zhongwei**	沙坡头区 Shapotou	中宁县 Zhongning	海原县 Haiyuan
11741.8	11008.3	11667.5	11831.3	**12996.5**	13596.2	13303.0	11061.7
13425.4	12604.8	13392.6	13521.4	**14749.9**	15495.3	14689.0	12788.2
15206.6	14348.1	15189.4	15360.8	**16610.1**	17487.1	16486.6	14347.7
17107.4	15969.7	17027.3	17128.3	**18420.6**	19293.3	18395.4	16223.1
18601.0	17440.9	18565.0	18591.0	**19930.6**	20919.7	19831.1	17570.1
19965.3	18631.7	19735.4	20048.5	**21604.3**	22702.7	21481.2	19045.7
21410.6	20047.3	21158.2	21611.6	**23276.7**	24338.8	23141.3	20591.8
23239.6	21731.8	22917.5	23345.0	**25344.5**	26487.8	25293.3	22346.4
25216.0	23360.6	24773.7	25166.0	**27371.9**	28694.0	27271.0	24046.5
27335.5	25019.8	26557.0	27239.4	**29602.5**	31027.6	29462.1	26097.4
28975.0	25971.5	27650.8	28327.8	**30478.5**	31771.5	30120.0	27487.7
31240.9	28283.5	29756.6	30403.6	**32520.6**	33849.7	32206.7	29478.1
33026.1	30019.0	31056.1	32206.6	**34090.7**	35558.8	33578.0	30980.4

2-40 主要年份各市县城镇居民人均生活消费支出情况

单位：元/人

年　份 Year	全区 Total	沿黄地区 Plain	中南部地区 Mountain Area	银川市 Yinchuan	兴庆区 Xingqing	西夏区 Xixia	金凤区 Jinfeng
2013	**15321.1**			**16843.9**	18891.9	14238.9	16483.2
2014	**17216.2**	**18049.6**	**12922.4**	**20401.2**	22352.4	17549.7	23410.9
2015	**18983.9**	**19434.1**	**13525.8**	**21694.0**	24089.1	19269.0	24057.2
2016	**20364.2**	**20291.2**	**14720.2**	**22897.9**	24367.3	20956.5	24291.4
2017	**20219.5**	**20955.2**	**15869.1**	**23124.5**	24884.7	21023.4	24724.1
2018	**21976.7**	**22624.4**	**16908.2**	**25505.8**	29379.0	22447.3	26393.7
2019	**24161.0**	**24355.6**	**17594.0**	**27716.9**	32054.3	22478.1	28563.7
2020	**22379.1**	**23382.5**	**18284.6**	**26670.0**	30060.4	21264.3	29008.6
2021	**25385.6**	**25308.5**	**20002.1**	**29073.5**	32415.2	22388.0	32461.2
2022	**24213.4**	**24971.3**	**19052.1**	**28685.6**	31919.6	22740.2	31920.6

2-40 续表

单位：元/人

年　份 Year	利通区 Litong	红寺堡区 Hongsipu	盐池县 Yanchi	同心县 Tongxin	青铜峡市 Qingtongxia	固原市 Guyuan	原州区 Yuanzhou
2013	13982.2	10566.9	13153.4	10720.5	13207.7	**12881.6**	14292.1
2014	15391.1	11080.4	13018.7	12439.0	16994.8	**13585.3**	14799.4
2015	17262.1	11648.1	13786.2	13299.1	17530.1	**13851.9**	15596.9
2016	17267.8	12715.7	15200.0	14015.7	15062.0	**15527.3**	17709.7
2017	17828.6	14596.0	15040.4	15216.3	16220.4	**16565.2**	19545.8
2018	20494.2	15566.8	14723.3	15423.1	15342.4	**17981.6**	21617.4
2019	20731.3	17101.8	16364.3	15789.1	16080.3	**19741.6**	22874.5
2020	19698.4	18053.0	15553.2	16781.0	15179.9	**21041.4**	24250.6
2021	22201.7	19246.0	15605.3	17066.8	16166.9	**23599.3**	27842.1
2022	21628.4	17855.7	16203.0	17110.0	16632.9	**22312.7**	25303.8

Per Capita Living Expenditure for Urban Residents by City and County in Main Year

(yuan/person)

永宁县 Yongning	贺兰县 Helan	灵武市 Lingwu	**石嘴山市 Shizuishan**	大武口区 Dawukou	惠农区 Huinong	平罗县 Pingluo	**吴忠市 Wuzhong**
13029.2	15418.4	13876.0	**13396.3**	14522.6	12965.5	13167.8	**13105.5**
17014.1	16327.5	14282.9	**13806.0**	14412.7	12480.9	14050.3	**14293.5**
18737.4	16701.7	16309.0	**15005.1**	16193.2	12585.0	15562.5	**15671.1**
19876.5	17043.3	18477.8	**16013.2**	17392.0	13403.0	16351.3	**15279.5**
21052.3	18375.5	19415.4	**16946.5**	18645.8	14202.3	17620.3	**16299.3**
22032.9	19783.9	21514.9	**18778.5**	21022.9	15036.9	17631.5	**17171.5**
22842.3	21500.4	22464.9	**19480.9**	22639.3	15923.0	16637.9	**18001.7**
23113.6	22156.1	21622.5	**19078.9**	22145.7	16529.1	15802.0	**17495.8**
24064.2	24734.6	23339.1	**20454.4**	23870.1	17481.6	17621.6	**18956.7**
22905.9	23579.9	22040.2	**20653.9**	23824.3	17940.9	17803.6	**18822.4**

continued

(yuan/person)

西吉县 Xiji	隆德县 Longde	泾源县 Jingyuan	彭阳县 Pengyang	**中卫市 Zhongwei**	沙坡头区 Shapotou	中宁县 Zhongning	海原县 Haiyuan
12060.5	8703.2	13022.9	11442.9	**13386.5**	12503.6	15370.7	9871.2
12754.8	12349.6	13790.8	10727.5	**15295.9**	15575.9	16348.6	11585.4
12278.6	12475.2	12759.5	11576.6	**16746.8**	16834.9	18089.4	14495.1
12609.7	13708.9	13662.2	12428.3	**18298.5**	18793.6	19556.9	14299.9
13268.4	16526.3	13934.9	13284.0	**18960.3**	18145.3	21393.5	15117.4
14400.7	16201.2	14883.4	14273.5	**18864.2**	19603.0	19738.2	15302.6
16688.0	17024.1	15344.2	15872.1	**20018.1**	21141.1	20774.1	15807.0
19012.8	16161.5	16038.1	17143.0	**18100.7**	19067.7	18107.0	15240.7
20445.5	18346.5	17446.2	18481.7	**20222.5**	20151.8	22109.6	17238.7
20390.0	17610.3	16625.0	18953.0	**18424.7**	18626.7	19641.6	16021.1

2-41 农村居民家庭基本情况

指标名称	Item	单位	Unit	2013
一、户主文化程度	**Cultural Level of Head of a Household**			
(一)未上过学	No Schooling	%	%	9.2
(二)小学	Primary School	%	%	33.1
(三)初中	Junior Secondary School	%	%	45.5
(四)高中	Senior Secondary School	%	%	10.8
(五)大学专科	Junior College	%	%	1.3
(六)大学本科	Undergraduate College	%	%	0.1
(七)研究生	Postgraduate	%	%	
二、按家庭规模分的住户类型	**Households Type Divided by Family Size**			
(一)一人户	One Person	%	%	0.5
(二)二人户	Two Persons	%	%	11.9
(三)三人户	Three Persons	%	%	14.0
(四)四人户	Four Persons	%	%	32.6
(五)五人户	Five Persons	%	%	20.2
(六)六人及以上户	Six Persons and over	%	%	20.9
三、按世代分的住户类型	**Households Type Divided by Generation**			
(一)一代户	One-Generation Households	%	%	7.2
(二)二代户	Two-Generation Households	%	%	26.2
(三)三代户	Three-Generation Households	%	%	13.0
(四)四代及以上户	Four-Generation Households and over	%	%	0.4
四、住户特征	**Household Characteristics**			
(一)纯老人户	Households of only the old	%	%	7.7
(二)家中有未成年子女户	Households of Couple with Minor Children	%	%	89.0
(三)年轻夫妻无子女户	Households of Young Couple without Children	%	%	
(四)无劳动力户	Households without Labor Force	%	%	3.3
五、住户经营情况	**Household Business Situation**			
(一)生产经营户	Production Business Households	%	%	94.6
农业户	Agriculture	%	%	91.7
农业兼业户	Agriculture and Business Households	%	%	
非农兼业户	Non-agriculture and Business Households	%	%	
非农业户	Non-agriculture Households	%	%	20.5
(二)非生产经营户	Non-production Business Households	%	%	5.4
六、参加医疗保险情况	**Medical Insurance Participation**			
(一)参加城乡居民基本医疗保险	Basic Medical Insurance for Urban and Rural Residents	%	%	95.0
(二)参加城镇职工基本医疗保险	Basic Medical Insurance for Urban Employee	%	%	1.6
(三)商业及其他医疗保险	Commercial and Other Health Insurance	%	%	0.7
(四)没有参加任何医疗保险	Non-joined any Medical Insurance	%	%	2.7

Basic Statistics of Rural Households

2014	2015	2016	2017	2018	2019	2020	2021	2022
8.7	7.4	6.1	6.1	8.1	8.2	8.5	9.8	9.8
31.8	31.2	32.7	31.7	35.1	35.0	35.8	34.0	35.2
47.6	48.7	47.2	47.7	43.3	43.9	43.9	44.7	44.5
10.6	11.3	11.8	12.1	11.7	11.1	10.5	10.5	9.6
1.1	1.0	1.3	1.4	1.2	1.3	1.0	0.9	0.9
0.2	0.4	0.9	0.9	0.6	0.6	0.3	0.1	0.1
		0.1	0.1					
0.5	0.7	0.7	1.0	1.3	2.0	2.0	2.3	2.5
11.7	14.1	21.7	24.4	26.0	27.8	30.0	31.8	31.3
15.0	15.4	22.0	22.0	19.6	18.1	18.2	16.3	18.1
33.1	30.6	23.8	22.2	21.3	21.1	19.6	19.2	19.0
19.8	21.0	17.8	16.0	15.9	14.4	13.4	13.7	13.0
19.9	18.3	14.1	14.5	16.0	16.5	16.8	16.8	16.2
15.6	16.8	16.7	19.0	20.9	21.3	23.0	25.4	—
56.4	56.1	56.9	56.3	54.5	53.1	53.1	50.9	—
27.2	26.4	25.7	23.8	24.6	25.1	23.0	23.5	—
0.8	0.7	0.7	0.9		0.5	0.9	0.2	—
8.1	7.7	7.5	9.6	10.7	12.8	15.3	18.6	21.0
89.6	89.4	89.7	87.9	88.1	85.7	83.7	80.6	77.9
		0.1	0.1	0.4	0.4	0.3	0.1	0.1
2.3	3.0	2.6	2.3	0.8	1.0	0.8	0.7	1.0
94.5	90.3	46.7	70.6	83.8	71.2	80.0	79.3	80.0
96.1	96.2	73.4	72.2	70.0	75.1	71.0	74.1	74.0
		9.4	9.5	5.1	9.6	7.3	6.4	8.1
		12.1	10.8	5.5	9.0	9.9	7.6	7.4
11.9	12.2	18.8	18.8	19.3	17.0	12.4	12.0	10.6
5.5	9.7	53.3	29.4	16.2	28.8	20.0	20.7	20.0
95.4	97.0	97.5	97.0	97.1	96.7	97.2	97.4	96.3
1.3	1.1	1.3	1.4	2.0	2.6	2.3	2.4	3.0
3.0	0.5	0.6	0.4	1.6	2.3	2.3	0.6	0.7
2.7	1.6	1.0	1.5	0.8	0.5	0.4	0.3	0.1

2-42 农村居民家庭就业年龄及学历构成情况

指标名称	Item	单位	Unit
一、基本情况	**Basic Statistics of Households Surveyed**		
(一)户均常住人口	Average Number of Permanent Residents per Household	人/户	person/household
(二)户均常住从业人口	Average Number of Employed Persons per Household	人/户	person/household
(三)平均每户家庭从业人口比重	Proportion of Employed Persons per Household	%	%
(四)平均每一从业人口负担人数	Average Number of Dependency Coefficient per Employed Persons	人	person
(五)由本户供养的在校学生	Supported Students in School by the Family	人/户	person/household
(六)户均整半劳动力人口	Whole and Half Labor Force per Household	人/户	person/household
(七)平均每户家庭整半劳动力人口比重	Proportion of Whole and Half Labor Force per Household	%	%
二、家庭劳动力年龄构成	**Age Composition of Permanent Employed Persons**	**%**	**%**
(一)16-19岁	Aged 16-19	%	%
(二)20-24岁	Aged 20-24	%	%
(三)25-29岁	Aged 25-29	%	%
(四)30-34岁	Aged 30-34	%	%
(五)35-40岁	Aged 35-40	%	%
(六)41-50岁	Aged 41-50	%	%
(七)51-60岁	Aged 51-60	%	%
(八)61-65岁	Aged 61-65	%	%
(九)66岁及以上	Aged 66 and over	%	%
三、家庭劳动力文化程度构成	**Composition of Education Level for Labor Force**	**%**	**%**
(一)未上过学	No Schooling	%	%
(二)小学	Primary School	%	%
(三)初中	Junior Secondary School	%	%
(四)高中	Senior Secondary School	%	%
(五)大学专科	Junior College	%	%
(六)大学本科及以上	Bachelor Degree or above	%	%
(七)研究生	Graduate Student	%	%
四、常住从业人员就业类型	**Type of Employment of Permanent Employed Persons**	**%**	**%**
(一)雇主	Employer	%	%
(二)公职人员	Civil Servants	%	%
(三)事业单位人员	Institution Officers	%	%
(四)国有企业雇员	State-owned Enterprises Employees	%	%
(五)其他雇员	Other Employees	%	%
(六)农业自营	Self-employed of Agriculture	%	%
(七)非农自营	Self-employed of Non-Agriculture	%	%
五、常住从业人员从事主要行业	**Type of Industry for Permanent Employed Persons**	**%**	**%**
(一)第一产业	Primary Industry	%	%
(二)第二产业	Secondary Industry	%	%
(三)第三产业	Tertiary Industry	%	%

Composition Statistics of Employment Age and Education for Rural Households

2013	2014	2015	2016	2017	2018	2019	2020	2021	2022
4.0	4.0	3.9	3.9	3.8	3.8	3.8	3.7	3.7	3.7
2.2	2.2	2.1	2.1	2.1	2.0	1.9	1.9	2.0	1.9
53.5	55.8	54.5	55.3	54.8	51.3	51.5	51.0	53.0	51.0
1.9	1.8	1.8	1.8	1.8	1.9	1.9	2.0	1.9	2.0
1.0	1.0	1.0	0.9	0.9	0.9	0.9	0.9	0.9	0.9
2.4	2.4	2.4	2.4	2.4	2.4	2.4	2.4	2.4	2.4
59.8	60.7	60.8	63.0	63.5	62.5	62.4	64.2	64.6	65.0
100.0	**100.0**	**100.0**	**100.0**	**100.0**	**100.0**	**100.0**	**100.0**	**100.0**	**100.0**
3.7	3.7	3.2	3.3	2.3	2.1	1.4	1.3	0.9	0.7
10.1	8.0	7.4	7.6	6.7	6.1	5.6	6.1	3.8	4.4
8.7	8.8	7.9	7.7	7.7	8.8	8.1	6.4	6.1	5.7
9.4	9.5	7.9	6.2	6.0	8.5	8.3	8.3	8.6	8.2
13.9	13.3	14.4	13.4	12.4	11.3	11.6	10.4	11.4	10.8
29.3	30.3	30.4	32.5	31.8	28.8	26.9	24.6	22.6	23.0
17.0	18.4	20.6	21.2	23.8	23.0	25.2	26.9	27.4	26.8
5.0	4.5	4.6	4.9	5.1	6.4	7.0	6.9	6.6	7.2
2.9	3.6	3.5	3.2	4.2	4.9	5.9	9.1	12.4	13.3
100.0	**100.0**	**100.0**	**100.0**	**100.0**	**100.0**	**100.0**	**100.0**	**100.0**	**100.0**
13.2	12.6	12.8	12.0	12.1	16.0	15.5	16.7	16.6	16.8
33.1	33.1	31.9	30.7	30.5	33.3	34.3	34.4	33.7	34.0
41.7	42.6	42.6	43.5	42.9	37.1	37.2	36.0	37.7	37.0
9.3	9.0	9.7	9.9	10.4	9.7	9.2	8.9	9.3	8.5
2.0	2.0	1.9	2.4	2.6	2.5	2.6	3.0	1.9	2.3
0.7	0.7	1.1	1.5	1.4	1.5	1.2	0.9	0.8	1.2
		0.0	0.1	0.1				0.1	0.1
100.0	**100.0**	**100.0**	**100.0**	**100.0**	**100.0**	**100.0**	**100.0**	**100.0**	**100.0**
0.5	0.3	0.1	0.2		0.3	0.2	0.2	0.0	0.0
0.1	0.1	0.2	0.5	0.5					
0.8	0.7	0.8	1.4	1.3	0.7	0.7	0.2	0.2	0.1
0.7	0.4	0.4	0.2	0.1	0.2	0.2	0.1	0.1	0.1
32.9	35.5	39.5	40.9	42.3	45.8	43.6	44.0	43.0	43.4
55.7	53.5	49.5	45.7	45.1	42.3	44.9	45.4	47.7	48.3
9.2	9.5	9.5	11.3	10.7	10.8	10.3	10.1	8.9	8.1
100.0	**100.0**	**100.0**	**100.0**	**100.0**	**100.0**	**100.0**	**100.0**	**100.0**	**100.0**
58.1	56.1	53.9	51.2	51.6	48.0	51.1	52.2	54.4	56.1
23.2	22.9	22.2	22.1	21.2	21.9	19.4	18.3	18.0	15.7
18.6	21.0	23.8	26.6	27.2	30.0	29.5	29.5	27.6	28.2

2-43 农村居民家庭房屋基本情况

指标名称	Item	单位	Unit
一、期末现住房情况	**Current House Condition of Term End**		
(一)人均现住房面积	Per Capita Current Housing Area	平方米/人	sq.m/person
人均自有现住房面积	Per Capita Self-owned Current Housing Area	平方米/人	sq.m/person
户均现住房面积	Per Household Current Housing Area	平方米/户	sq.m/household
户均自有现住房面积	Per Household Self-owned Current Housing Area	平方米/户	sq.m/household
(二)现住房市场价月租金	Monthly Rent of Current Housing	元/人	yuan/person
自有现住房市场价月租金	Monthly Rent of Self-owned Current Housing	元/人	yuan/person
二、期内新购建住房情况	**Newly Bought or Built Residential Buildings Condition During Period**		
(一)新建住房竣工建筑面积	Completing Floor Space of Newly Built Residential Buildings	平方米/人	sq.m/person
(二)新建住房总费用	Total Cost of Newly Built Residential Buildings	元/人	yuan/person
(三)新建住房价值	Value of Newly Built Residential Buildings	元/平方米	yuan/sq.m
三、期末现住房构成	**Current Housing Constitute of Term End**		
(一)本住户居住类型	Residence Type	%	%
其中：普通住宅	General Residence	%	%
(二)本住户居住空间样式	House Construction Space Style	%	%
1.单栋楼房	Single Building	%	%
2.单栋平房	Single Bungalow	%	%
3.四居室及以上单元房	House with Four Bedrooms and Above	%	%
4.三居室单元房	House with Three Bedrooms	%	%
5.二居室单元房	House with Two Bedrooms	%	%
6.一居室单元房	House with One Bedrooms	%	%
7.其他	Others	%	%
(三)主要建筑材料	Main Building Materials	%	%
1.钢筋混凝土	Reinforced Concrete	%	%
2.砖混材料	Brick and Concrete	%	%
3.砖瓦砖木	Brick and Wood	%	%
4.竹草土坯	Bamboo Grass Adobe	%	%
5.其他	Others	%	%
(四)现住房房屋来源	Current Housing Source	%	%
1.租赁公房	Public House Leasing	%	%
2.租赁私房	Private House Leasing	%	%
3.自建住房	Self-built Housing	%	%
4.购买商品房	Commercial Residential Building	%	%
5.购买房改住房	Reformed Housing	%	%
6.购买保障性住房	Security Housing	%	%
7.拆迁安置房	Removal Settlement Housing	%	%
8.继承或获赠住房	Inheritance or Gift Housing	%	%
9.免费借用房	Borrow Housing for Free	%	%
10.其他	Others	%	%
(五)现住房建筑面积	Current Residential Buildings Area	%	%
1.10平方米以内	Less than 10 sq.m	%	%
2.10-20平方米	10-20 sq.m	%	%
3.20-30平方米	20-30 sq.m	%	%
4.30-60平方米	30-60 sq.m	%	%
5.60-90平方米	60-90 sq.m	%	%
6.90-120平方米	90-120 sq.m	%	%
7.120-200平方米	120-200 sq.m	%	%
8.200平方米以上	200 sq.m above	%	%

Basic Statistics of House for Rural Households

2013	2014	2015	2016	2017	2018	2019	2020	2021	2022
27.2	28.6	30.4	32.1	32.7	29.2	30.7	32.3	32.7	32.8
27.1	28.3	30.1	32.0	32.3	29.0	30.4	32.1	32.3	32.4
109.7	113.2	118.9	124.3	124.5	111.7	116.0	121.0	120.8	120.5
109.2	112.1	117.9	123.8	123.0	110.7	114.8	120.3	119.4	119.0
46.0	54.4	60.5	65.7	71.4	65.4	70.9	71.6	77.1	77.2
45.6	52.5	59.5	65.3	68.4	65.2	70.6	71.1	76.1	76.0
1.5	1.9	1.4	1.2	1.6	0.8	0.8	1.2		
955.9	1291.5	1108.2	13566.6	1451.8	806.0	728.5	1059.5		
644.0	686.9	801.6	11432.1	899.9	1046.6	860.3	859.6		
100.0	100.0	100.0	100.0	100.0	100.0	100.0	100.0	100.0	100.0
100.0	99.9	100.0	100.0	100.0	99.9	100.0	100.0	100.0	100.0
100.0	100.0	100.0	100.0	100.0	100.0	100.0	100.0	100.0	100.0
2.4	1.8	2.4	3.9	3.1	2.4	2.2	1.2	1.1	1.1
94.5	95.3	93.9	90.3	89.2	85.1	92.5	93.3	93.2	93.2
0.2	0.3	0.1	0.1	0.2	0.1	0.2		0.2	0.2
		1.0	2.9	3.6	1.2	1.6	1.6	1.7	1.8
0.4	0.3	0.8	1.9	2.8	2.8	3.2	3.2	3.6	3.5
		0.1	0.2	0.2	0.1	0.2	0.3	0.3	0.3
2.5	2.4	1.7	0.7	0.9	8.3	0.1	0.4		0.0
100.0	100.0	100.0	100.0	100.0	100.0	100.0	100.0	100.0	100.0
1.3	1.5	1.1	2.9	4.1	6.7	6.0	6.2	4.8	4.8
13.3	15.3	21.9	28.3	26.9	31.0	33.8	35.6	36.1	35.5
69.2	69.8	66.6	63.0	64.2	59.8	58.0	57.1	59.1	59.5
15.1	12.0	8.6	5.1	4.2	2.1	1.8	0.8		0.2
1.2	1.4	1.8	0.6	0.6	0.4	0.4	0.3		
100.0	100.0	100.0	100.0	100.0	100.0	100.0	100.0	100.0	100.0
		0.2	0.1	0.1	0.2	0.4	0.2	0.2	0.2
0.9	2.9	1.1		0.7	0.1	0.2	0.4	0.6	0.6
95.5	93.6	93.1	91.7	89.7	93.4	92.4	91.7	91.0	90.7
1.8	1.7	3.3	5.4	6.6	2.6	2.9	3.1	2.5	2.6
		0.2	0.3	0.3					
0.2	0.2	0.2	0.2	0.3	0.5	0.2	0.1	0.6	0.7
1.2	1.1	1.6	1.8	1.8	2.6	3.2	3.9	4.4	4.4
0.1	0.1					0.1	0.1		
0.3	0.4	0.1	0.3	0.2		0.3	0.3	0.4	0.4
0.0	0.0	0.3	0.3	0.4	0.7	0.4	0.2	0.4	0.4
100.0	100.0	100.0	100.0	100.0	100.0	100.0	100.0	100.0	100.0
0.6	1.5	0.3							
0.8	1.1	0.4	0.1	0.1	0.2	0.2	0.1		0.2
12.3	9.3	8.3	6.0	5.4	10.7	7.9	5.8	7.2	7.5
24.8	22.9	21.1	19.6	18.8	25.8	23.2	21.2	20.5	20.6
37.0	37.9	36.2	35.6	37.3	34.5	37.0	35.2	33.6	33.0
20.1	21.4	27.6	32.7	32.6	25.5	27.9	33.1	33.1	33.7
4.2	6.0	6.0	6.0	5.8	3.2	3.8	4.6	5.5	5.0

2-43 续表

指标名称	Item	单位	Unit
(六)住宅有管道供水情况	Pipeline Water Supplying of Residential Buildings	%	%
1.住宅内管道取水	Pipeline Water Supplying in the Home	%	%
2.住宅内其他方式取水	Other Ways Water Supplying in the Residence	%	%
3.院内管道取水	Pipeline Water Supplying to Public Water Intaking Spot	%	%
4.院内其他方式取水	Other Ways Water Supplying in the Courtyard	%	%
5.其他位置取水	Water Supplying from other locations	%	%
(七)住户厕所类型	Residence Toilet Type	%	%
1.水冲式卫生厕所	Water Flushing Sanitary Toilet	%	%
2.水冲式非卫生厕所	Water Flushing Insanitary Toilet	%	%
3.卫生旱厕	Sanitary Pit Latrine	%	%
4.普通旱厕	General Pit Latrine	%	%
5.无厕所	No Toilet	%	%
(八)住户厕所使用情况	Using Condition of Residence Toilet	%	%
1.本住户独用	Exclusive Use	%	%
2.几户合用	Sharing with Several Households	%	%
3.公用厕所	Public Toilet	%	%
(九)住户洗澡设施情况	Residence Shower Equipment Condition	%	%
1.统一供热水	Unified Supply Hot Water	%	%
2.家庭自装热水器	House Self-Installing Water Heater	%	%
3.其他	Others	%	%
4.无洗澡设施	No Shower Equipment	%	%
(十)住户主要取暖设备状况	Residence Main Heating Equipment Condition	%	%
1.由市政或小区集中供暖	Central Heating by Government or Housing Estate	%	%
2.自行供暖	Self Heating	%	%
3.无取暖设备	No Heating Equipment	%	%
(十一)住户主要取暖用能源状况	Residence Main Heating Energy Condition	%	%
1.柴草	Firewood	%	%
2.煤炭	Coal	%	%
3.罐装液化石油气	Canned Liquefied Petroleum Gas	%	%
4.管道液化石油气	Pipeline Liquefied Petroleum Gas	%	%
5.管道煤气	Pipeline Coal Gas	%	%
6.管道天然气	Pipeline Natural Gas	%	%
7.电	Electricity	%	%
8.燃料用油	Fuel Oils	%	%
9.沼气	Biogas	%	%
10.其他	Others	%	%
11.无取暖行为	No Heating Behavior	%	%
(十二)主要炊用能源状况	Main Condition of Cooking Energy	%	%
1.柴草	Firewood	%	%
2.煤炭	Coal	%	%
3.罐装液化石油气	Canned Liquefied Petroleum Gas	%	%
4.管道液化石油气	Pipeline Liquefied Petroleum Gas	%	%
5.管道煤气	Pipeline Coal Gas	%	%
6.管道天然气	Pipeline Natural Gas	%	%
7.电	Electricity	%	%
8.燃料用油	Fuel Oils	%	%
9.沼气	Biogas	%	%
10.其他	Others	%	%
11.无炊用行为	No Heating Behavior	%	%

continued

2013	2014	2015	2016	2017	2018	2019	2020	2021	2022
100.0	100.0	100.0	100.0	100.0	100.0	100.0	100.0	100.0	100.0
61.2	62.4	71.1	79.2	80.6	90.6	75.7	77.4	83.6	82.9
						2.2	1.7		
0.4	0.4	0.4	0.4	0.4	0.7	15.2	14.3	12.8	13.9
						1.4	1.6		
38.5	37.2	28.5	20.3	19.0	8.8	0.2	0.1	3.6	3.1
100.0	100.0	100.0	100.0	100.0	100.0	100.0	100.0	100.0	100.0
2.6	2.8	4.4	7.1	8.6	8.4	18.9	23.0	30.7	28.9
		0.1	0.3	0.3	1.5	5.6	4.6	2.6	3.3
5.5	5.8	8.6	7.2	7.1	14.7	8.3	8.8	14.4	18.5
90.7	90.2	86.6	85.5	83.6	75.2	66.9	63.3	52.3	49.3
1.2	1.1	0.3		0.4	0.2	0.3	0.3		
100.0	100.0	100.0	100.0	100.0	100.0	100.0	100.0	100.0	100.0
97.2	97.5	97.2	97.9	97.9	98.5	98.4	99.1	99.3	99.1
1.5	1.4	1.5	1.2	1.3	1.1	1.2	0.5	0.4	0.7
1.3	1.1	1.2	0.9	0.9	0.4	0.5	0.4	0.3	0.2
100.0	100.0	100.0	100.0	100.0	100.0	100.0	100.0	100.0	100.0
0.8	0.6	0.8	0.8	0.4	2.0		0.5	0.7	0.7
20.4	21.4	36.0	54.8	60.5	85.5	86.7	87.1	95.2	96.4
17.3	16.4	13.0	6.7	6.2	2.5	5.1	5.0	2.5	2.4
61.5	61.6	50.2	37.8	32.9	10.0	8.2	7.4	1.5	0.5
100.0	100.0	100.0	100.0	100.0	100.0	100.0	100.0	100.0	100.0
1.5	1.5	1.5	2.8	6.0	1.9	2.2	3.2	3.1	3.0
88.5	88.7	92.8	92.0	89.9	95.9	96.3	96.0	96.8	97.0
10.0	9.8	5.7	5.2	4.1	2.1	1.4	0.8	0.1	
100.0	100.0	100.0	100.0	100.0	100.0	100.0	100.0	100.0	100.0
2.4	2.3	2.1	1.9	1.8	0.4	0.3			0.8
96.6	96.0	95.3	91.6	88.6	93.4	91.2	91.1	91.5	89.8
0.5	0.4	0.3	0.1	0.1					
0.1	0.1	0.1	0.2	0.2	0.1				
0.1		1.1	1.1	1.5	3.3	2.8	3.3	4.3	3.8
0.1	0.2	0.2	0.4	0.2	1.2	2.5	2.1	1.1	1.1
									0.1
0.1									
	0.3			1.1	0.5	0.3	0.1		1.3
	0.6	1.0	4.6	6.5	0.9	2.9	3.4	3.1	3.1
100.0	100.0	100.0	100.0	100.0	100.0	100.0	100.0	100.0	100.0
21.7	19.8	12.4	8.2	9.3	8.9	4.3	2.7	1.6	1.0
35.2	37.9	35.7	34.9	32.2	28.9	21.2	17.9	7.2	6.8
8.3	5.5	9.5	12.2	9.6	11.0	13.7	14.4	15.0	14.7
		0.2	0.2	0.3	0.2		0.1		
				0.1	0.1	0.1			
0.1	0.1	1.3	2.3	4.1	4.2	4.8	4.8	5.8	5.4
34.6	36.6	40.8	42.0	44.4	46.3	55.8	59.9	70.4	71.9
0.1	0.1	0.1			0.1	0.1	0.1	0.1	0.1
			0.1		0.1				0.2
					0.2	0.1			

2-44 农村居民年末拥有生产性固定资产情况

指标名称	Item	单位	Unit
年末生产性固定资产原价	**Original Price of Productive Fixed Assets Year-end**	**元/户**	**yuan/household**
(一)第一产业固定资产原价	The Primary Industry	元/户	yuan/household
1.农业固定资产原价	Agriculture	元/户	yuan/household
2.林业固定资产原价	Forestry	元/户	yuan/household
3.牧业固定资产原价	Animal Husbandry	元/户	yuan/household
4.渔业固定资产原价	Fishery	元/户	yuan/household
5.农林牧渔专业及辅助性活动固定资产原价	Agriculture, Forestry, Animal Husbandry, Fishery and Auxiliary Activities	元/户	yuan/household
(二)第二产业固定资产原价	The Secondary Industry	元/户	yuan/household
1.采矿业固定资产原价	Mining Industry	元/户	yuan/household
2.制造业固定资产原价	Manufacturing Industry	元/户	yuan/household
3.电力热力燃气及水生产和供应业	Production and Supply of Electric, Heat, Gas and Water	元/户	yuan/household
4.建筑业固定资产原价	Construction Industry	元/户	yuan/household
(三)第三产业固定资产原价	The Tertiary Industry	元/户	yuan/household
1.批发和零售业	Wholesales and Retail Trade	元/户	yuan/household
2.交通运输仓储和邮政业	Transportation, Warehousing and Postal Services	元/户	yuan/household
3.住宿和餐饮业	Hotel and Catering Sectors	元/户	yuan/household
4.房地产业	Real Estate	元/户	yuan/household
5.租赁和商务服务业	Leasing and Business Service	元/户	yuan/household
6.居民服务修理和其他服务业	Residential Services, Repair and Other Services	元/户	yuan/household
7.其他行业	Others	元/户	yuan/household
年末主要生产性固定资产数量	**Quantity of Main Productive Fixed Assets Year-end**		
1.农业生产性用房及建筑物	House and Buildings for Agricultural Production	平方米/百户	sq.m/100 households
2.大中型农用拖拉机	Large and Medium Agrimotor	辆/百户	unit/100 households
3.小型农用拖拉机	Small Agrimotor	辆/百户	unit/100 households
4.农用排灌动力机械	Drainage and Irrigation Power Machinery for Agriculture	台/百户	unit/100 households
5.插秧机	Rice Transplanter	台/百户	unit/100 households
6.收割机	Harvesting Implements	台/百户	unit/100 households
7.脱粒机	Threshing Machine	台/百户	unit/100 households
8.产品畜	Livestock Products	头/百户	unit/100 households
9.其他农业机械	Other Agricultural Machinery	台/百户	unit/100 households

Ownership of Productive Fixed Assets for Rural Households Year-end

2013	2014	2015	2016	2017	2018	2019	2020	2021	2022
26757.9	**29649.3**	**33112.0**	**36578.5**	**40277.0**	**40351.5**	**45297.2**	**46621.6**	**45723.1**	**44965.0**
15010.6	18382.8	16549.5	16888.7	19467.4	22646.5	26572.5	29216.7	28849.5	29082.1
10648.2	12887.7	11978.8	11851.9	12557.0	11070.6	11767.5	11370.9	11639.3	11733.2
20.3	93.6	17.6	3.9	9.2	29.4	127.5	164.6	15.3	19.0
4161.0	5297.1	3791.4	4186.1	6071.9	10264.3	12902.9	16134.4	16763.8	16536.1
			24.7	24.7					
181.2	104.3	761.7	822.1	804.5	1282.1	1774.6	1546.9	431.1	793.8
1360.1	204.4	763.7	1555.1	1125.9	1904.9	1913.7	561.6	268.1	101.9
					307.3	154.2	47.3		
94.3	94.1	144.1	900.0	850.4	270.5	230.3	42.1	37.8	49.5
2.1						2.9			
1263.7	110.3	619.6	655.1	275.5	1327.1	1526.2	472.2	230.3	52.4
10387.2	11062.1	15798.9	18134.7	19683.7	15800.1	16810.9	16843.3	16605.5	15781.0
2129.1	2377.9	2550.6	1729.0	2431.6	2780.7	2288.4	3091.1	3091.6	2899.9
6206.0	7242.4	11433.0	14074.7	12494.5	7705.1	8966.3	10256.1	11370.1	11573.9
684.6	93.7	622.2	963.0	985.9	3233.7	3064.4	1655.5	1449.1	751.5
63.4			333.1	2061.0					
137.3		3.9		269.9	569.3	34.2			
1072.7	1090.3	1135.0	1002.4	1113.6	769.7	1309.5	980.9	202.9	152.3
94.1	257.8	54.1	32.6	327.2	741.5	1148.3	859.6	491.7	403.4
4287.4	4643.9	8293.8	6741.7	6597.0	6305.1	6637.0	6716.0	7872.2	11098.0
4.6	6.1	4.8	5.5	6.4	4.9	5.2	3.3	4.2	9.7
56.0	56.3	55.3	53.7	51.6	41.8	40.8	38.4	41.7	41.2
1.4	2.6	1.1	1.3	1.9	0.5	0.6	0.5	1.3	2.0
0.6	0.5	0.5	0.3	0.2					0.2
2.2	3.6	4.1	4.0	4.0	2.1	1.4	0.9	1.0	1.3
3.5	3.9	4.0	3.0	3.8	5.0	4.4	4.7	6.1	5.0
36.4	38.4	21.9	16.2	66.5	85.9	93.7	324.1	98.8	152.5
-	-	12.7	21.0	23.2	31.7	35.3	38.1	41.2	—

2-45 农村居民家庭经营土地及农作物种植情况

指标名称	Item	单位	Unit	2013
期末实际经营的土地面积	**Area of Cultivated Land at Year-end**	**亩/人**	**mu/person**	**4.33**
耕地	Arable Land	亩/人	mu/person	3.51
有效灌溉面积	Effective Irrigated Area	亩/人	mu/person	1.74
林地、园地	Woodland, Garden	亩/人	mu/person	0.31
牧草地	Grassland	亩/人	mu/person	0.50
养殖水面	Aquaculture	亩/人	mu/person	
粮食播种面积	**Grain Sown Area**	**亩/人**	**mu/person**	**2.26**
小麦	Wheat	亩/人	mu/person	0.40
水稻	Rice	亩/人	mu/person	0.51
玉米	Corn	亩/人	mu/person	1.10
豆类	Soybeans	亩/人	mu/person	0.02
薯类	Tubers	亩/人	mu/person	0.23
经济作物播种面积	**Sown Area of Economy Crops**	**亩/人**	**mu/person**	**0.31**
油料	Bearing	亩/人	mu/person	0.16
蔬菜	Vegetable	亩/人	mu/person	0.08
设施蔬菜	Facilities Vegetables	亩/人	mu/person	0.03
水果	Fruits	亩/人	mu/person	0.07
设施水果	Facilities Fruit	亩/人	mu/person	0.01
机耕面积	**Machine-cultivated Area**	**亩/人**	**mu/person**	**2.52**
机播面积	**Mechanical Sowing Area**	**亩/人**	**mu/person**	**2.01**
机收面积	**Mechanical Harvesting Area**	**亩/人**	**mu/person**	**1.24**
机电灌溉面积	**Electromechanical Irrigation Area**	**亩/人**	**mu/person**	**0.15**
主要农产品产量	**Output of Major Agricultural Products**			
谷物产量	Cereal	公斤/人	kg/person	1052.46
小麦产量	Wheat	公斤/人	kg/person	73.64
稻谷产量	Rice	公斤/人	kg/person	281.97
玉米产量	Corn	公斤/人	kg/person	682.26
薯类产量	Tubers	公斤/人	kg/person	61.06
豆类产量	Soybeans	公斤/人	kg/person	4.63
油料产量	Bearing	公斤/人	kg/person	14.97

Basic Statistics of Land Managed and Farm Crop Planting for Rural Households

2014	2015	2016	2017	2018	2019	2020	2021	2022
4.72	**4.42**	**4.57**	**4.24**	**4.32**	**4.38**	**4.04**	**3.97**	**4.11**
3.40	3.51	3.78	3.57	3.71	3.60	3.15	3.43	3.49
1.64	1.88	1.83	1.76	1.86	1.92	1.53	1.60	1.78
0.42	0.32	0.62	0.51	0.34	0.46	0.50	0.35	0.32
0.90	0.58	0.16	0.17	0.27	0.32	0.39	0.19	0.30
2.29	**2.60**	**2.50**	**2.28**	**2.32**	**2.48**	**2.18**	**2.35**	**2.35**
0.43	0.38	0.48	0.43	0.38	0.35	0.23	0.27	0.38
0.36	0.44	0.60	0.52	0.24	0.29	0.12	0.07	0.06
1.23	1.55	1.16	1.07	1.47	1.64	1.58	1.75	1.65
0.01	0.03	0.04	0.05	0.05	0.04	0.02	0.01	0.09
0.25	0.21	0.22	0.21	0.17	0.16	0.23	0.24	0.16
0.34	**0.26**	**0.37**	**0.50**	**0.56**	**0.51**	**0.47**	**0.42**	**0.41**
0.16	0.12	0.19	0.11	0.16	0.10	0.10	0.08	0.09
0.07	0.07	0.09	0.09	0.22	0.19	0.13	0.13	0.18
0.02	0.03	0.03	0.02	0.02	0.03	0.02	0.05	0.02
0.10	0.07	0.09	0.30	0.18	0.22	0.23	0.22	0.13
0.03	0.02	0.01	0.02	0.00	0.00	0.00	0.00	0.01
2.50	**2.65**	**2.86**	**2.70**	**3.04**	**3.06**	**2.64**	**2.75**	**3.00**
1.99	**2.21**	**2.30**	**2.25**	**2.26**	**2.65**	**2.21**	**2.54**	**2.73**
1.14	**1.41**	**1.60**	**1.61**	**1.71**	**1.94**	**1.30**	**1.53**	**1.90**
0.04	**0.28**	**0.28**	**0.39**	**0.31**	**0.20**	**0.27**	**0.41**	**0.48**
1108.37	1150.96	1207.44	1074.75	1309.16	1398.32	1331.95	1176.18	1245.68
81.00	90.11	95.29	94.38	84.91	82.09	58.53	44.84	58.19
188.94	195.42	370.51	299.11	142.97	157.41	70.01	46.38	32.07
815.08	839.05	715.49	656.70	1025.77	1138.69	1191.75	1078.99	1136.30
79.11	50.24	44.49	53.44	33.34	44.52	72.30	45.79	40.18
5.42	10.95	10.39	5.94	4.85	5.39	2.97	2.98	7.87
17.50	13.92	21.53	11.55	12.08	10.29	7.31	4.86	6.40

2-46 农村居民家庭主要食品消费数量

单位：公斤/人

指标名称	Item	2013	2014	2015
一、粮食消费量	**Grain**	**188.4**	**156.0**	**148.7**
(一)谷物消费量	Cereal	183.0	150.8	142.4
1.小麦	Wheat	119.1	95.1	92.0
2.稻谷	Rice	58.1	51.6	47.6
3.玉米	Corn	2.3	2.1	1.2
4.其他谷物	Others	3.5	2.0	1.5
(二)薯类消费量	Tubers	3.9	3.5	4.1
1.红薯	Sweet Potato	0.1	0.1	0.2
2.马铃薯	Potato	3.5	3.1	3.3
3.其他薯类	Others	0.3	0.3	0.6
(三)豆类消费量	Beans	1.5	1.8	2.3
1.大豆	Soybeans	0.1	0.1	0.0
2.其他豆类	Others	1.4	1.7	2.2
二、蔬菜及菜制品消费量	**Vegetables and Processed Products**	**74.9**	**71.9**	**75.4**
其中：鲜菜	Fresh Vegetables	74.5	71.3	74.6
三、肉禽及其制品	**Meat, Poultry and Processed Products**	**21.3**	**22.0**	**20.8**
1.猪肉	Pork	9.6	9.2	6.8
2.牛肉	Beef	2.7	2.7	3.0
3.羊肉	Mutton	3.0	3.1	4.7
4.家禽	Poultry	6.0	6.6	5.8
5.其他肉类及制品	Others	-	0.4	0.5
四、蛋类及蛋制品	**Eggs and Processed Products**	**3.5**	**3.9**	**4.8**
五、奶和奶制品	**Milk and Processed Products**	**8.0**	**9.0**	**8.2**
六、水产品	**Aquatic Products**	**1.0**	**1.1**	**1.2**
其中：鱼类	Fish	0.9	1.0	1.0
七、油脂类消费量	**Grease**	**12.8**	**11.8**	**8.6**
1.植物油	Vegetable Oil	12.8	11.8	8.5
2.动物油	Animal Oil	0.1	0.1	0.0
八、糖果糕点类	**Confection and Pastry**	—	**2.6**	**2.6**
1.食糖	Sugar	—	—	1.2
九、干鲜瓜果类	**Melon and Fruits**	**23.1**	**50.5**	**52.4**
1.鲜瓜果	Melons	23.1	47.8	49.2
2.瓜果制品	Watermelon	—	0.3	0.4
3.坚果类	Nuts	—	2.4	2.8
十、消费茶叶	**Tea Leaves**	**0.2**	**0.2**	**0.2**
十一、酒	**Liquor**	**3.7**	**4.3**	**4.3**
1.白酒	White Spirit	0.5	0.5	0.5
2.啤酒	Beer	3.2	3.7	3.7
3.果酒	Fruit Wine	0.0	0.1	0.1

注：1.从2022年起不再统计糖果糕点类消费量。
2.从2022年起不再统计瓜果制品、坚果类消费量。
3.从2022年起不再统计茶叶、酒(包括白酒、啤酒、果酒)的消费量。

Consumption Quantity of Major Foods for Rural Households

(kg/person)

2016	2017	2018	2019	2020	2021	2022
144.3	**128.1**	**138.3**	**128.3**	**142.5**	**146.5**	**138.0**
136.8	121.2	131.3	121.5	135.2	139.6	131.4
86.3	74.7	83.5	77.3	85.4	87.1	84.3
46.3	43.9	43.1	40.5	46.2	48.5	44.6
0.7	0.8	1.7	1.8	1.9	2.5	0.9
3.6	1.8	3.0	1.9	1.6	1.5	1.7
4.4	4.1	4.4	3.9	4.1	3.6	3.4
0.2	0.2	0.3	0.3	0.3	0.3	0.3
3.8	3.6	3.7	3.2	3.4	2.7	2.5
0.4	0.4	0.4	0.4	0.4	0.5	0.5
3.0	2.8	2.6	2.9	3.2	3.4	3.3
0.1	0.1	0.2	0.1	0.1	0.1	0.1
2.9	2.7	2.5	2.8	3.1	3.3	3.2
76.7	**76.9**	**81.6**	**80.9**	**79.2**	**90.5**	**86.3**
75.7	76.0	80.6	79.9	78.2	89.2	85.3
20.9	**19.9**	**22.7**	**23.9**	**24.8**	**29.2**	**30.1**
6.5	6.0	6.6	5.9	5.1	6.6	7.2
3.2	3.3	4.4	5.4	5.1	6.5	6.6
4.9	4.2	3.5	3.7	4.3	4.6	6.1
5.7	5.9	7.7	8.4	9.7	10.8	9.7
0.6	0.6	0.5	0.5	0.6	0.6	0.5
4.0	**4.1**	**4.6**	**4.7**	**5.5**	**5.9**	**6.1**
8.1	**7.5**	**8.5**	**8.7**	**7.9**	**10.3**	**9.4**
1.2	**1.3**	**1.4**	**1.5**	**1.5**	**1.4**	**1.4**
1.1	1.1	1.2	1.2	1.2	1.1	1.1
8.3	**7.7**	**8.2**	**8.3**	**9.5**	**10.7**	**10.9**
8.3	7.7	8.0	8.2	9.4	10.6	10.9
0.0	0.1	0.2	0.1	0.1	0.1	0.1
2.7	**2.5**	**3.0**	**3.1**	**3.2**	**3.7**	—
1.4	1.2	1.6	1.6	1.8	1.9	2.0
63.0	**63.9**	**72.0**	**72.8**	**63.8**	**74.5**	—
59.1	60.4	68.4	69.4	60.8	70.9	60.7
0.6	0.6	0.6	0.7	0.5	0.8	—
3.3	2.9	3.0	2.7	2.5	2.9	—
0.2	**0.2**	**0.3**	**0.3**	**0.3**	**0.3**	—
3.5	**3.1**	**2.6**	**2.3**	**2.2**	**2.5**	—
0.4	0.4	0.4	0.4	0.4	0.5	—
3.1	2.6	2.1	1.9	1.7	1.9	—
0.0	0.1	0.0	0.0	0.0	0.0	—

Note: a)From 2022, the consumption of confection and pastry will no longer be counted.
b)From 2022, the consumption of watermelon and nuts will no longer be counted.
c)From 2022, the consumption of tea and liquor (including white spirit, beer and fruit wine) will no longer be counted.

2-47 农村居民家庭主要产品出售情况

指标名称		Item		单位	Unit	2013
谷物	数量	Cereal	Quantity	公斤/人	kg/person	715.3
	金额		Amount	元/人	yuan/person	1602.7
小麦	数量	Wheat	Quantity	公斤/人	kg/person	26.2
	金额		Amount	元/人	yuan/person	63.3
稻谷	数量	Rice	Quantity	公斤/人	kg/person	237.9
	金额		Amount	元/人	yuan/person	609.8
玉米	数量	Corn	Quantity	公斤/人	kg/person	432.5
	金额		Amount	元/人	yuan/person	888.5
薯类	数量	Soybeans	Quantity	公斤/人	kg/person	44.1
	金额		Amount	元/人	yuan/person	228.6
豆类	数量	Tubers	Quantity	公斤/人	kg/person	9.4
	金额		Amount	元/人	yuan/person	33.1
油料	数量	Bearing	Quantity	公斤/人	kg/person	6.4
	金额		Amount	元/人	yuan/person	31.5
蔬菜及食用菌	数量	Vegetables and Edible Fungi	Quantity	公斤/人	kg/person	179.2
	金额		Amount	元/人	yuan/person	389.2
瓜类	数量	Melons	Quantity	公斤/人	kg/person	183.7
	金额		Amount	元/人	yuan/person	205.6
园林水果	数量	Fruits	Quantity	公斤/人	kg/person	27.3
	金额		Amount	元/人	yuan/person	87.4
中药材	数量	Medicinal Materials	Quantity	公斤/人	kg/person	9.6
	金额		Amount	元/人	yuan/person	256.0
林木种苗	数量	Wood and Germchit	Quantity	公斤/人	kg/person	17.5
	金额		Amount	元/人	yuan/person	49.7
肉猪	头数(头)	Hog	Count (head)	头/人	head/person	0.1
	毛重		Gross Weight	公斤/人	kg/person	13.3
	金额		Amount	元/人	yuan/person	213.0
自宰猪	数量	Homestead Hog	Quantity	公斤/人	kg/person	0.8
	金额		Amount	元/人	yuan/person	20.2
肉牛	头数(头)	Cattle	Count (head)	头/人	head/person	0.1
	毛重		Gross Weight	公斤/人	kg/person	24.5
	金额		Amount	元/人	yuan/person	692.2
自宰牛	数量	Homestead Cattle	Quantity	公斤/人	kg/person	0.1
	金额		Amount	元/人	yuan/person	1.9
菜羊	只数(只)	Sheep	Count (head)	只/人	head/person	0.6
	毛重		Gross Weight	公斤/人	kg/person	14.2
	金额		Amount	元/人	yuan/person	395.5
自宰羊	数量	Homestead Sheep	Quantity	公斤/人	kg/person	0.3
	金额		Amount	元/人	yuan/person	13.5
家禽	重量	Poultry	Weight	公斤/人	kg/person	1.1
	金额		Amount	元/人	yuan/person	27.1
蛋类	数量	Eggs	Quantity	公斤/人	kg/person	0.3
	金额		Amount	元/人	yuan/person	2.1
畜皮	数量(张)	Fur	Quantity (piece)	张/人	piece/person	0.1
	金额		Amount	元/人	yuan/person	4.5
毛绒	数量	Wool	Quantity	公斤/人	kg/person	0.6
	金额		Amount	元/人	yuan/person	6.3
奶类	数量	Milk	Quantity	公斤/人	kg/person	90.8
	金额		Amount	元/人	yuan/person	294.2
鱼类	数量	Fish	Quantity	公斤/人	kg/person	3.0
	金额		Amount	元/人	yuan/person	25.4

Basic Statistics of Sales of Main Products for Rural Households

2014	2015	2016	2017	2018	2019	2020	2021	2022
706.7	713.5	1089.1	808.0	904.8	884.4	783.1	511.7	546.5
1566.4	1617.3	2075.9	1659.8	1785.4	1770.5	1588.5	1283.9	1467.8
13.8	24.5	41.1	45.9	37.6	30.3	32.3	16.2	16.8
34.4	68.9	98.2	114.2	92.6	73.3	82.8	45.3	53.7
195.0	190.8	305.0	249.4	132.5	158.8	30.1	19.8	18.2
492.6	550.2	793.5	693.1	343.7	388.8	81.1	52.6	48.9
482.8	481.8	728.9	503.3	728.1	646.4	711.0	469.9	505.8
998.2	945.7	1147.8	827.7	1333.1	1168.4	1391.0	1167.3	1343.1
45.9	40.4	26.0	29.0	29.2	27.8	44.8	30.7	25.6
202.0	163.8	140.8	110.3	118.3	142.2	228.3	119.9	134.9
5.6	10.6	10.0	3.9	5.4	5.3	3.2	2.0	1.4
21.8	32.3	33.2	14.2	23.0	18.5	11.7	8.8	7.8
7.3	7.0	8.8	3.9	9.6	3.9	1.3	1.3	3.5
28.2	34.1	32.3	13.9	42.5	16.5	5.0	8.2	21.3
181.9	262.8	287.6	298.9	397.1	509.2	429.1	547.7	561.4
277.7	539.0	416.3	463.5	589.3	627.8	822.8	1056.3	1096.6
245.3	208.8	262.3	297.7	260.1	289.4	271.3	132.5	131.8
225.0	215.0	247.0	200.4	294.5	229.6	257.1	261.3	200.6
43.8	33.2	59.9	28.2	35.9	118.3	36.8	66.4	27.1
88.2	99.1	148.3	176.2	97.9	248.5	136.5	222.0	130.5
12.7	13.2	13.2	45.0	6.7	4.7	3.2	3.6	2.0
358.0	405.4	343.9	301.2	147.9	127.7	69.5	122.4	53.6
11.9	26.4	12.7	6.9	20.3	11.6	20.0	15.7	10.4
34.8	54.7	65.9	74.5	108.4	125.7	65.2	90.3	45.0
0.2	0.1	0.1	0.1	0.2	0.1	0.2	0.1	0.1
18.3	15.4	12.7	13.2	26.9	21.0	22.7	10.6	8.7
248.7	228.9	233.4	208.1	402.3	378.9	709.7	189.6	163.4
0.9	0.9	1.0	1.9	5.2	2.2	1.7	8.0	1.4
22.5	22.8	28.9	57.2	182.2	82.9	96.2	199.5	46.2
0.1	0.1	0.1	0.1	0.1	0.1	0.1	0.2	0.2
27.1	22.4	26.4	36.7	49.4	63.0	67.8	85.0	96.8
786.5	610.6	730.0	977.0	1318.0	1857.2	2243.5	2941.0	3379.8
0.1	0.3	2.1	0.7	1.2	0.9	0.5	2.4	1.4
5.2	12.9	104.7	33.0	57.5	50.9	34.7	142.7	106.2
0.3	0.5	1.1	0.9	0.7	1.1	0.7	0.6	0.9
9.7	14.0	33.8	31.1	25.1	26.8	27.5	25.3	32.1
265.1	299.5	646.2	646.2	619.9	748.7	855.9	794.7	950.8
0.2	0.1	1.0	0.6	0.9	0.6	0.5	0.9	1.1
9.3	5.5	40.4	23.6	40.2	29.5	27.7	58.4	65.7
0.4	0.5	1.0	2.0	23.1	7.5	9.8	10.2	17.1
7.3	5.7	15.2	25.9	309.5	130.3	190.8	234.4	394.6
0.1	1.2	14.4	9.1	0.0	0.0	0.0	0.2	0.0
0.9	7.4	102.4	60.2	0.3	0.4	0.0	1.1	0.3
0.0	0.0	0.0	0.0	0.2	0.1	0.0	0.1	0.1
2.5	1.4	1.8						
0.6	0.7	0.9	0.4	0.7	0.7	1.0	1.2	1.5
7.5	4.4	7.3	3.7	25.6	39.2	20.7	21.1	44.3
107.7	5.6		0.0	0.7			51.1	113.2
382.0	16.7		0.0	1.5			193.4	368.6
	0.1	5.5	9.6					
	1.8	60.7	105.5					

2-48 农村居民家庭平均每人购买主要商品数量

指标名称	Item	单位	Unit	2013	2014
粮食	Grain	公斤	kg	259.9	279.3
蔬菜和食用菌	Vegetables and Edible Fungi	公斤	kg	56.6	57.7
食用植物油	Edible Vegetable Oil	公斤	kg	6.9	7.1
猪肉	Pork	公斤	kg	3.7	4.1
牛羊肉	Beef and Mutton	公斤	kg	4.3	4.5
禽类	Poultry	公斤	kg	4.2	4.7
鲜蛋	Fresh Eggs	公斤	kg	2.6	3.4
鱼	Fish	公斤	kg	0.9	1.0
糖果糕点类	Candy and Cake	公斤	kg	1.7	2.6
卷烟	Cigarette	盒	pack	18.5	20.5
酒类	Liquor	公斤	kg	3.7	4.3
水	Water	吨	ton	9.7	8.9
电	Electricity	度	kWh	267.6	292.1
煤炭	Coal	公斤	kg	365.1	405.0
液化石油气	Liquefied Petroleum Gas	公斤	kg	2.7	2.2
管道天燃气	Pipeline Natural Gas	立方米	cu.m	2.9	3.0

注：1.从2010年起粮食包括大米、面粉和其他粮食及制品。
2.从2010年起禽类包括鸡、鸭和其他禽类及制品。
3.从2010年起鲜蛋不包含蛋制品。
4.从2010年起酒类包括白酒、果酒、啤酒和其他酒，2022年起不再统计酒类购买量。
5.从2022年起不再统计糖果糕点类和卷烟的购买量。

Per Capita Annual Purchases of Major Commodities for Rural Households

2015	2016	2017	2018	2019	2020	2021	2022
328.3	319.9	293.8	338.7	338.1	384.2	418.5	423.5
64.1	63.8	61.9	70.9	70.3	67.5	75.5	71.6
7.5	7.2	6.8	7.2	7.4	8.7	10.0	10.4
4.2	4.1	4.3	4.7	4.1	3.6	5.1	5.2
6.0	6.6	6.2	6.8	7.7	7.4	9.2	9.5
4.6	4.4	4.4	6.2	6.7	7.7	8.3	7.6
3.9	3.5	3.6	4.2	4.2	4.9	5.2	5.5
1.0	1.0	1.1	1.2	1.2	1.2	1.1	1.1
2.6	2.7	2.5	3.0	3.1	3.2	3.7	—
20.8	19.9	19.8	20.7	24.8	25.2	26.7	—
4.3	3.5	3.1	2.6	2.3	2.2	2.5	—
10.4	12.2	12.0	13.2	11.7	15.0	19.2	21.0
319.4	352.8	370.7	368.6	358.2	373.4	435.8	473.4
413.6	391.4	400.3	453.5	426.6	411.1	369.7	325.4
4.0	2.7	3.1	2.2	2.0	2.4	2.5	2.6
6.2	8.7	9.0	12.9	12.8	13.7	15.6	14.5

Notes: a)Data in the table of Grain includes rice and flour since 2010.
b)Data in the table of Poultry includes chickens and ducks since 2010.
c)Data in the table of Fresh Eggs does not include egg products since 2010.
d)Data in the table of Liquor includes liquor, fruit wine and beer since 2010, from 2022, the purchases of liquor will no longer be counted.
e)From 2022, the purchases of confection and pastry and cigarette will no longer be counted.

2-49 农村居民家庭分行业人均可支配收入情况

单位：元/人

指标名称	Item	2013
可支配收入	**Disposable Income**	**7598.7**
(一)工资性收入	Income from Wages and Salaries	3030.9
(二)经营净收入	Net Business Income	3481.0
1.第一产业经营净收入	The Primary Industry	2616.4
(1)农业	Agriculture	1924.9
(2)林业	Forestry	16.0
(3)牧业	Animal Husbandry	551.3
(4)渔业	Fishery	22.7
2.第二产业经营净收入	The Secondary Industry	107.3
(1)工业	Industry	29.2
(2)建筑业	Construction Industry	78.1
3.第三产业经营净收入	The Tertiary Industry	757.3
(1)交通运输业	Transportation Industry	319.5
(2)批发零售和住宿餐饮业	Wholesales, Retail Trade, Hotel and Catering Sectors	321.1
(3)社会服务业	Social Services	97.0
(4)其他家庭经营	Others	19.6
(三)财产净收入	Net Income from Property	111.9
1.红利收入	Dividend Income	1.0
#2.转让承包土地经营权租金收入	Rental Income from the Management Rights Transfer of Land Contracted	70.3
(四)转移净收入	Net Income from Transfer	974.8
#1.养老金或离退休金	Pension or Retirement Benefits	308.9
2.报销医疗费	Reimbursement of Medical Expenses	48.2
3.政策性惠农补贴	Political Subsidy Supporting Agriculture	262.6
现金可支配收入	**Cash Disposable Income**	
实物可支配收入	**Physical Disposable Income**	

Basic Statistics of Disposable Income for Rural Households by Sector

(yuan/person)

2014	2015	2016	2017	2018	2019	2020	2021	2022
8410.0	**9118.7**	**9851.6**	**10737.9**	**11707.6**	**12858.4**	**13889.4**	**15336.6**	**16430.3**
3391.0	3614.3	3906.1	4224.0	4547.8	4962.7	5150.0	5688.7	6079.3
3644.6	3837.0	3937.5	4252.0	4638.5	4976.1	5549.4	6137.4	6656.3
2624.6	2743.5	2665.8	2837.1	3027.3	3156.9	3640.1	4076.2	4502.1
2025.9	2139.1	1962.1	2020.2	2179.1	2131.6	2444.8	2682.5	2974.5
20.3	71.6	56.3	62.1	73.2	80.1	43.0	68.3	73.0
578.5	530.9	631.7	734.3	774.9	945.2	1152.2	1325.4	1454.9
0.0	1.9	15.8	20.5	0.0		0.0	-0.1	-0.3
74.7	88.6	118.4	123.4	133.8	124.2	130.5	114.1	116.6
23.7	29.8	73.7	65.8	4.5	32.4	22.8	30.0	36.0
51.0	58.8	44.7	57.6	129.2	91.8	107.7	84.1	80.6
945.3	1004.9	1153.2	1291.5	1477.5	1694.9	1778.8	1947.1	2037.6
379.2	444.2	481.8	539.4	460.6	564.3	629.1	789.4	889.6
381.6	371.9	494.4	552.9	704.1	749.2	804.6	848.1	902.6
104.8	89.6	64.5	83.1	154.3	192.0	199.8	112.3	39.7
79.8	99.2	112.4	116.1	158.4	189.4	145.3	197.4	205.6
148.9	189.9	291.8	323.8	362.8	388.1	393.5	352.5	369.4
6.9	2.6	11.7	9.3	34.4	63.9	37.0	50.2	47.7
91.7	142.6	214.8	230.2	225.8	232.9	307.8	320.5	382.4
1225.4	1477.5	1716.3	1938.0	2158.5	2531.6	2796.5	3158.1	3325.3
412.6	644.5	734.0	851.8	956.5	1068.0	1169.2	1254.4	1315.1
49.7	80.4	110.2	258.4	276.9	345.9	343.1	360.8	386.0
327.4	379.5	535.5	474.4	586.4	606.3	684.4	780.6	813.2
7807.6	**8655.5**	**9816.1**	**10637.3**	**11637.4**	**12644.2**	**13589.7**	**14882.5**	**15645.9**
602.4	**463.2**	**35.5**	**100.6**	**70.2**	**214.2**	**299.6**	**454.2**	**784.4**

2-50 农村居民人均生活消费支出情况

单位：元/人

指标名称	Item	2013	2014	2015
生活消费支出	**Living Expenditure**	**6739.8**	**7676.5**	**8414.9**
(一)食品烟酒	Food, Tobacco and Liquor	2027.0	2296.0	2452.7
#粮食	Grain	523.8	510.0	538.4
油脂	Oil and Fats	128.3	132.5	138.8
肉禽及制品	Meat, Poultry and Processed Products	535.5	602.1	605.7
蛋	Eggs	27.6	39.4	42.6
水产品	Aquatic Products	13.9	16.6	19.1
蔬菜	Vegetables	181.4	191.8	211.2
烟草	Tobacco	108.3	144.2	159.4
酒和饮料	Liquor and Beverages	63.6	90.5	101.7
奶及奶制品	Milk and Processed Products	69.7	87.3	88.1
(二)衣着	Clothing	496.5	602.0	664.0
#服装	Garments	375.9	446.5	494.7
(三)居住	Residence	1172.2	1388.1	1561.2
#住房维修及管理	Housing Maintenance and Management	350.4	391.7	400.7
水电燃料及其他	Water, Electricity, Fuels and Others	403.9	470.7	540.9
(四)生活用品及服务	Household Facilities, Articles and Services	462.5	496.1	571.8
#家用器具	Home Appliances	122.7	143.8	152.3
家具及室内装饰品	Articles for Interior Decoration	139.8	108.2	123.2
家用纺织品	Bed Articles	59.8	53.0	64.6
家庭日用杂品	Household Articles for Daily Use	82.4	126.0	146.7
(五)交通通信	Transport and Communications	847.4	961.4	1070.9
#交通	Transport	606.7	666.7	722.3
通信	Communications	240.3	294.8	348.6
(六)教育文化娱乐	Education, Culture and Recreation	735.0	866.6	995.4
文化娱乐	Culture and Recreation	148.4	173.5	205.4
#教育	Education	555.5	672.8	779.4
(七)医疗保健	Health Care and Medical Services	785.5	856.9	926.0
#医疗器具及药品	Medical Instrument and Medicine	188.8	241.4	272.4
(八)其他用品及服务	Other Commodities and Services	213.8	209.2	172.9
服务性消费支出	**Consumption Expenditure for Service**			
商品性消费支出	**Consumption Expenditure for Commodity**			

Per Capita Living Expenditure for Rural Residents

(yuan/person)

2016	2017	2018	2019	2020	2021	2022
9138.4	**9982.1**	**10789.6**	**11464.6**	**11724.3**	**13535.7**	**12825.3**
2419.1	2522.2	2949.9	3144.6	3331.1	3941.9	4028.0
491.6	477.2	525.9	506.0	556.0	586.7	583.1
119.8	119.0	125.9	128.5	146.4	188.3	206.9
609.9	620.0	745.6	857.8	1008.8	1220.0	1218.6
33.0	32.2	45.9	47.8	51.9	59.6	69.0
18.3	21.8	24.6	26.6	27.0	27.9	29.5
208.6	222.1	245.4	236.3	261.6	296.0	313.4
159.5	174.2	197.8	242.3	244.9	271.1	289.3
96.8	99.7	113.4	125.9	123.3	146.6	152.9
96.4	92.1	118.3	113.3	103.1	156.4	137.4
672.9	718.6	752.2	745.0	656.0	733.0	689.6
508.3	550.6	596.8	573.6	496.1	555.3	511.1
1631.4	1958.7	1867.8	1985.2	2197.5	2583.7	2373.4
350.1	484.4	418.9	474.3	606.4	744.7	485.6
516.8	591.8	640.8	624.9	666.3	858.5	888.8
578.6	574.4	673.5	696.3	626.4	760.9	747.1
150.3	117.9	143.0	138.4	145.0	162.4	202.2
118.6	128.9	153.9	159.0	104.9	145.0	104.3
62.2	65.7	70.8	75.1	66.6	75.8	73.1
134.8	136.8	157.5	146.9	143.8	172.3	169.5
1509.6	1675.2	1818.7	1784.4	2022.4	2344.5	1958.9
1100.6	1228.8	1395.7	1326.9	1513.4	1847.1	1440.8
409.0	446.4	423.0	457.5	508.9	497.4	518.1
1077.5	1212.4	1295.8	1378.8	1179.6	1302.1	1255.5
225.3	257.1	286.2	306.7	327.1	354.5	363.6
869.3	982.2	1059.0	1146.6	1013.7	1153.3	1106.1
1040.6	1131.2	1248.6	1448.3	1478.0	1603.2	1552.6
283.1	324.3	356.9	383.6	374.9	403.3	402.7
208.7	189.3	183.1	281.9	233.3	266.5	220.1
	3689.1	**3967.6**	**4396.0**	**4193.3**	**4704.7**	**4527.7**
	6293.0	**6822.1**	**7068.5**	**7531.0**	**8831.1**	**8297.6**

2-51 农村居民家庭总收入情况

单位：元/人

指标名称	Item	2013	2014
全年总收入	**Total Revenue**	**11503.8**	**12862.7**
1.工资性收入	Income from Wages and Salaries	3030.9	3391.0
2.经营性收入	Business Income	7105.4	7809.5
(1)第一产业收入	The Primary Industry	5775.9	6284.9
农业收入	Agriculture	3525.8	3880.2
林业收入	Forestry	57.2	47.8
牧业收入	Animal Husbandry	2042.0	2356.8
渔业收入	Fishery	22.8	0.0
(2)第二产业收入	The Secondary Industry	148.8	91.6
工业收入	Industry	39.6	31.5
建筑业收入	Construction Industry	109.2	60.1
(3)第三产业收入	The Tertiary Industry	1180.6	1433.0
交通运输业收入	Transportation Industry	522.0	681.0
批发零售和住宿餐饮业收入	Wholesales, Retail Rrade, Hotel and Catering Sectors	499.5	492.0
社会服务业收入	Social Services	134.7	140.3
其他家庭经营收入	Others	24.4	119.6
3.财产性收入	Income from Property	114.0	180.1
红利收入	Dividend Income	1.0	6.9
#转让承包土地经营权租金收入	Rental Income from the Management Rights Transfer of Land Contracted	70.3	91.7
4.转移性收入	Income from Transfer	1253.6	1482.0
#养老金或离退休金	Pension or Retirement Benefits	308.9	412.6
报销医疗费	Reimbursement of Medical Expenses	154.4	181.7
政策性惠农补贴	Political Subsidy Supporting Agriculture	262.6	327.4
5.非收入所得	Non-income Revenue	967.5	893.0
(1)出售资产所得	Proceeds from Sale of Assets	391.1	194.9
(2)非经常性转移所得	Income from Non-recurrent Transfers	572.5	685.8
(3)其他非收入所得	Other Non-income Revenue	3.9	12.4
6.借贷性所得	Borrowing Income	3118.4	2672.5
(1)提取储蓄存款	Dissaving	1587.8	998.4
(2)借入款	Borrowed	845.0	772.8
(3)收回借出款	Recall the Loan	167.5	224.6
(4)收回储蓄性保险本金	Redemption of Deposit Insurance Principal		
(5)银行信用社得到的贷款	Bank Loan	491.8	655.6

Basic Statistics of Total Income for Rural Households

(yuan/person)

2015	2016	2017	2018	2019	2020	2021	2022
13790.2	**15792.3**	**16533.1**	**18627.5**	**20233.6**	**22522.3**	**24421.8**	**26601.0**
3614.3	3906.1	4224.0	4547.8	4962.7	5150.0	5688.7	6079.3
8030.1	9184.6	9361.1	10826.4	11632.1	13197.2	14309.5	15898.8
5896.5	6363.8	6405.7	7813.8	8550.5	9872.1	11089.6	12675.2
4126.3	3909.1	3728.0	4202.8	4398.5	4501.5	4937.0	5451.1
95.1	75.2	83.3	121.9	142.7	84.5	97.0	101.4
1661.3	2315.6	2483.9	3489.0	4009.3	5286.1	6055.6	7122.7
13.8	64.0	110.5	0.0		0.1		
172.4	238.7	311.2	397.5	220.4	209.1	160.7	161.3
61.5	139.3	110.8	86.2	72.6	40.1	48.2	47.4
110.8	99.5	200.4	311.2	147.8	169.0	112.6	113.9
1961.3	2582.0	2644.2	2615.2	2861.2	3116.1	3059.2	3062.3
943.5	1464.8	1479.6	1016.4	1247.9	1629.2	1681.6	1734.4
685.0	786.2	806.4	1078.6	977.1	954.9	985.1	1012.7
166.5	113.8	119.9	222.6	263.9	249.2	120.0	44.1
166.2	217.2	238.3	297.6	372.2	282.8	272.5	271.2
242.5	374.7	400.0	491.0	502.7	521.7	532.9	572.7
2.6	11.7	9.3	34.4	63.9	37.0	50.2	47.7
142.6	214.8	230.2	225.8	232.9	307.8	320.5	382.4
1903.3	2327.1	2548.0	2762.3	3136.1	3653.3	3890.7	4050.2
644.5	734.0	851.8	956.5	1068.0	1169.2	1254.4	1315.1
246.6	286.3	258.4	276.9	345.9	343.1	360.8	386.0
379.5	535.5	474.4	586.4	606.3	684.4	780.6	813.2
1582.4	4193.2	4185.4	2190.1	2417.9	2060.3	2471.6	2568.8
552.4	2943.6	2945.7	593.2	471.3	491.2	780.9	638.2
1028.6	1227.5	1229.2	1594.7	1930.8	1542.5	1651.6	1844.7
1.4	22.1	10.5	2.2	15.8	26.6	39.2	85.9
3526.5	3350.8	3442.2	4736.1	4455.3	4650.3	4086.6	3065.6
1313.0	1057.8	1545.0	1187.9	1034.8	389.1	375.1	377.0
864.9	671.8	742.0	1220.5	1248.6	1094.0	711.1	633.5
234.2	274.2	107.2	273.8	193.0	93.9	68.2	125.6
		4.4			3.4	20.4	
1067.0	1169.7	1005.2	1938.6	1934.1	2949.9	2890.6	1916.5

2-52 农村居民家庭总支出情况

单位：元/人

指标名称	Item	2013
全年总支出	**Total Expenditure**	**14873.7**
1.生活消费支出	Living Expenditure	6739.8
食品烟酒	Food Tobacco Liquor	2027.0
衣着	Clothing	496.5
居住	Residence	1172.2
生活用品及服务	Articles and Services for Daily Use	462.5
医疗保健	Health Care	785.5
交通通信	Transportation Communication	847.4
教育文化娱乐	Education, Culture and Entertainment	735.0
其他用品及服务	Other Supplies and Services	213.8
2.生产经营费用支出	Expenditure for Household Business	3208.8
(1)第一产业生产支出	The Primary Industry	2931.3
农业生产支出	Agriculture	1437.6
林业生产支出	Forestry	40.9
牧业生产支出	Animal Husbandry	1428.8
渔业生产支出	Fishery	0.1
(2)第二产业生产支出	The Secondary Industry	21.3
工业生产支出	Industry	9.0
建筑业生产支出	Construction Industry	12.3
(3)第三产业生产支出	The Tertiary Industry	256.2
交通运输业生产支出	Transportation Industry	95.0
批发零售和住宿餐饮业生产支出	Wholesales, Retail Trade, Hotel and Catering Sectors	136.6
社会服务业生产支出	Social Services	21.7
其他家庭经营生产支出	Others	2.9
3.财产性支出	Property Expenditure	66.0
4.转移性支出	Transfer Expenditure	278.9
5.部分商业保险支出	Commercial Insurance Expenditure	56.8
6.购置资产及非经常性转移支出	Acquisition of Assets and Non-recurrent Transfer Expenses	2578.9
(1)建造住房支出	Build Housing	468.0
(2)购买住房支出	Purchase House	214.9
(3)购建第一产业生产性固定资产	Purchase and Build the Productive Fixed Assets of the Primary Industry	408.9
#购买或建造农业生产性用房	Purchase or Build Agricultural Productive Housing	53.9
购买产品畜	Purchase Stock	155.9
购买或建造农业设施	Purchase or Build Agricultural Facilities	27.4
购买农业机械	Purchase Agricultural Machinery	154.7
(4)购建第二产业生产性固定资产支出	Purchase and Build the Productive Fixed Assets of the Secondary Industry	1.1
(5)购建第三产业生产性固定资产支出	Purchase and Build the Productive Fixed Assets of the Tertiary Industry	127.3
(6)非经常性转移支出	Non-recurrent Transfer Expenditures	1339.3
7.借贷性支出	Borrowing Expenditure	1944.5
(1)归还银行信用社贷款	Repay the Loan to the Bank or Credit Union	417.1
(2)归还借款	Pay off the Loan	438.6
(3)存入银行款	Bank Deposit	930.9

Basic Statistics of Total Expenses for Rural Households

(yuan/person)

2014	2015	2016	2017	2018	2019	2020	2021	2022
16883.7	**18280.7**	**21077.6**	**22513.1**	**25131.8**	**27057.7**	**27897.0**	**30923.3**	**29011.5**
7676.5	8414.9	9138.4	9982.1	10789.6	11464.6	11724.3	13535.7	12825.3
2296.0	2452.7	2419.1	2522.2	2949.9	3144.6	3331.1	3941.9	4028.0
602.0	664.0	672.9	718.6	752.2	745.0	656.0	733.0	689.6
1388.1	1561.2	1631.4	1958.7	1867.8	1985.2	2197.5	2583.7	2373.4
496.1	571.8	578.6	574.4	673.5	696.3	626.4	760.9	747.1
856.9	926.0	1040.6	1131.2	1248.6	1448.3	1478.0	1603.2	1552.6
961.4	1070.9	1509.6	1675.2	1818.7	1784.4	2022.4	2344.5	1958.9
866.6	995.4	1077.5	1212.4	1295.8	1378.8	1179.6	1302.1	1255.5
209.2	172.9	208.7	189.3	183.1	281.9	233.3	266.5	220.1
3666.2	3628.5	4623.0	4439.8	5484.0	5856.7	6818.5	7346.4	8426.5
3352.9	2883.8	3421.3	3241.7	4413.8	4956.0	5739.7	6500.2	7659.7
1637.6	1783.0	1742.9	1487.8	1830.6	2059.2	1854.4	2044.2	2263.7
26.0	23.2	18.9	21.1	48.2	60.4	38.5	28.4	28.1
1689.3	1065.7	1611.8	1643.2	2535.0	2836.4	3846.8	4427.4	5367.6
0.0	11.9	47.8	89.6			0.0	0.1	0.3
13.5	70.8	93.5	168.1	230.4	62.4	68.6	41.8	42.9
6.2	29.3	50.1	30.1	71.6	33.3	15.7	17.5	10.5
7.2	41.5	43.4	138.0	158.9	29.1	52.9	24.3	32.3
299.9	674.0	1108.2	1030.0	839.8	838.3	1010.1	804.4	723.9
180.0	304.4	740.7	721.4	421.4	525.4	817.6	686.8	634.7
68.9	259.0	245.4	193.7	269.6	133.4	65.8	55.0	43.8
17.2	57.5	32.0	17.2	54.8	48.8	32.0	4.1	1.6
33.8	53.1	90.1	97.6	94.0	130.7	94.7	58.5	43.8
31.2	52.5	82.8	76.2	128.2	114.6	128.2	180.4	203.2
256.9	425.9	610.8	609.8	603.8	604.5	856.8	732.6	724.9
58.0	91.8	94.5	122.5	160.4	127.1	87.2	105.0	97.8
3581.2	4264.2	5112.3	5844.0	5323.0	5950.9	5784.4	5702.1	4556.5
538.6	679.5	618.9	799.7	546.7	582.2	733.2	389.6	384.5
634.1	952.1	990.5	1752.8	798.7	1294.7	1154.0	1251.7	729.8
505.1	542.5	549.5	400.7	662.7	524.2	991.6	820.8	491.4
93.6	159.1	113.0	102.6	132.1	124.0	217.5	242.3	124.0
90.0	84.7	111.3	85.8	141.3	126.3	413.0	190.8	170.4
56.1	69.5	10.5	81.2	20.1	86.5	22.1	36.2	29.8
238.8	223.1	314.7	131.1	366.4	187.4	335.7	351.4	167.1
4.5	3.0	26.5	0.8	17.5		9.4	7.1	44.1
180.9	121.8	469.9	468.3	577.2	332.8	629.9	667.9	307.0
1708.1	1964.7	2443.2	2415.7	2708.1	3214.4	2236.0	2554.5	2591.8
1613.8	1402.9	1415.7	1438.6	2642.8	2939.3	2497.6	3321.0	2177.3
375.3	481.4	802.6	568.4	1386.6	1729.1	1475.6	2105.9	1557.3
452.3	482.1	455.0	557.0	1049.5	956.7	835.4	1127.6	558.8
712.9	402.6	117.7	88.1	49.4	49.9	121.5	26.0	

2-53 农村居民家庭现金收入情况

单位：元/人

指标名称	Item	2013	2014
全年现金收入	**Annual Cash Income**	**10313.6**	**11405.1**
1.工资性收入	Income from Wages and Salaries	3026.7	3387.7
2.经营性收入	Business Income	6102.5	6636.8
(1)第一产业收入	The Primary Industry	4773.0	5112.2
农业收入	Agriculture	2706.8	2879.3
林业收入	Forestry	56.4	46.7
牧业收入	Animal Husbandry	1864.2	2186.1
渔业收入	Fishery	22.8	
(2)第二产业收入	The Secondary Industry	148.8	91.6
工业收入	Industry	39.6	31.5
建筑业收入	Construction Industry	109.2	60.1
(3)第三产业收入	The Tertiary Industry	1180.6	1433.0
交通运输业收入	Transportation Industry	522.0	681.0
批发零售和住宿餐饮业收入	Wholesales, Retail Trade, Hotel and Catering Sectors	499.5	492.0
社会服务业收入	Social Services	134.7	140.3
其他家庭经营收入	Others	24.4	119.6
3.财产性收入	Income from Property	180.0	180.1
红利收入	Dividend Income	1.0	6.9
#转让承包土地经营权租金收入	Rental Income from the Management Rights Transfer of Land Contracted	70.3	91.7
4.转移性收入	Income from Transfer	1004.5	1200.5
#养老金或离退休金	Pension or Retirement Benefits	308.9	412.6
报销医疗费	Reimbursement of Medical Expenses	26.8	36.3
政策性惠农补贴	Political Subsidy Supporting Agriculture	262.6	327.4
5.非收入所得	Non-income Revenue	967.5	893.0
(1)出售资产所得	Proceeds from Sale of Assets	391.1	194.9
(2)非经常性转移所得	Income from Non-recurrent Transfers	572.5	685.8
(3)其他非收入所得	Other Non-income Revenue	3.9	12.4
6.借贷性所得	Borrowing Income	3118.4	2672.5
(1)提取储蓄存款	Dissaving	1587.8	998.4
(2)借入款	Borrowed	845.0	772.8
(3)收回借出款	Recall the Loan	167.5	224.6
(4)收回储蓄性保险本金	Redemption of Deposit Insurance Principal		
(5)银行信用社得到的贷款	Bank Loan	491.8	655.6

Basic Statistics of Cash Income for Rural Households

(yuan/person)

2015	2016	2017	2018	2019	2020	2021	2022
12517.4	**14894.5**	**15386.4**	**17349.8**	**18674.3**	**20727.7**	**22071.6**	**23732.0**
3602.9	3891.0	4209.7	4534.0	4942.3	5112.9	5636.3	5985.7
7087.6	8679.6	8546.8	9899.1	10510.9	11858.1	12488.7	13614.2
4954.0	5858.9	5591.4	6886.4	7429.3	8532.9	9268.8	10390.5
3321.8	3520.3	3006.8	3377.5	3401.4	3305.4	3268.8	3392.2
76.2	74.9	82.4	111.6	141.2	81.8	94.9	63.4
1542.2	2200.0	2391.9	3397.3	3886.7	5145.7	5905.1	6934.9
13.8	63.7	110.4			0.0		
172.4	238.7	311.2	397.5	220.4	209.1	160.7	161.3
61.5	139.3	110.8	86.2	72.6	40.1	48.2	47.4
110.8	99.5	200.4	311.2	147.8	169.0	112.6	113.9
1961.3	2582.0	2644.2	2615.2	2861.2	3116.1	3059.2	3062.3
943.5	1464.8	1479.6	1016.4	1247.9	1629.2	1681.6	1734.4
685.0	786.2	806.4	1078.6	977.1	954.9	985.1	1012.7
166.5	113.8	119.9	222.6	263.9	249.2	120.0	44.1
166.2	217.2	238.3	297.6	372.2	282.8	272.5	271.2
242.5	374.7	400.0	491.0	502.7	521.7	532.9	572.7
2.6	11.7	9.3	34.4	63.9	37.0	50.2	47.7
142.6	214.8	230.2	225.8	232.9	307.8	320.5	382.4
1584.4	1949.2	2229.8	2425.7	2718.5	3235.0	3413.7	3559.4
644.5	734.0	851.8	956.5	1068.0	1169.2	1254.4	1315.1
35.1	25.8	44.8	58.9	97.8	172.1	167.6	166.2
379.5	535.5	474.4	586.4	606.3	684.4	780.6	813.2
1582.4	4193.2	4185.4	2190.1	2417.9	2060.3	2471.6	2568.8
552.4	2943.6	2945.7	593.2	471.3	491.2	780.9	638.2
1028.6	1227.5	1229.2	1594.7	1930.8	1542.5	1651.6	1844.7
1.4	22.1	10.5	2.2	15.8	26.6	39.2	85.9
3526.5	3350.8	3442.2	4736.1	4455.3	4650.3	4086.6	3065.6
1313.0	1057.8	1545.0	1187.9	1034.8	389.1	375.1	377.0
864.9	671.8	742.0	1220.5	1248.6	1094.0	711.1	633.5
234.2	274.2	107.2	273.8	193.0	93.9	68.2	125.6
		4.4			3.4	20.4	
1067.0	1169.7	1005.2	1938.6	1934.1	2949.9	2890.6	1916.5

2-54 农村居民家庭现金支出情况

单位：元/人

指标名称	Item	2013
全年现金支出	**Annual Cash Expenditure**	**13396.2**
1.生活消费支出	Living Expenditure	5614.1
食品烟酒	Food Tobacco Liquor	1524.6
衣着	Clothing	496.5
居住	Residence	779.4
生活用品及服务	Articles and Services for Daily Use	450.9
医疗保健	Health Care	630.6
交通通信	Transportation Communication	847.0
教育文化娱乐	Education, Culture and Entertainment	734.3
其他用品及服务	Other Supplies and Services	150.9
2.生产经营费用支出	Expenditure for Household Business	2857.0
(1)第一产业生产支出	The Primary Industry	2579.6
农业生产支出	Agriculture	1343.8
林业生产支出	Forestry	40.9
牧业生产支出	Animal Husbandry	1176.2
渔业生产支出	Fishery	0.1
(2)第二产业生产支出	The Secondary Industry	21.3
工业生产支出	Industry	9.0
建筑业生产支出	Construction Industry	12.3
(3)第三产业生产支出	The Tertiary Industry	256.2
交通运输业生产支出	Transportation Industry	95.0
批发零售和住宿餐饮业生产支出	Wholesales, Retail Trade, Hotel and Catering Sectors	136.6
社会服务业生产支出	Social Services	21.7
其他家庭经营生产支出	Others	2.9
3.财产性支出	Property Expenditure	66.0
4.转移性支出	Transfer Expenditure	278.9
5.部分商业保险支出	Commercial Insurance Expenditure	56.8
6.购置资产及非经常性转移支出	Acquisition of Assets and Non-recurrent Transfer Expenses	2578.9
(1)建造住房支出	Build Housing	468.0
(2)购买住房支出	Purchase Housing	214.9
(3)购建第一产业生产性固定资产	Purchase and Build the Productive Fixed Assets of the Primary Industry	408.9
#购买或建造农业生产性用房	Purchase or Build Agricultural Productive Housing	53.9
购买产品畜	Purchase Stock	155.9
购买或建造农业设施	Purchase or Build Agricultural Facilities	27.4
购买农业机械	Purchase Agricultural Machinery	154.7
(4)购建第二产业生产性固定资产支出	Purchase and Build the Productive Fixed Assets of the Secondary Industry	1.1
(5)购建第三产业生产性固定资产支出	Purchase and Build the Productive Fixed Assets of the Tertiary Industry	127.3
(6)非经常性转移支出	Non-recurrent Transfer Expenditures	1339.3
7.借贷性支出	Borrowing Expenditure	1944.5
(1)归还银行信用社贷款	Repay the Loan to the Bank or Credit Union	417.1
(2)归还借款	Pay off the Loan	438.6
(3)存入银行款	Bank Deposit	930.9

Basic Statistics of Cash Expenses for Rural Households

(yuan/person)

2014	2015	2016	2017	2018	2019	2020	2021	2022
15382.2	**16788.7**	**19465.8**	**20712.5**	**23250.6**	**24991.6**	**25647.2**	**28148.5**	**25907.3**
6531.7	7167.9	7764.9	8558.2	9412.0	9944.2	10140.1	11831.2	10989.7
1894.4	2111.0	2118.1	2228.4	2660.9	2832.0	2991.0	3574.8	3560.2
602.0	664.0	672.7	718.5	751.8	744.9	655.5	731.3	689.6
886.6	957.6	894.7	1109.4	1088.9	1142.6	1307.2	1643.3	1400.2
476.5	554.9	563.4	560.7	658.9	693.1	623.6	758.9	739.2
675.2	678.2	768.5	872.7	970.6	1102.3	1134.8	1242.2	1166.5
961.4	1066.5	1509.1	1675.2	1817.1	1784.1	2021.4	2338.6	1958.7
866.3	995.3	1077.4	1212.4	1295.5	1378.8	1179.5	1301.4	1255.2
169.2	140.5	160.9	180.8	168.2	266.4	227.1	240.6	220.0
3309.4	3383.5	4384.7	4063.0	4980.4	5310.9	6152.9	6276.1	7157.9
2996.1	2638.7	3183.1	2865.0	3910.2	4410.3	5074.2	5429.9	6391.1
1523.9	1722.2	1678.4	1400.5	1761.0	1996.8	1792.8	1947.6	2177.4
26.0	23.2	18.9	21.1	48.2	60.4	38.5	28.4	28.1
1446.2	881.5	1438.0	1353.8	2101.0	2353.1	3242.8	3453.8	4185.3
0.0	11.9	47.8	89.6			0.0	0.1	0.3
13.5	70.8	93.5	168.1	230.4	62.4	68.6	41.8	42.9
6.2	29.3	50.1	30.1	71.6	33.3	15.7	17.5	10.5
7.2	41.5	43.4	138.0	158.9	29.1	52.9	24.3	32.3
299.9	674.0	1108.2	1030.0	839.8	838.3	1010.1	804.4	723.9
180.0	304.4	740.7	721.4	421.4	525.4	817.6	686.8	634.7
68.9	259.0	245.4	193.7	269.6	133.4	65.8	55.0	43.8
17.2	57.5	32.0	17.2	54.8	48.8	32.0	4.1	1.6
33.8	53.1	90.1	97.6	94.0	130.7	94.7	58.5	43.8
31.2	52.5	82.8	76.2	128.2	114.6	128.2	180.4	203.2
256.9	425.9	610.8	609.8	603.8	604.5	856.8	732.6	724.9
58.0	91.8	94.5	122.5	160.4	127.1	87.2	105.0	97.8
3581.2	4264.2	5112.3	5844.0	5323.0	5950.9	5784.4	5702.1	4556.5
538.6	679.5	618.9	799.7	546.7	582.2	733.2	389.6	384.5
634.1	952.1	990.5	1752.8	798.7	1294.7	1154.0	1251.7	729.8
505.1	542.5	549.5	400.7	662.7	524.2	991.6	820.8	491.4
93.6	159.1	113.0	102.6	132.1	124.0	217.5	242.3	124.0
90.0	84.7	111.3	85.8	141.3	126.3	413.0	190.8	170.4
56.1	69.5	10.5	81.2	20.1	86.5	22.1	36.2	29.8
238.8	223.1	314.7	131.1	366.4	187.4	335.7	351.4	167.1
4.5	3.0	26.5	0.8	17.5		9.4	7.1	44.1
180.9	121.8	469.9	468.3	577.2	332.8	629.9	667.9	307.0
1708.1	1964.7	2443.2	2415.7	2708.1	3214.4	2236.0	2554.5	2591.8
1613.8	1402.9	1415.7	1438.6	2642.8	2939.3	2497.6	3321.0	2177.3
375.3	481.4	802.6	568.4	1386.6	1729.1	1475.6	2105.9	1557.3
452.3	482.1	455.0	557.0	1049.5	956.7	835.4	1127.6	558.8
712.9	402.6	117.7	88.1	49.4	49.9	121.5	26.0	

2-55 农村居民家庭主要耐用品每百户拥有情况

单位：百户均

指标名称	Item	2013	2014
家用汽车	Automobile	11.5	13.2
摩托车	Motorcycle	86.6	85.9
助力车	Powered Bicycle	43.2	52.0
洗衣机	Washing Machine	92.0	94.9
电冰箱(柜)	Refrigerator	66.2	77.2
微波炉	Microwave Oven	6.9	6.7
彩色电视机	Color TV Set	113.9	116.8
空调	Air Conditioner	0.5	0.5
热水器	Water Heater	25.9	32.5
洗碗机	Dishwasher		0.2
排油烟机	Smoke Exhaust Ventilator	5.4	8.1
固定电话	Telephone	20.2	18.6
移动电话	Mobile Telephone	251.9	276.7
其中：接入互联网	Internet Mobile Telephone	46.4	75.9
计算机	Computer	16.6	21.0
其中：接入互联网	Internet Computer	6.9	5.8
照相机	Camera	2.8	3.0
中高档乐器	Secondary and Top Grade Musical Instrument	0.5	0.3
健身器材	Body-building Apparatus	0.3	0.4
空气净化器(含新风系统)	Air Purifier (Include Fresh Air System)		
地面清洁电器	Ground Cleaning Appliances		

注：从2022年起移动电话和计算机不再统计接入互联网数量。

Ownership of Major Durable Consumer Goods per 100 Rural Households

(per 100 households)

2015	2016	2017	2018	2019	2020	2021	2022
18.4	22.4	27.8	32.0	32.2	33.5	35.9	35.4
83.0	79.2	72.2	63.7	56.0	55.1	53.1	50.2
54.5	60.0	66.2	68.2	71.8	77.6	89.8	95.0
98.2	100.0	101.6	102.8	104.7	105.8	103.8	104.2
85.2	91.6	95.2	97.7	100.8	102.1	103.0	103.5
9.0	9.2	9.7	10.8	16.3	16.7	18.8	18.7
117.5	115.0	112.9	108.6	108.8	111.0	108.0	107.2
0.8	1.2	1.7	2.2	1.8	2.0	2.6	2.7
54.3	70.0	82.8	98.6	100.8	104.0	104.4	104.8
0.4	0.1			0.2	0.4	0.3	0.0
9.8	14.7	17.6	21.9	28.1	33.0	33.7	33.6
13.1	6.8	4.7	0.9	0.6	0.7	0.5	0.4
281.5	288.1	290.8	288.0	295.5	292.9	287.1	288.6
104.1	125.2	168.3	243.6	265.5	280.2	277.5	—
22.0	20.5	23.3	23.2	26.1	27.7	22.0	22.4
7.5	9.0	10.5	15.7	19.5	21.5	19.2	—
2.5	1.3	1.6	1.7	1.2	1.2	1.2	1.2
0.6	0.7	1.0	1.0	1.5	2.0	1.0	1.0
	0.2	0.3	0.4	0.9	0.9	0.3	0.2
		0.1	0.3	0.3	0.2	0.2	0.2
		0.1	0.3	0.5	1.3	0.6	0.8

Note: From 2022, mobile telephone and computer no longer count the number of internet access.

2-56 2022年各市县农村居民人均可支配收入情况

单位：元/人

指标名称	Item	全区 Total	沿黄地区 Plain	中南部地区 Mountain Area	银川市 Yinchuan
可支配收入	**Disposable Income**	**16430.3**	**18859.6**	**13864.5**	**19349.0**
(一)工资性收入	Income from Wages and Salaries	6079.3	8622.1	5313.1	9077.6
(二)经营净收入	Net Business Income	6656.3	8142.6	5949.7	8246.2
1.第一产业经营净收入	The Primary Industry	4502.1	5505.9	5069.9	4866.7
(1)农业	Agriculture	2974.5	4201.8	2038.2	3991.4
(2)林业	Forestry	73.0	1.0	82.2	1.3
(3)牧业	Animal Husbandry	1454.9	1324.0	2950.0	919.8
(4)渔业	Fishery	-0.3	-20.8	-0.5	-45.8
2.第二产业经营净收入	The Secondary Industry	116.6	142.2	39.1	208.5
(1)工业	Industry	36.0	16.1	12.1	4.4
(2)建筑业	Construction Industry	80.6	126.1	27.0	204.1
3.第三产业经营净收入	The Tertiary Industry	2037.6	2494.5	840.7	3171.0
(1)交通运输业	Transportation Industry	889.6	919.2	316.1	1417.0
(2)批发零售和住宿餐饮业	Wholesales, Retail Trade, Hotel and Catering Sectors	902.6	1081.9	399.7	1184.4
(3)社会服务业	Social Services	39.7	248.3	53.5	450.8
(4)其他家庭经营	Others	205.6	245.1	71.5	118.8
(三)财产净收入	Net Income from Property	369.4	441.9	40.0	745.0
1.红利收入	Dividend Income	47.7	20.6	16.1	12.9
#2.转让承包土地经营权租金收入	Rental Income from the Management Rights Transfer of Land Contracted	382.4	354.4	57.0	527.8
(四)转移净收入	Net Income from Transfer	3325.3	1652.9	2561.7	1280.1
#1.养老金或离退休金	Pension or Retirement Benefits	1315.1	1441.1	771.1	1197.9
2.报销医疗费	Reimbursement of Medical Expenses	386.0	287.7	191.3	208.1
3.政策性惠农补贴	Political Subsidy Supporting Agriculture	813.2	298.9	881.5	232.2
现金可支配收入	**Cash Disposable Income**	**15645.9**	**18563.7**	**13669.0**	**19469.0**
实物可支配收入	**Physical Disposable Income**	**784.4**	**295.8**	**195.5**	**-120.0**

Basic Statistics of Disposable Income for Rural Households by City and County (2022)

(yuan/person)

兴庆区 Xingqing	西夏区 Xixia	金凤区 Jinfeng	永宁县 Yongning	贺兰县 Helan	灵武市 Lingwu	**石嘴山市 Shizuishan**	大武口区 Dawukou	惠农区 Huinong	平罗县 Pingluo	**吴忠市 Wuzhong**
21964.8	**15907.8**	**17206.4**	**18885.5**	**20012.1**	**20275.1**	**19464.9**	**16278.0**	**19576.6**	**20207.4**	**17380.2**
9695.7	7335.2	10702.5	8281.5	9435.7	8803.5	**6982.1**	12510.3	7722.1	5453.8	**8190.4**
9641.9	6983.4	4350.1	8723.5	8136.7	10087.5	**9828.4**	2991.0	10055.1	11425.0	**7317.9**
7548.9	2574.6	1274.3	4648.5	5833.5	5632.4	**7169.9**	1017.2	7829.6	8489.3	**5162.7**
6754.6	2551.0	1010.8	4396.8	5898.1	2098.1	**6006.0**	622.6	6393.5	7209.2	**2471.7**
5.9	16.4	-8.9	2.0		-1.8	**44.3**	3.7		65.5	**4.7**
1350.8	7.2	272.4	249.7	-279.2	3536.0	**1120.7**	390.9	1436.0	1216.2	**2687.2**
-562.3				214.6		**-1.1**			-1.6	**-0.9**
84.2		714.4	242.7	89.4	124.5	**264.1**	25.1	33.6	381.3	**97.0**
					23.5	**9.8**	25.1	33.6		**32.6**
84.2		714.4	242.7	89.4	101.1	**254.3**			381.3	**64.4**
2008.8	4408.8	2361.4	3832.3	2213.7	4330.6	**2394.4**	1948.7	2191.9	2554.3	**2058.2**
1792.4	336.4	854.0	2900.4	265.7	1446.9	**750.3**	1623.2	1357.2	382.9	**677.0**
117.5	3049.2	486.8	537.5	991.0	2664.7	**1087.6**	329.8	197.8	1499.9	**1045.1**
-0.8	1032.3	1025.3	321.1	636.3	87.7	**164.9**		445.5	132.7	**251.8**
99.7	-9.1	-4.7	73.2	320.7	131.3	**391.5**	-4.4	191.5	538.8	**84.3**
1543.2	481.4	597.3	968.9	674.4	121.6	**267.1**	92.5	735.9	188.7	**126.7**
38.7		49.1				**0.8**			1.2	**36.8**
942.5	326.7	276.9	845.7	507.4	101.8	**200.2**	56.9	482.4	162.2	**129.0**
1084.1	1107.9	1556.4	911.6	1765.3	1262.4	**2387.3**	684.3	1063.5	3140.0	**1745.3**
507.1	852.7	1632.6	919.3	1226.6	1925.6	**2100.8**	1334.3	1220.8	2512.7	**1025.1**
189.3	120.1	144.1	328.0	271.8	101.4	**390.4**	192.3	120.7	507.7	**199.4**
326.0	94.2	54.1	384.0	313.9	82.8	**460.2**	10.9	49.8	674.5	**463.0**
22319.8	**15604.7**	**17285.3**	**19965.5**	**18355.4**	**21127.2**	**17515.3**	**16191.9**	**14411.2**	**18634.0**	**16654.1**
-354.9	**303.1**	**-78.9**	**-1080.0**	**1656.7**	**-852.1**	**1949.6**	**86.1**	**5165.5**	**1573.4**	**726.1**

2-56 续表

单位：元/人

指标名称	Item	利通区 Litong	红寺堡区 Hongsipu	盐池县 Yanchi	同心县 Tongxin
可支配收入	**Disposable Income**	**20597.3**	**12942.5**	**16593.1**	**13631.0**
(一)工资性收入	Income from Wages and Salaries	10891.6	6471.5	1967.5	5397.9
(二)经营净收入	Net Business Income	8546.7	4327.6	11823.1	5209.5
1.第一产业经营净收入	The Primary Industry	5191.2	3420.9	10068.4	4479.6
(1)农业	Agriculture	1542.3	2228.6	2404.1	1603.9
(2)林业	Forestry		13.1		11.3
(3)牧业	Animal Husbandry	3648.9	1184.2	7664.3	2864.4
(4)渔业	Fishery		-5.0		
2.第二产业经营净收入	The Secondary Industry	315.1	0.0		8.4
(1)工业	Industry	101.7			8.4
(2)建筑业	Construction Industry	213.4	0.0		
3.第三产业经营净收入	The Tertiary Industry	3040.4	906.6	1754.7	721.5
(1)交通运输业	Transportation Industry	1192.3	225.3	625.6	502.2
(2)批发零售和住宿餐饮业	Wholesales, Retail Trade, Hotel and Catering Sectors	1657.6	570.9	1119.8	101.1
(3)社会服务业	Social Services		109.3	-6.3	118.5
(4)其他家庭经营	Others	190.4	1.0	15.6	-0.2
(三)财产净收入	Net Income from Property	28.6	4.5	321.0	19.4
1.红利收入	Dividend Income	48.5	38.8	248.6	
#2.转让承包土地经营权租金收入	Rental Income from the Management Rights Transfer of Land Contracted	126.6	105.8	75.0	6.5
(四)转移净收入	Net Income from Transfer	1130.4	2138.9	2481.5	3004.2
#1.养老金或离退休金	Pension or Retirement Benefits	1684.4	301.2	288.9	1399.1
2.报销医疗费	Reimbursement of Medical Expenses	261.9	170.4	189.5	176.0
3.政策性惠农补贴	Political Subsidy Supporting Agriculture	87.4	767.1	1857.6	708.2
现金可支配收入	**Cash Disposable Income**	**19150.8**	**11286.9**	**12335.2**	**13265.9**
实物可支配收入	**Physical Disposable Income**	**1446.5**	**1655.6**	**4257.9**	**365.1**

continued

(yuan/person)

青铜峡市 Qingtongxia	**固原市 Guyuan**	原州区 Yuanzhou	西吉县 Xiji	隆德县 Longde	泾源县 Jingyuan	彭阳县 Pengyang	**中卫市 Zhongwei**	沙坡头区 Shapotou	中宁县 Zhongning	海原县 Haiyuan
20122.0	**14201.3**	**14825.6**	**13924.3**	**13637.6**	**12816.3**	**14682.3**	**14397.8**	**16825.0**	**16532.2**	**12744.5**
10306.2	**5150.0**	6540.4	3628.4	5633.1	6086.5	5330.3	**6431.0**	8146.4	6141.9	5948.3
8592.7	**6433.8**	5584.3	7623.5	4785.6	5256.3	6747.2	**5426.7**	6096.9	7501.2	4403.7
5629.3	**5625.8**	4806.0	6852.1	4442.0	4464.3	5535.8	**4303.9**	4887.6	6237.4	3364.6
4648.9	**2192.4**	1060.7	3241.9	2307.3	546.6	2691.8	**3008.1**	3850.3	5762.3	1666.3
	140.7	17.2	44.4	58.2	1071.9	164.3	**-5.5**	-19.7	-7.2	
980.9	**3292.7**	3728.1	3565.8	2076.4	2845.8	2679.7	**1304.2**	1071.0	482.3	1698.3
-0.5							**-2.8**	-14.0		
	65.2	91.2	97.4	12.4			**13.7**	45.9		7.9
	19.4		49.9	9.1			**0.3**	1.3		
	45.8	91.2	47.5	3.3			**13.5**	44.5		7.9
2963.4	**742.8**	687.0	674.0	331.3	792.0	1211.3	**1109.1**	1163.5	1263.8	1031.3
514.0	**154.9**	99.6	237.9	104.1	238.8	46.6	**538.7**	314.4	299.0	707.6
1484.6	**459.8**	384.6	409.6	162.2	501.0	865.1	**305.7**	258.2	717.2	165.1
858.0	**21.8**	55.2		8.3	52.3	-0.1	**51.0**	-1.0		88.5
106.8	**106.3**	147.6	26.6	56.7	0.0	299.7	**213.7**	592.0	247.5	70.1
381.7	**20.2**	13.7	25.0	20.4	53.7	3.7	**196.8**	242.6	456.7	81.9
	3.0			7.9	28.1		**18.0**	12.3	57.7	4.9
280.2	**67.6**	138.5	17.6	115.2	25.8	45.9	**158.9**	219.7	443.1	29.4
841.4	**2597.3**	2687.3	2647.4	3198.4	1419.8	2601.1	**2343.2**	2339.1	2432.3	2310.7
514.8	**558.8**	539.3	506.9	991.8	292.7	629.2	**1500.8**	2031.2	1334.5	1380.9
165.6	**226.1**	230.9	283.5	154.3	116.5	175.4	**229.8**	307.0	518.5	93.0
122.8	**937.3**	1256.9	843.7	819.6	620.8	769.1	**588.1**	453.9	514.7	662.5
21501.5	**13755.4**	**14325.9**	**14030.2**	**12567.5**	**13099.6**	**12969.8**	**15915.3**	**15442.4**	**17229.6**	**15577.4**
-1379.5	**445.9**	**499.8**	**-105.9**	**1070.1**	**-283.3**	**1712.5**	**-1517.5**	**1382.6**	**-697.5**	**-2832.8**

2-57 2022年各市县农村居民人均生活消费支出情况

单位：元/人

指标名称	Item	全区 Total	沿黄地区 Plain	中南部地区 Mountain Area	银川市 Yinchuan
生活消费支出	**Living Expenditure**	**12825.3**	**13630.6**	**10260.9**	**14331.4**
(一)食品烟酒	Food, Tobacco and Liquor	4028.0	4320.1	3259.7	4752.3
#粮食	Grain	583.1	569.6	557.4	640.7
油脂	Oil and Fats	206.9	176.6	177.2	183.2
肉禽及制品	Meat, Poultry and Processed Products	1218.6	1191.1	935.8	1228.7
蛋	Eggs	69.0	76.8	64.7	87.6
水产品	Aquatic Products	29.5	46.4	22.2	61.1
蔬菜	Vegetables	313.4	413.0	241.0	460.9
烟草	Tobacco	289.3	341.6	247.2	330.2
酒和饮料	Liquor and Beverages	152.9	152.8	140.7	160.8
奶及奶制品	Milk and Processed Products	137.4	157.0	108.6	177.5
(二)衣着	Clothing	689.6	827.3	622.7	929.3
#服装	Garments	511.1	641.3	446.4	711.4
(三)居住	Residence	2373.4	2658.6	1996.6	2791.7
#住房维修及管理	Housing Maintenance and Management	485.6	487.1	256.8	479.5
水电燃料及其他	Water, Electricity, Fuels and Others	888.8	853.2	699.3	906.2
(四)生活用品及服务	Household Facilities, Articles and Services	747.1	758.2	571.0	835.8
#家用器具	Home Appliances	202.2	169.6	99.1	155.1
家具及室内装饰品	Articles for Interior Decoration	104.3	90.4	89.1	85.4
家用纺织品	BedArticles	73.1	75.3	58.7	79.9
家庭日用杂品	Household Articles for Daily Use	169.5	181.0	149.6	215.3
(五)交通通信	Transport and Communications	1958.9	2027.2	1529.5	2098.3
#交通	Transport	1440.8	1463.3	1073.8	1476.9
通信	Communications	518.1	563.9	455.8	621.4
(六)教育文化娱乐	Education, Culture and Recreation	1255.5	1260.6	1227.8	1255.0
文化娱乐	Culture and Recreation	363.6	426.7	352.7	464.4
#教育	Education	1106.1	1057.3	1102.9	1000.4
(七)医疗保健	Health Care and Medical Services	1552.6	1504.6	924.3	1450.3
#医疗器具及药品	Medical Instrument and Medicine	402.7	433.9	328.6	479.0
(八)其他用品及服务	Other Commodities and Services	220.1	274.0	129.3	218.6
服务性消费支出	**Consumption Expenditure for Service**	**4527.7**	**5125.6**	**3736.9**	**5375.2**
商品性消费支出	**Consumption Expenditure for Commodity**	**8297.6**	**8505.0**	**6523.9**	**8956.2**

Per Capita Living Expenditure for Rural Residents by City and County (2022)

(yuan/person)

兴庆区 Xingqing	西夏区 Xixia	金凤区 Jinfeng	永宁县 Yongning	贺兰县 Helan	灵武市 Lingwu	石嘴山市 Shizuishan	大武口区 Dawukou	惠农区 Huinong	平罗县 Pingluo	吴忠市 Wuzhong
14907.9	13498.9	15707.7	13981.5	16168.7	11753.3	13214.6	12905.7	11701.8	13678.5	12152.8
4915.5	4225.7	4791.2	4330.6	5385.3	4691.6	4222.6	4134.6	3774.1	4359.4	3936.6
560.0	472.0	541.1	672.7	975.7	473.9	600.7	485.2	530.3	646.8	514.9
195.8	154.4	144.5	188.0	230.6	160.1	159.7	163.8	132.8	165.6	186.0
1366.2	982.8	982.7	1076.3	1238.4	1587.4	1145.8	781.9	1145.1	1234.1	1291.9
80.1	96.6	82.1	100.6	88.7	76.6	73.0	109.8	62.6	66.8	66.0
59.2	68.4	82.5	81.4	43.0	37.9	30.4	59.7	32.8	22.6	36.5
439.9	400.1	405.9	536.3	496.9	419.4	406.6	392.1	397.6	412.5	320.1
374.7	327.4	290.0	188.5	467.6	351.9	330.0	500.2	261.0	306.5	239.2
184.9	230.4	172.5	169.4	150.7	98.8	166.2	167.2	151.0	169.9	107.5
177.4	212.9	207.7	187.8	164.6	139.5	146.3	158.8	154.5	141.2	129.3
701.0	859.8	1029.3	1120.1	945.1	831.7	885.8	968.8	886.5	865.6	803.0
530.7	642.4	827.3	827.4	759.8	618.9	687.7	728.3	677.7	680.5	622.0
3214.1	2854.4	4523.5	2851.0	2479.8	1397.4	2387.9	2284.5	2250.0	2448.5	2565.8
551.7	220.4	347.9	493.9	764.3	326.4	599.4	96.4	225.3	817.3	421.5
1467.7	597.4	541.3	993.4	957.3	697.8	1001.5	1076.7	1153.2	944.2	755.1
925.8	792.7	662.1	881.4	1126.1	550.9	798.8	703.4	572.8	880.0	726.8
233.9	155.6	100.9	113.6	255.1	74.8	165.1	117.1	146.9	181.4	159.3
113.9	22.9	12.2	76.6	203.0	33.6	158.1	88.4	41.2	205.1	95.4
69.7	66.0	54.7	108.1	99.0	59.7	70.9	77.9	56.7	72.8	64.9
234.0	191.5	215.6	215.0	257.3	167.8	203.8	190.9	178.6	213.3	159.4
2271.5	2303.0	2089.8	1850.5	2275.7	1976.9	1692.5	2007.2	1654.9	1626.0	1711.8
1593.1	1618.6	1652.8	1151.2	1597.9	1451.2	1265.6	1388.1	1128.8	1271.1	1179.6
678.4	684.4	436.9	699.4	677.9	525.8	426.9	619.1	526.1	354.9	532.2
1239.6	1082.0	1460.8	1590.9	1054.3	1004.1	1182.4	1204.7	1110.5	1195.5	1129.0
489.9	465.3	396.5	529.4	464.2	414.1	344.4	518.4	443.4	276.8	443.9
980.4	926.3	1054.7	1353.8	717.1	881.3	999.9	991.0	939.3	1017.6	938.0
1242.0	1195.4	997.8	1168.6	2673.7	1141.7	1852.7	1398.5	1300.7	2104.6	1039.2
375.8	531.9	428.1	381.7	777.7	382.6	464.4	716.2	299.1	446.0	340.0
398.4	185.9	153.4	188.4	228.6	159.1	191.8	204.0	152.3	199.0	240.6
5332.2	5359.8	7641.6	5197.8	5546.2	3795.2	4570.6	4353.0	4070.8	4751.8	4488.1
9575.6	8139.2	8066.1	8783.7	10622.5	7958.2	8644.0	8552.7	7631.0	8926.6	7664.7

2-57 续表

单位：元/人

指标名称	Item	利通区 Litong	红寺堡区 Hongsipu	盐池县 Yanchi	同心县 Tongxin	青铜峡市 Qingtongxia
生活消费支出	**Living Expenditure**	**14958.0**	**10357.0**	**12812.1**	**9103.0**	**12604.1**
(一)食品烟酒	Food, Tobacco and Liquor	5079.7	3307.7	3895.9	3115.4	3727.9
#粮食	Grain	526.8	503.7	618.2	503.8	490.6
油脂	Oil and Fats	208.8	139.7	171.5	186.3	191.7
肉禽及制品	Meat, Poultry and Processed Products	1708.1	1064.7	1279.6	1139.2	1072.7
蛋	Eggs	80.2	40.6	112.3	55.7	62.8
水产品	Aquatic Products	51.1	21.4	45.8	21.3	40.5
蔬菜	Vegetables	376.0	224.3	251.2	281.3	369.4
烟草	Tobacco	263.3	134.5	329.5	149.4	340.9
酒和饮料	Liquor and Beverages	101.9	150.2	143.0	70.8	112.4
奶及奶制品	Milk and Processed Products	122.9	105.5	127.5	124.8	157.9
(二)衣着	Clothing	1010.5	640.0	898.3	691.3	733.8
#服装	Garments	798.2	464.0	709.7	512.0	589.3
(三)居住	Residence	3058.4	1854.3	2287.6	2385.3	2668.6
#住房维修及管理	Housing Maintenance and Management	406.2	256.8	446.5	216.2	740.7
水电燃料及其他	Water, Electricity, Fuels and Others	791.0	496.9	853.4	917.8	697.6
(四)生活用品及服务	Household Facilities, Articles and Services	908.5	526.4	692.0	630.6	734.5
#家用器具	Home Appliances	140.7	76.4	226.8	121.8	255.6
家具及室内装饰品	Articles for Interior Decoration	122.4	71.7	35.6	98.8	90.1
家用纺织品	Bed Articles	77.4	79.4	47.0	55.1	53.8
家庭日用杂品	Household Articles for Daily Use	180.5	153.2	185.4	157.8	131.6
(五)交通通信	Transport and Communications	2001.6	1553.0	2639.5	983.1	1911.1
#交通	Transport	1338.9	1088.8	2107.4	715.5	1241.3
通信	Communications	662.7	464.2	532.1	267.6	669.8
(六)教育文化娱乐	Education, Culture and Recreation	1193.3	1435.2	926.8	669.6	1343.9
文化娱乐	Culture and Recreation	541.4	326.9	435.8	256.9	582.0
#教育	Education	917.0	1260.2	730.4	561.5	1170.2
(七)医疗保健	Health Care and Medical Services	1354.2	897.8	1217.6	519.8	1193.2
#医疗器具及药品	Medical Instrument and Medicine	319.7	266.1	422.7	366.8	366.3
(八)其他用品及服务	Other Commodities and Services	351.9	142.6	254.4	107.8	290.9
服务性消费支出	**Consumption Expenditure for Service**	**5897.4**	**4037.1**	**3919.1**	**2758.0**	**4848.2**
商品性消费支出	**Consumption Expenditure for Commodity**	**9060.7**	**6319.9**	**8893.0**	**6345.0**	**7755.9**

continued

(yuan/person)

固原市 Guyuan	原州区 Yuanzhou	西吉县 Xiji	隆德县 Longde	泾源县 Jingyuan	彭阳县 Pengyang	中卫市 Zhongwei	沙坡头区 Shapotou	中宁县 Zhongning	海原县 Haiyuan
10506.5	**10892.4**	**10358.8**	**11001.3**	**8918.4**	**10680.9**	**11093.5**	**14187.2**	**11868.2**	**9728.5**
3280.3	3456.7	3169.9	3572.2	2891.2	3249.4	**3361.6**	4181.9	3236.9	3125.7
573.8	527.7	610.5	659.6	554.3	539.8	**548.6**	559.9	492.6	566.1
182.2	197.7	174.3	262.4	163.5	137.5	**167.4**	200.3	114.6	176.2
842.5	883.7	904.6	760.0	597.0	787.9	**926.0**	1075.0	815.6	916.5
69.2	66.7	61.8	107.0	60.5	76.1	**63.4**	70.6	66.6	59.7
19.9	22.8	19.7	27.8	14.1	13.7	**30.2**	34.5	38.7	25.4
224.3	236.6	161.6	279.5	306.6	277.5	**319.7**	425.7	347.9	272.4
308.8	264.7	348.1	405.0	169.7	322.3	**256.9**	466.8	308.5	164.7
164.6	152.1	166.2	179.2	104.5	209.1	**139.5**	230.1	130.0	111.9
106.3	135.6	92.5	108.9	142.8	61.4	**121.5**	212.8	96.8	99.3
571.4	664.7	468.6	477.1	653.8	642.9	**655.2**	758.8	538.2	664.1
408.1	475.4	334.3	347.1	480.1	448.5	**469.1**	592.6	415.8	446.7
1951.4	2033.0	1824.1	2168.5	1679.1	2124.5	**2146.5**	3367.8	1904.5	1816.7
259.9	394.9	200.3	125.0	71.4	311.4	**314.1**	429.1	417.7	234.9
690.8	763.3	697.3	791.5	470.3	596.1	**690.5**	925.9	671.0	616.6
545.4	648.1	506.2	501.6	456.3	509.7	**610.5**	603.7	629.1	605.8
96.7	100.2	97.1	127.3	55.1	94.6	**114.8**	192.3	166.1	68.5
93.3	125.2	105.7	67.7	19.2	54.5	**78.3**	54.8	69.5	89.7
51.7	64.7	42.5	59.4	51.8	43.9	**78.1**	73.6	83.3	77.7
140.9	155.4	119.6	129.1	147.9	166.6	**157.3**	139.8	160.5	162.1
1660.7	2018.1	1513.3	1489.7	1193.5	1655.9	**1622.4**	2141.7	2100.3	1260.7
1163.3	1518.8	974.5	1133.5	799.9	1130.6	**1163.3**	1680.6	1629.7	806.6
497.4	499.2	538.8	356.2	393.6	525.2	**459.2**	461.1	470.6	454.1
1381.0	1143.8	1568.7	1497.6	1062.4	1499.5	**1215.1**	1330.2	1324.2	1133.7
386.7	406.9	398.9	212.3	364.1	424.1	**312.1**	283.3	336.0	313.0
1271.0	1043.0	1451.6	1350.9	992.5	1386.8	**1071.7**	1158.3	1209.5	989.2
980.1	752.9	1179.7	1128.0	914.9	899.6	**1292.2**	1412.8	1848.7	1038.2
328.9	295.4	333.3	416.7	353.9	323.5	**365.1**	425.1	461.3	307.6
136.2	175.2	128.3	166.6	67.2	99.4	**189.8**	390.4	286.3	83.7
3977.2	**3704.6**	**4141.9**	**3991.4**	**3731.4**	**4236.1**	**4165.6**	**5467.7**	**4640.5**	**3534.4**
6529.3	**7187.8**	**6216.9**	**7009.9**	**5187.0**	**6444.8**	**6927.9**	**8719.6**	**7227.8**	**6194.2**

2-58 2022年各市县农村居民家庭主要耐用品每百户拥有情况

单位：百户均

指标名称	Item	全区 Total	沿黄地区 Plain	中南部地区 Mountain Area	银川市 Yinchuan
家用汽车	Automobile	**35.4**	**43.6**	**43.1**	**51.7**
摩托车	Motorcycle	**50.2**	**38.7**	**56.4**	**31.8**
助力车	Powered Bicycle	**95.0**	**118.9**	**66.7**	**105.8**
洗衣机	Washing Machine	**104.2**	**105.3**	**105.6**	**104.0**
电冰箱(柜)	Refrigerator	**103.5**	**105.6**	**105.4**	**104.8**
微波炉	Microwave Oven	**18.7**	**27.6**	**15.7**	**35.0**
彩色电视机	Color TV Set	**107.2**	**109.4**	**108.9**	**105.6**
空调	Air Conditioner	**2.7**	**4.9**	**2.2**	**5.1**
热水器	Water Heater	**104.8**	**99.8**	**106.9**	**101.0**
洗碗机	Dishwasher	**0.0**	**0.2**		
排油烟机	Smoke Exhaust Ventilator	**33.6**	**47.1**	**31.1**	**61.5**
固定电话	Telephone	**0.4**	**0.5**	**0.3**	**1.3**
移动电话	Mobile Telephone	**288.6**	**268.7**	**314.5**	**273.5**
其中：接入互联网	Internet Mobile Telephone	—	—	—	—
计算机	Computer	**22.4**	**26.9**	**28.4**	**29.6**
其中：接入互联网	Internet Computer	—	—	—	—
照相机	Camera	**1.2**	**1.9**	**1.1**	**2.7**
中高档乐器	Secondary and Top Grade Musical Instrument	**1.0**	**1.1**	**2.1**	**2.3**
健身器材	Body-building Apparatus	**0.2**	**0.4**	**0.4**	**1.0**
空气净化器(含新风系统)	Air Purifier (Include Fresh Air System)	**0.2**	**0.1**	**0.2**	**0.3**
地面清洁电器	Ground Cleaning Appliances	**0.8**	**2.0**	**0.9**	**4.2**

Ownership of Major Durable Consumer Goods per 100 Rural Households by City and County (2022)

(per 100 households)

兴庆区 Xingqing	西夏区 Xixia	金凤区 Jinfeng	永宁县 Yongning	贺兰县 Helan	灵武市 Lingwu	**石嘴山市 Shizuishan**	大武口区 Dawukou	惠农区 Huinong	平罗县 Pingluo	**吴忠市 Wuzhong**
60.5	54.1	68.8	48.5	38.9	49.2	**39.4**	43.8	43.6	37.5	**38.8**
36.0	23.7	14.2	41.6	21.7	46.0	**35.0**	2.8	20.9	45.4	**44.9**
123.5	106.5	84.7	75.5	135.0	108.3	**130.9**	141.0	157.6	122.0	**105.1**
102.6	100.5	100.0	103.9	100.0	115.7	**103.1**	103.6	109.4	101.4	**102.5**
102.6	103.8	100.0	107.9	100.9	112.3	**104.4**	92.1	111.7	105.2	**104.2**
46.1	34.2	28.2	44.3	28.1	26.8	**16.2**	27.5	7.7	15.9	**29.7**
107.2	105.7	100.0	102.0	101.5	119.0	**100.1**	99.8	106.3	98.6	**106.1**
8.4	12.9	2.7	8.3	1.8		**1.2**	8.0			**3.7**
94.7	105.8	100.0	96.0	99.0	114.6	**99.5**	83.7	106.3	101.1	**100.8**
						0.0			0.0	
71.6	62.4	70.6	83.4	40.0	42.9	**22.1**	21.3	21.4	22.4	**55.2**
			2.1	3.3	0.9					
274.4	291.2	241.2	300.0	259.6	272.9	**247.2**	252.9	251.6	244.8	**277.1**
—	—	—	—	—	—	—	—	—	—	—
20.3	27.1	50.4	43.0	11.0	28.9	**24.4**	31.6	16.5	24.8	**32.5**
—	—	—	—	—	—	—	—	—	—	—
2.3	4.6	7.3	1.0		4.3	**1.8**	0.0		2.6	**1.9**
2.3		13.3			0.8	**1.4**	2.0	1.8	1.3	**0.7**
	6.4	2.7			0.8	**0.3**	1.9			
					1.6					**0.1**
	4.6	8.0	11.0		0.9	**0.3**	1.9			**1.2**

2-58 续表

单位：百户均

指标名称	Item	利通区 Litong	红寺堡区 Hongsipu	盐池县 Yanchi	同心县 Tongxin	青铜峡市 Qingtongxia
家用汽车	Automobile	36.6	42.6	46.5	34.9	40.3
摩托车	Motorcycle	31.3	39.8	36.7	79.2	38.7
助力车	Powered Bicycle	110.2	93.6	86.8	90.8	121.3
洗衣机	Washing Machine	104.5	100.2	102.6	103.9	100.0
电冰箱(柜)	Refrigerator	104.7	105.3	102.8	105.7	102.4
微波炉	Microwave Oven	30.8	47.7	27.1	31.5	18.6
彩色电视机	Color TV Set	108.2	100.0	106.4	106.9	105.9
空调	Air Conditioner	5.4	2.8	5.5	2.8	2.2
热水器	Water Heater	106.4	102.6	94.0	101.6	94.7
洗碗机	Dishwasher					
排油烟机	Smoke Exhaust Ventilator	62.4	35.0	72.8	62.9	45.5
固定电话	Telephone					
移动电话	Mobile Telephone	263.5	290.2	258.4	285.0	286.0
其中：接入互联网	Internet Mobile Telephone	—	—	—	—	—
计算机	Computer	32.9	33.2	23.2	24.9	40.5
其中：接入互联网	Internet Computer	—	—	—	—	—
照相机	Camera	2.1	1.4	4.3	1.0	2.1
中高档乐器	Secondary and Top Grade Musical Instrument	0.6	1.2	1.5	1.4	
健身器材	Body-building Apparatus					
空气净化器(含新风系统)	Air Purifier (Include Fresh Air System)			1.5		
地面清洁电器	Ground Cleaning Appliances	2.8				1.3

continued

(per 100 households)

固原市 **Guyuan**	原州区 Yuanzhou	西吉县 Xiji	隆德县 Longde	泾源县 Jingyuan	彭阳县 Pengyang	**中卫市** **Zhongwei**	沙坡头区 Shapotou	中宁县 Zhongning	海原县 Haiyuan
46.3	50.9	52.9	35.5	30.2	39.9	**38.7**	43.7	35.6	37.9
54.8	43.2	57.5	65.8	41.6	68.9	**53.9**	45.2	55.5	57.2
55.9	74.3	49.7	24.4	61.1	53.3	**94.8**	128.3	133.2	58.7
107.8	108.8	109.1	105.1	105.5	106.1	**106.3**	100.0	117.2	103.6
106.6	101.5	115.0	98.6	99.6	106.0	**104.7**	101.7	113.6	101.5
7.0	5.3	7.3	9.2	12.1	5.3	**16.7**	24.2	26.2	8.2
112.9	99.9	128.4	113.5	112.0	102.2	**110.1**	108.3	127.4	101.8
1.9	1.4	2.9		1.5	2.0	**4.0**	7.6	6.8	0.8
109.9	101.2	126.1	107.6	104.8	94.7	**102.9**	80.7	112.4	108.6
						0.4	1.6		
18.3	20.6	17.9	14.3	12.4	20.6	**33.0**	27.7	43.9	29.9
0.3			1.2		1.0	**0.3**			0.7
335.1	299.0	382.5	308.9	311.2	323.4	**284.4**	259.6	274.0	301.6
—	—	—	—	—	—	—	—	—	—
32.0	19.3	47.8	21.1	23.9	30.3	**17.9**	9.9	27.5	16.8
—	—	—	—	—	—	—	—	—	—
1.0	0.8	1.7	1.3			**0.4**	0.9	0.8	
3.1	0.8	6.4	2.6	3.1		**0.2**	0.9		
0.6	1.6		1.3			**0.4**			0.7
0.2	0.8								
1.3		1.8	2.6		2.1	**1.0**	0.9		1.6

2-59 主要年份各市县农村居民人均可支配收入情况

单位：元/人

年 份 Year	全区 Total	沿黄地区 Plain	中南部地区 Mountain Area	银川市 Yinchuan	兴庆区 Xingqing	西夏区 Xixia	金凤区 Jinfeng
1983	**288.7**	**354.1**	**188.5**		427.5		
1984	**313.2**	**370.4**	**214.3**		450.2		
1985	**321.2**	**433.7**	**211.1**	**482.1**			
1986	**374.5**	**503.5**	**243.6**	**592.9**			
1987	**382.7**	**538.5**	**214.8**	**628.0**			
1988	**472.5**	**645.1**	**290.2**	**733.8**			
1989	**521.9**	**741.6**	**316.6**	**888.3**			
1990	**578.1**	**833.2**	**383.3**	**1012.0**			
1991	**590.0**	**844.7**	**407.1**	**1003.8**			
1992	**591.0**	**871.6**	**376.5**	**986.2**			
1993	**636.4**	**917.1**	**453.6**	**1050.3**			
1994		**1238.0**	**626.0**	**1381.2**			
1995	**998.7**	**1583.6**	**634.1**	**1740.3**			
1996	**1397.8**	**2056.0**	**966.7**	**2327.6**			
1997	**1694.0**	**2431.6**	**948.2**	**2665.6**			
1998	**1925.4**	**2701.5**	**1113.9**	**2906.1**			
1999	**1963.3**	**2719.5**	**1171.2**	**2746.8**			
2000	**1890.1**	**2795.7**	**1044.0**	**2804.1**			
2001	**1998.4**	**2939.8**	**1139.9**	**2948.4**			
2002	**2101.7**	**3032.6**	**1273.9**	**3031.1**			
2003	**2239.8**	**3146.6**	**1369.5**	**3085.0**			
2004	**2543.1**	**3527.5**	**1572.7**	**3502.5**	4181.7	2590.2	3226.7
2005	**2750.1**	**3710.0**	**1783.9**	**3610.8**	4337.0	2673.3	3303.3
2006	**3025.5**	**4020.1**	**1991.1**	**3928.1**	4792.4	2924.6	3567.6
2007	**3486.7**	**4523.1**	**2316.3**	**4447.9**	5391.8	3266.8	4042.1
2008	**4035.4**	**5034.9**	**2730.6**	**5083.4**	6065.8	3790.6	4628.2
2009	**4437.6**	**5445.2**	**3083.8**	**5571.1**	6520.7	4188.6	5026.2
2010	**5124.4**	**6222.2**	**3611.9**	**6368.8**	7363.1	4970.5	5690.5
2011	**5930.1**	**7149.2**	**4193.1**	**7308.9**	8425.4	5787.4	6535.1
2012	**6774.6**	**8142.9**	**4855.8**	**8340.7**	9537.9	6678.4	7449.9
2013	**7597.1**	**9103.8**	**5550.2**	**9341.4**	10663.1	7827.0	8358.8
2014	**8410.0**	**10023.3**	**6227.3**	**10275.2**	11676.6	8618.0	9187.0
2015	**9118.7**	**10820.6**	**6817.9**	**11148.2**	12624.9	9334.4	9941.3
2016	**9851.6**	**11660.8**	**7505.4**	**12036.7**	13599.7	10111.8	10746.3
2017	**10737.9**	**12660.6**	**8346.5**	**13087.0**	14788.0	10975.2	11628.8
2018	**11707.6**	**13711.8**	**9298.5**	**14160.2**	15904.1	11820.3	12668.5
2019	**12858.4**	**14859.1**	**10415.1**	**15282.0**	17128.7	12835.2	13708.1
2020	**13889.4**	**16013.5**	**11623.7**	**16428.4**	18353.7	13609.1	14602.0
2021	**15336.6**	**17726.9**	**12786.0**	**18169.8**	20556.6	15007.6	16138.5
2022	**16430.3**	**18859.6**	**13864.5**	**19349.0**	21964.8	15907.8	17206.4

Basic Statistics of Disposable Income for Rural Households by City and County in Main Year

(yuan/person)

永宁县 Yongning	贺兰县 Helan	灵武市 Lingwu	**石嘴山市 Shizuishan**	大武口区 Dawukou	惠农区 Huinong	平罗县 Pingluo	**吴忠市 Wuzhong**
538.1	432.0	347.6			343.6	387.7	
597.5	446.0	373.3			378.3	377.8	
494.8	432.1	437.5	**451.3**		401.8	478.4	**377.0**
585.0	545.1	481.3	**484.6**		440.9	506.9	**451.6**
606.7	621.0	514.4	**515.4**		491.6	518.3	**471.3**
739.9	690.1	606.0	**677.9**		620.8	687.0	**582.7**
861.0	926.5	696.5	**723.3**		672.0	734.7	**629.4**
1035.3	1052.7	776.7	**844.6**		775.0	871.3	**688.9**
1017.0	1042.8	798.2	**824.1**		762.4	816.7	**716.1**
949.2	998.3	803.3	**898.9**		865.7	864.5	**771.4**
1002.2	1056.6	898.2	**882.3**		882.6	820.8	**813.9**
1303.0	1303.5	1257.9	**1185.7**		1142.7	1114.9	**1120.9**
1745.8	1726.3	1528.9	**1593.9**		1482.0	1541.8	**1288.6**
2347.2	2328.4	1886.1	**1892.6**		1798.0	1850.8	**1811.0**
2666.0	2586.0	2354.7	**2304.7**		2194.7	2223.9	**1990.4**
2842.1	2840.9	2519.4	**2678.7**		2585.6	2560.1	**2190.2**
2644.8	2659.9	2566.9	**2733.1**		2654.4	2598.2	**2260.6**
2693.5	2713.7	2733.0	**2825.6**		2740.4	2702.8	**2331.4**
2873.3	2823.7	2866.8	**2938.9**		2883.7	2847.8	**2488.1**
2999.2	2943.7	2892.5	**3018.8**		2958.4	2925.0	**2521.9**
3152.2	3114.4	3040.0	**3153.5**		3081.1	3134.7	**2520.4**
3658.2	3572.5	3390.1	**3589.2**		3483.6	3574.0	**2867.7**
3575.0	3745.1	3634.8	**3695.1**		3659.9	3782.5	**3071.9**
3896.8	4112.1	3932.8	**4008.1**	3484.6	3963.6	4111.6	**3331.0**
4442.3	4605.6	4471.6	**4521.3**	3958.5	4490.8	4629.6	**3836.1**
5029.1	5204.4	5238.0	**5074.2**	4524.6	4971.0	5200.4	**4344.1**
5431.6	5807.6	5792.4	**5523.7**	4886.8	5523.2	5642.9	**4665.0**
6246.5	6585.4	6649.7	**6297.8**	5536.8	6344.0	6427.7	**5153.0**
7195.5	7591.0	7648.8	**7247.7**	6353.6	7297.8	7419.9	**5920.6**
8225.2	8691.8	8707.2	**8279.0**	7251.9	8321.0	8486.3	**6767.1**
9223.0	9693.8	9752.1	**9277.9**	8124.4	9325.4	9530.1	**7605.4**
10130.1	10667.0	10756.4	**10214.7**	8896.1	10268.7	10501.8	**8442.4**
10994.6	11628.3	11649.6	**10995.5**	9563.2	11074.0	11299.9	**9150.4**
11865.2	12560.3	12546.5	**11828.8**	10261.1	11849.7	12195.7	**9938.2**
12855.3	13668.1	13659.5	**12879.9**	11184.6	12857.2	13276.3	**10912.4**
13870.8	14775.2	14847.9	**14000.4**	12124.3	13865.4	14491.1	**12045.4**
14994.2	15927.5	16032.2	**15163.5**	13154.8	15185.2	15665.3	**13337.3**
16040.4	17248.8	17312.0	**16405.3**	13935.5	16482.5	16889.8	**14698.3**
17913.6	18909.7	18874.2	**18291.9**	15316.5	18278.7	18983.7	**16138.7**
18885.5	20012.1	20275.1	**19464.9**	16278.0	19576.6	20207.4	**17380.2**

2-59 续表

单位：元/人

年 份 Year	利通区 Litong	红寺堡区 Hongsipu	盐池县 Yanchi	同心县 Tongxin	青铜峡市 Qingtongxia	**固原市 Guyuan**	原州区 Yuanzhou
1983	281.7		275.0	192.4	436.5		178.7
1984	315.9		346.6	213.4	437.4		237.3
1985	352.5		410.7	233.4	409.0	**207.7**	269.6
1986	417.8		477.0	332.6	505.8	**229.6**	291.1
1987	446.9		467.3	284.7	533.6	**203.8**	226.0
1988	575.3		682.0	443.5	577.9	**265.0**	299.9
1989	603.8		578.5	395.8	719.9	**305.3**	351.0
1990	723.2		600.9	450.8	742.9	**373.7**	429.5
1991	754.1		576.0	539.2	729.3	**385.7**	425.3
1992	790.9		798.8	561.3	776.7	**345.3**	378.6
1993	873.6		717.8	598.2	816.2	**431.4**	480.8
1994	1100.8		1048.6	796.6	1172.4	**602.5**	637.5
1995	1378.8		923.9	856.8	1508.5	**588.0**	683.2
1996	1869.6		1393.6	1466.8	2101.5	**861.2**	909.3
1997	2314.1		1302.2	1282.6	2360.3	**841.0**	887.0
1998	2616.8		1511.6	1396.0	2516.8	**1008.5**	1121.1
1999	2664.5		1505.6	1467.8	2667.1	**1070.5**	1133.7
2000	2842.5		1277.6	1259.5	2774.7	**985.8**	1015.1
2001	3028.1		1468.9	1294.5	2969.7	**1099.1**	1152.0
2002	3137.9		1607.6	1388.1	3060.4	**1241.4**	1317.2
2003	3353.8		1763.3	1440.3	3217.7	**1371.3**	1452.9
2004	3759.6		1983.2	1651.5	3744.9	**1582.7**	1663.6
2005	3959.2		2255.7	1803.9	3966.6	**1822.5**	1879.0
2006	4299.6		2518.2	2004.8	4343.4	**2045.9**	2110.4
2007	4966.1		2951.7	2335.6	4873.3	**2353.5**	2437.9
2008	5591.6		3377.8	2747.2	5373.3	**2760.6**	2844.6
2009	5804.5	2981.0	3699.3	3074.9	5754.8	**3146.9**	3268.5
2010	6735.5	3443.0	4127.7	3610.0	6463.5	**3694.9**	3857.0
2011	7740.7	3955.9	4668.1	4158.7	7466.4	**4297.2**	4501.0
2012	8770.2	4533.5	5392.0	4782.6	8542.4	**4984.1**	5213.5
2013	9822.6	5210.5	6211.2	5456.8	9456.8	**5694.7**	5943.8
2014	10787.2	5836.6	6975.2	6122.7	10434.6	**6395.3**	6692.8
2015	11588.6	6408.5	7674.1	6710.7	11200.0	**7002.1**	7296.1
2016	12575.9	7081.4	8532.1	7388.4	12040.1	**7714.2**	8070.4
2017	13675.4	7895.6	9548.6	8215.7	13134.5	**8578.8**	8960.7
2018	14906.2	8795.7	10684.7	9185.0	14198.9	**9556.7**	9946.4
2019	16272.7	9824.9	12127.0	10278.2	15491.0	**10656.6**	11164.2
2020	17512.3	10925.2	13922.1	11339.4	16916.7	**11950.7**	12563.3
2021	19159.9	11996.0	15244.6	12656.0	18798.2	**13086.0**	13712.0
2022	20597.3	12942.5	16593.1	13631.0	20122.0	**14201.3**	14825.6

continued

(yuan/person)

西吉县 Xiji	隆德县 Longde	泾源县 Jingyuan	彭阳县 Pengyang	**中卫市 Zhongwei**	沙坡头区 Shapotou	中宁县 Zhongning	海原县 Haiyuan
200.5	206.1	110.7			303.9	361.5	189.2
227.2	183.1	135.5			323.2	384.9	220.6
173.6	193.3	226.1	164.4		358.3	380.2	213.3
222.7	213.5	165.9	185.0		426.8	439.5	258.0
200.2	260.7	150.3	201.0		473.0	485.4	155.9
244.4	273.7	176.9	260.3		591.7	526.6	289.0
274.8	313.9	203.5	303.0		660.7	603.1	332.2
353.5	396.1	258.7	388.3		737.1	649.7	353.4
366.6	409.7	272.9	367.3		838.2	688.4	415.3
308.1	379.7	248.8	369.4		829.8	732.6	344.1
431.4	461.4	320.1	429.4		847.6	842.5	412.1
587.0	644.5	488.1	633.6		1159.6	1183.7	562.9
467.4	652.8	479.8	691.0		1450.3	1510.3	499.2
863.0	908.5	645.8	888.0		1963.7	1939.6	901.8
784.7	897.1	733.7	915.7		2351.7	2228.3	762.0
924.5	1068.9	812.2	1100.4		2579.3	2539.1	946.0
1023.6	1071.9	992.5	1096.0		2665.7	2638.8	1048.4
941.7	1119.1	1019.3	943.0		2620.1	2721.1	931.7
1081.9	1168.3	1075.8	1141.3		2853.1	2785.0	971.8
1191.6	1272.6	1128.8	1297.9		2946.9	2889.4	1164.7
1320.2	1345.3	1204.4	1395.3	**2180.1**	3088.3	2857.3	1225.2
1546.6	1554.4	1370.6	1598.5	**2396.4**	3347.9	3122.4	1394.3
1817.6	1755.0	1582.7	1856.7	**2577.6**	3517.3	3397.8	1535.9
2026.5	1971.4	1823.7	2081.7	**2805.9**	3816.2	3700.2	1682.6
2313.9	2250.1	2166.5	2385.3	**3173.7**	4155.5	4107.2	2039.3
2705.6	2693.5	2544.4	2803.0	**3511.6**	4538.0	4261.8	2495.9
3074.6	3060.9	2860.9	3205.4	**3913.9**	4936.5	4745.6	2803.9
3612.5	3597.8	3325.2	3743.0	**4509.5**	5627.9	5433.6	3303.8
4194.5	4173.5	3860.9	4363.4	**5259.7**	6498.8	6242.7	3852.1
4865.6	4833.5	4528.8	5049.9	**6021.3**	7352.7	7148.0	4487.7
5538.9	5534.8	5176.4	5807.1	**6681.3**	8145.8	7944.9	5138.5
6222.3	6199.1	5804.7	6529.5	**7403.0**	8971.5	8819.1	5765.5
6857.1	6769.4	6375.0	7158.5	**8002.2**	9669.2	9579.8	6258.0
7565.6	7462.1	7032.1	7861.0	**8626.4**	10375.3	10356.4	6872.3
8400.7	8305.1	7842.1	8790.1	**9365.3**	11249.2	11245.1	7658.3
9308.0	9276.8	8736.2	9862.5	**10236.3**	12194.1	12180.2	8510.6
10416.2	10343.7	9723.5	11000.0	**11307.6**	13210.1	13239.3	9626.6
11791.5	11595.4	10707.0	12231.5	**12122.7**	14108.7	14076.1	10641.2
12772.4	12589.3	11888.2	13514.3	**13492.6**	15930.7	15700.0	11741.6
13924.3	13637.6	12816.3	14682.3	**14397.8**	16825.0	16532.2	12744.5

2-60 主要年份各市县农村居民人均生活消费支出情况

单位：元/人

年份 Year	全区 Total	沿黄地区 Plain	中南部地区 Mountain Area	银川市 Yinchuan	兴庆区 Xingqing	西夏区 Xixia	金凤区 Jinfeng
1983	**208.9**	**258.0**	**130.7**		276.7		
1984	**231.6**	**277.7**	**171.1**		304.2		
1985	**265.2**	**320.4**	**185.9**		382.8		
1986	**301.2**	**365.5**	**209.5**	**426.9**	457.0		
1987	**334.7**	**408.8**	**218.3**	**486.6**	536.2		
1988	**398.3**	**473.0**	**228.2**	**576.4**	741.1		
1989	**460.8**	**552.2**	**255.4**	**727.4**	862.8		
1990	**483.7**	**657.1**	**295.4**	**810.2**	808.7		
1991	**508.3**	**686.4**	**336.7**	**847.7**	830.4		
1992	**544.6**	**729.0**	**369.3**	**857.7**	969.4		
1993	**556.6**	**788.5**	**403.7**	**955.4**	997.1		
1994	**806.7**	**1074.4**	**568.7**	**1169.1**	1058.9		
1995	**1063.2**	**1395.4**	**743.3**	**1449.5**	1290.5		
1996	**1235.7**	**1730.9**	**797.0**	**2054.8**	2524.5		
1997	**1249.6**	**1860.2**	**816.5**	**2362.7**	2812.5		
1998	**1331.4**	**1889.3**	**906.3**	**2099.8**	1788.7		
1999	**1276.5**	**1854.7**	**901.8**	**2110.5**	2014.7		
2000	**1429.0**	**1989.2**	**906.3**	**1885.8**	2021.8		
2001	**1404.0**	**2012.1**	**948.6**	**2009.2**	2056.8		
2002	**1437.6**	**1999.9**	**985.2**	**2049.9**	1966.1		
2003	**1664.7**	**2139.2**	**1152.1**	**2224.2**	2560.8		
2004	**1965.4**	**2649.1**	**1376.7**	**2509.8**	2384.3	2692.5	3161.3
2005	**2142.6**	**2711.9**	**1624.3**	**2835.9**	2698.7	2175.5	2749.0
2006	**2305.1**	**2985.4**	**1761.8**	**2902.4**	3104.7	2279.4	3359.1
2007	**2601.9**	**3396.6**	**2027.8**	**3376.7**	3630.4	2576.8	4009.9
2008	**3194.8**	**4005.4**	**2410.9**	**4118.8**	4360.2	3442.9	4923.9
2009	**3465.9**	**4473.6**	**2584.7**	**4817.0**	4695.6	4385.3	5799.9
2010	**4167.8**	**4913.7**	**3002.6**	**5394.2**	5923.0	5020.7	6562.1
2011	**4908.8**	**6008.3**	**3827.3**	**6707.0**	7007.4	6203.4	6922.1
2012	**5557.6**	**6851.2**	**4315.6**	**7089.3**	7055.1	7168.8	8073.2
2013	**6464.8**	**7580.9**	**5085.9**	**8637.1**	8877.7	8811.0	8972.5
2014	**7676.5**	**8650.9**	**5984.9**	**9334.1**	9147.9	8362.0	10613.0
2015	**8414.9**	**9430.9**	**6646.3**	**10118.5**	10184.2	9142.1	9873.1
2016	**9138.4**	**10235.8**	**7009.6**	**11060.9**	11549.6	10069.4	10471.9
2017	**9982.1**	**10883.5**	**7675.6**	**11507.3**	12469.2	10937.8	10983.1
2018	**10789.6**	**11569.7**	**8171.5**	**12322.1**	13430.2	11875.7	12155.4
2019	**11464.6**	**12252.1**	**8888.7**	**12966.2**	14379.7	12168.6	13168.1
2020	**11724.3**	**12452.0**	**9728.5**	**13318.4**	13912.0	12767.0	13661.2
2021	**13535.7**	**14241.6**	**10899.0**	**14668.4**	15364.1	13709.2	15156.0
2022	**12825.3**	**13630.6**	**10260.9**	**14331.4**	14907.9	13498.9	15707.7

Per Capita Living Expenditure for Rural Residents by City and County in Main Year

(yuan/person)

永宁县 Yongning	贺兰县 Helan	灵武市 Lingwu	**石嘴山市** Shizuishan	大武口区 Dawukou	惠农区 Huinong	平罗县 Pingluo
299.5	309.8	176.9			268.2	241.8
339.6	314.9	262.3			239.2	290.5
384.3	330.9	319.3	**312.5**		298.9	324.5
429.7	396.6	379.8	**346.7**		349.5	349.4
484.3	443.6	420.0	**391.0**		405.2	372.1
528.3	474.5	551.3	**497.7**		461.8	568.3
706.8	616.5	579.1	**573.8**		527.1	657.4
887.0	681.5	594.4	**655.9**		735.4	655.5
848.7	864.4	618.8	**691.6**		608.5	722.7
858.1	743.4	672.4	**742.0**		783.5	691.0
1011.0	822.7	800.4	**823.5**		950.4	715.1
1274.3	1121.8	943.5	**1184.8**		1371.4	1058.5
1445.7	1619.9	1373.5	**1438.2**		1360.7	1391.4
1821.3	1952.2	1311.3	**1716.3**		1626.3	1761.5
2064.9	2350.0	1557.0	**1731.8**		1808.5	1781.8
2116.1	2422.4	1543.5	**2074.6**		2485.7	1744.0
1850.4	2610.2	1512.4	**2195.7**		2501.6	1943.1
1665.8	2094.8	1770.5	**2101.8**		2468.9	2027.1
1708.7	2287.0	2065.6	**2095.6**		2206.8	2036.0
2284.4	1866.7	1553.0	**2130.0**		2134.1	2046.1
2128.8	1967.2	2322.4	**1918.4**		2312.8	1789.8
2443.7	2553.5	2347.4	**2570.3**		2499.4	2588.4
2871.4	3164.4	2757.3	**3186.9**		3424.7	3126.2
2552.5	3153.3	2980.9	**3273.5**	3112.4	3253.7	3307.7
3000.5	3798.2	3267.8	**3628.5**	3653.3	3717.1	3601.1
3973.0	4386.6	3813.3	**4344.8**	4132.1	4330.2	4387.6
4195.6	5104.9	5063.0	**4542.5**	4984.9	4534.8	4462.3
4520.1	6002.6	5276.8	**4930.2**	5108.6	4753.1	4940.5
5756.8	8005.6	6504.3	**6041.3**	6061.4	5848.5	6081.0
6391.6	8146.9	6561.2	**7222.0**	7260.5	6463.8	7389.0
7213.0	9688.1	8535.1	**8210.3**	9144.3	7240.8	8330.9
7772.7	10726.6	9165.1	**8752.5**	7533.2	8088.8	9273.9
8554.3	11865.5	10475.3	**9550.9**	8359.5	8697.5	10035.5
9285.3	13006.8	10335.4	**9910.1**	8961.2	9079.5	10660.3
10093.6	13278.2	11338.5	**10845.0**	9705.6	9500.4	11197.0
10987.5	13948.2	11823.6	**11468.8**	11073.7	10059.8	11506.4
11703.0	14862.6	12296.7	**11512.8**	11922.0	10745.6	11463.2
12808.8	15266.2	11912.9	**11595.1**	11871.8	11337.1	11624.4
14758.8	16659.8	12920.4	**13096.9**	13075.3	11938.2	13475.4
13981.5	16168.7	11753.3	**13214.6**	12905.7	11701.8	13678.5

2-60 续表

单位：元/人

年 份 Year	吴忠市 Wuzhong	利通区 Litong	红寺堡区 Hongsipu	盐池县 Yanchi	同心县 Tongxin	青铜峡市 Qingtongxia	固原市 Guyuan
1983		235.7		211.3	114.7	313.6	
1984		266.4		207.1	158.4	283.8	
1985	**274.8**	286.1		317.4	187.9	294.5	**185.8**
1986	**324.7**	314.6		350.9	230.6	352.0	**206.0**
1987	**352.1**	360.7		378.1	226.1	408.5	**217.0**
1988	**452.4**	490.9		508.6	310.2	502.6	**228.8**
1989	**500.2**	564.2		480.6	339.5	597.8	**259.3**
1990	**530.7**	694.1		468.7	342.3	622.4	**287.6**
1991	**549.3**	651.2		458.7	398.8	634.1	**325.7**
1992	**611.5**	530.4		591.9	431.0	763.2	**358.7**
1993	**671.5**	661.3		608.4	629.3	701.6	**367.2**
1994	**885.8**	1001.8		790.0	575.2	1095.0	**567.7**
1995	**1201.1**	1310.1		1038.1	901.3	1565.7	**709.0**
1996	**1364.7**	1547.7		1074.4	970.1	2130.0	**759.3**
1997	**1418.5**	1613.2		1082.3	964.5	1910.0	**749.2**
1998	**1447.5**	1441.9		1302.7	884.6	2165.1	**856.5**
1999	**1353.6**	1485.2		1152.3	898.2	1833.2	**868.4**
2000	**1640.8**	2345.3		1230.6	957.9	1849.4	**854.0**
2001	**1665.8**	2220.6		1174.2	869.9	2114.5	**947.0**
2002	**1699.7**	2521.0		1273.6	1102.0	2182.8	**943.1**
2003	**1804.8**	2135.8		1463.1	1215.1	2175.5	**1122.2**
2004	**2132.5**	2848.5		1681.8	1464.3	2566.6	**1363.3**
2005	**2107.1**	2494.3		2512.8	1384.2	2470.3	**1680.0**
2006	**2582.5**	2803.6		2610.1	1730.6	3739.4	**1799.7**
2007	**2804.1**	3353.2		2776.6	2179.0	3174.7	**2070.4**
2008	**3190.7**	3510.6		2978.9	2620.9	3905.8	**2463.0**
2009	**3410.5**	3763.6		3322.1	2723.5	4185.2	**2563.3**
2010	**3763.0**	4254.6		3495.9	3148.7	4362.9	**3085.4**
2011	**4603.7**	5099.5	5208.7	4657.6	3770.2	5499.0	**3793.2**
2012	**5409.7**	6273.5	5699.3	5121.6	4347.2	6329.8	**4248.2**
2013	**6573.8**	7674.1	6185.6	5846.0	5003.0	7146.0	**4731.0**
2014	**7372.5**	9028.7	6197.2	7334.1	6006.4	7547.8	**5862.8**
2015	**8022.2**	9706.5	6593.9	7850.2	6898.6	8211.2	**6520.7**
2016	**8486.8**	10718.4	7154.6	8786.2	7410.9	8106.9	**6883.7**
2017	**9022.6**	11271.7	8133.6	9280.4	7814.5	8935.5	**7678.1**
2018	**9688.3**	12098.2	8925.9	9818.0	8135.3	9811.6	**7992.0**
2019	**10875.7**	12731.3	9958.3	11480.1	9098.5	10999.1	**8704.3**
2020	**11025.1**	11850.7	10705.2	10966.3	9614.2	11545.2	**9699.2**
2021	**12423.1**	14563.2	11620.9	12655.7	10041.3	12732.6	**10885.3**
2022	**12152.8**	14958.0	10357.0	12812.1	9103.0	12604.1	**10506.5**

continued

(yuan/person)

原州区 Yuanzhou	西吉县 Xiji	隆德县 Longde	泾源县 Jingyuan	彭阳县 Pengyang	**中卫市 Zhongwei**	沙坡头区 Shapotou	中宁县 Zhongning	海原县 Haiyuan
118.1	133.2	149.7	97.7			226.3	234.6	130.0
155.8	160.3	194.3	121.1			218.8	269.8	149.6
227.2	181.1	185.5	163.9	164.2		255.9	281.8	176.1
259.7	198.6	205.6	171.1	166.5		323.1	335.4	211.4
273.8	205.5	242.0	134.2	196.1		366.2	318.7	208.7
266.4	235.8	235.7	145.7	222.4		399.2	423.9	224.0
272.3	242.8	311.4	179.6	247.2		478.9	451.9	269.5
330.5	270.3	324.5	220.5	297.2		495.3	471.7	253.9
386.3	316.2	386.3	225.2	321.8		545.9	580.7	285.6
452.5	355.3	389.6	243.8	364.8		681.5	674.0	310.7
380.8	347.4	420.9	382.5	397.1		640.5	704.1	291.4
600.0	488.9	616.9	463.5	676.4		861.5	996.6	534.6
691.7	622.1	856.6	540.0	824.0		1350.9	1065.2	683.4
763.9	646.7	932.3	613.4	857.5		1429.1	1361.6	720.6
721.9	803.3	934.0	602.9	791.8		1549.5	1753.3	624.7
787.0	782.8	991.7	769.6	932.9		1623.2	1772.4	850.1
885.5	826.1	826.1	781.6	926.6		1436.8	1699.4	751.8
984.6	965.3	1110.4	804.1	752.7		1600.2	1982.4	677.7
1138.2	987.5	1109.1	804.4	802.6		1684.9	2033.9	700.0
969.7	990.1	972.4	877.4	1034.0		1635.7	1987.0	791.9
1244.7	1147.3	1073.3	1040.2	1007.6		1909.2	2244.8	1084.7
1429.1	1406.5	1164.1	1264.9	1362.1	**2146.2**	2892.2	2700.0	1241.2
1716.4	1652.6	1679.9	1834.6	1591.6	**1985.9**	2141.6	2897.9	1287.5
1643.9	1856.9	1958.5	2192.3	1657.9	**2142.1**	2353.1	3141.6	1340.6
1917.3	2076.7	2191.1	2432.2	2073.1	**2586.6**	2994.4	3812.9	1466.4
2298.1	2370.1	2743.4	2940.1	2518.9	**3060.2**	3781.1	4099.9	1828.9
2518.9	2478.8	2793.1	2722.5	2560.2	**3589.9**	4161.4	4814.8	2283.5
3002.2	3331.5	2968.9	3202.2	2767.4	**3876.6**	4775.5	4932.1	2422.0
4160.0	3650.5	3801.9	4114.1	3469.4	**4915.9**	6064.8	5541.5	3453.3
4209.4	3869.2	4383.6	4982.4	4549.0	**5669.7**	7034.9	6573.5	3797.1
5075.1	4501.4	5181.5	3946.5	4672.9	**6286.1**	7301.2	7081.1	4802.5
6175.0	5507.1	6540.4	5439.1	5757.5	**7133.0**	8387.2	7512.4	5957.4
7760.3	5780.6	6883.5	6013.6	6129.8	**7676.4**	8996.6	8483.8	6469.1
8268.3	6119.6	7594.3	6492.3	6296.4	**8271.5**	9920.5	9327.6	6670.0
9233.4	6665.1	8986.3	7030.9	6805.5	**8909.7**	11106.2	10308.7	7214.7
8936.9	7217.3	10618.8	6475.6	7817.1	**9466.0**	11863.9	10727.6	7542.6
9317.9	7963.2	11157.0	7156.0	8785.9	**10226.8**	12802.8	11173.7	8718.6
9658.4	9580.6	11851.1	7487.7	9599.1	**10553.9**	12606.4	12043.8	9230.3
11288.7	10743.2	12686.7	8473.1	10615.5	**12358.4**	15842.9	13104.7	10764.6
10892.4	10358.8	11001.3	8918.4	10680.9	**11093.5**	14187.2	11868.2	9728.5

2-61 2022年全区全体居民家庭按可支配收入等距五组分组资料

指标名称	Item	单位	Unit
一、家庭人口基本情况	Basic Statistics of Households Surveyed		
(一)户均常住人口	Average Number of Permanent Residents per Household	人/户	person/household
(二)户均常住从业人口	Average Number of Employed Persons per Household	人/户	person/household
(三)平均每户家庭从业人口比重	Proportion of Employed Persons per Household	%	%
(四)平均每一从业人口负担人数	Average Number of Dependency Coefficient per Employed Persons	人	person
(五)平均每户供养的在校学生	Supported Students in School by the Family	人/户	person/household
(六)户均整半劳动力人口	Whole and Half Labor Force per Household	人/户	person/household
(七)平均每户家庭整半劳动力人口比重	Proportion of Whole and Half Labor Force per Household	%	%
(八)常住劳动力年龄构成	Age Composition of Permanent Employed Persons		
1.16-19岁	Aged 16-19	%	%
2.20-24岁	Aged 20-24	%	%
3.25-29岁	Aged 25-29	%	%
4.30-34岁	Aged 30-34	%	%
5.35-40岁	Aged 35-40	%	%
6.41-50岁	Aged 41-50	%	%
7.51-60岁	Aged 51-60	%	%
8.61-65岁	Aged 61-65	%	%
9.66岁及以上	Aged 66 and over	%	%
(九)常住就业劳动力文化程度	Culture Level of Employed Labors		
1.未上过学	No Schooling	%	%
2.小学程度	Primary School	%	%
3.初中程度	Junior Middle School	%	%
4.高中程度	Senior Middle School	%	%
5.大学专科	Junior College	%	%
6.大学本科	Bachelor Degree	%	%
7.研究生	Postgraduate	%	%
(十)常住就业劳动力就业类型	Type of Employment of Permanent Employed Persons		
1.雇主	Employer	%	%
2.公职人员	Civil Servants	%	%
3.事业单位人员	Institution Officers	%	%
4.国有企业雇员	State-owned Enterprises Employees	%	%
5.其他雇员	Other Employees	%	%
6.农业自营	Self-employed of Agriculture	%	%
7.非农业自营	Self-employed of Non-agriculture	%	%

Basic Statistics of Grouped by per Capita Disposable Income Quintile for Urban and Rural Households (2022)

总计 Total	20%低收入户 20% Low Income	20%中低收入户 20% Lower-middle Income	20%中等收入户 20% Middle Income	20%中上收入户 20% Upper-middle Income	20%高收入户 20% High Income
3.2	4.1	3.6	3.2	2.8	2.5
1.6	1.7	1.7	1.7	1.5	1.2
48.2	42.3	47.0	53.1	53.0	48.1
2.1	2.4	2.1	1.9	1.9	2.1
0.8	1.3	0.9	0.8	0.4	0.4
2.2	2.4	2.3	2.2	2.2	2.0
68.4	58.2	64.5	68.7	77.9	79.7
0.6	1.1	0.7	0.6	0.2	0.1
3.4	4.8	3.4	4.7	2.4	1.5
4.3	6.5	4.8	3.7	3.9	2.0
7.9	9.3	8.3	10.9	6.9	3.7
11.9	15.3	13.6	11.1	10.6	8.3
26.8	29.1	28.0	28.1	22.7	25.5
25.6	17.4	22.8	28.7	32.7	28.0
7.0	4.8	6.3	5.2	8.4	11.1
12.4	11.9	12.2	7.2	12.1	19.7
9.5	17.7	11.3	7.9	6.1	2.6
21.0	31.7	26.8	19.6	16.4	8.2
34.5	36.3	40.2	40.1	36.3	17.5
15.9	10.1	13.2	18.5	20.3	18.1
10.1	2.9	5.4	10.0	10.5	24.0
8.4	1.1	3.0	3.8	9.9	27.1
0.6	0.2	0.1	0.1	0.4	2.3
0.2	0.2	0.2	0.3	0.1	0.5
2.1			0.8	1.3	11.3
5.5		0.3	0.5	6.1	27.1
3.6	0.2	0.1	2.6	5.7	12.3
51.8	43.5	55.5	62.7	58.0	35.4
25.8	49.0	30.0	21.9	14.8	5.5
10.9	7.1	13.9	11.2	14.0	7.9

2-61 续表

指标名称	Item	单位	Unit
二、家庭经营情况	Basic Statistics of Business of Households Surveyed		
(一)生产经营户	Production Households	%	%
1.农业户	Agriculture Households	%	%
2.农业兼业户	Agriculture with Combined Occupations	%	%
3.非农业兼业户	Non-agriculture with Combined Occupations	%	%
4.非农业户	Non-agriculture Households	%	%
(二)非生产经营户	Non-production Households	%	%
三、年末生产性固定资产原价	Original Price of Productive Fixed Assets Year-end	元/户	yuan/household
(一)第一产业固定资产原价	The Primary Industry	元/户	yuan/household
1.农业固定资产原价	Agriculture	元/户	yuan/household
2.林业固定资产原价	Forestry	元/户	yuan/household
3.牧业固定资产原价	Animal Husbandry	元/户	yuan/household
4.渔业固定资产原价	Fishery	元/户	yuan/household
5.农林牧渔专业及辅助性活动固定资产原价	Agriculture, Forestry, Animal Husbandry, Fishery and Auxiliary Activities	元/户	yuan/household
(二)第二产业固定资产原价	The Secondary Industry	元/户	yuan/household
1.采矿业固定资产原价	Mining Industry	元/户	yuan/household
2.制造业固定资产原价	Manufacturing Industry	元/户	yuan/household
3.电力热力燃气及水生产和供应业	Production and Supply of Electric, Heat, Gas and Water	元/户	yuan/household
4.建筑业固定资产原价	Construction Industry	元/户	yuan/household
(三)第三产业固定资产原价	The Tertiary Industry	元/户	yuan/household
1.批发和零售业	Wholesales and Retail Trade	元/户	yuan/household
2.交通运输仓储和邮政业	Transportation, Warehousing and Postal Services	元/户	yuan/household
3.住宿和餐饮业	Hotel and Catering Sectors	元/户	yuan/household
4.房地产业	Real Estate	元/户	yuan/household
5.租赁和商务服务业	Leasing and Business Service	元/户	yuan/household
6.居民服务修理和其他服务业	Residential Services, Repair and Other Services	元/户	yuan/household
7.其他行业	Others	元/户	yuan/household
四、年末主要生产性固定资产数量	Quantity of Main Productive Fixed Assets Year-end		
1.农业生产性用房及建筑物	House and Buildings for Agricultural Production	平方米/百户	sq.m/100 households
2.大中型农用拖拉机	Large and Medium Agrimotor	辆/百户	unit/100 households
3.小型农用拖拉机	Small Agrimotor	辆/百户	unit/100 households
4.农用排灌动力机械	Drainage and Irrigation Power Machinery for Agriculture	台/百户	unit/100 households
5.插秧机	Rice Transplanter	台/百户	unit/100 households
6.收割机	Harvesting Implements	台/百户	unit/100 households
7.脱粒机	Threshing Machine	台/百户	unit/100 households
8.产品畜	Livestock Products	头/百户	unit/100 households
9.其他农业机械	Other Agricultural Machinery	台/百户	unit/100 households

continued

总计 Total	20%低收入户 20% Low Income	20%中低收入户 20% Lower-middle Income	20%中等收入户 20% Middle Income	20%中上收入户 20% Upper-middle Income	20%高收入户 20% High Income
51.5	64.7	62.2	52.9	48.5	21.3
58.8	73.8	58.3	56.7	48.4	37.5
6.0	2.4	6.9	8.1	6.5	7.3
5.7	5.9	6.5	4.4	6.7	3.6
29.5	17.9	28.2	30.8	38.3	51.5
48.5	35.3	37.8	47.1	51.5	78.7
32705.1	52806.2	38126.8	39704.6	22224.2	10698.8
13110.4	22440.6	16350.4	11996.9	9784.8	4990.3
5536.4	9461.5	6821.9	4724.0	5324.9	1353.5
7.5	12.5	11.4	13.4		
7237.5	12384.5	9110.4	7044.6	4019.4	3635.3
329.1	582.0	406.8	214.9	440.5	1.4
857.0	707.3	1514.0	1064.1	187.2	813.5
322.5		1514.0	3.7	93.5	1.7
534.5	707.3		1060.4	93.7	811.8
18737.7	29658.3	20262.4	26643.6	12252.2	4895.0
6123.7	9941.2	3501.3	9431.2	5287.8	2462.6
10203.4	15363.0	14067.6	16092.3	4392.4	1118.8
620.4	676.1	1551.0	108.0	763.9	3.0
92.9				464.0	
1292.4	2901.5	639.2	604.9	1006.2	1310.3
404.9	776.5	503.2	407.2	337.9	0.3
4778.8	7693.9	4551.7	3584.2	5088.3	2976.9
4.5	14.3	2.9	2.5	2.4	0.3
19.3	32.4	26.0	18.2	16.5	3.3
0.8	0.7	0.5	1.3	0.8	0.8
0.1	0.3			0.2	
0.8	1.4	1.7	0.3	0.6	0.0
2.4	3.5	3.1	2.6	2.0	0.9
64.3	85.8	56.6	52.3	20.7	105.9
—	—	—	—	—	—

2-61-1 2022年全区全体居民家庭按可支配收入等距五组分组资料

指标名称	Item	单位	Unit
一、期末现住房情况	Current House Condition of Term End		
(一)住房面积	Housing Area		
人均现住房面积	Per Capita Current Housing Area	平方米/人	sq.m/person
户均现住房面积	Per Household Current Housing Area	平方米/户	sq.m/household
人均自有现住房面积	Per Capita Self-owned Current Housing Area	平方米/人	sq.m/person
户均自有现住房面积	Per Household Self-owned Current Housing Area	平方米/户	sq.m/household
(二)住房市场价月租金	Monthly Rent of Housing		
现住房市场价月租金	Monthly Rent of Current Housing	元/人	yuan/person
自有现住房市场价月租金	Monthly Rent of Self-owned Current Housing	元/人	yuan/person
二、期末现住房购成	Current Housing Constitute of Term End		
(一)本住户居住空间样式	House Construction Space Style	%	%
1.单栋楼房	Single Building	%	%
2.单栋平房	Single Bungalow	%	%
3.四居室及以上单元房	House with Four Bedrooms and Above	%	%
4.三居室单元房	House with Three Bedrooms	%	%
5.二居室单元房	House with Two Bedrooms	%	%
6.一居室单元房	House with One Bedrooms	%	%
7.其他	Others	%	%
(二)主要建筑材料	Main Building Materials	%	%
1.钢筋混凝土	Reinforced Concrete	%	%
2.砖混材料	Brick and Concrete	%	%
3.砖瓦砖木	Brick and Wood	%	%
4.竹草土坯	Bamboo Grass Adobe	%	%
5.其他	Others	%	%
(三)现住房房屋来源	Current Housing Source	%	%
1.租赁公房	Public House Leasing	%	%
2.租赁私房	Private House Leasing	%	%
3.自建住房	Self-built Housing	%	%
4.购买商品房	Commercial Residential Building	%	%
5.购买房改住房	Reformed Housing	%	%
6.购买保障性住房	Security Housing	%	%
7.拆迁安置房	Removal Settlement Housing	%	%
8.继承或获赠住房	Inheritance or Gift Housing	%	%
9.免费借用房	Borrow Housing for Free	%	%
10.雇主提供免费住房	Provide Free Housing from Employer	%	%
11.其他	Others	%	%
(四)现住房建筑面积	Buildings Area for Current Housing	%	%
1.10平方米以内	Less than 10 sq.m	%	%
2.10-20平方米	10-20 sq.m	%	%
3.20-30平方米	20-30 sq.m	%	%
4.30-60平方米	30-60 sq.m	%	%
5.60-90平方米	60-90 sq.m	%	%
6.90-120平方米	90-120 sq.m	%	%
7.120-200平方米	120-200 sq.m	%	%
8.200平方米以上	200 sq.m above	%	%

Basic Statistics of Grouped by per Capita Disposable Income Quintile for Urban and Rural Households (2022)

总计 Total	20%低收入户 20% Low Income	20%中低收入户 20% Lower-middle Income	20%中等收入户 20% Middle Income	20%中上收入户 20% Upper-middle Income	20%高收入户 20% High Income
34.0	28.3	30.5	34.0	36.4	45.6
110.0	116.8	108.2	110.0	101.6	113.2
33.1	27.8	28.9	33.3	35.4	44.7
107.1	115.0	102.8	108.0	98.9	111.0
192.6	84.0	123.9	191.5	242.2	417.3
187.2	81.7	116.6	190.1	232.2	408.9
0.8	0.8	1.2	0.2	0.3	1.3
42.4	78.0	58.6	40.5	26.0	8.7
1.7	0.3		2.3	0.7	5.3
22.9	11.0	12.8	20.0	26.6	43.9
30.9	9.1	24.1	36.3	44.5	40.3
1.4	0.8	3.2	0.8	1.8	0.5
37.8	14.2	22.5	39.8	46.1	66.6
35.3	32.6	43.2	34.0	37.5	29.3
26.7	52.6	34.3	26.3	16.4	4.1
0.1	0.3				
0.1	0.3				
0.9	0.3	2.9	0.6	0.3	0.3
1.7	0.9	2.4	0.8	2.9	1.7
41.2	75.8	57.2	39.4	25.4	8.2
42.0	13.2	24.4	45.3	53.9	73.0
1.2	0.2	0.8		1.9	3.0
2.8	1.2	1.2	1.1	3.5	6.7
9.2	7.6	8.8	11.6	11.9	6.3
0.1		0.5			
0.8	0.8	1.8	0.6		0.7
0.2		0.2	0.6	0.3	
0.1		0.4			
7.0	8.7	10.9	5.6	5.5	4.1
28.2	18.5	26.8	31.0	37.8	26.8
36.1	36.3	34.3	36.8	39.5	33.5
25.8	32.8	25.2	22.4	16.2	32.2
2.9	3.7	2.4	4.2	1.0	3.3

2-61-1 续表

指标名称	Item	单位	Unit
(五)住户主要饮用水来源情况	Main Sources of Drinking Water for Households	%	%
1.经过净化处理的自来水	Purified Tap Water	%	%
2.受保护的井水和泉水	Protected Well and Spring Water	%	%
3.不受保护的井水和泉水	Unprotected Well and Spring Water	%	%
4.江河湖泊水	River and Lake Water	%	%
5.收集雨水	Collect Rainwater	%	%
6.桶装水	Barreled Water	%	%
7.其他水源	Other Water	%	%
(六)厨房使用情况	Kitchen Usage	%	%
1.住宅内独用	Use Alone in the House	%	%
2.住宅内合用	Residential Sharing	%	%
3.院内独用	Use Alone in the Courtyard	%	%
4.院内合用	Share in the Courtyard	%	%
5.其他地方独用	Use Alone Other Places	%	%
6.其他地方合用	Share Other Places	%	%
7.无厨房	No Kitchen	%	%
(七)主要炊用能源状况	Main Energy Condition for Cooking	%	%
1.柴草	Firewood	%	%
2.煤炭	Coal	%	%
3.罐装液化石油气	Canned Liquefied Petroleum Gas	%	%
4.管道液化石油气	Pipeline Liquefied Petroleum Gas	%	%
5.管道煤气	Pipeline Coal Gas	%	%
6.管道天然气	Pipeline Natural Gas	%	%
7.电	Electricity	%	%
8.燃料用油	Fuel Oils	%	%
9.沼气	Biogas	%	%
10.其他	Others	%	%
11.无炊用行为	No Heating Behavior	%	%
(八)住户厕所类型	Residence Toilet Type	%	%
1.水冲式卫生厕所	Water Flushing Sanitary Toilet	%	%
2.水冲式非卫生厕所	Water Flushing Insanitary Toilet	%	%
3.卫生旱厕	Sanitary Pit Latrine	%	%
4.普通旱厕	General Pit Latrine	%	%
5.无厕所	No Toilet	%	%
(九)住户厕所使用情况	Using Condition for Residence Toilet	%	%
1.住宅内独用	Use Alone in the House	%	%
2.住宅内合用	Residential Sharing	%	%
3.院内独用	Use Alone in the Courtyard	%	%
4.院内合用	Share in the Courtyard	%	%
5.其他地方独用	Use Alone Other Places	%	%
6.其他地方合用	Share Other Places	%	%
7.公用厕所	Public Toilet	%	%
(十)住户主要取暖设备状况	Main Heating Equipment Condition for Residence	%	%
1.由市政或小区集中供暖	Central Heating by Government or Housing Estate	%	%
2.自行供暖	Self Heating	%	%
3.无取暖设备	No Heating Equipment	%	%

continued

总计 Total	20%低收入户 20% Low Income	20%中低收入户 20% Lower-middle Income	20%中等收入户 20% Middle Income	20%中上收入户 20% Upper-middle Income	20%高收入户 20% High Income
99.2	97.7	98.9	99.5	99.6	100.0
0.8	2.3	1.1	0.5	0.4	
88.4	78.0	80.7	89.7	95.2	98.3
0.4	1.3	0.2	0.2	0.2	
11.2	20.7	19.0	10.1	4.6	1.7
0.4	1.6	0.1	0.5		
3.6	6.8	4.9	2.5	2.4	1.7
10.1	9.8	13.5	9.4	10.0	7.6
46.0	17.1	30.0	47.6	59.8	75.4
39.7	64.7	51.5	39.7	27.8	15.2
				0.1	
			0.3		
68.1	34.5	55.9	71.2	84.2	94.9
1.7	2.0	2.9	1.4	1.7	0.5
8.7	16.5	12.4	6.3	6.4	2.0
21.4	47.0	28.8	21.2	7.7	2.6
77.5	56.9	65.2	81.0	87.8	96.7
0.2	0.6	0.3	0.1		0.2
20.6	39.4	32.6	16.7	11.6	2.6
0.1	0.3		0.0		
1.5	2.6	1.7	2.2	0.6	0.3
0.1	0.3	0.2			0.2
50.3	16.3	34.5	50.8	66.9	83.1
49.7	83.7	65.5	49.2	33.1	16.9

2-61-2　2022年全区全体居民家庭按可支配收入等距五组分组资料

指标名称	Item	单位	Unit
全年总收入	Total Revenue	元/人	yuan/person
1.工资性收入	Income from Wages and Salaries	元/人	yuan/person
2.经营性收入	Business Income	元/人	yuan/person
(1)第一产业收入	The Primary Industry	元/人	yuan/person
农业收入	Agriculture	元/人	yuan/person
林业收入	Forestry	元/人	yuan/person
牧业收入	Animal Husbandry	元/人	yuan/person
渔业收入	Fishery	元/人	yuan/person
(2)第二产业收入	The Secondary Industry	元/人	yuan/person
工业收入	Industry	元/人	yuan/person
建筑业收入	Construction Industry	元/人	yuan/person
(3)第三产业收入	The Tertiary Industry	元/人	yuan/person
批发零售业收入	Wholesale and Retail Revenue	元/人	yuan/person
交通运输业收入	Transportation Industry	元/人	yuan/person
住宿和餐饮业	Hotel and Catering Sectors	元/人	yuan/person
房地产业	Real Estate	元/人	yuan/person
租赁和商务服务业	Leasing and Business Service	元/人	yuan/person
居民服务修理和其他服务业	Residential Services, Repair and Other Services	元/人	yuan/person
其他	Others	元/人	yuan/person
农林牧渔服务业	Agriculture, Forestry, Animal Husbandry and Fishery Services	元/人	yuan/person
3.财产性收入	Income from Property	元/人	yuan/person
红利收入	Dividend Income	元/人	yuan/person
#转让承包土地经营权租金收入	Rental Income from the Management Rights Transfer of Land Contracted	元/人	yuan/person
4.转移性收入	Income from Transfer	元/人	yuan/person
#养老金或离退休金	Pension or Retirement Benefits	元/人	yuan/person
报销医疗费	Reimbursement of Medical Expenses	元/人	yuan/person
政策性惠农补贴	Political Subsidy Supporting Agriculture	元/人	yuan/person
5.非收入所得	Non-income Revenue	元/人	yuan/person
(1)出售资产所得	Proceeds from Sale of Assets	元/人	yuan/person
(2)非经常性转移所得	Income from Non-recurrent Transfers	元/人	yuan/person
(3)其他非收入所得	Other Non-income Revenue	元/人	yuan/person
6.借贷性所得	Borrowing Income	元/人	yuan/person
(1)提取储蓄存款	Dissaving	元/人	yuan/person
(2)借入款	Borrowed	元/人	yuan/person
(3)收回借出款	Recall the Loan	元/人	yuan/person

Basic Statistics of Grouped by per Capita Disposable Income Quintile for Urban and Rural Households (2022)

总计 Total	20%低收入户 20% Low Income	20%中低收入户 20% Lower-middle Income	20%中等收入户 20% Middle Income	20%中上收入户 20% Upper-middle Income	20%高收入户 20% High Income
38240.9	17288.2	24540.7	33598.8	48922.3	86692.7
17752.8	4831.1	8750.9	15632.4	21988.2	50098.0
11142.2	9599.8	11387.1	11738.8	13366.9	10080.9
6632.7	6874.6	6948.8	6862.8	6891.7	5188.6
2910.0	2950.0	3223.9	3437.2	3404.7	1153.0
49.4	69.2	59.5	59.1	28.3	13.4
3673.3	3855.4	3665.5	3366.4	3458.7	4022.2
484.0	150.6	86.6	431.7	698.9	1433.1
54.8		83.6	116.0	74.5	2.2
429.3	150.6	3.0	315.3	624.4	1430.9
4025.5	2574.6	4351.8	4444.4	5776.3	3459.2
1368.9	418.7	1394.6	1119.5	2881.8	1537.2
1847.2	1669.5	2364.4	2399.5	1617.2	942.5
181.8	221.8	177.5	237.2	221.4	5.3
15.7				90.9	
405.9	90.4	269.0	487.3	506.6	906.5
102.3	45.4	115.4	120.8	239.0	0.1
103.8	128.7	30.9	80.0	219.4	67.7
1354.9	382.0	689.5	1159.2	1813.5	3662.6
89.9	16.5	38.6	65.8	127.8	274.3
248.2	227.0	264.3	283.8	286.9	170.6
7991.0	2475.2	3713.1	5068.4	11753.9	22851.1
5830.7	642.4	1727.8	2659.5	9143.8	20725.4
516.1	163.8	238.8	391.1	903.9	1225.2
421.6	519.6	467.9	527.9	390.4	89.2
2755.3	3230.8	1781.8	2508.9	3308.6	3054.8
816.2	1320.3	154.4	1043.6	1029.3	388.1
1843.2	1846.6	1530.4	1392.6	2126.7	2553.1
95.8	63.9	97.0	72.7	152.6	113.6
3700.3	3716.7	3909.6	3498.5	3321.5	4062.1
1205.8	581.8	1036.3	1160.6	1644.9	2050.9
437.3	1014.9	293.8	374.5	226.1	1.2
106.9	33.4	139.2	114.8	96.6	184.4

2-61-2 续表

指标名称	Item	单位	Unit
(4)收回储蓄性保险本金	Redemption of Deposit Insurance Principal	元/人	yuan/person
(5)银行信用社得到的贷款	Bank Loan	元/人	yuan/person
(6)其他借贷所得	Income from Other Loans	元/人	yuan/person
全年总支出	Total Expenditure	元/人	yuan/person
1.生活消费支出	Living Expenditure	元/人	yuan/person
2.生产经营费用支出	Expenditure for Household Business	元/人	yuan/person
(1)第一产业生产支出	The Primary Industry	元/人	yuan/person
农业生产支出	Agriculture	元/人	yuan/person
林业生产支出	Forestry	元/人	yuan/person
牧业生产支出	Animal Husbandry	元/人	yuan/person
渔业生产支出	Fishery	元/人	yuan/person
(2)第二产业生产支出	The Secondary Industry	元/人	yuan/person
工业生产支出	Industry	元/人	yuan/person
建筑业生产支出	Construction Industry	元/人	yuan/person
(3)第三产业生产支出	The Tertiary Industry	元/人	yuan/person
批发和零售业	Wholesale and Retail Revenue	元/人	yuan/person
交通运输仓储和邮政业	Transportation Industry	元/人	yuan/person
住宿和餐饮业	Hotel and Catering Sectors	元/人	yuan/person
房地产业	Real Estate	元/人	yuan/person
租赁和商务服务业	Leasing and Business Service	元/人	yuan/person
居民服务修理和其他服务业	Residential Services, Repair and Other Services	元/人	yuan/person
其他	Others	元/人	yuan/person
农林牧渔服务业	Agriculture, Forestry, Animal Husbandry and Fishery Services	元/人	yuan/person
3.财产性支出	Property Expenditure	元/人	yuan/person
4.转移性支出	Transfer Expenditure	元/人	yuan/person
5.部分商业保险支出	Commercial Insurance Expenditure	元/人	yuan/person
6.购置资产及非经常性转移支出	Acquisition of Assets and Non-recurrent Transfer Expenses	元/人	yuan/person
(1)建造住房支出	Build Housing	元/人	yuan/person
(2)购买住房支出	Purchase House	元/人	yuan/person
(3)购建第一产业生产性固定资产	Purchase and Build the Productive Fixed Assets of the Primary Industry	元/人	yuan/person
(4)购建第二产业生产性固定资产支出	Purchase and Build the Productive Fixed Assets of the Secondary Industry	元/人	yuan/person
(5)购建第三产业生产性固定资产支出	Purchase and Build the Productive Fixed Assets of the Tertiary Industry	元/人	yuan/person
(6)非经常性转移支出	Non-recurrent Transfer Expenditures	元/人	yuan/person
7.借贷性支出	Borrowing Expenditure	元/人	yuan/person

continued

总计 Total	20%低收入户 20% Low Income	20%中低收入户 20% Lower-middle Income	20%中等收入户 20% Middle Income	20%中上收入户 20% Upper-middle Income	20%高收入户 20% High Income
13.8				21.8	65.5
1914.2	2023.8	2440.3	1819.4	1329.9	1760.1
22.3	62.8		29.3	2.2	
35729.7	27093.9	27463.5	33138.2	41167.9	59161.9
19136.3	11366.7	13833.7	18200.5	23287.6	36183.6
5285.3	8433.9	5297.5	3882.1	4414.1	2839.5
4119.5	6897.7	3894.9	3147.5	3362.2	1938.3
1239.1	1778.9	1226.7	1215.1	1266.4	360.3
12.6	17.1	13.1	16.5	8.3	4.1
2867.6	5101.7	2655.1	1915.2	2087.5	1573.9
0.1		0.0	0.6	0.0	
113.6	30.0	0.7	58.1	172.9	419.6
4.7		0.3	11.5	13.6	0.2
108.9	30.0	0.5	46.6	159.4	419.4
1052.2	1506.1	1401.9	676.5	879.0	481.7
71.4	101.0	56.2	24.1	126.7	43.3
838.4	1182.2	1258.1	531.5	637.4	293.0
54.3	192.2	8.3	17.4		
0.1				0.8	
43.6	3.8	48.7	37.3	13.2	145.0
24.1	1.0	25.5	52.7	44.6	0.0
20.2	26.0	5.1	13.6	56.5	0.4
449.2	245.4	262.0	420.7	598.3	925.1
2233.9	1033.1	1188.2	1948.5	2700.3	5572.1
377.4	124.6	172.7	309.3	410.0	1142.0
5458.9	3431.7	5027.3	5426.1	7548.8	7141.0
217.9	88.2	148.5	520.4	314.8	29.6
2041.9	953.8	2251.0	2185.6	2783.0	2532.2
239.5	316.3	234.3	137.3	381.2	93.2
19.7			98.4		0.1
174.1	335.8	196.6	187.8	24.1	23.9
2735.1	1733.5	2171.3	2273.6	3957.9	4432.9
2788.7	2458.5	1682.1	2950.9	2208.8	5358.6

2-61-3 2022年全区全体居民家庭按可支配收入等距五组分组资料

指标名称	Item	单位	Unit
可支配收入	Disposable Income	元/人	yuan/person
(一)工资性收入	Income from Wages and Salaries	元/人	yuan/person
(二)经营净收入	Net Business Income	元/人	yuan/person
1.第一产业经营净收入	The Primary Industry	元/人	yuan/person
(1)农业	Agriculture	元/人	yuan/person
(2)林业	Forestry	元/人	yuan/person
(3)牧业	Animal Husbandry	元/人	yuan/person
(4)渔业	Fishery	元/人	yuan/person
2.第二产业经营净收入	The Secondary Industry	元/人	yuan/person
(1)工业	Industry	元/人	yuan/person
(2)建筑业	Construction Industry	元/人	yuan/person
3.第三产业经营净收入	The Tertiary Industry	元/人	yuan/person
(1)批发和零售业	Wholesale and Retail Revenue	元/人	yuan/person
(2)交通运输仓储和邮政业	Transportation Industry	元/人	yuan/person
(3)住宿和餐饮业	Hotel and Catering Sectors	元/人	yuan/person
(4)房地产业	Real Estate	元/人	yuan/person
(5)租赁和商务服务业	Leasing and Business Service	元/人	yuan/person
(6)居民服务修理和其他服务业	Residential Services, Repair and Other Services	元/人	yuan/person
(7)其他	Others	元/人	yuan/person
(8)农林牧渔服务业	Agriculture, Forestry, Animal Husbandry and Fishery Services	元/人	yuan/person
(三)财产净收入	Income from Property	元/人	yuan/person
1.红利收入	Dividend Income	元/人	yuan/person
#2.转让承包土地经营权租金收入	Rental Income from the Management Rights Transfer of Land Contracted	元/人	yuan/person
(四)转移净收入	Income from Transfer	元/人	yuan/person
#1.养老金或离退休金	Pension or Retirement Benefits	元/人	yuan/person
2.报销医疗费	Reimbursement of Medical Expenses	元/人	yuan/person
3.政策性惠农补贴	Political Subsidy Supporting Agriculture	元/人	yuan/person
现金可支配收入	Cash Disposable Income	元/人	yuan/person
实物可支配收入	Physical Disposable Income	元/人	yuan/person

Basic Statistics of Grouped by per Capita Disposable Income Quintile for Urban and Rural Households (2022)

总计 Total	20%低收入户 20% Low Income	20%中低收入户 20% Lower-middle Income	20%中等收入户 20% Middle Income	20%中上收入户 20% Upper-middle Income	20%高收入户 20% High Income
29599.3	6724.0	17077.3	26530.2	40678.5	77068.8
17752.8	4831.1	8750.9	15632.4	21988.2	50098.0
5183.8	314.1	5373.9	7039.4	8421.6	6954.2
2250.2	-375.7	2754.7	3472.8	3306.2	3116.4
1556.9	1018.5	1869.1	2124.9	2011.1	756.3
36.7	51.8	46.2	42.3	20.0	9.3
656.7	-1446.1	839.4	1306.2	1275.1	2350.8
-0.1		0.0	-0.6	0.0	
352.8	109.2	57.4	351.7	521.5	991.7
43.4		54.9	104.8	58.7	2.0
309.4	109.2	2.5	246.9	462.8	989.7
2580.9	580.7	2561.9	3215.0	4593.9	2846.1
1171.5	157.4	1272.6	901.3	2628.7	1427.8
798.7	239.5	842.2	1536.8	874.9	619.4
114.8	18.7	140.1	217.6	203.1	5.2
13.6				79.1	
335.6	39.9	208.2	437.6	469.4	726.3
69.8	31.8	80.5	59.8	186.4	0.1
76.8	93.4	18.2	62.0	152.4	67.3
905.7	136.6	427.5	738.5	1215.1	2737.5
89.9	16.5	38.6	65.8	127.8	274.3
248.2	227.0	264.3	283.8	286.9	170.6
5757.0	1442.1	2524.9	3119.8	9053.6	17279.0
5830.7	642.4	1727.8	2659.5	9143.8	20725.4
516.1	163.8	238.8	391.1	903.9	1225.2
421.6	519.6	467.9	527.9	390.4	89.2
28441.3	6657.9	16588.2	25548.9	38910.7	73594.6
1158.0	66.1	489.1	981.3	1767.8	3474.2

2-61-3 续表

指标名称	Item	单位	Unit
生活消费支出	Living Expenditure	元/人	yuan/person
(一)食品烟酒	Food, Tobacco and Liquor	元/人	yuan/person
#粮食	Grain	元/人	yuan/person
油脂	Oil and Fats	元/人	yuan/person
肉禽及制品	Meat, Poultry and Processed Products	元/人	yuan/person
蛋类及蛋制品	Eggs and Egg Products	元/人	yuan/person
水产品	Aquatic Products	元/人	yuan/person
蔬菜及菜制品	Vegetables and Vegetable Products	元/人	yuan/person
奶及奶制品	Milk and Processed Products	元/人	yuan/person
烟酒	Tobacco and Wine	元/人	yuan/person
饮料	Beverages	元/人	yuan/person
饮食服务	Catering Service	元/人	yuan/person
(二)衣着	Clothing	元/人	yuan/person
#服装	Garments	元/人	yuan/person
(三)居住	Residence	元/人	yuan/person
#住房维修及管理	Housing Maintenance and Management	元/人	yuan/person
水电燃料及其他	Water, Electricity, Fuels and Others	元/人	yuan/person
(四)生活用品及服务	Household Facilities, Articles and Services	元/人	yuan/person
#家用器具	Home Appliances	元/人	yuan/person
家具及室内装饰品	Articles for Interior Decoration	元/人	yuan/person
家用纺织品	Bed Articles	元/人	yuan/person
家庭日用杂品	Household Articles for Daily Use	元/人	yuan/person
(五)交通通信	Transport and Communications	元/人	yuan/person
#交通	Transport	元/人	yuan/person
通信	Communications	元/人	yuan/person
(六)教育文化娱乐	Education, Culture and Recreation	元/人	yuan/person
文化娱乐	Culture and Recreation	元/人	yuan/person
#教育	Education	元/人	yuan/person
(七)医疗保健	Health Care and Medical Services	元/人	yuan/person
#医疗器具及药品	Medical Instrument and Medicine	元/人	yuan/person
(八)其他用品及服务	Other Commodities and Services	元/人	yuan/person
服务性消费支出	Consumption Expenditure for Service	元/人	yuan/person
商品性消费支出	Consumption Expenditure for Commodity	元/人	yuan/person

continued

总计 Total	20%低收入户 20% Low Income	20%中低收入户 20% Lower-middle Income	20%中等收入户 20% Middle Income	20%中上收入户 20% Upper-middle Income	20%高收入户 20% High Income
19136.3	11366.7	13833.7	18200.5	23287.6	36183.6
5643.9	3496.8	4354.2	5572.0	7110.8	9501.4
608.8	519.1	567.4	618.8	675.0	730.0
188.6	179.3	186.9	183.9	201.3	198.2
1343.3	970.9	1139.7	1379.7	1608.8	1907.8
97.8	73.3	81.0	90.3	114.8	153.0
92.7	33.4	48.9	85.6	118.5	234.0
437.4	289.1	356.2	434.8	528.5	700.7
233.0	157.2	182.1	230.1	269.5	394.4
481.1	232.6	345.4	483.0	681.5	860.2
142.0	89.3	96.4	147.4	191.3	232.7
1208.2	417.2	726.5	1140.8	1763.5	2675.4
1260.8	678.7	910.4	1160.9	1467.4	2627.2
997.5	504.8	688.9	914.8	1155.8	2187.4
3681.8	2082.3	2411.5	3220.1	4903.8	7384.5
786.4	313.5	323.9	381.0	1549.8	1903.5
996.4	777.0	851.7	1009.8	1116.2	1415.7
1220.0	674.1	781.1	1013.6	1497.7	2711.3
285.6	148.0	169.7	241.4	338.8	677.9
187.6	104.8	96.7	87.9	262.1	501.4
104.9	63.9	64.9	96.5	123.5	220.1
234.1	151.6	185.9	228.3	270.7	406.3
2719.0	1542.7	2186.2	2784.1	2865.0	5186.6
2043.9	1070.7	1592.4	2095.2	2105.6	4170.6
675.1	472.1	593.8	688.9	759.3	1016.0
2129.8	1560.0	1730.1	2258.6	2015.3	3609.3
429.8	176.8	218.5	345.1	512.6	1169.5
1700.0	1383.2	1511.5	1913.5	1502.6	2439.8
2067.2	1171.4	1261.8	1844.0	2831.2	4139.7
600.4	341.0	411.5	451.3	705.4	1377.8
413.8	160.6	198.5	347.2	596.5	1023.6
7732.6	4306.1	5233.3	7491.0	9489.5	15340.9
11403.6	7060.6	8600.4	10709.5	13798.1	20842.7

2-61-4 2022年全区全体居民家庭按可支配收入等距五组分组资料

指标名称	Item	单位	Unit
一、粮食消费量	Grain	公斤/人	kg/person
(一)谷物消费量	Cereal	公斤/人	kg/person
1.小麦	Wheat	公斤/人	kg/person
2.稻谷	Rice	公斤/人	kg/person
3.玉米	Corn	公斤/人	kg/person
4.其他谷物	Others	公斤/人	kg/person
(二)薯类消费量	Tubers	公斤/人	kg/person
(三)豆类消费量	Beans	公斤/人	kg/person
二、油脂类消费量	Grease	公斤/人	kg/person
三、蔬菜及菜制品消费量	Vegetables and Processed Products	公斤/人	kg/person
四、肉禽及其制品	Meat, Poultry and Processed Products	公斤/人	kg/person
1.猪肉	Pork	公斤/人	kg/person
2.牛肉	Beef	公斤/人	kg/person
3.羊肉	Mutton	公斤/人	kg/person
4.家禽	Poultry	公斤/人	kg/person
5.其他肉类及制品	Others	公斤/人	kg/person
五、蛋类及蛋制品	Eggs and Processed Products	公斤/人	kg/person
六、水产品	Aquatic Products	公斤/人	kg/person
七、奶和奶制品	Milk and Processed Products	公斤/人	kg/person
八、食糖	Sugar	公斤/人	kg/person
九、鲜瓜果	Melons	公斤/人	kg/person
耐用消费品	Durable Consumer Goods		
家用汽车	Automobile	辆/百户	unit/100 households
摩托车	Motorcycle	辆/百户	unit/100 households
助力车	Powered Bicycle	台/百户	unit/100 households
洗衣机	Washing Machine	台/百户	unit/100 households
电冰箱(柜)	Refrigerator	台/百户	unit/100 households
微波炉	Microwave Oven	台/百户	unit/100 households
彩色电视机	Color TV Set	台/百户	unit/100 households
空调	Air Conditioner	台/百户	unit/100 households
热水器	Water Heater	台/百户	unit/100 households
洗碗机	Dishwasher	台/百户	unit/100 households
排油烟机	Smoke Exhaust Ventilator	台/百户	unit/100 households
固定电话	Telephone	线/百户	unit/100 households
移动电话	Mobile Telephone	部/百户	unit/100 households
计算机	Computer	台/百户	unit/100 households
照相机	Camera	台/百户	unit/100 households
中高档乐器	Secondary and Top Grade Musical Instrument	架/百户	unit/100 households
健身器材	Body-building Apparatus	台/百户	unit/100 households
空气净化器(含新风系统)	Air Purifier (Include Fresh Air System)	台/百户	unit/100 households
地面清洁电器	Ground Cleaning Appliances	台/百户	unit/100 households

Basic Statistics of Grouped by per Capita Disposable Income Quintile for Urban and Rural Households (2022)

总计 Total	20%低收入户 20% Low Income	20%中低收入户 20% Lower-middle Income	20%中等收入户 20% Middle Income	20%中上收入户 20% Upper-middle Income	20%高收入户 20% High Income
117.1	118.2	122.3	116.6	120.3	105.1
109.7	112.5	115.4	109.1	111.5	95.3
67.8	74.1	70.9	64.6	68.6	56.1
38.5	36.0	41.8	41.3	39.0	34.1
0.7	0.8	0.8	0.9	0.5	0.8
2.6	1.7	2.0	2.4	3.4	4.4
2.4	2.8	2.4	2.2	2.4	2.0
5.1	2.9	4.5	5.3	6.4	7.8
9.7	9.6	9.8	9.6	10.2	9.5
96.7	76.7	87.6	97.5	111.3	125.7
30.5	24.0	27.1	31.9	35.2	38.8
8.7	6.1	7.4	9.6	10.3	11.8
6.0	5.2	5.5	6.1	6.1	7.5
5.9	4.0	4.8	6.3	7.7	7.9
8.7	8.1	8.7	8.7	9.2	9.2
1.3	0.6	0.8	1.3	2.0	2.4
8.4	6.5	7.1	7.8	9.7	12.6
3.0	1.4	2.0	3.0	3.9	6.2
14.8	8.9	12.2	15.5	16.5	25.6
1.6	1.3	1.8	1.4	2.0	1.8
68.2	54.1	59.9	67.9	78.0	93.0
42.7	35.1	38.5	38.4	44.0	57.6
25.8	44.7	36.3	26.3	15.5	6.3
79.3	96.3	88.5	89.2	77.1	45.5
103.3	104.9	102.0	102.0	103.5	104.2
102.5	103.1	98.8	102.9	101.4	106.0
40.7	21.3	30.3	38.2	48.1	65.3
105.2	105.1	105.6	104.3	103.0	107.9
17.5	3.4	6.5	13.2	19.1	45.0
101.9	104.4	101.9	100.7	100.9	101.8
1.1		0.4	0.5	1.4	3.3
69.0	41.8	54.4	74.0	81.9	92.7
1.1	0.7	0.3	1.1	1.2	2.4
265.9	294.1	278.0	269.8	255.1	232.3
45.5	23.3	35.3	44.7	53.9	70.3
5.5	0.5	2.0	2.2	5.5	17.6
6.7	2.0	1.8	6.3	5.9	17.6
3.1	1.1	1.2	1.1	3.8	8.2
3.9	0.5	1.3	3.7	4.7	9.5
7.1	1.7	1.5	6.8	8.7	16.7

2-62 2022年全区城镇居民家庭按可支配收入等距五组分组资料

指标名称	Item	单位	Unit
一、家庭人口基本情况	Basic Statistics of Households Surveyed		
(一)户均常住人口	Average Number of Permanent Residents per Household	人/户	person/household
(二)户均常住从业人口	Average Number of Employed Persons per Household	人/户	person/household
(三)平均每户家庭从业人口比重	Proportion of Employed Persons per Household	%	%
(四)平均每一从业人口负担人数	Average Number of Dependency Coefficient per Employed Persons	人	person
(五)平均每户供养的在校学生	Supported Students in School by the Family	人/户	person/household
(六)户均整半劳动力人口	Whole and Half Labor Force per Household	人/户	person/household
(七)平均每户家庭整半劳动力人口比重	Proportion of Whole and Half Labor Force per Household	%	%
(八)常住劳动力年龄构成	Age Composition of Permanent Employed Persons		
1.16-19岁	Aged 16-19	%	%
2.20-24岁	Aged 20-24	%	%
3.25-29岁	Aged 25-29	%	%
4.30-34岁	Aged 30-34	%	%
5.35-40岁	Aged 35-40	%	%
6.41-50岁	Aged 41-50	%	%
7.51-60岁	Aged 51-60	%	%
8.61-65岁	Aged 61-65	%	%
9.66岁及以上	Aged 66 and over	%	%
(九)常住就业劳动力文化程度	Culture Level of Employed Labors		
1.未上过学	No Schooling	%	%
2.小学程度	Primary School	%	%
3.初中程度	Junior Middle School	%	%
4.高中程度	Senior Middle School	%	%
5.大学专科	Junior College	%	%
6.大学本科	Bachelor Degree	%	%
7.研究生	Postgraduate	%	%
(十)常住就业劳动力就业类型	Type of Employment of Permanent Employed Persons		
1.雇主	Employer	%	%
2.公职人员	Civil Servants	%	%
3.事业单位人员	Institution Officers	%	%
4.国有企业雇员	State-owned Enterprises Employees	%	%
5.其他雇员	Other Employees	%	%
6.农业自营	Self-employed of Agriculture	%	%
7.非农业自营	Self-employed of Non-agriculture	%	%

Basic Statistics of Grouped by per Capita Disposable Income Quintile for Urban Households (2022)

总计 Total	20%低收入户 20% Low Income	20%中低收入户 20% Lower-middle Income	20%中等收入户 20% Middle Income	20%中上收入户 20% Upper-middle Income	20%高收入户 20% High Income
3.0	3.4	3.3	2.9	2.6	2.5
1.4	1.4	1.6	1.4	1.2	1.2
46.0	40.8	48.8	47.0	44.7	49.5
2.2	2.4	2.1	2.1	2.2	2.0
0.7	1.1	0.9	0.5	0.4	0.4
2.1	2.1	2.2	2.2	2.1	2.0
71.1	61.2	66.1	74.8	79.5	78.5
0.4	0.9	0.8		0.2	0.1
2.7	3.0	4.8	1.6	2.8	1.2
3.2	3.3	4.0	4.1	2.7	1.9
7.7	8.8	11.8	8.6	6.2	2.8
12.8	17.0	15.8	12.4	9.8	8.2
29.6	38.3	34.1	23.9	21.7	30.0
24.8	19.1	22.0	27.2	27.6	28.5
6.9	3.1	2.9	10.2	9.3	9.3
11.8	6.5	3.7	12.1	19.7	17.9
4.0	5.5	3.4	5.9	4.5	0.7
11.5	19.9	10.8	12.2	11.1	3.0
32.7	43.1	41.3	38.5	26.9	11.6
21.3	19.0	24.3	23.3	23.9	15.3
15.9	7.5	15.1	11.8	16.3	30.0
13.7	4.8	5.1	8.4	16.5	36.0
0.9	0.2	0.1		0.9	3.3
0.4	0.7	0.6		0.2	0.7
4.1		1.4	1.3	2.2	16.9
10.3	0.6	0.7	4.1	13.1	37.8
6.7	0.4	3.5	5.4	14.4	12.0
59.3	63.8	74.1	70.2	54.2	27.9
5.8	15.0	4.3	4.9	3.2	0.9
13.4	19.6	15.4	14.0	12.7	3.8

2-62 续表

指标名称	Item	单位	Unit
二、家庭经营情况	Basic Statistics of Business of Households Surveyed		
(一)生产经营户	Production Households	%	%
1.农业户	Agriculture Households	%	%
2.农业兼业户	Agriculture with Combined Occupations	%	%
3.非农业兼业户	Non-agriculture with Combined Occupations	%	%
4.非农业户	Non-agriculture Households	%	%
(二)非生产经营户	Non-production Households	%	%
三、年末生产性固定资产原价	Original Price of Productive Fixed Assets Year-end	元/户	yuan/household
(一)第一产业固定资产原价	The Primary Industry	元/户	yuan/household
1.农业固定资产原价	Agriculture	元/户	yuan/household
2.林业固定资产原价	Forestry	元/户	yuan/household
3.牧业固定资产原价	Animal Husbandry	元/户	yuan/household
4.渔业固定资产原价	Fishery	元/户	yuan/household
5.农林牧渔专业及辅助性活动固定资产原价	Agriculture, Forestry, Animal Husbandry, Fishery and Auxiliary Activities	元/户	yuan/household
(二)第二产业固定资产原价	The Secondary Industry	元/户	yuan/household
1.采矿业固定资产原价	Mining Industry	元/户	yuan/household
2.制造业固定资产原价	Manufacturing Industry	元/户	yuan/household
3.电力热力燃气及水生产和供应业	Production and Supply of Electric, Heat, Gas and Water	元/户	yuan/household
4.建筑业固定资产原价	Construction Industry	元/户	yuan/household
(三)第三产业固定资产原价	The Tertiary Industry	元/户	yuan/household
1.批发和零售业	Wholesales and Retail Trade	元/户	yuan/household
2.交通运输仓储和邮政业	Transportation, Warehousing and Postal Services	元/户	yuan/household
3.住宿和餐饮业	Hotel and Catering Sectors	元/户	yuan/household
4.房地产业	Real Estate	元/户	yuan/household
5.租赁和商务服务业	Leasing and Business Service	元/户	yuan/household
6.居民服务修理和其他服务业	Residential Services, Repair and Other Services	元/户	yuan/household
7.其他行业	Others	元/户	yuan/household
四、年末主要生产性固定资产数量	Quantity of Main Productive Fixed Assets Year-end		
1.农业生产性用房及建筑物	House and Buildings for Agricultural Production	平方米/百户	sq.m/100 households
2.大中型农用拖拉机	Large and Medium Agrimotor	辆/百户	unit/100 households
3.小型农用拖拉机	Small Agrimotor	辆/百户	unit/100 households
4.农用排灌动力机械	Drainage and Irrigation Power Machinery for Agriculture	台/百户	unit/100 households
5.插秧机	Rice Transplanter	台/百户	unit/100 households
6.收割机	Harvesting Implements	台/百户	unit/100 households
7.脱粒机	Threshing Machine	台/百户	unit/100 households
8.产品畜	Livestock Products	头/百户	unit/100 households
9.其他农业机械	Other Agricultural Machinery	台/百户	unit/100 households

continued

总计 Total	20%低收入户 20% Low Income	20%中低收入户 20% Lower-middle Income	20%中等收入户 20% Middle Income	20%中上收入户 20% Upper-middle Income	20%高收入户 20% High Income
30.1	40.2	33.2	34.7	29.7	8.1
28.5	31.1	22.1	38.7	26.1	6.7
1.7	1.3	2.8	1.3		6.1
2.4	0.9	3.1	3.3	3.7	0.0
67.4	66.7	72.0	56.7	70.2	87.2
69.9	59.8	66.8	65.3	70.3	91.9
24763.5	60581.3	38038.3	11650.8	10557.7	3124.8
2764.4	7691.1	1579.2	3366.5	969.0	222.0
1522.3	3267.5	815.3	2715.9	612.1	202.3
1214.0	4283.0	763.9	650.5	356.9	19.6
28.1	140.6				
1346.2	3660.0	1628.6	113.7	45.5	1282.7
499.4	2494.7				2.8
846.9	1165.4	1628.6	113.7	45.5	1280.0
20652.9	49230.1	34830.5	8170.6	9543.2	1620.1
8211.9	15863.4	14538.1	4431.7	5709.4	574.3
9315.7	24038.5	18906.8	1430.0	2272.0	0.7
535.4	2241.5	172.6		264.9	0.1
153.0			764.6		
2030.9	5783.7	543.6	1538.4	1243.4	1045.1
405.9	1303.1	669.4	6.0	53.5	
685.4	1977.8	474.1	438.5	502.1	37.1
1.1	2.2	1.0	1.7	0.0	0.3
5.1	12.5	3.5	7.0	2.0	0.4
0.1		0.4			
0.5	2.3			0.0	
0.7	1.2	1.2	1.2		
7.1	22.7	11.2	1.8		0.0

2-62-1　2022年全区城镇居民家庭按可支配收入等距五组分组资料

指标名称	Item	单位	Unit
一、期末现住房情况	Current House Condition of Term End		
(一)住房面积	Housing Area		
人均现住房面积	Per Capita Current Housing Area	平方米/人	sq.m/person
户均现住房面积	Per Household Current Housing Area	平方米/户	sq.m/household
人均自有现住房面积	Per Capita Self-owned Current Housing Area	平方米/人	sq.m/person
户均自有现住房面积	Per Household Self-owned Current Housing Area	平方米/户	sq.m/household
(二)住房市场价月租金	Monthly Rent of Housing		
现住房市场价月租金	Monthly Rent of Current Housing	元/人	yuan/person
自有现住房市场价月租金	Monthly Rent of Self-owned Current Housing	元/人	yuan/person
二、期末现住房购成	Current Housing Constitute of Term End		
(一)本住户居住空间样式	House Construction Space Style		
1.单栋楼房	Single Building	%	%
2.单栋平房	Single Bungalow	%	%
3.四居室及以上单元房	House with Four Bedrooms and Above	%	%
4.三居室单元房	House with Three Bedrooms	%	%
5.二居室单元房	House with Two Bedrooms	%	%
6.一居室单元房	House with One Bedrooms	%	%
7.其他	Others	%	%
(二)主要建筑材料	Main Building Materials		
1.钢筋混凝土	Reinforced Concrete	%	%
2.砖混材料	Brick and Concrete	%	%
3.砖瓦砖木	Brick and Wood	%	%
4.竹草土坯	Bamboo Grass Adobe	%	%
5.其他	Others	%	%
(三)现住房房屋来源	Current Housing Source		
1.租赁公房	Public House Leasing	%	%
2.租赁私房	Private House Leasing	%	%
3.自建住房	Self-built Housing	%	%
4.购买商品房	Commercial Residential Building	%	%
5.购买房改住房	Reformed Housing	%	%
6.购买保障性住房	Security Housing	%	%
7.拆迁安置房	Removal Settlement Housing	%	%
8.继承或获赠住房	Inheritance or Gift Housing	%	%
9.免费借用房	Borrow Housing for Free	%	%
10.雇主提供免费住房	Provide Free Housing from Employer	%	%
11.其他	Others	%	%
(四)现住房建筑面积	Buildings Area for Current Housing		
1.10平方米以内	Less than 10 sq.m	%	%
2.10-20平方米	10-20 sq.m	%	%
3.20-30平方米	20-30 sq.m	%	%
4.30-60平方米	30-60 sq.m	%	%
5.60-90平方米	60-90 sq.m	%	%
6.90-120平方米	90-120 sq.m	%	%
7.120-200平方米	120-200 sq.m	%	%
8.200平方米以上	200 sq.m above	%	%

Basic Statistics of Grouped by per Capita Disposable Income Quintile for Urban Households (2022)

总计 Total	20%低收入户 20% Low Income	20%中低收入户 20% Lower-middle Income	20%中等收入户 20% Middle Income	20%中上收入户 20% Upper-middle Income	20%高收入户 20% High Income
34.9	28.7	30.5	33.7	38.3	46.9
103.2	99.2	101.0	97.5	101.0	117.0
33.6	26.4	29.6	32.6	37.7	45.8
99.4	91.2	98.1	94.3	99.3	114.1
285.5	182.0	240.3	263.8	330.4	465.7
276.6	169.0	238.0	253.6	323.4	453.0
0.5			0.6	0.7	1.4
9.5	19.5	10.7	8.8	4.7	3.5
2.7		2.3	1.5	2.8	6.9
36.6	31.1	30.0	33.5	38.1	50.1
48.6	44.6	54.9	53.6	52.2	37.8
2.1	4.8	2.1	2.0	1.4	0.3
59.2	43.5	58.6	57.3	61.3	75.3
35.1	44.2	35.3	37.0	36.1	23.1
5.6	11.8	6.1	5.7	2.6	1.6
0.1	0.4				
1.3	4.0	1.5	0.4		0.5
2.5	3.7	1.1	3.5	1.7	2.4
9.1	19.2	10.7	8.4	4.3	3.0
67.5	49.2	69.1	68.0	69.8	81.1
1.9	1.2	0.4	1.6	4.2	2.2
4.1	1.7	0.9	3.3	8.4	6.3
12.4	17.2	14.9	14.8	10.9	4.1
0.2	0.8				
1.0	3.0	1.0		0.7	0.4
0.1		0.5			
6.6	11.4	6.9	6.5	5.9	2.5
33.1	32.6	34.7	38.8	40.7	18.8
38.1	38.1	42.9	38.9	32.6	37.7
20.6	16.8	13.2	15.8	19.8	37.5
1.6	1.1	2.4		1.0	3.5

2-62-1 续表

指标名称	Item	单位	Unit
(五)住户主要饮用水来源情况	Main Sources of Drinking Water for Households		
1.经过净化处理的自来水	Purified Tap Water	%	%
2.受保护的井水和泉水	Protected Well and Spring Water	%	%
3.不受保护的井水和泉水	Unprotected Well and Spring Water	%	%
4.江河湖泊水	River and Lake Water	%	%
5.收集雨水	Collect Rainwater	%	%
6.桶装水	Barreled Water	%	%
7.其他水源	Other Water	%	%
(六)厨房使用情况	Kitchen Usage		
1.住宅内独用	Use Alone in the House	%	%
2.住宅内合用	Residential Sharing	%	%
3.院内独用	Use Alone in the Courtyard	%	%
4.院内合用	Share in the Courtyard	%	%
5.其他地方独用	Use Alone Other Places	%	%
6.其他地方合用	Share Other Places	%	%
7.无厨房	No Kitchen	%	%
(七)主要炊用能源状况	Main Energy Condition for Cooking		
1.柴草	Firewood	%	%
2.煤炭	Coal	%	%
3.罐装液化石油气	Canned Liquefied Petroleum Gas	%	%
4.管道液化石油气	Pipeline Liquefied Petroleum Gas	%	%
5.管道煤气	Pipeline Coal Gas	%	%
6.管道天然气	Pipeline Natural Gas	%	%
7.电	Electricity	%	%
8.燃料用油	Fuel Oils	%	%
9.沼气	Biogas	%	%
10.其他	Others	%	%
11.无炊用行为	No Heating Behavior	%	%
(八)住户厕所类型	Residence Toilet Type		
1.水冲式卫生厕所	Water Flushing Sanitary Toilet	%	%
2.水冲式非卫生厕所	Water Flushing Insanitary Toilet	%	%
3.卫生旱厕	Sanitary Pit Latrine	%	%
4.普通旱厕	General Pit Latrine	%	%
5.无厕所	No Toilet	%	%
(九)住户厕所使用情况	Using Condition for Residence Toilet		
1.住宅内独用	Use Alone in the House	%	%
2.住宅内合用	Residential Sharing	%	%
3.院内独用	Use Alone in the Courtyard	%	%
4.院内合用	Share in the Courtyard	%	%
5.其他地方独用	Use Alone Other Places	%	%
6.其他地方合用	Share Other Places	%	%
7.公用厕所	Public Toilet	%	%
(十)住户主要取暖设备状况	Main Heating Equipment Condition for Residence		
1.由市政或小区集中供暖	Central Heating by Government or Housing Estate	%	%
2.自行供暖	Self Heating	%	%
3.无取暖设备	No Heating Equipment	%	%

continued

总计 Total	20%低收入户 20% Low Income	20%中低收入户 20% Lower-middle Income	20%中等收入户 20% Middle Income	20%中上收入户 20% Upper-middle Income	20%高收入户 20% High Income
99.7	98.8	100.0	99.7	100.0	100.0
0.3	1.2		0.3		
98.6	95.1	99.6	99.1	99.8	99.5
1.4	4.9	0.4	0.9	0.2	0.5
0.1	0.3				
1.6	2.4	2.6	1.0	1.8	0.4
7.1	10.5	5.0	6.2	5.3	8.3
72.3	60.4	70.6	73.6	79.5	77.6
18.9	26.5	21.9	19.2	13.5	13.6
93.5	85.5	91.4	95.0	96.8	98.9
0.7	0.8	1.0	0.5	0.7	0.4
2.4	6.8	2.2	1.3	1.7	
3.4	6.9	5.4	3.3	0.8	0.7
95.2	88.7	95.0	96.1	97.3	99.1
0.1					0.4
4.0	9.7	4.2	3.9	1.5	0.5
0.6	1.6	0.8		0.8	
0.1				0.4	
81.0	68.7	77.4	82.3	89.6	87.0
19.0	31.3	22.6	17.7	10.4	13.0

2-62-2 2022年全区城镇居民家庭按可支配收入等距五组分组资料

指标名称	Item	单位	Unit
全年总收入	Total Revenue	元/人	yuan/person
1.工资性收入	Income from Wages and Salaries	元/人	yuan/person
2.经营性收入	Business Income	元/人	yuan/person
(1)第一产业收入	The Primary Industry	元/人	yuan/person
农业收入	Agriculture	元/人	yuan/person
林业收入	Forestry	元/人	yuan/person
牧业收入	Animal Husbandry	元/人	yuan/person
渔业收入	Fishery	元/人	yuan/person
(2)第二产业收入	The Secondary Industry	元/人	yuan/person
工业收入	Industry	元/人	yuan/person
建筑业收入	Construction Industry	元/人	yuan/person
(3)第三产业收入	The Tertiary Industry	元/人	yuan/person
批发零售业收入	Wholesale and Retail Revenue	元/人	yuan/person
交通运输业收入	Transportation Industry	元/人	yuan/person
住宿和餐饮业	Hotel and Catering Sectors	元/人	yuan/person
房地产业	Real Estate	元/人	yuan/person
租赁和商务服务业	Leasing and Business Service	元/人	yuan/person
居民服务修理和其他服务业	Residential Services, Repair and Other Services	元/人	yuan/person
其他	Others	元/人	yuan/person
农林牧渔服务业	Agriculture, Forestry, Animal Husbandry and Fishery Services	元/人	yuan/person
3.财产性收入	Income from Property	元/人	yuan/person
红利收入	Dividend Income	元/人	yuan/person
#转让承包土地经营权租金收入	Rental Income from the Management Rights Transfer of Land Contracted	元/人	yuan/person
4.转移性收入	Income from Transfer	元/人	yuan/person
#养老金或离退休金	Pension or Retirement Benefits	元/人	yuan/person
报销医疗费	Reimbursement of Medical Expenses	元/人	yuan/person
政策性惠农补贴	Political Subsidy Supporting Agriculture	元/人	yuan/person
5.非收入所得	Non-income Revenue	元/人	yuan/person
(1)出售资产所得	Proceeds from Sale of Assets	元/人	yuan/person
(2)非经常性转移所得	Income from Non-recurrent Transfers	元/人	yuan/person
(3)其他非收入所得	Other Non-income Revenue	元/人	yuan/person
6.借贷性所得	Borrowing Income	元/人	yuan/person
(1)提取储蓄存款	Dissaving	元/人	yuan/person
(2)借入款	Borrowed	元/人	yuan/person
(3)收回借出款	Recall the Loan	元/人	yuan/person

Basic Statistics of Grouped by per Capita Disposable Income Quintile for Urban Households (2022)

总计 Total	20%低收入户 20% Low Income	20%中低收入户 20% Lower-middle Income	20%中等收入户 20% Middle Income	20%中上收入户 20% Upper-middle Income	20%高收入户 20% High Income
47605.1	24345.6	30818.8	41812.8	58512.2	96993.8
27144.0	9786.6	18773.4	21474.0	30671.7	64918.6
7315.6	11074.5	6952.5	6699.6	6446.5	4246.4
1771.6	4088.1	1091.8	1989.6	657.7	397.0
865.7	975.7	780.5	1668.0	402.2	385.5
7.6	12.7	12.0	3.7	6.9	
898.2	3099.7	299.4	317.8	248.6	11.6
743.7	743.7	161.3			
60.7	122.2	141.4			3.6
683.0	167.5	330.1	819.8	273.8	2128.9
4800.3	6696.6	5389.3	3890.2	5515.0	1716.9
1731.8	1709.2	1532.7	2419.7	2305.2	628.0
1937.9	3794.9	2537.2	435.4	2075.1	186.0
251.7	469.3	382.7		318.7	0.6
28.3			144.3		
696.9	548.1	753.0	609.6	727.6	896.6
120.5	118.3	182.3	186.2	88.4	
33.1	56.7	1.5	95.1	0.0	5.6
1984.2	846.5	1288.0	1680.5	2834.1	3927.0
123.9	12.5	48.6	69.1	198.1	362.1
140.3	145.6	137.0	138.4	133.3	146.7
11161.3	2638.0	3804.8	11958.7	18559.8	23901.8
9463.4	1365.7	2335.2	9883.2	16297.7	22346.5
620.8	189.9	285.6	685.7	1117.4	1059.2
106.6	205.7	70.8	139.9	64.0	23.6
2905.3	2622.1	2914.7	2636.4	3462.4	3008.5
959.4	904.5	1602.3	564.9	1556.7	16.4
1842.1	1645.3	1239.3	1943.7	1726.6	2911.2
103.8	72.3	73.2	127.7	179.2	80.9
4210.8	6005.8	4040.9	1683.3	4719.1	4354.5
1872.5	1935.6	1802.4	1355.3	2858.7	1441.2
279.5	500.8	478.2	276.8	8.3	0.8
91.8	96.4	55.5	47.0	248.9	20.5

2-62-2 续表

指标名称	Item	单位	Unit
(4)收回储蓄性保险本金	Redemption of Deposit Insurance Principal	元/人	yuan/person
(5)银行信用社得到的贷款	Bank Loan	元/人	yuan/person
(6)其他借贷所得	Income from Other Loans	元/人	yuan/person
全年总支出	Total Expenditure	元/人	yuan/person
1.生活消费支出	Living Expenditure	元/人	yuan/person
2.生产经营费用支出	Expenditure for Household Business	元/人	yuan/person
(1)第一产业生产支出	The Primary Industry	元/人	yuan/person
农业生产支出	Agriculture	元/人	yuan/person
林业生产支出	Forestry	元/人	yuan/person
牧业生产支出	Animal Husbandry	元/人	yuan/person
渔业生产支出	Fishery	元/人	yuan/person
(2)第二产业生产支出	The Secondary Industry	元/人	yuan/person
工业生产支出	Industry	元/人	yuan/person
建筑业生产支出	Construction Industry	元/人	yuan/person
(3)第三产业生产支出	The Tertiary Industry	元/人	yuan/person
批发和零售业	Wholesale and Retail Revenue	元/人	yuan/person
交通运输仓储和邮政业	Transportation Industry	元/人	yuan/person
住宿和餐饮业	Hotel and Catering Sectors	元/人	yuan/person
房地产业	Real Estate	元/人	yuan/person
租赁和商务服务业	Leasing and Business Service	元/人	yuan/person
居民服务修理和其他服务业	Residential Services, Repair and Other Services	元/人	yuan/person
其他	Others	元/人	yuan/person
农林牧渔服务业	Agriculture, Forestry, Animal Husbandry and Fishery Services	元/人	yuan/person
3.财产性支出	Property Expenditure	元/人	yuan/person
4.转移性支出	Transfer Expenditure	元/人	yuan/person
5.部分商业保险支出	Commercial Insurance Expenditure	元/人	yuan/person
6.购置资产及非经常性转移支出	Acquisition of Assets and Non-recurrent Transfer Expenses	元/人	yuan/person
(1)建造住房支出	Build Housing	元/人	yuan/person
(2)购买住房支出	Purchase House	元/人	yuan/person
(3)购建第一产业生产性固定资产	Purchase and Build the Productive Fixed Assets of the Primary Industry	元/人	yuan/person
(4)购建第二产业生产性固定资产支出	Purchase and Build the Productive Fixed Assets of the Secondary Industry	元/人	yuan/person
(5)购建第三产业生产性固定资产支出	Purchase and Build the Productive Fixed Assets of the Tertiary Industry	元/人	yuan/person
(6)非经常性转移支出	Non-recurrent Transfer Expenditures	元/人	yuan/person
7.借贷性支出	Borrowing Expenditure	元/人	yuan/person

continued

总计 Total	20%低收入户 20% Low Income	20%中低收入户 20% Lower-middle Income	20%中等收入户 20% Middle Income	20%中上收入户 20% Upper-middle Income	20%高收入户 20% High Income
24.9				38.0	107.0
1912.4	3349.1	1704.8		1565.1	2785.0
29.7	123.9		4.2		
41134.5	33696.0	32456.2	34452.2	47248.1	64123.3
24213.4	15111.6	19186.5	22917.7	28875.0	39971.6
2758.2	7198.9	1652.5	1496.3	1352.3	1040.2
1271.3	3693.3	667.2	980.1	273.0	119.9
414.9	631.3	342.4	751.7	142.1	109.4
0.1		0.1	0.2	0.2	0.1
856.4	3062.0	324.7	228.2	130.7	10.4
170.5	1.4	26.1	248.3		682.7
0.1					0.3
170.5	1.4	26.1	248.3		682.4
1316.3	3504.2	959.2	267.9	1079.4	237.6
95.5	260.9	30.2	63.3	83.5	3.9
1002.3	2744.6	763.5	96.5	971.4	0.1
96.0	384.9	28.1			
0.2			1.2		
77.4	89.5	52.5	4.6	24.5	233.6
32.0		85.0	66.6		
12.7	24.2		35.8	0.0	
647.1	377.0	556.1	590.7	964.5	870.7
3448.0	2223.7	2501.1	2782.6	3631.8	6957.4
602.3	216.7	414.5	544.0	938.9	1094.8
6184.9	5788.9	5073.5	4215.6	8321.2	8230.8
83.8	124.7	1.5		304.5	1.3
3097.4	3743.2	3142.7	1006.5	4637.0	2951.1
36.8	73.4	13.3	82.3	3.4	
0.0					0.1
67.2	225.2	2.7		60.7	19.3
2850.3	1578.9	1895.8	2993.6	3292.4	5228.7
3280.6	2779.2	3072.0	1905.3	3164.4	5957.8

2-62-3 2022年全区城镇居民家庭按可支配收入等距五组分组资料

指标名称	Item	单位	Unit
可支配收入	Disposable Income	元/人	yuan/person
(一)工资性收入	Income from Wages and Salaries	元/人	yuan/person
(二)经营净收入	Net Business Income	元/人	yuan/person
1.第一产业经营净收入	The Primary Industry	元/人	yuan/person
(1)农业	Agriculture	元/人	yuan/person
(2)林业	Forestry	元/人	yuan/person
(3)牧业	Animal Husbandry	元/人	yuan/person
(4)渔业	Fishery	元/人	yuan/person
2.第二产业经营净收入	The Secondary Industry	元/人	yuan/person
(1)工业	Industry	元/人	yuan/person
(2)建筑业	Construction Industry	元/人	yuan/person
3.第三产业经营净收入	The Tertiary Industry	元/人	yuan/person
(1)批发和零售业	Wholesale and Retail Revenue	元/人	yuan/person
(2)交通运输仓储和邮政业	Transportation Industry	元/人	yuan/person
(3)住宿和餐饮业	Hotel and Catering Sectors	元/人	yuan/person
(4)房地产业	Real Estate	元/人	yuan/person
(5)租赁和商务服务业	Leasing and Business Service	元/人	yuan/person
(6)居民服务修理和其他服务业	Residential Services, Repair and Other Services	元/人	yuan/person
(7)其他	Others	元/人	yuan/person
(8)农林牧渔服务业	Agriculture, Forestry, Animal Husbandry and Fishery Services	元/人	yuan/person
(三)财产净收入	Income from Property	元/人	yuan/person
1红利收入	Dividend Income	元/人	yuan/person
#2.转让承包土地经营权租金收入	Rental Income from the Management Rights Transfer of Land Contracted	元/人	yuan/person
(四)转移净收入	Income from Transfer	元/人	yuan/person
#1养老金或离退休金	Pension or Retirement Benefits	元/人	yuan/person
2.报销医疗费	Reimbursement of Medical Expenses	元/人	yuan/person
3.政策性惠农补贴	Political Subsidy Supporting Agriculture	元/人	yuan/person
现金可支配收入	Cash Disposable Income	元/人	yuan/person
实物可支配收入	Physical Disposable Income	元/人	yuan/person

Basic Statistics of Grouped by per Capita Disposable Income Quintile for Urban Households (2022)

总计 Total	20%低收入户 20% Low Income	20%中低收入户 20% Lower-middle Income	20%中等收入户 20% Middle Income	20%中上收入户 20% Upper-middle Income	20%高收入户 20% High Income
40193.7	13375.3	25344.1	36675.0	52296.6	88041.9
27144.0	9786.6	18773.4	21474.0	30671.7	64918.6
3999.2	2704.9	4535.0	4935.0	4827.3	3122.7
438.5	248.9	392.9	932.0	360.2	271.2
416.5	281.3	421.7	853.8	244.7	270.7
7.5	12.7	11.9	3.5	6.7	-0.1
14.5	-45.1	-40.7	74.7	108.9	0.6
542.8	217.6	412.5	568.9	272.7	1415.5
49.4	74.0	141.4			3.2
493.4	143.6	271.2	568.9	272.7	1412.3
3017.9	2238.4	3729.6	3434.2	4194.4	1436.0
1451.2	1141.8	1210.2	2254.5	2077.3	608.7
725.6	585.8	1393.5	306.0	1046.3	185.9
143.6	41.1	351.1		312.0	0.6
24.6			125.5		
573.7	346.8	689.6	569.6	671.7	635.1
79.3	93.2	83.8	119.4	87.0	
19.8	29.8	1.5	59.2	0.0	5.6
1337.1	469.5	731.9	1089.8	1869.6	3056.2
123.9	12.5	48.6	69.1	198.1	362.1
140.3	145.6	137.0	138.4	133.3	146.7
7713.3	414.3	1303.7	9176.1	14928.0	16944.4
9463.4	1365.7	2335.2	9883.2	16297.7	22346.5
620.8	189.9	285.6	685.7	1117.4	1059.2
106.6	205.7	70.8	139.9	64.0	23.6
38735.1	13352.1	24866.4	35070.7	49861.6	84507.9
1458.6	23.2	477.6	1604.3	2435.0	3534.0

2-62-3 续表

指标名称	Item	单位	Unit
生活消费支出	Living Expenditure	元/人	yuan/person
(一)食品烟酒	Food, Tobacco and Liquor	元/人	yuan/person
#粮食	Grain	元/人	yuan/person
油脂	Oil and Fats	元/人	yuan/person
肉禽及制品	Meat, Poultry and Processed Products	元/人	yuan/person
蛋类及蛋制品	Eggs and Egg Products	元/人	yuan/person
水产品	Aquatic Products	元/人	yuan/person
蔬菜及菜制品	Vegetables and Vegetable Products	元/人	yuan/person
奶及奶制品	Milk and Processed Products	元/人	yuan/person
烟酒	Tobacco and Wine	元/人	yuan/person
饮料	Beverages	元/人	yuan/person
饮食服务	Catering Service	元/人	yuan/person
(二)衣着	Clothing	元/人	yuan/person
#服装	Garments	元/人	yuan/person
(三)居住	Residence	元/人	yuan/person
#住房维修及管理	Housing Maintenance and Management	元/人	yuan/person
水电燃料及其他	Water, Electricity, Fuels and Others	元/人	yuan/person
(四)生活用品及服务	Household Facilities, Articles and Services	元/人	yuan/person
#家用器具	Home Appliances	元/人	yuan/person
家具及室内装饰品	Articles for Interior Decoration	元/人	yuan/person
家用纺织品	Bed Articles	元/人	yuan/person
家庭日用杂品	Household Articles for Daily Use	元/人	yuan/person
(五)交通通信	Transport and Communications	元/人	yuan/person
#交通	Transport	元/人	yuan/person
通信	Communications	元/人	yuan/person
(六)教育文化娱乐	Education, Culture and Recreation	元/人	yuan/person
文化娱乐	Culture and Recreation	元/人	yuan/person
#教育	Education	元/人	yuan/person
(七)医疗保健	Health Care and Medical Services	元/人	yuan/person
#医疗器具及药品	Medical Instrument and Medicine	元/人	yuan/person
(八)其他用品及服务	Other Commodities and Services	元/人	yuan/person
服务性消费支出	Consumption Expenditure for Service	元/人	yuan/person
商品性消费支出	Consumption Expenditure for Commodity	元/人	yuan/person

continued

总计 Total	20%低收入户 20% Low Income	20%中低收入户 20% Lower-middle Income	20%中等收入户 20% Middle Income	20%中上收入户 20% Upper-middle Income	20%高收入户 20% High Income
24213.4	15111.6	19186.5	22917.7	28875.0	39971.6
6943.8	4577.3	5684.2	6968.3	8657.4	10033.9
629.5	539.4	549.6	645.7	725.6	739.4
173.8	160.4	155.8	175.3	202.4	184.6
1443.7	1058.2	1181.6	1495.7	1846.1	1837.1
120.9	103.1	96.6	113.3	151.2	154.5
143.5	71.7	97.3	133.0	207.2	248.3
537.1	408.2	452.1	510.2	696.1	690.8
309.9	238.9	280.1	284.4	353.2	431.0
595.2	296.6	467.4	642.4	837.7	865.5
173.4	104.2	146.6	189.6	178.0	280.4
1812.4	912.0	1426.6	1836.0	2224.1	3100.6
1720.3	1069.3	1363.9	1495.6	1882.6	3175.5
1388.8	820.4	1080.9	1208.1	1508.4	2660.4
4734.4	2562.9	3320.2	4764.4	6096.9	8122.6
1028.4	235.5	275.8	1329.7	1773.7	1980.9
1082.9	818.9	969.6	1044.1	1229.6	1486.7
1600.4	883.7	1024.2	1430.7	1769.5	3365.0
352.7	129.6	215.6	300.1	441.3	808.6
254.7	121.1	89.6	201.2	285.1	686.3
130.5	71.8	74.4	129.9	143.9	271.6
286.0	208.4	226.6	251.3	318.9	476.7
3330.4	2158.0	2980.0	2990.4	3747.3	5361.6
2529.0	1551.1	2224.0	2206.7	2893.2	4267.3
801.4	606.8	755.9	783.6	854.1	1094.3
2833.3	2304.5	2771.6	2358.0	2413.7	4632.2
655.4	316.4	430.4	515.1	715.5	1517.9
2177.8	1988.0	2341.2	1842.9	1698.2	3114.3
2481.2	1314.9	1620.8	2434.1	3638.7	4060.4
759.4	404.2	390.5	684.1	1067.7	1498.3
569.5	241.1	421.5	476.3	668.8	1220.3
10311.0	6322.5	8436.1	9618.9	12073.8	17221.3
13902.4	8789.0	10750.3	13298.8	16801.2	22750.3

2-62-4 2022年全区城镇居民家庭按可支配收入等距五组分组资料

指标名称	Item	单位	Unit
一、粮食消费量	Grain	公斤/人	kg/person
(一)谷物消费量	Cereal	公斤/人	kg/person
1.小麦	Wheat	公斤/人	kg/person
2.稻谷	Rice	公斤/人	kg/person
3.玉米	Corn	公斤/人	kg/person
4.其他谷物	Others	公斤/人	kg/person
(二)薯类消费量	Tubers	公斤/人	kg/person
(三)豆类消费量	Beans	公斤/人	kg/person
二、油脂类消费量	Grease	公斤/人	kg/person
三、蔬菜及菜制品消费量	Vegetables and Processed Products	公斤/人	kg/person
四、肉禽及其制品	Meat, Poultry and Processed Products	公斤/人	kg/person
1.猪肉	Pork	公斤/人	kg/person
2.牛肉	Beef	公斤/人	kg/person
3.羊肉	Mutton	公斤/人	kg/person
4.家禽	Poultry	公斤/人	kg/person
5.其他肉类及制品	Others	公斤/人	kg/person
五、蛋类及蛋制品	Eggs and Processed Products	公斤/人	kg/person
六、水产品	Aquatic Products	公斤/人	kg/person
七、奶和奶制品	Milk and Processed Products	公斤/人	kg/person
八、食糖	Sugar	公斤/人	kg/person
九、鲜瓜果	Melons	公斤/人	kg/person
耐用消费品	Durable Consumer Goods		
家用汽车	Automobile	辆/百户	unit/100 households
摩托车	Motorcycle	辆/百户	unit/100 households
助力车	Powered Bicycle	台/百户	unit/100 households
洗衣机	Washing Machine	台/百户	unit/100 households
电冰箱(柜)	Refrigerator	台/百户	unit/100 households
微波炉	Microwave Oven	台/百户	unit/100 households
彩色电视机	Color TV Set	台/百户	unit/100 households
空调	Air Conditioner	台/百户	unit/100 households
热水器	Water Heater	台/百户	unit/100 households
洗碗机	Dishwasher	台/百户	unit/100 households
排油烟机	Smoke Exhaust Ventilator	台/百户	unit/100 households
固定电话	Telephone	线/百户	unit/100 households
移动电话	Mobile Telephone	部/百户	unit/100 households
计算机	Computer	台/百户	unit/100 households
照相机	Camera	台/百户	unit/100 households
中高档乐器	Secondary and Top Grade Musical Instrument	架/百户	unit/100 households
健身器材	Body-building Apparatus	台/百户	unit/100 households
空气净化器(含新风系统)	Air Purifier (Include Fresh Air System)	台/百户	unit/100 households
地面清洁电器	Ground Cleaning Appliances	台/百户	unit/100 households

Basic Statistics of Grouped by per Capita Disposable Income Quintile for Urban Households (2022)

总计 Total	20%低收入户 20% Low Income	20%中低收入户 20% Lower-middle Income	20%中等收入户 20% Middle Income	20%中上收入户 20% Upper-middle Income	20%高收入户 20% High Income
100.3	101.3	92.0	104.8	109.9	94.7
92.2	94.3	85.3	96.2	100.0	85.4
54.6	56.8	48.9	57.6	59.0	50.8
33.6	34.4	33.3	34.9	36.1	29.0
0.6	0.5	0.6	0.5	0.4	1.1
3.3	2.6	2.4	3.2	4.5	4.5
1.6	1.7	1.2	1.5	1.8	2.0
6.5	5.3	5.5	7.1	8.0	7.3
8.8	8.5	8.1	9.2	9.8	8.4
105.2	88.8	90.8	107.5	129.4	118.5
30.8	24.5	26.2	31.9	38.2	36.3
9.8	8.3	8.5	10.1	11.8	11.2
5.5	4.4	4.6	5.1	6.5	7.3
5.7	3.7	4.3	6.5	7.4	7.1
8.0	7.1	7.3	8.0	10.0	8.1
1.9	1.1	1.5	2.1	2.5	2.5
10.2	9.0	8.3	9.6	12.7	12.5
4.3	2.5	3.1	4.5	5.9	6.4
19.2	14.7	17.5	17.3	21.9	27.0
1.4	1.2	1.0	1.6	1.8	1.3
74.3	60.9	64.7	74.2	85.8	93.3
47.5	37.9	41.8	46.3	47.6	63.7
10.0	16.9	12.7	10.3	5.4	4.8
69.2	86.6	90.1	77.0	54.1	38.3
102.7	102.2	101.4	101.9	103.0	105.2
101.8	97.4	101.1	100.9	102.2	107.2
54.9	40.6	48.4	57.0	56.4	71.7
103.8	100.3	103.1	103.0	102.0	110.8
27.0	9.5	19.3	20.6	29.6	56.0
100.1	100.1	98.1	99.9	99.9	102.5
1.8		1.5		3.2	4.5
91.9	83.2	91.3	92.7	96.0	96.2
1.6	1.3	1.5	0.9	0.7	3.6
251.1	267.2	262.2	254.9	236.9	234.4
60.5	45.4	56.1	57.0	59.3	84.4
8.4	1.7	2.6	4.4	10.2	22.8
10.4	4.2	8.5	6.9	8.0	24.6
5.0	3.3	1.9	5.2	4.7	9.7
6.4	1.8	5.6	5.6	6.9	12.1
11.1	3.0	10.0	11.2	9.7	21.7

2-63 2022年全区农村居民家庭按可支配收入等距五组分组资料

指标名称	Item	单位	Unit
一、家庭人口基本情况	Basic Statistics of Households Surveyed		
(一)户均常住人口	Average Number of Permanent Residents per Household	人/户	person/household
(二)户均常住从业人口	Average Number of Employed Persons per Household	人/户	person/household
(三)平均每户家庭从业人口比重	Proportion of Employed Persons per Household	%	%
(四)平均每一从业人口负担人数	Average Number of Dependency Coefficient per Employed Persons	人	person
(五)平均每户供养的在校学生	Supported Students in School by the Family	人/户	person/household
(六)户均整半劳动力人口	Whole and Half Labor Force per Household	人/户	person/household
(七)平均每户家庭整半劳动力人口比重	Proportion of Whole and Half Labor Force per Household	%	%
(八)常住劳动力年龄构成	Age Composition of Permanent Employed Persons		
1.16-19岁	Aged 16-19	%	%
2.20-24岁	Aged 20-24	%	%
3.25-29岁	Aged 25-29	%	%
4.30-34岁	Aged 30-34	%	%
5.35-40岁	Aged 35-40	%	%
6.41-50岁	Aged 41-50	%	%
7.51-60岁	Aged 51-60	%	%
8.61-65岁	Aged 61-65	%	%
9.66岁及以上	Aged 66 and over	%	%
(九)常住就业劳动力文化程度	Culture Level of Employed Labors		
1.不识字或识字很少	Illiterate and Semi-illiterate	%	%
2.小学程度	Primary School	%	%
3.初中程度	Junior Middle School	%	%
4.高中程度	Senior Middle School	%	%
5.大专及以上	College and Higher	%	%
6.大学本科	Bachelor Degree	%	%
7.研究生	Postgraduate	%	%
(十)常住就业劳动力就业类型	Type of Employment of Permanent Employed Persons		
1.雇主	Employer	%	%
2.公职人员	Civil Servants	%	%
3.事业单位人员	Institution Officers	%	%
4.国有企业雇员	State-owned Enterprises Employees	%	%
5.其他雇员	Other Employees	%	%
6.农业自营	Self-employed of Agriculture	%	%
7.非农业自营	Self-employed of Non-agriculture	%	%

Basic Statistics of Grouped by per Capita Disposable Income Quintile for Rural Households (2022)

总计 Total	20%低收入户 20% Low Income	20%中低收入户 20% Lower-middle Income	20%中等收入户 20% Middle Income	20%中上收入户 20% Upper-middle Income	20%高收入户 20% High Income
3.7	4.6	4.1	3.7	3.4	2.6
1.9	1.9	1.8	1.9	2.0	1.8
51.0	42.4	43.3	50.3	58.1	69.9
2.0	2.4	2.3	2.0	1.7	1.4
0.9	1.4	1.2	0.9	0.7	0.4
2.4	2.6	2.4	2.4	2.4	2.1
65.0	55.7	60.1	65.3	70.1	81.2
0.7	1.3	1.1	0.7	0.1	0.5
4.4	6.1	3.3	4.9	3.4	4.1
5.7	7.8	7.8	5.9	3.5	2.8
8.2	11.9	7.6	8.0	9.3	3.5
10.8	16.5	13.2	11.7	6.9	4.5
23.0	27.0	24.7	23.3	19.4	19.6
26.8	17.0	18.0	22.2	35.5	43.9
7.2	2.8	7.5	8.2	7.8	10.2
13.3	9.6	16.6	15.2	14.1	10.9
16.8	21.4	19.4	13.6	16.5	12.4
34.0	36.0	31.7	31.9	37.1	33.5
37.0	33.6	36.5	39.9	35.5	40.0
8.5	5.1	9.9	11.1	6.8	10.0
2.3	3.0	1.6	2.6	2.1	2.0
1.2	0.6	0.9	0.9	2.0	1.7
0.1	0.4				0.4
					0.1
0.1				0.3	0.3
0.1				0.2	0.5
43.4	35.3	50.3	48.1	42.6	41.3
48.3	59.6	47.6	40.9	49.4	43.3
8.1	5.0	2.1	11.0	7.6	14.4

2-63 续表

指标名称	Item	单位	Unit
二、家庭经营情况	Basic Statistics of Business of Households Surveyed		
(一)生产经营户	Production Households	%	%
1.农业户	Agriculture Households	%	%
2.农业兼业户	Agriculture with Combined Occupations	%	%
3.非农业兼业户	Non-agriculture with Combined Occupations	%	%
4.非农业户	Non-agriculture Households	%	%
(二)非生产经营户	Non-production Households	%	%
三、年末生产性固定资产原价	Original Price of Productive Fixed Assets Year-end	元/户	yuan/household
(一)第一产业固定资产原价	The Primary Industry	元/户	yuan/household
1.农业固定资产原价	Agriculture	元/户	yuan/household
2.林业固定资产原价	Forestry	元/户	yuan/household
3.牧业固定资产原价	Animal Husbandry	元/户	yuan/household
4.渔业固定资产原价	Fishery	元/户	yuan/household
5.农林牧渔专业及辅助性活动固定资产原价	Agriculture, Forestry, Animal Husbandry, Fishery and Auxiliary Activities	元/户	yuan/household
(二)第二产业固定资产原价	The Secondary Industry	元/户	yuan/household
1.采矿业固定资产原价	Mining Industry	元/户	yuan/household
2.制造业固定资产原价	Manufacturing Industry	元/户	yuan/household
3.电力热力燃气及水生产和供应业	Production and Supply of Electric, Heat, Gas and Water	元/户	yuan/household
4.建筑业固定资产原价	Construction Industry	元/户	yuan/household
(三)第三产业固定资产原价	The Tertiary Industry	元/户	yuan/household
1.批发和零售业	Wholesales and Retail Trade	元/户	yuan/household
2.交通运输仓储和邮政业	Transportation, Warehousing and Postal Services	元/户	yuan/household
3.住宿和餐饮业	Hotel and Catering Sectors	元/户	yuan/household
4.房地产业	Real Estate	元/户	yuan/household
5.租赁和商务服务业	Leasing and Business Service	元/户	yuan/household
6.居民服务修理和其他服务业	Residential Services, Repair and Other Services	元/户	yuan/household
7.其他行业	Others	元/户	yuan/household
四、年末主要生产性固定资产数量	Quantity of Main Productive Fixed Assets Year-end		
1.农业生产性用房及建筑物	House and Buildings for Agricultural Production	平方米/百户	sq.m/100 households
2.大中型农用拖拉机	Large and Medium Agrimotor	辆/百户	unit/100 households
3.小型农用拖拉机	Small Agrimotor	辆/百户	unit/100 households
4.农用排灌动力机械	Drainage and Irrigation Power Machinery for Agriculture	台/百户	unit/100 households
5.插秧机	Rice Transplanter	台/百户	unit/100 households
6.收割机	Harvesting Implements	台/百户	unit/100 households
7.脱粒机	Threshing Machine	台/百户	unit/100 households
8.产品畜	Livestock Products	头/百户	unit/100 households
9.其他农业机械	Other Agricultural Machinery	台/百户	unit/100 households

continued

总计 Total	20%低收入户 20% Low Income	20%中低收入户 20% Lower-middle Income	20%中等收入户 20% Middle Income	20%中上收入户 20% Upper-middle Income	20%高收入户 20% High Income
80.0	64.6	74.9	78.2	86.1	93.9
74.0	75.5	82.8	69.1	79.0	65.4
8.1	2.0	4.8	7.4	7.6	15.4
7.4	10.2	4.6	9.5	5.4	8.0
10.5	12.4	7.8	14.0	7.9	11.3
20.0	35.4	25.1	21.8	13.9	6.1
44965.0	46608.0	29432.1	39682.0	50564.7	58450.5
29082.1	31108.9	19343.0	27708.4	30707.4	36479.6
11733.2	10185.5	10711.0	10897.3	12485.5	14372.3
19.0		32.1	22.7	40.3	
16536.1	20340.6	7707.9	16001.5	18143.0	20444.6
793.8	582.9	892.1	786.9	38.5	1662.8
101.9					507.3
49.5					246.4
52.4					260.9
15781.0	15499.0	10089.0	11973.6	19857.3	21463.5
2899.9	1007.2	4183.5	2075.2	1932.9	5293.5
11573.9	14248.8	5191.4	9699.3	15492.5	13226.5
751.5	243.1	714.1	122.4	1139.6	1537.6
152.3			76.6	46.3	635.3
403.4				1246.0	770.6
11098.0	11424.3	6655.6	7187.6	8356.4	21813.6
9.7	31.6	2.3	4.4	6.0	4.4
41.2	36.1	36.7	39.9	42.9	50.1
2.0	0.9	0.9	1.4	0.7	6.1
0.2		0.7			0.5
1.3			4.2	0.5	1.6
5.0	5.1	2.9	5.4	4.0	7.7
152.5	105.9	98.8	98.5	114.1	344.0

2-63-1 2022年全区农村居民家庭按可支配收入等距五组分组资料

指标名称	Item	单位	Unit
一、期末现住房情况	Current House Condition of Term End		
(一)住房面积	Housing Area		
人均现住房面积	Per Capita Current Housing Area	平方米/人	sq.m/person
户均现住房面积	Per Household Current Housing Area	平方米/户	sq.m/household
人均自有现住房面积	Per Capita Self-owned Current Housing Area	平方米/人	sq.m/person
户均自有现住房面积	Per Household Self-owned Current Housing Area	平方米/户	sq.m/household
(二)住房市场价月租金	Monthly Rent of Housing		
现住房市场价月租金	Monthly Rent of Current Housing	元/人	yuan/person
自有现住房市场价月租金	Monthly Rent of Self-owned Current Housing	元/人	yuan/person
二、期末现住房购成	Current Housing Constitute of Term End		
(一)本住户居住空间样式	House Construction Space Style		
1.单栋楼房	Single Building	%	%
2.单栋平房	Single Bungalow	%	%
3.四居室及以上单元房	House with Four Bedrooms and Above	%	%
4.三居室单元房	House with Three Bedrooms	%	%
5.二居室单元房	House with Two Bedrooms	%	%
6.一居室单元房	House with One Bedrooms	%	%
7.其他	Others	%	%
(二)主要建筑材料	Main Building Materials		
1.钢筋混凝土	Reinforced Concrete	%	%
2.砖混材料	Brick and Concrete	%	%
3.砖瓦砖木	Brick and Wood	%	%
4.竹草土坯	Bamboo Grass Adobe	%	%
5.其他	Others	%	%
(三)现住房房屋来源	Current Housing Source		
1.租赁公房	Public House Leasing	%	%
2.租赁私房	Private House Leasing	%	%
3.自建住房	Self-built Housing	%	%
4.购买商品房	Commercial Residential Building	%	%
5.购买房改住房	Reformed Housing	%	%
6.购买保障性住房	Security Housing	%	%
7.拆迁安置房	Removal Settlement Housing	%	%
8.继承或获赠住房	Inheritance or Gift Housing	%	%
9.免费借用房	Borrow Housing for Free	%	%
10.雇主提供免费住房	Provide Free Housing from Employer	%	%
11.其他	Others	%	%
(四)现住房建筑面积	Buildings Area for Current Housing		
1.10平方米以内	Less than 10 sq.m	%	%
2.10-20平方米	10-20 sq.m	%	%
3.20-30平方米	20-30 sq.m	%	%
4.30-60平方米	30-60 sq.m	%	%
5.60-90平方米	60-90 sq.m	%	%
6.90-120平方米	90-120 sq.m	%	%
7.120-200平方米	120-200 sq.m	%	%
8.200平方米以上	200 sq.m above	%	%

Basic Statistics of Grouped by per Capita Disposable Income Quintile for Rural Households (2022)

总计 Total	20%低收入户 20% Low Income	20%中低收入户 20% Lower-middle Income	20%中等收入户 20% Middle Income	20%中上收入户 20% Upper-middle Income	20%高收入户 20% High Income
32.8	26.3	29.9	31.4	36.3	45.9
120.5	120.8	121.4	116.8	122.2	121.2
32.4	26.0	29.7	30.7	35.8	45.6
119.0	119.4	120.4	114.1	120.5	120.6
77.2	56.5	69.7	76.9	87.1	112.2
76.0	56.2	67.1	74.9	86.5	112.2
1.1	1.6	0.4	3.0	0.4	
93.2	93.9	94.6	91.1	92.7	93.3
0.2	0.6				0.2
1.8	2.2	2.1	1.4	1.4	1.9
3.5	0.8	2.9	4.5	4.8	4.5
0.3	0.8			0.7	
4.8	6.6	3.9	4.3	5.3	4.1
35.5	31.2	30.7	38.3	41.3	36.1
59.5	61.4	65.4	57.3	53.4	59.8
0.2	0.8				
0.2	0.8			0.4	
0.6		1.0	1.6	0.3	
90.7	90.4	92.3	88.5	90.8	91.6
2.6	3.0	2.1	2.9	2.6	2.4
0.7	2.1		1.4		
4.4	2.7	4.6	4.6	4.7	5.3
0.4	0.9		0.9		
0.4				1.1	0.7
0.2			0.8	0.2	
7.5	8.9	7.6	10.4	6.3	4.3
20.6	15.1	19.4	18.7	20.3	29.5
33.0	33.2	33.6	34.1	31.8	32.5
33.7	38.6	34.1	31.7	37.2	27.0
5.0	4.2	5.4	4.2	4.2	6.7

2-63-1 续表

指标名称	Item	单位	Unit
(五)住户主要饮用水来源情况	Main Sources of Drinking Water for Households		
1.经过净化处理的自来水	Purified Tap Water	%	%
2.受保护的井水和泉水	Protected Well and Spring Water	%	%
3.不受保护的井水和泉水	Unprotected Well and Spring Water	%	%
4.江河湖泊水	River and Lake Water	%	%
5.收集雨水	Collect Rainwater	%	%
6.桶装水	Barreled Water	%	%
7.其他水源	Other Water	%	%
(六)厨房使用情况	Kitchen Usage		
1.住宅内独用	Use Alone in the House	%	%
2.住宅内合用	Residential Sharing	%	%
3.院内独用	Use Alone in the Courtyard	%	%
4.院内合用	Share in the Courtyard	%	%
5.其他地方独用	Use Alone Other Places	%	%
6.其他地方合用	Share Other Places	%	%
7.无厨房	No Kitchen	%	%
(七)主要炊用能源状况	Main Energy Condition for Cooking		
1.柴草	Firewood	%	%
2.煤炭	Coal	%	%
3.罐装液化石油气	Canned Liquefied Petroleum Gas	%	%
4.管道液化石油气	Pipeline Liquefied Petroleum Gas	%	%
5.管道煤气	Pipeline Coal Gas	%	%
6.管道天然气	Pipeline Natural Gas	%	%
7.电	Electricity	%	%
8.燃料用油	Fuel Oils	%	%
9.沼气	Biogas	%	%
10.其他	Others	%	%
11.无炊用行为	No Heating Behavior	%	%
(八)住户厕所类型	Residence Toilet Type		
1.水冲式卫生厕所	Water Flushing Sanitary Toilet	%	%
2.水冲式非卫生厕所	Water Flushing Insanitary Toilet	%	%
3.卫生旱厕	Sanitary Pit Latrine	%	%
4.普通旱厕	General Pit Latrine	%	%
5.无厕所	No Toilet	%	%
(九)住户厕所使用情况	Using Condition for Residence Toilet		
1.住宅内独用	Use Alone in the House	%	%
2.住宅内合用	Residential Sharing	%	%
3.院内独用	Use Alone in the Courtyard	%	%
4.院内合用	Share in the Courtyard	%	%
5.其他地方独用	Use Alone Other Places	%	%
6.其他地方合用	Share Other Places	%	%
7.公用厕所	Public Toilet	%	%
(十)住户主要取暖设备状况	Main Heating Equipment Condition for Residence		
1.由市政或小区集中供暖	Central Heating by Government or Housing Estate	%	%
2.自行供暖	Self Heating	%	%
3.无取暖设备	No Heating Equipment	%	%

continued

总计 Total	20%低收入户 20% Low Income	20%中低收入户 20% Lower-middle Income	20%中等收入户 20% Middle Income	20%中上收入户 20% Upper-middle Income	20%高收入户 20% High Income
98.3	99.0	97.2	98.7	97.3	99.4
1.7	1.0	2.8	1.3	2.7	0.6
72.5	70.7	77.5	67.3	67.2	80.0
1.0	3.4		0.6	0.6	0.6
26.4	25.9	22.5	32.1	32.2	19.4
					0.1
1.0	1.6	2.1	0.3	1.2	
6.8	6.3	8.6	8.6	3.6	6.7
14.7	8.3	12.0	17.5	14.8	20.9
5.4	2.6	5.8	4.4	6.0	7.9
71.9	81.1	71.4	69.3	74.4	63.4
0.1					0.3
0.2					0.8
28.9	17.2	25.5	26.9	32.3	42.7
3.3	2.5	2.0	5.9	2.3	3.7
18.5	19.2	16.6	18.6	17.4	20.7
49.3	61.1	55.9	48.6	48.0	32.9
50.1	48.4	48.7	40.3	52.9	60.4
0.5	0.6	1.8			0.2
46.2	48.8	45.5	56.4	43.2	37.0
0.1		0.7		0.0	
2.8	2.2	2.6	3.3	3.4	2.4
0.2		0.6		0.4	
3.0	3.9	4.2	2.2	2.9	1.6
97.0	96.1	95.8	97.8	97.1	98.4

2-63-2　2022年全区农村居民家庭按可支配收入等距五组分组资料

指标名称	Item	单位	Unit
全年总收入	Total Revenue	元/人	yuan/person
1.工资性收入	Income from Wages and Salaries	元/人	yuan/person
2.经营性收入	Business Income	元/人	yuan/person
(1)第一产业收入	The Primary Industry	元/人	yuan/person
农业收入	Agriculture	元/人	yuan/person
林业收入	Forestry	元/人	yuan/person
牧业收入	Animal Husbandry	元/人	yuan/person
渔业收入	Fishery	元/人	yuan/person
(2)第二产业收入	The Secondary Industry	元/人	yuan/person
工业收入	Industry	元/人	yuan/person
建筑业收入	Construction Industry	元/人	yuan/person
(3)第三产业收入	The Tertiary Industry	元/人	yuan/person
批发零售业收入	Wholesale and Retail Revenue	元/人	yuan/person
交通运输业收入	Transportation Industry	元/人	yuan/person
住宿和餐饮业	Hotel and Catering Sectors	元/人	yuan/person
房地产业	Real Estate	元/人	yuan/person
租赁和商务服务业	Leasing and Business Service	元/人	yuan/person
居民服务修理和其他服务业	Residential Services, Repair and Other Services	元/人	yuan/person
其他	Others	元/人	yuan/person
农林牧渔服务业	Agriculture, Forestry, Animal Husbandry and Fishery Services	元/人	yuan/person
3.财产性收入	Income from Property	元/人	yuan/person
红利收入	Dividend Income	元/人	yuan/person
#转让承包土地经营权租金收入	Rental Income from the Management Rights Transfer of Land Contracted	元/人	yuan/person
4.转移性收入	Income from Transfer	元/人	yuan/person
#养老金或离退休金	Pension or Retirement Benefits	元/人	yuan/person
报销医疗费	Reimbursement of Medical Expenses	元/人	yuan/person
政策性惠农补贴	Political Subsidy Supporting Agriculture	元/人	yuan/person
5.非收入所得	Non-income Revenue	元/人	yuan/person
(1)出售资产所得	Proceeds from Sale of Assets	元/人	yuan/person
(2)非经常性转移所得	Income from Non-recurrent Transfers	元/人	yuan/person
(3)其他非收入所得	Other Non-income Revenue	元/人	yuan/person
6.借贷性所得	Borrowing Income	元/人	yuan/person
(1)提取储蓄存款	Dissaving	元/人	yuan/person
(2)借入款	Borrowed	元/人	yuan/person
(3)收回借出款	Recall the Loan	元/人	yuan/person

Basic Statistics of Grouped by per Capita Disposable Income Quintile for Rural Households (2022)

总计 Total	20%低收入户 20% Low Income	20%中低收入户 20% Lower-middle Income	20%中等收入户 20% Middle Income	20%中上收入户 20% Upper-middle Income	20%高收入户 20% High Income
26601.0	16048.6	15484.3	22993.9	32548.3	59262.8
6079.3	3189.4	5649.0	6579.7	7900.6	8708.5
15898.8	10311.3	6658.4	12175.9	19034.6	40865.0
12675.2	8456.0	5398.7	9389.9	15898.9	31567.2
5451.1	3686.4	3033.0	4852.8	6825.2	11276.0
101.4	55.8	108.7	89.2	158.5	114.2
7122.7	4713.8	2257.0	4447.9	8915.3	20177.0
161.3	743.7	161.3			
47.2			21.5	7.0	287.3
113.9	156.7				517.8
3062.3	1698.6	1259.6	2764.5	3128.6	8491.4
917.8	258.7	259.8	874.8	622.8	3488.8
1734.4	1324.3	719.1	1684.3	1972.4	3754.6
94.9	37.6	104.3	116.0	121.5	116.3
44.1			33.3	33.2	216.0
79.5				264.9	215.1
191.6	78.0	176.4	56.1	113.6	700.5
572.7	290.2	289.2	538.9	738.0	1329.2
47.7	31.3	6.8	43.5	68.2	118.4
382.4	217.4	250.3	381.1	424.0	817.1
4050.2	2257.6	2887.8	3699.5	4875.2	8360.1
1315.1	499.4	735.8	1397.8	1390.7	3390.9
386.0	99.3	199.7	226.8	528.6	1207.6
813.2	556.3	588.9	659.4	1029.4	1540.5
2568.8	2676.6	3880.3	1292.6	2147.0	2721.3
638.2	647.1	1582.4	143.8	230.7	399.7
1844.7	1970.3	2241.0	1068.2	1764.6	2221.1
85.9	59.2	56.8	80.5	151.8	100.5
3065.6	4731.4	2390.0	1540.0	3053.6	3385.2
377.0	128.2	851.9	161.3	143.5	683.9
633.5	1094.1	918.4	303.4	281.1	316.8
125.6	66.5	1.2	115.9	234.8	292.4

2-63-2 续表

指标名称	Item	单位	Unit
(4)收回储蓄性保险本金	Redemption of Deposit Insurance Principal	元/人	yuan/person
(5)银行信用社得到的贷款	Bank Loan	元/人	yuan/person
(6)其他借贷所得	Income from Other Loans	元/人	yuan/person
全年总支出	Total Expenditure	元/人	yuan/person
1.生活消费支出	Living Expenditure	元/人	yuan/person
2.生产经营费用支出	Expenditure for Household Business	元/人	yuan/person
(1)第一产业生产支出	The Primary Industry	元/人	yuan/person
农业生产支出	Agriculture	元/人	yuan/person
林业生产支出	Forestry	元/人	yuan/person
牧业生产支出	Animal Husbandry	元/人	yuan/person
渔业生产支出	Fishery	元/人	yuan/person
(2)第二产业生产支出	The Secondary Industry	元/人	yuan/person
工业生产支出	Industry	元/人	yuan/person
建筑业生产支出	Construction Industry	元/人	yuan/person
(3)第三产业生产支出	The Tertiary Industry	元/人	yuan/person
批发和零售业	Wholesale and Retail Revenue	元/人	yuan/person
交通运输仓储和邮政业	Transportation Industry	元/人	yuan/person
住宿和餐饮业	Hotel and Catering Sectors	元/人	yuan/person
房地产业	Real Estate	元/人	yuan/person
租赁和商务服务业	Leasing and Business Service	元/人	yuan/person
居民服务修理和其他服务业	Residential Services, Repair and Other Services	元/人	yuan/person
其他	Others	元/人	yuan/person
农林牧渔服务业	Agriculture, Forestry, Animal Husbandry and Fishery Services	元/人	yuan/person
3.财产性支出	Property Expenditure	元/人	yuan/person
4.转移性支出	Transfer Expenditure	元/人	yuan/person
5.部分商业保险支出	Commercial Insurance Expenditure	元/人	yuan/person
6.购置资产及非经常性转移支出	Acquisition of Assets and Non-recurrent Transfer Expenses	元/人	yuan/person
(1)建造住房支出	Build Housing	元/人	yuan/person
(2)购买住房支出	Purchase House	元/人	yuan/person
(3)购建第一产业生产性固定资产	Purchase and Build the Productive Fixed Assets of the Primary Industry	元/人	yuan/person
(4)购建第二产业生产性固定资产支出	Purchase and Build the Productive Fixed Assets of the Secondary Industry	元/人	yuan/person
(5)购建第三产业生产性固定资产支出	Purchase and Build the Productive Fixed Assets of the Tertiary Industry	元/人	yuan/person
(6)非经常性转移支出	Non-recurrent Transfer Expenditures	元/人	yuan/person
7.借贷性支出	Borrowing Expenditure	元/人	yuan/person

continued

总计 Total	20%低收入户 20% Low Income	20%中低收入户 20% Lower-middle Income	20%中等收入户 20% Middle Income	20%中上收入户 20% Upper-middle Income	20%高收入户 20% High Income
1916.5	3442.6	618.5	959.5	2327.9	2086.1
13.0				66.3	6.0
29011.5	29061.8	20301.6	23318.4	31955.3	46466.5
12825.3	9798.6	11822.9	12125.0	14191.2	18828.9
8426.5	11116.2	3755.0	5869.4	7856.3	15215.3
7659.7	10113.2	3305.5	5264.5	7470.0	13663.8
2263.7	2589.0	1183.4	1928.8	2338.2	3722.8
28.1	18.1	24.0	25.1	42.7	37.1
5367.6	7506.1	2098.0	3310.6	5087.6	9903.7
0.3			0.0	1.6	0.1
42.9	67.2		1.3	0.5	178.2
10.5			0.2	0.5	71.9
32.3	67.2		1.1		106.3
723.9	935.8	449.6	603.6	385.7	1373.3
41.4	32.0		8.0	11.5	205.3
634.7	886.3	417.9	587.2	293.3	1029.3
2.5	9.9		0.0		
1.6		0.0	0.4	0.0	10.3
14.2	2.4			68.6	7.0
29.6	5.3	31.6	8.0	12.2	121.3
203.2	286.2	133.9	148.6	191.6	257.4
724.9	610.4	597.7	731.5	730.5	1099.5
97.8	49.6	135.0	83.2	90.9	153.4
4556.5	4186.7	2575.0	2987.7	6273.5	8245.6
384.5	171.5	23.6	129.6	1110.1	741.8
729.8	1075.3	508.5		1198.3	906.2
491.4	610.7	93.3	387.4	364.6	1198.1
44.1					305.3
307.0	543.2		8.2	859.7	88.2
2591.8	1785.9	1939.0	2462.6	2713.5	5002.7
2177.3	3014.2	1282.1	1373.0	2621.3	2666.6

2-63-3 2022年全区农村居民家庭按可支配收入等距五组分组资料

指标名称	Item	单位	Unit
可支配收入	Disposable Income	元/人	yuan/person
(一)工资性收入	Income from Wages and Salaries	元/人	yuan/person
(二)经营净收入	Net Business Income	元/人	yuan/person
1.第一产业经营净收入	The Primary Industry	元/人	yuan/person
(1)农业	Agriculture	元/人	yuan/person
(2)林业	Forestry	元/人	yuan/person
(3)牧业	Animal Husbandry	元/人	yuan/person
(4)渔业	Fishery	元/人	yuan/person
2.第二产业经营净收入	The Secondary Industry	元/人	yuan/person
(1)工业	Industry	元/人	yuan/person
(2)建筑业	Construction Industry	元/人	yuan/person
3.第三产业经营净收入	The Tertiary Industry	元/人	yuan/person
(1)批发和零售业	Wholesale and Retail Revenue	元/人	yuan/person
(2)交通运输仓储和邮政业	Transportation Industry	元/人	yuan/person
(3)住宿和餐饮业	Hotel and Catering Sectors	元/人	yuan/person
(4)房地产业	Real Estate	元/人	yuan/person
(5)租赁和商务服务业	Leasing and Business Service	元/人	yuan/person
(6)居民服务修理和其他服务业	Residential Services, Repair and Other Services	元/人	yuan/person
(7)其他	Others	元/人	yuan/person
(8)农林牧渔服务业	Agriculture, Forestry, Animal Husbandry and Fishery Services	元/人	yuan/person
(三)财产净收入	Income from Property	元/人	yuan/person
1.红利收入	Dividend Income	元/人	yuan/person
#2.转让承包土地经营权租金收入	Rental Income from the Management Rights Transfer of Land Contracted	元/人	yuan/person
(四)转移净收入	Income from Transfer	元/人	yuan/person
#1.养老金或离退休金	Pension or Retirement Benefits	元/人	yuan/person
2.报销医疗费	Reimbursement of Medical Expenses	元/人	yuan/person
3.政策性惠农补贴	Political Subsidy Supporting Agriculture	元/人	yuan/person
现金可支配收入	Cash Disposable Income	元/人	yuan/person
实物可支配收入	Physical Disposable Income	元/人	yuan/person

Basic Statistics of Grouped by per Capita Disposable Income Quintile for Rural Households (2022)

总计 Total	20%低收入户 20% Low Income	20%中低收入户 20% Lower-middle Income	20%中等收入户 20% Middle Income	20%中上收入户 20% Upper-middle Income	20%高收入户 20% High Income
16430.3	3359.1	10513.9	15533.2	22768.5	41216.0
6079.3	3189.4	5649.0	6579.7	7900.6	8708.5
6656.3	-1481.6	2419.5	5595.3	10176.9	24175.1
4502.1	-2100.5	1789.9	3642.9	7821.5	17025.0
2974.5	949.6	1673.5	2728.7	4239.7	7190.6
73.0	37.7	84.2	63.7	115.0	77.0
1454.9	-3087.7	32.3	850.5	3468.4	9757.5
-0.3			0.0	-1.6	-0.1
116.6	89.5		20.2	6.5	615.4
36.0			21.3	6.5	210.5
80.6	89.5		-1.1		404.8
2037.6	529.3	629.6	1932.1	2348.9	6534.7
823.8	212.1	191.0	829.5	573.1	3150.0
889.6	231.2	215.8	923.3	1372.3	2391.7
78.8	24.2	92.6	113.8	98.9	77.5
39.7		0.0	31.6	32.3	189.6
58.0	-2.4			171.6	188.6
147.6	64.2	130.2	34.0	100.7	537.3
369.4	4.1	155.2	390.3	546.4	1071.8
47.7	31.3	6.8	43.5	68.2	118.4
382.4	217.4	250.3	381.1	424.0	817.1
3325.3	1647.2	2290.1	2968.0	4144.7	7260.6
1315.1	499.4	735.8	1397.8	1390.7	3390.9
386.0	99.3	199.7	226.8	528.6	1207.6
813.2	556.3	588.9	659.4	1029.4	1540.5
15645.9	3223.3	10159.7	14986.2	21664.3	38728.9
784.4	135.9	354.2	547.0	1104.3	2487.1

2-63-3 续表

指标名称	Item	单位	Unit
生活消费支出	Living Expenditure	元/人	yuan/person
(一)食品烟酒	Food, Tobacco and Liquor	元/人	yuan/person
#粮食	Grain	元/人	yuan/person
油脂	Oil and Fats	元/人	yuan/person
肉禽及制品	Meat, Poultry and Processed Products	元/人	yuan/person
蛋类及蛋制品	Eggs and Egg Products	元/人	yuan/person
水产品	Aquatic Products	元/人	yuan/person
蔬菜及菜制品	Vegetables and Vegetable Products	元/人	yuan/person
奶及奶制品	Milk and Processed Products	元/人	yuan/person
烟酒	Tobacco and Wine	元/人	yuan/person
饮料	Beverages	元/人	yuan/person
饮食服务	Catering Service	元/人	yuan/person
(二)衣着	Clothing	元/人	yuan/person
#服装	Garments	元/人	yuan/person
(三)居住	Residence	元/人	yuan/person
#住房维修及管理	Housing Maintenance and Management	元/人	yuan/person
水电燃料及其他	Water, Electricity, Fuels and Others	元/人	yuan/person
(四)生活用品及服务	Household Facilities, Articles and Services	元/人	yuan/person
#家用器具	Home Appliances	元/人	yuan/person
家具及室内装饰品	Articles for Interior Decoration	元/人	yuan/person
家用纺织品	Bed Articles	元/人	yuan/person
家庭日用杂品	Household Articles for Daily Use	元/人	yuan/person
(五)交通通信	Transport and Communications	元/人	yuan/person
#交通	Transport	元/人	yuan/person
通信	Communications	元/人	yuan/person
(六)教育文化娱乐	Education, Culture and Recreation	元/人	yuan/person
文化娱乐	Culture and Recreation	元/人	yuan/person
#教育	Education	元/人	yuan/person
(七)医疗保健	Health Care and Medical Services	元/人	yuan/person
#医疗器具及药品	Medical Instrument and Medicine	元/人	yuan/person
(八)其他用品及服务	Other Commodities and Services	元/人	yuan/person
服务性消费支出	Consumption Expenditure for Service	元/人	yuan/person
商品性消费支出	Consumption Expenditure for Commodity	元/人	yuan/person

continued

总计 Total	20%低收入户 20% Low Income	20%中低收入户 20% Lower-middle Income	20%中等收入户 20% Middle Income	20%中上收入户 20% Upper-middle Income	20%高收入户 20% High Income
12825.3	9798.6	11822.9	12125.0	14191.2	18828.9
4028.0	3132.5	3558.7	3867.7	4648.0	5727.9
583.1	495.0	537.1	571.2	651.4	735.7
206.9	172.2	187.4	208.0	226.4	270.5
1218.6	912.5	1014.4	1151.5	1405.0	1915.7
69.0	63.9	64.1	64.7	78.3	79.4
29.5	21.7	26.9	30.6	38.8	33.9
313.4	243.1	276.1	302.7	383.5	417.5
137.4	139.2	141.3	122.0	137.4	150.0
339.2	191.4	295.9	303.3	422.6	604.8
103.0	76.8	96.5	89.9	126.4	147.0
457.2	353.9	367.9	487.6	526.3	640.8
689.6	556.2	716.9	702.1	734.0	804.5
511.1	405.9	535.2	515.4	544.2	608.2
2373.4	1737.5	2234.9	2127.7	2613.5	3723.7
485.6	257.4	403.9	306.1	492.5	1247.6
888.8	704.1	847.3	847.8	987.5	1203.1
747.1	521.2	766.5	701.1	894.5	985.8
202.2	101.3	212.0	195.1	256.3	303.1
104.3	85.5	123.6	69.7	101.0	160.2
73.1	48.4	69.6	64.4	113.9	81.8
169.5	127.9	154.2	163.7	215.8	214.3
1958.9	1464.0	1570.3	2085.3	2001.0	3171.8
1440.8	1060.3	1062.6	1529.5	1445.0	2541.8
518.1	403.7	507.7	555.8	556.0	630.0
1255.5	1175.8	1732.0	1175.9	1212.1	835.5
149.3	109.9	188.2	139.8	163.3	153.9
1106.1	1065.8	1543.8	1036.1	1048.8	681.6
1552.6	1085.9	1093.9	1307.4	1859.7	3011.9
402.7	302.9	359.8	431.5	473.2	510.2
220.1	125.5	149.7	157.7	228.5	567.8
4527.7	3532.5	4332.9	4213.7	4903.7	6507.4
8297.6	6266.1	7490.0	7911.3	9287.5	12321.5

2-63-4 2022年全区农村居民家庭按可支配收入等距五组分组资料

指标名称	Item	单位	Unit
一、粮食消费量	Grain	公斤/人	kg/person
(一)谷物消费量	Cereal	公斤/人	kg/person
1.小麦	Wheat	公斤/人	kg/person
2.稻谷	Rice	公斤/人	kg/person
3.玉米	Corn	公斤/人	kg/person
4.其他谷物	Others	公斤/人	kg/person
(二)薯类消费量	Tubers	公斤/人	kg/person
(三)豆类消费量	Beans	公斤/人	kg/person
二、油脂类消费量	Grease	公斤/人	kg/person
三、蔬菜及菜制品消费量	Vegetables and Processed Products	公斤/人	kg/person
四、肉禽及其制品	Meat, Poultry and Processed Products	公斤/人	kg/person
1.猪肉	Pork	公斤/人	kg/person
2.牛肉	Beef	公斤/人	kg/person
3.羊肉	Mutton	公斤/人	kg/person
4.家禽	Poultry	公斤/人	kg/person
5.其他肉类及制品	Others	公斤/人	kg/person
五、蛋类及蛋制品	Eggs and Processed Products	公斤/人	kg/person
六、水产品	Aquatic Products	公斤/人	kg/person
七、奶和奶制品	Milk and Processed Products	公斤/人	kg/person
八、食糖	Sugar	公斤/人	kg/person
九、鲜瓜果	Melons	公斤/人	kg/person
耐用消费品	Durable Consumer Goods		
家用汽车	Automobile	辆/百户	unit/100 households
摩托车	Motorcycle	辆/百户	unit/100 households
助力车	Powered Bicycle	台/百户	unit/100 households
洗衣机	Washing Machine	台/百户	unit/100 households
电冰箱(柜)	Refrigerator	台/百户	unit/100 households
微波炉	Microwave Oven	台/百户	unit/100 households
彩色电视机	Color TV Set	台/百户	unit/100 households
空调	Air Conditioner	台/百户	unit/100 households
热水器	Water Heater	台/百户	unit/100 households
洗碗机	Dishwasher	台/百户	unit/100 households
排油烟机	Smoke Exhaust Ventilator	台/百户	unit/100 households
固定电话	Telephone	线/百户	unit/100 households
移动电话	Mobile Telephone	部/百户	unit/100 households
计算机	Computer	台/百户	unit/100 households
照相机	Camera	台/百户	unit/100 households
中高档乐器	Secondary and Top Grade Musical Instrument	架/百户	unit/100 households
健身器材	Body-building Apparatus	台/百户	unit/100 households
空气净化器(含新风系统)	Air Purifier (Include Fresh Air System)	台/百户	unit/100 households
地面清洁电器	Ground Cleaning Appliances	台/百户	unit/100 households

Basic Statistics of Grouped by per Capita Disposable Income Quintile for Rural Households (2022)

总计 Total	20%低收入户 20% Low Income	20%中低收入户 20% Lower-middle Income	20%中等收入户 20% Middle Income	20%中上收入户 20% Upper-middle Income	20%高收入户 20% High Income
138.0	116.8	126.9	136.7	150.3	178.0
131.4	111.7	121.0	130.4	142.4	169.0
84.3	76.2	80.0	82.4	86.4	104.6
44.6	33.4	38.8	45.7	52.2	61.5
0.9	0.9	0.7	0.7	1.6	0.5
1.7	1.3	1.5	1.5	2.1	2.3
3.4	3.2	2.8	2.9	3.7	4.6
3.3	1.9	3.1	3.4	4.3	4.5
10.9	9.3	9.9	10.8	11.9	14.2
86.3	70.6	75.1	83.6	103.3	112.6
30.1	22.6	25.4	28.1	35.6	46.0
7.2	4.6	6.3	6.9	9.0	11.3
6.6	5.3	5.6	6.0	7.9	9.4
6.1	4.0	4.5	5.3	6.8	12.5
9.7	8.2	8.6	9.4	11.3	12.1
0.5	0.4	0.4	0.5	0.6	0.8
0.0	5.5	5.7	7.0	7.1	0.0
1.4	1.1	1.2	1.5	1.9	1.6
9.4	7.8	8.7	8.6	10.8	12.6
1.9	0.9	1.9	2.0	2.2	3.6
60.7	54.8	51.6	56.8	67.0	82.3
35.4	35.7	31.6	39.2	37.0	33.3
50.2	55.8	45.5	51.1	52.6	46.1
95.0	109.3	85.6	94.7	87.1	98.1
104.2	104.7	105.7	100.9	104.7	105.0
103.5	104.1	103.6	97.6	108.0	104.3
18.7	17.7	14.6	22.7	19.0	19.8
107.2	102.8	107.6	109.9	111.5	104.2
2.7	1.5	2.1	4.1	1.9	3.6
104.8	102.9	107.3	105.1	104.5	104.0
0.0					0.0
33.6	28.8	30.7	30.7	40.4	37.7
0.4		0.5		0.5	1.1
288.6	302.4	300.1	287.7	285.1	267.8
22.4	15.7	19.8	25.5	27.6	23.2
1.2		0.6	1.6	1.9	1.8
1.0	1.0	0.8	0.6	0.7	1.8
0.2				0.9	0.1
0.2			0.2	0.1	0.5
0.8		1.5	0.4	1.6	0.6

主要指标解释

可支配收入　指城乡住户可用于最终消费支出和储蓄的总和，即住户可以用来自由支配的收入。可支配收入既包括现金，也包括实物收入。按照收入来源，可支配收入包含四项，分别为：工资性收入、经营净收入、财产净收入、转移净收入。计算公式为：

可支配收入=工资性收入+经营净收入+财产净收入+转移净收入

其中：经营净收入=经营收入-经营费用-生产性固定资产折旧-生产税净额（生产税-生产补贴）

财产净收入=财产性收入-财产性支出

转移净收入=转移性收入-转移性支出

工资性收入　指就业人员通过各种途径得到的全部劳动报酬和各种福利，包括受雇于单位或个人、从事各种自由职业、兼职和零星劳动得到的全部劳动报酬和福利。

经营净收入　指住户或住户成员从事生产经营活动所获得的净收入，是全部经营收入中扣除经营费用、生产性固定资产折旧和生产税净额（生产税减去生产补贴）之后得到的净收入。

财产净收入　指住户或住户成员将其所拥有的金融资产和自然资源交由其他机构单位、住户或个人支配而获得的回报并扣除相关的费用之后得到的净收入。财产净收入包括利息净收入、红利收入、储蓄性保险净收益和转让承包土地经营权租金净收入等。

转移净收入　指住户或住户成员当年得到的转移性收入减去转移性支出后的净额。转移性收入指国家、单位、社会团体对住户的各种经常性转移支付和住户之间的经常性收入转移。包括政府、非行政事业单位、社会团体对居民转移的养老金或退休金、社会救济和补助、政策性生活补贴、救灾款、经常性捐赠和赔偿以及报销医疗费等；住户之间的赡养收入、经常性捐赠和赔偿以及农村地区（村委会）在外（含国外）工作的本住户非常住成员寄回带回的收入等。

消费支出　指住户用于满足家庭日常生活消费需要的全部支出，包括用于消费品的支出和用于服务性消费的支出。根据用途不同，消费支出可划分为食品烟酒、衣着、居住、生活用品及服务、交通通信、教育文化娱乐、医疗保健、其他用品及服务八大类。根据来源不同，消费支出可划分为现金消费支出、实物消费支出（含自产自用、来自单位、来自政府和其他社会组织）。

转移性支出　指调查户对国家、单位、住户或个人的经常性或义务性转移支付。包括缴纳的税款、各项社会保障支出、赡养支出、经常性捐赠和赔偿支出以及其他经常转移支出等。

个人所得税是指调查对象被扣缴的工资薪金所得、对企事业单位的承包经营承租经营所得、个体工商户的生产经营所得、劳务报酬所得、稿酬所得、特许权使用费所得、利息股息红利所得、财产租赁所得、财产转让所得、偶然所得、经国务院财政部门确定征税的其他所得等个人所得的税款。生产税、消费税不在其内。

社会保障支出是指调查户家庭成员参加国家法律、法规规定的社会保障项目中由单位和个人共同缴纳的保障支出。包括养老保险、医疗保险、失业保险、工伤保险、生育保险以及其他社会保障支出。

农村外来从业人员寄给家人的支出是指外地农业户籍的从业人员寄回带回其户口登记地家庭的支出。

赡养支出是指调查户因赡养和抚养义务而付给亲友的经常性现金和定期的实物支出。

其他经常转移支出是指除缴纳的税款、社会保障支出、赡养支出以外的其他经常性转移支出。如经常性捐赠、经常性赔偿、各种罚款及政府部门向居民提供服务收取的服务费等。

财产性支出　是指调查户支付的生活贷款利息以及其他财产性支出等。

住房贷款利息支出是指住户由于购买住房向金融机构贷款所支付的利息，包括商业贷款利息和公积金贷款利息。

其他生活贷款利息支出是指住户由于向金融机构申请汽车贷款、教育贷款以及其他消费贷款而支付的利息。

其他财产性支出是指住户支付的除生活贷款利息以外的其他财产性支出，如宅基地使用费等。

城镇居民人均可支配收入（老口径） 指城镇家庭总收入扣除交纳的个人所得税和个人交纳的各项社会保障支出之后，按照城镇居民家庭人口平均的收入水平。其中家庭总收入是指该家庭中生活在一起的所有家庭人员从各种渠道得到的所有收入之和。

农民纯收入（老口径） 指农村住户当年从各个来源得到的总收入相应地扣除所发生的费用后的收入总和。纯收入主要用于再生产投入和当年生活消费支出，也可用于储蓄和各种非义务性支出。“农民人均纯收入”按人口平均的纯收入水平，反映的是一个地区或一个农户农村居民的平均收入水平。计算方法：

纯收入＝总收入-家庭经营费用支出-税费支出-生产性固定资产折旧-赠送农村内部亲友

农民现金收入 指农村住户和住户成员在调查期内得到以现金形态表现的各项现金收入总和，是现金总收入的概念，未扣除费用性支出。按来源分成工资性收入、家庭经营现金收入、财产性收入、转移性收入。

Explanatory Notes on Main Statistical Indicators

Disposable Income means the total income of households earned in the survey period, which can be used for consumption and saving, including cash income and physical income. According to the source of income, it can be classified as income of wages and salaries, net business income, net income from property and net income from transfer. Calculation formula:

Disposable income = income of wages and salaries + net business income + net income from property + net income from transfer

Where:

Net business income = business income – business expenses depreciation of productive fixed assets – production taxes

Net income from property = property income – property expenses

Net income from transfer = transfer income – transfer expenses

Wages Income means the total remuneration and benefits earned by employees who are employed by units or individuals, freelances and part-time workers.

Net Business Income means net income earned by business activities, which are operated by households and their members. Business expenses, depreciation of productive fixed assets and production taxes should be deducted from income. It includes net income of primary, secondary and tertiary industries.

Net Income from Property means the net income obtained by authorizing other institutional units, households or individuals to dominate the financial assets, housing, other non-financial assets and natural resources owned by households and their members. Expenses should be deducted. Net income from property includes net interest income, bonus income, net income of saving insurance, net rent income from the transfer of land management right, net rent housing income, net rent other assets income and net conversion rental of private housing.

Net Income from Transfer means recurrent income transfers from the state, units, social groups and households. Including the pension, social benefits and subsidies, agricultural subsidies, policy living subsidies relief funds, regular donation and compensation and reimbursement of medical expenses from government, institutions, social groups; alimony, regular donation and compensation from other households, and the income sent back by non-permanent members working nonlocal.

Consumption Expenditure means all the expenditures of households for consumption in daily life, including expenditure on consumer goods and services consumption. It includes on eight categories by function: food; clothing; housing; household appliances and services; transport and communication; education and culture, recreational activities; medical care; other commodities and services. It includes expenditure in cash and in kinds (includes self-made and consumed products from units, government and other social organizations) by source.

Transferred Expenditure means regular or voluntary transfer payment from the survey household to the nation, the unit, the household or the individual. Including the payment of the tax, the social security expenses, maintenance expenses, regular donations and compensation expenses, and other frequent transfer expenses, etc.

Personal income tax means the survey object is the withholding of wages and salaries income, contracted leased operation of enterprises or institutions of income, individual industrial and commercial production income, labor remuneration, royalties, interest, dividends, bonuses, lease of property income, transfer of property income, contingent income, by the financial department of the state council shall determine the tax of individual income tax. The production tax, consumption tax are not.

Social security expenditure means residents' family members to participate in the national laws, rules and regulations of social security in the project by the unit and the safeguard of the individual is collective pay expenses. Including endowment insurance, medical insurance, unemployment insurance, industrial injury insurance, birth insurance and other social security.

Rural migrant workers sent to family expenses means employees outward of agricultural census register sent back to the account that the family expenses.

Support spending means residents paid to relatives and friends for support and provide for cash and in kind regularly.

Other regularly transfer spending means other regular payments in addition to the payment of taxes, social security expenditure and support spending. Such as regular donations, regular compensation, all kinds of fine and service fees of government departments provide service for residents, etc.

Property Expenditure means residents pay interest on loans and other property, etc.

Interest expenditure of housing loan means residents paid interest to financial institutions for buying housing, including commercial loan interest and accumulation fund loan interest.

Other loan interest expenditure means residents paid interest to financial institutions due to apply for a car loan, education loans and other consumer loans.

Other property expenditure means residents paid other property expenditure in addition to life interest on loans, such as land use fees, etc.

Per Capita Disposable Income of Urban Households (old size) means the level of income averaged by population of urban households, it equals to total income minus income tax and personal contribution to various social security expenditure. Total income of households means the sum of income earned from various sources by the urban households and their members.

Net Income of Rural Households (**old size**) means the total income of rural households from all sources minus all corresponding expenses. Net income is mainly used as input for reproduction and as consumption expenditure of the year, and also used for saving and non-compulsory expenses of various forms. "Per capita net income of farmers" is the level of net income averaged by population which reflects the average income level of rural households in a given area or a rural household. The formula for calculation is as follows:

Net income = total income – household operation expenses – taxes and fees – depreciation of fixed assets for production – present rural internal relatives and friends

Cash Income of Farmers means income received by rural households and their members in the form of cash during the reference period, it is the total cash income, not deduct costs. It is classified by source of income, wages income, business cash income, income from properties and income from transfers.

第三篇

价格调查

Price Survey

简要说明

居民消费价格指数是根据抽样方法抽取，在银川市、石嘴山市、吴忠市、固原市、中卫市、海原县、平罗县等 7 个市县选取 1516 个具有代表性的调查点（其中农贸市场 34 个、大型超市 22 个、互联网 44 个、商场零售商店 723 个，服务网点 693 个），共 8418 个代表规格品，由专人定期到调查点采集实际成交价加权计算得到的。

商品零售价格指数是根据抽样方法抽取，在银川市、石嘴山市、吴忠市、固原市、中卫市、海原县、平罗县 7 个市县选取 599 个调查点、5101 个代表规格品，由专人定期到调查点采集实际成交价加权计算。

农产品生产价格指数是根据抽样方法抽取的，在全区 10 个市县（区）的 222 家农产品生产企业、规模户和 110 个普通农户，选择 16 个大类 34 个代表规格品进行调查的资料计算。

工业生产者价格指数是根据分布在全区 5 个地级市 400 多家样本企业上报的月度统计报表资料加权计算得到。

Brief Description

Data of consumer price indices are collected according to the sampling method. This method chooses 1516 representative survey points in Yinchuan, Shizuishan, Wuzhong, Guyuan, Zhongwei, Haiyuan, Pingluo 7 cities and counties, which include 34 agricultural markets, 22 supermarkets, 44 network, 723 shopping malls and retail stores, 693 service stations. Representative commodities sum to 8418, which are taken the practical records of the prices from the survey point by specially-assigned person and weighting calculated.

Data of retail price indices are collected according to the sampling method. This method chooses 599 representative survey points in Yinchuan, Shizuishan, Wuzhong, Guyuan, Zhongwei, Haiyuan, Pingluo 7 cities and counties. Representative commodities sum to 5101, which are taken the practical records of the prices from the survey point by specially-assigned person and weighting calculated.

Data of price indices for farm products are collected according to the sampling method. This method chooses 222 major agricultural productive enterprises and 110 ordinary agricultural producers in 10 cities and counties in Ningxia. Representative commodities sum to 34 of 16 major categories, which are surveyed and calculated.

Data of producer price indices for industrial products are taken from monthly statistical report of more than 400 sample enterprises in 5 prefecture-level city and weighting calculated.

宁夏保供稳价持续发力　物价水平温和上涨

2022 年，宁夏各级政府坚持稳字当头、稳中求进总基调，积极应对能源价格高位运行、食品价格持续上涨带来的冲击，统筹疫情防控和经济发展，全力做好重要民生商品保供稳价工作，全年物价总水平保持温和上涨态势。国家统计局宁夏调查总队监测数据显示，2022 年宁夏居民消费价格累计上涨 2.3%，其中，食品价格上涨 2.5%，非食品价格上涨 2.3%；消费品价格上涨 2.7%，服务价格上涨 1.4%。

一、宁夏 CPI 总体运行情况

（一）月度同比涨幅呈倒“V”走势

从月度同比数据看，1 月份，CPI 以 1.5%的涨幅平稳开局；2 月份随着春节拉动作用，CPI 上涨 2.0%；3—5 月份，受汽柴油调价，粮油、鲜菜等食品价格上涨影响，CPI 分别上涨 2.4%、2.5%和 2.1%；6—9 月份，受猪肉、鲜菜、飞机票、汽柴油价格上涨影响，CPI 继续上涨，涨幅连续 4 个月在 2.7%~2.8%高位运行；10—12 月份，受上年同期疫情突发对比基数走高及新冠感染人数增加部分商品需求阶段性下降因素影响，CPI 涨幅有所回落，分别上涨 2.4%、1.6%和 1.7%。

（二）月度环比涨多跌少

从环比数据看，2022 年 CPI 环比 7 个月上涨，2 个月持平，3 个月下降。其中，2 月份涨幅最高，上涨 0.7%；5 月份降幅最大，下降 0.4%。

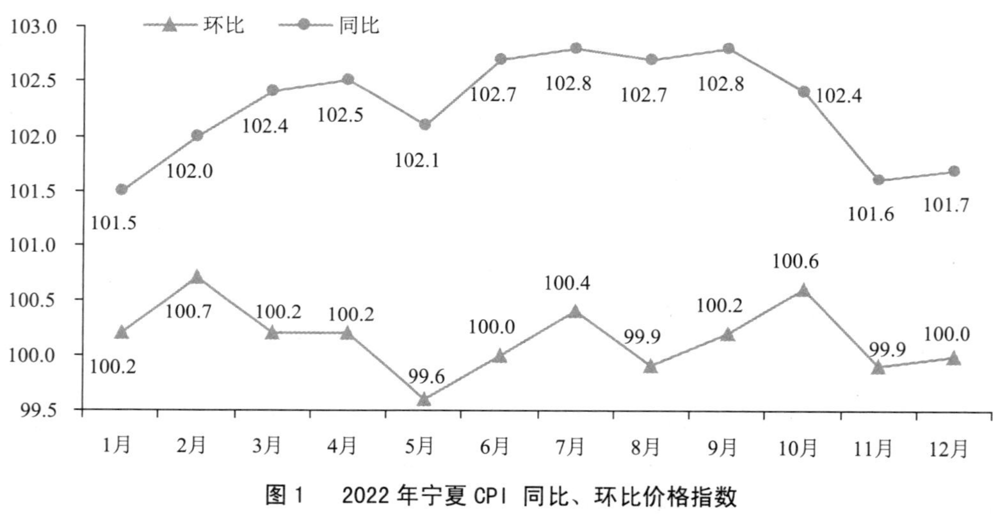

图 1　2022 年宁夏 CPI 同比、环比价格指数

（三）八大类商品及服务“七涨一降”

2022 年，交通通信、医疗保健、食品烟酒、教育文化娱乐、生活用品及服务、其他用品及服务、居住类价格累计分别上涨 6.8%、2.3%、2.2%、1.5%、1.4%、1.1%、0.9%，衣着类累计下降 0.8%（见表 1）。

（四）CPI 涨幅高于全国平均水平

2022 年，宁夏 CPI 累计上涨 2.3%，涨幅高于全国平均水平 0.3 个百分点，在全国 31 个省（区、市）中排名第 3 位。从月度同比数据看，CPI 月度同比涨幅 8 个月高于全国平均水平，5 月、9 月、11 月涨幅与全国平均水平持平，12 月份涨幅低于全国平均水平 0.1 个百分点。

表1　2022 年 12 月份宁夏居民消费价格指数

指　　标	环比	同比	累计
居民消费价格指数	100.0	101.7	102.3
一、食品烟酒	100.8	102.0	102.2
二、衣着	100.2	100.3	99.2
三、居住	100.0	100.3	100.9
四、生活用品及服务	100.1	101.3	101.4
五、交通通信	98.2	104.2	106.8
六、教育文化娱乐	100.0	101.2	101.5
七、医疗保健	100.2	101.2	102.3
八、其他用品及服务	100.3	102.7	101.1

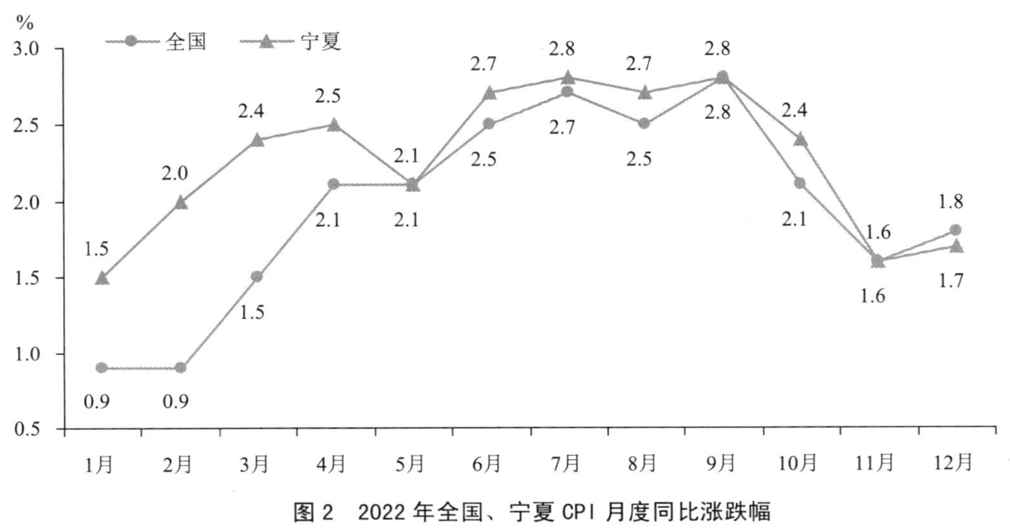

图 2　2022 年全国、宁夏 CPI 月度同比涨跌幅

二、宁夏 CPI 运行主要特点

（一）食品烟酒价格温和上涨

受鲜菜、粮食价格上涨及猪肉价格止跌回升影响，2022 年，食品烟酒价格累计上涨 2.2%，影响 CPI 上涨 0.60 个百分点，对 CPI 上涨贡献率为 26.1%。

1.粮油价格涨幅居前。受疫情及地缘政治冲突等因素影响，叠加农资成本走高，粮油价格上涨明显。2022 年，粮食价格累计上涨 4.6%，涨幅比上年扩大 2.5 个百分点，影响 CPI 上涨 0.11 个百分点。其中，大米、面粉、其他粮食、粮食制品价格累计分别上涨 1.8%、6.5%、1.3%和 6.2%。食用油价格累计上涨 8.9%。

2.畜肉类价格降幅收窄。2022 年，畜肉类价格累计下降 3.4%，降幅较上年收窄 2.0 个百分点。其中，牛肉价格总体平稳，羊肉价格累计下降 6.5%。随着生猪去产能化效应逐步显现，自 2021 年 2 月猪肉价格开始回落，同比连续 17 个月下降，2022 年 7 月企稳回升并快速上涨，涨幅连续 6 个月超过 20%，10 月份猪肉价格同比上涨 62.9%，创 2020 年 10 月以来月度同比新高。全年猪肉价格累计下降 5.3%，降幅比上年收窄 24.2 个百分点。

3.蛋类、奶类价格小幅上涨。受豆粕、玉米等饲料价格上涨及运输成本增加影响，蛋类价格自 2021 年 1 月份以来，同比连续 24 个月上涨。2022 年，蛋类价格累计上涨 5.9%，其中鸡蛋、其他蛋及制品价格累计分别上涨 6.0%和 3.9%。奶类价格累计上涨 2.0%。

4.鲜果价格上涨 6.4%。2022 年，鲜果价格累计上涨 6.4%，影响 CPI 上涨 0.14 个百分点。一是受化肥、农药、地膜等农资价格上涨，鲜果种植成本上涨。二是部分地区疫情管控影响，流通受阻，加之汽柴油价格高位运行，运输成本上涨，带动鲜果价格走高。

5.鲜菜价格波动幅度较大。2022 年，鲜菜价格累计上涨 0.5%，涨幅比上年回落 6.2 个百分点。从月度同比看，鲜菜价格波动幅度较大。受极端天气影响，4 月份鲜菜价格同比上涨 17.1%。受上年疫情封控，基期价格较高影响，11 月份，鲜菜价格同比下降 22.8%，创年内新低。

（二）能源价格高位运行

受地缘政治冲突加剧影响，国内能源价格同比延续上年涨势，汽油价格一度突破“10 元”大关，能源价格上涨对 CPI 拉动作用凸显。2022 年，能源价格累计上涨 12.8%，影响 CPI 上涨 1.07 个百分点，对 CPI 上涨贡献率为 46.5%。其中，交通工具用燃料价格累计上涨 21.4%，影响 CPI 上涨 0.92 个百分点；其他水电燃料、燃气价格累计分别上涨 5.2%和 3.3%。

（三）服务项目价格涨幅扩大

2022 年，宁夏服务项目价格累计上涨 1.4%，涨幅比上年扩大 0.7 个百分点，拉动 CPI 上涨 0.51 个百分点，对 CPI 上涨贡献率为 22.2%。

1.医疗服务价格上涨 3.4%。根据《宁夏调整优化医疗收入结构试点工作实施方案》和《试点三甲公立医院优化医疗收入结构调整医疗服务价格方案》精神，宁夏部分公立医院调整部分医疗服务价格。2022 年，医疗服务价格累计上涨 3.4%，拉动 CPI 上涨 0.24 个百分点。其中，一般医疗服务、一般治疗操作、病理学诊断价格分别上涨 8.5%、17.1%和 6.8%。

2.交通费上涨 4.9%。受国内航线燃油附加费连续上调、复工复产以及跨地区旅行恢复等因素影响，2022 年，交通费累计上涨 4.9%。其中，飞机票价格、其他交通费累计分别上涨 20.1%和 3.6%。

3.教育服务价格上涨 1.8%。受部分中职、高校上调学费，幼儿园上调保育费等因素影响，2022 年，教育服务价格上涨 1.8%。其中，课外教育、高等教育累计分别上涨 2.7%和 2.4%。

三、2023 年物价走势预判

2023 年是全面贯彻落实党的二十大精神的重要之年，也是实施“十四五”规划的关键一年，随着“稳增长、稳就业、稳物价”等一系列政策措施落实落地，消费需求进一步恢复和扩大，影响 2023 年物价变动的因素主要有以下几个方面：一是人工成本、种养殖成本的持续上涨，食品价格将出现阶段性供需失衡引起的结构性波动。二是服务价格或有提振空间。随着全国疫情防控政策优化调整，2023 年疫情对服务业的影响有望进一步消退，旅游、餐饮、住宿、娱乐等服务行业消费将恢复性上涨，飞机票、景点门票等服务项目价格有进一步上涨空间。三是能源价格涨势或将趋缓。当前大宗商品价格，尤其能源价格已经较上年价格有所回落，叠加 2022 年基数较高因素，2023 年能源价格对 CPI 的推高作用将有所减弱。四是国内消费市场总体供大于求的格局未有大的改变，将一定程度上平抑物价上行。

综上所述，预计 2023 年宁夏 CPI 将继续保持温和上涨，全年 CPI 仍将处于合理的调控区间。

四、稳定物价的建议

（一）重点抓好鲜活农产品的生产和供应

食品价格是重要的民生商品，极易受极端天气、节假日、突发事件等因素影响，且波动较为明显，对 CPI 影响较大。要重点抓好粮食、生猪、鲜菜、水产品等重要农产品的生产和供应，降低中间流通环节成本，确保“米袋子”“菜篮子”供应充足，价格保持相对稳定。

（二）完善应急保障预案

在重大节假日以及重大突发事件时，要时刻关注与民生密切相关的重要商品价格动态，及时启动临社会救助和保障标准与物价上涨挂钩联动机制，做好粮油肉蛋奶供应及控价肉、平价菜的储备和投放工作。兜住兜牢民生底线，缓解食品价格过快上涨对低收入群体生活的影响，保障困难群众基本生活。

（三）加强市场监督管理

市场监管部门加大检查督查力度，进一步规范市场行为，稳定市场预期，坚决防范哄抬物价、囤货居奇、售卖假货等扰乱市场价格、破坏市场秩序的行为。

（姬晓怡）

2022 年宁夏工业生产者价格运行情况

2022 年，宁夏稳步实施保供稳价和稳经济保发展促增长等政策措施，积极应对大宗商品价格上涨带来的不利影响和市场需求收缩的局面，助力企业复工复产，促进经济平稳运行，有力调控工业品价格合理运行。2022 年，宁夏工业生产者出厂价格（PPI）上涨 11.1%，涨幅较上年回落 8.8 个百分点；购进价格（IPI）上涨 17.6%，涨幅较上年回落 3.2 个百分点。

一、宁夏工业生产者价格运行情况

（一）环比价格小幅涨跌

2022 年，宁夏工业生产者出厂价格环比小幅涨跌，总体走势较为平稳。1 月份 PPI 环比持平，2—3 月，受国际大宗商品价格上涨等因素影响，PPI 分别上涨 0.8%、3.8%。随着多项支持煤炭保供稳价政策的效果显现，国际大宗商品价格回落，加之部分行业上下游供需不足得到缓解，煤炭、金属等能源和原材料的价格呈下行态势，4 月份 PPI 涨幅回落，5—9 月分别下降 0.6%、0.6%、2.0%、1.8%、0.5%。四季度，部分行业需求有所回暖，但后劲不强，PPI 窄幅震荡，10 月、11 月小幅反弹，分别上涨 1.3%、0.1%，12 月下降 0.5%。

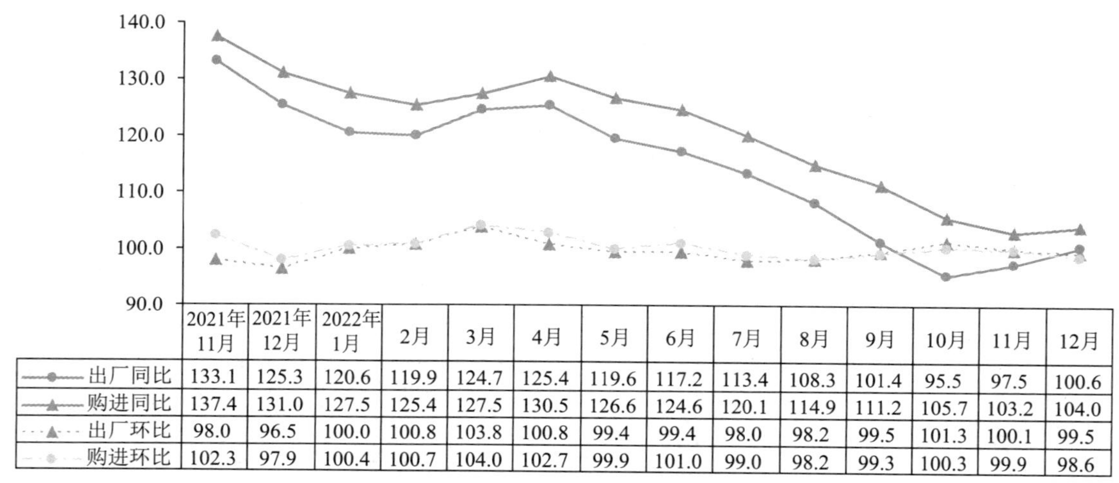

	2021年11月	2021年12月	2022年1月	2月	3月	4月	5月	6月	7月	8月	9月	10月	11月	12月
出厂同比	133.1	125.3	120.6	119.9	124.7	125.4	119.6	117.2	113.4	108.3	101.4	95.5	97.5	100.6
购进同比	137.4	131.0	127.5	125.4	127.5	130.5	126.6	124.6	120.1	114.9	111.2	105.7	103.2	104.0
出厂环比	98.0	96.5	100.0	100.8	103.8	100.8	99.4	99.4	98.0	98.2	99.5	101.3	100.1	99.5
购进环比	102.3	97.9	100.4	100.7	104.0	102.7	99.9	101.0	99.0	98.2	99.3	100.3	99.9	98.6

图 1　2022 年宁夏工业生产者价格走势

（二）同比涨幅总体回落

2022 年，尽管宁夏 PPI 环比有涨有降，但受上年同期基数走高影响，同比涨幅总体呈回落态势。1 月份 PPI 上涨 20.6%，至 9 月份上涨 1.4%，8 个月共回落 19.2 个百分点。10 月、11 月 PPI 由正转负，分别下降 4.5%、2.5%。12 月，PPI 上涨 0.6%。

（三）排名情况

2022 年，宁夏 PPI 指数与全国平均水平相比，涨幅高出 7.0 个百分点，指数居全国第 5 位、西北第 3 位；IPI 指数与全国平均水平相比，涨幅高出 11.5 个百分点，指数居全国第 2 位、西北第 1 位。

二、宁夏工业生产者价格运行特点

（一）两大部类价格分化

一是两类价格一涨一降。生产资料同比上涨 12.0%，其中采掘工业、原材料工业、加工工业价格分别上涨 13.7%、13.0%、9.4%；生活资料下降 0.6%，其中衣着、一般日用品价格分别下降 0.8%、8.3%，食品、耐用消费品价格分别上涨 0.7%、0.6%。二是走势分化。生产资料走势与 PPI 走势基本一致，但生活资料的走势较为平缓，表明宁夏工业生产者价格受生产资料价格变动影响较大。

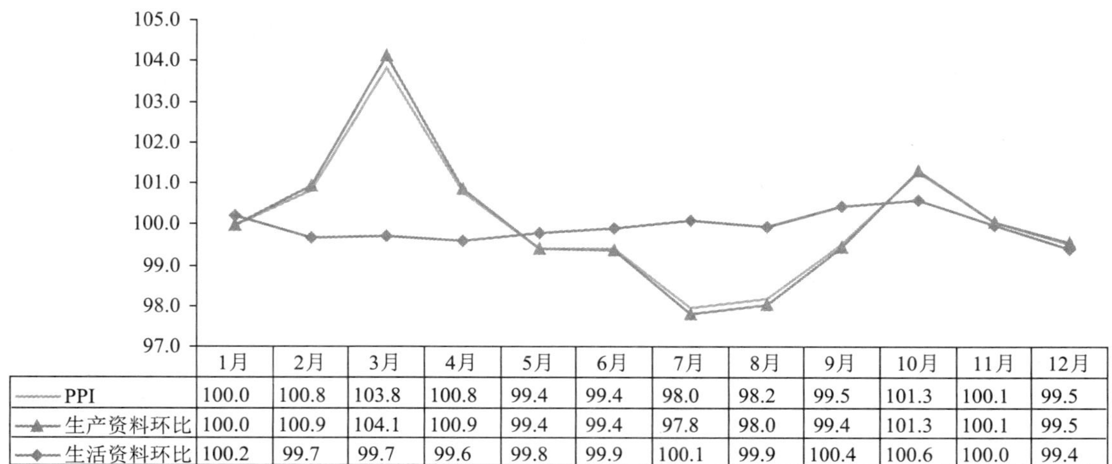

	1月	2月	3月	4月	5月	6月	7月	8月	9月	10月	11月	12月
PPI	100.0	100.8	103.8	100.8	99.4	99.4	98.0	98.2	99.5	101.3	100.1	99.5
生产资料环比	100.0	100.9	104.1	100.9	99.4	99.4	97.8	98.0	99.4	101.3	100.1	99.5
生活资料环比	100.2	99.7	99.7	99.6	99.8	99.9	100.1	99.9	100.4	100.6	100.0	99.4

图 2　2022 年宁夏两大部类出厂价格环比走势

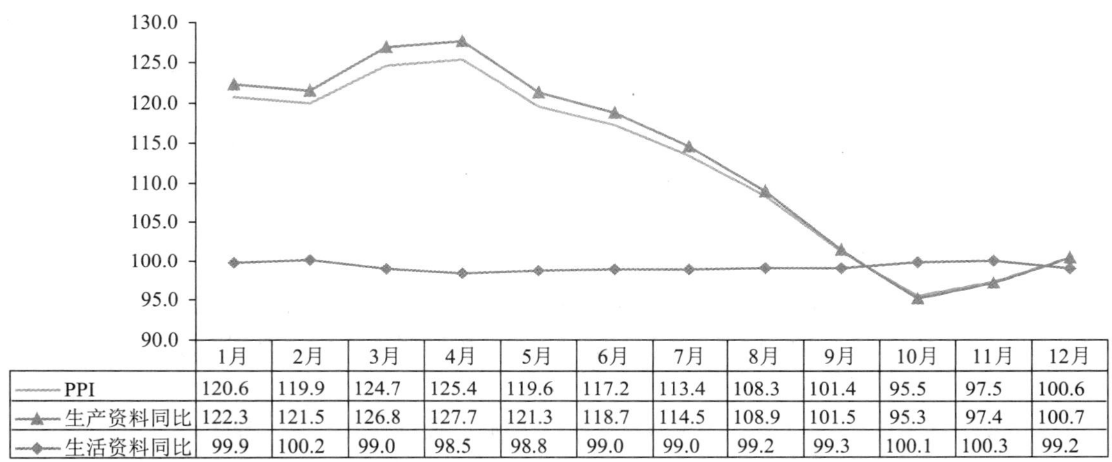

	1月	2月	3月	4月	5月	6月	7月	8月	9月	10月	11月	12月
PPI	120.6	119.9	124.7	125.4	119.6	117.2	113.4	108.3	101.4	95.5	97.5	100.6
生产资料同比	122.3	121.5	126.8	127.7	121.3	118.7	114.5	108.9	101.5	95.3	97.4	100.7
生活资料同比	99.9	100.2	99.0	98.5	98.8	99.0	99.0	99.2	99.3	100.1	100.3	99.2

图 3　2022 年宁夏两大部类出厂价格同比走势

（二）行业上涨面超六成

2022 年，宁夏调查的 29 个行业大类中，19 个行业上涨，上涨面为 65.5%，其中影响程度较高的一是化学原料和化学制品制造业，影响 PPI 上涨 2.78 个百分点。二是石油、煤炭及其他燃料加工业，影响 PPI 上涨 2.72 个百分点。三是煤炭开采和洗选业，影响 PPI 上涨 1.60 个百分点。四是电力、热力生产和供应业，影响 PPI 上涨 1.45 个百分点。7 个行业下降，下降面为 24.1%，其中影响较大的行业有黑色金属矿采选业、化学纤维制造业、医药制造业，共影响 PPI 下降 0.28 个百分点。

（三）购进九大原材料价格全面上涨

2022 年，宁夏九大类原材料购进价格全面上涨。其中，燃料动力类价格对 PPI 影响最大，上涨 26.9%，影响 PPI 上涨 14.19 个百分点。黑色金属材料类、有色金属材料及电线类、化工原料类、木材及纸浆类、建筑材料及非金属类、其他工业原材料及半成品类、农副产品类、纺织品类价格同比分别上涨 9.9%、4.8%、7.4%、1.1%、30.5%、8.8%、1.6%、6.3%，共影响 PPI 上涨 3.56 个百分点。

三、重点行业价格变动情况

（一）钢铁相关行业

2022 年，宁夏钢铁相关行业价格下降 0.2%，较 2021 年上涨 29.1%相比，指数变动相差 29.3 个百分点。

2022 年初，钢铁行业所需的铁矿石、焦炭、电力等原材料价格上涨，成本支撑较强，2—4 月，钢铁相关行业出厂价格环比逐月上涨 0.9%、1.4%、2.9%。钢铁价格的连月上涨提振市场主体信心，上半年各钢厂大规模增产，库存处于相对高位。但是，美联储加息引发市场担忧，全球股市价格应声下跌，受钢铁期货市场影响，国内钢铁市场价格逐渐低迷；在新冠疫情和大国博弈及地缘冲突的大背景下，国际经济形势更趋复杂严峻，钢铁及钢铁压延制品的出口量减少；同时，作为钢铁需求大户的房地产和汽车市场偏弱运行，钢铁需求持续收缩。在供大于求的局面下，5 月起，钢铁相关行业价格环比连月下降，其中 7 月份降幅最大，环比下降 5.8%。10 月份，钢铁相关行业需求略有回温，环比价格止跌回升，上涨 1.4%，但是与去年 10 月相比，钢铁相关行业价格同比下降 25.6%，仍然存在较大差距。

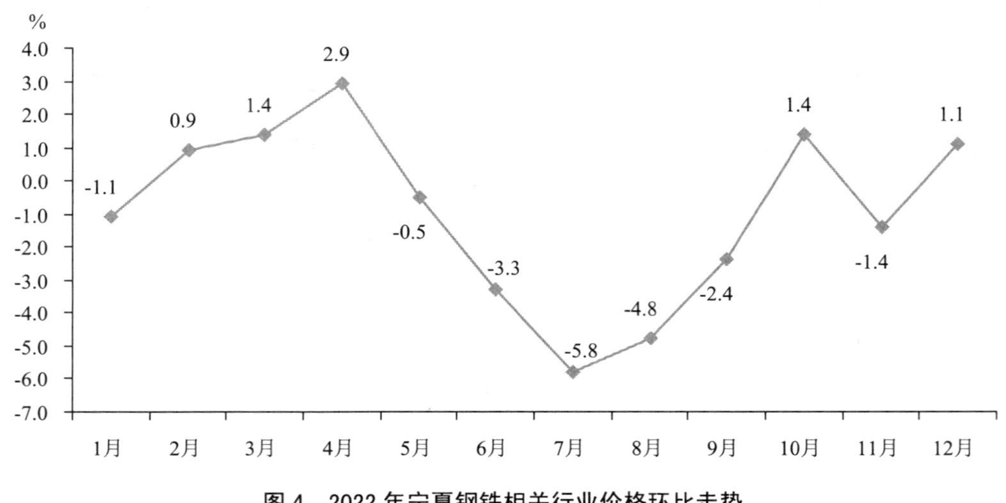

图 4　2022 年宁夏钢铁相关行业价格环比走势

（二）石油、煤炭相关行业

2022 年，宁夏石油相关行业价格上涨 26.2%，涨幅较上年扩大 5.4 个百分点，煤炭相关行业价格上涨 10.9%，涨幅较上年回落 26.7 个百分点，分月来看，石油、煤炭等能源价格有涨有跌，但整体维持在较为合理的区间内。

石油相关行业价格方面，2—7 月，受地缘政治因素影响，原油等国际大宗商品价格上涨，带动石油相关行业价格上行；8—10 月，美联储加息力度空前，经济衰退预期增大，需求拖累传导至国际原油价格，石油相关行业价格应声下降，其中 8 月份降幅最大，下降 4.3%，9、10 月降幅维持在 0.5%以内；11、12 月，在国际原油价格的带动下，宁夏石油相关行业价格先涨后跌。

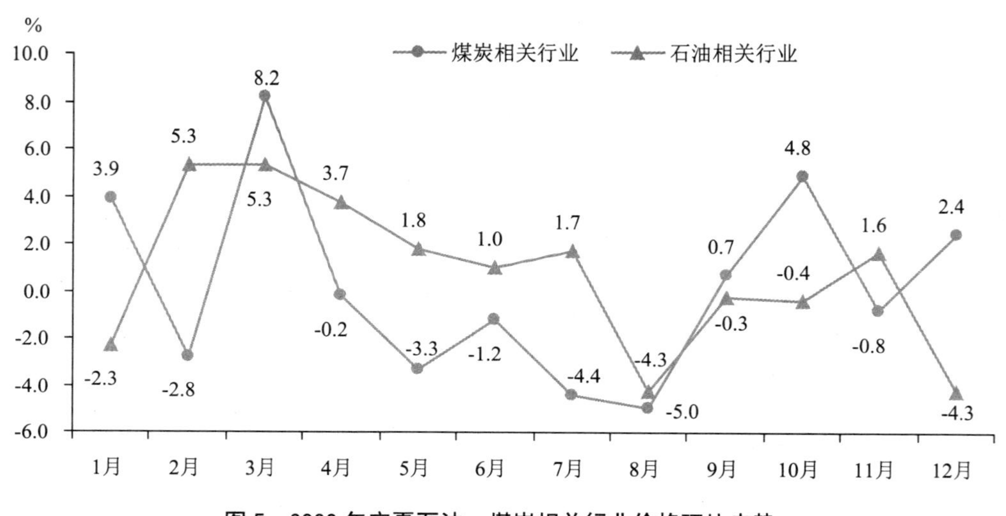

图 5　2022 年宁夏石油、煤炭相关行业价格环比走势

煤炭相关行业价格方面，1—3 月，在保供稳价政策的有力推进和钢厂需求旺盛的夹击下，宁夏煤炭相关行业价格先涨后降再涨；4—8 月，保供稳价政策的进一步调控，加之煤炭期货市场和钢厂减产影响，煤炭相关行业价格持续下降；9—12 月，逐步进入煤炭冬储季节，钢铁等行业对煤炭需求回暖，但受疫情影响煤炭运输供应偏紧，在供需不平衡的矛盾下，宁夏煤炭相关行业价格总体上涨。

（三）高技术行业

2022 年，宁夏高技术行业出厂价格上涨 17.9%，分月看，有 9 个月为上涨状态，其中 10 月份涨幅达到全年最高值，环比上涨 6.5%。高技术行业增长点主要由两方面支撑：一是电子专用材料制造方面。近年来光伏、风电建设发展持续向好，国内大型地面电站项目建设提速，电池海外需求旺盛，同时上游硅料供应紧缺，原材料价格坚挺，引起电子专用材料制造价格大幅上涨，涨幅超 30%。二是锂离子电池制造方面。近年来政策面对新能源发展鼓励力度较大，同时在汽油价格大涨的局势下，新能源汽车迎来销售旺季，锂电池材料订单饱满供不应求的局面长期持续，价格连续攀升。

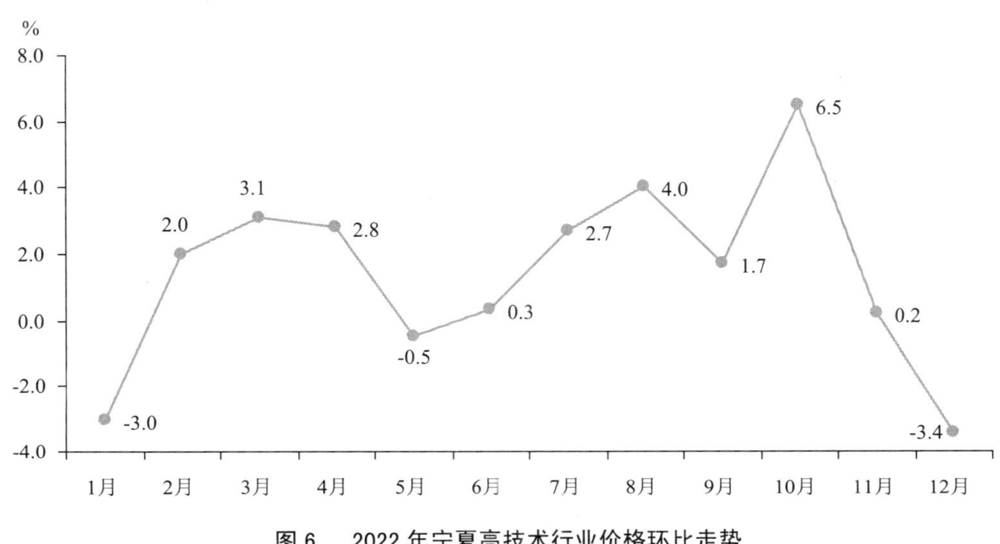

图 6　2022 年宁夏高技术行业价格环比走势

四、影响因素

（一）翘尾因素影响较大

受国际货币环境宽松、大宗原材料价格上涨等因素叠加影响，2021 年宁夏工业生产者出厂价格同比上涨 19.9%，涨幅创 1997 年以来新高。分月来看，2021 年工业生产者价格呈现前低后高态势，对 2022 年 PPI 上涨形成翘尾拉动作用。2022 年 1—9 月，正翘尾因素对工业生产者出厂价格产生积极上拉作用，1—9 月平均正翘尾因素为 13.9 个百分点，月度翘尾影响分别为 20.6、18.9、19.1、18.9、14.1、12.5、11.0、8.0、1.6 个百分点，影响程度逐渐减弱。10 月，翘尾影响由正转负，为负 5.4 个百分点。2022 年全年平均翘尾影响为 9.7 个百分点。

（二）输入性因素助推 PPI 上涨

上半年，全球疫情持续蔓延，地缘政治冲突加剧，导致产业链供应链不畅，大宗商品价格持续高位运行，如布伦特原油价格最高涨至 139 美元/桶。由于宁夏工业倚重倚能，企业较集中分布在产业链上游，原材料、能源产业占比较高，对大宗商品需求量较大，受大宗商品价格波动影响更为明显。6 月下旬以来，全球主要经济体通胀，生产与消费需求全面走弱，大宗商品价格上涨动力不足。同时，美联储持续加息引发美元升值，也在一定程度上抑制了以美元计价的大宗商品价格，9 月上旬欧美原油期货跌破每桶 90 美元，有色金属铜、铝、锌、镍等价格较年内高点跌幅在 30%以上，输入性价格传导压力逐步减轻，宁夏 PPI 涨幅相应有所放缓，但总体仍处高位。

（三）部分行业需求转弱

一是房地产相关行业。房地产行业的快速发展带动了一条链条长、范围广的产业链，涉及能源、钢铁、建材、装饰等工业品的生产制造，2022 年 1—11 月份，全国房地产开发投资 123863 亿元，同比下降 9.8%，房地产市场的萎靡，影响钢铁、金属制品、PVC 等建筑材料需求收缩。2022 年，黑色金属冶炼和压延加工业价格上涨 0.8%，涨幅较上年回落 27.2 个百分点，有色金属冶炼和压延加工业价格上涨 8.6%，涨幅较上年回落 16.4 个百分点，金属制品业价格上涨 1.2%，涨幅较上年回落 6.7 个百分点，化学原料和化学制品制造业价格上涨 21.6%，涨幅较上年回落 14.8 个百分点。

二是纺织相关行业。2022 年疫情影响物流受限，纺织成品和原料运输困难，一定程度上影响了下游工厂生产，对原料需求减弱；下半年来，国内纺织市场进入淡季，海外纺织接单堪忧，纺织业内外需求两弱。2022 年宁夏纺织业价格上涨 7.0%，与上年相比回落 10.9 个百分点；化学纤维制造业价格降幅达 36.8%，与上年相比指数上回落 128.3 个百分点。

（四）政策实施效果显现

2022 年，宁夏认真贯彻国务院决策部署，合理引导市场预期，持续做好大宗商品保供稳价工作，工业品价格调控有效。同时，为扎实做好“六稳”工作，全面落实“六保”任务，坚决打好“七大战役”，宁夏出台稳经济保增长促发展 50 条政策措施，实施优化营商环境条例，推进释放消费潜力促进消费持续性恢复。助企纾困和支持市场主体发展措施持续释放红利，提振市场信心，相关行业产品价格回落。2022 年，宁夏煤炭开采和洗选业价格上涨 15.5%，涨幅较上年回落 7.9 个百分点，石油煤炭及其他燃料加工业价格上涨 17.0%，涨幅较上年回落 20.0 个百分点。

五、存在问题及建议

（一）存在问题

一是工业结构倚重倚能。宁夏工业产业链较集中在中上游，工业结构偏重、产业结构偏能，经济发展不充分、不平衡状况还未得到有效扭转，抵御价格剧烈波动风险能力较弱。2022 年，宁夏重工业价格上涨 12.2%，影响宁夏 PPI 上涨 10.87 个百分点，轻工业价格上涨 2.9%，影响宁夏 PPI 上涨 0.30 个百分点。

二是“高进低出”长期存在。2022 年，宁夏工业生产者价格购进指数高于出厂价格指数 6.5 个百分点，长期呈现“高进低出”态势。1—3 月各月购销剪刀差分别为 6.9、5.5、2.9 个百分点，逐月缩小；4—6 月各月购销剪刀差分别为 5.1、7.0、7.4 个百分点，逐月扩大；7、8 月剪刀差略有缩小，分别为 6.7、6.6 个百分点；9、10 月剪刀差进一步扩大至全年最高水平，分别为 9.8、10.2 个百分点；11、12 月剪刀差分别为 5.7、3.4 个百分点，有所收窄。“高进低出”表明宁夏工业企业购进原材料成本在大幅抬升，但向下游传导的能力不足，企业经济效益有所下滑。

（二）相关建议

1.大力支持企业转型升级，增强工业品价格稳定性。一是加大研发经费补贴、细化税收优惠、创新奖励等政策实施方案，鼓励企业进行技术创新和转型升级，促进企业提高生产效率，节约成本，提高产品附加值。二是加快产业集群集聚，紧扣产业链、供应链布局创新链，加快企业创新中心、技术中心等平台建设，推动全区规上工业研发投入强度。

2.建立原材料价格预警机制，帮助企业快速应对。密切跟踪监测国际市场价格变化并适时做好预警，完善原材料价格调整机制，加强研判、预警，及时掌握各行业工业企业生产经营情况，有针对性地帮助企业解决实际困难。方便企业能够及时掌握市场行情，适时调整库存、安排订单等，最大程度减小原材料价格大幅度波动给企业生产经营带来的冲击。

3.持续推进减税降费，助力企业纾困解难。落实落细减税降费、融资担保降费奖补等政策，加大对中下游企业、中小微企业的普惠金融支持力度，降低融资门槛，增强企业发展能力和信心。延长减税降费优惠政策的执行期，为企业持续发展提供保障。

六、2023年宁夏PPI运行走势研判

2023年，地缘政治冲突形势仍不明朗，全球通胀压力上升，但国内保供稳价取得显著成效，原材料价格上涨态势得到遏制，上涨动力减弱。同时，随着疫情优化政策推行，短期内受感染人数激增，一季度需求恢复较慢，但总体来看，在扩大内需、促进投资和消费等多重举措推动下，投资和消费信心将进一步增强，经济恢复增长概率增大。预计2023年全年PPI将整体回落，呈前低后高走势。

（顾雅雯）

3-1 主要年份全区居民消费价格总指数

Consumer Price Indices in Main Years

年 份 Year	以1957年价格为100 Year of 1957=100	以1965年价格为100 Year of 1965=100	以1970年价格为100 Year of 1970=100	以1978年价格为100 Year of 1978=100	以1980年价格为100 Year of 1980=100	以1985年价格为100 Year of 1985=100	以1990年价格为100 Year of 1990=100	以1995年价格为100 Year of 1995=100	以2000年价格为100 Year of 2000=100	以2005年价格为100 Year of 2005=100	以上年价格为100 Preceding Year=100
1958	102.4										102.4
1959	105.4										102.9
1960	109.9										104.3
1961	132.1										120.2
1962	125.6										95.1
1963	111.7										88.9
1964	106.0										94.9
1965	103.5										97.7
1966	101.7	98.2									98.2
1967	104.2	100.7									102.5
1968	105.6	102.0									101.3
1969	108.2	104.5									102.5
1970	109.1	105.3									100.8
1971	108.9	105.1	99.8								99.8
1972	109.3	105.6	100.2								100.4
1973	109.6	105.9	100.5								100.3
1974	110.1	106.3	100.9								100.4
1975	110.7	106.9	101.5								100.6
1976	111.7	107.9	102.4								100.9
1977	120.9	116.7	110.8								108.2
1978	121.6	117.4	111.5								100.6
1979	123.6	119.3	113.3	101.6							101.6
1980	133.6	129.0	122.4	109.8							108.1
1981	136.4	131.7	125.0	112.1	102.1						102.1
1982	140.3	135.5	128.6	115.4	105.1						102.9
1983	142.6	137.7	130.7	117.2	106.7						101.6
1984	146.4	141.4	134.2	120.4	109.6						102.7
1985	159.0	153.6	145.8	130.8	119.1						108.6
1986	168.2	162.5	154.2	138.3	126.0	105.8					105.8
1987	180.5	174.3	165.5	148.4	135.2	113.5					107.3
1988	211.4	204.1	193.8	173.8	158.3	132.9					117.1
1989	247.8	239.3	227.1	203.7	185.5	155.8					117.2
1990	265.3	256.2	243.2	218.2	198.7	166.9					107.1
1991	282.1	272.4	258.6	231.9	211.2	177.4	106.3				106.3
1992	305.5	295.0	280.0	251.2	228.7	192.1	115.1				108.3
1993	349.1	337.2	320.1	287.1	261.4	219.6	131.6				114.3
1994	429.8	415.1	394.0	353.4	321.8	270.3	162.0				123.1
1995	503.3	486.0	461.4	413.8	376.8	316.5	189.7				117.1
1996	537.5	519.1	492.7	442.0	402.4	338.0	202.6	106.8			106.8
1997	557.9	538.8	511.5	458.8	417.7	350.9	210.3	110.9			103.8
1998	557.9	538.8	511.5	458.8	417.7	350.9	210.3	110.9			100.0
1999	550.7	531.8	504.8	452.8	412.3	346.3	207.5	109.4			98.7
2000	548.5	529.7	502.8	451.0	410.6	344.9	206.7	109.0			99.6
2001	557.3	538.2	510.8	458.2	417.2	350.4	210.0	110.7	101.6		101.6
2002	553.9	534.9	507.8	455.5	414.7	348.3	208.8	110.1	101.0		99.4
2003	563.3	544.0	516.4	463.2	421.8	354.3	212.3	111.9	102.7		101.7
2004	584.2	564.2	535.5	480.4	437.4	367.4	220.2	116.1	106.5		103.7
2005	592.9	572.6	543.6	487.6	443.9	372.9	223.5	117.8	108.1		101.5
2006	604.2	583.5	553.9	496.8	452.4	380.0	227.7	120.1	110.2	101.9	101.9
2007	636.8	615.0	583.8	523.7	476.8	400.5	240.0	126.5	116.1	107.4	105.4
2008	691.0	667.3	633.4	568.2	517.3	434.5	260.4	137.3	126.0	116.5	108.5
2009	695.8	672.0	637.8	572.1	520.9	437.6	262.2	138.2	126.9	117.3	100.7
2010	724.3	699.5	664.0	595.6	542.3	455.5	273.0	143.9	132.1	122.2	104.1
2011	770.0	743.6	705.8	633.1	576.5	484.2	290.2	153.0	140.4	129.9	106.3
2012	785.4	758.5	719.9	645.8	588.0	493.9	296.0	156.0	143.2	132.5	102.0
2013	812.1	784.2	744.4	667.7	608.0	510.7	306.1	161.4	148.1	137.0	103.4
2014	827.5	799.1	758.6	680.4	619.5	520.4	311.9	164.4	150.9	139.6	101.9
2015	836.6	807.9	766.9	687.9	626.3	526.1	315.3	166.2	152.5	141.1	101.1
2016	849.2	820.0	778.4	698.2	635.7	534.0	320.0	168.7	154.8	143.2	101.5
2017	862.8	833.1	790.9	709.4	645.9	542.5	325.1	171.4	157.3	145.5	101.6
2018	882.6	852.3	809.1	725.7	660.8	555.0	332.6	175.4	160.9	148.8	102.3
2019	901.2	870.2	826.1	741.0	674.6	566.7	339.7	179.0	164.3	152.0	102.1
2020	914.7	883.3	838.5	752.1	684.7	575.2	344.8	181.7	166.6	154.3	101.5
2021	927.5	895.7	850.2	762.6	694.3	583.3	349.6	184.2	168.9	156.5	101.4
2022	948.8	916.3	869.9	780.1	710.3	596.7	357.6	188.4	172.8	160.1	102.3

3-2 主要年份全区城市居民消费价格总指数

Consumer Price Indices of Urban Households in Main Years

年份 Year	以1957年价格为100 Year of 1957=100	以1965年价格为100 Year of 1965=100	以1970年价格为100 Year of 1970=100	以1978年价格为100 Year of 1978=100	以1985年价格为100 Year of 1985=100	以1990年价格为100 Year of 1990=100	以1995年价格为100 Year of 1995=100	以2000年价格为100 Year of 2000=100	以2005年价格为100 Year of 2005=100	以上年价格为100 Preceding Year=100
1958	102.4									102.4
1959	105.4									102.9
1960	109.9									104.3
1961	132.1									120.2
1962	125.6									95.1
1963	111.7									88.9
1964	106.0									94.9
1965	103.5									97.7
1966	101.7	98.2								98.2
1967	104.2	100.7								102.5
1968	105.6	102.0								101.3
1969	108.2	104.5								102.5
1970	109.1	105.3								100.8
1971	108.9	105.1	99.8							99.8
1972	109.3	105.6	100.2							100.4
1973	109.6	105.9	100.5							100.3
1974	110.1	106.3	100.9							100.4
1975	110.7	106.9	101.5							100.6
1976	111.7	107.9	102.4							100.9
1977	120.9	116.7	110.8							108.2
1978	121.6	117.4	111.5							100.6
1979	123.6	119.3	113.3	101.6						101.6
1980	133.6	129.0	122.4	109.8						108.1
1981	136.4	131.7	125.0	112.1						102.1
1982	140.3	135.5	128.6	115.4						102.9
1983	142.6	137.7	130.7	117.2						101.6
1984	147.3	142.2	135.0	121.1						103.3
1985	159.9	154.5	146.6	131.5						108.6
1986	169.5	163.7	155.4	139.4	106.0					106.0
1987	186.3	179.9	170.8	153.2	116.5					109.9
1988	219.3	211.8	201.0	180.3	137.1					117.7
1989	254.8	246.1	233.6	209.5	159.3					116.2
1990	268.9	259.6	246.5	221.1	168.1					105.5
1991	287.4	277.6	263.5	236.3	179.7	106.9				106.9
1992	314.1	303.4	288.0	258.3	196.4	116.8				109.3
1993	361.9	349.5	331.7	297.6	226.3	134.6				115.2
1994	451.6	436.1	414.0	371.4	282.4	168.0				124.8
1995	529.8	511.6	485.6	435.6	331.2	197.0				117.3
1996	564.7	545.4	517.7	464.3	353.1	210.0	106.6			106.6
1997	586.7	566.6	537.9	482.5	366.8	218.2	110.8			103.9
1998	586.7	566.6	537.9	482.5	366.8	218.2	110.8			100.0
1999	581.5	561.5	533.0	478.1	363.5	216.3	109.8			99.1
2000	579.7	559.8	531.4	476.7	362.4	215.6	109.4			99.7
2001	587.3	567.1	538.3	482.9	367.2	218.4	110.9	101.3		101.3
2002	583.7	563.7	535.1	480.0	365.0	217.1	110.2	100.7		99.4
2003	592.5	572.2	543.1	487.2	370.4	220.4	111.8	102.2		101.5
2004	612.0	591.1	561.1	503.3	382.7	227.6	115.5	105.6		103.3
2005	621.8	600.5	570.0	511.3	388.8	231.3	117.4	107.3		101.6
2006	632.4	610.7	579.7	520.0	395.4	235.2	119.4	109.1	101.7	101.7
2007	664.7	641.9	609.3	546.5	415.5	247.2	125.5	114.7	106.9	105.1
2008	717.2	692.6	657.4	589.7	448.4	266.8	135.4	123.7	115.3	107.9
2009	719.3	694.7	659.4	591.5	449.7	267.6	135.8	124.1	115.7	100.3
2010	746.3	720.7	684.1	613.6	466.6	277.6	140.9	128.7	120.0	103.7
2011	789.6	762.5	723.8	649.2	493.6	293.7	149.0	136.2	127.0	105.8
2012	806.9	779.3	739.7	663.5	504.5	300.1	152.3	139.2	129.8	102.2
2013	833.5	805.0	764.1	685.4	521.1	310.0	157.3	143.8	134.0	103.3
2014	850.2	821.1	779.4	699.1	531.6	316.2	160.5	146.7	136.7	102.0
2015	860.4	830.9	788.7	707.5	537.9	320.0	162.4	148.4	138.4	101.2
2016	874.2	844.2	801.4	718.8	546.6	325.2	165.0	150.8	140.6	101.6
2017	889.1	858.6	815.0	731.0	555.9	330.7	167.8	153.4	143.0	101.7
2018	908.6	877.5	832.9	747.1	568.1	338.0	171.5	156.7	146.1	102.2
2019	926.8	895.0	849.6	762.1	579.5	344.7	175.0	159.9	149.0	102.0
2020	942.6	910.2	864.0	775.1	589.4	350.6	178.0	162.6	151.5	101.7
2021	956.7	923.9	877.0	786.7	598.2	355.9	180.7	165.0	153.8	101.5
2022	978.7	945.2	897.2	804.8	612.0	364.1	184.9	168.8	157.3	102.3

3-3 主要年份全区农村居民消费价格总指数
Consumer Price Indices of Rural Households in Main Years

年 份 Year	以1957年价格为100 Year of 1957=100	以1965年价格为100 Year of 1965=100	以1970年价格为100 Year of 1970=100	以1978年价格为100 Year of 1978=100	以1980年价格为100 Year of 1980=100	以1985年价格为100 Year of 1985=100	以1990年价格为100 Year of 1990=100	以1995年价格为100 Year of 1995=100	以2000年价格为100 Year of 2000=100	以2005年价格为100 Year of 2005=100	以上年价格为100 Preceding Year=100
1958	102.4										102.4
1959	105.4										102.9
1960	109.9										104.3
1961	132.1										120.2
1962	125.6										95.1
1963	111.7										88.9
1964	106.0										94.9
1965	103.5										97.7
1966	101.7	98.2									98.2
1967	104.2	100.7									102.5
1968	105.6	102.0									101.3
1969	108.2	104.5									102.5
1970	109.1	105.3									100.8
1971	108.9	105.1	99.8								99.8
1972	109.3	105.6	100.2								100.4
1973	109.6	105.9	100.5								100.3
1974	110.1	106.3	100.9								100.4
1975	110.7	106.9	101.5								100.6
1976	111.7	107.9	102.4								100.9
1977	120.9	116.7	110.8								108.2
1978	121.6	117.4	111.5								100.6
1979	123.6	119.3	113.3	101.6							101.6
1980	133.6	129.0	122.4	109.8							108.1
1981	136.4	131.7	125.0	112.1							102.1
1982	140.3	135.5	128.6	115.4							102.9
1983	142.6	137.7	130.7	117.2							101.6
1984	144.9	139.9	132.8	119.1							101.6
1985	156.9	151.5	143.8	129.0	108.3						108.3
1986	164.9	159.2	151.1	135.6	113.8	105.1					105.1
1987	173.6	167.7	159.2	142.8	119.9	110.7					105.3
1988	200.9	194.0	184.1	165.2	138.7	128.0					115.7
1989	238.0	229.9	218.2	195.7	164.3	151.7					118.5
1990	259.5	250.6	237.8	213.3	179.1	165.4					109.0
1991	273.2	263.8	250.5	224.7	188.6	174.2	105.3				105.3
1992	291.0	281.0	266.7	239.3	200.9	185.5	112.1				106.5
1993	331.1	319.8	303.5	272.3	228.6	211.1	127.6				113.8
1994	402.7	388.8	369.1	331.1	278.0	256.7	155.2				121.6
1995	468.7	452.6	429.6	385.4	323.6	298.8	180.6				116.4
1996	501.0	483.9	459.3	412.0	345.9	319.4	193.1	106.9			106.9
1997	518.6	500.8	475.4	426.4	358.0	330.5	199.9	110.6			103.5
1998	517.5	499.8	474.4	425.5	357.3	329.9	199.5	110.4			99.8
1999	507.7	490.3	465.4	417.5	350.5	323.6	195.7	108.3			98.1
2000	505.2	487.8	463.1	415.4	348.7	322.0	194.7	107.8			99.5
2001	516.3	498.6	473.3	424.5	356.4	329.1	199.0	110.2	102.2		102.2
2002	513.7	496.1	470.9	422.4	354.6	327.4	198.0	109.6	101.7		99.5
2003	524.0	506.0	480.3	430.8	361.7	334.0	201.9	111.8	103.7		102.0
2004	547.5	528.8	501.9	450.2	378.0	349.0	211.0	116.8	108.4		104.5
2005	554.1	535.1	507.9	455.6	382.5	353.2	213.6	118.2	109.7		101.2
2006	566.9	547.4	519.6	466.1	391.3	361.3	218.5	120.9	112.2	102.3	102.3
2007	600.3	579.7	550.3	493.6	414.4	382.6	231.4	128.1	118.8	108.3	105.9
2008	659.7	637.1	604.8	542.5	455.4	420.5	254.3	140.8	130.6	119.1	109.9
2009	669.6	646.7	613.8	550.6	462.3	426.8	258.1	142.9	132.6	120.8	101.5
2010	700.7	676.7	642.3	576.1	483.7	446.6	270.0	149.5	138.7	126.5	104.6
2011	751.8	726.1	689.2	618.2	519.0	479.2	289.8	160.4	148.8	135.7	107.3
2012	764.6	738.4	700.9	628.7	527.8	487.4	294.7	163.1	151.4	138.0	101.7
2013	793.7	766.5	727.5	652.6	547.9	505.9	305.9	169.3	157.1	143.2	103.8
2014	806.4	778.7	739.2	663.0	556.7	514.0	310.8	172.0	159.6	145.5	101.6
2015	814.4	786.5	746.6	669.7	562.2	519.1	313.9	173.8	161.2	147.0	101.0
2016	824.2	795.9	755.5	677.7	569.0	525.4	317.7	175.9	163.2	148.7	101.2
2017	834.9	806.2	765.3	686.5	576.4	532.2	321.8	178.2	165.3	150.6	101.3
2018	857.4	828.0	786.0	705.0	591.9	546.6	330.5	183.0	169.7	154.7	102.7
2019	875.5	845.4	802.5	719.9	604.4	558.0	337.4	186.9	173.3	157.9	102.1
2020	884.3	853.9	810.5	727.1	610.4	563.6	340.8	188.8	175.0	159.5	101.0
2021	894.9	864.2	820.2	735.8	617.7	570.4	344.9	191.1	177.1	161.4	101.2
2022	915.5	884.1	839.1	752.7	631.9	583.5	352.8	195.5	181.2	165.1	102.3

3-4 主要年份全区商品零售价格总指数
Retail Price Indices in Main Years

年 份 Year	以1957年价格为100 Year of 1957=100	以1965年价格为100 Year of 1965=100	以1970年价格为100 Year of 1970=100	以1978年价格为100 Year of 1978=100	以1980年价格为100 Year of 1980=100	以1985年价格为100 Year of 1985=100	以1990年价格为100 Year of 1990=100	以1995年价格为100 Year of 1995=100	以2000年价格为100 Year of 2000=100	以2005年价格为100 Year of 2005=100	以上年价格为100 Preceding Year=100
1958	101.0										101.0
1959	102.5										101.5
1960	105.6										103.0
1961	124.4										117.8
1962	119.8										96.3
1963	107.1										89.4
1964	102.5										95.7
1965	100.0										97.6
1966	98.1	98.1									98.1
1967	100.0	100.0									101.9
1968	100.8	100.8									100.8
1969	102.3	102.3									101.5
1970	102.8	102.8									100.5
1971	101.8	101.8	99.0								99.0
1972	101.9	101.9	99.1								100.1
1973	102.2	102.2	99.4								100.3
1974	102.3	102.3	99.5								100.1
1975	102.6	102.6	99.8								100.3
1976	103.0	103.0	100.2								100.4
1977	110.7	110.7	107.7								107.5
1978	110.7	110.7	107.7								100.0
1979	112.2	112.1	109.1	101.3							101.3
1980	118.7	118.7	115.4	107.2							105.8
1981	121.1	121.0	117.7	109.3	102.0						102.0
1982	124.1	124.1	120.7	112.1	104.6						102.5
1983	125.4	125.4	122.0	113.3	105.7						101.1
1984	129.5	129.4	125.9	116.9	109.1						103.2
1985	139.6	139.5	135.7	126.0	117.6						107.8
1986	146.4	146.4	142.4	132.2	123.4	104.9					104.9
1987	158.1	158.1	153.8	142.8	133.2	113.3					108.0
1988	185.8	185.7	180.7	167.8	156.5	133.1					117.5
1989	218.8	218.8	212.9	197.6	184.4	156.8					117.8
1990	228.0	228.0	221.8	205.9	192.1	163.4					104.2
1991	241.5	241.4	234.9	218.1	203.5	173.0	105.9				105.9
1992	261.0	261.0	253.9	235.7	220.0	187.1	114.5				108.1
1993	292.6	292.6	284.6	264.3	246.6	209.7	128.3				112.1
1994	351.5	351.4	341.9	317.4	296.1	251.8	154.1				120.1
1995	405.2	405.1	394.2	365.9	341.4	290.4	177.7				115.3
1996	432.4	432.3	420.6	390.5	364.3	309.8	189.6	106.7			106.7
1997	441.9	441.8	429.8	399.1	372.3	316.6	193.8	109.0			102.2
1998	430.8	430.7	419.1	389.1	363.0	308.7	188.9	106.3			97.5
1999	421.8	421.7	410.3	380.9	355.4	302.2	185.0	104.1			97.9
2000	411.7	411.6	400.4	371.8	346.9	295.0	180.5	101.6			97.6
2001	411.7	411.6	400.4	371.8	346.9	295.0	180.5	101.6	100.0		100.0
2002	405.5	405.4	394.4	366.2	341.7	290.6	177.8	100.1	98.5		98.5
2003	403.5	403.4	392.4	364.4	340.0	289.1	176.9	99.6	98.0		99.5
2004	414.8	414.7	403.4	374.6	349.5	297.2	181.9	102.4	100.8		102.8
2005	416.4	416.3	405.0	376.1	350.9	298.4	182.6	102.8	101.2		100.4
2006	421.8	421.7	410.3	380.9	355.4	302.3	185.0	104.1	102.5	101.3	101.3
2007	439.1	439.0	427.1	396.6	370.0	314.7	192.6	108.4	106.7	105.5	104.1
2008	476.5	476.4	463.4	430.3	401.5	341.4	208.9	117.6	115.7	114.4	108.5
2009	474.1	474.0	461.1	428.1	399.5	339.7	207.9	117.0	115.2	113.8	99.5
2010	489.2	489.1	475.9	441.8	412.2	350.6	214.5	120.7	118.8	117.5	103.2
2011	515.1	515.0	501.1	465.2	434.1	369.1	225.9	127.1	125.1	123.7	105.3
2012	520.3	520.2	506.1	469.9	438.4	372.8	228.2	128.4	126.4	124.9	101.0
2013	532.8	532.7	518.2	481.1	448.9	381.8	233.6	131.5	129.4	127.9	102.4
2014	537.6	537.5	522.9	485.5	453.0	385.2	235.7	132.7	130.6	129.1	100.9
2015	538.1	538.0	523.4	486.0	453.4	385.6	236.0	132.8	130.7	129.2	100.1
2016	541.9	541.8	527.1	489.4	456.6	388.3	237.6	133.7	131.6	130.1	100.7
2017	551.7	551.6	536.6	498.2	464.8	395.3	241.9	136.1	134.0	132.4	101.8
2018	567.7	567.6	552.1	512.6	478.3	406.7	248.9	140.1	137.9	136.2	102.9
2019	574.0	573.8	558.2	518.3	483.6	411.2	251.7	141.6	139.4	137.7	101.1
2020	577.4	577.2	561.5	521.4	486.5	413.7	253.2	142.4	140.2	138.5	100.6
2021	588.9	588.7	572.7	531.8	496.2	422.0	158.3	145.2	143.0	141.3	102.0
2022	602.5	602.2	585.9	544.0	507.6	431.7	161.9	148.5	146.3	144.6	102.3

3-5 主要年份全区城市商品零售价格总指数
Retail Price Indices of Urban in Main Years

年 份 Year	以1957年价格为100 Year of 1957=100	以1965年价格为100 Year of 1965=100	以1970年价格为100 Year of 1970=100	以1978年价格为100 Year of 1978=100	以1980年价格为100 Year of 1980=100	以1985年价格为100 Year of 1985=100	以1990年价格为100 Year of 1990=100	以1995年价格为100 Year of 1995=100	以2000年价格为100 Year of 2000=100	以2005年价格为100 Year of 2005=100	以上年价格为100 Preceding Year=100
1958	101.7										101.7
1959	103.7										102.0
1960	106.8										103.0
1961	128.9										120.6
1962	122.8										95.3
1963	109.4										89.1
1964	104.7										95.7
1965	102.1										97.5
1966	100.2	98.1									98.1
1967	102.7	100.6									102.5
1968	104.0	101.9									101.3
1969	106.6	104.4									102.5
1970	107.4	105.2									100.8
1971	107.1	104.9	99.7								99.7
1972	107.5	105.3	100.1								100.4
1973	107.9	105.7	100.4								100.3
1974	108.3	106.1	100.8								100.4
1975	109.1	106.8	101.5								100.7
1976	110.3	108.0	102.6								101.1
1977	119.5	117.1	111.2								108.4
1978	120.4	117.9	112.0								100.7
1979	122.4	119.9	113.9	101.7							101.7
1980	132.4	129.7	123.3	110.0							108.2
1981	135.1	132.3	125.7	112.2	102.0						102.0
1982	139.1	136.3	129.5	115.6	105.1						103.0
1983	141.2	138.3	131.4	117.3	106.6						101.5
1984	145.8	142.8	135.7	121.1	110.0						103.2
1985	158.1	154.9	147.2	131.4	119.4						108.5
1986	167.2	163.7	155.6	138.9	126.2	105.7					105.7
1987	184.9	181.1	172.1	153.6	139.6	116.9					110.6
1988	218.9	214.4	203.7	181.9	165.3	138.4					118.4
1989	255.2	250.0	237.5	212.1	192.7	161.4					116.6
1990	261.1	255.7	243.0	216.9	197.1	165.1					102.3
1991	278.3	272.6	259.0	231.2	210.1	176.0	106.6				106.6
1992	303.7	297.4	282.6	252.3	229.3	192.0	116.3				109.1
1993	341.3	334.3	317.7	283.6	257.7	215.8	130.7				112.4
1994	409.6	401.2	381.2	340.3	309.2	259.0	156.9				120.0
1995	469.8	460.2	437.2	390.3	354.7	297.1	179.9				114.7
1996	499.4	489.1	464.8	414.9	377.0	315.8	191.3	106.3			106.3
1997	510.4	499.9	475.0	424.0	385.3	322.7	195.5	108.6			102.2
1998	496.6	486.4	462.2	412.6	374.9	314.0	190.2	105.7			97.3
1999	488.6	478.6	454.8	406.0	368.9	309.0	187.1	104.0			98.4
2000	477.9	468.1	444.8	397.0	360.8	302.2	183.0	101.7			97.8
2001	479.3	469.5	446.1	398.2	361.9	303.1	183.6	102.0	100.3		100.3
2002	472.6	462.9	439.9	392.7	356.8	298.9	181.0	100.6	98.9		98.6
2003	468.8	459.2	436.3	389.5	354.0	296.5	179.6	99.8	98.1		99.2
2004	478.7	468.9	445.5	397.7	361.4	302.7	183.3	101.9	100.2		102.1
2005	481.1	471.2	447.7	399.7	363.2	304.2	184.2	102.4	100.7		100.5
2006	486.8	476.9	453.1	404.5	367.6	307.9	186.5	103.6	101.9	101.2	101.2
2007	504.9	494.5	469.9	419.5	381.2	319.2	193.4	107.5	105.6	104.9	103.7
2008	540.7	529.6	503.2	449.2	408.2	341.9	207.1	115.1	113.1	112.4	107.1
2009	537.5	526.4	500.2	446.5	405.8	339.9	205.8	114.4	112.5	111.7	99.4
2010	552.2	540.9	514.0	458.8	417.0	349.2	211.5	117.6	115.6	114.8	102.7
2011	579.8	568.0	539.7	481.8	437.8	366.7	222.1	123.4	121.3	120.5	105.0
2012	585.1	573.1	544.5	486.1	441.7	370.0	224.1	124.5	122.4	121.6	100.9
2013	599.1	586.8	557.6	497.8	452.3	378.8	229.5	127.5	125.4	124.5	102.4
2014	604.5	592.1	562.6	502.2	456.4	382.2	231.5	128.7	126.5	125.7	100.9
2015	605.1	592.7	563.2	502.7	456.9	382.6	231.8	128.8	126.6	125.8	100.1
2016	609.3	596.8	567.1	506.3	460.1	385.3	233.4	129.7	127.5	126.7	100.7
2017	619.7	606.9	576.7	514.9	467.9	391.9	237.4	131.9	129.7	128.9	101.7
2018	637.7	624.5	593.4	529.8	481.5	403.2	244.3	135.7	133.4	132.6	102.9
2019	645.3	632.0	600.6	536.2	487.2	408.1	247.2	137.4	135.0	134.2	101.2
2020	649.2	635.8	604.2	539.7	490.1	410.5	248.7	138.2	135.8	135.0	100.6
2021	662.8	649.2	616.9	551.0	500.4	419.1	253.9	141.1	138.7	137.8	102.1
2022	678.0	664.1	631.1	563.7	511.9	428.7	259.7	144.4	141.9	141.0	102.3

3-6 主要年份全区农村商品零售价格总指数

Retail Price Indices of Rural in Main Years

年 份 Year	以1957年价格为100 Year of 1957=100	以1965年价格为100 Year of 1965=100	以1970年价格为100 Year of 1970=100	以1978年价格为100 Year of 1978=100	以1980年价格为100 Year of 1980=100	以1985年价格为100 Year of 1985=100	以1990年价格为100 Year of 1990=100	以1995年价格为100 Year of 1995=100	以2000年价格为100 Year of 2000=100	以2005年价格为100 Year of 2005=100	以上年价格为100 Preceding Year=100
1958	100.0										100.0
1959	100.8										100.8
1960	101.8										101.0
1961	115.6										113.5
1962	119.8										103.7
1963	116.7										97.4
1964	114.5										98.1
1965	111.9										97.7
1966	110.2	98.5									98.5
1967	111.6	99.8									101.3
1968	111.6	99.8									100.0
1969	111.6	99.8									100.0
1970	111.6	99.8									100.0
1971	109.4	97.8	98.0								98.0
1972	109.2	97.6	97.8								99.8
1973	109.5	97.9	98.1								100.3
1974	109.4	97.8	98.0								99.9
1975	109.4	97.8	98.0								100.0
1976	109.4	97.8	98.0								100.0
1977	116.9	104.5	104.8								106.9
1978	116.6	104.2	104.4								99.7
1979	117.9	105.4	105.6	101.1							101.1
1980	122.6	109.6	109.8	105.1							104.0
1981	124.8	111.6	111.8	107.0	101.8						101.8
1982	127.4	113.9	114.1	109.3	103.9						102.1
1983	128.3	114.7	114.9	110.0	104.7						100.7
1984	131.9	117.9	118.2	113.1	107.6						102.8
1985	139.9	125.1	125.3	120.0	114.1						106.1
1986	145.5	130.1	130.4	124.8	118.7	104.0					104.0
1987	154.5	138.1	138.4	132.5	126.1	110.4					106.2
1988	179.4	160.4	160.7	153.9	146.4	128.2					116.1
1989	213.3	190.7	191.1	183.0	174.0	152.5					118.9
1990	225.5	201.6	202.0	193.4	183.9	161.2					105.7
1991	236.5	211.4	211.9	202.9	193.0	169.1	104.9				104.9
1992	251.2	224.5	225.0	215.5	204.9	179.5	111.4				106.2
1993	281.1	251.3	251.8	241.1	229.3	200.9	124.7				111.9
1994	338.1	302.3	302.9	290.0	275.8	241.7	150.0				120.3
1995	391.9	350.3	351.1	336.2	319.7	280.1	173.8				115.9
1996	420.9	376.3	377.1	361.0	343.4	300.8	186.7	107.4			107.4
1997	429.7	384.2	385.0	368.6	350.6	307.2	190.6	109.7			102.1
1998	420.7	376.1	376.9	360.9	343.2	300.7	186.6	107.4			97.9
1999	408.1	364.8	365.6	350.0	332.9	291.7	181.0	104.1			97.0
2000	397.5	355.3	356.1	340.9	324.3	284.1	176.3	101.4			97.4
2001	395.9	353.9	354.7	339.6	323.0	283.0	175.6	101.0	99.6		99.6
2002	389.5	348.2	349.0	334.1	317.8	278.4	172.8	99.4	98.0		98.4
2003	389.9	348.6	349.4	334.5	318.1	278.7	172.9	99.5	98.1		100.1
2004	406.3	363.2	364.0	348.5	331.5	290.4	180.2	103.7	102.2		104.2
2005	406.7	363.6	364.4	348.9	331.8	290.7	180.4	103.8	102.3		100.1
2006	414.0	370.1	371.0	355.2	337.8	295.9	183.6	105.7	104.2	101.8	101.8
2007	436.4	390.1	391.0	374.3	356.0	311.9	193.6	111.4	109.8	107.3	105.4
2008	490.9	438.9	439.9	421.1	400.5	350.9	217.7	125.3	123.5	120.7	112.5
2009	490.9	438.9	439.9	421.1	400.5	350.9	217.7	125.3	123.5	120.7	100.0
2010	512.9	458.5	459.5	439.9	418.4	366.6	227.5	130.9	129.0	126.1	104.5
2011	552.9	494.3	495.4	474.3	451.1	395.2	245.2	141.1	139.1	135.9	107.8
2012	562.3	502.7	503.8	482.3	458.7	401.9	249.4	143.5	141.5	138.2	101.7
2013	578.6	517.2	518.4	496.3	472.0	413.6	256.6	147.6	145.6	142.3	102.9
2014	580.3	518.8	519.9	497.8	473.4	414.8	257.4	148.1	146.0	142.7	100.3
2015	579.7	518.3	519.4	497.3	473.0	414.4	257.1	147.9	145.9	142.5	99.9
2016	579.7	518.3	519.4	497.3	473.0	414.4	257.1	147.9	145.9	142.5	100.0
2017	591.9	529.2	530.3	507.7	482.9	423.1	262.5	151.0	149.0	145.5	102.1
2018	610.9	546.1	547.3	524.0	498.4	436.6	270.9	155.9	153.8	150.2	103.2
2019	617.6	552.1	553.3	529.8	503.8	441.4	273.9	157.6	155.5	151.9	101.1
2020	618.8	553.2	554.4	530.9	504.8	442.3	274.5	157.9	155.8	152.2	100.2
2021	629.9	563.2	564.4	540.5	513.9	450.3	279.4	160.7	158.6	154.9	101.8
2022	644.4	576.2	577.4	552.9	525.7	460.7	285.8	164.4	162.3	158.5	102.3

3-7 2022年城乡居民消费价格分类指数
Consumer Price Indices by Category (2022)

(以上年价格为100) (preceding year=100)

项目名称	Item	全 区 General	城 市 Urban Household	农 村 Rural Household
居民消费价格总指数	**Consumer Price Index**	**102.3**	**102.1**	**102.9**
服务价格指数	**Service Items Price Index**	**101.4**	**101.0**	**102.6**
消费品价格指数	**Consumer Goods Price Index**	**102.7**	**102.6**	**103.1**
一、食品烟酒	Food, Tobacco and Liquor	102.2	102.3	101.8
1.食品	Food	102.5	102.7	102.1
(1)粮食	Grain	104.6	104.7	104.5
大　米	Rice	101.8	101.8	101.8
面　粉	Flour	106.5	106.1	107.0
其他粮食	Other Grain	101.3	100.2	104.3
粮食制品	Cereal Product	106.2	106.5	104.3
(2)薯类	Tubers	117.5	115.8	120.0
薯　类	Tubers	117.5	115.8	120.0
(3)豆类	Beans	102.3	101.5	104.7
干　豆	Beans	102.9	102.8	103.1
豆 制 品	Bean Products	102.2	101.4	105.0
(4)食用油	Edible Oil	108.9	108.2	109.8
食用植物油	Edible Vegetable Oil	109.0	108.4	109.9
食用动物油	Edible Animal Oil	94.7	94.8	94.2
(5)菜及食用菌	Vegetables and Edible Fungus	101.2	101.4	100.6
鲜　菜	Fresh Vegetables	100.5	100.6	100.4
鲜　菌	Fresh Fungus	116.9	118.7	108.7
干菜及菜制品	Dried Vegetables and Processed Products	103.4	103.8	100.8
(6)畜肉类	Livestock Meat	96.6	97.5	94.6
猪　肉	Pork	94.7	94.5	95.3
牛　肉	Beef	100.1	100.4	99.4
羊　肉	Mutton	93.5	95.4	89.9
其他畜肉及副产品	Other Livestock Meat and By-products	97.1	99.3	91.9
畜肉制品	Livestock Meat and Processed Products	100.5	99.9	103.1
(7)禽肉类	Poultry	102.5	102.6	102.3
鸡	Chicken	102.8	103.3	101.7
鸭	Duck	95.7	94.8	100.1
其他禽肉及制品	Other Poultry Meat Processed Products	102.1	101.4	104.9
(8)水产品	Aquatic Products	99.8	100.7	95.3
淡 水 鱼	Freshwater Fish	97.2	98.3	92.9
海 水 鱼	Seawater Fish	100.9	101.0	100.5
虾 蟹 类	Shrimp and Crab	105.2	105.3	104.5
其他水产品及制品	Others Aquatic and Processed Products	102.5	102.8	100.9
(9)蛋类	Eggs	105.9	106.3	104.8
鸡　蛋	Fresh Egg	106.0	106.4	104.8
其他蛋及制品	Other Egg and Processed Products	103.9	103.7	104.3
(10)奶类	Milk	102.0	102.6	100.0
鲜　奶	Fresh Milk	103.2	104.1	100.3

3-7 续表 1 continued

(以上年价格为100) (preceding year=100)

项目名称	Item	全区 General	城市 Urban Household	农村 Rural Household
酸奶	Yoghourt	100.6	100.9	99.1
奶粉	Milk Powder	101.5	101.9	100.0
其他奶制品	Other Milk Products	101.3	101.6	100.1
(11)干鲜瓜果类	Dried and Fresh Melons and Fruits	105.8	105.4	106.7
鲜瓜果	Fresh Melons and Fruits	106.4	105.7	108.2
坚果	Nuts	104.1	105.4	100.7
瓜果制品	Melons and Fruits Products	100.9	101.0	100.8
(12)糖果糕点类	Candy and Cake	106.2	107.0	104.4
食糖	Sugar	100.6	102.1	99.4
糖果	Candy	101.8	102.6	99.5
糕点	Cake	111.0	110.5	113.0
其他糖果糕点	Other Candy and Cake	99.7	99.9	99.2
(13)调味品	Flavoring	103.9	103.7	104.1
食用盐	Salt	101.2	101.3	101.0
酱油	Soy	104.7	104.1	106.0
食醋	Vinegar	108.6	106.9	111.4
增味剂	Flavor Enhancer	102.5	102.7	102.2
其他调味品	Others	103.0	103.4	102.5
(14)其他食品类	Other Food	103.9	104.2	102.7
方便食品	Convenient Food	103.2	103.3	102.7
淀粉及制品	Starch and Products	102.1	102.2	101.6
其他食品	Other Food	106.7	107.6	103.7
2.茶及饮料	Tea and Beverages	102.2	102.8	100.5
茶叶	Tea	98.9	98.4	100.0
固体咖啡	Solid Coffee	100.5	100.5	100.5
其他固体饮料	Other Solid Beverages	100.3	100.4	100.1
饮用水	Potable Water	100.7	101.0	99.9
果汁饮料	Juice Beverage	100.5	101.6	96.0
其他液体饮料	Other Liquid Beverages	107.4	108.8	102.5
3.烟酒	Tobacco and Liquor	102.8	102.8	102.6
(1)卷烟	Cigarette	103.6	103.6	103.5
卷烟	Cigarette	103.6	103.6	103.5
(2)酒类	Liquor	100.3	100.6	98.7
白酒	Spirit	101.2	101.5	99.6
葡萄酒	Wine	97.8	97.8	97.7
啤酒	Beer	97.9	98.4	96.2
其他酒类	Others	101.5	102.1	99.1
4.在外餐饮	Dining Out	101.1	101.2	100.3
餐馆餐饮	Restaurant Catering	100.9	101.0	100.2
饮品店餐饮	Beverage Shop Catering	100.5	100.8	98.0
外卖	Take-out	101.2	101.2	101.3
其他在外餐饮	Others	102.4	102.3	103.8

3-7 续表 2 continued

(以上年价格为100) (preceding year=100)

项目名称	Item	全 区 General	城 市 Urban Household	农 村 Rural Household
二、衣着	Clothing	99.2	99.1	99.7
1.服装	Garments	99.3	99.4	99.1
(1)男式服装	Men's	99.1	99.3	98.2
男式外套	Men's Coat	97.7	97.6	98.1
男式针织衫	Men's Kniwear	99.8	100.3	98.1
男式衬衫T恤	Men's Shirt and T-shirt	98.8	99.2	97.0
男式裤子	Men's Trousers	100.6	101.4	97.2
男式内衣	Men's Underclothes	101.7	101.7	101.6
(2)女式服装	Women's	99.4	99.4	99.6
女式外套	Women's Coat	99.0	99.0	99.0
女式针织衫	Women's Kniwear	100.6	100.1	102.3
女式衬衫T恤	Women's Shirt and T-shirt	98.5	98.7	97.8
女式裤子	Women's Trousers	98.5	98.1	100.0
女式裙子	Women's Skirt	99.3	99.4	99.0
女式内衣	Women's Underclothes	101.3	101.7	99.6
(3)儿童服装	Children's	99.6	99.7	99.1
婴幼服装	Infant's Wear	99.4	99.0	100.9
儿童上衣	Children's Coat	97.7	98.4	94.6
儿童裤子	Children's Trousers	102.0	102.0	102.0
儿童裙子	Children's Skirt	99.5	99.2	100.8
儿童内衣	Children's Underclothes	100.6	100.8	100.0
(4)衣着材料及配件	Clothing Materials and Accessories	99.5	99.5	99.5
袜　　子	Socks	98.2	97.8	99.4
帽　　子	Hats	100.4	100.3	100.8
其他衣着材料及配件	Other Clothing Materials and Accessories	100.2	100.5	98.5
(5)衣着服务费	Dress Service Fee	100.8	100.6	102.6
衣着洗涤保养	Washing and Maintenance for Dressing	100.9	100.7	103.4
其他衣着服务	Other Dress Service	100.8	100.5	102.1
2.鞋类	Shoes	98.7	97.6	101.9
(1)鞋	Shoes	98.7	97.6	101.9
男　　鞋	Shoes of Men	98.6	98.5	99.1
女　　鞋	Shoes of Women	98.3	96.2	104.2
童　　鞋	Shoes of Children	99.9	100.1	98.5
(2)鞋类服务	Footwear Services	100.0	100.0	100.0
鞋类服务	Footwear Services	100.0	100.0	100.0

3-7 续表 3 continued

(以上年价格为100) (preceding year=100)

项目名称	Item	全 区 General	城 市 Urban Household	农 村 Rural Household
三、居住	Residence	100.9	100.3	103.0
1.租赁房房租	Renting	99.1	98.9	100.8
公房房租	Public Rent	100.0	100.0	100.0
私房房租	Private Rent	98.9	98.6	100.8
2.住房保养维修及管理	Housing Maintenance and Management	103.1	102.7	104.1
(1)住房装潢材料	Building Decoration Materials	103.5	102.9	105.0
木地板	Wooden Floor	103.5	102.1	107.0
瓷　砖	Brick	98.4	96.7	103.1
水　泥	Cement	130.5	131.6	128.7
涂　料	Dope	103.7	105.0	101.2
板　材	Veneer	103.8	103.9	103.5
管　材	Tubular Product	104.6	105.8	102.1
厨卫设备	Kitchen Equipment	100.7	100.8	100.3
门　窗	Doors and Windows	102.2	102.0	102.5
其他住房装潢材料	Other Building Decoration Materials	101.2	100.4	102.7
(2)住房维修管理费用	Housing Maintenance and Management	102.7	102.6	103.1
物业管理费	Estate Management Fees	100.0	100.0	100.0
装潢维修费	Fees of Decoration and Maintenance	107.5	108.0	106.5
其他住房费用	Other Housing Fees	100.1	100.1	100.0
3.水电燃料	Water, Electricity and Fuels	103.2	101.8	107.8
(1)水	Water	100.0	100.0	100.0
水	Water	100.0	100.0	100.0
(2)电	Electricity	100.0	100.0	100.0
电	Electricity	100.0	100.0	100.0
(3)燃气	Fuel Gas	103.3	101.7	109.0
管道燃气	Pipeline Fuel Gas	103.0	101.1	114.3
液化石油气	Liquefied Petroleum Gas	104.4	104.7	104.0
(4)其他水电燃料类	Other Water, Electricity and Fuels	105.2	102.8	113.7
其他水电燃料类	Other Water, Electricity and Fuels	105.2	102.8	113.7
4.自有住房	Private Housing	99.2	98.9	100.0
自有住房	Private Housing	99.2	98.9	100.0
四、生活用品及服务	Household Facilities, Articles and Services	101.4	101.6	100.7
1.家具及室内装饰品	Furniture and Interior Decorations	100.7	100.6	101.0
(1)家具	Furniture	100.9	100.8	101.4
柜	Cupboard	100.6	100.5	100.8
床	Bed	101.3	101.1	101.9
桌	Desk	99.9	99.4	101.4
椅	Chair	100.7	100.4	101.8
沙　发	Sofa	101.2	101.3	101.2
其他家具	Others	101.4	100.9	102.3

3-7 续表 4 continued

(以上年价格为100) (preceding year=100)

项目名称	Item	全 区 General	城 市 Urban Household	农 村 Rural Household
(2)室内装饰品	Interior Decorations	99.7	100.1	98.2
灯　　具	Lamp	99.4	99.9	97.4
其他室内装饰品	Other Interior Decorations	100.5	100.7	100.0
2.家用器具	Household Appliances	100.5	100.5	100.3
(1)大型家用器具	Big Household Appliances	100.3	100.4	100.0
洗 衣 机	Washing Machine	100.9	101.1	100.6
电冰箱(柜)	Refrigerator	99.1	99.7	97.3
抽油烟机	Ventilator	99.5	99.4	99.8
空 调 器	Air Conditioner	100.6	100.3	101.8
热 水 器	Water Heater for Shower	98.0	97.2	99.1
炉具灶具	Stove and Oven	103.9	104.0	103.8
吸 尘 器	Vacuum Cleaner	103.3	102.8	105.2
空气净化器	Air Cleaner	100.9	100.5	102.0
净 水 器	Water Purifier	102.0	102.0	102.0
其他大型家用器具	Other Big Household Appliances	101.0	101.6	100.3
(2)小家电	Small Household Appliances	101.3	101.0	102.1
厨房小家电	Kitchen Small Household Appliances	101.6	101.5	101.9
生活小家电	Living Small Household Appliances	100.8	100.0	102.2
3.家用纺织品	Housing Textiles	100.8	100.8	100.6
(1)床上用品	Bed Articles	100.6	100.7	100.4
被　　子	Quilt	100.7	100.8	100.0
床单被套	Bed Sheet and Cover	100.9	100.8	101.1
其他床上用品	Other Bed Articles	100.3	100.3	100.0
(2)窗帘门帘	Curtain	100.2	99.4	101.4
窗帘门帘	Curtain	100.2	99.4	101.4
(3)其他家用纺织品	Other Housing Textile	102.3	103.1	99.5
其他家用纺织品	Other Housing Textile	102.3	103.1	99.5
4.家庭日用杂品	Daily Use Household Articles	101.7	102.5	99.8
(1)洗涤卫生用品	Washing Hygiene Articles	102.2	103.0	100.1
清洗用品	Cleaning Supplies	101.1	101.7	98.9
清洁用具	Cleaning Equipment	105.9	107.2	101.1
清洁用纸	Hygiene Paper	101.3	101.8	100.6
(2)厨具餐具茶具	Kitchen Utensils and Tableware	102.6	103.2	100.8
厨　　具	Kitchen Ware	104.3	105.5	100.7
餐　　具	Tableware	101.9	101.9	101.9
茶　　具	Tea Set	99.4	99.3	99.5
(3)其他家庭日用杂品	Other Daily Use Household Articles	100.7	101.5	99.2
配电附件	Electricity Distribution Accessory	98.8	99.2	98.2
雨　　具	Rain Gear	100.2	101.2	97.6
其他日用杂品	Other Daily Use Household Articles	101.5	102.4	99.9

3-7 续表 5 continued

(以上年价格为100) (preceding year=100)

项目名称	Item	全 区 General	城 市 Urban Household	农 村 Rural Household
5.个人护理用品	Personal-Care Supplies	102.5	102.5	102.2
(1)化妆品	Cosmetics	102.3	102.4	102.2
清洁化妆品	Cleansing Cosmetics	99.9	99.7	100.4
护肤化妆品	Skin-Care Cosmetics	102.6	102.6	102.4
彩妆化妆品	Make-Up Cosmetics	103.6	103.6	104.0
化妆器具	Make-Up Appliances	104.7	104.9	104.0
(2)其他护理用品类	Other Nursing materials	102.7	102.8	102.2
清洁类护理用品	Nursing Materials	102.1	101.9	103.7
护发美发用品	Hair Care Products	103.0	103.3	101.6
护理器具	Nursing Appliances	101.4	101.1	103.2
其他护理用品	Other Nursing materials	104.2	104.7	100.0
6.家庭服务	Family Services	101.4	101.5	100.7
家政服务	Housekeeping Services	102.3	102.4	101.7
母婴护理服务	Mother and Baby Products	101.2	101.3	100.6
家庭维修服务	Maintenance Services	100.7	100.8	100.4
其他家庭服务	Other Family Services	101.2	101.4	100.2
五、交通通信	Transport and Communications	106.8	107.0	106.4
1.交通	Transport	109.4	109.6	108.8
(1)交通工具	Transport Facility	100.5	100.4	101.1
燃油小汽车	Fuel Car	99.9	99.7	100.6
新能源小汽车	New Energy Car	100.4	100.3	100.7
电动自行车	Electric Bicycle	101.5	101.7	101.2
自 行 车	Bicycle	104.6	105.4	103.5
其他交通工具	Other Transportation Facility	100.7	100.2	100.8
(2)交通工具用燃料	Transport Fuels	121.4	121.7	120.6
汽　　油	Gasoline	121.5	121.5	121.5
柴　　油	Diesel Oil	123.4	123.4	123.4
其他车用能源	Other Transport Fuels	120.3	123.2	111.0
(3)交通工具使用和维修	Transport Use and Maintenance	100.4	100.5	100.1
停 车 费	Parking Fee	100.0	100.0	100.0
车辆使用费	Vehicle Usage Fee	99.6	99.8	98.9
交通工具零配件	Transportation Parts	101.7	101.9	101.1
车辆修理与保养	Vehicles Repair and Maintenance	100.1	100.1	100.1
(4)交通费	Traffic Fare	104.9	105.8	101.6
市内公共交通	Bus Ticket	100.0	100.0	100.0
出租汽车	Taxi	101.7	102.2	100.0
飞 机 票	Plane Ticket	120.1	120.1	120.1
火 车 票	Train Ticket	99.9	99.9	99.9
长途汽车	Long-distance Bus	100.4	100.7	100.0
网 约 车	Online Car-hailing	101.5	101.5	101.0
交通工具租赁费	Transportation Rental Fees	95.2	95.1	97.8
其他交通费	Other Traffic Fare	103.6	103.6	103.8
2.通信	Communications	99.0	98.8	99.7
(1)通信工具	Communication Tools	97.1	96.2	99.4
电 话 机	Telephone	97.2	96.2	99.5
通信工具零配件	Communication Tools Spare Parts	96.7	96.5	97.2

3-7 续表 6 continued

(以上年价格为100) (preceding year=100)

项目名称	Item	全 区 General	城 市 Urban Household	农 村 Rural Household
(2)通信服务	Communication Service	100.0	100.0	100.0
电话费	Telephone Bill	100.0	99.9	100.0
家庭宽带服务	Broadband Service	100.1	100.2	100.0
其他通信服务	Other Communication Service	100.0	100.0	100.0
(3)邮递服务	Postal Service	99.5	99.5	99.2
邮政邮寄	Post	99.5	99.5	99.2
六、教育文化娱乐	Education, Cultural and Recreation	101.5	101.2	102.4
1.教育	Education	101.8	101.3	103.1
(1)教育用品	Education Articles	101.6	101.9	100.0
工 具 书	Reference Books	100.3	100.3	100.0
教　　材	Teaching Materials	100.3	100.4	100.0
参考资料	Reference Books	104.5	105.1	100.1
其他教育用品	Other Education Articles	94.1	93.6	99.7
(2)教育服务	Tuition and Child Care	101.8	101.2	103.3
幼儿早期教育	Early Childhood Education	104.1	105.4	100.0
学前教育	Preschool Education	103.2	102.7	105.1
小学初中教育	Primary and Junior High School Education	100.0	100.0	100.0
高中中职教育	Senior High School and Vocational School Education	100.7	101.1	100.0
高等教育	Higher Education	102.4	100.7	105.9
课外教育	Extracurricular Education	102.7	102.3	104.5
专业技能培训	Professional Skill Training	99.1	98.8	100.0
其他教育服务	Other Education Service	100.0	100.0	100.0
2.文化娱乐	Cultural and Recreation	100.9	101.0	100.4
(1)文娱耐用消费品	Durable Consumer Goods for Cultural and Recreational Use	98.4	97.8	99.7
电 视 机	TV Set	93.8	91.9	97.9
照 相 机	Camera	103.3	104.0	100.3
台式计算机	Desktop Computer	101.8	102.4	100.9
笔记本电脑	Laptop	100.3	100.2	100.5
平板电脑	Tablet Personal Computer	102.1	102.4	101.4
乐　　器	Musical Instrument	102.5	102.3	103.1
音　　响	Sound Equipment	102.2	102.8	100.2
可穿戴智能设备	Wearable Smart Devices	101.1	100.5	105.0
其他文娱耐用消费品	Other Durable Consumer Goods	103.3	104.1	100.8
(2)其他文娱用品	Other Goods for Cultural and Recreational Use	100.7	100.7	100.8
书报杂志及音像制品	Newspapers and Magazines	101.4	101.6	100.0
纸张文具	Paper and Stationery	100.4	100.2	100.8
体育户外用品	Sports and Outdoor Articles	104.9	104.6	106.7
游戏用品和玩具	Games Supplies and Toys	99.0	98.9	99.4
园艺花卉及用品	Horticulture and Flower Articles	100.3	100.2	101.0
宠物及用品	Pet Articles	101.4	101.5	100.0
其他文化娱乐用品	Other Goods for Cultural and Recreational Use	100.1	99.8	100.8
(3)文化娱乐服务	Cultural and Recreation Services	100.9	101.0	100.5
电影及演出票	Movie and Show Tickets	104.1	104.0	105.7

3-7 续表 7 continued

(以上年价格为100) (preceding year=100)

项目名称	Item	全 区 General	城 市 Urban Household	农 村 Rural Household
景点门票	Scenery Spot Entrance Ticket	97.8	98.1	96.0
电视服务	Television Services	100.2	100.3	100.0
健身活动	Fitness Activities	103.1	103.0	104.7
宠物服务	Pet Service	102.3	102.3	100.0
网络文娱服务	Online Cultural Entertainment Services	105.2	103.4	111.5
儿童娱乐项目	Children's Entertainment	100.6	100.8	100.0
其他文娱服务	Others	100.1	100.2	100.0
(4)旅游	Touring and Outing	103.2	103.4	101.3
旅行社收费	Travel Agency Fees	103.0	103.0	102.6
其他旅游	Others	104.4	107.5	100.0
七、医疗保健	Health Care and Medical Services	102.3	101.4	104.7
1.药品及医疗器具	Medicines and Medical Instruments	100.1	100.0	100.4
(1)中药	Traditional Chinese Medicine	103.5	104.5	100.7
中 药 材	Traditional Chinese Medicinal Materials	103.4	103.9	102.2
中 成 药	Chinese Patent Medicine	103.5	104.8	100.0
(2)西药	Western Medicine	98.2	97.5	100.2
抗微生物药	Antimicrobial Drugs	91.3	85.9	102.1
消化系统用药	Digest System Drugs	101.3	100.7	103.1
呼吸系统用药	Breathe System Drugs	99.9	99.9	100.0
解热镇痛药	Antipyretic and Analgesic	99.9	100.6	98.7
抗肿瘤药	Antineoplastic Drugs	99.2	99.2	99.3
激素及影响内分泌药	Hormone Drugs	93.2	93.4	92.7
心血管系统用药	Cardiovascular System Drugs	100.0	101.0	97.7
血液系统用药	Blood System Drugs	98.7	100.4	95.0
治疗精神障碍药	Dysphrenia Drugs	110.1	102.4	124.2
神经系统用药	Central Nervous System Drugs	96.7	97.6	94.8
泌尿系统用药	Urinary System Drugs	100.8	99.9	101.9
维生素、矿物质类药	Vitamins and Mineral Drugs	97.7	96.9	101.4
调节水、电解质及酸碱平衡药	Adjust Water, Electrolyte and Acid-Base Balance Drugs	101.4	101.2	102.3
其他西药	Other Western Medicine	98.3	97.3	100.3
(3)滋补保健品	Health Products	99.9	100.0	98.9
滋补保健品	Health Products	99.9	100.0	98.9
(4)医疗卫生器具	Medical Treatment and Public Health Appliances	100.4	100.0	101.2
医疗卫生器具	Medical Treatment and Public Health Appliances	100.4	100.0	101.2
(5)保健器具	Health Care Appliances	99.9	99.9	99.8
保健器具	Health Care Appliances	99.9	99.9	99.8
2.医疗服务	Health Care Service	103.4	102.1	106.7
(1)综合医疗类	Integrative Medical Treatment	110.2	106.4	118.4
一般医疗服务	General Health Care Services	108.5	111.9	97.9
一般治疗操作	General Cure Operation	117.1	102.8	135.6
护　　理	Nursing	100.6	101.3	98.3
其他综合医疗服务	Other Integrative Medical Treatment	99.4	99.3	100.0
(2)诊断类	Diagnosis	99.5	99.7	99.1
病理学诊断	Pathology Diagnosis	106.8	104.1	122.5

3-7 续表 8 continued

(以上年价格为100) (preceding year=100)

项目名称	Item	全　区 General	城　市 Urban Household	农　村 Rural Household
实验室诊断	Laboratory Diagnosis	99.3	99.9	98.3
影像学诊断	Imaging Diagnosis	99.2	99.6	98.3
临床诊断	Clinic Diagnosis	98.3	97.8	99.6
(3)治疗类	Cure	101.2	102.0	99.0
临床手术治疗	Clinic Operative Treatment	101.8	103.4	98.4
临床非手术治疗	Clinic Non-Operative Treatment	100.7	100.9	99.8
(4)康复类	Recovery	103.8	101.3	119.4
康复医疗	Recovery Medical Treatment	103.8	101.3	119.4
(5)中医医疗服务类	Traditional Chinese Medicine Services	106.9	100.5	126.6
中医治疗	Traditional Chinese Medicine	106.9	100.5	126.6
(6)其他医疗保健服务	Other Health Care Services	102.7	99.9	107.2
其他医疗保健服务	Other Health Care Services	102.7	99.9	107.2
八、其他用品及服务	Miscellaneous Goods and Services	101.1	100.9	102.1
1.其他用品	Other Products	101.3	101.0	102.8
(1)首饰手表	Jewelry and Watches	101.8	101.4	103.2
金 饰 品	Gold Jewelry	103.9	103.6	105.1
银 饰 品	Silver Jewelry	101.4	101.8	100.1
铂金饰品	Platinum Jewelry	97.3	96.9	101.4
手　　表	Watches	99.9	99.8	100.4
(2)母婴用品	Mother and Baby Supplies	103.2	102.9	105.2
母婴洗护喂养用品	Baby Care and Feeding Supplies	103.6	103.3	105.3
其他母婴用品	Other Mother and Baby Supplies	102.4	101.8	105.0
(3)其他杂项用品	Other Products	99.1	98.8	100.4
箱　　包	Luggage	100.7	100.7	100.6
眼　　镜	Glasses	97.5	97.1	100.0
2.其他服务类	Other Services	100.9	100.8	101.3
(1)在外住宿	Outside Accommodation	94.0	93.1	99.6
宾馆住宿	Hotel Accommodation	93.9	93.7	98.1
其他住宿	Other Accommodation	94.2	91.8	100.0
(2)美容美发洗浴	Beauty Hairdressing and Bath	102.0	102.3	101.1
美　　容	Beauty	101.3	101.5	100.0
美　　发	Hairdressing	101.9	102.6	100.1
洗　　浴	Bath	103.4	102.8	105.9
(3)养老服务	Endowment Services	100.8	100.8	100.0
养老服务	Endowment Services	100.8	100.8	100.0
(4)金融及保险服务	Financial and Insurance Services	103.8	104.4	102.3
金融服务	Financial Services	97.9	97.4	99.7
车辆保险	Vehicle Insurance	100.1	100.0	100.2
旅行保险	Travel Insurance	100.0	100.0	100.0
其他保险	Other Insurance	107.9	109.0	104.8
(5)中介法律及其他服务	Intermediary Legal and Other Services	99.6	99.4	100.0
中介服务	Intermediary Services	98.7	98.5	100.0
法律服务	Legal Services	100.0	100.0	100.0
其他杂项服务	Other Services	100.0	100.0	100.0

3-8 2022年城乡商品零售价格分类指数

Retail Price Indices by Category of Commodities (2022)

(以上年价格为100) (preceding year=100)

项目名称	Item	全 区 General	城 市 Urban	农 村 Rural
商品零售价格指数	**Retail Price Index**	**102.4**	**102.1**	**103.7**
一、食品	Food	102.5	102.5	102.4
1.粮食	Grain	104.3	104.3	104.6
大　　米	Rice	101.6	101.9	100.2
面　　粉	Flour	106.8	106.3	108.5
其他粮食	Others	100.3	100.1	102.0
粮食制品	Cereal Product	106.3	106.4	105.4
2.薯类	Tubers	116.8	115.4	122.7
薯　　类	Tubers	116.8	115.4	122.7
3.豆类	Beans	102.3	102.1	104.7
干　　豆	Beans	104.1	104.0	104.7
豆 制 品	Bean Products	101.8	101.5	104.7
4.食用油	Edible Oil	108.1	107.6	110.6
食用植物油	Edible Vegetable Oil	108.8	108.4	110.7
食用动物油	Edible Animal Oil	100.9	100.9	92.5
5.菜及食用菌	Vegetables and Edible Fungus	101.7	101.6	102.0
鲜　　菜	Fresh Vegetables	100.6	100.4	101.9
鲜　　菌	Fresh Fungus	119.3	120.0	111.5
干菜及菜制品	Dried Vegetables and Processed Products	103.8	104.2	101.2
6.畜肉类	Livestock Meat	97.0	97.4	95.2
猪　　肉	Pork	94.4	94.3	94.9
牛　　肉	Beef	100.1	100.3	99.3
羊　　肉	Mutton	93.9	95.0	90.0
其他畜肉及副产品	Other Livestock Meat and By-products	98.3	99.4	94.2
畜肉制品	Livestock Meat and Processed Products	99.7	99.8	98.9
7.禽肉类	Poultry	102.3	102.3	102.4
鸡	Chicken	103.1	103.4	101.9
鸭	Duck	93.2	93.0	99.6
其他禽肉及制品	Other Poultry Meat Processed Products	101.6	101.2	104.9
8.水产品	Aquatic Products	100.7	101.0	95.4
淡 水 鱼	Freshwater Fish	99.0	99.5	93.2
海 水 鱼	Seawater Fish	101.0	101.1	100.5
虾 蟹 类	Shrimp and Crab	105.1	105.1	105.0
其他水产品及制品	Others Aquatic and Processed Products	102.4	102.5	100.8
9.蛋类	Eggs	106.0	106.1	104.7
鸡　　蛋	Fresh Egg	106.2	106.4	104.7
其他蛋及制品	Other Egg and Processed Products	104.5	104.5	104.7
10.奶类	Milk	102.3	102.7	100.0
鲜　　奶	Fresh Milk	103.7	104.2	100.6
酸　　奶	Yoghourt	101.1	101.4	98.6
奶　　粉	Milk Powder	101.8	102.0	100.0
其他奶制品	Other Milk Products	101.5	101.6	100.2
11.干鲜瓜果类	Dried and Fresh Melons and Fruits	105.8	105.5	107.6
鲜 瓜 果	Fresh Melons and Fruits	106.6	106.1	109.1
坚　　果	Nuts	104.6	105.2	101.0
瓜果制品	Melons and Fruits Products	101.7	101.7	101.3

3-8 续表 1 continued

(以上年价格为100) (preceding year=100)

项目名称	Item	全区 General	城市 Urban	农村 Rural
12.糖果糕点类	Candy and Cake	105.8	105.9	105.5
食　糖	Sugar	101.9	102.6	99.0
糖　果	Candy	102.4	102.7	99.2
糕　点	Cake	110.6	110.1	114.1
其他糖果糕点	Other Candy and Cake	100.0	100.1	99.2
13.调味品	Flavoring	104.2	103.9	105.6
食用盐	Salt	101.3	101.3	101.2
酱　油	Soy	104.2	103.5	108.7
食　醋	Vinegar	109.2	108.7	111.5
增味剂	Flavor Enhancer	103.2	102.9	104.9
其他调味品	Others	102.8	102.7	103.1
14.其他食品类	Other Food	104.1	104.0	104.5
方便食品	Convenient Food	103.3	103.3	102.7
淀粉及制品	Starch and Products	101.8	101.7	102.7
其他食品	Other Food	107.3	107.3	107.3
15.餐饮业零售	Catering Retail	101.1	101.2	100.4
餐馆餐饮	Restaurant Catering	100.9	101.0	100.3
饮品店餐饮	Beverage Shop Catering	100.5	100.7	98.1
餐饮配送及外卖送餐	Catering Distribution and Food Delivery	101.1	101.2	100.4
其他餐饮业零售	Othet Catering Retail	102.6	102.6	103.5
二、饮料、烟酒	Beverages Tobacco and Liquor	102.5	102.6	102.2
1.茶及饮料	Tea and Beverages	102.8	103.0	100.9
茶　叶	Tea	98.4	98.1	100.0
固体咖啡	Solid Coffee	100.7	100.6	100.8
其他固体饮料	Other Solid Beverages	100.3	100.4	100.1
饮用水	Potable Water	100.9	101.0	99.9
果汁饮料	Juice Beverage	100.8	100.9	99.8
其他液体饮料	Other Liquid Beverages	108.5	108.8	103.7
2.卷烟	Cigarette	103.7	103.6	104.0
卷　烟	Cigarette	103.7	103.6	104.0
3.酒类	Liquor	100.5	100.7	98.7
白　酒	Spirit	101.6	101.8	99.5
葡萄酒	Wine	97.8	97.8	97.5
啤　酒	Beer	98.1	98.3	96.6
其他酒类	Others	102.4	102.6	99.1
三、服装、鞋帽	Garments, Shoes and Hats	99.0	98.8	100.0
1.服装	Garments	99.3	99.3	99.6
(1)男士服装	Men's	99.2	99.2	98.7
男式外套	Men's Coat	97.6	97.5	98.4
男式针织衫	Men's Kniwear	100.1	100.3	98.6

3-8 续表 2 continued

(以上年价格为100) (preceding year=100)

项目名称	Item	全区 General	城市 Urban	农村 Rural
男式衬衫T恤	Men's Shirt and T-shirt	99.0	99.2	97.2
男式裤子	Men's Trousers	101.0	101.6	97.7
男式内衣	Men's Underclothes	102.1	101.9	103.8
(2)女士服装	Women's	99.3	99.2	100.2
女式外套	Women's Coat	99.0	98.9	100.0
女式针织衫	Women's Kniwear	100.3	100.1	102.6
女式衬衫T恤	Women's Shirt and T-shirt	98.3	98.3	98.1
女式裤子	Women's Trousers	98.4	98.1	100.6
女式裙子	Women's Skirt	99.4	99.3	100.8
女式内衣	Women's Underclothes	101.3	101.6	99.4
(3)儿童服装	Children's	99.6	99.7	99.6
婴幼服装	Infant's Wear	98.9	98.6	101.6
儿童上衣	Children's Coat	98.1	98.4	96.4
儿童裤子	Children's Trousers	102.3	102.5	101.4
儿童裙子	Children's Skirt	99.3	99.0	101.4
儿童内衣	Children's Underclothes	100.1	100.1	100.0
2.鞋帽袜	Footgear and Hats	97.7	97.3	101.5
(1)鞋	Shoes	97.6	97.1	101.8
男　鞋	Shoes of Men	98.1	98.0	99.0
女　鞋	Shoes of Women	96.8	95.8	104.0
童　鞋	Shoes of Children	99.9	100.0	98.4
(2)袜子	Socks	97.5	97.4	99.3
袜　子	Socks	97.5	97.4	99.3
(3)帽子	Hats	100.2	100.1	101.2
帽　子	Hats	100.2	100.1	101.2
3.其他衣着配件	Other Clothing and Accessories	100.9	101.0	98.7
其他衣着配件	Other Clothing and Accessories	100.9	101.0	98.7
四、纺织品	Textiles	100.4	100.4	100.3
1.服装材料	Clothing Material	100.3	100.7	99.0
服装材料	Clothing Material	100.3	100.7	99.0
2.床上用品	Bed Articles	100.4	100.4	100.7
被　子	Quilt	100.5	100.6	100.1
床单被套	Bed Sheet and Cover	100.6	100.4	101.6
其他床上用品	Other Bed Articles	100.1	100.2	100.0
五、家用电器及音像器材	Household Appliances, Music and Video Equipment	99.5	99.5	99.5
1.家庭设备	Household Facilities	100.6	100.7	100.1
洗衣机	Washing Machine	101.1	101.1	100.7
电冰箱(柜)	Refrigerator	99.8	100.2	97.5
抽油烟机	Ventilator	99.4	99.4	99.8
空调器	Air Conditioner	100.6	100.5	102.6

3-8 续表 3 continued

(以上年价格为100) (preceding year=100)

项目名称	Item	全 区 General	城 市 Urban	农 村 Rural
热 水 器	Water Heater for Shower	97.5	97.2	99.0
炉具灶具	Stove and Oven	104.2	104.2	103.7
吸 尘 器	Vacuum Cleaner	103.1	102.9	105.0
空气净化器	Air Cleaner	100.7	100.5	101.9
净 水 器	Water Purifier	101.9	101.9	102.0
厨房小家电	Kitchen Small Household Appliances	102.3	102.3	102.0
生活小家电	Living Small Household Appliances	100.3	100.1	102.1
其他大型家用器具	Other Big Household Appliances	101.5	101.7	100.2
2.文娱用耐用消费品	Durable Consumer Goods for Cultural and Recreational Use	98.1	97.9	99.1
电 视 机	TV Set	93.0	92.0	97.8
照 相 机	Camera	104.3	104.5	101.8
音 响	Sound Equipment	102.7	102.9	100.2
可穿戴智能设备	Wearable Smart Devices	101.0	100.8	105.0
其他文娱耐用消费品	Other Durable Consumer Goods	103.4	103.8	101.1
3.专业音像器材	Special Sound and Image Facilities	98.9	99.1	97.3
专业音响器材	Special Sound Facilities	101.9	102.2	99.0
专业声像器材	Special Acoustic Image Facilities	94.5	94.6	94.0
六、文化办公用品	Cultural and Office Appliances	101.6	101.6	101.9
纸张文具	Paper and Stationery	100.2	100.1	100.5
台式计算机	Desktop Computer	102.5	102.6	100.9
笔记本电脑	Laptop	100.2	100.1	100.5
平板电脑	Tablet Personal Computer	102.9	103.1	101.3
电脑附件	Computer Parts	103.0	103.1	102.1
打印复印机	Print and Copy Machine	104.0	103.5	108.1
教学设备	Teaching Device	100.3	100.3	100.0
七、日用品	Articles for Daily Use	101.9	102.1	100.5
1.日用百货	General Merchandise for Daily Use	102.6	102.8	101.4
电动自行车	Electric Bicycle	101.5	101.6	101.1
自 行 车	Bicycle	105.6	105.8	103.8
雨 具	Rain Gear	100.2	100.6	97.6
护理器具	Nursing Appliances	101.6	101.3	102.9
清洁用纸	Hygiene Paper	101.9	102.3	100.5
化妆器具	Make-up Appliances	104.8	104.9	103.5
2.厨具餐具茶具	Kitchen Utensils and Tableware	102.3	102.6	100.7
厨 具	Kitchen Ware	104.2	105.0	100.5
餐 具	Tableware	101.9	101.9	101.8
茶 具	Tea Set	99.3	99.3	99.5
3.清洗用品	Cleaning Supplies	101.6	102.0	99.2
清洗用品	Cleaning Supplies	101.6	102.0	99.2
4.其他日用品	Other Articles for Daily Use	101.1	101.2	100.6
灯 具	Lamp	99.9	100.2	97.9
箱 包	Luggage	100.6	100.6	100.6
母婴用品	Mother and Baby Products	103.6	103.4	105.2
眼 镜	Glasses	97.4	97.1	100.0
其他护理用品	Nursing Materials	104.4	104.9	100.0
其他日用杂品	Other Articles for Daily Use	101.9	102.7	99.5
八、体育娱乐用品	Sports and Recreation Articles	101.8	101.8	102.2
1.体育户外用品	Sports and Outdoor Articles	104.7	104.6	106.3
体育户外用品	Sports and Outdoor Articles	104.7	104.6	106.3

3-8 续表 4 continued

(以上年价格为100) (preceding year=100)

项目名称	Item	全 区 General	城 市 Urban	农 村 Rural
2.娱乐用品	Recreational Goods	100.5	100.4	101.1
乐 器	Musical Instrument	102.1	102.0	102.7
游戏用品和玩具	Games Supplies and Toys	99.0	98.9	99.5
园艺花卉及用品	Horticulture and Flower Articles	99.6	99.5	100.8
宠物及用品	Pet Articles	102.0	102.1	100.0
其他文化娱乐用品	Other Goods for Cultural and Recreational Use	100.1	99.8	101.9
九、交通、通信用品	Transport and Communications Articles	99.5	99.3	100.4
1.交通运输机械	Transport Machinery	100.1	100.0	100.6
小型汽车	Car	100.1	100.0	100.7
大中型客车	Large and Middle-Size Coach	100.3	100.3	100.7
交通工具零配件	Transport Parts	99.6	99.6	99.6
2.通信器材	Communication Tools	100.9	100.8	101.3
固定电话机	Telephone	98.2	97.9	100.1
移动电话机	Mobile Telephone	96.8	96.1	100.0
其他通信器材	Other Communication Tools	109.4	110.2	101.3
十、家具	Furniture	100.7	100.6	101.7
柜	Cupboard	100.5	100.5	101.0
床	Bed	101.3	101.2	102.1
桌	Desk	99.7	99.5	101.9
椅	Chair	100.8	100.5	102.8
沙 发	Sofa	101.1	101.1	101.3
其他家具	Others	100.5	100.3	102.2
十一、化妆品	Cosmetics	102.3	102.3	102.1
清洁化妆品	Cleansing Cosmetics	99.8	99.6	100.6
护肤化妆品	Skin-Care Cosmetics	102.5	102.6	102.1
彩妆化妆品	Make-Up Cosmetics	103.6	103.6	103.6
清洁类护理用品	Nursing Materials	101.8	101.6	103.0
护发美发用品	Hair Care Products	103.1	103.4	101.6
十二、金银饰品	Gold and Silver Jewelry	101.7	101.5	103.8
金 饰 品	Gold Jewelry	103.7	103.6	105.1
银 饰 品	Silver Jewelry	101.7	101.8	100.1
铂金饰品	Platinum Jewelry	97.0	96.9	101.8
十三、中西药品及医疗保健用品	Traditional Chinese and Western Medicines, Health Care Articles	99.8	99.7	100.5
1.医疗卫生器具	Medical Treatment and Public Health Appliances	101.1	101.2	100.4
医疗卫生器具	Medical Treatment and Public Health Appliances	101.1	101.2	100.4
2.中药	Traditional Chinese Medicine	104.0	104.5	100.8
中 药 材	Traditional Chinese Medicinal Materials	103.9	104.1	102.5
中 成 药	Chinese Patent Medicine	104.0	104.8	100.0
3.西药	Western Medicine	97.6	97.1	100.7
抗微生物药	Antimicrobial Drugs	86.9	83.3	101.5
消化系统用药	Digest System Drugs	101.5	100.8	105.5
呼吸系统用药	Breathe System Drugs	99.9	99.8	100.0
解热镇痛药	Antipyretic and Analgesic	100.1	100.3	98.8
抗肿瘤药	Antineoplastic Drugs	99.4	99.4	99.7

3-8 续表 5 continued

(以上年价格为100) (preceding year=100)

项目名称	Item	全 区 General	城 市 Urban	农 村 Rural
激素及影响内分泌药	Hormone Drugs	92.9	92.9	92.7
心血管系统用药	Cardiovascular System Drugs	100.8	101.3	97.6
血液系统用药	Blood System Drugs	99.6	100.1	96.4
治疗精神障碍药	Dysphrenia Drugs	105.7	101.8	121.7
神经系统用药	Central Nervous System Drugs	96.6	96.6	96.6
泌尿系统用药	Urinary System Drugs	102.2	100.8	107.0
维生素、矿物质类药	Vitamins and Mineral Drugs	96.7	96.4	100.9
调节水、电解质及酸碱平衡药	Adjust Water, Electrolyte and Acid-Base Balance Drugs	101.2	101.0	102.7
其他西药	Other Western Medicine	97.2	96.6	100.6
4.保健器具及用品	Health Care Appliances and Products	99.3	99.4	98.8
保健器具	Health Care Appliances	99.9	99.9	99.5
滋补保健品	Health Products	99.2	99.2	98.6
十四、书报杂志及电子出版物	Book, Newspapers, Magazines and Electronic Publications	101.3	101.5	99.5
1.教材及参考书	Teaching Materials and Reference Books	101.1	101.3	100.0
工 具 书	Reference Books	100.2	100.2	100.0
教 材	Teaching Materials	100.3	100.3	100.0
参考资料	Reference Books	103.7	104.3	100.2
其他教育用品	Other Education Articles	95.1	94.3	99.6
2.书报杂志及音像制品	Newspapers and Magazines	101.1	101.3	100.0
书报杂志及音像制品	Newspapers and Magazines	101.1	101.3	100.0
3.计算机办公软件	Computer Software	102.4	103.3	93.6
计算机办公软件	Computer Software	102.4	103.3	93.6
十五、燃料	Fuels	115.4	114.4	120.4
1.煤炭及制品	Coal and Related Products	111.6	107.9	125.7
原 煤	Coal	116.4	111.6	130.7
煤 制 品	Related Products	100.4	100.8	97.2
2.石油及制品	Oil and Products	116.1	115.5	119.3
管道燃气	Pipeline Fuel Gas	102.5	101.0	114.3
液化石油气	Liquefied Petroleum Gas	103.9	103.4	106.7
汽 油	Gasoline	121.5	121.5	121.5
柴 油	Diesel Oil	123.4	123.4	123.4
十六、建筑材料及五金电料	Building Materials and Hardware	104.3	103.3	108.9
1.建筑装潢材料	Building Decoration Materials	105.2	103.9	110.3
木 地 板	Wooden Floor	104.0	102.5	109.4
瓷 砖	Brick	98.5	97.3	104.2
水 泥	Cement	134.6	130.0	142.6
涂 料	Dope	104.0	104.8	100.6
板 材	Veneer	103.7	103.6	104.0
管 材	Tubular Product	105.2	106.0	102.3
厨卫设备	Kitchen Equipment	100.7	100.7	100.4
门 窗	Doors and Windows	101.9	101.9	102.0
其他住房装潢材料	Other Building Decoration Materials	102.2	101.9	103.5
2.五金水暖	Water and Heating Hardware	101.9	101.8	102.3
家用手工工具	Household Hand Tools	102.3	102.4	101.9
配电附件	Electricity Distribution Accessory	99.0	99.1	98.4
水暖器材	Heating Equipment	103.6	103.4	105.4

3-9 2022年全区各月居民消费价格指数
Monthly Consumer Price Indices (2022)

(以上年同月价格为100) (the same month of preceding year=100)

月份 Month	居民消费价格总指数 Consumer Price Indices	食品烟酒 Food, Tobacco and Liquor	衣着 Clothing	居住 Residence	生活用品及服务 Household Facilities, Articles and Services	交通通信 Transport and Communi-cations	教育文化娱乐 Education, Cultural and Recreation	医疗保健 Health Care and Medical Services	其他用品及服务 Miscella-neous Goods and Services
一 月 Jan.	101.5	99.1	99.2	101.6	100.5	106.1	102.8	103.2	99.3
二 月 Feb.	101.7	99.3	99.3	101.8	100.8	106.8	102.8	103.1	100.0
三 月 Mar.	102.0	99.9	99.4	101.8	101.0	106.9	102.7	103.1	100.9
四 月 Apr.	102.1	100.4	99.4	101.6	101.1	107.3	102.3	102.9	101.0
五 月 May	102.1	100.7	99.2	101.5	101.2	107.4	102.0	102.7	101.1
六 月 June	102.2	100.9	99.1	101.4	101.3	108.0	101.9	102.6	101.0
七 月 July	102.3	101.3	99.0	101.3	101.4	108.1	101.7	102.5	100.9
八 月 Aug.	102.3	101.6	99.0	101.3	101.3	107.9	101.6	102.5	100.9
九 月 Sept.	102.4	101.9	99.0	101.2	101.4	107.7	101.6	102.4	100.9
十 月 Oct.	102.4	102.2	99.0	101.1	101.4	107.3	101.5	102.4	100.9
十一月 Nov.	102.3	102.2	99.1	101.0	101.4	107.1	101.5	102.4	101.0
十二月 Dec.	102.3	102.2	99.2	100.9	101.4	106.8	101.5	102.3	101.1

3-10 2022年全区各月商品零售价格指数
Monthly Retail Price Indices (2022)

(以上年同月价格为100) (the same month of preceding year=100)

月份 Month	商品零售价格总指数 Retail Price Indices	食品 Food	饮料、烟酒 Beverages, Tobacco, Liquor	服装、鞋帽 Garments, Shoes and Hats	纺织品 Textiles	家用电器及音像器材 Household Appliances, Music and Video Equipment	文化办公用品 Cultural and Office Appliances	日用品 Articles for Daily Use	体育娱乐用品 Sports and Recreation Articles
一　月 Jan.	102.0	99.6	103.0	99.2	100.4	102.7	104.1	100.9	101.3
二　月 Feb.	102.2	100.0	103.0	99.4	100.4	102.7	104.2	101.6	101.5
三　月 Mar.	102.5	100.6	102.8	99.4	100.4	102.4	104.1	101.9	101.2
四　月 Apr.	102.7	101.1	102.8	99.3	100.5	102.0	103.8	102.1	101.4
五　月 May	102.7	101.3	102.9	99.1	100.5	101.5	103.3	102.1	101.6
六　月 June	102.7	101.4	102.8	98.9	100.5	101.0	102.9	102.2	101.7
七　月 July	102.7	101.8	102.8	98.8	100.5	100.7	102.6	102.0	101.9
八　月 Aug.	102.7	102.0	102.8	98.8	100.5	100.5	102.4	102.0	101.9
九　月 Sept.	102.7	102.4	102.8	98.8	100.5	100.3	102.3	102.1	101.9
十　月 Oct.	102.6	102.7	102.7	98.8	100.5	100.1	102.1	102.0	102.0
十一月 Nov.	102.4	102.6	102.5	98.9	100.4	99.8	101.9	101.9	101.9
十二月 Dec.	102.4	102.5	102.5	99.0	100.4	99.5	101.6	101.9	101.8

3-10 续表 continued

(以上年同月价格为100) (the same month of preceding year=100)

月份 Month	交通、通信用品 Transport and Communi-cations Articles	家具 Furniture	化妆品 Cosmetics	金银饰品 Gold and Silver Jewelry	中西药品及医疗保健用品 Traditional Chinese and Western Medicines and Health Care Articles	书报杂志及电子出版物 Books, Newspapers, Magazines and Electronic Publications	燃料 Fuels	建筑材料及五金电料 Building Materials and Hardware
一　月 Jan.	101.0	101.2	97.6	94.9	99.9	100.7	116.5	108.0
二　月 Feb.	100.8	100.9	98.5	96.9	99.7	100.9	117.7	107.9
三　月 Mar.	100.6	100.8	99.3	100.3	99.6	101.0	118.5	107.8
四　月 Apr.	100.5	100.8	99.8	100.5	99.6	101.1	119.2	107.6
五　月 May	100.4	100.8	100.6	100.7	99.5	101.1	119.5	107.1
六　月 June	100.0	100.8	101.1	100.7	99.5	101.1	120.4	106.7
七　月 July	99.9	100.8	101.4	100.4	99.4	101.1	120.1	106.4
八　月 Aug.	99.9	100.8	101.5	100.6	99.5	101.2	119.4	106.1
九　月 Sept.	99.7	100.8	101.8	100.7	99.6	101.2	118.6	105.9
十　月 Oct.	99.6	100.8	101.9	100.8	99.6	101.3	117.2	105.3
十一月 Nov.	99.5	100.8	102.2	101.1	99.7	101.3	116.2	104.8
十二月 Dec.	99.5	100.7	102.3	101.7	99.8	101.3	115.4	104.3

3-11 2022年调查市县居民消费价格指数

Consumer Price Indices by City and County (2022)

(以上年价格为100) (preceding year =100)

分类名称	Item	银川市辖区 Yinchuan	石嘴山市辖区 Shizuishan	吴忠市 Wuzhong	固原市 Guyuan	中卫市 Zhongwei	平罗县 Pingluo	海原县 Haiyuan
居民消费价格总指数	**Consumer Price Index**	**102.0**	**102.8**	**101.9**	**101.5**	**102.1**	**103.7**	**102.5**
消费品价格指数	**Consumer Goods Price Index**	**102.6**	**103.3**	**102.9**	**101.9**	**102.8**	**104.5**	**102.3**
一、食品烟酒	Food, Tobacco and Liquor	102.6	102.6	101.4	101.2	101.5	103.5	100.8
1.食品	Food	103.3	102.8	101.1	101.5	101.1	104.1	100.9
(1)粮食	Grain	105.2	104.9	105.3	103.9	101.7	105.3	104.1
大　米	Rice	102.3	101.9	99.8	103.2	100.3	96.8	104.3
面　粉	Flour	106.6	102.1	106.1	107.3	105.5	113.0	104.4
其他粮食	Other Grain	100.7	98.8	98.0	104.1	97.0	99.2	105.6
粮食制品	Cereal Product	106.9	108.8	109.8	100.3	101.6	108.1	102.2
(2)薯类	Tubers	115.7	116.6	111.8	115.1	120.0	130.5	115.9
薯　类	Tubers	115.7	116.6	111.8	115.1	120.0	130.5	115.9
(3)豆类	Beans	101.3	102.7	105.2	97.7	100.6	103.8	105.5
干　豆	Beans	104.7	105.6	99.9	101.7	101.0	106.4	100.0
豆制品	Bean Products	101.3	102.4	105.6	97.0	100.5	103.4	106.3
(4)食用油	Edible Oil	109.4	105.7	106.9	108.3	106.1	113.8	106.9
食用植物油	Edible Vegetable Oil	109.4	106.0	106.9	108.5	106.5	113.9	106.9
食用动物油	Edible Animal Oil	102.1	69.4	100.0	86.6	89.8	77.7	100.0
(5)菜及食用菌	Vegetables and Edible Fungus	102.5	102.2	97.4	100.4	98.1	106.2	97.7
鲜　菜	Fresh Vegetables	101.6	102.0	96.6	99.8	96.9	106.1	97.5
鲜　菌	Fresh Fungus	130.3	106.4	113.2	111.2	116.5	117.3	104.1
干菜及菜制品	Dried Vegetables and Processed Products	104.7	101.8	98.7	103.0	100.4	101.5	100.0
(6)畜肉类	Livestock Meat	98.7	97.2	94.5	94.7	96.0	93.9	95.0
猪　肉	Pork	96.2	95.3	91.3	87.2	92.4	94.3	97.2
牛　肉	Beef	100.8	99.8	99.8	100.1	99.5	99.0	99.6
羊　肉	Mutton	97.1	95.6	89.7	92.1	94.8	90.5	89.5
其他畜肉及副产品	Other Livestock Meat and By-products	100.7	94.1	108.9	91.2	97.2	104.2	87.2
畜肉制品	Livestock Meat and Processed Products	101.8	99.1	87.3	98.3	97.5	93.6	103.7
(7)禽肉类	Poultry	102.1	101.5	104.5	103.5	103.0	102.8	102.0
鸡	Chicken	103.3	102.5	104.2	103.3	103.0	102.5	101.2
鸭	Duck	92.5	101.5	98.4	106.8	93.7	98.6	102.3
其他禽肉及制品	Other Poultry Meat Processed Products	100.1	99.8	106.0	104.0	103.4	104.6	105.1
(8)水产品	Aquatic Products	102.4	99.0	91.5	98.1	97.7	94.8	95.7
淡水鱼	Freshwater Fish	102.0	91.1	85.1	91.7	96.1	91.0	94.3
海水鱼	Seawater Fish	99.7	106.4	102.5	105.3	102.1	100.9	100.0
虾蟹类	Shrimp and Crab	105.5	104.8	102.1	111.5	100.1	110.6	100.0
其他水产品及制品	Others Aquatic and Processed Products	101.9	109.5	99.6	105.4	99.7	102.2	100.0
(9)蛋类	Eggs	105.6	110.1	110.3	107.5	101.9	105.9	104.2
鸡　蛋	Fresh Egg	105.6	110.5	110.6	107.6	101.9	106.1	104.1
其他蛋及制品	Other Egg and Processed Products	104.8	100.8	100.1	103.3	100.4	98.3	106.6
(10)奶类	Milk	103.4	104.7	101.7	98.4	99.7	100.0	100.0
鲜　奶	Fresh Milk	104.4	107.9	106.3	99.0	99.8	101.1	100.0

3-11 续表 1 continued

(以上年价格为100) (preceding year =100)

分类名称	Item	银川市辖区 Yinchuan	石嘴山市辖区 Shizuishan	吴忠市 Wuzhong	固原市 Guyuan	中卫市 Zhongwei	平罗县 Pingluo	海原县 Haiyuan
酸奶	Yoghourt	102.0	105.8	93.9	96.9	99.3	97.5	100.0
奶粉	Milk Powder	103.7	99.3	98.9	98.4	99.2	100.0	100.0
其他奶制品	Other Milk Products	101.4	101.0	102.4	101.3	103.4	100.4	100.0
(11)干鲜瓜果类	Dried and Fresh Melons and Fruits	104.6	107.1	105.9	106.9	108.9	109.3	105.1
鲜瓜果	Fresh Melons and Fruits	104.1	108.3	107.8	109.4	110.1	111.4	106.4
坚果	Nuts	107.7	101.6	100.4	94.9	105.3	101.7	100.0
瓜果制品	Melons and Fruits Products	102.9	101.1	85.9	101.1	98.0	102.3	100.0
(12)糖果糕点类	Candy and Cake	109.6	102.7	103.7	101.6	100.8	108.1	100.8
食糖	Sugar	102.9	100.0	101.3	103.7	99.2	98.5	100.0
糖果	Candy	103.1	101.0	101.3	101.6	102.6	98.7	100.0
糕点	Cake	114.1	104.4	106.3	101.9	101.1	120.8	102.5
其他糖果糕点	Other Candy and Cake	100.3	98.2	101.8	98.8	99.2	98.7	100.0
(13)调味品	Flavoring	104.1	102.0	101.7	104.7	103.9	109.6	100.1
食用盐	Salt	101.2	102.3	101.5	100.4	103.1	101.9	100.0
酱油	Soy	102.7	102.3	103.1	109.2	109.2	121.1	100.0
食醋	Vinegar	110.1	100.1	108.4	108.8	99.5	126.6	100.0
增味剂	Flavor Enhancer	103.0	103.2	102.9	100.2	102.0	108.0	100.0
其他调味品	Others	104.5	102.5	99.0	102.8	102.9	104.7	100.2
(14)其他食品类	Other Food	104.9	104.1	103.1	101.5	101.3	104.5	100.9
方便食品	Convenient Food	103.4	104.1	103.3	102.1	101.4	102.2	103.4
淀粉及制品	Starch and Products	103.1	101.5	98.2	100.5	99.8	103.7	100.0
其他食品	Other Food	109.3	106.3	105.8	102.2	102.1	108.7	99.7
2.茶及饮料	Tea and Beverages	103.4	101.6	100.3	101.5	103.3	102.9	99.3
茶叶	Tea	97.6	101.6	97.9	100.0	99.3	100.0	100.0
固体咖啡	Solid Coffee	100.4	102.9	100.1	100.7	100.5	101.9	100.0
其他固体饮料	Other Solid Beverages	100.9	101.5	97.6	98.4	99.7	100.2	100.0
饮用水	Potable Water	102.1	99.9	98.6	99.7	99.3	99.8	100.0
果汁饮料	Juice Beverage	100.3	98.6	103.1	103.6	105.0	107.2	89.3
其他液体饮料	Other Liquid Beverages	110.2	104.6	102.0	105.7	109.0	107.0	100.0
3.烟酒	Tobacco and Liquor	102.3	105.6	104.4	101.2	102.6	104.4	101.3
(1)卷烟	Cigarette	103.1	106.0	104.3	102.4	103.5	105.9	101.8
卷烟	Cigarette	103.1	106.0	104.3	102.4	103.5	105.9	101.8
(2)酒类	Liquor	100.2	103.7	104.5	97.7	100.3	98.4	99.0
白酒	Spirit	101.1	104.8	106.3	98.1	100.7	99.1	100.0
葡萄酒	Wine	97.3	99.1	100.5	98.9	100.1	96.0	100.0
啤酒	Beer	98.0	101.6	99.8	95.7	99.0	97.6	95.3
其他酒类	Others	102.8	99.4	101.4	99.3	100.1	98.1	100.0
4.在外餐饮	Dining Out	101.2	101.2	101.5	100.7	102.0	100.3	100.3
餐馆餐饮	Restaurant Catering	101.2	100.8	101.0	100.1	100.5	100.7	99.9
饮品店餐饮	Beverage Shop Catering	100.7	100.3	100.0	102.4	101.7	100.0	96.1
外卖	Take-out	101.2	96.9	101.1	99.1	110.5	97.6	104.1
其他在外餐饮	Others	101.3	108.3	105.2	103.8	101.0	102.4	105.0

3-11 续表 2 continued

(以上年价格为100) (preceding year =100)

分类名称	Item	银川市辖区 Yinchuan	石嘴山市辖区 Shizuishan	吴忠市 Wuzhong	固原市 Guyuan	中卫市 Zhongwei	平罗县 Pingluo	海原县 Haiyuan
二、衣着	Clothing	99.1	99.8	97.5	98.6	100.7	101.3	98.6
1.服装	Garments	99.6	99.7	97.6	98.4	100.6	101.8	97.2
(1)男式服装	Men's	99.5	99.3	98.5	97.6	100.5	100.1	97.0
男式外套	Men's Coat	97.1	99.1	97.9	97.9	99.0	99.4	97.2
男式针织衫	Men's Kniwear	100.9	102.0	97.4	98.0	100.6	100.1	96.3
男式衬衫T恤	Men's Shirt and T-shirt	99.1	99.0	99.1	96.6	102.0	98.4	96.1
男式裤子	Men's Trousers	103.1	97.1	97.0	96.9	102.1	100.5	94.3
男式内衣	Men's Underclothes	101.9	101.1	103.3	99.1	101.9	106.8	100.0
(2)女式服装	Women's	99.7	99.9	96.7	98.6	100.6	103.3	97.0
女式外套	Women's Coat	99.3	99.9	95.5	99.4	99.3	105.0	95.3
女式针织衫	Women's Kniwear	100.7	101.1	97.0	98.1	102.9	104.3	100.5
女式衬衫T恤	Women's Shirt and T-shirt	99.9	96.8	91.2	98.4	101.9	99.6	96.2
女式裤子	Women's Trousers	97.4	99.2	100.6	94.3	103.5	103.1	97.2
女式裙子	Women's Skirt	99.1	100.5	98.9	100.5	98.8	107.2	95.3
女式内衣	Women's Underclothes	101.9	102.0	100.9	100.2	100.9	98.6	100.0
(3)儿童服装	Children's	99.2	99.8	100.6	99.1	101.3	100.5	98.4
婴幼服装	Infant's Wear	98.0	101.6	95.0	103.2	100.2	103.2	100.0
儿童上衣	Children's Coat	97.1	98.4	100.8	98.2	102.1	100.1	92.1
儿童裤子	Children's Trousers	102.7	99.9	104.7	97.3	102.4	100.0	103.5
儿童裙子	Children's Skirt	98.9	101.7	98.2	100.3	97.8	102.3	100.0
儿童内衣	Children's Underclothes	101.4	100.9	97.2	100.0	100.7	100.0	100.0
(4)衣着材料及配件	Other Clothing and Accessories	99.3	99.0	100.0	100.6	100.1	99.7	99.3
袜　　子	Socks	96.9	100.0	100.0	100.0	100.0	98.5	100.0
帽　　子	Hats	100.0	104.0	100.0	98.8	101.9	102.0	100.0
其他衣着材料及配件	Other Clothing and Accessories	101.1	96.2	100.0	102.1	99.5	100.0	97.3
(5)衣着服务费	Dress Service Fee	100.5	101.5	100.4	98.4	108.4	106.1	100.0
衣着洗涤保养	Washing and Maintenance for Dressing	100.7	100.0	100.6	96.5	112.3	107.8	100.0
其他衣着服务	Other Dress Service	100.0	103.7	100.0	101.8	100.0	104.9	100.0
2.鞋类	Shoes	96.5	100.5	96.6	99.5	100.9	99.8	103.7
(1)鞋	Shoes	96.5	100.5	96.6	99.5	101.0	99.8	103.7
男　　鞋	Shoes of Men	97.0	103.3	97.9	101.4	100.1	97.2	100.5
女　　鞋	Shoes of Women	95.0	98.5	93.8	98.2	100.8	101.7	106.1
童　　鞋	Shoes of Children	99.2	101.6	102.6	100.3	103.5	96.5	100.5
(2)鞋类服务	Footwear Services	100.0	100.0	100.0	100.0	100.0	100.0	100.0
鞋类服务	Footwear Services	100.0	100.0	100.0	100.0	100.0	100.0	100.0

3-11 续表 3 continued

(以上年价格为100) (preceding year =100)

分类名称	Item	银川市辖区 Yinchuan	石嘴山市辖区 Shizuishan	吴忠市 Wuzhong	固原市 Guyuan	中卫市 Zhongwei	平罗县 Pingluo	海原县 Haiyuan
三、居住	Residence	100.0	102.7	100.1	99.5	101.4	103.9	102.4
1.租赁房房租	Renting	99.0	100.0	97.7	96.3	100.0	100.5	101.0
公房房租	Public Rent	100.0	100.0	100.0	100.0	100.0	100.0	100.0
私房房租	Private Rent	98.8	100.0	97.2	95.7	100.0	100.5	101.1
2.住房保养维修及管理	Housing Maintenance and Management	102.8	105.1	102.6	100.2	102.2	107.4	102.1
(1)住房装潢材料	Building Decoration Materials	102.7	104.1	103.8	100.7	103.1	109.6	102.2
木地板	Wooden Floor	101.5	104.8	105.6	101.8	100.7	113.7	102.1
瓷砖	Brick	95.1	96.8	99.2	96.9	103.3	107.7	100.0
水泥	Cement	138.1	132.8	119.0	106.3	112.8	155.7	108.8
涂料	Dope	104.4	105.7	106.6	101.0	110.4	99.4	102.2
板材	Veneer	102.8	102.0	106.4	102.8	105.8	105.7	102.2
管材	Tubular Product	106.5	100.9	108.3	104.7	103.3	105.4	100.2
厨卫设备	Kitchen Equipment	100.7	101.0	100.6	100.0	101.7	100.7	100.0
门窗	Doors and Windows	102.3	105.9	101.7	97.5	99.2	101.2	103.3
其他住房装潢材料	Other Building Decoration Materials	98.8	112.5	104.1	101.0	97.9	105.4	102.0
(2)住房维修管理费用	Housing Maintenance and Management	102.9	106.0	99.4	100.0	100.9	105.0	101.9
物业管理费	Estate Management Fees	100.0	100.0	100.0	100.0	100.0	100.0	100.0
装潢维修费	Fees of Decoration and Maintenance	109.0	118.3	96.2	100.0	102.9	110.3	103.9
其他住房费用	Other Housing Fees	100.1	100.0	100.0	100.0	100.0	100.0	100.0
3.水电燃料	Water, Electricity and Fuels	100.6	106.6	106.1	99.1	102.6	109.2	106.9
(1)水	Water	100.0	100.0	100.0	100.0	100.0	100.0	100.0
水	Water	100.0	100.0	100.0	100.0	100.0	100.0	100.0
(2)电	Electricity	100.0	100.0	100.0	100.0	100.0	100.0	100.0
电	Electricity	100.0	100.0	100.0	100.0	100.0	100.0	100.0
(3)燃气	Fuel Gas	101.3	100.1	104.2	101.8	104.8	105.1	111.7
管道燃气	Pipeline Fuel Gas	101.3	99.8	101.4	100.6	100.0	100.0	133.0
液化石油气	Liquefied Petroleum Gas	101.4	102.1	116.1	103.5	119.1	115.8	100.0
(4)其他水电燃料类	Other Water, Electricity and Fuels	100.7	110.0	110.7	98.0	103.7	120.9	110.4
其他水电燃料类	Other Water, Electricity and Fuels	100.7	110.0	110.7	98.0	103.7	120.9	110.4
4.自有住房	Private Housing	98.8	100.0	96.6	99.8	100.6	100.0	100.0
自有住房	Private Housing	98.8	100.0	96.6	99.8	100.6	100.0	100.0
四、生活用品及服务	Household Facilities, Articles and Services	101.7	102.2	100.6	101.3	101.6	100.7	100.7
1.家具及室内装饰品	Furniture and Interior Decorations	100.9	100.2	100.8	99.7	100.4	102.0	100.4
(1)家具	Furniture	100.9	100.0	101.2	100.1	100.9	102.3	100.9
柜	Cupboard	100.4	100.0	102.5	98.7	100.9	101.8	99.8
床	Bed	101.5	100.0	101.4	99.2	101.6	102.7	101.5
桌	Desk	99.2	100.0	99.8	98.5	101.0	103.2	100.6
椅	Chair	99.9	100.0	100.7	99.6	105.9	105.4	100.0
沙发	Sofa	101.7	100.0	101.1	101.6	100.1	101.7	100.8
其他家具	Others	101.4	100.1	101.0	100.0	94.1	102.1	102.4

3-11 续表 4 continued

(以上年价格为100) (preceding year =100)

分类名称	Item	银川市辖区 Yinchuan	石嘴山市辖区 Shizuishan	吴忠市 Wuzhong	固原市 Guyuan	中卫市 Zhongwei	平罗县 Pingluo	海原县 Haiyuan
(2)室内装饰品	Interior Decorations	101.0	101.2	99.0	98.1	98.2	99.4	97.6
灯　　具	Lamp	100.9	99.0	98.6	98.4	97.4	99.2	96.7
其他室内装饰品	Other Interior Decorations	101.2	106.7	100.0	97.5	100.0	100.0	100.0
2.家用器具	Household Appliances	101.1	97.9	100.6	99.7	100.1	100.5	100.3
(1)大型家用器具	Big Household Appliances	100.9	98.2	100.6	99.6	99.7	100.1	99.9
洗 衣 机	Washing Machine	101.2	98.9	101.1	101.5	101.7	101.1	100.4
电冰箱(柜)	Refrigerator	101.8	94.5	97.5	97.2	96.7	97.8	97.0
抽油烟机	Ventilator	99.5	98.9	99.1	99.9	99.3	100.0	99.6
空 调 器	Air Conditioner	99.8	99.4	105.0	103.3	103.0	101.1	103.4
热 水 器	Water Heater for Shower	96.3	98.3	101.0	97.6	100.7	98.8	99.3
炉具灶具	Stove and Oven	103.8	105.9	107.6	99.2	104.3	103.6	103.8
吸 尘 器	Vacuum Cleaner	102.9	100.7	104.1	102.1	103.4	104.2	106.0
空气净化器	Air Cleaner	100.5	99.0	101.5	101.1	99.8	101.8	102.1
净 水 器	Water Purifier	102.4	101.2	100.7	103.0	100.5	101.8	102.1
其他大型家用器具	Other Big Household Appliances	101.9	99.2	98.9	101.4	101.6	100.0	100.6
(2)小家电	Small Household Appliances	101.9	96.7	100.3	100.2	102.0	102.4	101.9
厨房小家电	Kitchen Small Household Appliances	103.3	96.0	99.8	99.9	102.4	103.0	101.4
生活小家电	Living Small Household Appliances	99.8	98.9	101.9	101.5	101.1	101.9	102.4
3.家用纺织品	Housing Textiles	99.8	104.0	101.4	101.2	102.4	101.4	100.1
(1)床上用品	Bed Articles	100.0	102.7	101.7	101.3	101.2	101.5	99.9
被　　子	Quilt	100.0	104.9	101.3	99.3	103.2	100.7	99.6
床单被套	Bed Sheet and Cover	100.0	102.3	103.0	102.5	100.0	103.3	100.0
其他床上用品	Other Bed Articles	100.0	100.0	100.0	102.9	100.0	100.0	100.0
(2)窗帘门帘	Curtain	93.7	111.7	101.5	100.0	109.0	102.3	100.9
窗帘门帘	Curtain	93.7	111.7	101.5	100.0	109.0	102.3	100.9
(3)其他家用纺织品	Other Housing Textile	104.1	103.9	100.0	101.4	99.7	98.9	100.0
其他家用纺织品	Other Housing Textile	104.1	103.9	100.0	101.4	99.7	98.9	100.0
4.家庭日用杂品	Daily Use Household Articles	102.8	104.8	99.0	102.1	101.1	99.5	100.2
(1)洗涤卫生用品	Washing Hygiene Articles	104.1	103.3	97.2	102.4	101.7	100.3	100.0
清洗用品	Cleaning Supplies	103.3	104.7	92.4	99.8	101.8	100.1	97.7
清洁用具	Cleaning Equipment	109.2	103.0	101.7	101.4	102.2	100.7	101.5
清洁用纸	Hygiene Paper	101.3	101.8	102.6	108.8	101.3	100.3	100.8
(2)厨具餐具茶具	Kitchen Utensils and Tableware	103.3	104.8	102.2	102.6	101.0	99.7	101.9
厨　　具	Kitchen Ware	105.9	105.8	105.0	103.3	100.8	98.9	102.4
餐　　具	Tableware	101.8	105.2	99.8	103.3	101.7	101.2	102.6
茶　　具	Tea Set	98.8	101.0	100.3	100.2	100.0	99.2	99.8
(3)其他家庭日用杂品	Other Daily Use Household Articles	101.1	106.6	99.0	101.5	100.5	98.7	99.6
配电附件	Electricity Distribution Accessory	98.7	102.2	98.3	99.2	98.2	99.6	96.7
雨　　具	Rain Gear	101.6	99.1	95.4	99.9	100.2	98.1	97.1
其他日用杂品	Other Daily Use Household Articles	101.6	110.6	99.9	102.1	101.0	98.3	101.1

3-11 续表 5 continued

(以上年价格为100) (preceding year =100)

分类名称	Item	银川市辖区 Yinchuan	石嘴山市辖区 Shizuishan	吴忠市 Wuzhong	固原市 Guyuan	中卫市 Zhongwei	平罗县 Pingluo	海原县 Haiyuan
5.个人护理用品	Personal-Care Supplies	102.6	103.8	100.4	102.8	103.0	101.7	102.4
(1)化妆品	Cosmetics	102.7	103.6	99.3	101.9	102.6	101.7	102.4
清洁化妆品	Cleansing Cosmetics	99.2	103.0	97.2	101.4	100.5	100.9	100.1
护肤化妆品	Skin-Care Cosmetics	103.1	103.6	99.6	101.8	102.9	101.8	102.7
彩妆化妆品	Make-Up Cosmetics	104.3	103.0	99.2	103.0	103.7	103.0	104.6
化妆器具	Make-Up Appliances	105.3	107.6	102.8	102.8	102.8	102.9	104.2
(2)其他护理用品类	Other Nursing materials	102.3	104.0	102.1	104.7	103.7	101.7	102.5
清洁类护理用品	Nursing Materials	100.1	105.1	102.9	106.2	104.3	102.0	104.3
护发美发用品	Hair Care Products	103.8	103.3	100.0	105.1	102.3	101.6	101.6
护理器具	Nursing Appliances	100.2	104.3	102.5	102.9	103.1	102.3	103.7
其他护理用品	Other Nursing Materials	105.6	103.1	104.0	100.0	105.1	100.0	100.0
6.家庭服务	Family Services	101.1	101.1	103.8	102.6	102.8	104.6	100.4
家政服务	Housekeeping Services	102.4	102.7	102.8	100.8	101.9	101.9	101.6
母婴护理服务	Mother and Baby Products	100.7	100.0	101.2	106.7	106.3	109.4	100.0
家庭维修服务	Maintenance Services	100.9	100.0	100.0	100.0	102.2	103.6	100.0
其他家庭服务	Other Family Services	100.3	101.2	113.6	100.0	99.9	103.5	100.0
五、交通通信	Transport and Communications	106.9	107.3	107.7	106.3	106.9	107.2	105.9
1.交通	Transport	109.6	110.3	110.1	108.4	109.5	109.8	108.2
(1)交通工具	Transport Facility	99.7	100.5	101.6	101.3	101.0	101.6	100.8
燃油小汽车	Fuel Car	99.1	99.1	100.7	100.7	100.9	100.7	100.6
新能源小汽车	New Energy Car	100.3	100.3	100.7	100.7	100.1	100.7	100.7
电动自行车	Electric Bicycle	100.8	100.8	104.9	102.3	100.6	100.9	101.3
自 行 车	Bicycle	106.5	111.9	101.6	103.2	105.6	104.8	102.5
其他交通工具	Other Transportation Facility	100.0	102.1	101.2	102.0	98.7	103.0	100.0
(2)交通工具用燃料	Transport Fuels	121.6	122.0	121.9	121.4	121.5	121.8	119.9
汽 油	Gasoline	121.5	121.5	121.5	121.5	121.5	121.5	121.5
柴 油	Diesel Oil	123.4	123.4	123.4	123.4	123.4	123.4	123.4
其他车用能源	Other Transport Fuels	122.4	127.7	127.8	118.7	120.5	123.3	99.8
(3)交通工具使用和维修	Transport Use and Maintenance	100.0	101.7	100.1	101.8	102.0	100.3	100.0
停 车 费	Parking Fee	100.0	100.0	100.0	100.0	100.0	100.0	100.0
车辆使用费	Vehicle Usage Fee	100.0	97.7	100.6	100.0	100.0	98.0	100.0
交通工具零配件	Transportation Parts	100.0	107.5	100.0	103.2	106.0	102.8	100.0
车辆修理与保养	Vehicles Repair and Maintenance	100.0	99.5	99.8	102.5	100.1	100.2	100.0
(4)交通费	Traffic Fare	106.1	105.8	105.1	104.7	105.5	101.7	101.6
市内公共交通	Bus Ticket	100.0	100.0	100.0	100.0	100.0	100.0	100.0
出租汽车	Taxi	103.6	100.0	100.0	100.0	100.0	100.0	100.0
飞 机 票	Plane Ticket	120.1	120.1	120.1	120.1	120.1	120.1	120.1
火 车 票	Train Ticket	99.9	99.2	100.0	100.4	100.0	99.9	100.0
长途汽车	Long-distance Bus	100.0	103.9	100.0	100.0	100.0	100.0	100.0
网 约 车	Online Car-hailing	101.0	101.0	103.3	101.0	101.0	101.0	101.0
交通工具租赁费	Transportation Rental Fees	92.3	100.0	91.7	100.0	96.5	100.0	96.5
其他交通费	Other Traffic Fare	103.8	103.8	100.0	103.8	100.0	103.8	103.8
2.通信	Communications	98.8	98.7	98.7	98.7	99.0	100.2	99.4
(1)通信工具	Communication Tools	95.7	95.8	96.7	97.3	98.1	101.0	98.4
电话机	Telephone	95.7	95.7	96.6	97.3	98.2	101.2	98.4
通信工具零配件	Communication Tools Spare Parts	96.1	98.1	97.9	97.8	95.3	97.9	96.8

3-11 续表 6 continued

(以上年价格为100) (preceding year =100)

分类名称	Item	银川市辖区 Yinchuan	石嘴山市辖区 Shizuishan	吴忠市 Wuzhong	固原市 Guyuan	中卫市 Zhongwei	平罗县 Pingluo	海原县 Haiyuan
(2)通信服务	Communication Service	100.0	100.0	100.3	100.0	99.5	100.0	100.0
电话费	Telephone Bill	100.0	100.0	100.0	100.0	99.3	100.0	100.0
家庭宽带服务	Mobile Telephone Communication Expenses	100.0	100.0	102.3	100.0	100.3	100.0	100.0
其他通信服务	Other Communication Service	100.0	100.0	100.0	100.0	100.0	100.0	100.0
(3)邮递服务	Postal Service	100.0	100.0	98.4	94.0	100.0	98.1	100.0
邮政邮寄	Post	100.0	100.0	98.4	94.0	100.0	98.1	100.0
六、教育文化娱乐	Education, Cultural and Recreation	101.0	102.1	101.4	101.2	100.9	105.7	100.1
1.教育	Education	100.9	103.4	102.4	100.1	101.5	106.9	99.9
(1)教育用品	Education Articles	100.8	98.8	106.0	103.2	105.6	100.1	100.0
工具书	Reference Books	100.0	100.0	103.0	99.7	100.0	100.0	100.0
教材	Teaching Materials	100.2	100.0	100.7	99.5	103.2	100.0	100.0
参考资料	Reference Books	102.8	105.3	111.2	106.2	108.3	100.4	100.0
其他教育用品	Other Education Articles	94.6	79.7	100.1	98.2	100.6	99.3	100.0
(2)教育服务	Tuition and Child Care	100.9	103.9	101.9	99.7	101.1	107.1	99.9
幼儿早期教育	Early Childhood Education	108.2	100.0	95.8	100.0	100.8	100.0	100.0
学前教育	Preschool Education	101.5	114.4	105.1	100.3	100.0	112.0	99.2
小学初中教育	Primary and Junior High School Education	100.0	100.0	100.0	100.0	100.0	100.0	100.0
高中中职教育	Senior High School and Vocational School Education	100.0	100.0	109.8	100.0	100.0	100.0	100.0
高等教育	Higher Education	100.0	105.9	100.0	100.0	100.0	112.1	100.0
课外教育	Extracurricular Education	101.6	104.2	102.0	101.1	105.6	109.3	100.0
专业技能培训	Professional Skill Training	100.2	95.8	95.4	95.8	99.8	100.0	100.0
其他教育服务	Other Education Service	100.0	100.0	100.0	100.0	100.0	100.0	100.0
2.文化娱乐	Cultural and Recreation	101.3	99.8	99.5	103.2	99.8	100.5	100.4
(1)文娱耐用消费品	Durable Consumer Goods for Cultural and Recreational Use	97.8	97.0	97.4	97.3	100.5	99.9	99.6
电视机	TV Set	90.1	94.8	94.3	89.9	100.1	97.7	98.0
照相机	Camera	105.0	101.4	104.9	99.2	107.2	102.4	100.1
台式计算机	Desktop Computer	103.8	97.4	100.4	101.7	103.3	101.2	100.7
笔记本电脑	Laptop	100.3	98.5	98.3	104.9	99.6	101.0	100.1
平板电脑	Tablet Personal Computer	104.2	96.8	98.9	103.1	100.4	100.8	101.7
乐器	Musical Instrument	102.6	102.8	99.7	101.7	99.7	100.0	105.2
音响	Sound Equipment	103.4	101.7	100.5	99.3	100.0	100.7	100.0
可穿戴智能设备	Wearable Smart Devices	100.5	92.5	105.0	103.5	102.7	105.0	105.0
其他文娱耐用消费品	Other Durable Consumer Goods	104.8	102.0	100.9	98.3	100.0	102.1	100.0
(2)其他文娱用品	Other Goods for Cultural and Recreational Use	100.3	100.6	100.1	103.0	100.7	100.8	100.8
书报杂志及音像制品	Newspapers and Magazines	100.4	100.0	100.0	109.3	102.3	100.0	100.0
纸张文具	Paper and Stationery	99.9	102.1	99.4	100.0	100.3	100.0	101.0
体育户外用品	Sports and Outdoor Articles	104.6	104.9	105.5	105.4	102.6	104.8	107.3
游戏用品和玩具	Games Supplies and Toys	98.7	97.7	99.6	99.5	100.0	99.6	99.3
园艺花卉及用品	Horticulture and Flower Articles	98.8	99.6	98.7	105.1	99.8	100.0	101.5
宠物及用品	Pet Articles	102.9	100.0	100.8	99.3	100.0	100.0	100.0
其他文化娱乐用品	Other Goods for Cultural and Recreational Use	99.5	101.8	99.4	100.0	100.0	103.6	100.0
(3)文化娱乐服务	Cultural and Recreation Services	100.9	101.9	98.1	107.1	98.5	101.0	100.4
电影及演出票	Movie and Show Tickets	105.7	107.9	94.0	104.8	98.6	115.5	97.7

3-11 续表 7 continued

(以上年价格为100) (preceding year =100)

分类名称	Item	银　川市辖区 Yinchuan	石嘴山市辖区 Shizuishan	吴忠市 Wuzhong	固原市 Guyuan	中卫市 Zhongwei	平罗县 Pingluo	海原县 Haiyuan
景点门票	Scenery Spot Entrance Ticket	96.3	101.4	95.6	128.6	93.9	100.5	93.9
电视服务	Television Services	100.0	100.0	104.1	100.0	100.0	100.0	100.0
健身活动	Fitness Activities	104.0	101.3	100.2	96.7	100.0	102.6	105.4
宠物服务	Pet Service	103.2	100.0	100.0	100.0	100.0	100.0	100.0
网络文娱服务	Online Cultural Entertainment Services	104.7	101.3	93.3	107.6	101.2	100.6	113.7
儿童娱乐项目	Children's Entertainment	100.0	100.0	100.0	112.0	100.0	100.0	100.0
其他文娱服务	Others	100.0	100.0	100.0	100.0	103.3	100.0	100.0
(4)旅游	Touring and Outing	104.3	99.7	101.6	105.5	99.7	101.4	101.3
旅行社收费	Travel Agency Fees	103.8	97.6	101.7	105.6	99.7	102.0	102.8
其他旅游	Others	110.2	106.8	100.0	103.4	100.0	100.0	100.0
七、医疗保健	Health Care and Medical Services	101.9	99.3	100.8	101.2	100.6	100.2	107.4
1.药品及医疗器具	Medicines and Medical Instruments	99.7	98.4	101.4	100.5	102.0	100.0	100.5
(1)中药	Traditional Chinese Medicine	105.6	100.7	101.4	101.8	107.7	100.9	100.6
中 药 材	Traditional Chinese Medicinal Materials	104.3	100.5	99.8	100.0	109.2	103.2	101.8
中 成 药	Chinese Patent Medicine	106.2	100.7	101.8	102.4	107.1	100.0	100.0
(2)西药	Western Medicine	94.6	99.7	101.4	100.2	100.3	100.3	100.2
抗微生物药	Antimicrobial Drugs	68.8	97.7	100.0	100.0	100.0	100.0	102.9
消化系统用药	Digest System Drugs	101.3	100.0	100.8	100.0	100.0	114.6	100.0
呼吸系统用药	Breathe System Drugs	99.7	100.0	100.0	100.0	100.0	100.0	100.0
解热镇痛药	Antipyretic and Analgesic	98.9	100.0	107.8	101.3	108.0	99.5	98.6
抗肿瘤药	Antineoplastic Drugs	99.4	100.0	100.0	100.0	97.5	100.0	97.5
激素及影响内分泌药	Hormone Drugs	91.8	92.5	97.1	100.0	93.2	92.7	92.7
心血管系统用药	Cardiovascular System Drugs	101.3	100.9	102.7	100.0	99.5	97.3	98.3
血液系统用药	Blood System Drugs	98.9	98.6	103.8	100.0	105.7	100.0	90.4
治疗精神障碍药	Dysphrenia Drugs	100.9	100.2	102.2	101.1	110.3	114.9	128.1
神经系统用药	Central Nervous System Drugs	95.3	99.1	99.0	100.0	103.0	100.0	91.2
泌尿系统用药	Urinary System Drugs	101.7	101.5	101.7	100.0	88.6	117.8	100.0
维生素、矿物质类药	Vitamins and Mineral Drugs	95.3	103.2	100.0	100.0	95.9	100.0	101.6
调节水、电解质及酸碱平衡药	Adjust Water, Electrolyte and Acid-Base Balance Drugs	100.0	103.7	100.0	100.0	105.7	104.8	100.0
其他西药	Other Western Medicine	95.5	100.0	100.1	100.0	100.0	100.8	100.0
(3)滋补保健品	Health Products	101.1	88.7	102.1	100.0	98.6	97.6	99.6
滋补保健品	Health Products	101.1	88.7	102.1	100.0	98.6	97.6	99.6
(4)医疗卫生器具	Medical Treatment and Public Health Appliances	102.1	93.6	99.1	100.0	99.7	98.1	103.9
医疗卫生器具	Medical Treatment and Public Health Appliances	102.1	93.6	99.1	100.0	99.7	98.1	103.9
(5)保健器具	Health Care Appliances	100.0	100.0	100.0	99.1	100.0	99.1	100.0
保健器具	Health Care Appliances	100.0	100.0	100.0	99.1	100.0	99.1	100.0
2.医疗服务	Health Care Service	102.9	100.0	100.4	101.7	99.4	100.3	110.7
(1)综合医疗类	Integrative Medical Treatment	108.7	100.0	100.6	101.7	97.2	100.4	130.6
一般医疗服务	General Health Care Services	117.2	100.0	100.0	100.0	92.4	100.2	95.9
一般治疗操作	General Cure Operation	102.6	100.0	106.8	101.4	109.6	100.7	153.8
护　理	Nursing	101.7	100.0	100.0	106.8	94.0	100.0	97.1
其他综合医疗服务	Other Integrative Medical Treatment	100.0	100.0	100.0	100.0	69.8	100.0	100.0
(2)诊断类	Diagnosis	99.2	100.0	100.7	100.3	100.7	99.9	98.5
病理学诊断	Pathology Diagnosis	96.7	100.0	100.0	103.1	130.8	100.0	130.8

3-11 续表 8 continued

(以上年价格为100) (preceding year =100)

分类名称	Item	银川市辖区 Yinchuan	石嘴山市辖区 Shizuishan	吴忠市 Wuzhong	固原市 Guyuan	中卫市 Zhongwei	平罗县 Pingluo	海原县 Haiyuan
实验室诊断	Laboratory Diagnosis	100.0	100.0	100.0	99.9	98.6	100.1	96.5
影像学诊断	Imaging Diagnosis	99.5	100.0	102.1	100.0	97.1	99.8	97.5
临床诊断	Clinic Diagnosis	98.0	100.0	100.0	100.4	90.9	99.4	100.0
(3)治疗类	Cure	102.4	100.2	100.0	104.0	99.7	100.3	98.1
临床手术治疗	Clinic Operative Treatment	103.8	100.5	100.0	105.4	100.7	100.0	97.6
临床非手术治疗	Clinic Non-Operative Treatment	101.4	100.0	100.0	101.5	99.1	100.8	99.1
(4)康复类	Recovery	101.2	100.0	100.0	100.0	109.4	113.1	121.0
康复医疗	Recovery Medical Treatment	101.2	100.0	100.0	100.0	109.4	113.1	121.0
(5)中医医疗服务类	Traditional Chinese Medicine Services	101.2	100.0	100.0	98.9	96.1	100.8	137.8
中医治疗	Traditional Chinese Medicine	101.2	100.0	100.0	98.9	96.1	100.8	137.8
(6)其他医疗保健服务	Other Health Care Services	100.0	100.0	100.0	100.0	96.9	100.0	108.3
其他医疗保健服务	Other Health Care Services	100.0	100.0	100.0	100.0	96.9	100.0	108.3
八、其他用品及服务	Miscellaneous Goods and Services	100.3	102.2	103.0	101.6	101.4	102.2	102.1
1.其他用品	Other Products	100.5	103.6	102.0	102.2	101.5	102.3	103.1
(1)首饰手表	Jewelry and Watches	100.8	104.6	102.7	102.1	101.2	102.8	103.5
金饰品	Gold Jewelry	103.6	106.6	104.0	102.4	101.8	103.8	106.1
银饰品	Silver Jewelry	102.3	99.8	101.4	99.7	100.0	100.3	100.0
铂金饰品	Platinum Jewelry	95.9	101.5	100.6	104.1	97.6	104.3	100.0
手表	Watches	99.6	101.0	100.0	100.0	101.2	100.7	100.0
(2)母婴用品	Mother and Baby Supplies	102.4	104.3	102.2	105.6	105.2	105.0	105.4
母婴洗护喂养用品	Baby Care and Feeding Supplies	103.1	104.6	101.8	105.7	104.3	105.3	105.2
其他母婴用品	Other Mother and Baby Supplies	100.5	103.7	103.7	105.6	106.1	104.5	105.7
(3)其他杂项用品	Other Products	98.7	99.0	99.6	99.8	99.8	100.3	100.5
箱包	Luggage	100.8	97.9	100.5	101.0	99.2	100.5	100.8
眼镜	Glasses	96.4	99.6	99.2	99.4	100.0	100.0	100.0
2.其他服务类	Other Services	100.0	101.1	103.5	101.1	101.4	102.0	100.9
(1)在外住宿	Outside Accommodation	91.3	91.3	100.0	97.6	96.2	100.0	99.3
宾馆住宿	Hotel Accommodation	94.3	83.9	100.0	96.7	95.3	100.0	96.0
其他住宿	Other Accommodation	84.6	102.0	100.0	100.0	97.3	100.0	100.0
(2)美容美发洗浴	Beauty Hairdressing and Bath	101.5	106.8	101.4	102.8	100.6	103.5	100.0
美容	Beauty	102.9	100.0	100.0	99.8	101.6	100.0	100.0
美发	Hairdressing	100.0	112.7	100.0	105.8	100.0	100.2	100.0
洗浴	Bath	102.0	107.0	110.9	100.0	100.1	111.4	100.0
(3)养老服务	Endowment Services	100.8	100.0	100.0	100.0	103.3	100.0	100.0
养老服务	Endowment Services	100.8	100.0	100.0	100.0	103.3	100.0	100.0
(4)金融及保险服务	Financial and Insurance Services	103.9	102.8	107.8	102.7	105.8	102.4	102.2
金融服务	Financial Services	95.5	99.7	100.0	100.0	98.0	99.4	100.0
车辆保险	Vehicle Insurance	100.0	100.0	100.0	100.0	100.0	100.0	100.4
旅行保险	Travel Insurance	100.0	99.9	100.0	100.0	100.0	100.0	100.0
其他保险	Other Insurance	109.6	105.2	112.7	104.8	108.7	105.6	104.1
(5)中介法律及其他服务	Intermediary Legal and Other Services	98.5	101.9	100.0	100.1	100.0	100.0	100.0
中介服务	Intermediary Services	96.2	105.0	100.0	100.0	100.0	100.0	100.0
法律服务	Legal Services	100.0	100.0	100.0	100.2	100.0	100.0	100.0
其他杂项服务	Other Services	100.0	100.0	100.0	100.0	100.0	100.0	100.0

3-12 2022年调查市县商品零售价格指数

Retail Price Indices by City and County (2022)

(以上年价格为100) (preceding year =100)

分类名称	Item	银川市辖区 Yinchuan	石嘴山市辖区 Shizuishan	吴忠市 Wuzhong	固原市 Guyuan	中卫市 Zhongwei	平罗县 Pingluo	海原县 Haiyuan
商品零售价格指数	**Retail Price Index**	**102.2**	**102.7**	**102.0**	**101.9**	**102.3**	**104.6**	**102.8**
一、食品	Food	103.2	102.4	101.4	101.6	101.4	103.7	100.9
1.粮食	Grain	104.6	103.9	103.7	104.1	102.0	105.1	104.0
大　米	Rice	102.3	101.9	99.8	103.2	100.3	96.8	104.3
面　粉	Flour	106.6	102.1	106.1	107.3	105.5	113.0	104.4
其他粮食	Others	100.7	98.8	98.0	104.1	97.0	99.2	105.6
粮食制品	Cereal Product	106.9	108.8	109.8	100.3	101.6	108.1	102.2
2.薯类	Tubers	115.7	116.6	111.8	115.1	120.0	130.5	115.9
薯　类	Tubers	115.7	116.6	111.8	115.1	120.0	130.5	115.9
3.豆类	Beans	102.4	102.5	104.7	97.8	100.6	104.3	105.3
干　豆	Beans	104.7	105.6	99.9	101.7	101.0	106.4	100.0
豆制品	Bean Products	101.3	102.4	105.6	97.0	100.5	103.4	106.3
4.食用油	Edible Oil	107.2	105.8	106.7	108.3	101.9	113.8	106.9
食用植物油	Edible Vegetable Oil	109.4	106.0	106.9	108.5	106.5	113.9	106.9
食用动物油	Edible Animal Oil	102.1	69.4	100.0	86.6	89.8	77.7	100.0
5.菜及食用菌	Vegetables and Edible Fungus	103.2	102.2	97.4	100.7	99.4	105.5	97.8
鲜　菜	Fresh Vegetables	101.6	102.0	96.6	99.8	96.9	106.1	97.5
鲜　菌	Fresh Fungus	130.3	106.4	113.2	111.2	116.5	117.3	104.1
干菜及菜制品	Dried Vegetables and Processed Products	104.7	101.8	98.7	103.0	100.4	101.5	100.0
6.畜肉类	Livestock Meat	98.7	97.1	94.5	94.5	95.9	94.7	95.4
猪　肉	Pork	96.2	95.3	91.3	87.2	92.4	94.3	97.2
牛　肉	Beef	100.8	99.8	99.8	100.1	99.5	99.0	99.6
羊　肉	Mutton	97.1	95.6	89.7	92.1	94.8	90.5	89.5
其他畜肉及副产品	Other Livestock Meat and By-products	100.7	94.1	108.9	91.2	97.2	104.2	87.2
畜肉制品	Livestock Meat and Processed Products	101.8	99.1	87.3	98.3	97.5	93.6	103.7
7.禽肉类	Poultry	101.4	101.7	104.5	103.5	102.6	102.7	102.2
鸡	Chicken	103.3	102.5	104.2	103.3	103.0	102.5	101.2
鸭	Duck	92.5	101.5	98.4	106.8	93.7	98.6	102.3
其他禽肉及制品	Other Poultry Meat Processed Products	100.1	99.8	106.0	104.0	103.4	104.6	105.1
8.水产品	Aquatic Products	102.1	99.4	92.0	98.0	97.9	94.9	95.5
淡水鱼	Freshwater Fish	102.0	91.1	85.1	91.7	96.1	91.0	94.3
海水鱼	Seawater Fish	99.7	106.4	102.5	105.3	102.1	100.9	100.0
虾蟹类	Shrimp and Crab	105.5	104.8	102.1	111.5	100.1	110.6	100.0
其他水产品及制品	Others Aquatic and Processed Products	101.9	109.5	99.6	105.4	99.7	102.2	100.0
9.蛋类	Eggs	105.4	109.9	110.4	107.6	101.6	105.9	104.2
鸡　蛋	Fresh Egg	105.6	110.5	110.6	107.6	101.9	106.1	104.1
其他蛋及制品	Other Egg and Processed Products	104.8	100.8	100.1	103.3	100.4	98.3	106.6
10.奶类	Milk	103.2	104.8	101.8	98.4	99.8	99.8	100.0
鲜　奶	Fresh Milk	104.4	107.9	106.3	99.0	99.8	101.1	100.0
酸　奶	Yoghourt	102.0	105.8	93.9	96.9	99.3	97.5	100.0
奶　粉	Milk Powder	103.7	99.3	98.9	98.4	99.2	100.0	100.0
其他奶制品	Other Milk Products	101.4	101.0	102.4	101.3	103.4	100.4	100.0
11.干鲜瓜果类	Dried and Fresh Melons and Fruits	104.5	106.9	105.0	106.6	108.7	109.4	105.2
鲜瓜果	Fresh Melons and Fruits	104.1	108.3	107.8	109.4	110.1	111.4	106.4
坚　果	Nuts	107.7	101.6	100.4	94.9	105.3	101.7	100.0
瓜果制品	Melons and Fruits Products	102.9	101.1	85.9	101.1	98.0	102.3	100.0

3-12 续表 1 continued

(以上年价格为100) (preceding year =100)

分类名称	Item	银 川 市辖区 Yinchuan	石嘴山 市辖区 Shizuishan	吴忠市 Wuzhong	固原市 Guyuan	中卫市 Zhongwei	平罗县 Pingluo	海原县 Haiyuan
12.糖果糕点类	Candy and Cake	106.4	102.1	103.9	101.6	100.7	107.7	101.1
食 糖	Sugar	102.9	100.0	101.3	103.7	99.2	98.5	100.0
糖 果	Candy	103.1	101.0	101.3	101.6	102.6	98.7	100.0
糕 点	Cake	114.1	104.4	106.3	101.9	101.1	120.8	102.5
其他糖果糕点	Other Candy and Cake	100.3	98.2	101.8	98.8	99.2	98.7	100.0
13.调味品	Flavoring	104.5	102.0	101.8	104.6	103.7	110.4	100.1
食 用 盐	Salt	101.2	102.3	101.5	100.4	103.1	101.9	100.0
酱 油	Soy	102.7	102.3	103.1	109.2	109.2	121.1	100.0
食 醋	Vinegar	110.1	100.1	108.4	108.8	99.5	126.6	100.0
增 味 剂	Flavor Enhancer	103.0	103.2	102.9	100.2	102.0	108.0	100.0
其他调味品	Others	104.5	102.5	99.0	102.8	102.9	104.7	100.2
14.其他食品类	Other Food	104.6	104.1	103.2	101.5	101.3	105.3	101.8
方便食品	Convenient Food	103.4	104.1	103.3	102.1	101.4	102.2	103.4
淀粉及制品	Starch and Products	103.1	101.5	98.2	100.5	99.8	103.7	100.0
其他食品	Other Food	109.3	106.3	105.8	102.2	102.1	108.7	99.7
15.餐饮业零售	Catering Retail	101.2	101.0	101.6	100.6	102.4	100.3	100.4
餐馆餐饮	Restaurant Catering	101.2	100.8	101.0	100.1	100.5	100.7	99.9
饮品店餐饮	Beverage Shop Catering	100.7	100.3	100.0	102.4	101.7	100.0	96.1
餐饮配送及外卖送餐	Catering Distribution and Food Delivery	101.2	96.9	101.1	99.1	110.5	97.6	104.1
其他餐饮业零售	Other Catering Retail	101.3	108.3	105.2	103.8	101.0	102.4	105.0
二、饮料、烟酒	Beverages Tobacco and Liquor	102.2	104.4	103.4	101.0	102.9	103.5	100.7
1.茶及饮料	Tea and Beverages	103.2	102.1	100.0	101.5	103.8	102.4	99.4
茶 叶	Tea	97.6	101.6	97.9	100.0	99.3	100.0	100.0
固体咖啡	Solid Coffee	100.4	102.9	100.1	100.7	100.5	101.9	100.0
其他固体饮料	Other Solid Beverages	100.9	101.5	97.6	98.4	99.7	100.2	100.0
饮 用 水	Potable Water	102.1	99.9	98.6	99.7	99.3	99.8	100.0
果汁饮料	Juice Beverage	100.3	98.6	103.1	103.6	105.0	107.2	89.3
其他液体饮料	Other Liquid Beverages	110.2	104.6	102.0	105.7	109.0	107.0	100.0
2.卷 烟	Cigarette	103.1	106.0	104.3	102.4	103.5	105.9	101.8
卷 烟	Cigarette	103.1	106.0	104.3	102.4	103.5	105.9	101.8
3.酒类	Liquor	100.0	103.1	104.5	97.8	100.3	98.4	99.1
白 酒	Spirit	101.1	104.8	106.3	98.1	100.7	99.1	100.0
葡 萄 酒	Wine	97.3	99.1	100.5	98.9	100.1	96.0	100.0
啤 酒	Beer	98.0	101.6	99.8	95.7	99.0	97.6	95.3
其他酒类	Others	102.8	99.4	101.4	99.3	100.1	98.1	100.0
三、服装、鞋帽	Garments, Shoes and Hats	98.7	99.9	97.6	98.8	100.7	101.4	98.6
1.服装	Garments	99.4	99.7	97.6	98.4	100.6	102.0	96.9
(1)男士服装	Men's	99.2	99.4	98.6	97.6	100.5	100.3	96.7
男式外套	Men's Coat	97.1	99.1	97.9	97.9	99.0	99.4	97.2
男式针织衫	Men's Knitwear	100.9	102.0	97.4	98.0	100.6	100.1	96.3

3-12 续表 2 continued

(以上年价格为100) (preceding year =100)

分类名称	Item	银川市辖区 Yinchuan	石嘴山市辖区 Shizuishan	吴忠市 Wuzhong	固原市 Guyuan	中卫市 Zhongwei	平罗县 Pingluo	海原县 Haiyuan
男式衬衫T恤	Men's Shirt and T-shirt	99.1	99.0	99.1	96.6	102.0	98.4	96.1
男式裤子	Men's Trousers	103.1	97.1	97.0	96.9	102.1	100.5	94.3
男式内衣	Men's Underclothes	101.9	101.1	103.3	99.1	101.9	106.8	100.0
(2)女士服装	Women's	99.6	99.9	96.7	98.7	100.7	103.4	96.9
女式外套	Women's Coat	99.3	99.9	95.5	99.4	99.3	105.0	95.3
女式针织衫	Women's Knitwear	100.7	101.1	97.0	98.1	102.9	104.3	100.5
女式衬衫T恤	Women's Shirt and T-shirt	99.9	96.8	91.2	98.4	101.9	99.6	96.2
女式裤子	Women's Trousers	97.4	99.2	100.6	94.3	103.5	103.1	97.2
女式裙子	Women's Skirt	99.1	100.5	98.9	100.5	98.8	107.2	95.3
女式内衣	Women's Underclothes	101.9	102.0	100.9	100.2	100.9	98.6	100.0
(3)儿童服装	Children's	99.3	99.9	100.6	99.3	101.2	100.8	98.1
婴幼服装	Infant's Wear	98.0	101.6	95.0	103.2	100.2	103.2	100.0
儿童上衣	Children's Coat	97.1	98.4	100.8	98.2	102.1	100.1	92.1
儿童裤子	Children's Trousers	102.7	99.9	104.7	97.3	102.4	100.0	103.5
儿童裙子	Children's Skirt	98.9	101.7	98.2	100.3	97.8	102.3	100.0
儿童内衣	Children's Underclothes	101.4	100.9	97.2	100.0	100.7	100.0	100.0
2.鞋帽袜	Footgear and Hats	96.7	100.6	97.5	99.6	100.9	99.7	103.2
(1)鞋	Shoes	96.4	100.5	96.9	99.6	101.0	99.8	103.7
男　　鞋	Shoes of Men	97.0	103.3	97.9	101.4	100.1	97.2	100.5
女　　鞋	Shoes of Women	95.0	98.5	93.8	98.2	100.8	101.7	106.1
童　　鞋	Shoes of Children	99.2	101.6	102.6	100.3	103.5	96.5	100.5
(2)袜子	Socks	96.9	100.0	100.0	100.0	100.0	98.5	100.0
袜　　子	Socks	96.9	100.0	100.0	100.0	100.0	98.5	100.0
(3)帽子	Hats	100.0	104.0	100.0	98.8	101.9	102.0	100.0
帽　　子	Hats	100.0	104.0	100.0	98.8	101.9	102.0	100.0
3.其他衣着配件	Other Clothing and Accessories	101.1	96.2	100.0	102.1	99.5	100.0	97.3
其他衣着配件	Other Clothing and Accessories	101.1	96.2	100.0	102.1	99.5	100.0	97.3
四、纺织品	Textiles	100.0	102.4	101.3	102.8	101.1	101.1	99.4
1.服装材料	Clothing Material	100.0	100.2	100.0	109.0	100.0	100.0	98.1
服装材料	Clothing Material	100.0	100.2	100.0	109.0	100.0	100.0	98.1
2.床上用品	Bed Articles	100.0	102.6	101.6	101.3	101.2	101.5	99.9
被　　子	Quilt	100.0	104.9	101.3	99.3	103.2	100.7	99.6
床单被套	Bed Sheet and Cover	100.0	102.3	103.0	102.5	100.0	103.3	100.0
其他床上用品	Other Bed Articles	100.0	100.0	100.0	102.9	100.0	100.0	100.0
五、家用电器及音像器材	Household Appliances, Music and Video Equipment	100.3	97.7	100.2	97.6	100.8	99.6	99.6
1.家庭设备	Household Facilities	100.9	98.2	101.2	100.0	100.6	100.1	100.1
洗 衣 机	Washing Machine	101.2	98.9	101.1	101.5	101.7	101.1	100.4
电冰箱(柜)	Refrigerator	101.8	94.5	97.5	97.2	96.7	97.8	97.0
抽油烟机	Ventilator	99.5	98.9	99.1	99.9	99.3	100.0	99.6
空 调 器	Air Conditioner	99.8	99.4	105.0	103.3	103.0	101.1	103.4

3-12 续表 3 continued

(以上年价格为100) (preceding year =100)

分类名称	Item	银川市辖区 Yinchuan	石嘴山市辖区 Shizuishan	吴忠市 Wuzhong	固原市 Guyuan	中卫市 Zhongwei	平罗县 Pingluo	海原县 Haiyuan
热水器	Water Heater for Shower	96.3	98.3	101.0	97.6	100.7	98.8	99.3
炉具灶具	Stove and Oven	103.8	105.9	107.6	99.2	104.3	103.6	103.8
吸尘器	Vacuum Cleaner	102.9	100.7	104.1	102.1	103.4	104.2	106.0
空气净化器	Air Cleaner	100.5	99.0	101.5	101.1	99.8	101.8	102.1
净水器	Water Purifier	102.4	101.2	100.7	103.0	100.5	101.8	102.1
厨房小家电	Kitchen Small Household Appliances	103.3	96.0	99.8	99.9	102.4	103.0	101.4
生活小家电	Living Small Household Appliances	99.8	98.9	101.9	101.5	101.1	101.9	102.4
其他大型家用器具	Other Big Household Appliances	101.9	99.2	98.9	101.4	101.6	100.0	100.6
2.文娱用耐用消费品	Durable Consumer Goods for Cultural and Recreational Use	99.5	97.0	97.9	94.2	100.6	99.3	98.9
电视机	TV Set	90.1	94.8	94.3	89.9	100.1	97.7	98.0
照相机	Camera	105.0	101.4	104.9	99.2	107.2	102.4	100.1
音响	Sound Equipment	103.4	101.7	100.5	99.3	100.0	100.7	100.0
可穿戴智能设备	Wearable Smart Devices	100.5	92.5	105.0	103.5	102.7	105.0	105.0
其他文娱耐用消费品	Other Durable Consumer Goods	104.8	102.0	100.9	98.3	100.0	102.1	100.0
3.专业音像器材	Special Sound and Image Facilities	98.7	98.4	101.9	98.5	103.7	95.9	98.9
专业音响器材	Special Sound Facilities	102.5	102.5	102.2	99.3	100.9	97.5	100.0
专业声像器材	Special Acoustic Image Facilities	93.5	92.2	101.3	95.9	107.0	93.5	94.7
六、文化办公用品	Cultural and Office Appliances	102.0	100.5	99.6	102.5	101.2	103.1	100.8
纸张文具	Paper and Stationery	99.9	102.1	99.4	100.0	100.3	100.0	101.0
台式计算机	Desktop Computer	103.8	97.4	100.4	101.7	103.3	101.2	100.7
笔记本电脑	Laptop	100.3	98.5	98.3	104.9	99.6	101.0	100.1
平板电脑	Tablet Personal Computer	104.2	96.8	98.9	103.1	100.4	100.8	101.7
电脑附件	Computer Parts	103.7	102.7	101.1	104.5	100.0	104.0	100.0
打印复印机	Print and Copy Machine	103.5	106.7	99.4	104.0	102.8	113.4	101.6
教学设备	Teaching Device	100.4	100.4	99.6	100.0	100.6	100.0	100.0
七、日用品	Articles for Daily Use	102.3	103.9	99.8	102.0	101.4	100.4	100.6
1.日用百货	General Merchandise for Daily Use	102.8	104.1	102.9	103.5	101.8	101.3	101.5
电动自行车	Electric Bicycle	100.8	100.8	104.9	102.3	100.6	100.9	101.3
自行车	Bicycle	106.5	111.9	101.6	103.2	105.6	104.8	102.5
雨具	Rain Gear	101.6	99.1	95.4	99.9	100.2	98.1	97.1
护理器具	Nursing Appliances	100.2	104.3	102.5	102.9	103.1	102.3	103.7
清洁用纸	Hygiene Paper	101.3	101.8	102.6	108.8	101.3	100.3	100.8
化妆器具	Make-up Appliances	105.3	107.6	102.8	102.8	102.8	102.9	104.2
2.厨具餐具茶具	Kitchen Utensils and Tableware	102.3	104.6	102.5	102.7	101.0	99.7	101.9
厨具	Kitchen Ware	105.9	105.8	105.0	103.3	100.8	98.9	102.4
餐具	Tableware	101.8	105.2	99.8	103.3	101.7	101.2	102.6
茶具	Tea Set	98.8	101.0	100.3	100.2	100.0	99.2	99.8
3.清洗用品	Cleaning Supplies	103.3	104.7	92.4	99.8	101.8	100.1	97.7
清洗用品	Cleaning Supplies	103.3	104.7	92.4	99.8	101.8	100.1	97.7
4.其他日用品	Other Articles for Daily Use	100.8	102.4	100.5	101.1	100.8	100.4	100.7
灯具	Lamp	100.9	99.0	98.6	98.4	97.4	99.2	96.7
箱包	Luggage	100.8	97.9	100.5	101.0	99.2	100.5	100.8
母婴用品	Mother and Baby Products	103.1	104.6	101.8	105.7	104.3	105.3	105.2
眼镜	Glasses	96.4	99.6	99.2	99.4	100.0	100.0	100.0
其他护理用品	Nursing Materials	105.6	103.1	104.0	100.0	105.1	100.0	100.0
其他日用杂品	Other Articles for Daily Use	101.6	110.6	99.9	102.1	101.0	98.3	101.1
八、体育娱乐用品	Sports and Recreation Articles	101.9	102.1	101.3	103.2	101.0	101.5	103.0
1.体育户外用品	Sports and Outdoor Articles	104.6	104.9	105.5	105.4	102.6	104.8	107.3
体育户外用品	Sports and Outdoor Articles	104.6	104.9	105.5	105.4	102.6	104.8	107.3

3-12 续表 4 continued

(以上年价格为100) (preceding year =100)

分类名称	Item	银川市辖区 Yinchuan	石嘴山市辖区 Shizuishan	吴忠市 Wuzhong	固原市 Guyuan	中卫市 Zhongwei	平罗县 Pingluo	海原县 Haiyuan
2.娱乐用品	Recreational Goods	100.5	100.3	99.6	101.7	99.9	100.6	101.5
乐　　器	Musical Instrument	102.6	102.8	99.7	101.7	99.7	100.0	105.2
游戏用品和玩具	Games Supplies and Toys	98.7	97.7	99.6	99.5	100.0	99.6	99.3
园艺花卉及用品	Horticulture and Flower Articles	98.8	99.6	98.7	105.1	99.8	100.0	101.5
宠物及用品	Pet Articles	102.9	100.0	100.8	99.3	100.0	100.0	100.0
其他文化娱乐用品	Other Goods for Cultural and Recreational Use	99.5	101.8	99.4	100.0	100.0	103.6	100.0
九、交通、通信用品	Transport and Communications Articles	99.8	98.7	99.5	99.8	100.3	100.9	99.7
1.交通运输机械	Transport Machinery	99.7	100.2	100.3	100.9	101.3	100.8	100.3
小型汽车	Car	99.1	99.1	100.7	100.7	100.9	100.7	100.6
大中型客车	Large and Middle-Size Coach	100.3	100.3	100.7	100.7	100.1	100.7	100.7
交通工具零配件	Transport Parts	99.6	99.6	99.6	99.4	99.6	99.6	99.6
2.通信器材	Communication Tools	100.0	107.5	100.0	103.2	106.0	102.8	100.0
固定电话机	Telephone	99.8	95.9	96.8	97.4	98.5	101.3	98.6
移动电话机	Mobile Telephone	95.7	95.7	96.6	97.3	98.2	101.2	98.4
其他通信器材	Other Communication Tools	110.9	100.8	100.9	100.7	105.0	106.1	100.0
十、家具	Furniture	100.7	100.0	101.2	99.8	100.5	102.4	100.9
柜	Cupboard	100.4	100.0	102.5	98.7	100.9	101.8	99.8
床	Bed	101.5	100.0	101.4	99.2	101.6	102.7	101.5
桌	Desk	99.2	100.0	99.8	98.5	101.0	103.2	100.6
椅	Chair	99.9	100.0	100.7	99.6	105.9	105.4	100.0
沙　　发	Sofa	101.7	100.0	101.1	101.6	100.1	101.7	100.8
其他家具	Others	101.4	100.1	101.0	100.0	94.1	102.1	102.4
十一、化妆品	Cosmetics	102.5	103.6	99.9	103.1	102.8	101.8	102.6
清洁化妆品	Cleansing Cosmetics	99.2	103.0	97.2	101.4	100.5	100.9	100.1
护肤化妆品	Skin-Care Cosmetics	103.1	103.6	99.6	101.8	102.9	101.8	102.7
彩妆化妆品	Make-Up Cosmetics	104.3	103.0	99.2	103.0	103.7	103.0	104.6
清洁类护理用品	Nursing Materials	100.1	105.1	102.9	106.2	104.3	102.0	104.3
护发美发用品	Hair Care Products	103.8	103.3	100.0	105.1	102.3	101.6	101.6
十二、金银饰品	Gold and Silver Jewelry	100.2	104.2	102.7	102.6	100.9	103.2	104.3
金 饰 品	Gold Jewelry	103.6	106.6	104.0	102.4	101.8	103.8	106.1
银 饰 品	Silver Jewelry	102.3	99.8	101.4	99.7	100.0	100.3	100.0
铂金饰品	Platinum Jewelry	95.9	101.5	100.6	104.1	97.6	104.3	100.0
十三、中西药品及医疗保健用品	Traditional Chinese and Western Medicines, Health Care Articles	99.5	98.0	101.4	100.5	102.1	100.4	100.6
1.医疗卫生器具	Medical Treatment and Public Health Appliances	102.1	93.6	99.1	100.0	99.7	98.1	103.9
医疗卫生器具	Medical Treatment and Public Health Appliances	102.1	93.6	99.1	100.0	99.7	98.1	103.9
2.中药	Traditional Chinese Medicine	105.0	100.7	101.3	101.7	107.8	100.9	100.6
中 药 材	Traditional Chinese Medicinal Materials	104.3	100.5	99.8	100.0	109.2	103.2	101.8
中 成 药	Chinese Patent Medicine	106.2	100.7	101.8	102.4	107.1	100.0	100.0
3.西药	Western Medicine	95.3	99.7	101.5	100.2	100.2	100.9	100.2
抗微生物药	Antimicrobial Drugs	68.8	97.7	100.0	100.0	100.0	100.0	102.9
消化系统用药	Digest System Drugs	101.3	100.0	100.8	100.0	100.0	114.6	100.0
呼吸系统用药	Breathe System Drugs	99.7	100.0	100.0	100.0	100.0	100.0	100.0
解热镇痛药	Antipyretic and Analgesic	98.9	100.0	107.8	101.3	108.0	99.5	98.6
抗肿瘤药	Antineoplastic Drugs	99.4	100.0	100.0	100.0	97.5	100.0	97.5

3-12 续表 5 continued

(以上年价格为100) (preceding year =100)

分类名称	Item	银川市辖区 Yinchuan	石嘴山市辖区 Shizuishan	吴忠市 Wuzhong	固原市 Guyuan	中卫市 Zhongwei	平罗县 Pingluo	海原县 Haiyuan
激素及影响内分泌药	Hormone Drugs	91.8	92.5	97.1	100.0	93.2	92.7	92.7
心血管系统用药	Cardiovascular System Drugs	101.3	100.9	102.7	100.0	99.5	97.3	98.3
血液系统用药	Blood System Drugs	98.9	98.6	103.8	100.0	105.7	100.0	90.4
治疗精神障碍药	Dysphrenia Drugs	100.9	100.2	102.2	101.1	110.3	114.9	128.1
神经系统用药	Central Nervous System Drugs	95.3	99.1	99.0	100.0	103.0	100.0	91.2
泌尿系统用药	Urinary System Drugs	101.7	101.5	101.7	100.0	88.6	117.8	100.0
维生素、矿物质类药	Professional Drugs	95.3	103.2	100.0	100.0	95.9	100.0	101.6
调节水、电解质及酸碱平衡药	Adjust Water, Electrolyte and Acid-Base Balance Drugs	100.0	103.7	100.0	100.0	105.7	104.8	100.0
其他西药	Other Western Medicine	95.5	100.0	100.1	100.0	100.0	100.8	100.0
4.保健器具及用品	Health Care Appliances and Products	100.7	91.2	101.7	99.7	98.9	97.9	99.7
保健器具	Health Care Appliances	100.0	100.0	100.0	99.1	100.0	99.1	100.0
滋补保健品	Health Products	101.1	88.7	102.1	100.0	98.6	97.6	99.6
十四、书报杂志及电子出版物	Book, Newspapers, Magazines and Electronic Publications	101.2	99.6	102.9	105.5	104.0	100.4	98.5
1.教材及参考书	Teaching Materials and Reference Books	100.9	99.0	105.7	102.6	105.4	100.0	100.0
工 具 书	Reference Books	100.0	100.0	103.0	99.7	100.0	100.0	100.0
教 材	Teaching Materials	100.2	100.0	100.7	99.5	103.2	100.0	100.0
参考资料	Reference Books	102.8	105.3	111.2	106.2	108.3	100.4	100.0
其他教育用品	Other Education Articles	94.6	79.7	100.1	98.2	100.6	99.3	100.0
2.书报杂志及音像制品	Newspapers and Magazines	100.4	100.0	100.0	109.3	102.3	100.0	100.0
书报杂志及音像制品	Newspapers and Magazines	100.4	100.0	100.0	109.3	102.3	100.0	100.0
3.计算机办公软件	Computer Software	103.9	99.7	103.9	100.0	103.9	103.8	80.8
计算机办公软件	Computer Software	103.9	99.7	103.9	100.0	103.9	103.8	80.8
十五、燃料	Fuels	113.2	116.0	115.7	113.0	116.2	120.3	120.6
1.煤炭及制品	Coal and Related Products	100.9	142.8	113.9	92.3	108.5	132.3	119.4
原 煤	Coal	115.2	144.8	114.4	92.3	108.5	144.8	120.9
煤 制 品	Related Products	100.8	100.0	99.6	104.3	106.8	100.0	74.1
2.石油及制品	Oil and Products	114.7	114.6	116.6	117.1	117.2	117.8	120.9
管道燃气	Pipeline Fuel Gas	101.3	99.8	101.4	100.6	100.0	100.0	133.0
液化石油气	Liquefied Petroleum Gas	101.4	102.1	116.1	103.5	119.1	115.8	100.0
汽 油	Gasoline	121.5	121.5	121.5	121.5	121.5	121.5	121.5
柴 油	Diesel Oil	123.4	123.4	123.4	123.4	123.4	123.4	123.4
十六、建筑材料及五金电料	Building Materials and Hardware	104.1	104.7	103.2	102.0	102.2	115.3	102.6
1.建筑装潢材料	Building Decoration Materials	104.7	105.4	104.8	100.7	103.1	117.8	102.5
木 地 板	Wooden Floor	101.5	104.8	105.6	101.8	100.7	113.7	102.1
瓷 砖	Brick	95.1	96.8	99.2	96.9	103.3	107.7	100.0
水 泥	Cement	138.1	132.8	119.0	106.3	112.8	155.7	108.8
涂 料	Dope	104.4	105.7	106.6	101.0	110.4	99.4	102.2
板 材	Veneer	102.8	102.0	106.4	102.8	105.8	105.7	102.2
管 材	Tubular Product	106.5	100.9	108.3	104.7	103.3	105.4	100.2
厨卫设备	Kitchen Equipment	100.7	101.0	100.6	100.0	101.7	100.7	100.0
门 窗	Doors and Windows	102.3	105.9	101.7	97.5	99.2	101.2	103.3
其他住房装潢材料	Other Building Decoration Materials	98.8	112.5	104.1	101.0	97.9	105.4	102.0
2.五金水暖	Water and Heating Hardware	102.3	102.0	99.5	106.6	99.8	101.5	103.2
家用手工工具	Household Hand Tools	102.9	109.4	100.0	102.2	101.7	101.7	102.2
配电附件	Electricity Distribution Accessory	98.7	102.2	98.3	99.2	98.2	99.6	96.7
水暖器材	Heating Equipment	104.1	100.0	100.0	111.2	100.0	103.0	107.3

3-13 主要年份全区农产品生产者价格指数

指　标	Item	2002	2003	2004	2005	2006	2007	2008
合　计	**Total**	**93.4**	**104.4**	**114.2**	**103.3**	**101.2**	**115.0**	**118.7**
一、农业产品	Farm Products		108.8	120.2	103.0	103.2	111.9	110.6
(一)谷物	Grain (Unprocessed)		101.1	125.9	106.6	103.6	108.1	107.7
1.稻谷	Rice		100.0	129.3	108.9	103.7	104.1	104.1
2.小麦	Wheat		100.0	129.6	108.5	99.4	101.6	113.2
3.玉米	Corn		100.0	119.3	99.4	108.0	118.9	105.4
4.谷子	Millet							
5.高粱	Sorghum							
6.荞麦	Buckwheat							
7.其他谷物	Other Grains							
(二)薯类	Tubers		103.8	97.7	109.3	118.7	100.6	93.8
(三)油料	Oil-bearing		105.9	116.5	99.9	109.5	119.5	114.0
(四)豆类	Soybeans		100.0	110.0	93.0	97.6	118.1	115.7
(五)未加工烟草	Tobacco							
(六)饲料作物	Feed Crops							
(七)蔬菜及食用菌	Vegetables and Edible Fungi		122.6	112.1	93.4	103.8	112.1	113.6
1.蔬菜	Vegetables		122.6	112.1	93.4	103.8	112.1	113.6
①叶菜类蔬菜	Leaf Vegetables		97.8	106.8	95.2	100.8	96.8	120.4
②白菜类蔬菜	Cabbage Vegetables							
③根茎类蔬菜	Roots and Tubers		101.4	123.4	108.0	112.1	113.3	130.8
④瓜菜类蔬菜	Melon Vegetables		119.0	101.1	79.3	95.6	102.6	111.8
⑤豆类蔬菜	Beans for Vegetable Use		85.9	148.0	104.7	106.7	136.8	137.5
⑥茄果类蔬菜	Eggplant Fruit		144.5	104.4	85.1	105.4	140.2	80.2
⑦葱蒜类蔬菜	Shallot and Garlic		100.0	108.4	103.1	113.9	109.4	120.0
2.食用菌	Edible Fungi							
(八)花卉	Flowers							
(九)盆景及园艺产品	Bonsai and Horticultural							
(十)水果及坚果	Fruits and Nuts		107.6	119.2	105.7	85.7	119.0	127.3
1.水果(园林水果)	Garden Fruits		107.6	119.2	83.6	102.2	121.1	88.1
2.食用坚果	Nuts							
(十一)香料原料	Spice Materials							
(十二)中草药材	Chinese Medicinal Plant				94.0	112.3	144.9	104.0
二、饲养动物及其产品	Animal Husbandry (Animal Products)		101.0	109.2	103.5	99.1	118.4	127.8
(一)活牲畜	Feeding of Livestock		100.9	105.5	99.8	102.2	114.1	126.4
1.猪	Feeding of Hog		90.5	122.6	104.9	91.8	130.1	146.8
2.牛	Feeding of Cattle		106.6	102.6	102.2	101.2	115.5	133.7
3.马	Horse							
4.驴	Donkey							
5.羊	Feeding of Sheep		98.4	101.8	100.4	101.6	116.7	125.8
(二)活家禽	Poultry		97.1	109.4	113.2	95.2	122.5	118.5
1.活鸡	Chickens		97.1	109.4	113.2	95.2	122.5	118.5
2.活鸭	Ducks							
3.其他活家禽	Other Poultry							
(三)畜禽产品	Livestock and Poultry Products							
1.生奶	Milk				97.7	103.0	112.0	123.2
2.禽蛋	Eggs		97.7	111.0	109.1	92.5	123.6	119.4
3.天然蜂蜜及副产品	Natural Honey and By-products							
4.动物毛类	Animal Hair				114.3	106.7	99.6	114.8
5.生皮	Raw Hides							
6.其他畜禽产品	Other Livestock and Poultry							
(四)其他饲养动物	Other Breeding Animals							
三、渔业产品	Fishery		103.2	132.9	106.3	96.6	111.7	103.7
(一)淡水养殖产品	Freshwater Aquaculture Products		103.2	132.9	106.3	96.6	111.7	103.7
1.养殖淡水鱼	Fresh Water Fish		103.2	132.9	106.3	96.6	111.7	103.7
2.淡水养殖蟹	Fresh Water Shrimp and Crab							

Producer Price Indices for Farm Products in Main Years

2009	2010	2011	2012	2013	2014	2015	2016	2017	2018	2019	2020	2021	2022
99.4	**117.0**	**111.3**	**103.6**	**106.7**	**98.3**	**98.4**	**98.7**	**99.3**	**105.0**	**106.4**	**113.1**	**106.5**	**98.3**
106.3	118.7	107.2	103.9	106.1	100.1	104.9	96.4	99.1	104.0	98.5	110.7	111.6	103.1
104.9	114.1	108.6	103.3	102.4	102.0	100.8	90.9	102.0	104.5	97.1	113.3	119.4	101.1
108.6	117.5	106.6	99.7	100.4	98.2	107.5	94.1	100.6	99.8	93.7	116.1	103.4	100.3
110.1	108.8	110.8	103.7	104.9	108.6	103.8	95.4	101.6	102.9	96.9	106.4	110.5	106.9
97.4	118.6	108.6	105.6	102.5	101.0	95.2	86.8	103.1	108.1	99.2	114.8	133.4	98.8
103.0	162.7	82.5	108.2	136.4	101.6	76.6	147.6	89.1	83.0	128.2	99.3	74.7	115.1
97.3	111.4	115.8	108.2	108.7	89.5	112.2	85.3	105.0	108.9	111.4	110.5	124.5	
92.4	106.3												
													106.6
115.9	114.4	102.7	107.5	109.4	90.8	122.3	99.4	100.1	110.2	86.6	120.5	102.0	101.1
115.9	114.4	102.7	107.5	109.4	90.8	122.3	99.4	100.1	110.2	86.6	120.5	102.0	101.1
114.0	110.2	106.6	116.0	113.1	77.6	127.6	106.0	121.8	106.5	82.1	123.2	117.8	80.3
								84.8	123.2	74.8	136.2	116.6	92.1
103.8	125.7	113.0	90.3	100.4	92.1	106.8	91.6	107.6	95.9	94.1	115.1	115.7	100.3
123.8	111.2	106.4	99.9	114.5	80.4	114.6	91.9	108.8	104.2	99.2	95.5	106.0	103.1
110.9	104.3	103.2	108.7	92.4	99.8	109.7	111.7	100.3	108.2	106.8			116.4
122.9	118.3	104.4	109.9	96.5	95.1	107.7	95.9	98.0	107.9	88.5	118.7	88.0	110.9
119.5		119.0	97.0	108.2	85.7	109.0	118.4	90.6	112.8	104.0	100.3	98.0	
120.2	109.2	115.8	109.0	98.5	99.6	114.7	92.0	92.6	113.6	81.9	99.3	115.7	112.2
93.9	137.3	115.8	109.0	98.5	99.6	114.7	92.0	92.6	113.6	81.9	99.3	115.7	112.2
69.4	161.3	113.5	83.3	99.1	117.2	112.8	89.8	90.6	91.4	111.4	98.6	99.7	93.2
91.8	115.6	115.8	102.8	108.9	96.2	91.3	101.3	99.2	106.0	115.8	116.2	100.2	94.4
89.2	122.2	115.8	107.2	109.7	93.1	95.8	103.6	100.3	105.1	121.0	126.9	91.0	92.6
85.5	99.9	138.8	93.7	98.0	87.7	111.5	123.8	83.8	85.4	151.9	163.7	62.8	89.5
97.7	103.9	112.5	113.3	116.9	99.0	95.4	96.4	101.7	107.4	109.0	116.1	101.0	98.2
97.1	104.1	115.6	110.9	110.5	90.2	82.6	95.4	113.0	119.2	109.8	108.8	102.4	88.0
104.0	107.3	111.2	101.3	105.6	106.4	95.2	102.6	91.5	113.4	110.8	96.5	103.0	108.5
104.0	107.3	111.2	101.3	105.6	106.4	95.2	102.6	91.5	113.4	110.8	96.5	103.0	108.5
								99.5	105.4	108.2	103.8	115.2	93.3
78.9	145.8	106.8	96.9	110.5	98.1	82.4	97.7	97.2	104.2	109.7	105.8	114.2	91.9
106.0	107.5	116.0	89.6	101.9	111.1	85.7	93.6	89.3	128.0	108.5	77.7	133.9	108.4
90.6								129.9	114.6	65.3	84.8	123.8	
104.9	103.0	110.2	112.1	84.4	99.9	100.7	97.1	103.2	106.3	91.8	105.4	118.6	81.6
104.9	103.0	110.2	112.1	84.4	99.9	100.7	97.1	103.2	106.3	91.8	105.4	118.6	81.6
104.9	103.0	110.2	112.1	84.4	99.9	100.7	97.1	103.2	106.3	91.8	105.4	118.6	81.6

3-14 主要年份全区工业生产者出厂价格指数

指 标	Item	2001	2002	2003	2004	2005
全部工业品	**Total Industry Products**	**100.3**	**99.7**	**103.9**	**110.0**	**106.2**
其中：轻工业	Light Industry	100.7	98.8	101.4	102.6	102.5
以农产品为原料	Raw Material of Agricultural Products	100.7	98.8	101.4	103.6	104.1
以非农产品为原料	Raw Material of Non-agricultural Products	100.9	99.1	101.4	101.7	100.7
重工业	Heavy Industry	100.2	99.8	104.9	112.7	107.5
采掘	Mining & Quarrying	101.0	108.6	102.1	128.6	123.8
原材料	Raw Material	100.4	97.7	105.4	111.6	108.7
加工	Processing	99.8	100.0	104.4	112.4	99.4
其中：生产资料	Means of Production	100.3	99.8	104.3	110.6	106.5
采掘	Mining & Quarrying	100.9	108.4	101.6	133.6	128.6
原材料	Raw Material	100.4	97.6	105.9	109.1	106.2
加工	Processing	100.0	100.0	102.9	107.4	100.6
生活资料	Consumer Goods	100.1	98.8	100.4	103.2	103.4
食品	Food	99.6	98.7	99.7	104.6	104.9
衣着	Clothing	103.6	100.4	103.1	101.0	98.8
一般日用品	Articles for Daily Use	101.7	97.7	97.2	100.4	102.7
耐用消费品	Durable Consumer Goods	100.7	92.5	97.2	97.5	99.6
按工业部门分	**By Industry Branch**					
冶金工业	Metallurgy Industry	96.1	92.8	103.3	113.6	96.9
电力工业	Electric Power Industry	106.1	100.8	103.3	107.2	104.3
煤炭及炼焦工业	Coal and Coking Industry	102.0	112.2	103.0	133.5	127.7
石油工业	Petroleum Industry	99.4	96.6	116.5	110.7	118.9
化学工业	Chemistry Industry	99.4	101.6	104.5	106.6	104.7
机械工业	Machinery Industry	100.8	97.9	99.1	102.8	106.0
建筑材料工业	Building Materials Industry	99.8	102.2	100.9	105.4	99.3
森林工业	Forest Industry	100.4	100.5	97.7	95.1	98.8
食品工业	Food Industry	99.3	98.7	100.0	105.0	103.8
纺织工业	Textile Industry	98.4	82.0	101.5	105.2	111.8
缝纫工业	Sewing Industry	103.7	99.0	100.8	100.9	98.8
皮革工业	Leather Industry	101.3	99.3	113.1	103.8	103.6
造纸工业	Papermaking Industry	103.9	99.1	98.0	100.9	103.6
文教艺术用品工业	Culture and Education Articles Industry		99.4	100.9	100.1	100.8
其他工业	Other Industry	113.1	103.1	101.6	107.7	106.9
按工业行业分	**By Industry Sector**					
煤炭开采和洗选业	Mining and Washing of Coal	101.1	113.2	101.6	133.7	128.6
石油和天然气开采业	Extraction of Petroleum and Natural Gas	99.5	98.9			
黑色金属矿采选业	Mining and Dressing of Ferrous Metal					
有色金属矿采选业	Mining and Dressing of Non-ferrous Metal					
非金属矿采选业	Mining and Processing of Non-ferrous Metal Ores	101.4	99.4	99.9	97.8	95.6
其他采矿业	Other Mining and Dressing					
农副食品加工业	Processing of Food from Agricultural Products	100.1	97.7	101.4	109.9	103.2
食品制造业	Manufacture of Foods	99.3	97.7	98.4	101.4	106.4
酒、饮料及精制茶制造业	Manufacture of Liquor, Beverages and Tea	98.0	101.0	100.0	104.3	101.9
烟草制品业	Processing of Tobacco		100.1	100.0	100.1	100.0

Producer Price Indices for Industrial Products in Main Years

2006	2007	2008	2009	2010	2011	2012	2013	2014	2015	2016	2017	2018	2019	2020	2021	2022
106.2	**103.7**	**112.9**	**93.9**	**109.1**	**109.5**	**97.4**	**96.0**	**96.3**	**93.7**	**99.1**	**112.1**	**107.3**	**99.4**	**96.9**	**119.9**	**111.1**
102.5	103.5	112.1	97.5	107.1	114.4	100.4	99.4	99.9	98.8	98.1	100.8	101.9	101.5	100.5	107.8	102.9
101.1	102.8	110.5	93.8	110.7	114.8	101.3	100.8	100.4	98.9	97.9	100.8	101.9	101.8	100.3	104.8	102.4
103.9	104.1	113.9	101.8	102.8	111.6	94.7	89.6	96.2	98.5	99.7	100.4	101.5	99.4	102.9	116.1	103.9
107.4	103.8	113.1	93.0	109.8	108.6	96.9	95.4	95.6	92.9	99.3	114.3	108.2	99.0	96.2	121.6	112.2
110.2	105.9	131.7	100.3	116.1	107.3	97.8	91.6	96.1	92.2	96.7	119.0	107.7	96.6	97.3	124.6	113.7
109.2	103.7	110.3	92.6	110.2	109.6	97.4	95.5	95.5	92.5	98.2	114.5	108.9	99.6	95.7	121.0	113.2
101.7	103.5	115.3	91.5	105.5	106.6	95.3	96.5	95.8	94.1	103.1	111.6	106.5	98.4	97.1	121.5	109.0
106.6	103.6	113.4	93.5	109.4	109.4	97.4	95.8	96.1	93.4	99.2	113.4	107.7	98.9	96.4	121.6	112.0
111.3	107.0	136.3	93.9	114.4	107.3	97.8	91.6	96.1	92.2	96.7	119.0	107.7	96.6	97.3	124.6	113.7
108.8	103.1	106.9	93.4	109.7	109.6	97.5	95.6	95.4	92.1	98.2	114.7	108.4	99.2	95.4	121.2	113.0
102.3	103.3	115.3	93.6	106.5	109.5	97.2	97.2	97.3	95.9	101.8	109.3	106.1	98.9	98.2	121.3	109.4
101.8	104.5	107.7	98.5	106.6	110.4	97.9	98.7	98.5	98.2	98.1	100.9	103.7	104.5	100.4	100.7	99.4
103.6	106.2	108.3	99.3	108.1	108.7	100.4	102.7	99.8	97.9	97.9	100.7	103.0	103.8	100.3	101.4	100.7
96.2	100.8	98.0	96.3	105.6	124.8	111.4	105.1	106.6	95.1	90.5	99.0	95.6	104.9	99.7	96.7	99.2
101.2	102.9	113.1	97.9	102.4	114.1	90.0	87.0	92.7	99.4	99.6	102.0	107.6	107.6	101.4	96.6	91.7
99.2	99.8	105.8	100.3	112.7	100.6	99.7	98.6	100.1	100.3	99.7	100.1	99.7	98.3	98.4	108.0	100.6
108.7	103.8	109.1	82.9	110.7	115.6	91.3	95.4	94.7	91.8	106.7	115.7	105.0	97.9	97.2	127.3	102.6
103.4	102.9	101.2	101.5	104.6	101.1	102.9	99.7	98.9	98.2	98.5	107.6	101.6	100.0	100.4	99.7	107.8
111.0	107.1	135.6	93.6	114.4	108.7	96.5	89.6	92.3	88.7	95.6	129.7	110.2	98.6	95.4	137.6	110.9
121.5	103.5	120.3	97.4	113.7	113.5	107.2	97.7	97.2	80.8	95.4	111.4	119.9	100.6	82.7	124.2	124.7
100.4	103.4	117.6	90.7	109.3	111.9	92.0	92.9	94.5	96.4	98.1	109.6	111.9	96.6	97.8	131.8	118.0
106.8	102.0	106.4	97.2	100.2	102.7	99.9	98.2	99.0	98.7	98.8	100.2	100.0	99.9	99.9	119.2	113.7
101.7	102.5	114.1	114.9	97.4	97.9	93.7	99.6	96.1	92.5	99.3	110.0	104.5	102.1	102.1	105.3	114.3
99.2	101.1	102.8	100.3	104.4	100.5	100.4	100.6	100.4	100.8	100.2	100.0	100.0	99.4	99.0		
101.9	105.3	111.6	99.3	108.8	108.8	100.6	103.0	100.0	97.6	97.7	100.7	102.7	103.7	100.5	102.1	101.2
103.3	101.0	98.7	86.8	116.2	126.4	102.9	99.4	100.5	100.0	98.1	99.1	100.1	100.2	101.0	117.9	107.0
95.8	100.3	98.0	96.2	104.8	110.1	105.5	100.5	104.4	100.5	100.0	100.3	99.9	100.0	97.7	93.2	97.2
100.4	101.7	99.6	93.4	104.6	129.5	113.0	107.8	105.9	91.5	89.7	98.8	95.3	105.6	100.2	98.8	100.4
101.2	101.3	119.8	86.9	108.5	107.3	98.5	98.2	100.6	99.9	99.8	113.1	108.3	92.4	94.6	106.2	103.5
103.7	110.3	110.7	97.2	98.9	101.9	101.7	101.6	100.1	99.4	100.2	87.9	79.6	94.0	100.5	100.0	99.9
106.9	108.2	121.1	92.1	107.5	104.8	96.8	96.3	97.4	97.2	99.0	115.7	123.2	106.9	93.3	126.1	133.5
111.3	107.1	136.7	93.9	114.5	110.2	96.9	89.3	93.1	91.1	96.5	127.2	109.8	98.5	96.1	123.4	115.5
					128.9	113.2	105.3	97.0	71.0							
					124.4	88.4	88.2	99.3	89.3	100.2	103.0	101.9	108.1	104.3	158.0	76.9
98.4	100.0	100.0	105.8	99.3	103.3	106.5	100.0	106.8	108.4	100.1	121.1	100.0	100.0	99.4	98.9	130.2
103.6	110.9	112.8	96.9	109.9	113.6	99.2	104.5	99.9	98.3	100.3	101.0	100.8	100.7	101.7	104.3	103.3
99.9	101.9	114.3	99.5	111.1	110.3	96.6	94.3	96.5	93.7	94.7	100.9	104.3	106.5	100.1	103.4	101.5
102.1	101.9	108.0	103.0	102.5	106.9	103.4	100.4	99.5	100.7	100.3	100.1	102.7	101.8	99.0	98.1	97.4
100.0	100.1	100.5	98.2	99.6	100.3	101.1	100.8	100.6	106.7	100.3	100.0	100.0	105.7	101.5	100.0	100.0

3-14 续表

指　　标	Item	2001	2002	2003
纺织业	Manufacture of Textile	99.1	83.7	101.7
纺织服装、服饰业	Manufacture of Textile Apparel and Costume	116.1	100.4	100.0
皮革、毛皮、羽毛及其制品和制鞋业	Manufacture of Leather, Fur, Feather and Related Products and Shoes	101.3	96.2	113.1
木材加工和木、竹、藤、棕、草制品业	Processing of Timber, Manufacture of Wood, Bamboo, Rattan, Palm and Straw Products			
家具制造业	Manufacture of Furniture	100.7	92.5	96.5
造纸和纸制品业	Manufacture of Paper and Paper Products	103.9	99.1	98.0
印刷和记录媒介复制业	Printing, Reproduction of Recording Media	103.0	102.0	101.1
文教体育用品制造业	Manufacture of Articles for Culture, Education and Sport Activities		96.9	88.9
石油、煤炭及其他燃料加工业	Oil, Coal and Other Fuel Processing Industries	105.2	98.1	117.4
化学原料和化学制品制造业	Manufacture of Raw Chemical Materials and Chemical Products	99.2	102.6	106.0
医药制造业	Manufacture of Medicines	102.9	101.4	100.2
化学纤维制造业	Manufacture of Chemical Fibers	102.2	87.9	95.5
橡胶和塑料制品业	Manufacture of Rubber and Plastic Products			
非金属矿物制品业	Manufacture of Non-metallic Mineral Products	99.8	102.2	101.0
黑色金属冶炼和压延加工业	Smelting and Pressing of Ferrous Metals	105.0	99.5	114.6
有色金属冶炼和压延加工业	Smelting and Pressing of Non-ferrous Metals	89.5	90.7	99.4
金属制品业	Manufacture of Metal Products	98.1	93.1	106.3
通用设备制造业	Manufacture of General Purpose Machinery	103.1	96.8	97.0
专用设备制造业	Manufacture of Special Purpose Machinery	89.9	104.2	102.8
交通运输设备制造业	Manufacture of Transport Equipment		104.4	101.3
电气机械和器材制造业	Manufacture of Electrical Machinery and Equipment	99.5	96.5	99.9
通信设备、计算机及其他电子设备制造业	Manufacture of Communication Equipment, Computers and Other Electronic Equipment		86.8	100.3
仪器仪表制造业	Manufacture of Instruments and Apparatus	99.0	96.2	99.8
工艺品及其他制造业	Manufacture of Artwork and Other Manufacturing		99.5	106.6
废弃资源和废旧材料回收加工业	Recycling and Pressing of Abandoned Resources and Waste and Scrap			
电力、热力的生产和供应业	Production and Supply of Electric Power, Steam and Hot Water	106.1	100.8	103.3
燃气生产和供应业	Production and Supply of Gas		100.5	104.7
水的生产和供应业	Production and Supply of Tap Water	117.5	104.3	100.7
全部原材料	**Total Raw Materials**	**102.5**	**97.8**	**106.8**
燃料、动力类	Fuels and Powers	103.5	103.7	108.0
黑色金属材料类	Ferrous Metals Materials	98.9	98.0	110.2
其中：钢材	Steels	99.0	97.6	109.1
其他	Others	97.9	99.4	114.3
有色金属材料及电线类	Non-Ferrous Metals Materials and Electric Wires	84.9	70.0	108.4
化工原料类	Chemical Raw Materials	98.5	98.6	103.1
木材及纸浆类	Timbers and Pulps	103.1	100.5	100.6
建筑材料及非金属矿类	Building Materials and Non-metallic Mineral	103.9	99.9	101.1
其他工业原材料及半成品类	Other Industry Raw Materials and Semi-manufactures	110.6	98.4	99.5
农副产品类	Agricultural Products	123.7	97.4	115.1
纺织原料类	Textile Raw Materials	98.1	79.2	80.5

continued

2004	2005	2006	2007	2008	2009	2010	2011	2012	2013	2014	2015	2016	2017	2018	2019	2020	2021	2022
104.6	106.0	99.7	100.7	98.2	91.4	115.5	126.2	102.9	99.4	100.6	100.0	98.1	99.1	100.0	100.2	101.0	117.9	107.0
99.2	100.0	100.1	100.1	100.9	103.3	100.3	103.0	102.2	101.7	101.0	100.0	100.2	100.0	100.0	100.0	97.7	93.2	97.2
103.8	103.6	100.4	101.7	99.6	93.4	104.6	129.5	113.0	107.8	105.9	91.5	89.7	98.8	95.3	105.6	100.2	98.8	100.4
			102.5	100.0	101.3	101.0	98.9	100.3	100.7	100.6	101.1	100.2	100.0	100.0	100.1	102.6		
97.3	99.8	99.2	99.8	106.1	100.2	105.9	102.0	100.4	100.6	100.2	100.4	100.2	100.0	100.0	99.1	97.5		
100.9	103.6	101.2	101.3	119.8	86.9	108.5	107.3	98.5	98.2	100.6	99.9	99.8	113.1	108.3	92.4	94.6	106.2	103.5
100.1	100.8	103.7	110.3	110.7	97.1	97.7	102.2	101.7	101.6	100.1	99.4	100.2	87.9	79.6	94.0	100.5	100.0	99.9
111.7	118.3	121.3	103.8	123.1	96.4	114.1	110.1	103.2	95.5	94.2	78.8	95.3	118.2	117.6	100.2	85.0	137.6	117.0
112.8	107.4	97.0	102.9	122.4	88.5	110.5	111.1	93.6	94.4	95.6	96.6	97.8	110.4	111.5	93.5	96.3	136.4	121.6
99.1	98.6	99.2	106.3	110.5	98.2	102.7	106.8	88.7	93.8	98.0	102.7	101.8	106.2	125.5	114.6	104.2	96.0	90.4
115.8	104.1	98.5	101.7	99.9	94.1	90.9											191.5	63.2
												95.4	107.9	103.2	100.5	99.3	102.4	98.2
105.9	99.8	102.0	103.2	121.7	109.3	101.4	100.2	94.4	98.2	96.1	93.4	99.1	112.5	110.7	104.1	99.2	114.9	124.2
119.5	87.9	98.8	109.1	129.7	81.6	113.8	110.5	92.9	95.7	95.1	87.8	110.1	118.4	111.2	93.8	93.7	128.0	100.8
110.6	101.6	114.7	100.6	96.7	82.9	110.4	119.0	90.1	95.1	94.3	93.7	104.9	113.0	100.7	100.5	99.2	125.0	108.6
122.5	98.9	103.6	105.5	122.0	94.2	97.7	107.3	96.1	97.1	97.0	93.1	97.6	112.3	103.8	99.3	98.3	107.9	101.2
101.4	102.7	102.0	101.2	106.1	98.8	101.5	103.9	100.3	99.9	99.9	99.9	99.1	99.8	100.2	100.1	99.8	100.8	100.3
114.2	115.7	122.9	104.8	113.9	93.9	101.8	104.8	100.3	98.2	97.9	96.5	97.6	100.0	99.3	102.1	99.3	107.5	104.4
100.0	100.0	100.5	103.0	104.2	101.1	107.5	104.1	97.8	99.7	100.0	100.0							
105.9	102.9	110.7	102.0	103.3	97.6	96.2	99.0	98.8	95.1	99.0	98.8	99.5	100.7	100.0	98.6	99.8	118.9	110.9
101.8	99.9	93.7	95.5	92.7	91.7	104.8	108.1	94.0	99.5	95.5	100.1						140.4	130.0
91.1	106.8	100.2	100.7	103.2	98.2	98.8	101.2	102.7	100.7	99.0	100.0	95.5	99.6	100.8	100.3	102.6	102.2	100.0
100.2	106.0	102.7	100.0	100.0														
107.2	104.3	103.4	102.9	101.2	101.5	104.6	101.1	102.9	99.7	98.9	98.2	98.5	107.6	101.6	100.0	100.4	99.7	107.8
111.0	126.4	103.4	105.1	105.6	100.3	99.2	99.4	111.0	104.9	112.0	102.2	85.8	117.6	126.2	100.9	83.4	138.0	118.2
104.9	113.2	113.4	111.8	102.3	99.9	100.6	100.5	100.1	101.3	101.4	102.1	100.4	101.7	112.9	101.9	100.0	100.0	100.0
117.3	**109.7**	**108.5**	**107.1**	**121.8**	**94.7**	**114.1**	**112.8**	**99.5**	**97.0**	**97.0**	**92.1**	**96.9**	**112.9**	**106.5**	**97.5**	**94.7**	**120.8**	**117.6**
116.5	113.6	107.9	107.5	126.8	103.5	112.3	112.2	101.3	96.1	96.4	89.0	95.0	116.1	108.1	98.4	90.6	125.5	126.9
134.4	105.8	90.2	108.4	136.6	81.1	111.7	108.7	92.5	92.6	93.4	88.7	104.3	119.0	111.0	94.4	92.2	106.8	109.9
133.3	103.8	89.7	106.5	133.3	81.7	109.0	109.9	93.0	90.6	94.8	90.6	100.0	117.2	107.5	95.9	98.0	116.0	99.9
139.7	114.4	94.5	116.1	148.8	77.5	118.8	105.4	91.1	98.0	89.9	83.2	110.5	119.6	116.1	92.1	83.8	101.8	115.6
114.8	101.9	129.6	108.4	105.1	81.2	129.9	111.8	91.4	96.0	97.2	96.3	94.3	114.9	101.4	88.9	95.7	121.1	104.8
114.5	110.5	99.2	104.3	116.7	93.3	109.3	117.0	100.3	94.7	95.6	92.5	98.3	114.3	106.0	88.4	96.9	125.7	107.4
108.5	117.2	101.2	103.0	113.0	93.5	107.9	104.1	98.2	98.0	98.3	99.8	98.4	106.0	115.8	99.8	98.5	117.8	101.1
111.0	109.5	105.0	104.6	127.0	103.6	103.7	120.2	100.5	97.5	95.1	95.5	100.5	110.5	106.6	101.0	95.9	115.9	130.5
109.6	103.8	105.6	106.3	113.7	92.4	109.0	109.5	101.5	102.1	98.2	96.2	99.0	102.8	103.3	101.3	102.3	110.7	108.8
117.3	108.8	102.5	108.7	126.0	89.5	118.7	115.3	101.3	101.8	101.0	96.3	98.2	104.8	102.7	102.5	101.9	112.5	101.6
100.7	122.7	100.7	100.9	99.5	95.6	108.6	108.5	98.5	99.4	100.3	99.9	98.3	103.7	100.1	99.1	102.9	126.2	106.3

主要指标解释

居民消费价格指数（CPI） 居民消费价格指数是度量一组代表性消费商品及服务项目价格水平随着时间而变动的相对数，反映居民家庭购买的消费品及服务价格水平的变动情况。它是宏观经济分析和决策、价格总水平监测和调控以及国民经济核算的重要指标。其按年度计算的变动率通常被用来作为反映通货膨胀（或紧缩）程度的指标。

商品零售价格指数 商品零售价格是商品在流通过程中最后一个环节的价格，是工业、商业、餐饮业和其他零售企业向城乡居民、机关团体出售生活消费品和办公用品的价格。商品零售价格调查的任务是系统地调查、搜集和整理市场商品零售价格资料，编制商品零售价格指数，以此反映市场商品零售价格的变动趋势和变动程度。其目的在于掌握商品价格的变动趋势，为国家宏观调控和国民经济核算提供参考依据。同时，还可以在此基础上编制其他派生价格指数。

农产品生产者价格指数 反映一定时期内，农产品生产者出售的农产品价格水平变动趋势及幅度的相对数。农产品生产者价格是指农产品生产者第一手（直接）出售其产品时实际获得的单位产品价格。

工业生产者出厂价格指数（PPI） PPI是工业生产者出厂价格指数（Producer Price Index）的简称，反映工业企业产品第一次出售时的出厂价格的变化趋势和变动幅度。与CPI相比，CPI是从消费者的角度反映市场物价的变化趋势，PPI是从生产者的角度反映产品的价格变动情况。

工业生产者购进价格指数（IPI） IPI是工业生产者购进价格指数的简称，反映工业企业作为中间投入的原材料、燃料、动力的购进价格的变化趋势和变动幅度。

Explanatory Notes on Main Statistical Indicators

Consumer Price Indices (CPI) reflect the relative change in prices of consumer goods and services in a certain period of time. Formation of consumer price index aims to study the impact of consumer price changes on the actual living cost of urban and rural residents and to provide scientific basis for central government and relevant departments to draw up consumer policy, price policy, wage policy and monetary policy and to account the nation economy. It is also a key index reflecting the inflation rate.

Retail Price Indices reflect the prices at which industrial, commercial, catering and other retail enterprises sell daily consumer goods to urban and rural residents and products for office use to institutions and social organizations. It reflects the general change in prices of retail commodities in a certain period of time. Formation of retail price index aims to keep abreast of price fluctuation of retail commodities and provide the reference basis for the central government to work out economic policies. At the same time, it can also compile other derived price index on this basis.

Producer Prices Indices for Farm Products reflect the trend and degree of changes in the prices of the means of agricultural production during a given period. It is the actual price of the unit product sold by producer of agricultural products firsthand.

Producer Price Indices for Industrial Products (PPI) PPI is the abbreviation of Producer Price Index for industrial products, which is reflecting the trend and degree of changes in the prices for industrial products sold firsthand. Comparing with CPI, CPI reflects the trend of market price from the consumer perspective. PPI reflects the degree of changes in the prices for industrial products from the producer perspective.

Purchasing Price Indices for Industrial Producers (IPI) IPI is the abbreviation of purchasing price indices for industrial producers, which is reflecting the trend and degree of changes in the intermediate input raw materials, fuel, power purchase price.

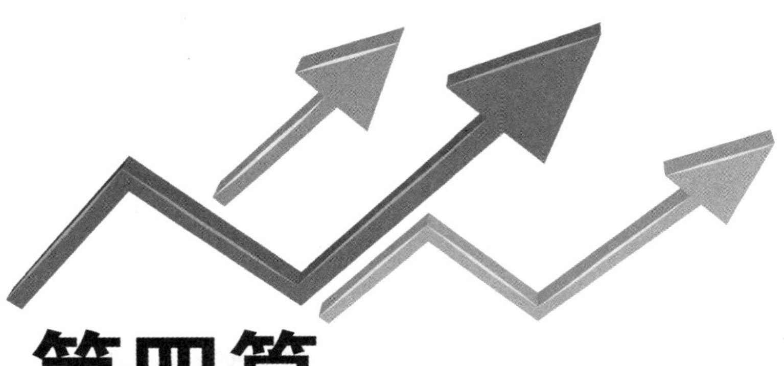

第四篇

农业调查

Agriculture Survey

简要说明

粮食及畜牧业生产调查数据包括粮食播种面积、粮食产量，猪、牛、羊、家禽存出栏数及产品产量等。其中粮食播种面积、粮食产量是根据抽样方法抽取的分布在全区 22 个市县（区）范围的 203 个调查村样本资料分级推算加总取得；猪、牛、羊、家禽存出栏数及产品产量调查点分布在全区 22 个市县（区），调查对象为全区范围内的所有大型养殖场（户）和抽中的 200 个村内的 1 万多户中小型养殖场（户），自治区、市、县（市、区）数据是根据调查样本分级推算加总取得。

Brief Introduction

Data of agriculture and animal husbandry include sown area of crops, grain yield, number of livestock bred and slaughtered of pork, beef, mutton and poultry, output of livestock products. Data of sown area of crops and grain yield are collected according to the sampling method. This method chooses 203 survey villages in 22 cities and counties in Ningxia and amounts the data. Survey points of bred and slaughtered livestock number of pork, beef, mutton and poultry and output of livestock products distribute in 22 cities and counties in Ningxia. Survey objects include all scale households and production units, as well as 200 scattered households involving 10 thousand small and medium size farmers. Data at all levels are achieved based on survey sample calculating and amounting.

2022年宁夏粮食总产量375.83万吨 综合生产能力不断提升

2022年，宁夏各级党委、政府全面贯彻落实中央经济工作会议、中央农村工作会议及中央一号文件精神，严格落实粮食安全主体责任，毫不放松抓好粮食生产，稳定粮食播种面积，扩种小麦和大豆，实现了全年粮食丰产增收。2022年宁夏粮食总产量375.83万吨，较上年增加7.39万吨，增长2.0%。

一、粮食生产总体情况

（一）粮食播种面积小幅增长

宁夏持续调整优化粮食作物种植结构，扩种春小麦、调减高耗低质水稻面积，扩大粮饲兼用玉米、高产抗旱小杂粮种植规模，鼓励新型农业经营主体推进规模化种植。2022年宁夏粮食播种面积1038.44万亩，比上年增加4.51万亩，增长0.4%。其中，小麦122.03万亩，比上年增加21.47万亩，增长21.4%；稻谷44.06万亩，比上年减少32.19万亩，下降42.2%；玉米548.39万亩，比上年减少2.74万亩，下降0.5%；马铃薯121.01万亩，比上年减少28.96万亩，下降19.3%。

（二）粮食单产水平稳中有升

宁夏粮食生产受复合种植和气象条件好于上年的恢复性增长影响，主要粮食作物单产水平稳中有升。2022年宁夏粮食平均单产362公斤/亩，比上年增加5.6公斤/亩，增长1.6%。分品种看，小麦单产223公斤/亩，比上年增加35.0公斤/亩，增长18.6%；玉米单产504公斤/亩，增加26.5公斤/亩，增长5.6%；稻谷单产537公斤，减少0.8公斤/亩，下降0.1%；马铃薯单产269公斤，增加28.0公斤/亩，增长11.6%。

（三）粮食总产稳步增长

2022年宁夏粮食总产量375.83万吨，比上年增长2.0%。

1.分季节看，夏增秋减，种植结构发生调整。夏粮产量27.86万吨，比上年增加8.12万吨，增长41.2%；秋粮产量347.97万吨，比上年减少0.73万吨，下降0.2%，秋粮产量占全年粮食总产量的比重由上年的94.6%下降到了92.6%。

2.分品种看，三增两减，玉米比重持续增长。玉米产量276.63万吨，比上年增加13.24万吨，增长5.0%，占粮食总产量的比重达73.6%，比上年提高2.1个百分点；小麦产量27.27万吨，比上年增加8.32万吨，增长43.9%；秋杂产量15.09万吨，比上年增加6.96万吨，增长85.6%；水稻产量23.66万吨，比上年减少17.34万吨，下降42.3%；马铃薯产量32.59万吨（折粮），比上年减少3.59万吨，下降9.9%。

3.分区域看，川减山增，粮食生产总体格局稳定。川区粮食产量207.68万吨，比上年减少4.29万吨，下降2.0%；山区粮食产量168.17万吨，比上年增加11.70万吨，增长7.5%。川区的13个县（市、区）中有12个粮食总量下降，山区9个县（区）粮食总量均不同幅度增长，其中粮食产量增加超1万吨的有5个，分别为：海原县、同心县、原州区、彭阳县、盐池县。

二、粮食生产形势分析

（一）夏增秋减，粮食种植结构调整优化

宁夏各地认真贯彻落实习近平总书记在中央农村工作会议上做出的重要指示精神，为切实提高宁夏口粮安全保障能力和水平，2022年通过合理轮作、水改旱、政策补贴等措施，努力扩大春小麦种植面积，农户小麦种植积极性高涨，种植面积大幅增加，同时秋粮播种面积受到挤压，出现夏增秋减的结构性变化。2022年宁夏夏粮播种面积127.87万亩，较上年增加17.37万亩，增长15.7%，其中春小麦播种面积76.53万亩，较上年增加33.98万亩，增长79.9%；秋收粮食播种面积910.57万亩，较上年减少12.86万亩，下

降 1.4%。夏收粮食在全年粮食播种面积中占比为 12.3%，较去年的 10.7%提高了 1.6 个百分点。

（二）气象条件较为稳定，粮食单产恢复性增长

2022 年宁夏粮食生产的气象条件较为稳定，主要气象灾害仍为集中在中南部山区的干旱，但与 2021 年六十年一遇的旱情相比程度较轻，单产水平出现恢复性增长，川区灌溉用水基本充足，病虫害程度低，单产水平较为稳定，但受种植结构调整单产水平有所回落。2022 年宁夏粮食平均单产 362 公斤/亩，较上年增加 5.6 公斤，增长 1.6%；其中山区粮食平均单产 255 公斤/亩，增长 7.1%，川区粮食平均单产 546 公斤/亩，下降 2.7%。

（三）粮食结构调整，致川区粮食总产下降 2.0%

2022 年，宁夏扩种春小麦、推广大豆玉米带状复合种植，使得川区春小麦播种面积较上年增加 24.11 万亩，增长 83.4%；川区大豆面积较上年增加 11.12 万亩，增长 320.3%，但 2022 年川区粮食播种总面积仅增加 2.52 万亩。川区种植的粮食作物以春小麦、水稻、玉米为主，2022 年种植结构调整后，春小麦、水稻、玉米、大豆，占川区粮食播种面积的比重分别为 13.9%、11.6%、70.1%、3.8%，2021 年占比分别为 7.7%、20.2%、70.5%、0.1%，其中小麦和大豆的占比分别提高了 6.2 和 3.7 个百分点，水稻和玉米的占比分别下降了 8.6 和 0.4 个百分点。2022 年川区春小麦平均单产为 337 公斤/亩、大豆平均单产 92 公斤/亩，而川区的玉米和水稻的平均单产分别为 617 公斤/亩和 537 公斤/亩，川区的春小麦和大豆扩种挤压了其他高产作物的面积，导致川区粮食总产量下降。

（四）复合种植模式推广，带动玉米单产提升

2022 年，大豆玉米复合种植面积 86.33 万亩，折算玉米面积 52.69 万亩，复合种植玉米平均单产 662 公斤/亩，较单种玉米的 488 公斤/亩，单产水平提高了 35.8%，其中川区复合种植玉米平均单产 860 公斤/亩，较单种玉米 598 公斤/亩，单产水平提高了 43.7%；山区复合种植玉米平均单产 553 公斤/亩，较单种玉米 378 公斤/亩，增长 46.4%。复合种植新模式、新技术的推广，使复合种植的玉米产量有效提高，提升了玉米单产平均水平。

三、粮食生产存在的问题

（一）粮食生产稳定性差，影响农民种植意愿

近年来，宁夏持续加大对“三农”工作的政策帮扶力度，努力帮助农民增产增收，提高农民种粮积极性，但外出务工收入远远高于种粮所得，从事农业生产的多为老年人，新型农业生产技术掌握困难，依靠经验种植是常态。特别是近两年国际形势、国内疫情等多重因素叠加影响，化肥、农药、种子等各类农资价格大幅上涨，运输、人工等成本也不断上升，进一步挤压了种粮效益。同时，在现有条件下粮食单产水平已临近边际递减，粮食种植面积因耕地有限而增幅减缓，再加上水资源短缺、异常天气频发的实际，种粮不赚钱是困扰粮农的主要问题，农民的种植意愿不断降低。

（二）宜机化农田建设不完善，农机服务作业易受阻

随着农业现代化的快速发展，农机装备结构进一步优化，大马力、高性能、复式作业的机械明显增加，宁夏农作物耕种收综合机械化率在 80%以上，特别是小麦、水稻、玉米全程机械化率在 90%左右，但是宜机化农田建设不完善，农机服务作业易受阻的问题依然存在。一是地块间隔紧凑，机耕路狭窄，加之自然损毁和养护不力，致使一些大中型农业机械无法通行。二是部分地区农田缺乏整治，田块分散，不利于机械作业。

（三）新型农业经营主体数量增加，但提质增效有限

新型农业经营主体是实现农业现代化、促进农民就业增收的重要载体，近几年宁夏新型农业经营主体数量正在逐步增加，产业链也在不断延伸。但其推动农业高效发展，增加农业生产效益的作用发挥的还不够明显。主要原因，一是融资难、土地流转不稳定，发展规模难扩大。二是各类新型农业经营主体规模总体偏小，发展力不够，缺乏具备良好管理能力和先进市场经营理念的人才，难以应对市场波动，对政府的

依赖性较强。

（四）复合种植技术经验少，农艺农机配套不足

一是缺乏适宜复合种植品种。一直以来，大豆在宁夏种植面积很小，今年是推广复合种植的第一年，品种主要从东北引进，从种植情况看，所选品种生育期普遍较短，耐荫性丰产性差，导致大豆产量不高。二是缺乏成熟有效的种植模式和技术。今年首次大面积开展复合种植，没有成熟可以借鉴的经验，虽然各级农业部门组织了大量培训和上门指导，但在实地调研中发现，各地种植情况参差不齐，还存在化学除草效果差、化控措施不到位、水肥管理水平低等问题。三是缺乏大豆玉米带状复合种植、除草、收获等方面的配套机械，部分机械为临时改造，种植农艺参数与农用机械无法配套，耕种管收一体化、标准化种植机械化程度不高，种植成本增加。

四、提升宁夏粮食综合生产能力的几点建议

（一）提高粮食综合生产水平，稳定粮食生产预期

一是提高高标准农田建设质量，合理实施沟渠修建、机耕路建设、中小型蓄水灌溉等项目，积极改善农业生产条件。二是保持各项支农惠农政策的稳定性和连续性，完善农业补贴政策，强化补贴资金的指向性和实效性，同时加强农资供应保障，破解季节性、区域性和结构性矛盾，稳定农资价格。三是充分利用先进科技成果激发粮食生产新动能，提升农业生产要素、资源环境、供给需求、成本收益等监测预警水平，推动粮食生产高质量发展。

（二）加强宜机化农田建设，引导农机合理发展

农机通行条件是农业机械化发展的前提，一是加快土地平整和机耕路推进措施，改善农机作业条件，同时，针对平坦、连片、适合大中型农机作业的土地，开展复合式、高性能、智能化的现代农机设备的试用示范和推广。二是对一些高端先进的机械化设施适当提高补贴比例，调动农民购机用机的积极性。鼓励建立农机专业合作社，增加农机使用效率，针对柴油价格上涨等共性问题，考虑面对农机提供者或农户给予相应价格补贴，保证农机使用积极性。

（三）加快农业生产转型，提升农业发展前景

鼓励适度土地流转，转变小规模家庭种植模式，发展新型农业生产主体，提升农业现代化水平。一是在稳定现有普惠性补贴政策的基础上，加大对新型农业经营主体财政资金扶持和项目支持力度，推动新型农业经营主体快速发展。给予粮食加工、农产品线上销售主体更多政策和补贴倾斜，保障农业生产经营单位的盈利空间，促进规模产业化提升。二是完善人才扶持机制。重点培养现代化农业专业人才，服务于新型农业经营主体，造就一批善经营、会管理、懂技术的农村致富带头人。三是全面落实农业保险政策，扩大政策性保险品种和覆盖面，为稳定农业生产、有效应对灾害提供坚实保障。

（四）加快良种选配和培育，提升农艺农机水平

一是针对 2022 年生产中的高产典型和存在的问题，结合有关试验、示范种植，系统进行分析总结，筛选出适宜宁夏不同生态类型区推广的优良品种、高产模式标准，为 2023 年推广打好基础。二是借鉴其他省（区）经验，结合宁夏山川地理环境和种植模式，将成熟的农机具及时纳入农机购置补贴范围，并提高补贴标准。组织企业、作业公司购买配套设施设备，提高农机作业水平。三是积极研发适宜大豆玉米带状复合种植的化肥、农药，并指导农户在关键时期科学合理使用，做到节本增效并重。

（吴志浩）

2022年宁夏畜牧业生产稳定发展

2022年，宁夏各级党委、政府围绕做好“六稳”“六保”工作，采取有力措施抓紧抓实畜牧业生产，有效提升主要畜禽产能，全区畜牧业生产稳定发展，主要畜产品市场供应较为充裕。宁夏调查总队主要畜禽监测调查数据显示：2022年，宁夏主要畜禽肉产量36.5万吨，同比增长4.4%；生牛奶产量342.5万吨，同比增长22.1%；禽蛋产量13.2万吨，同比增长2.7%。

一、主要畜禽生产特点

（一）养殖进入新一轮周期，生猪存栏出栏波动明显

自2021年一季度以来，历经一年多过剩产能淘汰，生猪整体供过于求局面已经改变。2022年末，宁夏生猪存栏74.3万头，与上年相比减少11.2万头，下降13.1%。生猪存栏量又回至2019年同期水平，生猪养殖进入新一轮生产周期。在玉米、豆粕等饲料价格持续上涨加大养殖成本的同时，国内市场生猪价格涨跌反复，难以把控，特别是四季度以来猪粮比再次跌至5.3∶1，养殖户盈亏出现剧烈波动，纷纷加速出栏，全年共出栏肥猪110.8万头，出栏量接近上年水平。

（二）牛羊生产稳步发展，特色牛羊肉产量占比接近七成

2022年以来虽然饲料价格上涨增加了牛羊养殖成本，但受养殖习惯、政策利好、宁夏牛羊品牌效应等因素影响，牛羊特别是肉牛养殖效益仍较为可观，养殖户补栏扩群积极性较高，生产呈现持续向好态势。2022年末，宁夏肉牛存栏148.4万头，同比增长7.8%；羊只存栏710.6万只，同比增长4.9%，存栏量均创新高。全年出栏肉牛76.1万头，同比增长5.3%，出栏肉羊702.3万只，同比增长8.8%；牛羊肉产量25.0万吨，同比增长7.3%，宁夏特色牛羊肉产量占全区主要畜禽肉产量（36.5万吨）的比重接近七成。

（三）奶牛养殖快速扩张，规模化水平显著提升

在自治区奶产业高质量发展政策引导带动下，宁夏千头以上奶牛养殖规模化率达到95%以上，加上伊利、蒙牛乳业分别在吴忠、灵武扩建，对全区奶牛养殖形成良性循环刺激，奶牛养殖规模呈现快速扩张态势。2022年末，宁夏奶牛存栏83.7万头，同比增加13.5万头，增长19.2%。生牛奶产量达342.5万吨，同比增长22.1%。宁夏奶牛主产区全年共新增大型奶牛养殖场（户）25家，年末奶牛存栏在千头以上的规模养殖场占比高达90%以上，奶牛养殖规模效益、集群效益持续显现。

（四）家禽市场行情较好，养殖规模持续恢复

当前，活鸡毛重价格17元/公斤，同比上涨1.4%；鸡蛋价格10.6元/公斤，同比上涨10.8%。受禽肉、禽蛋价格不断上涨，家禽市场行情逐步向好，养殖利润空间相对较大，养殖户补栏积极性较高，家禽养殖规模持续恢复。2022年末，宁夏家禽存栏1512.7万只，同比增长22.9%。其中，蛋鸡存栏1159.9万只，同比增长18.3%。全年家禽出栏1216.3万只，同比下降0.7%。禽肉产量2.5万吨，同比下降0.8%；禽蛋产量13.2万吨，同比增长2.7%。

二、存在的问题

（一）饲草料价格高位运行，制约畜牧业稳定发展

玉米、豆粕、苜蓿、麸皮、秸秆等饲草料价格持续高位运行，尤其玉米价格大幅上涨，养殖成本不断增加，收益难以保障，部分中小养殖户迫于成本压力，甚至用马铃薯杆、荞麦杆等代替，养殖户复养增养压力持续增大。加之，近年来宁夏各地畜禽养殖规模持续扩大，对优质草料需求增加，本地饲草料供需缺口增大，部分养殖户从外地调用饲草，养殖成本进一步增加。从长期来看，饲料价格持续上涨会对养殖信心带来较大冲击，一定程度上影响养殖场（户）补栏积极性及养殖规模的扩展，不利于畜牧业可持续发展。

（二）奶牛养殖场承压前行，扩群速度有所放慢

2022 年以来，伴随着全国鲜奶收购价格下跌，宁夏鲜奶价格也步入下行通道，全年鲜奶平均价格低至 3.9 元/公斤，叠加饲料价格居高不下的双重挤压下，部分奶牛养殖场陷入亏损状态，运转资金较为紧缺，还贷压力较大，经营压力凸显。加之奶牛养殖在产业链的利益分配中明显处于弱势地位，特别在鲜奶价格下跌时期，奶牛养殖场更是产业链风险的主要承担者。在鲜奶市场价格下跌的环境下，部分养殖场往往选择减缓扩群，甚至淘汰奶牛规避风险和损失，奶牛产业发展陷入困境。

（三）畜禽产业链条延伸不够，产业发展后劲不足

目前，宁夏畜禽产业集养殖、收购、屠宰、加工、销售为一体的企业数量相对较少、规模较小，大部分地区基本无精深加工企业，畜禽产品初加工能力不足，产品附加值不高，产品单一化且竞争力不强，龙头企业与养殖场、合作社、养殖户的利益联结机制还未形成，集订单生产、冷链配送、定向销售的产销衔接渠道还未建立，龙头带动作用不强，产业链条延伸较难，畜禽产业融合度不够，养殖场（户）抵御市场风险能力不强。

三、几点建议

（一）加快科技转型，保障饲料供应

一是引进、改良畜种品种，鼓励养殖场（户）全方位优化种群，提升养殖技术，寻求更为科学的饲料配方，降低养殖料肉比，减少单位饲料使用量，提高养殖效率和畜牧产品质量。二是鼓励大型养殖户建立与养殖规模相配套的饲草料生产基地，通过种养一体化建设，提高饲草自给率，降低饲养成本。三是鼓励饲料生产商加强技术研发与升级，提高农产品加工的副产品饲料转化率，积极开发寻求可替代性新原料，取代部分紧张原料，提高饲料产能。

（二）积极引导调整结构，降低奶牛养殖场风险

一是主动引导养殖场科学合理调整牛群结构，适时淘汰低产、病残奶牛，合理确定犊牛、育成、泌乳牛的比例，科学制定生产计划。二是积极引导乳企通过订单合同、参股入股等多种形式建立稳定的奶源基地，结成稳定的购销关系，促进养殖、加工各环节利益合理分配，构建“合作社+牧场+乳企”新型利益共同体。三是引导奶牛养殖场保护好现有优质高产奶牛，保持生产发展后劲。同时，加强监督管理，规范生鲜乳购销，切实保障奶牛养殖场合法权益。

（三）延伸产业链条，促进畜牧产业转型升级

一是加快建设现代化畜产品加工流通体系，积极引导龙头企业与养殖场、合作社、养殖户建立利益联结机制，发展订单生产，构建“规模养殖+精深加工+品牌营销+综合服务”一体化经营模式。二是加大区内区外特色畜禽产品直销店建设力度，形成养殖、屠宰、分割、精加工到保鲜冷链与直运配送、产供销一体化的产业链条，提升产品附加值。三是加快畜牧业品牌发展，注重打造“品牌特色”，利用优势资源形成差异化竞争格局，力争形成一批新的名特优畜产品。

（化　伟）

4-1 主要年份全区粮食生产情况

Basic Statistics of Grain Production in Main Years

单位：万亩、公斤、万吨 (10000 mu,kg,10000 tons)

年 份 Year	粮食 Grain			一、夏粮 Summer Harvest			#小麦 Wheat			二、秋粮 Autumn Harvest		
	播种面积 Sown Area	亩产 Yield per Unit	总产量 Total Output	播种面积 Sown Area	亩产 Yield per Unit	总产量 Total Output	播种面积 Sown Area	亩产 Yield per Unit	总产量 Total Output	播种面积 Sown Area	亩产 Yield per Unit	总产量 Total Output
1984	1021.21	151	154.50	540.01	149	80.31	462.18	162	74.90	481.21	154	73.91
1985	968.90	148	143.00	496.70	137	68.00	426.80	146	62.50	472.20	159	75.00
1986	985.40	158	155.50	519.20	151	78.10	438.80	164	71.80	466.20	166	77.40
1987	1008.10	142	143.00	433.70	121	52.30	363.30	132	47.90	574.40	158	90.70
1988	1055.21	156	164.86	523.09	132	69.09	433.60	148	64.10	532.12	180	95.77
1989	1058.86	167	176.54	542.37	143	77.36	448.90	158	71.10	516.49	192	99.17
1990	1083.21	177	191.70	555.90	150	83.08	460.70	169	78.00	527.31	206	108.62
1991	1088.22	184	199.78	560.63	164	92.18	470.72	182	85.46	527.59	204	107.60
1992	1094.57	171	186.81	460.10	163	75.13	372.75	186	69.28	634.47	176	111.68
1993	1096.35	187	205.28	579.46	164	94.95	470.03	183	86.01	516.89	213	110.33
1994	1105.05	182	201.22	555.84	148	82.42	435.72	159	69.23	549.21	216	118.81
1995	1142.65	178	203.25	526.87	142	74.71	441.52	156	68.87	615.77	209	128.54
1996	1172.85	220	257.87	562.87	173	97.20	470.84	185	87.29	609.98	263	160.66
1997	1172.75	219	256.60	564.28	160	90.05	468.55	175	82.16	608.47	274	166.55
1998	1226.07	241	294.86	561.24	181	101.58	475.24	197	93.83	664.83	291	193.28
1999	1255.03	234	293.28	465.05	181	84.12	402.60	194	78.21	789.97	265	209.16
2000	1210.61	209	252.74	498.39	156	77.66	438.88	170	74.46	712.22	246	175.08
2001	1172.11	234	274.80	532.73	164	87.25	448.88	186	83.60	639.38	293	187.55
2002	1321.70	228	301.91	673.84	158	106.32	556.31	173	96.12	647.86	302	195.60
2003	1207.98	224	270.17	619.13	135	83.70	478.92	158	75.61	588.85	317	186.47
2004	1187.48	245	290.49	515.29	170	87.70	418.54	192	80.42	672.20	302	202.79
2005	1163.87	258	299.81	492.79	172	84.60	414.03	192	79.41	671.08	321	215.21
2006	1193.42	261	310.94	398.15	202	80.24	322.10	216	69.45	795.27	290	230.70
2007	1266.65	255	323.49	371.73	169	62.96	350.60	176	61.60	894.92	291	260.53
2008	1212.39	272	329.22	360.24	183	66.06	306.43	209	64.07	852.15	309	263.16
2009	1207.73	282	340.61	371.03	202	75.05	327.69	224	73.56	836.70	317	265.56
2010	1222.48	292	356.39	360.91	199	71.82	317.06	222	70.33	861.57	330	284.58
2011	1224.19	293	358.84	338.14	190	64.17	303.15	208	62.98	886.05	333	294.67
2012	1181.70	317	374.97	300.83	210	63.14	268.47	231	62.04	880.87	354	311.83
2013	1133.68	329	373.29	249.60	190	47.32	223.24	207	46.32	884.08	369	325.97
2014	1092.47	345	376.59	216.78	191	41.49	191.20	212	40.55	875.70	383	335.10
2015	1092.22	341	372.60	209.00	194	40.46	183.68	216	39.64	883.22	376	332.14
2016	1076.89	344	370.65	193.00	202	39.00	176.00	216	38.00	883.89	375	331.65
2017	1083.77	341	370.05	200.70	193	38.82	184.70	205	37.82	883.07	375	331.23
2018	1103.51	356	392.58	214.69	202	43.35	192.89	216	41.58	888.82	393	349.23
2019	1016.05	367	373.15	179.00	202	36.16	161.66	214	34.61	837.05	403	337.00
2020	1018.75	373	380.49	153.38	189	29.05	139.39	199	27.79	865.38	406	351.45
2021	1033.93	356	368.44	110.51	179	19.73	100.56	188	18.95	923.42	378	348.70
2022	1038.44	362	375.83	127.87	218	27.86	122.03	223	27.27	910.57	382	347.97

注：根据全国第三次农业普查反馈数据对宁夏2007-2017年全区及分县区粮食数据进行了修订。

Note: Data of grain by city and county 2007-2017 had been revised according to the feedback data from the third national agricultural census.

4-1 续表 continued

单位：万亩、公斤、万吨 (10000 mu,kg,10000 tons)

年 份 Year	#1.水稻 Rice			2.玉米 Corn			3.马铃薯 Tubers		
	播种面积 Sown Area	亩产 Yield per Unit	总产量 Total Output	播种面积 Sown Area	亩产 Yield per Unit	总产量 Total Output	播种面积 Sown Area	亩产 Yield per Unit	总产量 Total Output
1984	76.25	548	41.77	48.41	237	11.47			
1985	73.80	569	42.00	53.17	267	14.21			
1986	76.10	552	42.00	69.48	249	17.31			
1987	78.50	558	43.80	94.55	307	29.05			
1988	81.50	558	45.30	112.70	259	29.20			
1989	85.20	567	48.30	99.60	334	33.30			
1990	90.40	601	54.30	113.20	332	37.60			
1991	90.71	618	56.06	113.84	327	37.23			
1992	93.68	462	43.26	107.73	380	40.98			
1993	93.99	463	43.52	105.16	415	43.61			
1994	85.38	545	46.51	118.20	419	49.47			
1995	93.15	496	46.15	142.52	427	60.85			
1996	96.07	562	53.99	182.29	437	79.67			
1997	100.84	594	59.93	197.65	421	83.19			
1998	99.74	630	62.86	214.79	464	99.58			
1999	106.28	619	65.75	244.04	441	107.62			
2000	115.09	542	62.38	196.62	417	81.95	114.62	154	17.65
2001	111.33	555	61.82	221.63	428	94.77	121.74	164	19.92
2002	114.55	573	65.67	232.59	448	104.27	113.81	143	16.22
2003	70.07	529	37.04	264.50	453	119.93	131.53	172	22.61
2004	96.57	543	52.46	281.78	418	117.69	155.35	170	26.42
2005	106.87	571	61.06	267.58	454	121.42	175.90	157	27.52
2006	122.50	579	70.94	261.77	464	121.54	280.36	116	32.46
2007	115.50	524	60.50	309.00	474	146.60	291.75	142	41.40
2008	120.43	551	66.38	312.79	479	149.94	326.06	130	42.28
2009	117.37	550	64.55	322.62	485	156.38	297.00	132	39.06
2010	124.74	561	69.99	335.11	495	165.80	293.40	145	42.50
2011	125.91	562	70.76	346.66	497	172.43	287.70	155	44.52
2012	126.51	564	71.33	368.84	518	191.18	267.90	158	42.24
2013	123.22	559	68.89	393.03	525	206.24	259.20	170	44.00
2014	117.07	528	61.83	433.13	517	224.08	206.85	204	42.11
2015	111.51	545	60.75	452.66	501	226.88	192.75	193	37.20
2016	121.29	560	67.88	469.84	469	220.47	185.00	185	34.20
2017	121.63	566	68.85	459.49	468	214.87	178.00	198	35.20
2018	117.02	569	66.55	466.19	503	234.62	164.89	221	36.38
2019	102.08	540	55.09	449.67	513	230.47	139.07	284	39.43
2020	91.22	541	49.39	484.09	515	249.07	142.66	291	41.54
2021	76.26	538	41.00	551.13	478	263.39	149.98	241	36.19
2022	44.06	537	23.66	548.39	504	276.63	121.01	269	32.59

4-2 主要年份各市县粮食产量

Output of Grain by City and County in Main Years

单位：万吨 (10000 tons)

市 县	Region	2007	2008	2009	2010	2011	2012	2013	2014
全 区	**Total**	**323.49**	**329.22**	**340.61**	**356.39**	**358.84**	**374.97**	**373.29**	**376.58**
沿黄地区	**Plain**	**202.55**	**214.72**	**220.00**	**215.98**	**217.75**	**225.39**	**221.43**	**214.20**
中南部地区	**Mountain Area**	**120.94**	**114.50**	**120.62**	**140.41**	**141.09**	**149.59**	**151.86**	**162.38**
银川市	**Yinchuan**	**81.55**	**88.53**	**90.56**	**86.45**	**86.09**	**88.52**	**85.32**	**80.32**
兴庆区	Xingqing	6.85	6.93	6.75	6.53	6.89	7.06	6.24	5.75
金凤区	Jinfeng	4.36	4.05	3.36	3.75	3.48	3.50	2.79	2.58
西夏区	Xixia	9.52	10.56	10.48	10.82	11.32	11.84	11.87	11.73
永宁县	Yongning	19.55	24.37	25.05	23.69	23.76	24.80	26.22	25.64
贺兰县	Helan	26.57	24.21	25.26	23.93	23.85	24.61	21.22	18.08
灵武市	Lingwu	14.70	18.41	19.66	17.73	16.80	16.70	16.99	16.53
石嘴山市	**Shizuishan**	**41.73**	**42.28**	**44.92**	**44.34**	**44.59**	**45.75**	**46.03**	**46.64**
大武口区	Dawukou	1.54	1.66	1.41	1.21	1.25	1.27	1.17	1.22
惠农区	Huinong	7.95	7.09	7.61	6.98	7.18	7.64	7.41	7.71
平罗县	Pingluo	32.23	33.53	35.90	36.15	36.15	36.84	37.45	37.71
吴忠市	**Wuzhong**	**87.94**	**85.66**	**87.02**	**92.38**	**94.38**	**94.84**	**95.10**	**98.88**
利通区	Litong	18.04	19.07	18.42	18.55	18.01	18.51	18.59	17.69
红寺堡区	Hongsipu	11.55	10.10	10.43	10.84	10.40	10.78	11.30	12.16
盐池县	Yanchi	9.06	7.68	9.01	9.94	10.45	9.71	10.75	11.61
同心县	Tongxin	22.64	21.32	21.89	26.70	28.72	27.98	27.71	31.27
青铜峡市	Qingtongxia	26.65	27.50	27.28	26.35	26.80	27.85	26.74	26.15
固原市	**Guyuan**	**60.66**	**59.01**	**63.28**	**73.22**	**71.41**	**78.65**	**78.66**	**83.64**
原州区	Yuanzhou	14.27	13.14	14.56	17.33	16.70	18.17	18.67	19.67
西吉县	Xiji	21.90	20.08	21.17	24.69	24.83	26.96	27.18	30.31
隆德县	Longde	6.25	7.72	8.00	8.62	8.19	8.84	8.55	7.97
泾源县	Jingyuan	3.83	3.87	3.85	3.77	3.33	2.96	2.54	2.38
彭阳县	Pengyang	14.41	14.21	15.71	18.81	18.36	21.72	21.70	23.30
中卫市	**Zhongwei**	**51.61**	**53.73**	**54.82**	**60.00**	**62.36**	**67.21**	**68.18**	**67.11**
沙坡头区	Shapotou	14.44	13.66	13.98	14.31	14.75	15.06	15.47	14.34
中宁县	Zhongning	20.13	23.67	24.84	25.98	27.52	29.70	29.28	29.06
海原县	Haiyuan	17.03	16.40	16.01	19.71	20.10	22.46	23.44	23.70

注：从2018年开始，区属部分按照属地原则统计在各市、县(区)，不再单列。银川市辖区按三区统计。

Note: From 2018, the subordinate parts of the districts are counted in the cities and counties (districts) according to the principle of territoriality, and are no longer listed separately. Yinchuan municipal districts are counted by three districts.

4-2 续表 continued

单位：万吨 (10000 tons)

市 县	Region	2015	2016	2017	2018	2019	2020	2021	2022
全 区	**Total**	**372.60**	**370.65**	**370.05**	**392.58**	**373.15**	**380.49**	**368.44**	**375.83**
沿黄地区	**Plain**	**218.95**	**221.41**	**220.71**	**223.52**	**201.97**	**209.52**	**211.96**	**207.68**
中南部地区	**Mountain Area**	**153.65**	**149.24**	**149.34**	**169.06**	**171.18**	**170.98**	**156.48**	**168.15**
银川市	**Yinchuan**	**83.45**	**82.33**	**83.29**	**82.42**	**66.29**	**69.23**	**70.47**	**68.24**
兴庆区	Xingqing	6.30	6.98	7.45	5.69	4.51	4.77	4.85	4.69
金凤区	Jinfeng	2.61	2.38	2.06	1.86	1.21	1.27	1.30	1.30
西夏区	Xixia	11.19	11.02	9.58	12.14	8.84	9.68	9.68	9.43
永宁县	Yongning	26.20	26.94	26.38	26.03	21.61	22.19	22.11	21.47
贺兰县	Helan	20.40	19.32	21.21	19.39	15.85	16.35	17.47	16.68
灵武市	Lingwu	16.73	15.69	16.62	17.31	14.27	14.98	15.05	14.66
石嘴山市	**Shizuishan**	**46.50**	**44.55**	**47.43**	**52.33**	**48.96**	**50.78**	**51.94**	**51.47**
大武口区	Dawukou	1.21	1.46	1.54	1.79	1.69	1.63	1.93	1.92
惠农区	Huinong	7.79	7.49	8.18	9.33	9.89	10.23	10.64	10.66
平罗县	Pingluo	37.50	35.59	37.71	41.21	37.38	38.93	39.37	38.89
吴忠市	**Wuzhong**	**96.79**	**102.15**	**102.36**	**103.59**	**102.32**	**99.58**	**100.81**	**103.91**
利通区	Litong	17.79	20.30	19.20	15.36	14.12	15.14	15.01	14.86
红寺堡区	Hongsipu	11.43	11.98	12.00	13.69	15.15	15.34	15.50	16.06
盐池县	Yanchi	10.35	10.91	11.68	12.74	13.19	7.94	10.51	11.74
同心县	Tongxin	30.83	30.67	32.00	32.83	32.97	33.14	31.57	33.73
青铜峡市	Qingtongxia	26.40	28.29	27.48	28.97	26.89	28.03	28.22	27.51
固原市	**Guyuan**	**78.36**	**75.53**	**71.66**	**84.29**	**87.31**	**91.31**	**78.23**	**83.41**
原州区	Yuanzhou	18.18	16.97	16.00	19.38	20.22	21.07	19.17	21.23
西吉县	Xiji	28.94	27.94	29.50	35.72	37.17	39.75	32.19	32.88
隆德县	Longde	7.21	8.13	8.00	8.72	7.98	8.15	7.01	7.36
泾源县	Jingyuan	1.68	1.54	1.16	0.85	0.22	0.28	0.40	0.54
彭阳县	Pengyang	22.35	20.95	17.00	19.62	21.73	22.07	19.45	21.40
中卫市	**Zhongwei**	**67.50**	**66.10**	**65.31**	**69.95**	**68.27**	**69.58**	**66.99**	**68.82**
沙坡头区	Shapotou	15.45	16.22	16.18	15.70	15.39	15.81	15.89	15.58
中宁县	Zhongning	29.37	29.72	27.13	28.73	30.32	30.52	30.43	30.01
海原县	Haiyuan	22.68	20.16	22.00	25.51	22.56	23.25	20.67	23.23

4-3 2022年各市县粮食生产情况
Basic Statistics of Grain Production by City and County (2022)

单位：万亩、公斤、万吨 (10000 mu,kg,10000 tons)

市 县	Region	播种面积 Sown Area	亩产 Yield per Unit	总产量 Total Output
全 区	**Total**	**1038.44**	**362**	**375.83**
沿黄地区	**Plain**	**380.14**	**546**	**207.68**
中南部地区	**Mountain Area**	**658.30**	**255**	**168.15**
银川市	**Yinchuan**	**121.88**	**560**	**68.24**
兴庆区	Xingqing	9.25	507	4.69
金凤区	Jinfeng	2.36	551	1.30
西夏区	Xixia	15.09	625	9.43
永宁县	Yongning	38.37	559	21.47
贺兰县	Helan	31.26	534	16.68
灵武市	Lingwu	25.55	574	14.66
石嘴山市	**Shizuishan**	**107.78**	**478**	**51.47**
大武口区	Dawukou	4.17	459	1.92
惠农区	Huinong	21.34	500	10.66
平罗县	Pingluo	82.27	473	38.89
吴忠市	**Wuzhong**	**304.19**	**342**	**103.91**
利通区	Litong	25.32	587	14.86
红寺堡区	Hongsipu	33.75	476	16.06
盐池县	Yanchi	78.10	150	11.74
同心县	Tongxin	123.20	274	33.73
青铜峡市	Qingtongxia	43.82	628	27.51
固原市	**Guyuan**	**313.21**	**266**	**83.41**
原州区	Yuanzhou	76.02	279	21.23
西吉县	Xiji	133.70	246	32.88
隆德县	Longde	26.60	277	7.36
泾源县	Jingyuan	2.18	247	0.54
彭阳县	Pengyang	74.70	286	21.40
中卫市	**Zhongwei**	**191.38**	**360**	**68.82**
沙坡头区	Shapotou	27.65	564	15.58
中宁县	Zhongning	53.69	559	30.01
海原县	Haiyuan	110.04	211	23.23

注：从2018年开始，区属部分按照属地原则统计在各市、县(区)，不再单列。银川市辖区按三区统计。

Note: From 2018, the subordinate parts of the districts are counted in the cities and counties (districts) according to the principle of territoriality, and are no longer listed separately. Yinchuan municipal districts are counted by three districts.

4-4 2022年各市县小麦生产情况
Basic Statistics of Wheat Production by City and County (2022)

单位：万亩、公斤、万吨 (10000 mu,kg,10000 tons)

市 县	Region	播种面积 Sown Area	亩产 Yield per Unit	总产量 Total Output
全 区	**Total**	**122.03**	**223**	**27.27**
沿黄地区	**Plain**	**53.01**	**337**	**17.85**
中南部地区	**Mountain Area**	**69.02**	**137**	**9.42**
银川市	**Yinchuan**	**18.82**	**380**	**7.15**
兴庆区	Xingqing	1.12	356	0.40
金凤区	Jinfeng	0.23	346	0.08
西夏区	Xixia	0.15	358	0.05
永宁县	Yongning	8.16	390	3.18
贺兰县	Helan	7.16	373	2.67
灵武市	Lingwu	2.00	382	0.76
石嘴山市	**Shizuishan**	**20.04**	**340**	**6.80**
大武口区	Dawukou	0.72	331	0.24
惠农区	Huinong	4.02	343	1.38
平罗县	Pingluo	15.30	339	5.19
吴忠市	**Wuzhong**	**35.21**	**150**	**5.27**
利通区	Litong	1.70	390	0.66
红寺堡区	Hongsipu	4.31	256	1.10
盐池县	Yanchi	2.80	45	0.13
同心县	Tongxin	23.20	91	2.11
青铜峡市	Qingtongxia	3.20	395	1.26
固原市	**Guyuan**	**30.89**	**164**	**5.06**
原州区	Yuanzhou	8.34	172	1.44
西吉县	Xiji	10.10	146	1.48
隆德县	Longde	1.90	187	0.36
泾源县	Jingyuan	0.05	200	0.01
彭阳县	Pengyang	10.50	170	1.79
中卫市	**Zhongwei**	**17.07**	**175**	**2.98**
沙波头区	Shapotou	3.20	179	0.57
中宁县	Zhongning	6.05	230	1.39
海原县	Haiyuan	7.82	130	1.02

注：从2018年开始，区属部分按照属地原则统计在各市、县(区)，不再单列。银川市辖区按三区统计。
Note: From 2018, the subordinate parts of the districts are counted in the cities and counties (districts) according to the principle of territoriality, and are no longer listed separately. Yinchuan municipal districts are counted by three districts.

4-5　2022年各市县水稻生产情况
Basic Statistics of Rice Production by City and County (2022)

单位：万亩、公斤、万吨　(10000 mu, kg, 10000 tons)

市　县	Region	播种面积 Sown Area	亩产 Yield per Unit	总产量 Total Output
全　区	**Total**	**44.06**	**537**	**23.66**
沿黄地区	**Plain**	**44.06**	**537**	**23.66**
中南部地区	**Mountain Area**			
银川市	**Yinchuan**	**18.20**	**548**	**9.98**
兴庆区	Xingqing	3.25	541	1.76
金凤区	Jinfeng	0.21	542	0.11
西夏区	Xixia	3.03	558	1.69
永宁县	Yongning	1.49	588	0.88
贺兰县	Helan	6.11	537	3.28
灵武市	Lingwu	4.12	550	2.27
石嘴山市	**Shizuishan**	**15.60**	**477**	**7.44**
大武口区	Dawukou	1.19	434	0.52
惠农区	Huinong	0.21	442	0.09
平罗县	Pingluo	14.20	481	6.83
吴忠市	**Wuzhong**	**5.57**	**618**	**3.44**
利通区	Litong	2.07	610	1.26
红寺堡区	Hongsipu			
盐池县	Yanchi			
同心县	Tongxin			
青铜峡市	Qingtongxia	3.50	623	2.18
固原市	**Guyuan**			
原州区	Yuanzhou			
西吉县	Xiji			
隆德县	Longde			
泾源县	Jingyuan			
彭阳县	Pengyang			
中卫市	**Zhongwei**	**4.69**	**595**	**2.79**
沙坡头区	Shapotou	2.02	615	1.24
中宁县	Zhongning	2.67	580	1.55
海原县	Haiyuan			

注：从2018年开始，区属部分按照属地原则统计在各市、县(区)，不再单列。银川市辖区按三区统计。
Note: From 2018, the subordinate parts of the districts are counted in the cities and counties (districts) according to the principle of territoriality, and are no longer listed separately. Yinchuan municipal districts are counted by three districts.

4-6 2022年各市县玉米生产情况

Basic Statistics of Corn Production by City and County (2022)

单位：万亩、公斤、万吨 (10000 mu, kg, 10000 tons)

市县	Region	播种面积 Sown Area	亩产 Yield per Unit	总产量 Total Output
全区	**Total**	**548.39**	**504**	**276.63**
沿黄地区	**Plain**	**266.41**	**617**	**164.26**
中南部地区	**Mountain Area**	**281.98**	**399**	**112.38**
银川市	**Yinchuan**	**80.76**	**628**	**50.72**
兴庆区	Xingqing	4.43	562	2.49
金凤区	Jinfeng	1.92	577	1.11
西夏区	Xixia	11.82	650	7.68
永宁县	Yongning	27.30	635	17.34
贺兰县	Helan	16.80	630	10.58
灵武市	Lingwu	18.49	623	11.52
石嘴山市	**Shizuishan**	**67.87**	**537**	**36.48**
大武口区	Dawukou	2.26	514	1.16
惠农区	Huinong	16.61	551	9.15
平罗县	Pingluo	49.00	534	26.17
吴忠市	**Wuzhong**	**163.92**	**543**	**89.03**
利通区	Litong	20.62	623	12.85
红寺堡区	Hongsipu	27.42	541	14.83
盐池县	Yanchi	30.00	336	10.08
同心县	Tongxin	49.56	550	27.26
青铜峡市	Qingtongxia	36.32	661	24.01
固原市	**Guyuan**	**139.20**	**340**	**47.32**
原州区	Yuanzhou	44.00	331	14.56
西吉县	Xiji	38.90	289	11.25
隆德县	Longde	14.60	333	4.86
泾源县	Jingyuan	1.50	268	0.40
彭阳县	Pengyang	40.20	404	16.24
中卫市	**Zhongwei**	**96.64**	**549**	**53.09**
沙坡头区	Shapotou	21.30	640	13.63
中宁县	Zhongning	39.54	672	26.57
海原县	Haiyuan	35.80	360	12.89

注：从2018年开始，区属部分按照属地原则统计在各市、县(区)，不再单列。银川市辖区按三区统计。
Note: From 2018, the subordinate parts of the districts are counted in the cities and counties (districts) according to the principle of territoriality, and are no longer listed separately. Yinchuan municipal districts are counted by three districts.

4-7 2022年各市县马铃薯生产情况

Basic Statistics of Tubers Production by City and County (2022)

单位：万亩、公斤、万吨 (10000 mu, kg, 10000 tons)

市 县	Region	播种面积 Sown Area	亩产 Yield per Unit	总产量 Total Output
全 区	**Total**	**121.01**	**269**	**32.59**
沿黄地区	**Plain**	**0.04**	**70**	**0.00**
中南部地区	**Mountain Area**	**120.97**	**269**	**32.59**
银川市	**Yinchuan**			
兴庆区	Xingqing			
金凤区	Jinfeng			
西夏区	Xixia			
永宁县	Yongning			
贺兰县	Helan			
灵武市	Lingwu			
石嘴山市	**Shizuishan**			
大武口区	Dawukou			
惠农区	Huinong			
平罗县	Pingluo			
吴忠市	**Wuzhong**	**7.31**	**171**	**1.25**
利通区	Litong			
红寺堡区	Hongsipu	0.01	100	0.00
盐池县	Yanchi	1.00	180	0.18
同心县	Tongxin	6.30	170	1.07
青铜峡市	Qingtongxia			
固原市	**Guyuan**	**83.16**	**300**	**24.93**
原州区	Yuanzhou	15.00	290	4.35
西吉县	Xiji	53.50	321	17.16
隆德县	Longde	6.10	280	1.71
泾源县	Jingyuan	0.59	206	0.12
彭阳县	Pengyang	7.97	200	1.59
中卫市	**Zhongwei**	**30.54**	**210**	**6.41**
沙坡头区	Shapotou			
中宁县	Zhongning	0.04	70	0.00
海原县	Haiyuan	30.50	210	6.41

注：从2018年开始，区属部分按照属地原则统计在各市、县(区)，不再单列。银川市辖区按三区统计。

Note: From 2018, the subordinate parts of the districts are counted in the cities and counties (districts) according to the principle of territoriality, and are no longer listed separately. Yinchuan municipal districts are counted by three districts.

4-8 2022年各市县猪、牛、羊、禽存栏情况
Breeding Stock of Livestock by City and County (2022)

市 县	Region	存栏 Livestock in Stock						
		生猪(头)		牛(头)		羊(只)	家禽(百只)	
		Hog (head)	#能繁母猪 Sow	Cattle and Buffaloes (head)	#奶牛 Dairy Cow	Sheep (head)	Poultry (100 heads)	#蛋鸡 Egg-laying
全 区	**Total**	**742593**	**89948**	**2320805**	**836905**	**7105500**	**151266**	**115987**
沿黄地区	**Plain**	**541648**	**67314**	**1318591**	**813262**	**2913160**	**105947**	**86476**
中南部地区	**Mountain Area**	**200945**	**22634**	**1002214**	**23643**	**4192340**	**45319**	**29512**
银川市	**Yinchuan**	**101190**	**15444**	**428016**	**279646**	**1071860**	**24144**	**17576**
银川市辖区	District	14010	1295	110402	69856	125121	2207	2072
兴庆区	Xingqing	9048	1202	53768	38795	68692	246	207
金凤区	Jinfeng	598	45	13653	5318	22801	484	484
西夏区	Xixia	4364	48	42981	25743	33628	1477	1381
永宁县	Yongning	21345	2743	47083	10527	153202	12450	9908
贺兰县	Helan	20133	1641	74165	51371	150606	5927	4795
灵武市	Lingwu	45702	9765	196366	147892	642931	3560	800
石嘴山市	**Shizuishan**	**37724**	**4588**	**181693**	**95610**	**762385**	**9850**	**5298**
大武口区	Dawukou	3745	330	4303	318	39315	1078	442
惠农区	Huinong	15155	2065	40973	30067	232902	1195	267
平罗县	Pingluo	18824	2193	136417	65225	490168	7576	4590
吴忠市	**Wuzhong**	**138038**	**19330**	**683448**	**334197**	**3106685**	**45935**	**31884**
利通区	Litong	25470	4071	330234	216769	269697	3664	1342
红寺堡区	Hongsipu	11334	794	83454	363	436342	10837	953
盐池县	Yanchi	18926	3089	23583	12303	1216610	1525	1123
同心县	Tongxin	4876	535	82942	1086	1009348	2412	1930
青铜峡市	Qingtongxia	77432	10841	163235	103676	174688	27498	26536
固原市	**Guyuan**	**143950**	**16154**	**665879**	**40**	**914292**	**28499**	**23863**
原州区	Yuanzhou	48174	5965	152191	40	314896	21561	20702
西吉县	Xiji	48593	5004	278321		294411	939	203
隆德县	Longde	11380	2036	68783		22397	820	473
泾源县	Jingyuan	895	109	53038		12369	511	289
彭阳县	Pengyang	34908	3040	113546		270219	4667	2196
中卫市	**Zhongwei**	**321691**	**34432**	**361769**	**127412**	**1250278**	**42839**	**37366**
沙坡头区	Shapotou	235507	23119	103374	68203	268930	35358	30802
中宁县	Zhongning	64325	9251	112039	49358	365600	5433	4921
海原县	Haiyuan	21859	2062	146356	9851	615748	2047	1643

注：从2012年开始，区属部分按照属地原则统计在各市、县(区)，不再单列。

Note: From 2012, the subordinate parts of the districts are counted in the cities and counties (districts) according to the principle of territoriality, and are no longer listed separately.

4-8 续表 continued

市 县	Region	比2021年增减% Growth						
		猪		牛		羊	家禽	
		Hog	#能繁母猪 Sow	Cattle and Buffaloes	#奶牛 Dairy Cow	Sheep	Poultry	#蛋鸡 Egg-laying
全 区	**Total**	**-13.1**	**4.5**	**11.7**	**19.2**	**4.9**	**22.9**	**18.3**
沿黄地区	**Plain**	**-8.5**	**3.2**	**15.8**	**19.6**	**5.3**	**15.0**	**18.8**
中南部地区	**Mountain Area**	**-23.7**	**8.8**	**6.7**	**6.4**	**4.7**	**46.3**	**16.9**
银川市	**Yinchuan**	**-33.4**	**-5.0**	**19.1**	**19.8**	**10.2**	**22.8**	**13.9**
银川市辖区	District	-31.4	-29.9	9.7	8.9	11.0	-23.8	-24.9
兴庆区	Xingqing	-43.4	-27.4	12.4	9.1	27.3	-44.8	-49.4
金凤区	Jinfeng	-14.8	-53.6	12.7	7.0	-4.2	-50.0	-50.0
西夏区	Xixia	16.6	-48.9	5.7	9.1	-3.7	-0.5	-0.1
永宁县	Yongning	-5.7	-32.1	2.8	-0.1	-2.0	69.7	80.5
贺兰县	Helan	-19.3	-16.0	9.3	5.4	-8.9	-21.0	-25.0
灵武市	Lingwu	-45.6	16.1	35.4	34.5	19.4	84.8	0.6
石嘴山市	**Shizuishan**	**-26.1**	**-7.4**	**23.2**	**28.2**	**3.3**	**21.6**	**47.6**
大武口区	Dawukou	-24.7	-60.3	6.3	16.9	17.3	54.9	-11.9
惠农区	Huinong	-6.0	6.7	3.5	1.9	4.8	76.5	-28.8
平罗县	Pingluo	-37.2	0.3	31.3	45.7	1.7	12.6	69.2
吴忠市	**Wuzhong**	**-23.5**	**14.1**	**12.3**	**14.5**	**1.6**	**16.9**	**-6.2**
利通区	Litong	13.6	31.6	10.8	15.4	7.7	8.8	-3.1
红寺堡区	Hongsipu	-8.7	1.3	12.4		17.9	333.8	-23.6
盐池县	Yanchi	-59.3	12.7	7.8	-6.4	1.6	-8.9	-12.3
同心县	Tongxin	-35.8	-13.7	7.8	24.7	-6.7	7.4	21.4
青铜峡市	Qingtongxia	-15.4	11.7	18.5	15.1	11.5	-6.8	-6.9
固原市	**Guyuan**	**-17.0**	**10.4**	**4.2**	**-20.0**	**5.6**	**27.1**	**25.7**
原州区	Yuanzhou	-28.6	6.6	5.6	-20.0	12.2	34.7	38.1
西吉县	Xiji	-4.9	22.2	3.6		-2.6	-6.7	-16.2
隆德县	Longde	-20.1	10.7	8.4		-9.8	12.9	-34.2
泾源县	Jingyuan	1.0	39.7	6.0		12.3	78.6	1.2
彭阳县	Pengyang	-12.2	0.5	1.1		9.2	6.2	-20.0
中卫市	**Zhongwei**	**8.0**	**3.5**	**11.8**	**24.7**	**10.0**	**27.4**	**43.6**
沙波头区	Shapotou	32.2	10.8	14.4	21.8	-11.9	24.8	47.8
中宁县	Zhongning	-33.3	-10.7	5.9	29.3	6.2	72.0	62.4
海原县	Haiyuan	-6.3	1.6	14.9	23.8	26.3	-4.6	-23.4

4-9 2022年各市县猪、牛、羊、禽出栏情况
Slaughtered of Livestock by City and County (2022)

市 县	Region	出栏 Slaughtered Livestock				比2021年增减% Growth			
		生猪(头) Hog (head)	牛(头) Cattle and Buffaloes (head)	羊(只) Sheep (head)	家禽(百只) Poultry (100 heads)	猪 Hog	牛 Cattle and Buffaloes	羊 Sheep	家禽 Poultry
全 区	**Total**	**1107871**	**761424**	**7022823**	**121632**	**-1.5**	**5.3**	**8.8**	**-0.7**
沿黄地区	**Plain**	**795124**	**298980**	**2595289**	**85618**	**-1.1**	**1.1**	**7.0**	**-7.9**
中南部地区	**Mountain Area**	**312747**	**462444**	**4427534**	**36014**	**-2.5**	**8.2**	**9.9**	**22.1**
银川市	**Yinchuan**	**175983**	**103712**	**1056527**	**26443**	**-18.5**	**-10.4**	**3.2**	**-13.7**
银川市辖区	District	36730	27167	89279	2192	-8.9	-2.5	10.7	-13.2
兴庆区	Xingqing	22840	11238	56719	561		-5.0	11.3	-15.5
金凤区	Jinfeng	2092	5674	10899	680	-27.1	12.6	2.8	-3.6
西夏区	Xixia	11798	10255	21661	951	-19.1	-6.7	13.5	-17.6
永宁县	Yongning	20825	26834	237549	11944	-31.2	-18.3	8.9	-11.9
贺兰县	Helan	25241	20733	122080	7965	-25.2	-20.4	2.0	16.3
灵武市	Lingwu	93187	28978	607619	4342	-16.5		0.4	-43.7
石嘴山市	**Shizuishan**	**64917**	**48216**	**676671**	**14266**	**-8.1**	**3.1**	**5.1**	**-0.6**
大武口	Dawukou	3827	1769	16934	2281	-13.4	15.5	23.4	21.9
惠农区	Huinong	16289	11779	199370	3216	22.4		10.6	40.1
平罗县	Pingluo	44801	34668	460367	8769	-15.3	3.7	2.3	-13.9
吴忠市	**Wuzhong**	**228987**	**196951**	**3493802**	**33699**	**18.4**	**2.3**	**9.9**	**-3.8**
利通区	Litong	22976	69727	232441	4336	12.5	7.4	19.7	-43.1
红寺堡区	Hongsipu	11193	43543	338331	3782	6.8	3.1	3.8	29.7
盐池县	Yanchi	64489	6033	1394409	1605	7.9	0.8	4.6	63.8
同心县	Tongxin	8207	48556	1356212	3838	37.5	-8.5	15.8	-8.4
青铜峡市	Qingtongxia	122122	29092	172409	20138	26.2	10.4	11.3	4.1
固原市	**Guyuan**	**200548**	**303081**	**839479**	**24492**	**-5.7**	**12.4**	**13.0**	**30.2**
原州区	Yuanzhou	88666	68787	257929	13805	-12.8	15.7	22.4	61.5
西吉县	Xiji	47379	107982	275992	1185	7.5	17.8	12.5	-46.9
隆德县	Longde	18004	28824	26382	836	-35.3	15.4	23.2	214.4
泾源县	Jingyuan	909	29373	7182	716	-18.5	3.0	2.3	25.7
彭阳县	Pengyang	45590	68115	271994	7950	20.2	4.9	5.4	10.4
中卫市	**Zhongwei**	**437436**	**109464**	**956342**	**22733**	**1.2**	**11.1**	**10.6**	**-3.7**
沙波头区	Shapotou	308591	21617	195457	16003	14.8	8.7	29.6	-3.1
中宁县	Zhongning	100535	26616	261784	4433	-23.4	20.4	1.8	-1.9
海原县	Haiyuan	28310	61231	499103	2297	-11.5	8.4	9.2	-11.1

注：从2012年开始，区属部分按照属地原则统计在各市、县(区)，不再单列。

Note: From 2012, the subordinate parts of the districts are counted in the cities and counties (districts) according to the principle of territoriality, and are no longer listed separately.

4-10 2022年各市县猪、牛、羊、禽肉产量
Output of Livestock Products by City and County (2022)

单位：吨 (ton)

市 县	Region	猪 Hog	牛 Cattle and Buffaloes	羊 Sheep	家禽 Poultry
全 区	**Total**	**90339**	**124690**	**124794**	**25483**
沿黄地区	**Plain**	**65607**	**49808**	**47120**	**18385**
中南部地区	**Mountain Area**	**24732**	**74882**	**77674**	**7099**
银川市	**Yinchuan**	**14467**	**17740**	**19366**	**5999**
银川市辖区	District	2998	4756	1610	466
兴庆区	Xingqing	1867	1969	1009	126
金凤区	Jinfeng	172	986	199	134
西夏区	Xixia	959	1802	403	206
永宁县	Yongning	1730	4506	4070	2725
贺兰县	Helan	2037	3580	2314	1627
灵武市	Lingwu	7702	4898	11372	1181
石嘴山市	**Shizuishan**	**5151**	**8030**	**12489**	**3046**
大武口区	Dawukou	314	282	327	520
惠农区	Huinong	1342	1991	3666	707
平罗县	Pingluo	3495	5757	8496	1819
吴忠市	**Wuzhong**	**18764**	**32217**	**61527**	**7073**
利通区	Litong	1885	11182	4127	1126
红寺堡区	Hongsipu	941	7108	5857	856
盐池县	Yanchi	5083	1003	24360	342
同心县	Tongxin	668	8163	24131	800
青铜峡市	Qingtongxia	10187	4762	3052	3949
固原市	**Guyuan**	**15808**	**48746**	**14652**	**4648**
原州区	Yuanzhou	7186	11411	4470	2436
西吉县	Xiji	3585	16981	4656	252
隆德县	Longde	1424	4752	454	158
泾源县	Jingyuan	80	4650	133	146
彭阳县	Pengyang	3534	10952	4939	1655
中卫市	**Zhongwei**	**36149**	**17957**	**16762**	**4718**
沙波头区	Shapotou	25785	3607	3282	3280
中宁县	Zhongning	8131	4487	4805	985
海原县	Haiyuan	2232	9864	8674	453

注：从2012年开始，区属部分按照属地原则统计在各市、县(区)，不再单列。

Note: From 2012, the subordinate parts of the districts are counted in the cities and counties (districts) according to the principle of territoriality, and are no longer listed separately.

4-11 主要年份各市县猪、牛、羊、禽肉产量

Output of Livestock Products by City and County in Main Years

单位：吨 (ton)

市 县	Region	1978	1980	1990	2000	2005	2006	2007	2008	2009	2010	2011
全 区	**Total**	**12253**	**21491**	**62791**	**159364**	**222783**	**216001**	**228062**	**232396**	**251855**	**254182**	**247448**
沿黄地区	**Plain**	**7703**	**14224**	**38107**	**118955**	**146647**	**129029**	**133729**	**137409**	**146333**	**141369**	**134079**
中南部地区	**Mountain Area**	**4550**	**7267**	**24684**	**40409**	**76136**	**86972**	**94333**	**94987**	**105522**	**112813**	**113369**
银川市	**Yinchuan**	**2191**	**4935**	**11543**	**35144**	**38812**	**35634**	**35905**	**38679**	**41923**	**44589**	**45055**
银川市辖区	District	454	1098	2917	9149	11347	7468	8792	9723	9587	11128	10900
兴庆区	Xingqing											
金凤区	Jinfeng											
西夏区	Xixia											
永宁县	Yongning	681	1167	4060	7322	11170	13035	11661	11558	12704	12803	12518
贺兰县	Helan	567	1161	3065	6429	8234	8156	7272	7443	7891	7562	7086
灵武市	Lingwu	489	1509	1501	12244	8061	6976	8180	9955	11741	13096	14548
石嘴山市	**Shizuishan**	**1402**	**2442**	**6571**	**19009**	**22026**	**21428**	**20977**	**20208**	**19654**	**20372**	**20268**
大武口区	Dawukou	493	976	2427	4942	7103	1433	1358	1221	1394	1379	1491
惠农区	Huinong						5236	5240	5409	4921	5349	5418
平罗县	Pingluo	748	1229	3585	12611	14923	14759	14379	13578	13339	13644	13358
吴忠市	**Wuzhong**	**2862**	**4147**	**14388**	**39857**	**58899**	**58884**	**60935**	**61907**	**68272**	**63968**	**60796**
利通区	Litong	1190	1759	5198	7096	11719	12828	12287	12506	13491	12080	10446
红寺堡区	Hongsipu	405	813	1395	9763	12822	2344	3526	3557	4403	4034	4365
盐池县	Yanchi	498	476	3191	6920	9897	11081	12207	12141	12821	15201	15054
同心县	Tongxin	344	1958	3457	3182		10546	10206	10525	13192	14427	15714
青铜峡市	Qingtongxia	769	1099	4604	15734	21279	22085	22709	23178	24365	18226	15216
固原市	**Guyuan**	**2352**	**4339**	**13350**	**22354**	**39532**	**47360**	**58014**	**58076**	**63858**	**66963**	**66269**
原州区	Yuanzhou	1118	2853	2774	5133	11783	12044	13838	13928	14832	15578	15405
西吉县	Xiji	693	990	2563	4239	9126	11057	15426	15299	15774	16336	15775
隆德县	Longde	496	419	3170	5266	5441	5263	6180	6224	7679	8480	8557
泾源县	Jingyuan	45	77	1044	1606	4447	5157	6010	6232	6992	7580	7894
彭阳县	Pengyang			3799	6110	8735	13839	16560	16393	18581	18989	18636
中卫市	**Zhongwei**	**2202**	**3111**	**14863**	**38907**	**58076**	**47337**	**47225**	**47937**	**52164**	**51999**	**48804**
沙波头区	Shapotou	1002	1364	6626	17195	21586	17442	13511	13123	16113	16106	14266
中宁县	Zhongning	690	1054	5292	18017	24684	19612	23334	24126	24803	23705	22573
海原县	Haiyuan	510	693	2945	3695	11806	10283	10380	10688	11248	12188	11967
区 属	**Qushu**	**1244**	**2517**	**2076**	**4093**	**5438**	**5358**	**5006**	**5589**	**5984**	**6291**	**6256**

注：从2012年开始，区属部分按照属地原则统计在各市、县(区)，不再单列；惠农区数据包含大武口区。根据第三次全国农业普查结果重新修订2013-2017年分市县数据。

Note: From 2012, the subordinate parts of the districts are counted in the cities and counties (districts) according to the principle of territoriality, and are no longer listed separately; Data of Huinong contain Dawukou. Data of livestock 2013-2017 by city and county had been revised according to the data from the third national agricultural census.

4-11 续表 continued

单位：吨 (ton)

市 县	Region	2012	2013	2014	2015	2016	2017	2018	2019	2020	2021	2022
全 区	**Total**	**261244**	**279506**	**293101**	**299502**	**318682**	**331524**	**338268**	**332476**	**334321**	**349806**	**365306**
沿黄地区	**Plain**	**136609**	**154658**	**161451**	**163720**	**174363**	**180413**	**183183**	**174445**	**169606**	**177320**	**180920**
中南部地区	**Mountain Area**	**124635**	**124847**	**131650**	**135782**	**144319**	**151112**	**155085**	**158031**	**164714**	**172486**	**184387**
银川市	**Yinchuan**	**49323**	**62147**	**62553**	**60772**	**63336**	**63944**	**63269**	**61598**	**57611**	**61876**	**57572**
银川市辖区	District	10707	14359	13688	13607	13887	14679	14246	13776	9669	10193	9830
兴庆区	Xingqing									4633	5064	4971
金凤区	Jinfeng									1565	1459	1491
西夏区	Xixia									3471	3669	3369
永宁县	Yongning	12603	9498	9910	10415	10481	10383	10581	11073	12477	14274	13031
贺兰县	Helan	7261	9580	10047	9263	10527	10038	10155	9558	9790	10558	9558
灵武市	Lingwu	18752	28710	28909	27487	28440	28844	28286	27192	25675	26851	25153
石嘴山市	**Shizuishan**	**19483**	**22364**	**23403**	**24377**	**25502**	**27311**	**29568**	**28194**	**27681**	**28148**	**28716**
大武口区	Dawukou								1573	1238	1194	1442
惠农区	Huinong	5613	6806	7484	7630	8597	9296	9893	7902	6626	6943	7706
平罗县	Pingluo	13871	15558	15919	16747	16905	18014	19675	18719	19816	20011	19568
吴忠市	**Wuzhong**	**73289**	**81191**	**85073**	**85939**	**92640**	**99006**	**103365**	**106501**	**107885**	**110802**	**119581**
利通区	Litong	11253	14341	15166	16816	18539	19512	20024	21334	19442	17241	18321
红寺堡区	Hongsipu	5636	9315	9379	10076	11886	13279	13460	13260	14058	14070	14761
盐池县	Yanchi	16450	19312	21774	21607	23580	24878	25521	27123	28126	29071	30788
同心县	Tongxin	20214	20597	20714	21129	20470	22079	23494	25753	28315	30899	33761
青铜峡市	Qingtongxia	19735	17625	18040	16311	18165	19258	20866	19030	17944	19522	21949
固原市	**Guyuan**	**68706**	**62692**	**66117**	**69195**	**74139**	**76498**	**77523**	**75786**	**76188**	**77462**	**83852**
原州区	Yuanzhou	16651	17677	19020	19792	21276	22064	22276	21491	22713	23619	25502
西吉县	Xiji	16200	16081	16566	17781	19768	21341	21944	22160	21925	22588	25474
隆德县	Longde	9291	6722	7228	7314	7594	7599	7938	7598	7348	6733	6788
泾源县	Jingyuan	9465	4175	4590	5242	5700	5353	5084	4612	4860	4875	5009
彭阳县	Pengyang	17100	18036	18714	19066	19799	20141	20281	19925	19341	19646	21079
中卫市	**Zhongwei**	**50413**	**51112**	**55954**	**59219**	**63065**	**64765**	**64543**	**60397**	**64956**	**71518**	**75586**
沙波头区	Shapotou	11720	17375	20484	22403	24752	26265	25783	24025	28432	31592	35955
中宁县	Zhongning	25064	20806	21805	23041	24069	24122	23672	20264	18497	19909	18408
海原县	Haiyuan	13629	12931	13666	13775	14244	14378	15088	16108	18027	20018	21223
区 属	**Qushu**											

4-12 主要年份各市县牛奶产量
Output of Milk by City and County in Main Years

单位：吨 (ton)

市 县	Region	1978	1980	1990	2000	2005	2006	2007	2008	2009	2010	2011
全 区	**Total**	**3720**	**4152**	**40704**	**236042**	**578500**	**636667**	**795033**	**893830**	**811437**	**845882**	**960602**
沿黄地区	**Plain**	**3662**	**4061**	**40250**	**233462**	**563609**	**621096**	**778768**	**878860**	**801172**	**837823**	**955396**
中南部地区	**Mountain Area**	**58**	**91**	**454**	**2580**	**14891**	**15571**	**16265**	**14970**	**10265**	**8059**	**5207**
银川市	**Yinchuan**	**578**	**706**	**17344**	**68049**	**168727**	**156540**	**215570**	**266499**	**248632**	**271455**	**293280**
银川市辖区	District	491	572	12166	20948	68994	55124	102934	141659	131832	144260	153220
兴庆区	Xingqing											
金凤区	Jinfeng											
西夏区	Xixia											
永宁县	Yongning	35	65	2372	16943	27873	29175	35697	41737	41439	44330	48586
贺兰县	Helan	28	36	2649	6380	22911	23608	23611	26162	25807	33619	38913
灵武市	Lingwu	24	33	157	23778	48949	48634	53328	56941	49554	49246	52561
石嘴山市	**Shizuishan**	**135**	**183**	**188**	**5739**	**20393**	**8967**	**26555**	**36372**	**29777**	**38562**	**43759**
大武口区	Dawukou	57	74	97	4802	13819	1225	886	881		1244	1257
惠农区	Huinong						30	17791	24050	18395	26085	30114
平罗县	Pingluo	78	105	91	925	6574	7712	7878	11441	11382	11233	12388
吴忠市	**Wuzhong**	**620**	**723**	**13197**	**135884**	**308910**	**356026**	**445992**	**470627**	**411679**	**397931**	**468240**
利通区	Litong	515	708	11951	120600	263721	299163	382532	399837	342150	329883	384094
红寺堡区	Hongsipu					1611	654	852	542	719	738	649
盐池县	Yanchi		15	72	2404	8732	10035	10184	8070	6932	5669	3138
同心县	Tongxin				85	27	20	34	142	139	108	120
青铜峡市	Qingtongxia	105		1174	12795	34819	46154	52390	62036	61739	61533	80239
固原市	**Guyuan**	**58**	**68**	**379**	**91**	**4301**	**4632**	**4965**	**5654**	**2389**	**1474**	**1299**
原州区	Yuanzhou	40	48	131	90	3572	4018	4404	5062	1656	1050	1225
西吉县	Xiji			108		20	22	30	68			
隆德县	Longde	4	1			99	110	115	137	156	126	74
泾源县	Jingyuan	14	19	140		379	262	200	235			
彭阳县	Pengyang				1	231	220	216	152	577	298	
中卫市	**Zhongwei**	**83**	**111**	**330**	**7945**	**25602**	**30426**	**31337**	**33538**	**31921**	**36948**	**37690**
沙坡头区	Shapotou	48	44	230	3044	6634	15743	7161	13877	12738	14997	14870
中宁县	Zhongning	35	67	100	4901	18748	14454	23946	19099	19097	21881	22820
海原县	Haiyuan					220	230	230	562	86	70	
区 属	**Qushu**	**2246**	**2361**	**9266**	**18334**	**50567**	**80075**	**70614**	**81140**	**87039**	**99512**	**116334**

注：从2012年开始，区属部分按照属地原则统计在各市、县(区)，不再单列；惠农区数据包含大武口区。根据第三次全国农业普查结果重新修订2013-2017年分市县数据。

Note: From 2012, the subordinate parts of the districts are counted in the cities and counties (districts) according to the principle of territoriality, and are no longer listed separately; Data of Huinong contain Dawukou. Data of livestock 2013-2017 by city and county had been revised according to the data from the third national agricultural census.

4-12 续表 continued

单位：吨 (ton)

市 县	Region	2012	2013	2014	2015	2016	2017	2018	2019	2020	2021	2022
全 区	**Total**	**1034945**	**1087659**	**1417016**	**1425275**	**1455906**	**1600659**	**1682882**	**1833601**	**2153441**	**2805001**	**3425027**
沿黄地区	**Plain**	**1029291**	**1079155**	**1404030**	**1412943**	**1436472**	**1572010**	**1656565**	**1806440**	**2111477**	**2713363**	**3326094**
中南部地区	**Mountain Area**	**5654**	**8503**	**12986**	**12332**	**19434**	**28649**	**26317**	**27162**	**41964**	**91638**	**98933**
银川市	**Yinchuan**	**401076**	**409512**	**517552**	**480152**	**471194**	**504038**	**539463**	**568718**	**652377**	**873678**	**1185324**
银川市辖区	District	214892	214858	259648	218306	217937	217569	214584	207220	243931	284741	315934
兴庆区	Xingqing									124935	134372	156244
金凤区	Jinfeng									21022	23608	23928
西夏区	Xixia									97974	126761	135763
永宁县	Yongning	59369	48660	55984	50351	47873	45450	41149	37914	27359	37823	38980
贺兰县	Helan	59475	69380	106884	119510	133791	178414	214977	242267	244267	258043	262529
灵武市	Lingwu	67340	76613	95037	91985	71593	62605	68753	81317	136820	293070	567880
石嘴山市	**Shizuishan**	**54743**	**69133**	**87514**	**94832**	**85513**	**99779**	**124901**	**141978**	**161941**	**260330**	**348396**
大武口区	Dawukou								1001	671	896	853
惠农区	Huinong	38488	45975	55803	60765	49998	63652	76119	107772	111494	126169	132103
平罗县	Pingluo	16255	23158	31711	34067	35515	36127	48782	33481	49776	133265	215439
吴忠市	**Wuzhong**	**526607**	**517753**	**682601**	**694534**	**709590**	**774495**	**783161**	**862002**	**1046780**	**1241214**	**1409745**
利通区	Litong	424384	406235	531904	530627	544552	581340	581331	607544	698822	819903	952921
红寺堡区	Hongsipu	764	544	467	534	302	511	194			2620	298
盐池县	Yanchi	2991	3087	6166	6089	6788	16907	18130	24731	36469	57488	59864
同心县	Tongxin	25	1176	1303	811	934	641	654	578	643	3342	3246
青铜峡市	Qingtongxia	98442	106710	142762	156472	157014	175097	182852	229150	310845	357861	393417
固原市	**Guyuan**	**1743**	**3578**	**5050**	**4898**	**3962**	**2076**	**2115**	**763**	**59**	**149**	**165**
原州区	Yuanzhou	1603	2783	4583	4458	3593	1711	1242	488	45	149	165
西吉县	Xiji		427	310	292	252	221	383		14		
隆德县	Longde	139	258	157	148	106	144	254				
泾源县	Jingyuan		110			10		70				
彭阳县	Pengyang							166				
中卫市	**Zhongwei**	**51687**	**87683**	**124298**	**150860**	**185647**	**220271**	**233242**	**260141**	**292283**	**429629**	**481398**
沙波头区	Shapotou	20809	48101	71082	97110	115084	144698	159829	174967	186832	233429	261895
中宁县	Zhongning	30747	39465	53216	53750	63115	67059	68189	84083	100659	168161	184141
海原县	Haiyuan	131	118			7447	8515	5224	1090	4792	28039	35361
区 属	**Qushu**											

4-13 主要年份主要畜禽生产情况
Basic Statistics of Livestock Production in Main Years

单位：万头、万只、万吨 (10000 heads, 10000 tons)

年 份 Year	存栏 Number of Livestock in Stock								
	一、生猪 Hog	其中：能繁母猪 Sow	二、牛 Cattle and Buffaloes	1.肉牛 Beef Cattle	2.奶牛 Dairy Cow	三、羊 Sheep	1.山羊 Goat	2.绵羊 Sheep	四、家禽 Poultry
2006	83.8	9.8	90.2	68.3	21.9	348.3	61.1	287.1	635.5
2007	82.6	9.8	96.6	70.3	26.3	385.2	66.9	318.3	758.2
2008	89.5	12.9	93.4	62.6	30.8	461.3	142.5	318.8	972.7
2009	91.7	13.7	92.1	64.8	27.3	470.2	138.2	332.0	963.0
2010	73.7	9.0	90.7	63.8	26.9	473.7	130.6	343.1	956.9
2011	68.3	8.3	91.8	61.9	29.8	479.5	125.9	353.6	1127.8
2012	71.4	9.6	94.4	61.0	33.4	495.7	100.0	395.7	1043.4
2013	79.6	10.7	95.8	61.2	34.6	546.4	101.0	445.4	1340.8
2014	81.9	9.6	103.1	63.8	39.3	574.2	96.8	477.5	1523.2
2015	73.1	8.6	107.6	69.7	37.9	540.0	104.1	435.9	1446.5
2016	79.1	9.1	113.5	73.8	39.8	522.3	100.5	421.8	1730.8
2017	81.0	9.4	118.3	77.5	40.8	506.6	99.8	406.8	1150.7
2018	73.8	8.1	124.6	84.5	40.1	534.3	107.2	427.1	1143.1
2019	73.4	8.8	140.9	97.2	43.7	568.5	108.8	459.7	1284.4
2020	90.0	11.6	178.0	120.6	57.4	596.1	92.7	503.4	1181.8
2021	85.5	8.6	207.8	137.6	70.2	677.1	95.5	581.6	1231.0
2022	74.3	9.0	232.1	148.4	83.7	710.6	105.7	604.9	1512.7

4-13 续表 continued

单位：万头、万只、万吨 (10000 heads, 10000 tons)

年 份 Year	出栏 Slaughtered Livestock				产品产量 Output of Livestock					
	一、生猪 Hog	二、牛 Cattle and Buffaloes	三、羊 Sheep	四、家禽 Poultry	一、猪肉产量 Pork	二、牛肉产量 Beef	三、羊肉产量 Mutton	四、禽肉产量 Poultry	五、禽蛋产量 Poultry Egg	六、生牛奶产量 Poultry Milk
2006	111.9	39.7	319.1	1239.2	8.0	5.6	5.5	2.1	5.2	63.7
2007	115.3	45.6	329.3	1170.9	8.3	6.5	5.7	2.1	6.0	79.5
2008	118.5	47.7	341.9	1305.9	8.5	6.8	5.9	2.3	7.1	89.4
2009	127.2	50.9	395.3	1275.5	9.2	7.3	6.8	2.3	8.7	81.1
2010	120.2	52.1	425.1	1378.6	8.5	7.5	7.3	2.5	8.3	84.6
2011	99.7	52.0	443.9	1463.9	7.3	7.5	7.9	2.7	9.3	96.1
2012	106.2	57.0	465.0	1455.0	7.9	7.9	8.3	2.7	8.3	103.5
2013	101.0	59.5	499.7	1702.9	7.5	8.7	8.7	3.1	10.5	108.8
2014	109.9	58.7	518.0	1777.0	8.3	8.8	8.9	3.3	12.3	141.7
2015	102.0	64.4	532.5	1578.4	7.9	9.7	9.3	3.0	13.6	142.5
2016	110.3	68.2	538.0	1769.6	8.6	10.4	9.5	3.4	15.7	145.6
2017	113.7	71.0	560.0	1796.0	8.9	10.9	9.9	3.4	15.3	160.1
2018	112.5	74.8	558.8	1848.7	8.8	11.5	9.9	3.6	14.4	168.3
2019	96.6	71.9	579.7	1723.9	7.8	11.5	10.4	3.6	13.9	183.4
2020	98.6	72.0	625.1	1386.7	8.0	11.4	11.1	2.9	13.9	215.3
2021	112.5	72.3	645.5	1224.7	9.1	11.8	11.5	2.6	12.9	280.5
2022	110.8	76.1	702.3	1216.3	9.0	12.5	12.5	2.5	13.2	342.5

4-14 2013-2022年各市县生猪生产情况

Basic Statistics of Hog Production (2013-2022)

单位：头、吨 (head,ton)

市县	Region	2013		2014		2015		2016		2017	
		生猪存栏 Hog in Stock	#能繁母猪 Sow	生猪存栏 Hog in Stock	#能繁母猪 Sow	生猪存栏 Hog in Stock	#能繁母猪 Sow	生猪存栏 Hog in Stock	#能繁母猪 Sow	生猪存栏 Hog in Stock	#能繁母猪 Sow
全 区	**Total**	**795550**	**106925**	**818930**	**96454**	**730520**	**85803**	**790767**	**91107**	**810351**	**94061**
沿黄地区	**Plain**	**570539**	**84674**	**591875**	**75809**	**541365**	**68088**	**593313**	**71722**	**605178**	**74218**
中南部地区	**Mountain Area**	**225011**	**22251**	**227055**	**20645**	**189155**	**17715**	**197454**	**19385**	**205173**	**19843**
银川市	**Yinchuan**	**202586**	**28319**	**214485**	**28455**	**191823**	**26157**	**217653**	**26815**	**222637**	**28406**
银川市区	District	48693	6483	55985	6660	42772	5479	55700	6939	57713	7506
兴庆区	Xingqing										
金凤区	Jinfeng										
西夏区	Xixia										
永宁县	Yongning	20667	3093	23875	3187	15990	2033	15290	1890	17244	1937
贺兰县	Helan	26513	3089	24037	2880	23133	2868	27819	2662	27841	3336
灵武市	Lingwu	106712	15653	110588	15728	109928	15777	118844	15324	119839	15627
石嘴山市	**Shizuishan**	**47714**	**4831**	**47469**	**4438**	**44775**	**4233**	**47635**	**5202**	**49637**	**5384**
石嘴山市辖区	District	13973	1812	16384	1864	14640	1896	16478	2541	17534	2790
大武口区	Dawukou										
惠农区	Huinong										
平罗县	Pingluo	33741	3019	31084	2574	30135	2338	31157	2661	32103	2594
吴忠市	**Wuzhong**	**176487**	**24949**	**163335**	**20762**	**151761**	**17603**	**160987**	**19135**	**164990**	**19383**
利通区	Litong	27859	4494	25597	4096	23590	3608	24898	3404	25583	3557
红寺堡	Hongsipu	8290	842	9835	873	10400	843	9798	793	10169	819
盐池县	Yanchi	40083	4694	37062	4069	38117	3904	41000	4165	39554	4128
同心县	Tongxin	6311	72	6980	76	5557	90	5254	87	5364	89
青铜峡市	Qingtongxia	93945	14847	83861	11648	74098	9159	80037	10686	84320	10790
固原市	**Guyuan**	**148111**	**14602**	**152373**	**14133**	**116701**	**11349**	**124986**	**12566**	**133194**	**13290**
原州区	Yuanzhou	61288	5303	64052	5404	46502	4131	50135	4842	46206	4679
西吉县	Xiji	22425	2247	26516	2343	19227	1693	19981	1831	30903	2414
隆德县	Longde	31209	3857	31534	3958	20402	3088	23828	3483	23057	3088
泾源县	Jingyuan	1458	53	1531	61	1018	67	961	135	828	138
彭阳县	Pengyang	31731	3142	28739	2367	29552	2371	30081	2275	32200	2971
中卫市	**Zhongwei**	**220652**	**34224**	**241269**	**28666**	**225460**	**26460**	**239506**	**27390**	**239893**	**27598**
沙坡头区	Shapotou	99448	13778	117348	13799	101298	13042	119052	12694	120566	13436
中宁县	Zhongning	98988	18405	103115	13373	105782	11889	104038	12922	102435	12645
海原县	Haiyuan	22217	2041	20806	1493	18381	1529	16416	1774	16892	1517

4-14 续表 1 continued

单位：头、吨 (head,ton)

市 县	Region	2018 生猪存栏 Hog in Stock	2018 #能繁母猪 Sow	2019 生猪存栏 Hog in Stock	2019 #能繁母猪 Sow	2020 生猪存栏 Hog in Stock	2020 #能繁母猪 Sow	2021 生猪存栏 Hog in Stock	2021 #能繁母猪 Sow	2022 生猪存栏 Hog in Stock	2022 #能繁母猪 Sow
全 区	**Total**	**737537**	**80930**	**733718**	**87632**	**900220**	**115876**	**855021**	**86034**	**742593**	**89948**
沿黄地区	**Plain**	**522007**	**59782**	**495021**	**66378**	**628407**	**84009**	**591667**	**65226**	**541648**	**67314**
中南部地区	**Mountain Area**	**215530**	**21148**	**238697**	**21254**	**271813**	**31867**	**263354**	**20808**	**200945**	**22634**
银川市	**Yinchuan**	**178954**	**21459**	**135941**	**18710**	**161537**	**23478**	**152041**	**16251**	**101190**	**15444**
银川市区	District	43033	3979	28947	3448	33524	4350	20427	1847	14010	1295
兴庆区	Xingqing					17177	2451	15983	1656	9048	1202
金凤区	Jinfeng					2506	204	702	97	598	45
西夏区	Xixia					13841	1695	3742	94	4364	48
永宁县	Yongning	15220	1925	14605	2315	24831	3565	22625	4037	21345	2743
贺兰县	Helan	20101	2495	20664	2501	24819	4035	24962	1954	20133	1641
灵武市	Lingwu	100600	13060	71725	10446	78363	11528	84027	8413	45702	9765
石嘴山市	**Shizuishan**	**51658**	**4930**	**52760**	**4887**	**60019**	**5019**	**51049**	**4952**	**37724**	**4588**
石嘴山市辖区	District	20600	3070	18503	2838						
大武口区	Dawukou					8775	1236	4973	831	3745	330
惠农区	Huinong					14890	1542	16116	1935	15155	2065
平罗县	Pingluo	31058	1860	34257	2049	36354	2241	29960	2186	18824	2193
吴忠市	**Wuzhong**	**147884**	**16623**	**155462**	**16647**	**171397**	**20963**	**180453**	**16944**	**138038**	**19330**
利通区	Litong	19902	2644	20721	3089	23538	3599	22420	3093	25470	4071
红寺堡	Hongsipu	8740	807	8136	609	9618	814	12408	784	11334	794
盐池县	Yanchi	46200	4672	48344	2655	46194	2746	46530	2740	18926	3089
同心县	Tongxin	5082	80	4864	91	9099	577	7595	620	4876	535
青铜峡市	Qingtongxia	67960	8420	73397	10203	82948	13227	91500	9707	77432	10841
固原市	**Guyuan**	**138258**	**13859**	**159757**	**16273**	**179192**	**23297**	**173495**	**14634**	**143950**	**16154**
原州区	Yuanzhou	51200	5440	57606	5703	79208	10477	67501	5598	48174	5965
西吉县	Xiji	30585	2215	44728	4223	47542	5877	51112	4095	48593	5004
隆德县	Longde	22019	3041	27928	3231	21769	3269	14237	1839	11380	2036
泾源县	Jingyuan	594	77	595	90	983	137	886	78	895	109
彭阳县	Pengyang	33860	3086	28900	3026	29690	3537	39759	3024	34908	3040
中卫市	**Zhongwei**	**220783**	**24059**	**229798**	**31115**	**328075**	**43119**	**297983**	**33253**	**321691**	**34432**
沙坡头区	Shapotou	118491	13309	130739	17721	196737	23814	178204	20859	235507	23119
中宁县	Zhongning	85042	9020	81463	11768	103628	14872	96453	10364	64325	9251
海原县	Haiyuan	17250	1730	17596	1626	27710	4433	23326	2030	21859	2062

注：根据第三次农业普查结果重新修订2013—2017年分市县数据。
Note: Data of livestock 2013-2017 by city and county had been revised according to the data from the third national agricultural census.

4-14 续表 2 continued

单位：头、吨 (head,ton)

市 县	Region	生猪出栏 Slaughtered of Livestock of Hog									
		2013	2014	2015	2016	2017	2018	2019	2020	2021	2022
全 区	**Total**	**1009723**	**1098673**	**1020500**	**1102660**	**1137454**	**1124531**	**965621**	**986018**	**1124622**	**1107871**
沿黄地区	**Plain**	**779661**	**827009**	**776470**	**839176**	**876065**	**841359**	**683673**	**704232**	**803752**	**795124**
中南部地区	**Mountain Area**	**230062**	**271664**	**244030**	**263484**	**261389**	**283172**	**281948**	**281786**	**320870**	**312747**
银川市	**Yinchuan**	**284839**	**290780**	**254681**	**268520**	**277822**	**242673**	**213492**	**189037**	**215856**	**175983**
银川市区	District	59534	55885	57376	61914	72426	54456	47003	37331	40298	36730
兴庆区	Xingqing								21284	22844	22840
金凤区	Jinfeng								4862	2870	2092
西夏区	Xixia								11185	14584	11798
永宁县	Yongning	39967	39189	31029	30387	27944	25826	19316	21545	30286	20825
贺兰县	Helan	43019	46947	37877	37343	37105	31259	28620	29378	33732	25241
灵武市	Lingwu	142320	148759	128399	138877	140347	131133	118553	100783	111540	93187
石嘴山市	**Shizuishan**	**62168**	**75193**	**71061**	**73631**	**77478**	**89163**	**73221**	**66802**	**70630**	**64917**
石嘴山市辖区	District	13026	17733	15122	17872	21050	27103	24724			
大武口区	Dawukou								4395	4421	3827
惠农区	Huinong								14037	13308	16289
平罗县	Pingluo	49142	57461	55939	55759	56428	62060	48497	48370	52901	44801
吴忠市	**Wuzhong**	**210167**	**233747**	**192115**	**222145**	**241296**	**253286**	**198140**	**184080**	**193420**	**228987**
利通区	Litong	32632	37313	30646	36282	42503	41826	26943	17728	20423	22976
红寺堡	Hongsipu	10862	12667	11551	13800	13129	13409	12296	7316	10481	11193
盐池县	Yanchi	34901	47751	39610	46184	52082	62845	56537	57570	59779	64489
同心县	Tongxin	6002	6359	5078	5762	5770	6005	5875	4681	5969	8207
青铜峡市	Qingtongxia	125771	129657	105230	120118	127812	129200	96489	96785	96768	122122
固原市	**Guyuan**	**157037**	**180164**	**166528**	**171718**	**164121**	**176372**	**186684**	**193458**	**212660**	**200548**
原州区	Yuanzhou	51688	63216	65896	71671	69084	75189	80253	87218	101728	88666
西吉县	Xiji	24709	28500	26921	26195	27321	31083	36581	39673	44077	47379
隆德县	Longde	33813	41885	34024	35794	32820	33685	31243	31490	27810	18004
泾源县	Jingyuan	2504	2496	2319	2396	2258	1734	1201	1727	1116	909
彭阳县	Pengyang	44323	44066	37367	35662	32638	34681	37406	33350	37929	45590
中卫市	**Zhongwei**	**295511**	**318789**	**336115**	**366645**	**376737**	**363036**	**294084**	**352641**	**432056**	**437436**
沙坡头区	Shapotou	112010	132240	148115	164332	172882	165144	152153	224109	268821	308591
中宁县	Zhongning	162241	161826	166738	176293	177568	173352	121375	109771	131254	100535
海原县	Haiyuan	21261	24724	21263	26021	26287	24540	20556	18761	31981	28310

4-14 续表 3 continued

单位：头、吨 (head,ton)

市 县	Region	猪肉产量 Output of Pork Production									
		2013	2014	2015	2016	2017	2018	2019	2020	2021	2022
全 区	**Total**	**74916.8**	**83067.1**	**79033.9**	**85617.5**	**89079.8**	**88399.0**	**78159.1**	**80142.7**	**91185.6**	**90338.7**
沿黄地区	**Plain**	**57737.4**	**62539.3**	**60050.1**	**65155.3**	**68610.3**	**66244.1**	**55701.9**	**57168.1**	**66255.5**	**65607.1**
中南部地区	**Mountain Area**	**17179.4**	**20527.8**	**18983.8**	**20462.2**	**20469.5**	**22154.9**	**22457.1**	**22974.5**	**24930.1**	**24731.6**
银川市	**Yinchuan**	**21064.6**	**22082.7**	**19783.7**	**20885.1**	**21807.4**	**19338.5**	**17391.9**	**15775.5**	**17510.8**	**14466.7**
银川市区	District	4409.4	4284.7	4414.7	4824.6	5604.1	4325.0	3842.6	3214.6	3274.3	2997.7
兴庆区	Xingqing								1810.6	1855.7	1867.0
金凤区	Jinfeng								405.0	240.5	172.2
西夏区	Xixia								999.0	1178.1	958.5
永宁县	Yongning	2975.2	2991.1	2438.1	2375.2	2207.9	2066.8	1628.4	1744.0	2492.9	1730.3
贺兰县	Helan	3191.8	3591.9	2963.5	2914.2	2907.8	2519.4	2363.2	2383.2	2632.0	2036.8
灵武市	Lingwu	10488.2	11215.0	9967.4	10771.1	11087.5	10427.3	9557.6	8433.7	9111.6	7701.8
石嘴山市	**Shizuishan**	**4591.1**	**5616.3**	**5457.9**	**5911.3**	**6356.6**	**7002.7**	**5929.0**	**5284.8**	**5478.2**	**5151.0**
石嘴山市辖区	District	976.0	1329.3	1185.4	1647.1	1753.1	2136.3	1983.5			
大武口区	Dawukou								376.7	321.1	313.9
惠农区	Huinong								1083.4	1085.1	1342.2
平罗县	Pingluo	3615.1	4287.0	4272.5	4264.2	4603.5	4866.5	3945.5	3824.6	4072.0	3494.9
吴忠市	**Wuzhong**	**15708.8**	**17561.3**	**14907.9**	**17211.0**	**18826.2**	**19793.8**	**16112.8**	**15422.5**	**16259.3**	**18764.3**
利通区	Litong	2440.8	2821.0	2350.3	2781.8	3270.7	3232.3	2202.0	1465.8	1643.0	1885.4
红寺堡	Hongsipu	812.8	964.5	900.3	1072.4	1023.6	1051.7	983.7	648.0	859.5	940.9
盐池县	Yanchi	2649.2	3604.0	3086.9	3602.2	4102.8	4852.8	4559.1	4608.9	4606.9	5083.1
同心县	Tongxin	432.9	471.7	394.4	448.0	453.0	468.7	466.8	411.1	475.2	667.5
青铜峡市	Qingtongxia	9373.0	9700.0	8176.0	9306.6	9976.1	10188.2	7901.3	8288.7	8674.7	10187.4
固原市	**Guyuan**	**11713.6**	**13602.0**	**12930.4**	**13316.6**	**12849.6**	**13830.0**	**14781.8**	**15711.7**	**16497.1**	**15807.8**
原州区	Yuanzhou	3910.6	4782.8	5110.9	5541.5	5407.4	5897.0	6309.6	7011.5	7974.2	7185.6
西吉县	Xiji	1827.4	2149.5	2086.2	2029.1	2091.1	2359.7	2841.9	3280.4	3301.4	3584.7
隆德县	Longde	2501.0	3149.6	2645.8	2778.4	2564.0	2645.6	2466.3	2435.8	2157.0	1423.8
泾源县	Jingyuan	183.2	190.6	180.5	186.7	178.3	138.0	96.4	134.9	98.6	80.1
彭阳县	Pengyang	3291.4	3329.5	2907.1	2780.9	2608.8	2789.6	3067.8	2849.1	2965.9	3533.6
中卫市	**Zhongwei**	**21838.7**	**24204.8**	**25954.0**	**28293.4**	**29239.9**	**28433.9**	**23943.6**	**27948.2**	**35440.3**	**36149.0**
沙坡头区	Shapotou	8242.9	10017.6	11354.6	12652.3	13418.5	12885.8	12177.9	17064.4	22369.6	25785.4
中宁县	Zhongning	12024.8	12301.7	12927.6	13618.1	13781.0	13596.4	10099.8	9289.0	10579.2	8131.2
海原县	Haiyuan	1570.9	1885.5	1671.8	2022.9	2040.4	1951.7	1665.9	1594.8	2491.5	2232.4

4-15　2013-2022年各市县牛生产情况

Basic Statistics of Cattle and Buffaloes Production (2013-2022)

单位：头、吨　　　　(head,ton)

市　县	Region	2013		2014		2015		2016		2017	
		牛存栏 Cattle and Buffaloes in Stock	#奶牛存栏 Dairy Cow	牛存栏 Cattle and Buffaloes in Stock	#奶牛存栏 Dairy Cow	牛存栏 Cattle and Buffaloes in Stock	#奶牛存栏 Dairy Cow	牛存栏 Cattle and Buffaloes in Stock	#奶牛存栏 Dairy Cow	牛存栏 Cattle and Buffaloes in Stock	#奶牛存栏 Dairy Cow
全　区	**Total**	**958026**	**346459**	**1031158**	**393063**	**1075661**	**379116**	**1135250**	**397570**	**1183334**	**408148**
沿黄地区	**Plain**	**532825**	**343560**	**585230**	**388754**	**594276**	**371905**	**632328**	**389001**	**650556**	**396860**
中南部地区	**Mountain Area**	**425201**	**2899**	**445928**	**4309**	**481385**	**7211**	**502922**	**8569**	**532778**	**11288**
银川市	**Yinchuan**	**204544**	**130141**	**209920**	**138911**	**200556**	**122011**	**197592**	**119567**	**212297**	**129494**
银川市区	District	91845	66222	89756	66305	82646	55509	82780	57622	85823	57155
兴庆区	Xingqing										
金凤区	Jinfeng										
西夏区	Xixia										
永宁县	Yongning	26566	14280	28679	14857	27693	12415	27963	11219	30244	12899
贺兰县	Helan	39173	24772	48340	33287	50393	33355	51379	34310	59509	43576
灵武市	Lingwu	46959	24866	43145	24463	39824	20732	35470	16416	36721	15864
石嘴山市	**Shizuishan**	**50812**	**21667**	**55015**	**23840**	**65184**	**27422**	**64090**	**22942**	**66548**	**23977**
石嘴山市辖区	District	20247	13108	20258	14513	26984	17814	26878	13774	27360	14250
大武口区	Dawukou										
惠农区	Huinong										
平罗县	Pingluo	30565	8559	34757	9327	38200	9608	37212	9168	39188	9727
吴忠市	**Wuzhong**	**270098**	**161538**	**303698**	**186341**	**317366**	**178805**	**342709**	**178521**	**362771**	**195037**
利通区	Litong	144942	126851	169292	141990	168137	130937	180087	135517	183722	141119
红寺堡	Hongsipu	26921	192	26968	79	33340	94	40198	76	44178	1403
盐池县	Yanchi	2959	1029	2952	2037	5454	3741	6207	3888	6495	5465
同心县	Tongxin	42096	18	41485	266	42975	272	44530	274	50995	170
青铜峡市	Qingtongxia	53180	33448	63000	41970	67460	43761	71687	38766	77381	46880
固原市	**Guyuan**	**308245**	**1660**	**324276**	**1927**	**347797**	**1501**	**353823**	**1441**	**373259**	**950**
原州区	Yuanzhou	67145	1310	68281	1460	71212	1049	71375	860	74814	717
西吉县	Xiji	113448	210	122372	310	130724	300	136908	249	144317	121
隆德县	Longde	28578	127	32185	157	37100	152	35582	107	38562	112
泾源县	Jingyuan	28996	13	31123		32807		33266	40	33325	
彭阳县	Pengyang	70078		70314		75954		76692	185	82241	
中卫市	**Zhongwei**	**124327**	**31452**	**138249**	**42043**	**144757**	**49376**	**177036**	**75099**	**168459**	**58690**
沙坡头区	Shapotou	36852	17926	45917	24756	51714	32767	73889	54617	60406	36650
中宁县	Zhongning	42494	13526	42086	17287	41224	15007	44983	17592	50202	18740
海原县	Haiyuan	44980		50246		51819	1602	58164	2890	57851	3300

注：根据第三次农业普查结果重新修订2013-2017年分市县数据。
Note: Data of livestock 2013-2017 by city and county had been revised according to the data from the third national agricultural census.

4-15 续表 1 continued

单位: 头、吨 (head,ton)

市 县	Region	2018		2019		2020		2021		2022	
		牛存栏 Cattle and Buffaloes in Stock	#奶牛存栏 Dairy Cow	牛存栏 Cattle and Buffaloes in Stock	#奶牛存栏 Dairy Cow	牛存栏 Cattle and Buffaloes in Stock	#奶牛存栏 Dairy Cow	牛存栏 Cattle and Buffaloes in Stock	#奶牛存栏 Dairy Cow	牛存栏 Cattle and Buffaloes in Stock	#奶牛存栏 Dairy Cow
全 区	**Total**	**1246381**	**401483**	**1408549**	**437329**	**1780320**	**573774**	**2077912**	**702039**	**2320805**	**836905**
沿黄地区	**Plain**	**657111**	**392446**	**758927**	**426858**	**955266**	**557308**	**1138731**	**679809**	**1318591**	**813262**
中南部地区	**Mountain Area**	**589270**	**9037**	**649622**	**10471**	**825054**	**16466**	**939181**	**22230**	**1002214**	**23643**
银川市	**Yinchuan**	**212618**	**126637**	**231446**	**129157**	**299716**	**170150**	**359297**	**233336**	**428016**	**279646**
银川市区	District	79294	51350	83999	51181	96324	61399	100635	64126	110402	69856
兴庆区	Xingqing					44449	32732	47853	35548	53768	38795
金凤区	Jinfeng					12591	5364	12118	4972	13653	5318
西夏区	Xixia					39284	23303	40664	23606	42981	25743
永宁县	Yongning	32558	11015	33432	10059	43401	9279	45811	10536	47083	10527
贺兰县	Helan	61096	46222	60431	46169	71443	50067	67859	48727	74165	51371
灵武市	Lingwu	39670	18050	53584	21748	88548	49405	144992	109947	196366	147892
石嘴山市	**Shizuishan**	**78293**	**31720**	**85630**	**32461**	**123133**	**53129**	**147505**	**74556**	**181693**	**95610**
石嘴山市辖区	District	29475	18380	33046	22455						
大武口区	Dawukou					3931	305	4049	272	4303	318
惠农区	Huinong					33867	25711	39578	29517	40973	30067
平罗县	Pingluo	48818	13340	52584	10006	85335	27113	103878	44767	136417	65225
吴忠市	**Wuzhong**	**360039**	**183781**	**431063**	**207703**	**535318**	**272920**	**608825**	**291947**	**683448**	**334197**
利通区	Litong	173124	128344	219510	143759	256718	167767	297959	187845	330234	216769
红寺堡	Hongsipu	43658	1604	50394	1690	68485	2140	74271		83454	363
盐池县	Yanchi	7425	5855	10737	7960	19367	13082	21870	13150	23583	12303
同心县	Tongxin	52182	178	55020	156	68846	233	76962	871	82942	1086
青铜峡市	Qingtongxia	83650	47800	95402	54138	121902	89698	137763	90081	163235	103676
固原市	**Guyuan**	**415247**	**550**	**454682**		**572611**	**40**	**638745**	**50**	**665879**	**40**
原州区	Yuanzhou	96100	320	107106		132901	40	144131	50	152191	40
西吉县	Xiji	156365	137	169865		229973		268766		278321	
隆德县	Longde	40371	93	47407		53259		63433		68783	
泾源县	Jingyuan	36431		35261		50321		50058		53038	
彭阳县	Pengyang	85980		95043		106157		112357		113546	
中卫市	**Zhongwei**	**180184**	**58795**	**205728**	**68008**	**249542**	**77535**	**323540**	**102150**	**361769**	**127412**
沙坡头区	Shapotou	59926	39445	67041	41144	75058	46502	90361	56018	103374	68203
中宁县	Zhongning	49500	18500	59898	26199	78739	30062	105846	38173	112039	49358
海原县	Haiyuan	70758	850	78789	665	95745	971	127333	7959	146356	9851

4-15 续表 2 continued

单位：头、吨 (head,ton)

市 县	Region	牛出栏 Slaughtered of Livestock of Cattle and Buffaloes 2013	2014	2015	2016	2017	2018	2019	2020	2021	2022
全 区	**Total**	**594918**	**587110**	**643956**	**681853**	**709851**	**748013**	**718977**	**719921**	**723050**	**761424**
沿黄地区	**Plain**	**256020**	**253642**	**282801**	**297166**	**308447**	**323188**	**320353**	**306742**	**295723**	**298980**
中南部地区	**Mountain Area**	**338898**	**333468**	**361155**	**384687**	**401404**	**424825**	**398624**	**413179**	**427327**	**462444**
银川市	**Yinchuan**	**114525**	**112501**	**117239**	**119695**	**121027**	**123354**	**119287**	**117777**	**115727**	**103712**
银川市区	District	40647	38603	38479	37608	38871	38855	38408	26713	27859	27167
兴庆区	Xingqing								11111	11827	11238
金凤区	Jinfeng								5033	5038	5674
西夏区	Xixia								10569	10994	10255
永宁县	Yongning	21986	23354	25231	25625	25759	27223	27764	37183	32863	26834
贺兰县	Helan	20230	21171	21057	24396	23722	26146	24051	24875	26036	20733
灵武市	Lingwu	31662	29373	32472	32065	32675	31129	29064	29006	28969	28978
石嘴山市	**Shizuishan**	**38255**	**36695**	**41644**	**42840**	**45920**	**54332**	**52380**	**52327**	**46746**	**48216**
石嘴山市辖区	District	9850	9779	10611	10635	11651	11970	12570			
大武口区	Dawukou								1661	1531	1769
惠农区	Huinong								11149	11784	11779
平罗县	Pingluo	28405	26916	31034	32205	34269	42362	39810	39517	33431	34668
吴忠市	**Wuzhong**	**130702**	**126282**	**146175**	**162699**	**172564**	**182738**	**186289**	**190232**	**192557**	**196951**
利通区	Litong	34185	35749	49945	52743	51862	55073	62619	67102	64913	69727
红寺堡	Hongsipu	29714	27512	30875	36875	41382	42334	39837	41035	42242	43543
盐池县	Yanchi	1123	1043	1413	1697	1848	2038	3697	3695	5983	6033
同心县	Tongxin	44247	40128	42203	45372	49165	55298	53799	51954	53076	48556
青铜峡市	Qingtongxia	21433	21849	21739	26012	28307	27993	26337	26446	26343	29092
固原市	**Guyuan**	**223245**	**222606**	**245249**	**260226**	**267771**	**280986**	**253365**	**263493**	**269530**	**303081**
原州区	Yuanzhou	43607	42657	46996	50786	52752	57984	55653	57399	59429	68787
西吉县	Xiji	77281	75962	82335	89457	95855	99407	85622	87110	91696	107982
隆德县	Longde	21741	20841	24729	26006	26435	28609	26128	27203	24977	28824
泾源县	Jingyuan	23776	26148	29875	31176	28054	27244	24746	28043	28524	29373
彭阳县	Pengyang	56840	56996	61314	62802	64675	67741	61216	63738	64904	68115
中卫市	**Zhongwei**	**88191**	**89025**	**93648**	**96392**	**102569**	**106603**	**107656**	**96092**	**98490**	**109464**
沙坡头区	Shapotou	23586	20793	26224	27472	31583	33182	30438	22921	19882	21617
中宁县	Zhongning	24036	26054	26010	28403	29748	29254	29292	20169	22112	26616
海原县	Haiyuan	40569	42179	41414	40517	41238	44168	47926	53002	56496	61231

4-15 续表 3 continued

单位：头、吨 (head,ton)

市 县	Region	牛肉产量 Output of Beef Production									
		2013	2014	2015	2016	2017	2018	2019	2020	2021	2022
全 区	**Total**	**86715.0**	**87941.0**	**97467.0**	**104239.4**	**109178.9**	**115158.4**	**114557.9**	**114377.7**	**118290.4**	**124690.0**
沿黄地区	**Plain**	**37472.0**	**38278.7**	**42957.6**	**45517.4**	**47219.8**	**49487.9**	**50715.9**	**49041.7**	**47957.6**	**49808.1**
中南部地区	**Mountain Area**	**49243.0**	**49662.3**	**54509.4**	**58722.0**	**61959.1**	**65670.5**	**63842.0**	**65336.0**	**70332.7**	**74881.9**
银川市	**Yinchuan**	**16694.5**	**16977.5**	**17787.6**	**18338.1**	**18630.6**	**18993.2**	**19227.3**	**19123.6**	**19471.9**	**17740.4**
银川市区	District	5982.0	5871.9	5865.2	5772.1	5901.6	5869.6	6056.7	4624.8	4967.1	4756.4
兴庆区	Xingqing								1960.5	2148.2	1969.0
金凤区	Jinfeng								881.0	898.7	985.8
西夏区	Xixia								1783.2	1920.2	1801.5
永宁县	Yongning	3198.0	3491.7	3817.5	3906.0	4067.9	4307.6	4559.7	5695.0	5180.9	4505.7
贺兰县	Helan	2922.4	3224.8	3214.2	3742.2	3669.4	4032.2	3905.0	4036.4	4437.7	3580.4
灵武市	Lingwu	4592.1	4389.1	4890.6	4917.9	4991.8	4783.9	4705.9	4767.5	4886.1	4897.9
石嘴山市	**Shizuishan**	**5604.8**	**5505.0**	**6295.6**	**6532.1**	**7039.8**	**8321.2**	**8195.4**	**8345.2**	**7721.8**	**8030.0**
石嘴山市辖区	District	1449.7	1467.0	1609.0	1623.1	1783.6	1834.9	1984.8			
大武口区	Dawukou								246.7	245.6	281.9
惠农区	Huinong								1857.1	1990.2	1991.0
平罗县	Pingluo	4155.1	4038.0	4686.6	4909.1	5256.2	6486.3	6210.6	6241.4	5486.0	5757.2
吴忠市	**Wuzhong**	**19066.9**	**18931.4**	**22146.6**	**24817.0**	**26285.5**	**27946.7**	**29273.4**	**30060.0**	**31371.2**	**32216.7**
利通区	Litong	4953.7	5325.0	7531.1	8058.7	7860.0	8363.7	9738.3	10305.8	10365.2	11182.4
红寺堡	Hongsipu	4355.2	4101.9	4658.3	5582.6	6274.3	6463.8	6281.9	6542.6	6899.0	7107.5
盐池县	Yanchi	179.2	169.0	226.1	270.8	297.0	329.5	589.7	564.0	953.1	1002.6
同心县	Tongxin	6426.8	6010.1	6388.1	6921.8	7604.0	8589.4	8627.2	8460.5	8829.6	8162.6
青铜峡市	Qingtongxia	3152.1	3325.4	3342.9	3983.1	4250.3	4200.3	4036.2	4187.1	4324.3	4761.6
固原市	**Guyuan**	**32419.7**	**33107.0**	**36974.7**	**39720.9**	**41415.1**	**43474.9**	**40739.1**	**41407.6**	**43604.0**	**48745.6**
原州区	Yuanzhou	6607.9	6527.6	7248.4	7770.7	8266.6	9042.3	9003.1	9208.9	9908.1	11410.5
西吉县	Xiji	10957.1	11002.5	12069.3	13498.8	14525.4	15103.8	13779.5	13562.2	14488.7	16981.1
隆德县	Longde	3320.3	3206.0	3817.6	3945.8	4078.8	4439.4	4268.3	4158.0	4149.4	4752.0
泾源县	Jingyuan	3419.9	3855.2	4477.1	4792.0	4440.0	4295.2	3939.8	4333.8	4519.7	4649.9
彭阳县	Pengyang	8114.5	8515.7	9362.2	9713.6	10104.4	10594.2	9748.4	10144.7	10538.0	10952.1
中卫市	**Zhongwei**	**12929.1**	**13420.2**	**14262.6**	**14831.2**	**15807.9**	**16422.4**	**17122.7**	**15441.2**	**16121.5**	**17957.4**
沙坡头区	Shapotou	3472.4	3168.2	4025.2	4235.5	4881.3	5126.5	4870.7	3749.3	3293.5	3606.6
中宁县	Zhongning	3594.5	3977.7	3975.3	4369.8	4557.9	4483.0	4647.9	3330.6	3747.8	4487.2
海原县	Haiyuan	5862.2	6274.3	6262.2	6225.9	6368.7	6812.9	7604.1	8361.3	9080.1	9863.6

4-16 2013-2022年各市县羊生产情况
Basic Statistics of Sheep Production (2013-2022)

单位：只、吨 (head,ton)

市 县	Region	羊存栏 Sheep in Stock									
		2013	2014	2015	2016	2017	2018	2019	2020	2021	2022
全 区	**Total**	**5464324**	**5742262**	**5399672**	**5222910**	**5065894**	**5342810**	**5684575**	**5961127**	**6770995**	**7105500**
沿黄地区	**Plain**	**2260762**	**2383775**	**2261843**	**2135421**	**2148953**	**2137744**	**2217904**	**2333964**	**2767444**	**2913160**
中南部地区	**Mountain Area**	**3203562**	**3358488**	**3137829**	**3087489**	**2916941**	**3205066**	**3466671**	**3627163**	**4003551**	**4192340**
银川市	**Yinchuan**	**721011**	**737020**	**733176**	**695644**	**703883**	**643091**	**693018**	**783563**	**973055**	**1071860**
银川市区	District	98168	111896	112595	101850	94405	84363	78837	104681	112681	125121
兴庆区	Xingqing								55232	53964	68692
金凤区	Jinfeng								21674	23813	22801
西夏区	Xixia								27775	34904	33628
永宁县	Yongning	68212	79370	73911	69561	92384	95165	98526	105490	156378	153202
贺兰县	Helan	76053	78334	78917	79280	90011	97763	105319	126214	165389	150606
灵武市	Lingwu	478578	467421	467753	444953	427083	365800	410336	447178	538607	642931
石嘴山市	**Shizuishan**	**580495**	**616545**	**583689**	**546064**	**556107**	**622948**	**608064**	**671852**	**737875**	**762385**
石嘴山市辖区	District	240582	263564	268246	251539	266063	262000	261335			
大武口区	Dawukou								31931	33503	39315
惠农区	Huinong								221094	222198	232902
平罗县	Pingluo	339913	352981	315444	294525	290044	360948	346729	418827	482174	490168
吴忠市	**Wuzhong**	**2534302**	**2500980**	**2373396**	**2441975**	**2256316**	**2437315**	**2671716**	**2713829**	**3056808**	**3106685**
利通区	Litong	231467	269463	250437	252159	224874	222251	235337	212254	250397	269697
红寺堡	Hongsipu	266190	311857	317558	330377	324197	344251	367829	358621	370218	436342
盐池县	Yanchi	1122722	1026980	1032652	1100661	964911	1112451	1181542	1173265	1197174	1216610
同心县	Tongxin	699268	691508	585380	586957	575318	601346	735991	824983	1082306	1009348
青铜峡市	Qingtongxia	214656	201172	187369	171821	167016	157016	151017	144706	156713	174688
固原市	**Guyuan**	**729607**	**866394**	**790061**	**729427**	**694024**	**709363**	**755667**	**784888**	**866207**	**914292**
原州区	Yuanzhou	264496	301270	273812	245901	223121	212000	266281	273755	280590	314896
西吉县	Xiji	204267	256239	240542	225515	229944	250870	248006	261852	302282	294411
隆德县	Longde	31359	34029	25781	23691	22747	22019	22378	22839	24822	22397
泾源县	Jingyuan	6987	8018	8132	7080	5328	6074	6939	8224	11015	12369
彭阳县	Pengyang	222498	266838	241794	227240	212884	218400	212063	218218	247498	270219
中卫市	**Zhongwei**	**898909**	**1021323**	**919349**	**809800**	**855564**	**930093**	**956110**	**1006995**	**1137050**	**1250278**
沙坡头区	Shapotou	202315	249506	215125	221302	247419	252481	234657	234060	305290	268930
中宁县	Zhongning	310818	310068	292046	248431	249654	239957	295811	287529	344114	365600
海原县	Haiyuan	385776	461749	412178	340067	358491	437655	425642	485406	487646	615748

注：根据第三次农业普查结果重新修订2013-2017年分市县数据。
Note: Data of livestock 2013-2017 by city and county had been revised according to the data from the third national agricultural census.

4-16 续表 1 continued

单位：只、吨 (head,ton)

市 县	Region	羊出栏 Slaughtered of Livestock of Sheep									
		2013	2014	2015	2016	2017	2018	2019	2020	2021	2022
全 区	**Total**	**4997486**	**5179971**	**5325307**	**5380260**	**5600001**	**5588251**	**5796583**	**6251300**	**6454785**	**7022823**
沿黄地区	**Plain**	**2235728**	**2228572**	**2261954**	**2271531**	**2324233**	**2327055**	**2282525**	**2310220**	**2424749**	**2595289**
中南部地区	**Mountain Area**	**2761759**	**2951399**	**3063353**	**3108730**	**3275768**	**3261196**	**3514058**	**3941080**	**4030036**	**4427534**
银川市	**Yinchuan**	**864486**	**808719**	**805241**	**826726**	**827438**	**862627**	**847858**	**895656**	**1023892**	**1056527**
银川市区	District	105034	95547	98251	100936	102006	103884	79401	54854	80627	89279
兴庆区	Xingqing								29608	50944	56719
金凤区	Jinfeng								8084	10600	10899
西夏区	Xixia								17162	19083	21661
永宁县	Yongning	71128	73884	80783	82141	87715	95037	116716	184696	218127	237549
贺兰县	Helan	74198	71483	65549	72798	72565	70497	74187	110854	119664	122080
灵武市	Lingwu	614126	567805	560658	570850	565152	593210	577554	545252	605474	607619
石嘴山市	**Shizuishan**	**525373**	**527724**	**533347**	**529620**	**558311**	**575557**	**567300**	**561234**	**643942**	**676671**
石嘴山市辖区	District	212008	212438	208232	225406	236051	233204	226159			
大武口区	Dawukou								13878	13724	16934
惠农区	Huinong								160567	180231	199370
平罗县	Pingluo	313365	315286	325115	304214	322260	342353	341141	386789	449987	460367
吴忠市	**Wuzhong**	**2257733**	**2411147**	**2451893**	**2449873**	**2628812**	**2600853**	**2790472**	**3152303**	**3179322**	**3493802**
利通区	Litong	228121	244599	246564	253684	283285	271927	309672	271256	194136	232441
红寺堡	Hongsipu	226314	231958	246079	277845	318602	313084	314333	345870	325875	338331
盐池县	Yanchi	873108	975487	984979	1045180	1080942	1076117	1154091	1296462	1333463	1394409
同心县	Tongxin	714746	753514	768322	676372	741785	762638	881829	1109400	1171008	1356212
青铜峡市	Qingtongxia	215444	205589	205949	196792	204198	177088	130547	129315	154840	172409
固原市	**Guyuan**	**668659**	**706228**	**760383**	**788357**	**812490**	**768739**	**802596**	**765890**	**742661**	**839479**
原州区	Yuanzhou	241042	250195	269984	279767	277184	239439	220665	221407	210770	257929
西吉县	Xiji	155076	167261	181048	196618	215810	212170	274578	256869	245309	275992
隆德县	Longde	28381	28896	29656	26479	27635	26725	27226	28182	21410	26382
泾源县	Jingyuan	8323	8418	9021	9531	8788	8256	8372	7430	7023	7182
彭阳县	Pengyang	235838	251458	270674	275963	283073	282149	271755	252002	258149	271994
中卫市	**Zhongwei**	**681235**	**726153**	**774443**	**785684**	**772950**	**780474**	**788357**	**876217**	**864968**	**956342**
沙坡头区	Shapotou	163609	177980	193073	206130	203682	202694	183636	185550	150759	195457
中宁县	Zhongning	238695	263961	277780	258578	247319	237162	243512	267209	257180	261784
海原县	Haiyuan	278931	284212	303590	320976	321949	340618	361209	423458	457029	499103

4-16 续表 2 continued

单位：只、吨 (head,ton)

市 县	Region	羊肉产量 Mutton Production									
		2013	2014	2015	2016	2017	2018	2019	2020	2021	2022
全 区	**Total**	**86612.7**	**89274.6**	**92889.0**	**94645.8**	**99060.3**	**99048.6**	**104064.8**	**110938.7**	**114696.4**	**124794.3**
沿黄地区	**Plain**	**38028.1**	**37919.3**	**39111.0**	**39584.9**	**40754.1**	**40859.7**	**40815.6**	**42125.3**	**43679.9**	**47119.9**
中南部地区	**Mountain Area**	**48584.6**	**51355.3**	**53778.0**	**55060.9**	**58306.2**	**58188.9**	**63249.2**	**68813.4**	**71016.5**	**77674.4**
银川市	**Yinchuan**	**14773.8**	**13886.8**	**13965.1**	**14400.6**	**14484.2**	**15111.7**	**15156.7**	**16113.1**	**18461.2**	**19365.9**
银川市区	District	1796.7	1639.9	1695.3	1745.1	1771.9	1806.7	1431.0	1104.9	1444.6	1610.5
兴庆区	Xingqing								591.4	921.9	1009
金凤区	Jinfeng								175.0	179.8	199
西夏区	Xixia								338.5	342.9	403
永宁县	Yongning	1223.6	1271.7	1395.7	1426.8	1535.2	1673.5	2064.2	2949.0	3772.3	4069.8
贺兰县	Helan	1245.5	1208.8	1136.9	1273.7	1271.5	1233.3	1333.7	1874.2	2100.4	2313.6
灵武市	Lingwu	10507.9	9766.4	9737.2	9954.9	9905.6	10398.1	10327.8	10185.0	11144.0	11372.1
石嘴山市	**Shizuishan**	**8833.1**	**8878.7**	**9143.0**	**9129.0**	**9690.1**	**9980.3**	**10028.6**	**10071.0**	**11665.4**	**12488.5**
石嘴山市辖区	District	3621.0	3629.9	3614.2	3904.1	4113.0	4062.0	4040.2			
大武口区	Dawukou								236.1	213.9	327
惠农区	Huinong								3030.7	3329.1	3666
平罗县	Pingluo	5212.0	5248.9	5528.8	5224.8	5577.1	5918.3	5988.4	6804.2	8122.4	8496.0
吴忠市	**Wuzhong**	**39920.4**	**42250.6**	**43338.7**	**43742.9**	**47147.6**	**46726.3**	**50527.3**	**54579.6**	**56087.5**	**61527.0**
利通区	Litong	3920.3	4208.0	4288.9	4427.6	4977.2	4792.4	5521.5	5041.8	3607.3	4127.4
红寺堡	Hongsipu	3713.9	3832.9	4111.5	4676.9	5394.3	5371.2	5474.7	5998.6	5652.9	5856.7
盐池县	Yanchi	16235.9	17760.1	18102.9	19477.6	20244.3	20098.9	21738.5	22739.5	23276.7	24360.3
同心县	Tongxin	12344.0	12921.8	13275.6	11747.8	12966.3	13311.9	15456.2	18339.9	20754.7	24130.7
青铜峡市	Qingtongxia	3706.4	3527.7	3559.8	3413.0	3565.5	3151.9	2336.3	2459.9	2795.8	3051.8
固原市	**Guyuan**	**11477.9**	**11987.4**	**13064.2**	**13653.3**	**14154.1**	**13487.8**	**14292.3**	**14182.4**	**13449.8**	**14651.6**
原州区	Yuanzhou	4113.0	4226.5	4619.8	4850.3	4825.2	4216.7	3964.0	4200.6	3910.2	4469.6
西吉县	Xiji	2607.6	2791.3	3073.4	3373.5	3726.5	3697.6	4860.1	4684.9	4338.6	4655.8
隆德县	Longde	481.5	487.5	507.9	460.3	485.8	476.8	484.4	515.3	374.2	454.0
泾源县	Jingyuan	142.9	144.2	155.8	165.3	155.5	149.1	152.6	140.0	130.3	133.3
彭阳县	Pengyang	4132.9	4337.9	4707.3	4804.0	4961.2	4947.5	4831.3	4641.7	4696.6	4939.0
中卫市	**Zhongwei**	**11607.6**	**12271.1**	**13377.9**	**13720.0**	**13584.3**	**13742.6**	**14060.0**	**15992.6**	**15032.5**	**16761.5**
沙坡头区	Shapotou	2792.6	3026.9	3358.1	3631.3	3611.8	3579.1	3360.1	3563.8	2597.4	3282.2
中宁县	Zhongning	4002.1	4391.2	4796.1	4583.5	4425.4	4244.3	4412.4	4875.7	4552.8	4805.1
海原县	Haiyuan	4812.9	4853.0	5223.7	5505.2	5547.1	5919.2	6287.5	7553.1	7882.3	8674.3

4-17 2013-2022年各市县家禽生产情况

Basic Statistics of Poultry Production (2013-2022)

单位：只、吨 (head,ton)

市 县	Region	2013		2014		2015		2016	
		家禽存栏 Poultry in Stock	#蛋鸡存栏 Egg Laying	家禽存栏 Poultry in Stock	#蛋鸡存栏 Egg Laying	家禽存栏 Poultry in Stock	#蛋鸡存栏 Egg Laying	家禽存栏 Poultry in Stock	#蛋鸡存栏 Egg Laying
全 区	**Total**	**13408172**	**7998871**	**15231688**	**9121714**	**14465438**	**9323317**	**17308465**	**10989380**
沿黄地区	**Plain**	**10195500**	**6431880**	**11969730**	**7566861**	**11369514**	**7673614**	**13005347**	**8637683**
中南部地区	**Mountain Area**	**3212671**	**1566991**	**3261957**	**1554853**	**3095924**	**1649703**	**4303118**	**2351696**
银川市	**Yinchuan**	**3627803**	**1851049**	**4776438**	**2838655**	**4117298**	**2569712**	**5296781**	**2957099**
银川市区	District	920500	308589	1190516	798684	1033807	714666	1149937	786601
兴庆区	Xingqing								
金凤区	Jinfeng								
西夏区	Xixia								
永宁县	Yongning	752200	560970	1448600	1054988	1175300	916065	1244451	293271
贺兰县	Helan	1051511	817082	1045348	774532	891187	743348	1903429	1713222
灵武市	Lingwu	903592	164408	1091975	210451	1017004	195633	998964	164004
石嘴山市	**Shizuishan**	**1066809**	**628478**	**1142380**	**607078**	**1107634**	**618743**	**1347586**	**713536**
石嘴山市辖区	District	415539	251637	500755	269802	466440	255698	609269	319632
大武口区	Dawukou								
惠农区	Huinong								
平罗县	Pingluo	651270	376840	641624	337276	641193	363045	738317	393904
吴忠市	**Wuzhong**	**3278599**	**1487564**	**3280182**	**1374864**	**3457350**	**1527457**	**3053143**	**1601742**
利通区	Litong	896156	156111	893695	177187	928930	199508	1096879	206924
红寺堡	Hongsipu	123032	109427	151523	99257	175829	123280	192301	110031
盐池县	Yanchi	89597	48873	87723	44460	88785	48854	101,875	53519
同心县	Tongxin	452713	123094	444840	111095	494206	177315	487434	213866
青铜峡市	Qingtongxia	1717100	1050059	1702400	942866	1769600	978500	1174654	1017402
固原市	**Guyuan**	**2061209**	**1033285**	**2098439**	**1060075**	**1862728**	**1026705**	**3061529**	**1665278**
原州区	Yuanzhou	968734	689902	962686	722635	798036	638637	1230806	1027555
西吉县	Xiji	191878	98038	231809	121983	213120	162253	704606	293079
隆德县	Longde	170620	93944	168944	75219	210538	91052	269244	145622
泾源县	Jingyuan	74877	50247	83740	49250	100353	59020	124675	101571
彭阳县	Pengyang	655099	101154	651260	90988	540681	75742	732198	97451
中卫市	**Zhongwei**	**3373752**	**2998496**	**3934249**	**3241042**	**3920428**	**3580699**	**4549426**	**4051725**
沙坡头区	Shapotou	2469458	2379840	2956348	2588992	2948238	2885283	3514002	3267538
中宁县	Zhongning	418174	366344	498469	412083	497814	421867	575445	475185
海原县	Haiyuan	486120	252312	479431	239967	474376	273549	459979	309002

注：根据第三次农业普查结果重新修订2013-2017年分市县数据。
Note: Data of livestock 2013-2017 by city and county had been revised according to the data from the third national agricultural census.

4-17 续表 1 continued

单位：只、吨 (head,ton)

市 县	Region	2017		2018		2019	
		家禽存栏 Poultry in Stock	#蛋鸡存栏 Egg Laying	家禽存栏 Poultry in Stock	#蛋鸡存栏 Egg Laying	家禽存栏 Poultry in Stock	#蛋鸡存栏 Egg Laying
全 区	**Total**	**11506807**	**8106015**	**11431308**	**8134763**	**12843792**	**9383882**
沿黄地区	**Plain**	**8868897**	**6557755**	**8854502**	**6582590**	**10302251**	**7674372**
中南部地区	**Mountain Area**	**2637911**	**1548260**	**2576806**	**1552173**	**2541541**	**1709510**
银川市	**Yinchuan**	**2845968**	**1969306**	**3059165**	**1974702**	**2892377**	**2125818**
银川市区	District	607213	545130	711550	558018	811457	716837
兴庆区	Xingqing						
金凤区	Jinfeng						
西夏区	Xixia						
永宁县	Yongning	1152775	778411	1169650	878714	817362	583452
贺兰县	Helan	657896	553009	622465	435720	770067	722757
灵武市	Lingwu	428084	92756	555500	102250	493491	102772
石嘴山市	**Shizuishan**	**908685**	**572634**	**796949**	**363900**	**1090923**	**331902**
石嘴山市辖区	District	314327	206890	259900	58900	233838	90182
大武口区	Dawukou						
惠农区	Huinong						
平罗县	Pingluo	594359	365744	537049	305000	857085	241720
吴忠市	**Wuzhong**	**2876677**	**1587793**	**2958851**	**2021237**	**3702039**	**2636515**
利通区	Litong	595608	182476	625895	145338	797456	138608
红寺堡	Hongsipu	99114	47726	96473	53720	128819	54716
盐池县	Yanchi	86459	70133	71500	56300	88106	84329
同心县	Tongxin	432670	106030	522157	214451	464692	294295
青铜峡市	Qingtongxia	1662826	1181428	1642826	1551428	2222966	2064567
固原市	**Guyuan**	**1725618**	**1053892**	**1627976**	**1013702**	**1596073**	**1052319**
原州区	Yuanzhou	599290	530400	549892	499892	575882	417508
西吉县	Xiji	420573	231738	323847	311580	190433	137809
隆德县	Longde	238202	165922	179384	119756	136769	65167
泾源县	Jingyuan	74101	49392	67901	17124	74400	36426
彭阳县	Pengyang	393453	76440	506952	65350	618589	395409
中卫市	**Zhongwei**	**3149859**	**2922391**	**2988367**	**2761222**	**3562380**	**3237328**
沙坡头区	Shapotou	2355352	2259143	2182213	2051302	2872296	2680921
中宁县	Zhongning	500457	392768	547454	495920	426233	332556
海原县	Haiyuan	294050	270480	258700	214000	263851	223851

4-17 续表 2 continued

单位：只、吨 (head,ton)

市 县	Region	2020 家禽存栏 Poultry in Stock	2020 #蛋鸡存栏 Egg Laying	2021 家禽存栏 Poultry in Stock	2021 #蛋鸡存栏 Egg Laying	2022 家禽存栏 Poultry in Stock	2022 #蛋鸡存栏 Egg Laying
全 区	**Total**	**11818163**	**9038673**	**12309881**	**9801429**	**15126614**	**11598726**
沿黄地区	**Plain**	**9447147**	**7609479**	**9211512**	**7277219**	**10594730**	**8647554**
中南部地区	**Mountain Area**	**2371016**	**1429194**	**3098369**	**2524210**	**4531884**	**2951172**
银川市	**Yinchuan**	**2348139**	**1700553**	**1966323**	**1543633**	**2414394**	**1757593**
银川市区	District	304417	275113	289769	276020	220699	207198
兴庆区	Xingqing	92472	88310	44548	40990	24569	20730
金凤区	Jinfeng	48859	48404	96808	96808	48404	48404
西夏区	Xixia	163086	138399	148413	138222	147726	138064
永宁县	Yongning	905235	657125	733472	549000	1245013	990804
贺兰县	Helan	798270	670057	750487	639066	592704	479549
灵武市	Lingwu	340217	98258	192595	79547	355978	80042
石嘴山市	**Shizuishan**	**873590**	**258932**	**810216**	**358894**	**984955**	**529847**
石嘴山市辖区	District						
大武口区	Dawukou	103768	35834	69619	50168	107808	44197
惠农区	Huinong	117892	37456	67723	37456	119509	26650
平罗县	Pingluo	651930	185642	672874	271270	757638	459000
吴忠市	**Wuzhong**	**3357717**	**2892125**	**3927855**	**3399845**	**4593521**	**3188442**
利通区	Litong	200873	107664	336727	138572	366384	134223
红寺堡	Hongsipu	210503	58226	249806	124719	1083657	95279
盐池县	Yanchi	141993	119379	167288	128099	152474	112344
同心县	Tongxin	219501	125843	224525	158921	241176	192984
青铜峡市	Qingtongxia	2584847	2481013	2949509	2849534	2749830	2653612
固原市	**Guyuan**	**1546300**	**873027**	**2242140**	**1897861**	**2849857**	**2386252**
原州区	Yuanzhou	872425	456986	1600827	1498925	2156090	2070217
西吉县	Xiji	92382	45075	100634	24221	93901	20305
隆德县	Longde	68285	66965	72651	71775	82036	47254
泾源县	Jingyuan	16761	2568	28619	28514	51109	28856
彭阳县	Pengyang	496447	301433	439409	274426	466721	219620
中卫市	**Zhongwei**	**3692417**	**3314036**	**3363347**	**2601196**	**4283887**	**3736592**
沙坡头区	Shapotou	3165277	2837962	2832784	2083529	3535838	3080222
中宁县	Zhongning	274421	223355	315953	303057	543329	492057
海原县	Haiyuan	252719	252719	214610	214610	204720	164313

4-17 续表 3 continued

单位：只、吨 (head,ton)

市 县	Region	家禽出栏 Slaughtered of Livestock of Poultry 2013	2014	2015	2016	2017	2018	2019	2020	2021	2022
全 区	**Total**	**17028902**	**17769801**	**15783859**	**17696469**	**17960245**	**18486528**	**17239435**	**13867008**	**12247015**	**12163242**
沿黄地区	**Plain**	**11849787**	**12372374**	**11418672**	**12623941**	**12634361**	**13970557**	**13136223**	**10396510**	**9298067**	**8561844**
中南部地区	**Mountain Area**	**5179116**	**5397426**	**4365187**	**5072528**	**5325883**	**4515971**	**4103212**	**3470498**	**2948948**	**3601398**
银川市	**Yinchuan**	**5225444**	**5105773**	**4805443**	**5037142**	**4707411**	**5077496**	**4644054**	**3031711**	**3063636**	**2644299**
银川市区	District	1196505	1002818	822609	787551	722332	1120698	1148966	318776	252409	219187
兴庆区	Xingqing								128664	66368	56089
金凤区	Jinfeng								49794	70580	68008
西夏区	Xixia								140318	115461	95090
永宁县	Yongning	1141096	1172291	1513188	1506221	1406334	1361523	1337226	986923	1355570	1194432
贺兰县	Helan	1221158	1068358	971285	1310032	1131055	1223881	942107	701338	684564	796463
灵武市	Lingwu	1666685	1862306	1498361	1433338	1447691	1371393	1215755	1024674	771093	434217
石嘴山市	**Shizuishan**	**1805863**	**1803777**	**1792520**	**2008762**	**2175462**	**2168794**	**1912037**	**1920590**	**1435299**	**1426565**
石嘴山市辖区	District	390400	543285	605342	692818	815256	913903	637195			
大武口区	Dawukou								147172	187153	228098
惠农区	Huinong								222821	229579	321552
平罗县	Pingluo	1415462	1260492	1187179	1315944	1360206	1254892	1274842	1550597	1018567	876915
吴忠市	**Wuzhong**	**3636448**	**3439220**	**2905363**	**3546084**	**3557138**	**4668288**	**5240285**	**3997309**	**3504672**	**3369925**
利通区	Litong	1708642	1525279	1389197	1676226	1777904	1897579	1913344	1318941	761795	433585
红寺堡	Hongsipu	230132	251846	206787	284036	306389	293181	243378	400582	291713	378207
盐池县	Yanchi	137365	131535	95868	113524	116146	117327	109446	70041	97979	160527
同心县	Tongxin	778841	701490	546805	687426	559413	594413	629225	591504	419045	383820
青铜峡市	Qingtongxia	781468	829069	666706	784871	797285	1765789	2344892	1616241	1934140	2013786
固原市	**Guyuan**	**3713793**	**4017394**	**3249863**	**3731948**	**4121765**	**3299543**	**2840525**	**2201903**	**1881782**	**2449174**
原州区	Yuanzhou	1505580	1755622	1324748	1452596	1716515	1474171	978143	1031769	854680	1380542
西吉县	Xiji	489620	445932	401330	475205	566072	420619	347218	164705	223192	118541
隆德县	Longde	254416	229988	202514	227875	261971	198134	196075	129311	26579	83552
泾源县	Jingyuan	222869	208385	221455	284961	300290	252890	196782	113596	56940	71554
彭阳县	Pengyang	1241308	1377468	1099815	1291311	1276916	953730	1122307	762522	720391	794985
中卫市	**Zhongwei**	**2647356**	**3403636**	**3030669**	**3372533**	**3398469**	**3272406**	**2602534**	**2715495**	**2361626**	**2273279**
沙坡头区	Shapotou	1704965	2523751	2079032	2362742	2452364	2348285	1814999	2019655	1651437	1600300
中宁县	Zhongning	623406	584725	685773	754197	723934	712615	506897	489372	451760	443309
海原县	Haiyuan	318985	295160	265864	255594	222170	211506	280638	206468	258429	229670

4-17 续表 4 continued

单位：只、吨 (head,ton)

市 县	Region	禽肉产量 Poultry Production									
		2013	2014	2015	2016	2017	2018	2019	2020	2021	2022
全 区	**Total**	**31261.1**	**32818.4**	**30111.8**	**34179.3**	**34205.4**	**35661.9**	**35694.1**	**28861.6**	**25633.4**	**25483.4**
沿黄地区	**Plain**	**21420.7**	**22713.8**	**21600.8**	**24105.2**	**23828.3**	**26590.9**	**27211.7**	**21271.1**	**19426.8**	**18384.6**
中南部地区	**Mountain Area**	**9840.4**	**10104.6**	**8511.0**	**10074.1**	**10377.1**	**9071.0**	**8482.4**	**7590.5**	**6206.5**	**7098.8**
银川市	**Yinchuan**	**9613.8**	**9606.5**	**9235.4**	**9711.8**	**9022.3**	**9825.1**	**9821.7**	**6598.5**	**6431.6**	**5998.7**
银川市区	District	2170.6	1891.4	1631.8	1545.7	1401.7	2244.9	2445.5	724.8	506.6	465.6
兴庆区	Xingqing								270.4	138.0	126
金凤区	Jinfeng								104.5	140.4	134
西夏区	Xixia								350.0	228.2	206
永宁县	Yongning	2101.3	2155.6	2763.3	2772.9	2572.2	2533.3	2820.2	2089.0	2827.6	2724.9
贺兰县	Helan	2220.1	2021.4	1948.8	2597.1	2189.6	2370.4	1955.7	1496.3	1388.2	1627.0
灵武市	Lingwu	3121.8	3538.1	2891.5	2796.1	2858.8	2676.4	2600.4	2288.4	1709.2	1181.2
石嘴山市	**Shizuishan**	**3335.1**	**3403.1**	**3480.4**	**3929.8**	**4224.3**	**4263.9**	**4041.0**	**3979.5**	**3282.5**	**3046.2**
石嘴山市辖区	District	759.0	1057.4	1221.1	1423.0	1646.8	1859.9	1466.6			
大武口区	Dawukou								378.8	412.9	520
惠农区	Huinong								654.5	539.0	707
平罗县	Pingluo	2576.1	2345.6	2259.3	2506.8	2577.6	2404.0	2574.4	2946.2	2330.6	1819.4
吴忠市	**Wuzhong**	**6494.5**	**6330.3**	**5545.6**	**6869.3**	**6746.6**	**8898.1**	**10587.2**	**7822.9**	**7084.2**	**7073.1**
利通区	Litong	3026.1	2812.3	2645.8	3270.6	3404.5	3635.8	3871.8	2629.0	1625.0	1125.9
红寺堡	Hongsipu	433.3	480.0	406.0	554.3	586.6	573.6	520.0	869.0	658.6	856.0
盐池县	Yanchi	247.9	240.6	191.3	229.2	233.6	239.4	236.0	213.6	233.8	342.4
同心县	Tongxin	1393.5	1310.5	1070.5	1352.4	1055.7	1123.7	1203.0	1103.3	839.2	800.2
青铜峡市	Qingtongxia	1393.6	1486.8	1232.0	1462.7	1466.2	3325.7	4756.4	3008.0	3727.6	3948.5
固原市	**Guyuan**	**7080.8**	**7420.8**	**6225.5**	**7447.9**	**8079.4**	**6730.6**	**5973.1**	**4886.3**	**3911.0**	**4647.6**
原州区	Yuanzhou	3045.3	3483.3	2812.9	3113.8	3564.7	3120.2	2214.5	2292.0	1826.8	2436.1
西吉县	Xiji	689.2	622.2	552.3	866.8	997.6	782.9	678.3	397.6	459.2	252.3
隆德县	Longde	419.3	384.7	342.3	409.8	470.5	375.8	379.0	239.2	52.4	158.4
泾源县	Jingyuan	429.3	399.5	428.7	556.4	579.7	501.8	423.7	251.4	126.8	145.9
彭阳县	Pengyang	2497.7	2531.1	2089.4	2501.0	2466.9	1949.8	2277.6	1706.0	1445.9	1654.8
中卫市	**Zhongwei**	**4736.9**	**6057.8**	**5624.9**	**6220.6**	**6132.8**	**5944.3**	**5271.1**	**5574.4**	**4924.0**	**4717.9**
沙坡头区	Shapotou	2867.4	4271.0	3665.5	4232.4	4353.0	4191.8	3616.4	4054.0	3331.4	3280.5
中宁县	Zhongning	1184.6	1134.1	1341.7	1498.0	1358.0	1348.6	1104.4	1002.0	1028.7	984.9
海原县	Haiyuan	684.9	652.7	617.6	490.2	421.8	403.8	550.3	518.4	563.8	452.5

4-17 续表 5 continued

单位：只、吨 (head,ton)

市 县	Region	禽蛋产量 Egg Production									
		2013	2014	2015	2016	2017	2018	2019	2020	2021	2022
全 区	**Total**	**104570.9**	**122503.2**	**135935.6**	**156999.0**	**152711.8**	**143769.8**	**138601.4**	**138585.0**	**128701.3**	**132118.4**
沿黄地区	**Plain**	**84500.2**	**94521.5**	**107386.0**	**124042.3**	**121616.9**	**113934.3**	**111818.0**	**116693.0**	**99152.2**	**91897.0**
中南部地区	**Mountain Area**	**20070.7**	**27981.7**	**28549.6**	**32956.7**	**31094.9**	**29835.5**	**26783.4**	**21892.0**	**29549.1**	**40285.5**
银川市	**Yinchuan**	**26300.4**	**29720.5**	**36791.0**	**39897.8**	**38292.8**	**38321.7**	**35831.0**	**27541.7**	**22835.1**	**23952.2**
银川市区	District	6513.0	7311.3	10314.7	11077.1	12570.7	13190.4	11803.6	6303.6	3876.6	3266.0
兴庆区	Xingqing								2424.7	1034.2	589
金凤区	Jinfeng								1500.5	1083.7	725
西夏区	Xixia								2378.5	1758.7	1952
永宁县	Yongning	6026.0	9902.8	11208.3	12334.7	12771.1	12807.9	10582.0	10012.6	9153.7	11702.3
贺兰县	Helan	11917.9	9807.0	11579.9	13599.4	11036.0	10268.8	11239.4	9478.2	8425.3	7438.4
灵武市	Lingwu	1843.5	2699.4	3688.0	2886.6	1915.0	2054.6	2206.0	1747.2	1379.6	1545.5
石嘴山市	**Shizuishan**	**6608.5**	**9173.6**	**8903.6**	**9816.3**	**11270.5**	**9573.9**	**6182.5**	**4677.1**	**5792.9**	**8883.4**
石嘴山市辖区	District	3044.5	3838.8	3965.5	4141.0	5599.4	4675.0	1723.5			
大武口区	Dawukou								676.1	648.7	993
惠农区	Huinong								530.8	536.1	687
平罗县	Pingluo	3564.0	5334.8	4938.1	5675.4	5671.1	4898.9	4459.0	3470.2	4608.0	7203.2
吴忠市	**Wuzhong**	**21171.3**	**23849.5**	**21328.0**	**26587.2**	**29611.0**	**28390.9**	**33008.5**	**35629.7**	**36533.4**	**27988.6**
利通区	Litong	1992.4	2326.5	2543.7	3021.3	2494.9	2802.1	3243.2	1098.1	1551.5	2391.7
红寺堡	Hongsipu	1043.4	1411.0	1211.4	1210.4	889.4	871.4	844.2	352.3	1170.4	1311.0
盐池县	Yanchi	631.7	768.7	625.2	815.0	1076.6	958.0	1479.2	2067.4	1901.3	1496.9
同心县	Tongxin	5196.6	6525.7	3476.0	3075.0	3082.3	3122.4	3674.2	3095.5	2134.3	1915.0
青铜峡市	Qingtongxia	12307.3	12817.6	13471.7	18465.5	22067.8	20637.0	23767.6	29016.3	29776.0	20874.0
固原市	**Guyuan**	**10039.7**	**15460.9**	**19268.5**	**24095.3**	**22657.3**	**21426.5**	**17529.9**	**12560.3**	**20870.1**	**32766.7**
原州区	Yuanzhou	6506.7	7962.0	10355.1	17575.3	13367.3	11320.1	7596.4	5680.8	15477.2	27762.9
西吉县	Xiji	2317.7	2398.4	2199.1	3121.2	3021.4	3038.0	2297.0	1081.6	948.1	478.0
隆德县	Longde	428.4	2732.7	4388.3	1002.1	1460.2	1783.6	1378.7	1260.8	716.7	491.5
泾源县	Jingyuan	325.1	1123.5	889.8	1243.3	1250.8	1227.3	1112.4	161.6	343.1	370.5
彭阳县	Pengyang	461.8	1244.2	1436.2	1153.4	3557.6	4057.5	5145.3	4375.5	3385.1	3663.7
中卫市	**Zhongwei**	**40451.0**	**44298.7**	**49644.5**	**56602.4**	**50880.2**	**46056.9**	**46049.4**	**58176.3**	**42669.7**	**38527.6**
沙坡头区	Shapotou	33003.9	35407.3	40276.2	46310.6	40697.6	35359.7	36588.4	52008.2	33866.2	30524.7
中宁县	Zhongning	4287.8	5076.0	5399.9	6530.8	6793.3	7240.0	6205.2	2351.7	5330.5	5271.0
海原县	Haiyuan	3159.3	3815.5	3968.5	3761.0	3389.3	3457.2	3255.8	3816.4	3473.0	2731.9

主要指标解释

农作物播种面积 指实际播种或移植有农作物的面积。凡是实际种植有农作物的面积，不论种植在耕地上还是种植在非耕地上，均包括在农作物播种面积中。在播种季节基本结束后，因遭灾而重新改种和补种的农作物面积，也包括在内。它是反映我国耕地面积利用情况的一个重要指标。目前，农作物播种面积主要包括粮食、棉花、油料、糖料、麻类、烟叶、蔬菜和瓜类、药材和其他农作物九大类。

粮食产量 指农业生产经营者日历年度内生产的全部粮食数量。按收获季节包括夏收粮食、早稻和秋收粮食，按作物品种包括谷物、薯类和豆类。其中谷物包括小麦、玉米、早稻、中稻和一季晚稻、双季晚稻、大麦、高粱、谷子、荞麦等禾本科和蓼科粮食作物；薯类只包括马铃薯、甘薯，木薯统计在其他农作物，芋头等其他薯统计在其他蔬菜；豆类包括大豆、绿豆、红小豆、杂豆等。谷物产量按脱粒后的原粮计算，山区生产的薯类按鲜薯重量的5∶1折算为原粮，豆类按去荚后的干豆计算。

肉类总产量 指调查期内各种牲畜及家禽、兔等动物肉产量总计。猪、牛、羊、马、驴、骡、骆驼肉产量按去掉头蹄下水后带骨肉的胴体重量计算,兔禽肉产量按屠宰后去毛和内脏后的重量计算。猪牛羊禽四个品种肉产量由主要畜禽监测抽样调查获得。

当年出栏的畜禽数 指当年（报告期内）乡村各种经济组织和国营农场、农民个人、机关、团体、学校、工矿企业、部队等单位以及城镇居民饲养的，已屠宰或以消费为目的出售的畜禽数，包括集市上出售和农民自食的部分。不包括个别地区习惯吃的“烤小猪”以及为取得“二毛皮”而宰杀的羔羊。

期初（末）畜禽存栏头（只）数 指报告期初（末）农村各种经济组织和国营农场、农民个人、机关、团体、学校、工矿企业、部队等单位以及城镇居民饲养的大牲畜、猪、羊、家禽等畜禽的存栏数。不分大小、公母、品种和用途，一律包括在内。

Explanatory Notes on Main Statistical Indicators

Sown Area of Crops refers to area of land sown or trans-planted with crops regardless of being in cultivated area or non-cultivated area. Area of land sown due to natural disasters is also included. At present, the sown area of crops mainly include the following 9 categories of crops: grain, cotton, oil-bearing crops, sugar crops, fiber crops, tobacco, vegetables and melons, medicinal materials and other farm crops.

Grain Output refers to the total output of grains produced by agricultural producers within a calendar year. It includes summer grain, early rice and autumn grain if classified by harvest seasons; it covers cereal, tubers and beans if classified by type of crops. Cereal include wheat, corn, early rice, semilate rice, one season rice, two season rice, barley, sorghum, millet, buckwheat. The tubers include potatoes and sweet potatoes, not including taros and cassava. Beans include soybean, mung bean, red bean, mixed beans and so on. Output of cereal should be limited to husked grain only. The output of tubers are converted into that of grain at the ratio 5 ∶ 1. Output of beans refers to dry beans without pods.

Total Meat Output refers to the total production of various livestock and poultry, rabbits and other animal meat during the investigation period. Meat output refers to the meat of slaughtered hogs, cattle, sheep, horses, donkeys, mules and camels with head, feet and offal taken away. Meat output refers to the meat of slaughtered rabbit and poultry with hair and offal taken away. The data on the main livestock such as hog, cattle, sheep and poultry became the official data based on the sampling survey.

Number of Livestock or Poultry Slaughtered refers to the numbers of slaughtered or sold livestock and poultry bred by rural cooperative organizations, state farms, rural individuals, government agencies, schools, industrial and mining enterprises, army and urban residents. It includes numbers sold on markets and ate by farmers and not includes obtaining the "two fur" to slaughter the lamb.

Number of Livestock or Poultry in Stock at Beginning (or End) of Period refers to the total number of large animals, pigs, sheep, fowls, etc. raised by rural cooperative organizations, state farms, rural individuals, government agencies, schools, industrial and mining enterprises, army, and urban residents at the beginning (or end) of the reference period. Regardless of size, male or female, variety and use, shall be included.

第五篇

农民工调查

Migrant Workers Survey

简要说明

农民工监测调查以第六次人口普查为抽样框资料，以全区为总体，采用多层、多阶段、PPS 抽样方法随机抽选调查小区，在全区 22 个县（市、区）抽中调查点 110 个，共有 1100 户调查户数据资料参与汇总推算，调查数据结果主要反映农民工数量、流向、结构、就业、收支、生活、社会保障及创业等情况。农民工指的是户口性质为本地农业户口且在本年度的从业状况为外出农民工或本地农民工或期末举家外出的农村劳动力。外出农民工指的是外出从业 6 个月及以上的农村劳动力；本地农民工指的是从事本地非农活动（包括本地非农务工和非农自营活动）6 个月及以上的农村劳动力。

Brief Introduction

Migrant workers monitoring survey base on the sixth population census data as sampling frame, overall for district, by adopting the method of multi-level, multi-stage, PPS sampling, randomly selected survey area, selected 110 deals in 22 counties (cities, districts), participate in the summary estimate total of 1100 households, results mainly reflects the number of migrant workers, flow, structure, employment, income, life, social security and business, and so on and so forth. Migrant workers refer to the rural labor force whose household registration is local agricultural household and whose employment status in this year is going out for work or local migrant workers or whole family members going out at the end of the term. Migrant workers refer to the rural labor force who have been out of work for 6 months or more；Local migrant workers refer to the rural labor force engaged in local non-agricultural activities (including local non-agricultural work and non-agricultural self-employment) for 6 months or more.

2022年宁夏农民工监测调查报告

2022年，自治区党委、政府始终坚持就业优先政策，将就业作为促进民生的重要抓手，统筹疫情防控和农村劳动力就业，聚焦稳经济保增长促发展，采取一系列有效措施稳定农民工就业及收入增长。国家统计局宁夏调查总队农民工监测调查结果显示，2022年宁夏农民工总量、务工收入均有提升，自治区内就业仍为外出农民工择业首选，外出农民工的人均从业时间同比持平。

一、农民工规模及流向

（一）农民工总量稳步增长

2022年宁夏各级政府针对疫情多发等不利因素影响，精准发力，出台多项政策稳定农民工就业，为农民工群体创造更多就业机会，农民工总量呈现增长态势。农民工监测调查结果显示，2022年宁夏农民工总量103.8万人，同比增加4.3万人，增长4.3%，增幅高于全国3.2个百分点。2020年以来，宁夏农民工总量稳步增长，年平均增加2.85万人，年平均增速为2.9%。

表1　近三年宁夏农民工规模

单位：万人

指　　标	2020年	2021年	2022年
农民工总量	98.1	99.5	103.8
1．外出农民工	76.9	76.3	79.4
（1）住户中外出农民工	47.1	45.7	48.7
（2）举家外出农民工	29.8	30.6	30.7
2．本地农民工	21.2	23.2	24.5

（二）外出从业仍为农民工择业首选

从农民工从业区域看，本地农民工24.5万人，占农民工总量的23.6%，同比增加1.3万人，增长5.6%；外出农民工79.4万人，占农民工总量的76.4%，同比增加3.1万人，增长4.1%。其中住户中外出农民工48.7万人，同比增加3万人，增长6.6%；举家外出农民工30.7万人，同比增加0.1万人，增长0.3%。

（三）逾八成外出农民工选择在自治区内就业

从外出农民工就业地域看，外出就业流向稳定，就近就业仍是择业首选。调查结果显示，2022年外出农民工就业区域仍以自治区内为主，82.9%的外出农民工选择在自治区内就业，其中40.9%的选择在乡外县内就业，42.0%的选择在县外省内就业；17.1%的外出农民工选择出省就业。从外出区域看，以西部地区和东部地区为主，分别占48.8%和42.0%。从外出省份看，以就近省份为主，新疆、内蒙古、陕西位列前三，分别为14.2%、12.1%、10.0%。

（四）逾四成外出农民工选择在县市城区就业

从外出就业地区类型看，县市城区、省会城市为择业首选。调查结果显示，在县市城区从业的农民工占43.1%，同比下降3.7个百分点；在省会城市从业的占26.0%，同比下降1.5个百分点；在地级市从业的占15.7%，同比提高4.5个百分点；在建制镇从业的占9.7%，同比下降0.9个百分点。

表 2　宁夏农民工外出从业地区类型分布构成表

单位：%

外出地区类型	2021 年	2022 年	增幅
直辖市	2.4	3.5	1.1
省会城市	27.5	26.0	-1.5
地级市	11.1	15.7	4.5
县市城区	46.8	43.1	-3.7
建制镇	10.6	9.7	-0.9
村委会	1.5	1.9	0.4

二、农民工基本情况

（一）男女比例差距缩小，女性占比不断提高

随着就业观念的改变及本地就业机会的增加，越来越多的女性加入农民工行列，农民工群体男女比例差异逐步缩小，性别构成逐步趋于均衡。从性别看，农民工群体仍以男性为主，占比为 65.6%，同比下降 0.7 个百分点；女性占比 34.4%，同比提高 0.7 个百分点。

（二）中青年为农民工主要群体，整体年龄结构趋于老化

从农民工年龄结构看，仍以中青年为主，但年龄结构持续趋于老化。调查结果显示，16—29 岁农民工占 26.0%，较 2020 年、2021 年下降 1.5、0.1 个百分点；30—50 岁农民工占 51.9%，较 2020 年下降 2.4 个百分点，较 2021 年提高 0.3 个百分点；51—60 岁农民工占 18.1%，较 2020 年提高 1.8 个百分点，较 2021 年下降 1.4 个百分点；61 岁以上农民工占 4.0%，分别较 2020 年、2021 年提高 2.1、1.2 个百分点。

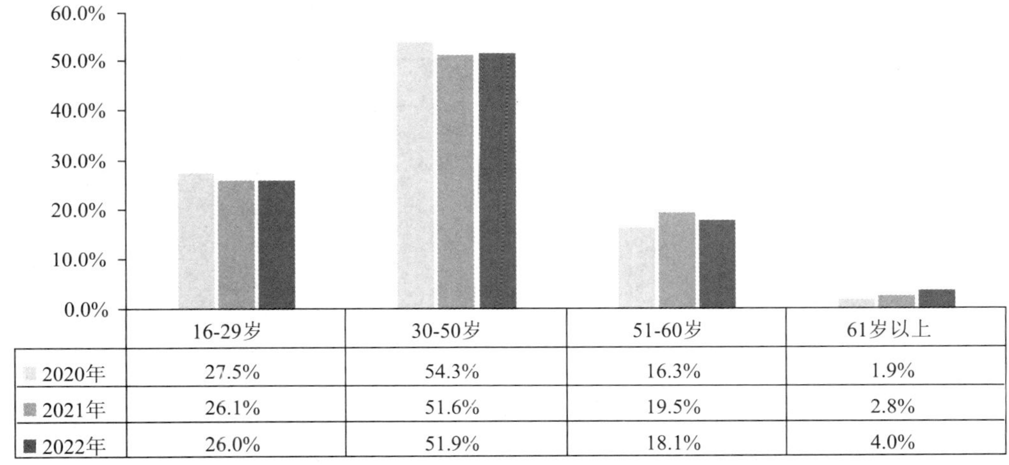

	16-29岁	30-50岁	51-60岁	61岁以上
2020年	27.5%	54.3%	16.3%	1.9%
2021年	26.1%	51.6%	19.5%	2.8%
2022年	26.0%	51.9%	18.1%	4.0%

图 1　近三年宁夏农民工年龄构成图

（三）初中学历占比最高，受教育程度不断提高

随着九年义务教育的普及和职业教育、高等教育的全面推进，农民工受教育程度不断提高。从受教育程度看，农民工的学历仍以初中为主，占 46.9%，同比下降 0.2 个百分点；小学及以下文化程度占 20.2%，同比下降 1.3 个百分点；高中文化程度占 14.5%，同比下降 1.5 个百分点；大专及以上文化程度占 18.4%，同比提高 2.9 个百分点。

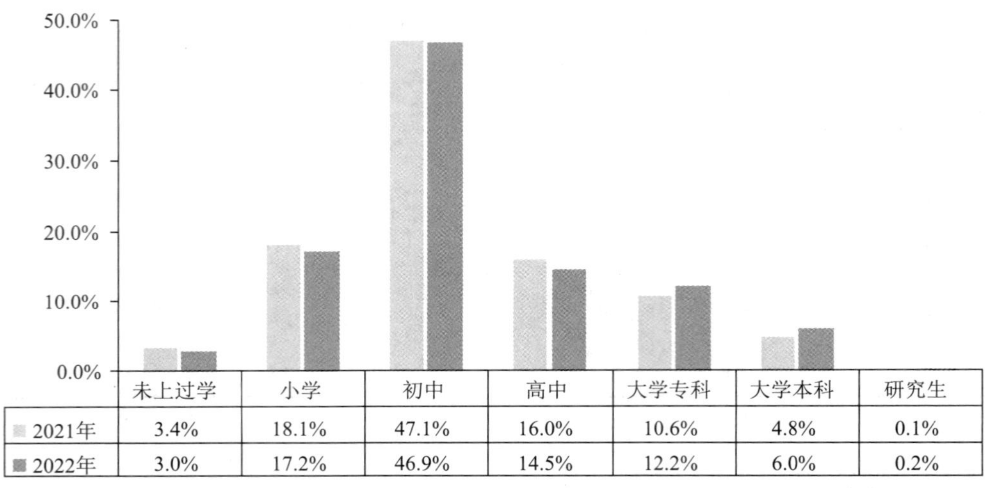

图 2　农民工学历构成图

三、农民工就业特点

（一）第三产业为吸纳农民工就业的主力军

调查结果显示，第三产业仍为吸纳农民工就业的主要行业，占比为 67.8%，同比下降 0.4 个百分点；第二产业为 30.9%，同比提高 0.2 个百分点；第一产业为 1.3%，同比提高 0.2 个百分点。从吸纳农民工就业的主要行业看，居民服务、修理和其他服务业吸纳农民工最多，占 14.3%，与上年同期持平；批发和零售业其次，占 14.1%，同比提高 0.1 个百分点；建筑业占 14.0%，同比提高 1.0 个百分点；制造业占 12.0%，同比下降 0.4 个百分点；交通运输、仓储和邮政业占比 11.6%，同比下降 0.8 个百分点。

表 3　近三年宁夏农民工就业行业分布

单位：%

指　标	2020 年	2021 年	2022 年
第一产业	2.3	1.1	1.3
第二产业	30.2	30.7	30.9
其中：制造业	12.1	12.4	12.0
建筑业	13.6	13.0	14.0
第三产业	67.5	68.2	67.8
其中：批发和零售业	13.4	14.0	14.1
交通运输、仓储和邮政业	11.4	12.4	11.6
居民服务、修理和其他服务业	15.2	14.3	14.3

（二）人均外出从业时间同比持平

根据农民工监测调查结果，2022 年外出农民工本年度人均从业时间为 9.2 个月，与去年持平。一方面，受疫情影响农民工外出务工和返乡都受到了限制，部分农民工因疫情无法外出或封控在家，外出务工时间缩短。另一方面，部分工厂为降低疫情感染风险，采取封闭式管理，员工吃住在厂里，就业时间增加；一些交通运输行业从业者也担心被封控影响收入，不敢回家，从业时间有所增加。

（三）农民工月均务工收入稳步提升

2022 年自治区党委、政府聚焦稳经济保增长促发展出台了一系列促进就业、扶持创业的政策措施，在乡村振兴政策的有力推动下，通过项目带动、公益岗位、就业扶贫、以工代赈等措施，为农村劳动力提供更多就业岗位，务工人员收入稳步提升。调查结果显示：2022 年宁夏外出农民工月均收入为 5362 元，同比增加 148 元，增长 2.8%；本地非农务工收入为 3179 元，同比增加 78 元，增长 2.5%。

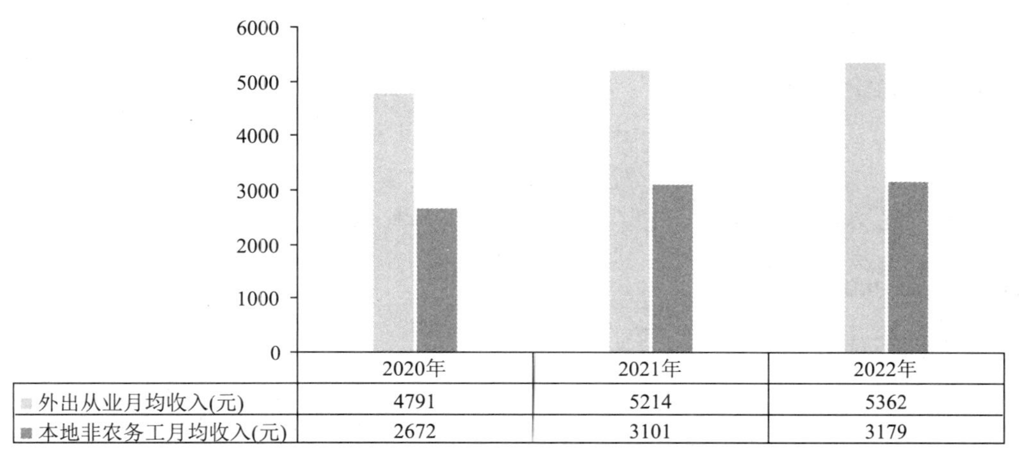

图 3　近三年农民工月均收入

从外出农民工的收入分组看，月均收入水平在5000元及以上的从业人数比重为44.8%，同比提高6.3个百分点；月均收入水平在3000—5000元的从业人数比重为42.6%，同比下降1.2个百分点；月均收入水平在2000—3000元的从业人数比重为9.8%，同比下降4.6个百分点；月均收入水平在2000元及以下的从业人数占比2.7%，同比下降0.6个百分点，在外出农民工中，高收入群体占比扩大。

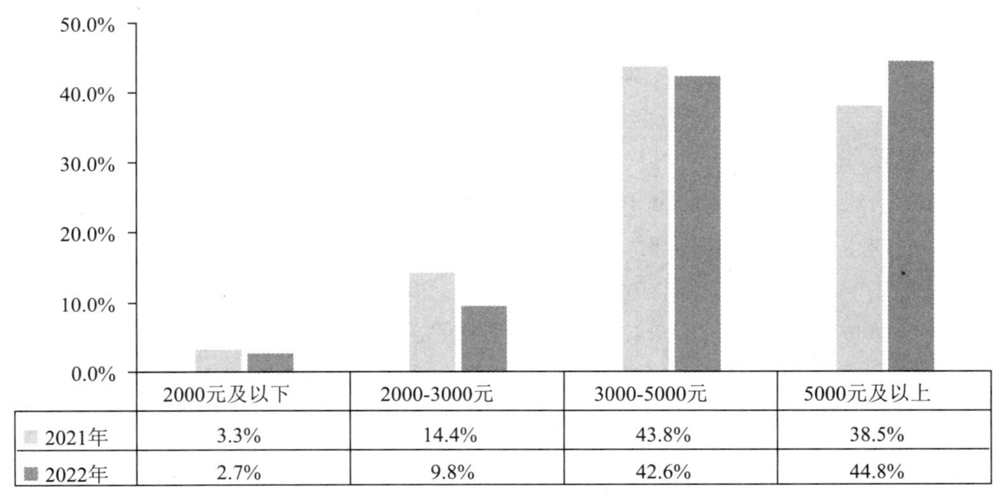

图 4　外出农民工月均收入构成

四、社会福利保障状况

（一）社会保障水平不断提高

宁夏农民工参保意识有所提高，各项社会保险覆盖面继续扩大。调查结果显示，2022年宁夏农民工医疗保险参保率为100%，与上年持平；养老保险参保率为80.8%，同比提高0.3个百分点。从外出农民工缴纳“五险一金”情况看，所在单位或雇主为其缴纳养老、工伤、医疗、失业、生育保险和住房公积金比重分别为22.9%、25.0%、22.7%、22.0%、17.9%、8.1%，分别较上年提高3.1、3.7、2.5、2.3、1.1、0.1个百分点，缴纳比例均较上年有所提高，但整体缴纳覆盖率仍处于较低水平。

（二）接受职业技能培训占比增加

2022年，宁夏加大农民工职业技能培训力度，培训覆盖面、培训成效均有所提升。2022年，农民工中接受过农业职业技能培训的占比为17.9%，同比提高5.9个百分点；接受过非农业职业技能培训的占比为42.6%，同比提高1.8个百分点。从培训效果看，93.7%的农民工认为参加的培训对自己有帮助，培训技能与工作对口；5.0%的农民工认为培训有帮助，但培训与工作基本不对口；仅有1.3%的农民工认为培训没有帮助，对工作作用不大。

（三）外出务工稳定性更高

根据农民工监测调查结果，2022年外出农民工务工期间更换工作人数占比为15.6%，同比下降4.9个百分点，其中更换过1次工作的人占比为77.7%，同比提高5.6个百分点；更换过2次及以上工作的人占比为22.3%，同比下降5.6个百分点，外出农民工工作稳定性整体更高。

五、需关注的问题

（一）劳动合同签订率下降

农民工监测结果显示：在外出务工农民工中，劳动合同签订率仅为43.0%，同比下降0.1个百分点；本地非农务工农民工中，劳动合同签订率仅为41.1%，同比下降6.5个百分点。劳动合同签约率整体偏低，一旦发生纠纷取证困难，造成了农民工维权难、维权时间长、维权成本高的状况，农民工合法权益难以保障。建议一方面要加大劳动监察执法力度，提高劳动合同签订率，对用人单位违反合同规定、拖欠农民工工资等劳动违法行为严肃查处；另一方面要通过广播、电视、网络等新闻媒体向农民宣传维权知识，提高农民工的维权意识，主动签订劳动合同，切实保障自身合法权益。

（二）高龄农民工择业难度加大

随着中国社会人口老龄化程度逐步加深，农民工年龄结构也逐步老化，高龄农民工普遍文化程度较低、职业技能不强、身体素质下降，在就业竞争中处于弱势地位，求职难、收入低现象普遍。建议进一步加强高龄农民工就业兜底帮扶，出台政策鼓励企业吸纳就业困难农民工；建立就业岗位及就业困难群体信息库，为高龄农民工精准推荐就业岗位；以乡村公益性岗位、帮扶车间、以工代赈作为托底特殊困难群体就业的重要渠道。

（三）就业信息获取渠道不畅

尽管近年来就业信息服务在不断创新和发展，但是仍然不能满足农民工的求职需要，一些农民工表示，招聘信息不够畅通，找工作还停留自发外出、熟人推荐、老乡带老乡的阶段。根据2022年农民工监测调查结果，外出农民工中77.7%的人选择自发外出务工；19.3%的人通过亲朋好友介绍获得外出工作；仅有2.1%的人通过政府（单位）及中介组织外出务工。建议加强就业信息共享服务，利用网络、手机等媒介发布就业信息和劳务输出政策，为农民工择业营造良好平台；结合不同人群特点分行业、分领域、分群体开展线下招聘，不断提高对接成功率和人岗匹配率；积极摸排待业农民工的就业意愿和劳动技能情况，全面收集企业用人用工需求，尽快落实“点对点”“一站式”人岗对接。

附注：

1. 本文中农民工是指户口性质为本地农业户口且本年度的从业状况属于以下几种状况：（1）外出农民工，即到本乡镇外从业6个月及以上的农村劳动力；（2）本地农民工，即在本乡镇内从事非农活动（包括本地非农务工和非农自营活动）6个月及以上的农村劳动力；（3）期末举家外出的农村劳动力。

2. 部分数据因四舍五入，存在总计与分项合计不等的情况。

（余　璐）

5-1 2022年全区农民工监测调查资料
Migrant Workers Monitoring Survey Data (2022)

指标名称	Item	单位	Unit	数量
一、农民工主要推算数据(加权汇总)	**Basic Calculating Statistics of Migrant Workers**			
(一)总量	Total	万人	10000 persons	103.83
其中:外出农民工	Migrant Workers out	万人	10000 persons	79.37
本地农民工	Local Migrant Workers	万人	10000 persons	24.46
(二)外出从业时间	Working Time of Migrant Workers out	月	month	9.20
(三)外出从业月均收入	Average Monthly Income of Migrant Workers out	元	yuan	5362.00
二、农民工基本情况(调查样本数据)	**Basic Statistics of Migrant Workers**			
(一)性别	Gender	人	person	917
1.男性	Male	人	person	609
2.女性	Female	人	person	308
(二)年龄	Age	人	person	917
1.5岁及以下	Aged 5 and under	人	person	
2.6-15岁	Aged 6-15	人	person	
3.16-19岁	Aged 16-19	人	person	11
4.20-24岁	Aged 20-24	人	person	100
5.25-29岁	Aged 25-29	人	person	136
6.30-34岁	Aged 30-34	人	person	116
7.35-40岁	Aged 35-40	人	person	111
8.41-50岁	Aged 41-50	人	person	249
9.51-60岁	Aged 51-60	人	person	158
10.61-65岁	Aged 61-65	人	person	19
11.66岁及以上	Aged 66 and over	人	person	17
(三)6周岁及以上住户成员受教育程度	Culture Level of Household Member 6 Years of Age and Older	人	person	917
1.未上过学	Illiterate and Semi-illiterate	人	person	31
2.小学	Primary School	人	person	168
3.初中	Junior Middle School	人	person	420
4.高中	Senior Middle School	人	person	127
5.大学专科	Junior College	人	person	114
6.大学本科	Undergraduate College	人	person	55
7.研究生	Postgraduate	人	person	2
(四)参加医疗保险情况	Condition of Joining Medical Insurance	人	person	917
1.新型农村合作医疗	New Rural Co-operative Medical System	人	person	149
2.城镇职工基本医疗保险	Basic Medical Insurance for Urban Employee	人	person	765
3.城乡居民基本医疗保险	Basic Medical Insurance for Urban and Rural Residents	人	person	2
4.公费医疗	Free Medical Insurance	人	person	3
5.商业医疗保险	Commercial Medical Insurance	人	person	2
6.其他医疗保险	Other Medical Insurance	人	person	1
7.没有参加任何医疗保险	No Medical Insurance	人	person	
(五)参加养老保险情况	Condition of Joining Pension Insurance	人	person	917
1.城镇职工基本养老保险	Basic Pension Insurance for Urban Employee	人	person	240
2.城乡居民基本养老保险	Basic Pension Insurance for Urban and Rural Residents	人	person	470
3.企业年金(职业年金)	Urban Household Social Pension Insurance	人	person	4
4.商业养老保险	Commercial Pension Insurance	人	person	7
5.其他养老保险	Other Pension Insurance	人	person	23
6.没有参加任何养老保险	No Pension Insurance	人	person	184

5-1 续表 1 continued

指标名称	Item	单位	Unit	数量
三、农民工全年从业情况(调查样本数据)	**Basic Statistics of Migrant Workers Employment**			
(一)本年度主要从业地区	Main Working Region this Year	人	person	917
1.乡内	Town	人	person	313
2.乡外县内	Town out County in	人	person	227
3.县外省内	County out Province in	人	person	268
4.省外	Outside the Province	人	person	109
5.国外及港澳台地区	Nation out and Hong Kong, Macao, Taiwan Region	人	person	
(二)本年度从事主要行业	Working on Main Industry This Year	人	person	917
1.第一产业	Primary Industry	人	person	11
(1)农、林、牧、渔业	Agriculture, Forestry, Animal Husbandry and Fishery	人	person	11
2.第二产业	Secondary Industry	人	person	285
(2)采矿业	Mining	人	person	10
(3)制造业	Manufacturing	人	person	107
(4)电力、热力、燃气及水的生产和供应业	Production and Supply of Electricity, Gas and Water	人	person	36
(5)建筑业	Construction	人	person	132
3.第三产业	Tertiary Industry	人	person	621
(6)批发和零售业	Wholesale and Retail Trades	人	person	125
(7)交通运输、仓储和邮政业	Transport, Storage and Post	人	person	108
(8)住宿和餐饮业	Hotels and Catering Services	人	person	65
(9)信息传输、软件和信息技术服务业	Information Transmission, Computer Services and Software	人	person	10
(10)金融业	Financial Intermediation	人	person	9
(11)房地产业	Real Estate	人	person	4
(12)租赁和商务服务业	Leasing and Business Services	人	person	4
(13)科学研究和技术服务	Scientific Research and Technical Services	人	person	
(14)水利、环境和公共设施管理业	Management of Water Conservancy, Environment and Public Facilities	人	person	23
(15)居民服务、修理和其他服务业	Services to Households and Other Services	人	person	127
(16)教育	Education	人	person	34
(17)卫生、社会工作	Health and Social Work	人	person	32
(18)文化、体育和娱乐业	Culture, Sports and Entertainment	人	person	16
(19)公共管理、社会保障和社会组织	Public Management, Social Securities and Organizations	人	person	64
(20)国际组织	International Organizations	人	person	
四、外出从业农民工情况(调查样本数据)	**Basic Statistics of Migrant Workers Employment out**			
(一)外出地区	Working Region	人	person	606
1.本省	Province in	人	person	498
(1)乡外县内	Town out County in	人	person	233
(2)县外省内	County out Province in	人	person	265
2.省外	Province out	人	person	108
(1)东部地区	Eastern Provinces	人	person	45
北京	Beijing	人	person	3
天津	Tianjin	人	person	
河北	Hebei	人	person	1
上海	Shanghai	人	person	5
江苏	Jiangsu	人	person	8
浙江	Zhejiang	人	person	10
福建	Fujian	人	person	5
山东	Shandong	人	person	2
广东	Guangdong	人	person	11

5-1 续表 2 continued

指标名称	Item	单位	Unit	数量
海南	Hainan	人	person	
(2)中部地区	Central Provinces	人	person	8
山西	Shanxi	人	person	
安徽	Anhui	人	person	4
江西	Jiangxi	人	person	2
河南	Henan	人	person	
湖北	Hubei	人	person	
湖南	Hunan	人	person	2
(3)西部地区	Western Provinces	人	person	54
内蒙古	Inner Mongolia	人	person	13
广西	Guangxi	人	person	1
重庆	Chongqing	人	person	1
四川	Sichuan	人	person	5
贵州	Guizhou	人	person	
云南	Yunnan	人	person	1
西藏	Tibet	人	person	1
陕西	Shaanxi	人	person	12
甘肃	Gansu	人	person	4
青海	Qinghai	人	person	1
宁夏	Ningxia	人	person	498
新疆	Xinjiang	人	person	15
(4)东北地区	Northeast Provinces	人	person	1
辽宁	Liaoning	人	person	1
吉林	Jilin	人	person	
黑龙江	Heilongjiang	人	person	
(5)其他地区	Others	人	person	
港澳台	Hong Kong, Macao and Taiwan	人	person	
国外	Foreign	人	person	
(二)外出地区类型	Type of out Working Region	人	person	606
1.直辖市	Municipality Directly under the Central Government	人	person	22
2.省会城市	Provincial Capital	人	person	159
3.地级市	Cities at Prefecture Level	人	person	101
4.县市城区	County	人	person	249
5.建制镇	Towns	人	person	63
6.村委会	Village Committee	人	person	12
7.其他地区	Others	人	person	
(三)外出方式	Pattern of out Working	人	person	606
1.政府(单位)组织	Organized by Government	人	person	11
2.中介组织介绍	Introduced by Intermediary Agent	人	person	2
3.亲朋好友介绍	Introduced by Relatives and Friends	人	person	112
4.自发	Spontaneous	人	person	475
5.其他	Others	人	person	6
(四)本年度从事主要行业	Working on Main Industry this Year	人	person	606
1.第一产业	Primary Industry	人	person	10
(1)农、林、牧、渔业	Agriculture, Forestry, Animal Husbandry and Fishery	人	person	10
2.第二产业	Secondary Industry	人	person	240
(2)采矿业	Mining	人	person	10
(3)制造业	Manufacturing	人	person	86

5-1 续表 3 continued

指标名称	Item	单位	Unit	数量
(4)电力、热力、燃气及水的生产和供应业	Production and Supply of Electricity, Gas and Water	人	person	35
(5)建筑业	Construction	人	person	109
3.第三产业	Tertiary Industry	人	person	356
(6)批发和零售业	Wholesale and Retail Trades	人	person	60
(7)交通运输、仓储和邮政业	Transport, Storage and Post	人	person	88
(8)住宿和餐饮业	Hotels and Catering Services	人	person	41
(9)信息传输、软件和信息技术服务业	Information Transmission, Computer Services and Software	人	person	9
(10)金融业	Financial Intermediation	人	person	8
(11)房地产业	Real Estate	人	person	4
(12)租赁和商务服务业	Leasing and Business Services	人	person	2
(13)科学研究和技术服务	Scientific Research and Technical Services	人	person	
(14)水利、环境和公共设施管理业	Management of Water Conservancy, Environment and Public Facilities	人	person	12
(15)居民服务、修理和其他服务业	Services to Households and Other Services	人	person	67
(16)教育	Education	人	person	24
(17)卫生、社会工作	Health and Social Work	人	person	23
(18)文化、体育和娱乐业	Culture, Sports and Entertainment	人	person	5
(19)公共管理、社会保障和社会组织	Public Management, Social Securities and Organizations	人	person	13
(20)国际组织	International Organizations	人	person	
(五)外出从业住所类型	Type of Residence out Working	人	person	606
1.单位宿舍	Employer's Dormitory	人	person	177
2.工地工棚	Working Shed in Construction Sites	人	person	38
3.生产经营场所	The Sites of Production and Business Operation	人	person	28
4.与人合租住房	Renting Room with Others	人	person	52
5.独立租赁住房	Renting a Room Oneself	人	person	48
6.务工地自购房	Buying House in Working Place	人	person	38
7.乡外从业但回家居住(老家)	Working out of Village but Living in Old Home	人	person	199
8.其他	Others	人	person	26
(六)外出从业时间	Time of Working outside	人	person	
1.每月平均工作的天数	Working Days on Average per Month	天	day	15284
其中：15天以下	15 Days and under	人	person	2
15-22天	15-22 Days	人	person	100
22-26天	22-26 Days	人	person	331
26天以上	26 Days and over	人	person	173
2.每天平均工作的小时数	Working Hours on Average per Day	小时	hour	5280.5
其中：6小时以下	6 Hours and under	人	person	3
6-8小时	6-8 Hours	人	person	17
8-10小时	8-10 Hours	人	person	414
其中：8小时	8 Hours	人	person	350
10-12小时	10-12 Hours	人	person	150
12小时及以上	12 Hours and over	人	person	22

5-1 续表 4 continued

指标名称	Item	单位	Unit	数量
(七)外出月收支情况	Condition of Income and Expenses per Month	人	person	606
1.每月平均收入	Income on Average per Month	元	yuan	3282789.40
其中：800元以下	Less than 800 Yuan	人	person	
800-1000元	800-1000 Yuan	人	person	
1000-1500元	1000-1500 Yuan	人	person	5
1500-2000元	1500-2000 Yuan	人	person	11
2000-3000元	2000-3000 Yuan	人	person	57
3000-5000元	3000-5000 Yuan	人	person	259
5000元及以上	5000 Yuan and over	人	person	274
(八)社会保障与福利情况	Social Security and Welfare Condition	人	person	606
1.外出从业的劳动关系	Labor Relation of Working outside	人	person	606
①无固定期限劳动合同工	Labor Contract with Non-fixed Term	人	person	33
②一年及以上劳动合同工	A Year or More Labor Contract	人	person	171
③一年以下劳动合同工	A Year and under Labor Contract	人	person	27
④没有劳动合同	No Labor Contract	人	person	299
⑤自营	Self-support	人	person	76
⑥其他	Others	人	person	
2.单位或雇主提供伙食情况	Condition of Meals Providing by Employers	人	person	530
①每天提供三顿	Three Meals per Day	人	person	122
②每天提供两顿	Two Meals per Day	人	person	85
③每天提供一顿	One Meal per Day	人	person	49
④不提供，但补贴部分伙食费	No Providing but with some Subsidies	人	person	26
⑤不提供，也没有补贴	No Providing and Subsidies	人	person	248
3.单位或雇主提供住宿情况	Condition of Accommodation Providing by Employers	人	person	530
①提供住宿	Providing Accommodation	人	person	259
②不提供住宿，但住房有补贴	No Accommodation but with some Subsidies	人	person	6
③不提供住宿，也没有住房补贴	No Accommodation and Subsidies	人	person	265
4.五险一金缴纳情况	Condition of Social Security Payment	人	person	606
①缴纳养老保险	Pension Insurance Payment	人	person	138
②缴纳工伤保险	Injury Insurance Payment	人	person	157
③缴纳医疗保险	Medical Insurance Payment	人	person	137
④缴纳失业保险	Unemployment Insurance Payment	人	person	131
⑤缴纳生育保险	Maternity Insurance Payment	人	person	109
⑥缴纳住房公积金	Housing Fund Payment	人	person	48
(九)务工期间更换工作人数	Changing Jobs during Working Time	人	person	96
1.更换工作的次数	Times of Changing Jobs	人	person	124
2.更换过工作的人数	Numbers of Changing Jobs	人	person	96
其中：换过1次工作	Changing Jobs for One Time	人	person	74
换过2次工作	Changing Jobs Twice	人	person	17
换过超3次以上工作	Changing Jobs Three Times and More	人	person	5

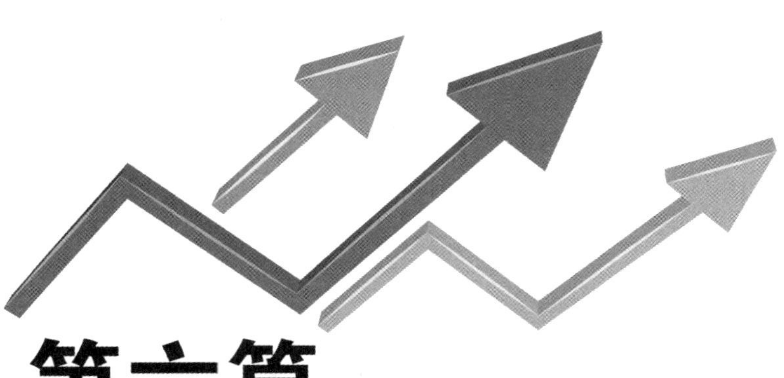

第六篇

脱贫县农村住户监测调查

Rural Household Survey of County Lifted out of Poverty

简要说明

脱贫县农村住户监测调查在盐池、同心、原州、西吉、隆德、泾源、彭阳和海原 8 县（区）开展，主要监测居民现金和实物收支情况、住户成员及劳动力从业情况、居民家庭住房和耐用消费品拥有情况、家庭经营和生产投资情况、社区基本情况、县（区）社会经济基本情况和到县扶贫项目实施情况以及村和户的扶贫参与情况等。本书提供的宁夏脱贫县相关数据资料均为脱贫县农村住户监测调查 77 个调查点数据简单汇总所得。

Brief Introduction

Rural household survey for county lifted out of poverty in Yanchi, Tongxin, Yuanzhou, Xiji, Longde, Jingyuan, Pengyang and Haiyuan, mainly monitoring the condition of residents in cash and in-kind, household members and labor employment, resident housing and consumer durables, investment and production, community basic situation, social and economic situation of the county (district) and poverty alleviation project implementation, poverty participation of village and household, etc. The yearbook provides the related data of key county lifted out of poverty in Ningxia which simply consolidated as 77 poverty monitoring survey areas.

脱贫攻坚“稳成果”　乡村振兴“加速度”

打赢脱贫攻坚战、全面建成小康社会后，推动脱贫地区发展和乡村全面振兴，成为“十四五”时期脱贫地区农村工作的重点任务。2022 年，宁夏回族自治区各级党委、政府持续巩固脱贫攻坚成果与乡村振兴有效衔接，聚焦“守底线、抓发展、促振兴”，千方百计兴产业、稳就业、促增收，脱贫县农民收入实现较快增长，脱贫基础更加稳固、成效更可持续。

一、脱贫县农村居民收入基本情况

（一）收入持续增长，实现“两个高于”目标

2022 年，宁夏脱贫县农村居民人均可支配收入 14151 元，增长 8.5%，增速高于全区农村居民人均可支配收入 1.4 个百分点，高于全国农村居民人均可支配收入 2.2 个百分点，实现了“两个高于”目标，增速在全国 22 个省（区、市）的脱贫县农村地区居第 5 位，居西北五省（区）第 1 位。

（二）收入呈多元化发展格局，四项收入全面增长

2022 年,脱贫县农村居民人均工资性收入、经营净收入、财产净收入和转移净收入分别为 4942 元、5326 元、70 元和 3813 元，分别增长 8.9%、9.9%、10.4%和 6.1%。

表 1　2022 年宁夏脱贫县农村居民人均可支配收入

单位：元、%

指标名称	2022 年	2021 年	增量	增幅	贡献率	占比
可支配收入	14151	13045	1106	8.5	—	—
一、工资性收入	4942	4540	402	8.9	36.4	34.9
二、经营净收入	5326	4848	478	9.9	43.2	37.6
三、财产净收入	70	63	7	10.4	0.6	0.5
四、转移净收入	3813	3594	219	6.1	19.8	26.9

二、乡村振兴为脱贫县农民增收提供有力支撑

（一）稳中保进的就业措施是带动收入增长的“基本点”

宁夏坚持把稳就业、保就业作为第一民生工程，通过与劳务输入大省的协作，持续以“点对点、一站式”方式输转各类务工人员；设立扶贫车间、发展扶贫产业和龙头企业、新增公益性岗位等方式增加就业岗位；开展技能培训、实现应培尽培、愿培尽培，促进就业技能增收；大力开展“雨露计划+”就业促进行动；农村基础设施项目优先吸纳本地脱贫群众和低收入人口参与建设，尤其是不能外出务工的人员，实现居家灵活就业，有效扩大就业容量，农村居民工资性收入稳定增长。2022 年，脱贫县农村居民人均工资性收入 4942 元，增长 8.9%，拉动可支配收入增长 3.1 个百分点。

（二）蓬勃向上的产业发展是带动收入增长的“动力点”

宁夏因地制宜、发挥区域优势，实施城乡居民收入提升行动，支持发展壮大乡村特色产业，以产业提质增效、农民就业增收为核心，着眼乡村振兴战略，聚焦葡萄酒、枸杞、牛奶、肉牛和滩羊、冷凉蔬菜“六特”产业，健全联农带农富农机制；加快建立现代农业产业、生产、经营“三大体系”，持续调优种养结构、调大经营规模、调长产业链条、调强加工能力，持续带动全产业链提质增效，带动农民持续增收。脱贫县农村居民人均经营净收入 5326 元，增长 9.9%，拉动可支配收入增长 3.7 个百分点。

（三）不断拓宽的致富思路是带动收入增长的“添花点”

农村居民理财意识增强，致富思路不断拓宽，加上理财产品的多样化，越来越多的农民改变原有的单一银行储蓄存款，选择银行理财产品、基金与股票等新型投资理财方式；乡村振兴战略的深入推进，农民财产净收入来源不断拓宽，土地承包经营权流转规模逐渐扩大，流转的净租金不断上升；参与家庭农场、农民合作社等新型经营主体和龙头企业生产经营的比例提升，股份到户和利益到户增加农户财产净收入。脱贫县农村居民人均财产净收入 70 元，增长 10.4%。

（四）精准实施的民生政策是带动收入增长的“支撑点”

积极落实大豆玉米带状复合种植等各项惠农政策，不断加大对普惠性、基础性、兜底性民生的转移支付，让农民在高质量发展中持续共享发展成果。强化民生兜底，居民养老金、低保金、特困供养人员生活救助等政策，各项发放标准按规定逐步提升。脱贫县农村居民人均转移净收入 3813 元，增长 6.1%，拉动可支配收入增长 1.7 个百分点。

三、影响脱贫县农村居民增收的不利因素

（一）产业基础依然薄弱

现代农业生产体系相对完善，但产业基础薄弱，结构单一，尚未形成成熟的经营体系，现代农业产业体系层次相对较低。龙头企业数量少、规模小、特色产业不突出，尤其是畜产品、蔬菜等特色农产品加工企业缺乏，产业链条短、附加值低，产业发展内生动力不足，难以满足乡村振兴“产业兴旺”的要求。

（二）区域发展不够协调

宁夏脱贫县地区主要集中在经济发展较为落后的中南部山区，人口少、市场小、缺产业、缺人才，营商环境不佳、资源禀赋差距较大等掣肘问题较多，各区域发展仍存在不充分不协调问题，且县域经济规模较小，区域经济布局还待优化。

（三）文化科技素质不高

农村务农劳力整体文化素质不高，户主大专以上文化程度仅占 2.4%；结构性短缺和青壮年劳动力紧缺，年龄普遍老化，接受新技术、新知识能力较低，新技术、新品种推广应用和“懂技术、善经营、会管理”的农村现代实用人才短缺，16 周岁以上劳动力中，当年接受过农业技术培训的只占 11.1%，大多数农民都缺乏一技之长，限制农村经济发展。

（四）增收渠道略显单一

2022 年，脱贫县农村居民人均工资性收入和经营净收入合计占收入比重达八成，且人均经营净收入对收入的贡献率达 43.2%，成为拉动收入增长的最主要的驱动力。但农产品产量和价格易随周期波动，也极易受到天气以及突发事件的影响，一定程度上影响了经营性收入增长的稳定性。一方面，柴油、化肥、种子、饲料等农资价格上涨带动农业经营成本上升，而市场农产品价格上涨空间有限，一定程度上压缩种养户经济效益空间。另一方面，由于山区、丘陵地带较多，耕地资源有限、交易成本高、人力成本逐年上涨等因素进一步制约脱贫县家庭经营发展。

四、促进脱贫县农民增收的几点建议

（一）聚焦特色产业，补齐产业发展短板

把产业振兴作为增收的重中之重，聚焦“六特”产业，做优做强特色产业，构建现代农业产业体系，让更多特色农产品走向市场。以葡萄酒、枸杞、牛奶、肉牛、滩羊、冷凉蔬菜等特色产业为重点，培育壮大多元化新型农业经营主体，进一步擦靓“葡萄酒之都”“枸杞之乡”“滩羊之乡”“高端奶之乡”等品牌，让宁夏更多特色农产品走向国内外大市场。

（二）聚焦乡村振兴，促进区域协调发展

立足服务黄河流域生态保护和高质量发展先行区、乡村全面振兴样板区建设等中心任务，在推动高质量发展中逐步缩小城乡、山川等区域发展差距，促进区域间基本医疗、养老、基础教育等基本公共服务均

等化；进一步加大脱贫县地区交通、水利等基础设施投资建设力度，增强其发展的内生动力；加大对各类特殊问题区域的支持，兼顾好保护和发展的关系。

（三）聚焦人才培养，提高科技文化素质

加强农村职业教育，重视对农村劳动力的技术和技能培训工作，把提高农民科技文化素质作为科教兴农、发展现代农业的一项重大举措。通过本地人才培养、紧缺人才引进等措施，积极培养现代职业农民，着力解决农业高科技人才匮乏问题，加快科技成果应用和推广，积极发展数字农业、智慧农业，为传统农业向现代农业加快转型提供坚实的基础保障。

（四）聚焦多元经济，拓宽农民增收渠道

进一步完善惠农强农政策，以扩大就业促进农民工资性收入增长。加大资金、人才等要素投入、鼓励技术创新，加快一二三产业融合发展，着力推动乡村产业振兴，促进农民经营性收入增长。积极引导有条件的村集体盘活本村闲置宅基地、农机设备、空闲厂房和土地等资产，进行流转和出租，提高资产利用率，提高村集体有关租金收入，适时进行分红，促进农民财产性收入增长。深化社会保障制度改革，建设覆盖全民更高水平的社会保障体系，提升最低生活保障标准，扩大大病保险保障范围，加大对困难群体倾斜力度，不断减轻农村居民养老、看病、失业等后顾之忧，提升农村居民政府转移支付的受益水平，促进转移性收入增长。

（黎　雪）

6-1 2022年脱贫县农村住户基本情况
Basic Statistics of Rural Households by County Lifted out of Poverty (2022)

指 标 名 称	Item	单位	Unit	总计
调查户类别	**Category of Households Surveyed**			
一、调查户数	Numbers of Households Surveyed	户	household	770
二、低保户	Households Enjoying the Minimum Living Guarantee	户	household	189
三、五保户	Households Enjoying the Five Guarantees	户	household	
四、建档立卡户	Households Establishing Files	户	household	315
五、退耕还林户	Households Returning the Grain Plots to Forestry	户	household	372
住房及生活设施	**Housing and Domestic Installation**			
一、期末现住房情况	Owning House Condition of Term End			
(一)本住户居住类型	Residence Type	户	household	770
1.普通住宅	General Residence	户	household	770
2.集体宿舍和工棚	Dormitory and Shed	户	household	
3.工作地住宿	Working Places	户	household	
(二)本住户居住空间样式	House Construction Space Style	户	household	770
1.单栋楼房	Single Building	户	household	15
2.单栋平房	Single Bungalow	户	household	726
3.四居室及以上单元房	House with Four Bedrooms and Above	户	household	2
4.三居室单元房	House with Three Bedrooms	户	household	16
5.二居室单元房	House with Two Bedrooms	户	household	8
6.一居室单元房	House with One Bedroom	户	household	3
7.筒子楼或连片平房	Tube-shaped or Closely Bungalow	户	household	
8.其他	Others	户	household	
(三)主要建筑材料	Main Building Materials	户	household	770
1.钢筋混凝土	Reinforced Concrete	户	household	43
2.砖混材料	Brick and Concrete	户	household	245
3.砖瓦砖木	Brick and Wood	户	household	482
4.竹草土坯	Bamboo Grass Adobe	户	household	
5.其他	Others	户	household	
(四)现住房房屋来源	Source of Current Housing	户	household	770
1.租赁公房	Public House Leasing	户	household	2
2.租赁私房	Private House Leasing	户	household	3
3.自建住房	Self-Built Housing	户	household	705
4.购买商品房	Commercial Residential Building	户	household	23
5.购买房改住房	Reformed Housing	户	household	
6.购买保障性住房	Security Housing	户	household	2
7.拆迁安置房	Removal Settlement Housing	户	household	16
8.继承或获赠住房	Inheritance or Gift Housing	户	household	

6-1 续表 1 continued

指标名称	Item	单位	Unit	总计
9.免费借用房	Borrow Housing for Free	户	household	1
10.雇主提供免费住房	Free Housing of Employer Offer	户	household	1
11.其他来源	Others	户	household	17
(五)现住房建筑面积	Floor Space of Current Residential Buildings			
1.10平方米以内	Less than 10 sq.m	户	household	
2.10-20平方米	10-20 sq.m	户	household	
3.20-30平方米	20-30 sq.m	户	household	
4.30-60平方米	30-60 sq.m	户	household	50
5.60-90平方米	60-90 sq.m	户	household	150
6.90-120平方米	90-120 sq.m	户	household	260
7.120-200平方米	120-200 sq.m	户	household	281
8.200平方米以上	200 sq.m Above	户	household	29
(六)住宅外道路路面情况	Road Pavement Outside Housing	户	household	770
1.水泥或柏油路面	Cement or Asphalt	户	household	660
2.沙石或石板等硬质路面	Hard Surfacing of Gravel or Slabstone	户	household	92
3.其他	Others	户	household	18
(七)住户主要饮用水来源情况	Source of Drinking Water for Household	户	household	770
1.经过净化处理的自来水	Tap Water for Cleaning Treatment	户	household	756
2.受保护的井水和泉水	Well Water and Spring for Protected	户	household	14
3.不受保护的井水和泉水	Well Water and Spring for Non-protected	户	household	
4.江河湖泊水	Rivers and Lakes	户	household	
5.收集雨水	Rainwater	户	household	
6.桶装水	Barreled Water	户	household	
7.其他水源	Others	户	household	
(八)住户获取饮用水的主要困难	Main Difficulty for Gaining Drinking Water	户	household	770
1.单次取水往返时间超过半小时	More than Half an Hour of Getting Water from a Single Round-trip Time	户	household	
2.间断或定时供水	Water Supply for Gap or Timing	户	household	
3.当年连续缺水时间超过16天	More than 16 Days for Continuous Hydropenia of the Year	户	household	
4.无上述困难	No Difficulty	户	household	770
(九)住户饮用水使用前采取的主要处理措施	Main Treatment Measure before Drinking	户	household	770
1.煮沸	Boiling	户	household	725
2.加漂白剂/氯等	Adding Bleach or Chlorine	户	household	
3.使用水过滤器	Using Water Filter	户	household	45
4.其他处理措施	Other Treatment Measures	户	household	
5.没有任何水处理措施	No Any Treatment Measures	户	household	

6-1 续表 2 continued

指标名称	Item	单位	Unit	总计
(十)住户厕所类型	Residence Toilet Type	户	household	770
1.水冲式卫生厕所(冲入下水道)	Sanitary Water Flush Toilet (Flush into Sewer)	户	household	87
2.水冲式卫生厕所(冲入化粪池)	Sanitary Water Flush Toilet (Flush into Septic Tank)	户	household	73
3.水冲式卫生厕所(冲入防渗厕坑)	Sanitary Water Flush Toilet (Flush into Seepage Proof Toilet Pit)	户	household	11
4.水冲式非卫生厕所(冲入其他地方)	Non Sanitary Water Flush Toilet (Flush into Other Places)	户	household	26
5.卫生旱厕	Sanitary Latrine	户	household	231
6.普通旱厕	Ordinary Latrine	户	household	342
7.无厕所	No Toilets	户	household	
(十一)住户厕所使用情况	Using Condition of Residence Toilet	户	household	770
1.住宅内独用	Exclusive Use in House	户	household	356
2.住宅内合用	Sharing in House	户	household	1
3.院内独用	Exclusive Use in Yard	户	household	379
4.院内合用	Sharing in Yard	户	household	3
5.其他地方独用	Exclusive Use in Other Place	户	household	29
6.其他地方合用	Sharing in Other Place	户	household	
7.公用厕所	Public Toilets	户	household	2
(十二)住户洗澡设施情况	Residence Shower Equipment Condition	户	household	770
1.统一供热水	Unified Supply Hot Water	户	household	4
2.家庭自装热水器	House Self-Installing Water Heater	户	household	735
3.其他	Others	户	household	27
4.无洗澡设施	No Shower Equipment	户	household	4
(十三)住户主要取暖设备状况	Residence Main Heating Equipment Condition	户	household	770
1.由市政或小区集中供暖	Central Heating by Government or Housing Estate	户	household	28
2.自行供暖	Self Heating	户	household	742
3.无取暖设备	No Heating Equipment	户	household	
(十四)住户主要取暖用能源状况	Residence Main Heating Energy Condition	户	household	770
1.柴草	Firewood	户	household	6
2.煤炭	Coal	户	household	698
3.罐装液化石油气	Liquefied Petroleum Gas of Can Pack	户	household	
4.管道液化石油气	Liquefied Petroleum Gas of Pipeline	户	household	
5.管道煤气	Coal Gas of Pipeline	户	household	
6.管道天然气	Natural Gas of Pipeline	户	household	1
7.电	Electricity	户	household	34
8.燃料用油	Fuel Oils	户	household	
9.沼气	Biogas	户	household	
10.其他	Others	户	household	3
11.无取暖行为	No Heating Behavior	户	household	28
(十五)主要炊用能源状况	Main Condition of Cooking Energy	户	household	770
1.柴草	Firewood	户	household	12
2.煤炭	Coal	户	household	68
3.罐装液化石油气	Liquefied Petroleum Gas of Can Pack	户	household	23
4.管道液化石油气	Liquefied Petroleum Gas of Pipeline	户	household	
5.管道煤气	Coal Gas of Pipeline	户	household	
6.管道天然气	Natural Gas of Pipeline	户	household	13
7.电	Electricity	户	household	653

6-1 续表 3 continued

指 标 名 称	Item	单位	Unit	总计
8.燃料用油	Fuel Oils	户	household	
9.沼气	Biogas	户	household	1
10.其他	Others	户	household	
11.无炊用行为	No Heating Behavior	户	household	
二、自有现住房情况	Condition of Own Current Housing			
(一)自有现住房建筑年份	Year of Built			
1.当年新建	New Construction of the Year	户	household	
2.1-5年	1-5 Years	户	household	161
3.6-10年	6-10 Years	户	household	330
4.11-20年	11-20 Years	户	household	187
5.21-50年	21-50 Years	户	household	68
6.51-99年	51-99 Years	户	household	
7.100年以上	More than 100 Years	户	household	
(二)购(建)房总金额	Amount of Built	万元	10000 yuan	7078
(三)购(建)房时借贷款总额(不含利息)	Total Loan of Built	万元	10000 yuan	829
其中：按揭贷款金额	Mortgage Loan	万元	10000 yuan	250
(四)购(建)房时借贷款总利息	Loan Interest of Built	万元	10000 yuan	80
(五)借贷款还款总年限	Loan Years			
1.10年以下	Below 10 Years	户	household	145
2.11-20年	11-20 Years	户	household	4
3.21-30年	21-30 Years	户	household	
4.30年以上	More than 30 Years	户	household	
(六)现在是否还在还款	Whether in the Payment at Present	户	household	715
1.现在还在还款	Yes	户	household	12
2.现在已经还完借贷款	Pay Off the Loans at Present	户	household	703
三、租赁住房情况	Condition of Leasing Housing			
(一)租赁住房房屋来源	Source of Leasing Housing			
1.租赁公房	Public House Leasing	户	household	2
2.租赁私房	Private House Leasing	户	household	3
(二)租赁住房实际月租金	The Market Rent per Month of Leasing Housing	元	yuan	1439
1.租赁公房实际月租金	The Market Rent per Month of Public House Leasing	元	yuan	256
2.租赁私房实际月租金	The Market Rent per Month of Private House Leasing	元	yuan	1183
四、期内新建住房情况	Condition of Newly Built Residential Buildings During Period			
(一)期内新建住房竣工建筑面积	Floor Space of Newly Built Residential Buildings	平方米	sq.m	
1.10平方米以内	Less than 10 sq.m	户	household	
2.10-20平方米	10-20 sq.m	户	household	
3.20-30平方米	20-30 sq.m	户	household	
4.30-60平方米	30-60 sq.m	户	household	
5.60-90平方米	60-90 sq.m	户	household	
6.90-120平方米	90-120 sq.m	户	household	
7.120-200平方米	120-200 sq.m	户	household	
8.200平方米以上	More than 200 sq.m	户	household	
(二)新建住房建成时间	Purchasing Date	年	year	
(三)新建住房总费用	Total Cost	万元	10000 yuan	
(四)新建住房资金来源	Capital Source of Newly Built Residential Buildings	万元	10000 yuan	
1.银行信用社贷款	Loans from Bank and Credit Cooperative	万元	10000 yuan	
2.亲友借款	Debt from Relatives and Friends	万元	10000 yuan	
3.自筹资金	Self-collected Funds	万元	10000 yuan	
4.其他资金	Others	万元	10000 yuan	
五、期内住房大修或装修费用	Housing Overhaul Cost	万元	10000 yuan	86

6-2 2022年脱贫县农村居民家庭耐用消费品每百户拥有情况

Ownership of Durable Consumer Goods per 100 Rural Households by County Lifted out of Poverty (2022)

单位：百户均 (per 100 households)

指标名称	Item	单位	Unit	总计
家用汽车	Family Car	辆	unit	41
摩托车	Motorcycle	辆	unit	59
助力车	Moped	台	set	62
洗衣机	Washing Machine	台	set	107
电冰箱(柜)	Refrigerator	台	set	106
微波炉	Microwave Oven	台	set	11
彩色电视机	Color TV Set	台	set	109
空调	Air Conditioner	台	set	2
热水器	Water Heater	台	set	107
洗碗机	Dishwasher	台	set	
排油烟机	Ventilator	台	set	30
固定电话	Telephone	线	set	
移动电话	Mobile Telephone	部	set	316
计算机	Computer	台	set	28
照相机	Camera	台	set	1
中高档乐器	Middle and Top Grade Instruments	架	set	2
健身器材	Body-building Apparatus	台	set	
空气净化器(含新风系统)	Air Cleaner (incl. fresh air system)	台	set	
地面清洁电器	Ground Cleaning Appliances	台	set	1

6-3　2022年脱贫县农村社区基础设施和基本社会服务情况

Base Installation and Community Service of Rural by County Lifted out of Poverty (2022)

指标名称	Item	单位	Unit	总计
一、社区基础设施和基本社会服务情况	Base Installation and Community Service of the Community			
(一)本社区的土地性质主要属于	Land Status			
1.国有土地	State Owned	户	household	320
2.集体土地	Collective	户	household	450
(二)本社区是否通公路	Whether Connected Roads			
1.通公路	Yes	户	household	770
2.不通公路	No	户	household	
(三)本社区能否便利地乘坐公共汽车	Whether Conveniently by Bus			
1.能便利地乘坐公共汽车	Yes	户	household	760
2.不能便利地乘坐公共汽车	No	户	household	10
(四)本社区是否通电	Whether Electrify			
1.通电	Yes	户	household	770
2.不通电	No	户	household	
(五)本社区是否通电话	Whether on the Phone			
1.通电话	Yes	户	household	770
2.不通电话	No	户	household	
(六)本社区能否接收有线电视信号	Whether Receive Cable TV Signal			
1.能接收有线电视信号	Yes	户	household	770
2.不能接收有线电视信号	No	户	household	
(七)本社区饮用水是否经过集中净化处理	Whether Purified of Drinking Water			
1.饮用水经过集中净化处理	Yes	户	household	770
2.饮用水没有经过集中净化处理	No	户	household	
(八)本社区主要饮用水水源中是否含有化学污染	Whether Chemical Contamination in Drinking Water			
1.高氟	Fluoride	户	household	
2.高砷	Arsenic	户	household	
3.其他化学污染	Other Chemical Pollution	户	household	
4.没有化学污染	None Chemical Pollution	户	household	770
(九)本社区是否开通了管道燃气	Whether Launched Pipeline Gas			
1.开通管道燃气	Yes	户	household	
2.未开通管道燃气	No	户	household	770
(十)本社区是否有市政或小区集中供暖	Whether Central Heating by Municipal or Community			
1.有市政或小区集中供暖	Yes	户	household	
2.没有市政或小区集中供暖	No	户	household	600
3.不适用	Inapplicability	户	household	170
(十一)进入社区道路的路面状况	Road Condition Outside the Community			
1.水泥或柏油路面	Cement or Asphalt	户	household	760
2.沙石或石板等硬质路面	Hard Surfacing of Gravel or Slabstone	户	household	10
3.其他	Others	户	household	
(十二)社区内主要道路路面状况	Road Condition in the Community			
1.水泥或柏油路面	Cement or Asphalt	户	household	760
2.沙石或石板等硬质路面	Hard Surfacing of Gravel or Slabstone	户	household	10
3.其他	Others	户	household	
(十三)社区内主要道路是否有路灯	Whether Have Street Light			
1.主要道路有路灯	Yes	户	household	740
2.主要道路没有路灯	No	户	household	30

6-3 续表 1 continued

指标名称	Item	单位	Unit	总计
(十四)社区内垃圾是否能够做到集中处理	Whether Centralized Processing of Rubbish			
1.垃圾集中处理	Yes	户	household	740
2.垃圾不能集中处理	No	户	household	30
(十五)社区内是否有健身器材	Whether Have Fitness Equipment			
1.有健身器材	Yes	户	household	770
2.没有健身器材	No	户	household	
(十六)社区内是否有绿化园林景观设计	Whether Have Garden Design			
1.有绿化园林景观设计	Yes	户	household	490
2.没有绿化园林景观设计	No	户	household	280
(十七)社区是否有卫生站(室)	Whether Have Health Station			
1.有卫生站(室)	Yes	户	household	770
2.没有卫生站(室)	No	户	household	
(十八)上幼儿园或学前班的便利程度如何	How Convenient is Kindergarten or Preschool			
1.社区内有，且便利	Yes, and Convenient	户	household	420
2.社区内无，但入园较便利	No, but Kindergarten is Convenient	户	household	340
3.不便利	Inconvenience	户	household	10
(十九)上小学的便利程度如何	How Convenient is in Primary School			
1.社区内有，且便利	Yes, and Convenient	户	household	480
2.社区内无，但入学较便利	No, but Entrance is Convenient	户	household	290
3.不便利	Inconvenience	户	household	
(二十)社区是否在本年度发生过盗窃或其他刑事案件	Whether Happened Theft or Other Criminal Cases This Year			
1.发生过盗窃或其他刑事案件	Yes	户	household	
2.没有发生过盗窃或其他刑事案件	No	户	household	770
(二十一)社区是否有专职安全保卫人员	Whether Have Full-time Security Personnel			
1.有专职安全保卫人员	Yes	户	household	750
2.没有专职安全保卫人员	No	户	household	20
(二十二)本社区是否通宽带	Whether Through Broadband Network			
1.已通宽带	Yes	户	household	770
2.未通宽带	No	户	household	
(二十三)本村所处地势	Village Terrain			
1.平原	Plain	户	household	200
2.丘陵(半山区)	Hill	户	household	90
3.山区	Mountainous	户	household	480
(二十四)本村是否少数民族村	Whether is Minority Village			
1.少数民族村	Yes	户	household	390
2.不是少数民族村	No	户	household	380
(二十五)本村是否开展退耕还林还草工作	Whether Returning Farmland to Forest and Grass			
1.开展退耕还林还草工作	Yes	户	household	640
2.没有开展退耕还林还草工作	No	户	household	130
(二十六)本村到最近县城的距离	Distance of the Village to the Nearest County			
1.2公里以内	Less than 2 km	户	household	30
2.2-5公里	2-5 km	户	household	80
3.5-10公里	5-10 km	户	household	60
4.10-20公里	10-20 km	户	household	170
5.20公里以上	More than 20 km	户	household	430

6-3 续表 2 continued

指标名称	Item	单位	Unit	总计
(二十七)本村到最近乡镇的距离	Distance of the Village to the Nearest Town			
1.2公里以内	Less than 2 km	户	household	120
2.2-5公里	2-5 km	户	household	250
3.5-10公里	5-10 km	户	household	290
4.10-20公里	10-20 km	户	household	110
5.20公里以上	More than 20 km	户	household	
(二十八)本村到最近火车站/汽车站/码头的距离	Distance of the Village to the Nearest Railway Station or Bus Station			
1.2公里以内	Less than 2 km	户	household	130
2.2-5公里	2-5 km	户	household	130
3.5-10公里	5-10 km	户	household	110
4.10-20公里	10-20 km	户	household	180
5.20公里以上	More than 20 km	户	household	220
(二十九)本村到最近邮局的距离	Distance of the Village to the Nearest Post-office			
1.2公里以内	Less than 2 km	户	household	140
2.2-5公里	2-5 km	户	household	250
3.5-10公里	5-10 km	户	household	290
4.10-20公里	10-20 km	户	household	60
5.20公里以上	More than 20 km	户	household	30
(三十)本村到最近集市的距离	Distance of the Village to the Nearest Market			
1.2公里以内	Less than 2 km	户	household	120
2.2-5公里	2-5 km	户	household	260
3.5-10公里	5-10 km	户	household	290
4.10-20公里	10-20 km	户	household	80
5.20公里以上	More than 20 km	户	household	20
(三十一)本村是否有拥有合法行医证的医生	Whether Have a Legal Certificate of Practicing Medicine Doctor			
1.有拥有合法行医证的医生	Yes	户	household	770
2.没有拥有合法行医证的医生	No	户	household	
(三十二)本村是否有合格接生员	Whether Have a Qualified Midwives			
1.有合格接生员	Yes	户	household	220
2.没有合格接生员	No	户	household	550
(三十三)本村是否有政府组织的文化服务	Whether Have a Government-organised Cultural Service			
1.有政府组织的文化服务	Yes	户	household	700
2.没有政府组织的文化服务	No	户	household	70
(三十四)本村到最近快递收发点的距离	Distance of the Village to the Delivery point			
1.2公里以内	Less than 2 km	户	household	470
2.2-5公里	2-5 km	户	household	160
3.5-10公里	5-10 km	户	household	50
4.10-20公里	10-20 km	户	household	10
5.20公里以上	More than 20 km	户	household	

第七篇

附录

Appendix

附-1　主要年份全国各省、自治区、直辖市全体居民人均可支配收入(新口径)

Per Capita Disposable Income of Urban and Rural Households by Region in Main Years (New Caliber)

单位：元　　　　(yuan)

省\自治区\直辖市	Region	1990	2000	2005	2006	2007	2008	2009	2010
全　国	**National**	**904**	**3721**	**6385**	**7229**	**8584**	**9957**	**10977**	**12520**
北　京	Beijing	1741	9230	16853	19296	21458	24371	26571	29228
天　津	Tianjin	1466	6728	10255	11526	13116	15444	16967	19266
河　北	Hebei	771	3315	5581	6295	7233	8365	9267	10428
山　西	Shanxi	802	2924	5518	6235	7282	8333	8911	10149
内蒙古	Inner Mongolia	804	3379	5985	6876	8340	9923	11015	12538
辽　宁	Liaoning	1202	4024	6979	7937	9421	11125	12183	13953
吉　林	Jilin	984	3388	6010	6757	7791	8921	9671	10798
黑龙江	Heilongjiang	976	3602	6048	6748	7656	8877	9643	10846
上　海	Shanghai	2008	11056	17738	19647	22459	25385	27500	30436
江　苏	Jiangsu	1009	4928	8712	9947	11574	13237	14653	17006
浙　江	Zhejiang	1359	6719	12093	13550	15351	17073	18528	21159
安　徽	Anhui	685	2855	4777	5573	6724	7893	8683	9955
福　建	Fujian	975	4940	8042	8948	10138	11785	12985	14566
江　西	Jiangxi	775	2972	5223	5894	7097	8208	9094	10217
山　东	Shandong	895	4095	6860	7795	9085	10411	11398	12922
河　南	Henan	640	2649	4668	5409	6493	7637	8426	9520
湖　北	Hubei	888	3608	5628	6304	7430	8643	9496	11069
湖　南	Hunan	804	3345	5664	6364	7587	8804	9745	10861
广　东	Guangdong	1506	6899	10150	11147	12238	13605	14728	16579
广　西	Guangxi	780	3013	4870	5353	6614	7839	8655	9739
海　南	Hainan	925	3479	5322	6084	7186	8325	9151	10342
重　庆	Chongqing		3414	5942	6632	7520	8756	9688	10984
四　川	Sichuan	745	3001	4703	5247	6322	7413	8214	9373
贵　州	Guizhou	607	2290	3625	4016	4817	5533	6099	7226
云　南	Yunnan	686	2623	4197	4664	5469	6492	7170	8184
西　藏	Tibet	761	2521	3630	3828	4609	5249	5807	6628
陕　西	Shaanxi	711	2637	4395	5029	5974	7263	8122	9412
甘　肃	Gansu	600	2299	3962	4428	5037	5782	6454	7358
青　海	Qinghai	759	2706	4587	5113	5916	6808	7553	8659
宁　夏	**Ningxia**	**797**	**2777**	**4918**	**5576**	**6630**	**7924**	**8742**	**9864**
新　疆	Xinjiang	923	3024	4707	5290	6273	7012	7656	9042

注：本表收入为空格者均无资料，2013年以前的人均可支配收入国家统计局按照2013年城乡一体化住户调查新口径重新测算。

Note: The blank space means that no data is unavailable in this table. Data before 2013 are recalculated according to the integration of urban and rural reform in 2013.

附-1 续表 continued

单位：元 (yuan)

省\自治区\直辖市	Region	2011	2012	2013	2014	2015	2016	2017	2018	2019	2020	2021	2022
全 国	**National**	**14551**	**16510**	**18311**	**20167**	**21966**	**23821**	**25974**	**28228**	**30733**	**32189**	**35128**	**36883**
北 京	Beijing	33176	36817	40830	44489	48458	52530	57230	62361	67756	69434	75002	77415
天 津	Tianjin	21714	24030	26359	28832	31291	34074	37022	39506	42404	43854	47449	48976
河 北	Hebei	12059	13647	15190	16647	18118	19725	21484	23446	25665	27136	29383	30867
山 西	Shanxi	11959	13592	15120	16538	17854	19049	20420	21990	23828	25214	27426	29178
内 蒙 古	Inner Mongolia	14715	16800	18693	20559	22310	24127	26212	28376	30555	31497	34108	35921
辽 宁	Liaoning	16429	18761	20818	22820	24576	26040	27835	29701	31820	32738	35112	36089
吉 林	Jilin	12621	14395	15998	17520	18684	19967	21368	22798	24563	25751	27770	27975
黑 龙 江	Heilongjiang	12605	14302	15903	17404	18593	19838	21206	22726	24254	24902	27159	28346
上 海	Shanghai	34731	38550	42174	45966	49867	54305	58988	64183	69442	72232	78027	79610
江 苏	Jiangsu	19820	22432	24776	27173	29539	32070	35024	38096	41400	43390	47498	49862
浙 江	Zhejiang	24195	27020	29775	32658	35537	38529	42046	45840	49899	52397	57541	60302
安 徽	Anhui	11873	13593	15154	16796	18363	19998	21863	23984	26415	28103	30904	32745
福 建	Fujian	16909	19141	21218	23331	25404	27608	30048	32644	35616	37202	40659	43118
江 西	Jiangxi	11870	13567	15100	16734	18437	20110	22031	24080	26262	28017	30610	32419
山 东	Shandong	15077	17127	19008	20864	22703	24685	26930	29205	31597	32886	35705	37560
河 南	Henan	11206	12772	14204	15695	17125	18443	20170	21964	23903	24810	26811	28222
湖 北	Hubei	12941	14809	16472	18283	20026	21787	23757	25815	28319	27881	30829	32914
湖 南	Hunan	12612	14391	16005	17622	19317	21115	23103	25241	27680	29380	31993	34036
广 东	Guangdong	18916	21268	23421	25685	27859	30296	33003	35810	39014	41029	44993	47065
广 西	Guangxi	11054	12644	14082	15557	16873	18305	19905	21485	23328	24562	26727	27981
海 南	Hainan	12392	14180	15733	17476	18979	20653	22553	24579	26679	27904	30457	30957
重 庆	Chongqing	13037	14924	16569	18352	20110	22034	24153	26386	28920	30824	33803	35666
四 川	Sichuan	11130	12753	14231	15749	17221	18808	20580	22461	24703	26522	29080	30679
贵 州	Guizhou	8594	9850	11083	12371	13697	15121	16704	18430	20397	21795	23996	25508
云 南	Yunnan	9739	11233	12578	13772	15223	16720	18348	20084	22082	23295	25666	26937
西 藏	Tibet	7510	8568	9740	10730	12254	13639	15457	17286	19501	21744	24950	26675
陕 西	Shaanxi	11229	12885	14372	15837	17395	18874	20635	22528	24666	26226	28568	30116
甘 肃	Gansu	8463	9768	10954	12185	13467	14670	16011	17488	19139	20335	22066	23273
青 海	Qinghai	10024	11470	12948	14374	15813	17302	19001	20757	22618	24037	25919	27000
宁 夏	**Ningxia**	**11480**	**13104**	**14566**	**15907**	**17329**	**18832**	**20562**	**22400**	**24412**	**25735**	**27904**	**29599**
新 疆	Xinjiang	10443	12151	13670	15097	16859	18355	19975	21500	23103	23845	26075	27063

附-2 主要年份全国各省、自治区、直辖市全体居民人均生活消费支出

Per Capita Annual Consumption Expenditure of Urban and Rural Households by Region in Main Years

单位：元 (yuan)

省\自治区\直辖市	Region	1990	2000	2005	2006	2007	2008	2009	2010
全　国	**National**	**768**	**2914**	**5035**	**5634**	**6592**	**7548**	**8377**	**9378**
北　京	Beijing	1469	7644	13289	15123	15933	17447	19381	21834
天　津	Tianjin	1225	5018	8227	9072	10352	11641	12974	14711
河　北	Hebei	638	2215	4181	4769	5477	6241	6846	7583
山　西	Shanxi	649	2163	3902	4560	5319	5984	6449	7011
内蒙古	Inner Mongolia	670	2648	4746	5385	6578	7706	8873	10209
辽　宁	Liaoning	1020	3216	5657	6182	7241	8652	9587	10462
吉　林	Jilin	811	2782	4677	5183	6010	6817	7677	8176
黑龙江	Heilongjiang	809	2772	4727	5085	5883	7008	7863	8619
上　海	Shanghai	1709	8565	14135	15284	18001	20345	22230	24758
江　苏	Jiangsu	906	3667	6451	7416	8487	9621	10717	12266
浙　江	Zhejiang	1151	5170	9740	10780	11695	12794	13943	15634
安　徽	Anhui	634	2120	3742	4290	5045	5887	6510	7297
福　建	Fujian	862	3842	6290	7068	8084	9358	10287	11474
江　西	Jiangxi	660	2240	4011	4433	5185	5874	6585	7291
山　东	Shandong	734	2982	4740	5443	6249	7128	7794	8560
河　南	Henan	534	1938	3294	3849	4676	5420	6065	6831
湖　北	Hubei	784	2839	4442	4970	5817	6607	7091	8090
湖　南	Hunan	709	2917	4805	5370	6098	6951	7615	8308
广　东	Guangdong	1319	5544	8221	8771	9952	10860	11615	12907
广　西	Guangxi	656	2452	3983	4001	4778	5574	6080	6697
海　南	Hainan	761	2577	3888	4657	5479	6283	6837	7517
重　庆	Chongqing		2866	5117	5603	6138	7074	7843	8810
四　川	Sichuan	665	2430	3926	4302	5048	5804	7078	7490
贵　州	Guizhou	539	1880	2872	3158	3691	4123	4594	5507
云　南	Yunnan	603	2202	3379	3855	4415	5129	5524	6204
西　藏	Tibet		2020	3398	3141	3693	3927	4347	4809
陕　西	Shaanxi	615	2241	3735	4366	5050	5972	6708	7625
甘　肃	Gansu	491	1848	3392	3630	4130	4670	5258	5846
青　海	Qinghai	643	2275	4105	4434	5184	5952	6619	7713
宁　夏	**Ningxia**	**673**	**2338**	**3996**	**4479**	**4981**	**6172**	**6746**	**7745**
新　疆	Xinjiang	701	2375	3777	4134	4937	5591	6122	7126

注：本表收入为空格者均无资料，2013年以前的人均可支配收入国家统计局按照2013年城乡一体化住户调查新口径重新测算。
Note: The blank space means that no data is unavailable in this table. Data before 2013 are recalculated according to the integration of urban and rural reform in 2013.

附-2 续表 continued

单位：元 (yuan)

省\自治区\直辖市	Region	2011	2012	2013	2014	2015	2016	2017	2018	2019	2020	2021	2022
全　国	**National**	**10820**	**12054**	**13220**	**14491**	**15712**	**17111**	**18322**	**19853**	**21559**	**21210**	**24100**	**24538**
北　京	Beijing	24298	26562	29176	31103	33803	35416	37425	39843	43038	38903	43640	42683
天　津	Tianjin	16796	18542	20419	22343	24163	26129	27841	29903	31854	28461	33188	31324
河　北	Hebei	8852	9773	10872	11932	13031	14247	15437	16722	17987	18037	19954	20890
山　西	Shanxi	8404	9446	10118	10864	11729	12683	13664	14810	15863	15733	17191	17537
内蒙古	Inner Mongolia	11920	13475	14878	16258	17179	18072	18946	19665	20743	19794	22658	22298
辽　宁	Liaoning	11954	13489	14950	16068	17200	19853	20463	21398	22203	20672	23831	22604
吉　林	Jilin	9442	10737	12054	13026	13764	14773	15632	17200	18075	17318	19605	17898
黑龙江	Heilongjiang	9967	10750	12037	12769	13403	14446	15577	16994	18111	17056	20636	20412
上　海	Shanghai	26858	28152	30400	33065	34784	37458	39792	43351	45605	42536	48879	46045
江　苏	Jiangsu	14635	16500	17926	19164	20556	22130	23469	25007	26697	26225	31451	32848
浙　江	Zhejiang	17874	18931	20610	22552	24117	25527	27079	29471	32026	31295	36668	38971
安　徽	Anhui	8683	9878	10544	11727	12840	14712	15752	17045	19137	18877	21911	22542
福　建	Fujian	13218	14843	16177	17645	18850	20167	21249	22996	25314	25126	28440	30042
江　西	Jiangxi	8361	9182	10053	11089	12403	13259	14459	15792	17650	17955	20290	21708
山　东	Shandong	9853	10902	11897	13329	14578	15926	17281	18780	20427	20940	22821	22640
河　南	Henan	7968	9103	10003	11000	11835	12712	13730	15169	16332	16143	18391	19019
湖　北	Hubei	9589	10756	11761	12928	14317	15889	16938	19538	21567	19246	23846	24828
湖　南	Hunan	9713	10806	11946	13289	14267	15750	17160	18808	20479	20998	22798	24083
广　东	Guangdong	14459	16002	17421	19206	20976	23448	24820	26054	28995	28492	31589	32169
广　西	Guangxi	7816	8910	9597	10274	11401	12295	13424	14935	16418	16357	18088	18343
海　南	Hainan	8859	10161	11193	12471	13575	14275	15403	17528	19555	18972	22242	21500
重　庆	Chongqing	10263	11468	12600	13811	15140	16385	17898	19248	20774	21678	24598	25371
四　川	Sichuan	8751	9837	11055	12368	13632	14839	16180	17664	19338	19783	21518	22302
贵　州	Guizhou	6452	7247	8288	9303	10414	11932	12970	13798	14780	14874	17957	17939
云　南	Yunnan	7135	8192	8824	9870	11005	11769	12658	14250	15780	16792	18851	18951
西　藏	Tibet	5063	5468	6307	7317	8246	9319	10320	11520	13029	13225	15342	15886
陕　西	Shaanxi	9026	10175	11217	12204	13087	13943	14900	16160	17465	17418	19347	19848
甘　肃	Gansu	6920	7937	8943	9875	10951	12254	13120	14624	15879	16175	17456	17489
青　海	Qinghai	9032	10386	11577	12605	13611	14775	15503	16557	17545	18284	19020	17261
宁　夏	**Ningxia**	**9010**	**10009**	**11292**	**12485**	**13816**	**14965**	**15350**	**16715**	**18297**	**17506**	**20024**	**19136**
新　疆	Xinjiang	8575	10171	11392	11904	12867	14066	15087	16189	17397	16512	18961	17927

附-3 主要年份全国各省、自治区、直辖市城镇居民人均可支配收入(新口径)

Per Capita Disposable Income of Urban Households by Region in Main Years (New Caliber)

单位：元 (yuan)

省/自治区/直辖市	Region	1978	1979	1980	1981	1982	1983	1984	1985	1986	1987	1988
全　国	**National**	**343**	**405**	**478**	**500**	**535**	**565**	**652**	**739**	**901**	**1002**	**1180**
北　京	Beijing	365	415	501	555	561	591	694	908	1068	1182	1437
天　津	Tianjin	388	425	527	540	577	604	728	876	1070	1187	1330
河　北	Hebei	276	313	401	402	433	449	519	631	766	855	1080
山　西	Shanxi	301		380	401	433	452	517	595	718	807	945
内蒙古	Inner Mongolia	301	350	407	449	453	474	549	686	774	820	916
辽　宁	Liaoning	363		494	508	529	549	636	704	882	992	1204
吉　林	Jilin			368	444	431	451	499	616	755	852	987
黑龙江	Heilongjiang	455	458	420	424	460	518	580	742	830	889	1004
上　海	Shanghai	406	481	637	637	659	686	834	1075	1293	1437	1723
江　苏	Jiangsu	288		433	448	484	498	626	766	910	1005	1218
浙　江	Zhejiang	332		488	523	530	551	669	904	1104	1228	1589
安　徽	Anhui				425	453	488	559	642	815	925	1075
福　建	Fujian	371		450	452	520	573	582	733	929	1021	1236
江　西	Jiangxi	305		386	407	425	439	499	583	730	792	938
山　东	Shandong	391	420	448	495	525	537	639	748	854	987	1163
河　南	Henan	291		342	395	402	422	467	601	668	744	862
湖　北	Hubei	325	324	414	456	481	511	591	704	851	952	1128
湖　南	Hunan	324		476	505	519	564	645	735	904	1018	1255
广　东	Guangdong	412	416	473	561	631	714	818	954	1102	1321	1583
广　西	Guangxi	289		455	460	427	444	563	745	784	899	1158
海　南	Hainan								778		986	1196
重　庆	Chongqing		355	412	481	505	536	616	762	984	1109	1278
四　川	Sichuan	338	369	391	457	445	493	581	700	849	948	1130
贵　州	Guizhou	261	280	344	453	460	483	558	631	824	912	1102
云　南	Yunnan	328	362	420	446	493	533	608	752	872	989	1156
西　藏	Tibet	565	625	683	715	768	840	915	983	1026	1229	1376
陕　西	Shaanxi	310		407	427	452	488	552	650	814	905	1040
甘　肃	Gansu	408	418	403	448	474	491	572	641	777	871	979
青　海	Qinghai				455			685	747	1002	1084	1154
宁　夏	**Ningxia**	**346**	**358**	**464**	**481**	**521**	**530**	**629**	**697**	**884**	**951**	**1084**
新　疆	Xinjiang	319		427	581	513	548	649	697	843	920	1068

注：本表收入为空格者均无资料，2013年以前的人均可支配收入国家统计局按照2013年城乡一体化住户调查新口径重新测算。

Note: The blank space means that no data is unavailable in this table. Data before 2013 are recalculated according to the integration of urban and rural reform in 2013.

附-3 续表 1 continued

单位：元 (yuan)

省/自治区/直辖市	Region	1989	1990	1991	1992	1993	1994	1995	1996	1997	1998	1999
全 国	**National**	**1374**	**1510**	**1701**	**2027**	**2577**	**3496**	**4283**	**4839**	**5160**	**5418**	**5839**
北 京	Beijing	1597	1902	2170	2556	3547	5085	6235	7332	7813	8536	9322
天 津	Tianjin	1478	1639	1845	2238	2769	3982	4930	5967	6609	7053	7527
河 北	Hebei	1257	1397	1489	1763	2201	3008	3674	4430	4959	5079	5353
山 西	Shanxi	1176	1291	1410	1623	1957	2566	3306	3703	3990	4096	4337
内 蒙 古	Inner Mongolia	1053	1149	1294	1495	1893	2498	2863	3432	3945	4360	4785
辽 宁	Liaoning	1417	1551	1706	1949	2314	3063	3707	4207	4518	4631	4929
吉 林	Jilin	1109	1230	1395	1637	1953	2561	3175	3806	4191	4194	4452
黑 龙 江	Heilongjiang	1138	1211	1389	1630	1960	2597	3375	3768	4091	4288	4638
上 海	Shanghai	1976	2183	2486	3009	4277	5868	7172	8159	8439	8788	10972
江 苏	Jiangsu	1372	1464	1623	2138	2774	3779	4634	5186	5765	6005	6510
浙 江	Zhejiang	1797	1932	2143	2619	3626	5066	6221	6956	7359	7825	8402
安 徽	Anhui	1248	1355	1485	1808	2248	3048	3795	4513	4599	4766	5054
福 建	Fujian	1555	1749	1953	2351	2923	3935	4853	5574	6144	6443	6770
江 西	Jiangxi	1082	1188	1295	1585	1985	2777	3377	3780	4071	4255	4729
山 东	Shandong	1349	1466	1688	1974	2515	3444	4264	4890	5191	5361	5766
河 南	Henan	1015	1268	1385	1608	1963	2619	3299	3755	4094	4210	4513
湖 北	Hubei	1263	1427	1593	1874	2439	3346	4017	4350	4673	4823	5205
湖 南	Hunan	1493	1439	1715	2094	2688	3888	4699	5052	5210	5450	5849
广 东	Guangdong	2086	2303	2752	3477	4632	6367	7439	8158	8562	8766	8975
广 西	Guangxi	1304	1588	1794	2104	2895	3981	4792	5033	5110	5401	5597
海 南	Hainan	1367	1650	1799	2318	3072	3920	4770	4926	4850	4845	5320
重 庆	Chongqing	1449	1691	1892	2195	2781	3634	4375	5023	5302	5431	5818
四 川	Sichuan	1349	1488	1703	2001	2421	3311	4003	4483	4763	5125	5473
贵 州	Guizhou	1275	1327	1481	1900	2313	3220	3931	4221	4442	4564	4930
云 南	Yunnan	1305	1515	1703	2062	2639	3434	4065	4978	5558	6027	6147
西 藏	Tibet	1477	1613	2381	2083	2348	4014	4000	6556	5135	5446	6930
陕 西	Shaanxi	1239	1369	1498	1705	2102	2684	3310	3810	4001	4213	4638
甘 肃	Gansu	1133	1197	1369	1708	2003	2658	3153	3354	3592	4024	4508
青 海	Qinghai	1275	1321	1449	1806	2127	2813	3320	3834	3999	4254	4734
宁 夏	**Ningxia**	**1236**	**1421**	**1565**	**1821**	**2171**	**2986**	**3383**	**3612**	**3837**	**4107**	**4462**
新 疆	Xinjiang	1176	1421	1614	1952	2423	3170	4163	4650	4845	5023	5367

附-3 续表 2 continued

单位：元 (yuan)

省/自治区/直辖市	Region	2000	2001	2002	2003	2004	2005	2006	2007	2008	2009	2010
全 国	**National**	**6256**	**6824**	**7652**	**8406**	**9335**	**10382**	**11620**	**13603**	**15549**	**16901**	**18779**
北 京	Beijing	10590	11939	12949	14535	16502	18775	21415	23752	26918	29329	32132
天 津	Tianjin	7946	8672	8968	9823	10831	11839	13266	15062	17726	19371	21800
河 北	Hebei	5642	5957	6641	7188	7886	9020	10194	11550	13263	14505	16009
山 西	Shanxi	4715	5377	6214	6977	7866	8866	9967	11487	13021	13883	15510
内蒙古	Inner Mongolia	5152	5568	6096	7076	8208	9247	10499	12566	14676	16140	18050
辽 宁	Liaoning	5408	5871	6629	7381	8190	9346	10677	12710	14924	16396	18487
吉 林	Jilin	4765	5273	6159	6869	7662	8464	9488	10916	12367	13457	14759
黑龙江	Heilongjiang	4981	5528	6246	6870	7722	8592	9583	10744	12205	13305	14741
上 海	Shanghai	11781	12976	13367	15026	16891	18912	21001	24048	27204	29461	32584
江 苏	Jiangsu	6756	7311	8088	9140	10319	12098	13799	16009	18215	19996	22273
浙 江	Zhejiang	9236	10399	11624	13055	14387	16089	18007	20250	22334	24148	26802
安 徽	Anhui	5277	5645	6001	6735	7456	8399	9677	11350	12836	13903	15566
福 建	Fujian	7285	8092	8883	9601	10655	11667	12932	14478	16649	18023	19914
江 西	Jiangxi	5116	5525	6363	6937	7605	8679	9625	11551	12990	14168	15656
山 东	Shandong	6417	6995	7473	8212	9191	10422	11780	13726	15628	17006	18971
河 南	Henan	4735	5221	6176	6833	7584	8512	9611	11217	12901	13982	15463
湖 北	Hubei	5512	5838	6762	7287	7978	8730	9733	11394	13037	14229	15891
湖 南	Hunan	6274	6861	7061	7811	8799	9754	10791	12669	14288	15641	17229
广 东	Guangdong	9518	10068	10673	11759	12829	13783	14815	16228	17930	19432	21332
广 西	Guangxi	5800	6612	7242	7692	8568	9138	9720	11953	13829	15074	16613
海 南	Hainan	5332	5800	6764	7185	7643	8013	9250	10807	12367	13465	15229
重 庆	Chongqing	6152	6544	7000	7773	8793	9700	10878	11758	13321	14502	16032
四 川	Sichuan	5886	6348	6595	7022	7684	8354	9310	11045	12567	13759	15364
贵 州	Guizhou	5117	5444	5933	6555	7303	8127	9086	10638	11710	12804	14073
云 南	Yunnan	6277	6729	7149	7528	8713	9078	9840	11202	12876	13980	15528
西 藏	Tibet	7459	7915	8137	8841	9196	9538	9053	11289	12677	13775	15258
陕 西	Shaanxi	5098	5447	6277	6737	7403	8159	9125	10578	12613	13836	15343
甘 肃	Gansu	4970	5461	6264	6803	7566	8323	9215	10380	11413	12457	13820
青 海	Qinghai	5221	5931	6272	6879	7489	8271	9270	10620	12071	13205	14462
宁 夏	**Ningxia**	**4894**	**5516**	**6030**	**6482**	**7155**	**8013**	**9074**	**10723**	**12751**	**13813**	**15093**
新 疆	Xinjiang	5721	6512	7058	7370	7743	8283	9239	10794	12021	12948	14480

附-3 续表 3 continued

单位：元 (yuan)

省/自治区/直辖市	Region	2011	2012	2013	2014	2015	2016	2017	2018	2019	2020	2021	2022
全　国	**National**	**21427**	**24127**	**26467**	**28844**	**31195**	**33616**	**36396**	**39251**	**42359**	**43834**	**47412**	**49283**
北　京	Beijing	36365	40306	44564	48532	52859	57275	62406	67990	73849	75602	81518	84023
天　津	Tianjin	24158	26586	28980	31506	34101	37110	40278	42976	46119	47659	51486	53003
河　北	Hebei	18006	20222	22227	24141	26152	28249	30548	32977	35738	37286	39791	41278
山　西	Shanxi	17965	20232	22258	24069	25828	27352	29132	31035	33262	34793	37433	39532
内蒙古	Inner Mongolia	20813	23611	26004	28350	30594	32975	35670	38305	40782	41353	44377	46295
辽　宁	Liaoning	21362	24238	26697	29082	31126	32876	34993	37342	39777	40376	43051	44003
吉　林	Jilin	17043	19352	21331	23218	24901	26530	28319	30172	32299	33396	35646	35471
黑龙江	Heilongjiang	16699	18894	20848	22609	24203	25736	27446	29191	30945	31115	33646	35042
上　海	Shanghai	37079	41130	44878	48841	52962	57692	62596	68034	73615	76437	82429	84034
江　苏	Jiangsu	25570	28808	31585	34346	37173	40152	43622	47200	51056	53102	57743	60178
浙　江	Zhejiang	30340	33846	37080	40393	43714	47237	51261	55574	60182	62699	68487	71268
安　徽	Anhui	18345	20729	22789	24839	26936	29156	31640	34393	37540	39442	43009	45133
福　建	Fujian	22772	25650	28174	30722	33275	36014	39001	42121	45620	47160	51140	53817
江　西	Jiangxi	17692	20085	22120	24309	26500	28673	31198	33819	36546	38556	41684	43697
山　东	Shandong	21678	24496	26882	29222	31545	34012	36789	39549	42329	43726	47066	49050
河　南	Henan	17661	19843	21741	23672	25576	27233	29558	31874	34201	34750	37095	38484
湖　北	Hubei	18183	20623	22668	24852	27051	29386	31889	34455	37601	36706	40278	42626
湖　南	Hunan	19599	22173	24352	26570	28838	31284	33948	36698	39842	41698	44866	47301
广　东	Guangdong	24010	26981	29537	32148	34757	37684	40975	44341	48118	50257	54854	56905
广　西	Guangxi	18356	20681	22689	24669	26416	28324	30502	32436	34745	35859	38530	39703
海　南	Hainan	17954	20446	22411	24487	26356	28453	30817	33349	36017	37097	40213	40118
重　庆	Chongqing	18517	21003	23058	25147	27239	29610	32193	34889	37939	40006	43502	45509
四　川	Sichuan	17787	20180	22228	24234	26205	28335	30727	33216	36154	38253	41444	43233
贵　州	Guizhou	16413	18608	20565	22548	24580	26743	29080	31592	34404	36096	39211	41086
云　南	Yunnan	17956	20371	22460	24299	26373	28611	30996	33488	36238	37500	40905	42168
西　藏	Tibet	16496	18362	20394	22016	25457	27802	30671	33797	37410	41156	46503	48753
陕　西	Shaanxi	17836	20269	22346	24366	26420	28440	30810	33319	36098	37868	40713	42431
甘　肃	Gansu	15707	17979	19873	21804	23767	25693	27763	29957	32323	33822	36187	37572
青　海	Qinghai	16287	18336	20352	22307	24542	26757	29169	31515	33830	35506	37745	38736
宁　夏	**Ningxia**	**17291**	**19507**	**21476**	**23285**	**25186**	**27153**	**29472**	**31895**	**34328**	**35720**	**38291**	**40194**
新　疆	Xinjiang	16464	19019	21091	23214	26275	28463	30775	32764	34664	34838	37642	38410

附-4 主要年份全国各省、自治区、直辖市城镇居民人均生活消费支出(新口径)

Per Capita Annual Consumption Expenditure of Urban Households by Region in Main Years (New Caliber)

单位：元 (yuan)

省\自治区\直辖市	Region	1978	1979	1980	1981	1982	1983	1984	1985	1986	1987	1988
全　国	**National**	**311**	**—**	**412**	**457**	**471**	**506**	**559**	**673**	**799**	**884**	**1104**
北　京	Beijing	360	409	490	511	535	574	667	923	1067	1148	1456
天　津	Tianjin	345	385	475	486	497	521	600	771	949	1071	1279
河　北	Hebei	402	423	460	401	401	420	476	606	718	800	1119
山　西	Shanxi	275	305	357	373	390	394	433	533	635	708	856
内蒙古	Inner Mongolia	269	351	353	378	397	411	449	595	680	712	844
辽　宁	Liaoning	337		426	455	460	487	545	619	756	883	1128
吉　林	Jilin				348	367	397	425	554	662	715	879
黑龙江	Heilongjiang			361	378	405	459	505	651	726	771	933
上　海	Shanghai	357	429	553	585	576	615	726	992	1170	1282	1648
江　苏	Jiangsu	276		435	441	452	487	578	720	867	953	1239
浙　江	Zhejiang	301		428	476	471	484	562	795	969	1101	1453
安　徽	Anhui				392	403	435	479	566	700	806	1020
福　建	Fujian	285	339	392	405	466	504	494	675	790	893	1077
江　西	Jiangxi			382	374	374	387	436	521	631	703	876
山　东	Shandong	340	367	396	450	455	473	521	670	751	813	1026
河　南	Henan			384	396	408	431	460	605	654	711	895
湖　北	Hubei			369	423	431	465	516	644	752	836	1059
湖　南	Hunan	290		426	466	449	493	541	685	715	811	1049
广　东	Guangdong	400	425	486	517	592	660	744	890	999	1216	1507
广　西	Guangxi				423	399	427	492	664	740	861	1198
海　南	Hainan								711	863	921	1030
重　庆	Chongqing											
四　川	Sichuan	314	340	364	396	407	457	517	680	787	889	1086
贵　州	Guizhou	247	274	333	393	404	426	480	618	693	761	1020
云　南	Yunnan	303	343	381	412	456	480	527	704	814	884	1143
西　藏	Tibet				519	522	602	619	909	820	1008	1211
陕　西	Shaanxi	268		371	379	392	417	457	585	698	772	983
甘　肃	Gansu			399	433	447	482	552	625	737	829	1026
青　海	Qinghai						450	581	679	777	828	1048
宁　夏	**Ningxia**	**300**	**383**	**403**	**423**	**471**	**449**	**533**	**645**	**747**	**792**	**1014**
新　疆	Xinjiang				446	456	472	564	651	722	765	956

注：本表支出为空格者均无资料，2013年以前的人均可支配收入国家统计局按照2013年城乡一体化住户调查新口径重新测算。

Note: The blank space means that no data is unavailable in this table. Data before 2013 are recalculated according to the integration of urban and rural reform in 2013.

附-4　续表 1　continued

单位：元 (yuan)

省\自治区\直辖市	Region	1989	1990	1991	1992	1993	1994	1995	1996	1997	1998	1999
全　国	**National**	**1211**	**1279**	**1454**	**1672**	**2111**	**2851**	**3538**	**3919**	**4186**	**4340**	**4633**
北　京	Beijing	1520	1646	1748	2135	2940	4134	5020	5730	6532	7069	7712
天　津	Tianjin	1291	1440	1586	1907	2322	3301	4064	4680	5204	5482	5875
河　北	Hebei	1188	1278	1336	1612	1984	2613	3257	3424	4004	3859	4080
山　西	Shanxi	993	1048	1171	1303	1560	2043	2641	3036	3229	3278	3516
内蒙古	Inner Mongolia	913	982	1081	1254	1585	2111	2482	2768	3032	3106	3469
辽　宁	Liaoning	1276	1346	1485	1639	1977	2588	3113	3493	3720	3910	4030
吉　林	Jilin	967	1054	1179	1375	1596	2096	2598	3037	3408	3450	3662
黑龙江	Heilongjiang	1004	1051	1375	1378	1660	2164	2776	3111	3213	3328	3535
上　海	Shanghai	1812	1937	2167	2509	3530	4669	5868	6763	6820	6935	8430
江　苏	Jiangsu	1301	1339	1592	1769	2311	3080	3772	4058	4534	4922	5077
浙　江	Zhejiang	1556	1604	1806	2154	2856	4079	5263	5764	6170	6255	6600
安　徽	Anhui	1138	1182	1307	1521	1846	2551	3161	3607	3694	3748	3840
福　建	Fujian	1340	1431	1659	1942	2418	3351	4132	4568	4936	5190	5285
江　西	Jiangxi	978	984	1110	1276	1586	2201	2712	2942	3200	3267	3482
山　东	Shandong	1161	1229	1407	1599	1947	2635	3285	3771	4041	4136	4497
河　南	Henan	964	1068	1232	1343	1609	2155	2674	3009	3378	3423	3512
湖　北	Hubei	1131	1220	1380	1578	2098	2733	3434	3714	3856	4066	4323
湖　南	Hunan	1121	1162	1381	1654	2087	3138	3886	4098	4317	4390	4843
广　东	Guangdong	1921	1984	2389	2831	3777	5181	6254	6736	6853	6997	7396
广　西	Guangxi	1296	1338	1641	1740	2303	3327	4046	4339	4453	4362	4545
海　南	Hainan	1196	1382	1589	1851	2404	3014	3760	3815	3909	3837	4027
重　庆	Chongqing								4467	4920	4943	5345
四　川	Sichuan	1184	1281	1520	1651	2034	2806	3429	3788	4093	4378	4489
贵　州	Guizhou	1064	1109	1325	1564	1876	2532	3251	3573	3556	3801	3967
云　南	Yunnan	1141	1272	1423	1704	2186	2844	3448	4007	4537	5025	4927
西　藏	Tibet	1432			1887				4537			5309
陕　西	Shaanxi	1066	1117	1290	1405	1714	2246	2838	3211	3462	3534	3943
甘　肃	Gansu	1065	1031	1270	1457	1680	2209	2618	2839	2946	3106	3697
青　海	Qinghai	1069	1118	1272	1533	1870	2422	2870	3178	3300	3631	4014
宁　夏	**Ningxia**	**1089**	**1212**	**1347**	**1506**	**1877**	**2478**	**2868**	**3039**	**3271**	**3387**	**3564**
新　疆	Xinjiang	977	1104	1261	1491	1835	2479	3187	3457	3887	3740	4228

附-4 续表 2 continued

单位：元 (yuan)

省\自治区\直辖市	Region	2000	2001	2002	2003	2004	2005	2006	2007	2008	2009	2010
全国	**National**	**5027**	**5350**	**6089**	**6587**	**7280**	**8068**	**8851**	**10196**	**11489**	**12558**	**13821**
北京	Beijing	8866	9443	11050	12122	13487	14851	16869	17682	19253	21230	23999
天津	Tianjin	6158	7045	7265	7964	8930	9813	10745	12280	13732	15174	17015
河北	Hebei	4439	4604	5249	5673	6112	7091	7829	8845	9832	10547	11324
山西	Shanxi	3982	4178	4791	5210	5790	6518	7395	8385	9145	9747	10236
内蒙古	Inner Mongolia	3928	4195	4859	5418	6218	6927	7665	9280	10826	12367	13991
辽宁	Liaoning	4423	4750	5483	6272	6787	7685	8373	9941	11909	13137	14229
吉林	Jilin	4021	4338	4975	5493	6071	6797	7355	8564	9733	10920	11685
黑龙江	Heilongjiang	3914	4324	4638	5256	5882	6579	7143	8137	9409	10593	11847
上海	Shanghai	9162	9747	11046	11777	13628	15022	16272	19243	21875	23929	26737
江苏	Jiangsu	5429	5680	6246	6982	7684	9102	10236	11470	12912	14276	15690
浙江	Zhejiang	7150	8153	8990	10087	11116	12894	14135	15014	16252	18003	19391
安徽	Anhui	4132	4373	4548	4823	5392	5960	6767	7844	8681	9251	10317
福建	Fujian	5668	6057	6690	7434	8263	8919	9965	11254	12749	13742	15096
江西	Jiangxi	3623	3894	4548	4913	5336	6107	6643	7807	8713	9735	10613
山东	Shandong	4991	5209	5539	5994	6577	7333	8309	9464	10752	11711	12761
河南	Henan	3855	4145	4553	5005	5374	6143	6816	7999	9052	9820	11151
湖北	Hubei	4617	4767	5552	5891	6308	6628	7263	8525	9266	10044	11149
湖南	Hunan	5290	5648	5701	6250	7108	7784	8513	9413	10461	11443	12555
广东	Guangdong	7821	7839	8624	9169	10088	11044	11530	13177	14152	15233	16565
广西	Guangxi	4785	5127	5287	5602	6234	6768	6508	7768	9126	9765	10784
海南	Hainan	4096	4387	5492	5541	5849	5983	7202	8391	9531	10230	11095
重庆	Chongqing	5424	5658	6267	6991	7806	8417	9146	9596	10781	11710	12818
四川	Sichuan	4839	5153	5383	5720	6321	6829	7448	8592	9557	10710	11923
贵州	Guizhou	4283	4280	4606	4960	5508	6177	6871	7787	8383	9088	10106
云南	Yunnan	5162	5222	5785	5971	6766	6914	7282	7805	8928	10019	10859
西藏	Tibet	5610	6117	7174	8394	8786	9170	6635	8165	9118	10000	10831
陕西	Shaanxi	4260	4614	5343	5623	6177	6588	7466	8318	9633	10539	11623
甘肃	Gansu	4153	4458	5119	5367	6026	6641	7109	8045	8504	9119	10171
青海	Qinghai	4364	4969	5407	5870	6346	6978	7395	8634	9548	10382	11519
宁夏	**Ningxia**	**4231**	**4639**	**5166**	**5407**	**5919**	**6527**	**7362**	**8006**	**9815**	**10580**	**11694**
新疆	Xinjiang	4526	5088	5865	5807	6098	6608	7221	8522	9459	10258	11305

附-4 续表 3 continued

单位：元 (yuan)

省\自治区\直辖市	Region	2011	2012	2013	2014	2015	2016	2017	2018	2019	2020	2021	2022
全　国	**National**	**15554**	**17107**	**18488**	**19968**	**21392**	**23079**	**24445**	**26112**	**28063**	**27007**	**30307**	**30391**
北　京	Beijing	26467	28949	31632	33717	36642	38256	40346	42926	46358	41726	46776	45617
天　津	Tianjin	18928	20572	22306	24290	26230	28345	30284	32655	34811	30895	36067	33824
河　北	Hebei	12741	13752	14970	16204	17587	19106	20600	22127	23483	23167	24192	25071
山　西	Shanxi	11869	12765	13763	14637	15819	16993	18404	19790	21159	20332	21965	21923
内蒙古	Inner Mongolia	15874	17712	19244	20885	21876	22744	23638	24437	25383	23888	27194	26667
辽　宁	Liaoning	15847	17780	19318	20520	21557	24996	25379	26448	27355	24849	28438	26652
吉　林	Jilin	13017	14621	15941	17156	17973	19166	20051	22394	23394	21623	24421	21835
黑龙江	Heilongjiang	13367	14398	15704	16467	17152	18145	19270	21035	22165	20397	24422	24011
上　海	Shanghai	28929	30256	32447	35182	36946	39857	42304	46015	48272	44839	51295	48111
江　苏	Jiangsu	18339	20573	22262	23476	24966	26433	27726	29462	31329	30882	36558	37796
浙　江	Zhejiang	22192	23395	25254	27242	28661	30068	31924	34598	37508	36197	42193	44511
安　徽	Anhui	11812	13452	14594	16107	17234	19606	20740	21523	23782	22683	26495	26832
福　建	Fujian	17052	19030	20565	22204	23520	25006	25980	28145	30946	30487	33942	35692
江　西	Jiangxi	11741	12769	13843	15142	16732	17696	19244	20760	22714	22134	24587	25976
山　东	Shandong	14164	15349	16647	18323	19854	21495	23072	24798	26731	27291	29314	28555
河　南	Henan	12692	14128	15249	16184	17154	18088	19422	20989	21972	20645	23178	23539
湖　北	Hubei	12817	14114	15335	16681	18192	20040	21276	23996	26422	22885	28506	29121
湖　南	Hunan	14230	15510	16867	18335	19501	21420	23163	25064	26924	26796	28294	29580
广　东	Guangdong	18144	20065	21622	23612	25673	28613	30198	30924	34424	33511	36621	36936
广　西	Guangxi	12059	13369	14470	15045	16321	17268	18349	20159	21591	20907	22555	22438
海　南	Hainan	12838	14679	15834	17514	18448	19015	20372	22971	25317	23560	27565	26418
重　庆	Chongqing	14394	15931	17124	18279	19742	21031	22759	24154	25785	26464	29850	30574
四　川	Sichuan	13491	14824	16098	17760	19277	20660	21991	23484	25367	25133	26971	27637
贵　州	Guizhou	11407	12646	13768	15255	16914	19202	20348	20788	21402	20587	25333	24230
云　南	Yunnan	12011	13615	14862	16268	17675	18622	19560	21626	23455	24569	27441	26240
西　藏	Tibet	11629	12507	13679	15669	17022	19440	21088	23029	25637	24927	28159	28265
陕　西	Shaanxi	13550	15074	16399	17546	18464	19369	20388	21966	23514	22866	24784	24766
甘　肃	Gansu	11500	13205	14411	15942	17451	19539	20659	22606	24454	24615	25757	25207
青　海	Qinghai	13127	14794	16223	17493	19201	20853	21473	22998	23799	24315	24513	21700
宁　夏	**Ningxia**	**13305**	**14513**	**15807**	**17216**	**18984**	**20364**	**20219**	**21977**	**24161**	**22379**	**25386**	**24213**
新　疆	Xinjiang	13126	15401	16858	17685	19415	21229	22797	24191	25594	22952	25724	24142

附-5 主要年份全国各省、自治区、直辖市农村居民人均可支配收入(新口径)

Per Capita Disposable Income of Rural Households by Region in Main Years (New Caliber)

单位：元 (yuan)

省/自治区/直辖市	Region	1978	1979	1980	1981	1982	1983	1984	1985	1986	1987	1988
全　国	**National**	**134**	**160**	**191**	**223**	**270**	**310**	**355**	**398**	**424**	**463**	**545**
北　京	Beijing	225		290	351	433	519	664	775	823	916	1063
天　津	Tianjin	153	179	278	298	326	412	505	565	635	749	891
河　北	Hebei	114	136	176	204	239	298	345	385	408	444	547
山　西	Shanxi	102	145	156	180	227	276	339	358	345	377	439
内蒙古	Inner Mongolia	100		181	225	273	294	336	360	340	389	500
辽　宁	Liaoning	185		273	307	334	452	477	468	533	599	700
吉　林	Jilin	179		236	293	333	462	487	414	457	523	628
黑龙江	Heilongjiang	172	191	205	224	252	388	432	398	476	474	553
上　海	Shanghai	290	360	401	444	530	563	785	806	937	1059	1301
江　苏	Jiangsu	155	200	218	258	309	357	448	493	561	627	797
浙　江	Zhejiang	165		219	286	346	359	446	549	609	725	902
安　徽	Anhui	113		185	246	269	305	323	369	397	429	486
福　建	Fujian	138	142	172	232	268	302	345	396	419	485	613
江　西	Jiangxi	141		181	227	270	302	334	377	396	429	488
山　东	Shandong	115	160	210	252	300	361	395	408	449	518	584
河　南	Henan	101		161	216	217	272	301	329	433	378	401
湖　北	Hubei	111	160	170	217	286	299	392	421	445	461	498
湖　南	Hunan	143		220	242	284	316	348	395	440	471	515
广　东	Guangdong	193	223	274	325	382	396	425	495	546	662	809
广　西	Guangxi	120		174	204	235	262	267	303	316	354	424
海　南	Hainan											567
重　庆	Chongqing											
四　川	Sichuan	117		188	221	256	258	287	315	338	369	449
贵　州	Guizhou	108		161	209	223	225	261	288	304	342	398
云　南	Yunnan	131	125	150	178	232	267	310	338	338	365	430
西　藏	Tibet								353	344	348	374
陕　西	Shaanxi	133		142	177	218	236	263	295	299	329	404
甘　肃	Gansu	101	112	153	159	174	213	221	257	283	303	345
青　海	Qinghai	113		129	158	201	252	294	343	369	392	493
宁　夏	**Ningxia**	**116**		**178**	**202**	**229**	**289**	**313**	**321**	**374**	**383**	**472**
新　疆	Xinjiang	119		198	236	227	307	363	394	420	453	496

注：本表收入为空格者均无资料，2013年以前的人均可支配收入国家统计局按照2013年城乡一体化住户调查新口径重新测算。

Note: The blank space means that no data is unavailable in this table. Data before 2013 are recalculated according to the integration of urban and rural reform in 2013.

附-5 续表 1 continued

单位：元 (yuan)

省/自治区/直辖市	Region	1989	1990	1991	1992	1993	1994	1995	1996	1997	1998	1999
全　国	**National**	**602**	**686**	**709**	**784**	**922**	**1221**	**1578**	**1926**	**2090**	**2171**	**2229**
北　京	Beijing	1231	1297	1422	1572	1883	2401	3224	3562	3662	3932	4183
天　津	Tianjin	1020	1069	1169	1309	1473	1836	2406	3000	3244	3388	3396
河　北	Hebei	589	622	657	682	804	1107	1669	2055	2286	2407	2445
山　西	Shanxi	514	604	568	627	718	884	1208	1557	1738	1874	1800
内蒙古	Inner Mongolia	478	607	618	672	778	970	1208	1602	1780	1988	2016
辽　宁	Liaoning	740	836	897	995	1161	1423	1756	2150	2301	2573	2488
吉　林	Jilin	624	804	748	807	892	1272	1610	2126	2186	2387	2266
黑龙江	Heilongjiang	535	760	735	949	1028	1394	1766	2182	2308	2249	2158
上　海	Shanghai	1520	1665	2003	2226	2727	3437	4246	4846	5277	5399	5394
江　苏	Jiangsu	876	884	921	1061	1267	1832	2457	3029	3270	3375	3492
浙　江	Zhejiang	1011	1099	1211	1359	1746	2225	2966	3463	3684	3838	3996
安　徽	Anhui	516	539	446	574	725	973	1303	1608	1809	1875	1925
福　建	Fujian	697	764	850	984	1211	1578	2049	2492	2786	2951	3100
江　西	Jiangxi	559	670	703	768	870	1218	1537	1870	2107	2053	2140
山　东	Shandong	631	680	764	803	953	1320	1715	2086	2292	2454	2552
河　南	Henan	457	527	539	588	696	910	1232	1579	1734	1872	1965
湖　北	Hubei	572	671	627	678	783	1170	1511	1864	2102	2186	2246
湖　南	Hunan	558	664	689	739	852	1155	1425	1792	2037	2076	2151
广　东	Guangdong	955	1043	1143	1308	1675	2182	2699	3183	3468	3513	3601
广　西	Guangxi	483	639	658	732	892	1107	1446	1703	1875	1992	2091
海　南	Hainan	674	696	730	843	992	1305	1520	1746	1917	2026	2104
重　庆	Chongqing								1479	1692	1804	1841
四　川	Sichuan	494	558	590	634	698	946	1158	1459	1681	1797	1860
贵　州	Guizhou	430	435	466	506	580	787	1087	1277	1299	1342	1379
云　南	Yunnan	478	541	573	618	675	803	1011	1229	1376	1396	1457
西　藏	Tibet	397	650	707	830	889	976	1200	1353	1195	1231	1309
陕　西	Shaanxi	434	530	534	559	653	805	963	1165	1273	1415	1475
甘　肃	Gansu	376	431	446	489	551	724	880	1101	1210	1403	1433
青　海	Qinghai	458	560	556	603	673	869	1030	1174	1321	1429	1476
宁　夏	**Ningxia**	**522**	**578**	**590**	**591**	**636**	**867**	**999**	**1398**	**1513**	**1734**	**1779**
新　疆	Xinjiang	546	683	703	740	778	947	1136	1290	1504	1609	1488

附-5　续表 2　continued

单位：元　　　　(yuan)

省/自治区/直辖市	Region	2000	2001	2002	2003	2004	2005	2006	2007	2008	2009	2010
全　国	**National**	**2282**	**2407**	**2529**	**2690**	**3027**	**3370**	**3731**	**4327**	**4999**	**5435**	**6272**
北　京	Beijing	4533	4921	5259	5429	5948	7041	7888	8948	10052	10942	12368
天　津	Tianjin	3598	3911	4229	4502	4938	5475	6096	6845	7705	8441	9764
河　北	Hebei	2484	2611	2695	2865	3187	3501	3826	4324	4833	5194	6014
山　西	Shanxi	1950	2018	2236	2410	2738	3082	3420	3975	4480	4677	5263
内蒙古	Inner Mongolia	2058	1999	2120	2312	2667	3070	3444	4089	4834	5143	5780
辽　宁	Liaoning	2338	2532	2716	2889	3247	3614	3995	4648	5415	5770	6671
吉　林	Jilin	2029	2192	2315	2549	3025	3296	3682	4244	5001	5346	6341
黑龙江	Heilongjiang	2136	2262	2381	2479	2962	3168	3486	4046	4743	5075	6040
上　海	Shanghai	5572	5837	6178	6595	6993	8149	9015	9992	11250	12256	13702
江　苏	Jiangsu	3591	3778	3972	4229	4740	5258	5791	6533	7322	7962	9067
浙　江	Zhejiang	4332	4697	5096	5594	6210	7003	7763	8805	9927	10798	12277
安　徽	Anhui	1972	2073	2187	2211	2617	2784	3152	3804	4529	4887	5776
福　建	Fujian	3245	3401	3565	3767	4132	4503	4900	5549	6299	6801	7573
江　西	Jiangxi	2151	2254	2335	2495	2837	3194	3541	4152	4835	5238	5991
山　东	Shandong	2663	2810	2955	3159	3519	3946	4387	5009	5671	6154	7034
河　南	Henan	2011	2133	2262	2292	2630	2970	3389	4021	4672	5064	5846
湖　北	Hubei	2313	2414	2525	2669	3027	3268	3631	4276	5018	5464	6375
湖　南	Hunan	2234	2351	2465	2619	2952	3262	3567	4134	4808	5262	6063
广　东	Guangdong	3612	3711	3836	3960	4247	4544	4901	5403	6122	6580	7484
广　西	Guangxi	1921	2024	2116	2225	2476	2708	3038	3579	4143	4517	5214
海　南	Hainan	2208	2262	2472	2651	2898	3102	3376	3949	4593	4984	5566
重　庆	Chongqing	1900	1982	2112	2233	2536	2842	2911	3560	4193	4557	5378
四　川	Sichuan	1929	2022	2155	2290	2599	2905	3126	3711	4334	4714	5400
贵　州	Guizhou	1399	1446	1535	1622	1796	1971	2097	2526	2996	3240	3768
云　南	Yunnan	1508	1575	1663	1766	1954	2155	2392	2821	3348	3661	4327
西　藏	Tibet	1330	1402	1460	1688	1858	2073	2429	2780	3166	3519	4123
陕　西	Shaanxi	1472	1529	1648	1741	1953	2162	2396	2824	3373	3722	4477
甘　肃	Gansu	1458	1550	1645	1742	1942	2091	2269	2493	2938	3237	3747
青　海	Qinghai	1504	1577	1695	1828	2001	2206	2427	2771	3171	3477	4028
宁　夏	**Ningxia**	**1760**	**1873**	**1984**	**2129**	**2435**	**2651**	**2938**	**3411**	**3978**	**4405**	**5125**
新　疆	Xinjiang	1644	1747	1914	2176	2332	2593	2876	3364	3723	4150	4993

附-5 续表 3 continued

单位：元 (yuan)

省/自治区/直辖市	Region	2011	2012	2013	2014	2015	2016	2017	2018	2019	2020	2021	2022
全　国	**National**	**7394**	**8389**	**9430**	**10489**	**11422**	**12363**	**13432**	**14617**	**16021**	**17131**	**18931**	**20133**
北　京	Beijing	13742	15365	17101	18867	20569	22310	24240	26490	28928	30126	33303	34754
天　津	Tianjin	11941	13593	15353	17014	18482	20076	21754	23065	24804	25691	27955	29018
河　北	Hebei	7187	8158	9188	10186	11051	11919	12881	14031	15373	16467	18179	19364
山　西	Shanxi	6225	7064	7949	8809	9454	10082	10788	11750	12902	13878	15308	16323
内蒙古	Inner Mongolia	6942	7956	8985	9976	10776	11609	12584	13803	15283	16567	18337	19641
辽　宁	Liaoning	8011	9061	10161	11191	12057	12881	13747	14656	16108	17450	19217	19908
吉　林	Jilin	7634	8741	9781	10780	11326	12123	12950	13748	14936	16067	17642	18134
黑龙江	Heilongjiang	7382	8367	9369	10453	11095	11832	12665	13804	14982	16168	17888	18577
上　海	Shanghai	15737	17452	19208	21192	23205	25520	27825	30375	33195	34911	38521	39729
江　苏	Jiangsu	10744	12133	13521	14958	16257	17606	19158	20845	22675	24198	26791	28486
浙　江	Zhejiang	14197	15806	17494	19373	21125	22866	24956	27302	29876	31930	35247	37565
安　徽	Anhui	6811	7826	8850	9916	10821	11720	12758	13996	15416	16620	18368	19575
福　建	Fujian	8952	10164	11405	12650	13793	14999	16335	17821	19568	20880	23229	24987
江　西	Jiangxi	7133	8103	9089	10117	11139	12138	13242	14460	15796	16981	18684	19936
山　东	Shandong	8395	9506	10687	11882	12930	13954	15118	16297	17775	18753	20794	22110
河　南	Henan	6989	7963	8969	9966	10853	11697	12719	13831	15164	16108	17533	18697
湖　北	Hubei	7540	8582	9692	10849	11844	12725	13812	14978	16391	16306	18259	19709
湖　南	Hunan	7082	8024	9029	10060	10993	11930	12936	14093	15395	16585	18295	19546
广　东	Guangdong	8889	9999	11068	12246	13360	14512	15780	17168	18818	20143	22306	23598
广　西	Guangxi	6003	6894	7793	8683	9467	10359	11325	12435	13676	14815	16363	17433
海　南	Hainan	6801	7816	8802	9913	10858	11843	12902	13989	15113	16279	18076	19117
重　庆	Chongqing	6605	7526	8493	9490	10505	11549	12638	13781	15133	16361	18100	19313
四　川	Sichuan	6505	7432	8381	9348	10247	11203	12227	13331	14670	15929	17575	18672
贵　州	Guizhou	4499	5159	5898	6671	7387	8090	8869	9716	10756	11642	12856	13707
云　南	Yunnan	5170	5930	6724	7456	8242	9020	9862	10768	11902	12842	14197	15147
西　藏	Tibet	4886	5698	6553	7359	8244	9094	10330	11450	12951	14598	16935	18209
陕　西	Shaanxi	5484	6285	7092	7932	8689	9396	10265	11213	12326	13316	14745	15704
甘　肃	Gansu	4278	4931	5589	6277	6936	7457	8076	8804	9629	10344	11433	12165
青　海	Qinghai	4806	5594	6462	7283	7933	8664	9462	10393	11499	12342	13604	14456
宁　夏	**Ningxia**	**5931**	**6776**	**7599**	**8410**	**9119**	**9852**	**10738**	**11708**	**12858**	**13889**	**15337**	**16430**
新　疆	Xinjiang	5853	6876	7847	8724	9425	10183	11045	11975	13122	14056	15575	16550

附-6 主要年份全国各省、自治区、直辖市农村居民人均生活消费支出(新口径)

Per Capita Living Expenditure of Rural Households by Region in Main Years (New Caliber)

单位：元 (yuan)

省/自治区/直辖市	Region	1978	1979	1980	1981	1982	1983	1984	1985	1986	1987	1988
全　国	**National**	**116**	**135**	**162**	**191**	**220**	**248**	**274**	**317**	**357**	**398**	**477**
北　京	Beijing			253	313	362	384	435	510	644	706	883
天　津	Tianjin	132	135	208	249	267	336	371	426	480	539	714
河　北	Hebei	95	116	142	165	175	225	243	298	333	365	446
山　西	Shanxi	91	118	134	148	168	203	224	273	287	313	354
内蒙古	Inner Mongolia			157	177	205	227	246	291	307	349	404
辽　宁	Liaoning			228	259	266	307	335	402	434	472	567
吉　林	Jilin			216	246	253	275	336	364	389	442	516
黑龙江	Heilongjiang	125	147	164	175	201	220	239	307	338	361	424
上　海	Shanghai	193	247	322	390	445	512	619	778	896	977	1229
江　苏	Jiangsu	140	169	195	226	261	322	360	416	499	579	747
浙　江	Zhejiang	157		192	267	302	326	369	474	561	659	839
安　徽	Anhui			163	193	240	258	263	299	340	383	455
福　建	Fujian	112	133	158	199	231	262	288	351	394	443	571
江　西	Jiangxi			156	194	220	252	270	303	341	390	477
山　东	Shandong	94	128	165	202	230	264	287	322	365	406	482
河　南	Henan			136	166	178	196	220	260	292	310	347
湖　北	Hubei	107	149	153	184	227	252	305	335	374	409	451
湖　南	Hunan			193	208	249	274	293	348	386	435	481
广　东	Guangdong	185	205	222	266	312	329	346	388	454	545	685
广　西	Guangxi			151	171	210	224	238	268	284	309	362
海　南	Hainan											466
重　庆	Chongqing											
四　川	Sichuan			159	184	208	231	252	276	311	348	426
贵　州	Guizhou			139	163	187	185	209	255	272	304	360
云　南	Yunnan			125	138	186	224	261	267	305	326	389
西　藏	Tibet								270	258	246	271
陕　西	Shaanxi			140	148	169	203	214	233	263	286	345
甘　肃	Gansu			127	135	141	163	178	205	233	253	277
青　海	Qinghai				153	153	202	225	275	314	345	400
宁　夏	**Ningxia**			**135**	**142**	**179**	**209**	**232**	**265**	**301**	**335**	**398**
新　疆	Xinjiang			151	169	203	228	251	290	317	360	414

注：本表支出为空格者均无资料，2013年以前的人均可支配收入国家统计局按照2013年城乡一体化住户调查新口径重新测算。

Note: The blank space means that no data is unavailable in this table. Data before 2013 are recalculated according to the integration of urban and rural reform in 2013.

附-6 续表 1 continued

单位：元 (yuan)

省/自治区/直辖市	Region	1989	1990	1991	1992	1993	1994	1995	1996	1997	1998	1999
全　国	**National**	**535**	**585**	**620**	**659**	**770**	**1017**	**1310**	**1572**	**1617**	**1604**	**1604**
北　京	Beijing	976	981	1100	1149	1255	1584	2336	2565	2693	2873	3123
天　津	Tianjin	781	733	796	847	938	1161	1548	1957	1882	2008	1963
河　北	Hebei	495	486	558	579	697	779	1104	1399	1395	1314	1373
山　西	Shanxi	409	488	496	493	599	674	928	1174	1145	1064	1062
内蒙古	Inner Mongolia	448	492	571	600	695	835	1180	1438	1560	1602	1582
辽　宁	Liaoning	668	679	767	799	940	1241	1472	1764	1790	1701	1614
吉　林	Jilin	563	633	648	643	670	854	1495	1513	1624	1473	1351
黑龙江	Heilongjiang	482	586	619	674	751	1043	1480	1537	1549	1470	1381
上　海	Shanghai	1319	1262	1540	1967	2200	2715	3368	3868	4228	4180	3820
江　苏	Jiangsu	811	787	878	953	1059	1501	1938	2414	2488	2350	2320
浙　江	Zhejiang	927	946	1027	1112	1263	1680	2378	2702	2839	2908	2840
安　徽	Anhui	498	515	475	502	609	934	1071	1309	1337	1355	1345
福　建	Fujian	653	708	747	821	1070	1440	1794	2034	2120	2225	2320
江　西	Jiangxi	520	577	597	648	712	1031	1256	1553	1569	1558	1651
山　东	Shandong	513	547	613	656	724	996	1338	1653	1626	1587	1662
河　南	Henan	390	438	455	473	565	732	929	1206	1271	1251	1183
湖　北	Hubei	540	608	615	612	722	1013	1245	1636	1660	1727	1623
湖　南	Hunan	516	609	656	708	817	1089	1367	1737	1816	1913	1952
广　东	Guangdong	871	933	942	1060	1391	1882	2255	2584	2618	2697	2673
广　西	Guangxi	419	537	581	616	705	926	1203	1399	1376	1430	1490
海　南	Hainan	578	566	560	672	726	1019	1080	1289	1287	1259	1289
重　庆	Chongqing								1328	1390	1436	1426
四　川	Sichuan	474	509	552	569	647	904	1093	1358	1440	1457	1458
贵　州	Guizhou	407	403	420	454	550	684	931	1068	1066	1103	1087
云　南	Yunnan	436	485	501	536	625	765	981	1209	1318	1322	1287
西　藏	Tibet	290	491	490	541	638	564	897	773	805	716	782
陕　西	Shaanxi	383	477	487	498	560	737	914	1098	1215	1192	1181
甘　肃	Gansu	296	339	403	420	538	674	915	986	976	949	899
青　海	Qinghai	413	475	486	496	639	746	914	1052	1085	1135	1169
宁　夏	**Ningxia**	**461**	**484**	**508**	**545**	**557**	**807**	**1063**	**1236**	**1250**	**1331**	**1276**
新　疆	Xinjiang	453	507	580	611	704	850	942	1347	1395	1466	1309

附-6 续表 2 continued

单位：元 (yuan)

省/自治区/直辖市	Region	2000	2001	2002	2003	2004	2005	2006	2007	2008	2009	2010
全　国	**National**	**1714**	**1803**	**1917**	**2050**	**2326**	**2749**	**3072**	**3536**	**4054**	**4464**	**4945**
北　京	Beijing	3426	3553	3733	4149	4619	5318	5728	6403	7289	8904	9262
天　津	Tianjin	2088	2179	2334	2543	2945	3442	3850	4142	4550	5167	6072
河　北	Hebei	1420	1507	1578	1734	2019	2420	2831	3208	3651	3968	4624
山　西	Shanxi	1175	1259	1407	1502	1728	2000	2421	2908	3386	3642	4070
内蒙古	Inner Mongolia	1694	1656	1784	1950	2337	2796	3225	3860	4364	4870	5572
辽　宁	Liaoning	1747	1777	1770	1870	2054	2776	3030	3322	3757	4184	4410
吉　林	Jilin	1560	1671	1692	1831	1991	2333	2736	3111	3500	3973	4228
黑龙江	Heilongjiang	1558	1629	1707	1701	1888	2629	2716	3248	4025	4459	4635
上　海	Shanghai	4059	4629	5126	5444	6034	6888	7523	8253	8453	9025	9336
江　苏	Jiangsu	2378	2430	2699	2803	3121	3747	4373	5096	5710	6260	7104
浙　江	Zhejiang	3292	3568	3811	4453	4873	5723	6423	7261	8096	8360	9721
安　徽	Anhui	1387	1508	1603	1764	2042	2521	2829	3278	3986	4516	5048
福　建	Fujian	2522	2659	2786	2973	3356	3722	4125	4732	5534	6048	6736
江　西	Jiangxi	1711	1816	1911	2072	2309	2780	3040	3452	3871	4191	4710
山　东	Shandong	1743	1865	1945	2066	2301	2619	2992	3426	3835	4132	4472
河　南	Henan	1351	1425	1517	1591	1772	2034	2422	2938	3375	3793	4161
湖　北	Hubei	1630	1758	1893	1986	2345	2780	3182	3664	4414	4576	5114
湖　南	Hunan	2017	2092	2203	2306	2703	3056	3385	3846	4393	4703	5108
广　东	Guangdong	2686	2758	2898	3018	3360	3866	4073	4428	5164	5348	5908
广　西	Guangxi	1537	1620	1782	1871	2085	2573	2672	3078	3383	3704	4006
海　南	Hainan	1536	1419	1698	1762	1892	2161	2480	2876	3284	3559	4020
重　庆	Chongqing	1452	1556	1601	1716	2041	2394	2498	2906	3368	3722	4359
四　川	Sichuan	1535	1566	1684	1870	2185	2496	2660	3090	3562	4785	4550
贵　州	Guizhou	1123	1134	1184	1243	1371	1658	1752	2080	2374	2679	3184
云　南	Yunnan	1298	1375	1433	1468	1654	1899	2352	2849	3257	3208	3759
西　藏	Tibet	1154	1172	1052	1095	1584	1878	2205	2468	2472	2725	3061
陕　西	Shaanxi	1285	1380	1561	1537	1726	2043	2374	2815	3310	3758	4300
甘　肃	Gansu	1121	1179	1220	1432	1587	1999	2061	2267	2733	3188	3430
青　海	Qinghai	1276	1417	1499	1719	1874	2248	2520	2877	3467	3906	4675
宁　夏	**Ningxia**	**1429**	**1404**	**1438**	**1665**	**1965**	**2143**	**2305**	**2602**	**3195**	**3466**	**4168**
新　疆	Xinjiang	1275	1409	1489	1563	1825	2104	2247	2631	3050	3383	4014

附-6 续表 3 continued

单位：元 (yuan)

省/自治区/直辖市	Region	2011	2012	2013	2014	2015	2016	2017	2018	2019	2020	2021	2022
全　　国	**National**	**5892**	**6667**	**6626**	**8383**	**9223**	**10130**	**10955**	**12124**	**13328**	**13713**	**15916**	**16632**
北　　京	Beijing	11086	11888	13553	14535	15811	17329	18810	20195	21881	20913	23574	23745
天　　津	Tianjin	8273	10254	10155	13739	14739	15912	16386	16863	17843	16844	19285	18934
河　　北	Hebei	5666	6451	6134	8248	9023	9798	10536	11383	12372	12644	15391	16271
山　　西	Shanxi	5096	6184	5813	6992	7421	8029	8424	9172	9728	10290	11410	12091
内 蒙 古	Inner Mongolia	6880	7972	7268	9972	10637	11463	12184	12661	13816	13594	15691	15444
辽　　宁	Liaoning	5311	5892	7159	7801	8873	9953	10787	11455	12030	12311	14606	14326
吉　　林	Jilin	5409	6307	7380	8140	8783	9521	10279	10826	11457	11864	13411	12729
黑 龙 江	Heilongjiang	5630	6035	6814	7830	8391	9424	10524	11417	12495	12360	15225	15162
上　　海	Shanghai	10103	10947	14235	14820	16152	17071	18090	19965	22449	22095	27205	27430
江　　苏	Jiangsu	8788	9921	9910	11820	12883	14428	15612	16567	17716	17022	21130	22597
浙　　江	Zhejiang	10849	11598	11760	14498	16108	17359	18093	19707	21352	21555	25415	27483
安　　徽	Anhui	6235	6988	5725	7981	8975	10287	11106	12748	14546	15024	17163	17980
福　　建	Fujian	8013	9068	8151	11056	11961	12911	14003	14943	16281	16339	19290	20467
江　　西	Jiangxi	5611	6176	5654	7548	8486	9128	9870	10885	12497	13579	15663	16984
山　　东	Shandong	5489	6304	7393	7962	8748	9519	10342	11270	12309	12660	14299	14687
河　　南	Henan	4881	5686	5628	7277	7887	8587	9212	10392	11546	12201	14073	14824
湖　　北	Hubei	6264	7159	6280	8681	9803	10938	11633	13946	15328	14472	17647	18991
湖　　南	Hunan	6138	6956	6610	9025	9691	10630	11534	12721	13969	14974	16951	18078
广　　东	Guangdong	7205	7990	8343	10043	11103	12415	13200	15411	16949	17132	20012	20800
广　　西	Guangxi	4882	5720	5206	6675	7582	8351	9437	10617	12045	12431	14165	14658
海　　南	Hainan	4860	5572	5466	7029	8210	8921	9599	10956	12418	13169	15487	15145
重　　庆	Chongqing	5414	6035	5796	7983	8938	9954	10936	11977	13112	14140	16096	16727
四　　川	Sichuan	5458	6265	6309	8301	9251	10192	11397	12723	14056	14953	16444	17199
贵　　州	Guizhou	3857	4355	4740	5970	6645	7533	8299	9170	10222	10818	12557	13172
云　　南	Yunnan	4424	5045	4744	6030	6830	7331	8027	9123	10260	11069	12386	13309
西　　藏	Tibet	3146	3406	3574	4822	5580	6070	6691	7452	8418	8917	10577	11139
陕　　西	Shaanxi	5091	5797	5724	7252	7901	8568	9306	10071	10935	11376	13158	14094
甘　　肃	Gansu	4273	4834	4850	6148	6830	7487	8030	9065	9694	9923	11206	11494
青　　海	Qinghai	5619	6613	6060	8235	8566	9222	9903	10352	11343	12134	13300	12516
宁　　夏	**Ningxia**	**4909**	**5558**	**6465**	**7676**	**8415**	**9138**	**9982**	**10790**	**11465**	**11724**	**13536**	**12825**
新　　疆	Xinjiang	5105	6154	6119	7365	7698	8277	8713	9421	10318	10778	12821	12169

附-7 2022年全国各省、自治区、直辖市居民消费和商品零售价格指数
Price Indices for Consumer and Retail by Region (2022)

省/自治区/直辖市	Region	居民消费价格指数 Consumer Price Index		商品零售价格指数 Retail Price Index	
		2020年=100 Year of 2020 = 100	上年同期=100 Preceding Year = 100	2020年=100 Year of 2020 = 100	上年同期=100 Preceding Year = 100
全　国	**National**	**103.2**	**102.0**	**104.4**	**102.7**
北　京	Beijing	103.5	101.8	104.0	101.8
天　津	Tianjin	103.5	101.9	103.2	102.0
河　北	Hebei	103.3	101.8	105.0	102.5
山　西	Shanxi	103.6	102.1	106.9	103.7
内蒙古	Inner Mongolia	103.1	101.8	107.8	103.8
辽　宁	Liaoning	103.3	102.0	104.9	102.6
吉　林	Jilin	103.1	102.1	105.0	103.1
黑龙江	Heilongjiang	103.3	101.9	104.3	102.5
上　海	Shanghai	103.9	102.5	102.8	101.7
江　苏	Jiangsu	104.1	102.2	105.2	102.9
浙　江	Zhejiang	103.8	102.2	105.6	103.2
安　徽	Anhui	103.0	102.0	104.2	102.7
福　建	Fujian	102.9	101.9	103.7	102.7
江　西	Jiangxi	103.2	102.0	104.0	102.6
山　东	Shandong	103.3	101.7	103.8	102.3
河　南	Henan	102.6	101.5	104.2	102.7
湖　北	Hubei	102.7	102.1	104.1	102.8
湖　南	Hunan	102.6	101.8	104.8	103.2
广　东	Guangdong	103.5	102.2	104.3	102.5
广　西	Guangxi	103.2	101.9	103.2	102.2
海　南	Hainan	102.3	101.6	103.7	102.1
重　庆	Chongqing	103.2	102.1	104.1	102.5
四　川	Sichuan	102.4	102.0	103.0	102.9
贵　州	Guizhou	101.7	101.6	104.0	103.0
云　南	Yunnan	102.2	101.6	104.5	103.1
西　藏	Tibet	103.3	101.5	104.6	102.7
陕　西	Shaanxi	103.6	102.1	104.6	103.1
甘　肃	Gansu	103.4	101.9	106.5	103.7
青　海	Qinghai	104.4	102.4	105.3	103.2
宁　夏	**Ningxia**	**104.3**	**102.3**	**104.9**	**102.4**
新　疆	Xinjiang	104.1	101.8	105.8	102.8

附-8　2022年全国居民消费、商品零售价格指数

Price Indices for Consumer and Retail of Nation (2022)

项目名称	Item	上年同期=100 Preceding Year = 100			2020年=100 Year of 2020 = 100		
		合计 General	城市 Urban	农村 Rural	合计 General	城市 Urban	农村 Rural
居民消费价格总指数	**Consumer Price Index**	**102.3**	**102.1**	**102.9**	**104.3**	**104.1**	**104.9**
一、食品烟酒	Food, Tobacco and Liquor	102.2	102.3	101.8	105.6	105.8	104.7
粮　食	Grain	104.6	104.7	104.5	108.0	108.4	107.1
鲜　菜	Fresh Vegetables	100.5	100.6	100.4	108.1	107.5	109.7
畜　肉	Livestock Meat	96.6	97.5	94.6	95.1	96.5	91.9
水 产 品	Aquatic Products	99.8	100.7	95.3	116.2	116.5	114.4
蛋	Eggs	105.9	106.3	104.8	132.2	132.1	132.3
鲜　果	Fresh Fruits	106.4	105.7	108.2	118.0	116.8	121.2
二、衣着	Clothing	99.2	99.1	99.7	99.4	99.6	98.8
三、居住	Residence	100.9	100.3	103.0	101.9	101.0	105.2
四、生活用品及服务	Household Facilities, Articles and Services	101.4	101.6	100.7	102.5	103.0	101.1
五、交通通信	Transport and Communications	106.8	107.0	106.4	109.7	109.9	109.3
六、教育文化和娱乐	Education, Cultural and Recreation	101.5	101.2	102.4	103.4	102.9	105.1
七、医疗保健	Health Care and Medical Services	102.3	101.4	104.7	104.6	104.1	105.9
八、其他用品及服务	Miscellaneous Goods and Services	101.1	100.9	102.1	100.6	100.6	100.5
商品零售价格总指数	**Retail Price Index**	**102.4**	**102.1**	**103.7**	**104.9**	**104.7**	**106.2**
一、食品	Food	102.5	102.5	102.4	106.5	106.5	106.1
二、饮料、烟酒	Beverages, Tobacco and Liquor	102.5	102.6	102.2	105.0	105.4	102.7
三、服装、鞋帽	Garments, Shoes and Hats	99.0	98.8	100.0	99.2	99.2	99.6
四、纺织品	Textiles	100.4	100.4	100.3	100.9	101.0	100.1
五、家用电器及音像器材	Household Appliances, Music and Video Equipment	99.5	99.5	99.5	99.8	99.9	99.2
六、文化办公用品	Cultural and Office Appliances	101.6	101.6	101.9	104.6	104.5	105.6
七、日用品	Articles for Daily Use	101.9	102.1	100.5	102.9	103.3	100.5
八、体育娱乐用品	Sports and Recreation Articles	101.8	101.8	102.2	103.1	103.1	103.0
九、交通、通信用品	Transport and Communications Appliances	99.5	99.3	100.4	99.7	99.6	100.5
十、家具	Furniture	100.7	100.6	101.7	103.0	103.2	101.2
十一、化妆品	Cosmetics	102.3	102.3	102.1	103.3	103.4	102.1
十二、金银饰品	Gold, Silver and Jewelry	101.7	101.5	103.8	104.3	104.3	103.9
十三、中西药品及医疗保健用品	Traditional Chinese and Western Medicines and Health Care Articles	99.8	99.7	100.5	100.9	101.1	99.9
十四、书报杂志及电子出版物	Books, Newspapers, Magazines and Electronic Publications	101.3	101.5	99.5	102.8	103.2	99.9
十五、燃料	Fuels	115.4	114.4	120.4	126.6	125.1	134.0
十六、建筑材料及五金电料	Building Materials and Hardware	104.3	103.3	108.9	107.7	106.0	116.3

附-9　2022年全国各省、自治区、直辖市工业生产者价格指数
Producer Price Indices for Manufactured Goods by Region (2022)

省/自治区/直辖市	Region	出　厂 Manufacturer's Price Index	购　进 Purchasing Price Index
全　国	**National**	**104.1**	**106.1**
北　京	Beijing	102.3	106.2
天　津	Tianjin	105.8	104.4
河　北	Hebei	100.5	104.7
山　西	Shanxi	111.4	109.7
内蒙古	Inner Mongolia	108.6	111.2
辽　宁	Liaoning	107.9	110.1
吉　林	Jilin	101.9	104.6
黑龙江	Heilongjiang	110.9	110.0
上　海	Shanghai	102.6	104.9
江　苏	Jiangsu	103.2	105.8
浙　江	Zhejiang	104.0	106.1
安　徽	Anhui	103.2	104.0
福　建	Fujian	102.9	105.2
江　西	Jiangxi	103.5	109.4
山　东	Shandong	105.1	105.8
河　南	Henan	105.0	105.7
湖　北	Hubei	103.4	107.8
湖　南	Hunan	102.0	104.8
广　东	Guangdong	103.0	104.1
广　西	Guangxi	102.5	107.3
海　南	Hainan	115.0	119.8
重　庆	Chongqing	102.3	104.4
四　川	Sichuan	102.8	105.8
贵　州	Guizhou	105.7	111.2
云　南	Yunnan	105.4	107.9
西　藏	Tibet	104.1	
陕　西	Shaanxi	107.3	106.2
甘　肃	Gansu	110.9	113.5
青　海	Qinghai	112.2	114.0
宁　夏	**Ningxia**	**111.1**	**117.6**
新　疆	Xinjiang	112.3	114.6

附-10 2022年全国各省、自治区、直辖市粮食生产情况

Basic Statistics of Grain Production by Region (2022)

单位：千公顷、公斤/公顷、万吨 (1000 ha, kg/ha, 10000 tons)

省/自治区/直辖市	Region	播种面积 Sown Area	单位面积产量 Yield per Unit	总产量 Total Output
全国总计	**National**	**118332.1**	**5801.7**	**68652.8**
北　京	Beijing	76.7	5910.9	45.4
天　津	Tianjin	376.7	6802.1	256.2
河　北	Hebei	6443.8	5998.1	3865.1
山　西	Shanxi	3150.3	4647.9	1464.3
内蒙古	Inner Mongolia	6951.8	5610.9	3900.6
辽　宁	Liaoning	3561.5	6976.1	2484.5
吉　林	Jilin	5785.1	7053.9	4080.8
黑龙江	Heilongjiang	14683.2	5287.1	7763.1
上　海	Shanghai	122.8	7782.1	95.6
江　苏	Jiangsu	5444.4	6922.9	3769.1
浙　江	Zhejiang	1020.4	6085.3	621.0
安　徽	Anhui	7314.2	5605.7	4100.1
福　建	Fujian	837.6	6073.2	508.7
江　西	Jiangxi	3776.4	5698.4	2151.9
山　东	Shandong	8372.2	6621.6	5543.8
河　南	Henan	10778.4	6299.1	6789.4
湖　北	Hubei	4689.0	5846.0	2741.1
湖　南	Hunan	4765.5	6333.0	3018.0
广　东	Guangdong	2230.3	5790.9	1291.5
广　西	Guangxi	2829.3	4924.0	1393.1
海　南	Hainan	273.0	5368.9	146.6
重　庆	Chongqing	2046.7	5241.8	1072.8
四　川	Sichuan	6463.5	5431.4	3510.5
贵　州	Guizhou	2788.7	3997.0	1114.6
云　南	Yunnan	4211.0	4649.7	1958.0
西　藏	Tibet	192.6	5573.6	107.3
陕　西	Shanxi	3017.5	4301.2	1297.9
甘　肃	Gansu	2699.8	4685.5	1265.0
青　海	Qinghai	303.5	3534.8	107.3
宁　夏	**Ningxia**	**692.3**	**5428.8**	**375.8**
新　疆	Xinjiang	2433.9	7451.0	1813.5

注：由于小数位计算机自动进位问题，分省数合计与全国数略有差异。
Note: Due to the "self-instructed problem", the total number by province are different with the total number by nation .

附-11　2022年全国70个大中城市新建商品住宅价格指数

Price Indices for Newly Built Commercial House by 70 Large and Medium-Sized Cities (2022)

(上年=100)　　(preceding year=100)

城　市	City	一月 January	二月 February	三月 March	四月 April	五月 May	六月 June	七月 July	八月 August	九月 September	十月 October	十一月 November	十二月 December
北　京*	Beijing	105.5	105.5	105.7	105.8	105.9	105.8	105.5	105.8	106.1	105.9	105.7	105.8
天　津	Tianjin	101.3	101.0	100.5	99.7	98.6	97.6	96.5	95.8	95.7	95.9	96.0	96.0
石家庄	Shijiazhuang	98.0	98.3	98.0	97.8	97.1	96.9	96.4	96.3	95.6	95.9	96.8	97.1
太　原	Taiyuan	97.4	97.1	97.1	96.3	95.7	96.0	95.7	95.5	95.5	95.3	95.1	95.4
呼和浩特	Hohhot	98.9	98.9	99.1	98.6	98.3	97.7	98.0	96.8	97.3	97.7	98.2	96.9
沈　阳	Shenyang	101.2	100.6	100.0	99.2	98.2	97.6	96.8	95.8	95.5	95.2	94.9	94.8
大　连	Dalian	104.3	103.6	102.0	101.2	99.8	98.5	97.8	97.0	96.3	95.4	95.1	95.1
长　春	Changchun	100.9	100.8	100.9	100.6	100.1	99.3	98.8	98.7	97.7	96.9	96.5	95.7
哈尔滨	Harbin	97.5	96.2	95.2	94.4	93.6	93.2	93.0	92.8	92.5	92.2	92.0	92.4
上　海	Shanghai	104.2	104.1	104.1	103.8	103.4	103.4	103.5	103.7	103.8	104.0	104.0	104.1
南　京	Nanjing	104.0	104.1	103.6	102.4	101.0	100.6	100.6	100.9	100.3	99.9	100.6	100.3
杭　州	Hangzhou	105.8	106.0	106.2	106.3	106.1	106.3	106.6	106.5	106.5	106.4	106.6	106.4
宁　波	Ningbo	103.3	103.5	102.8	102.0	101.3	100.8	100.3	100.3	100.4	100.9	101.2	101.8
合　肥	Hefei	102.5	101.2	100.1	99.5	99.4	99.7	100.3	100.4	100.7	101.5	101.9	101.6
福　州	Fuzhou	103.2	103.1	101.6	100.4	99.7	99.6	99.7	99.0	98.2	97.9	98.0	97.7
厦　门	Xiamen	103.3	102.3	101.7	101.0	99.7	99.4	98.6	97.6	97.0	96.1	96.4	96.1
南　昌	Nanchang	100.5	100.8	100.8	100.7	100.9	100.3	100.9	100.8	101.2	101.5	101.9	101.8
济　南	Jinan	105.0	104.8	104.5	103.5	102.9	101.7	101.4	101.0	100.9	101.5	102.0	101.9
青　岛	Qingdao	103.7	103.4	103.3	102.6	102.0	101.9	100.8	100.3	100.1	100.1	100.2	100.6
郑　州	Zhengzhou	101.5	100.8	99.4	98.4	97.5	96.6	96.4	96.2	96.2	96.2	96.4	96.6
武　汉	Wuhan	103.2	102.4	101.5	99.7	98.2	97.1	96.3	94.7	93.9	93.6	94.2	94.4
长　沙	Changsha	106.9	106.0	105.9	105.5	104.8	103.9	103.2	103.0	102.7	102.7	103.0	103.2
广　州	Guangzhou	104.5	104.2	103.0	102.0	101.0	100.3	100.4	100.3	100.1	100.2	100.2	100.4
深　圳	Shenzhen	103.5	103.8	104.5	103.9	103.9	103.6	103.0	101.6	100.9	100.5	100.0	99.8
南　宁	Nanning	101.8	100.9	100.2	99.9	99.6	99.2	98.0	97.7	97.5	97.0	96.5	96.6
海　口	Haikou	103.7	102.8	103.0	102.3	102.4	101.5	100.8	100.7	100.6	100.5	100.8	101.0
重　庆	Chongqing	108.3	108.5	108.1	106.1	103.9	103.4	103.1	101.2	101.4	100.8	100.7	100.0
成　都	Chengdu	102.5	102.5	102.7	102.9	103.4	104.5	105.1	105.3	106.2	107.2	108.0	109.0
贵　阳	Guiyang	100.3	99.5	99.3	99.2	98.7	98.7	97.9	97.8	98.0	98.0	98.4	98.6
昆　明	Kunming	99.4	99.2	98.1	97.1	96.6	97.1	97.2	97.2	97.3	97.3	97.5	97.0
西　安	Xi'an	105.9	106.1	105.6	105.2	104.9	104.2	104.1	103.6	102.5	101.8	101.4	102.0
兰　州	Lanzhou	101.6	100.6	99.7	98.4	97.7	96.7	95.8	95.0	94.5	94.2	94.5	94.4
西　宁	Xining	102.7	101.2	100.4	99.8	98.0	97.5	96.9	96.0	95.5	95.3	95.7	96.4
银　川	**Yinchuan**	**107.7**	**106.8**	**106.6**	**106.2**	**105.4**	**104.7**	**104.2**	**104.3**	**103.5**	**102.7**	**101.8**	**102.3**
乌鲁木齐	Urumqi	102.6	102.3	102.9	103.2	103.2	102.9	102.3	101.4	101.1	101.2	101.7	101.7

附-11 续表 continued

(上年=100) (preceding year=100)

城市	City	一月 January	二月 February	三月 March	四月 April	五月 May	六月 June	七月 July	八月 August	九月 September	十月 October	十一月 November	十二月 December
唐山	Tangshan	99.0	99.2	99.0	98.8	98.8	97.7	98.2	98.3	98.6	99.2	98.7	97.9
秦皇岛	Qinhuangdao	96.1	96.0	94.8	94.5	94.7	94.0	93.6	93.6	93.5	93.6	93.7	94.1
包头	Baotou	99.8	99.8	98.7	97.7	96.6	96.3	96.0	95.3	94.9	95.2	95.3	95.4
丹东	Dandong	100.8	99.9	99.0	97.9	97.7	97.6	96.5	95.9	95.2	95.0	95.1	95.2
锦州	Jinzhou	102.5	101.3	101.7	100.0	99.7	99.4	98.9	98.4	97.6	96.4	96.7	96.5
吉林	Jilin	102.5	102.0	101.7	100.9	100.0	99.6	98.1	97.2	96.8	96.8	96.7	96.2
牡丹江	Mudanjiang	98.2	97.8	97.4	97.0	97.0	97.1	97.4	97.1	97.7	97.1	96.7	96.8
无锡	Wuxi	104.5	104.9	104.4	103.6	102.6	101.6	100.4	100.5	99.6	98.8	98.8	99.7
徐州	Xuzhou	104.0	102.6	102.1	100.7	100.2	100.0	99.8	99.3	99.5	99.2	98.9	99.0
扬州	Yangzhou	102.7	101.7	100.7	98.7	97.2	95.8	96.0	95.7	95.6	95.6	96.1	96.7
温州	Wenzhou	104.3	103.3	102.5	101.1	99.8	98.7	97.5	96.9	95.6	94.9	94.2	93.7
金华	Jinhua	103.0	102.7	102.4	102.3	101.7	100.8	100.1	99.4	98.7	98.3	98.1	97.9
蚌埠	Bengbu	100.5	100.4	100.3	99.3	99.2	98.9	98.0	97.5	97.4	97.5	97.2	97.3
安庆	Anqing	98.2	98.1	97.9	97.7	97.5	97.3	96.4	96.0	95.1	95.3	95.4	95.1
泉州	Quanzhou	103.0	102.6	101.4	100.5	99.2	98.1	97.0	95.8	95.0	94.6	95.5	96.9
九江	Jiujiang	101.0	99.8	99.3	98.7	98.1	97.3	97.2	96.8	96.9	96.8	96.9	97.5
赣州	Ganzhou	101.9	101.6	101.5	101.4	101.1	101.1	101.3	101.0	101.2	100.9	100.6	99.9
烟台	Yantai	100.8	100.6	99.9	99.0	98.1	97.9	97.0	97.2	97.1	97.3	97.9	98.0
济宁	Jining	103.7	102.4	101.2	100.7	99.7	98.6	97.6	96.8	96.3	95.8	95.1	95.3
洛阳	Luoyang	102.3	101.9	101.3	99.9	98.5	97.8	97.4	96.6	96.0	95.2	95.0	95.2
平顶山	Pingdingshan	101.3	100.3	99.7	99.4	98.9	98.7	98.9	98.1	97.6	97.0	97.1	97.4
宜昌	Yichang	102.1	101.2	100.5	99.5	99.0	97.0	96.0	95.9	95.5	94.9	94.9	95.0
襄阳	Xiangyang	100.1	99.5	99.3	97.4	96.6	96.0	95.5	94.7	94.5	94.6	94.7	95.6
岳阳	Yueyang	97.8	96.7	96.3	95.0	94.1	92.9	93.0	92.9	92.7	92.6	92.0	91.8
常德	Changde	96.9	96.0	95.8	94.8	94.6	94.9	94.3	94.0	94.3	94.4	94.3	94.3
韶关	Shaoguan	99.7	98.8	98.9	97.4	97.1	95.8	96.4	96.2	96.3	97.0	96.5	96.5
湛江	Zhanjiang	98.6	98.2	97.1	95.3	93.5	93.0	92.0	91.1	91.2	91.3	91.2	91.7
惠州	Huizhou	100.4	100.6	99.9	99.1	98.1	97.7	97.9	98.0	98.0	97.9	97.6	97.2
桂林	Guilin	99.9	99.2	98.2	97.3	96.7	96.4	96.2	95.9	96.1	96.5	96.2	95.3
北海	Beihai	98.5	96.7	96.3	95.0	93.7	92.6	91.2	89.9	89.7	89.3	89.4	89.7
三亚	Sanya	105.4	105.0	104.1	103.4	102.8	101.8	101.6	101.4	101.0	100.1	99.5	99.2
泸州	Luzhou	96.9	96.8	95.6	95.3	94.0	93.7	93.7	93.4	94.3	94.9	96.0	95.7
南充	Nanchong	97.6	95.9	95.5	94.4	93.5	93.7	94.2	94.2	93.8	95.3	96.4	97.2
遵义	Zunyi	99.4	99.1	99.3	98.8	97.7	98.0	98.3	98.1	98.6	98.5	99.3	98.7
大理	Dali	95.5	95.1	94.4	93.9	94.0	93.7	93.4	93.1	94.0	94.3	95.3	95.4

附－12　2022年全国70个大中城市二手住宅价格指数

Price Indices for Second-Hand House by 70 Large and Medium-Sized Cities (2022)

(上年=100)　　(preceding year=100)

城　市	City	一月 January	二月 February	三月 March	四月 April	五月 May	六月 June	七月 July	八月 August	九月 September	十月 October	十一月 November	十二月 December
北　京	Beijing	108.0	107.4	107.2	106.5	105.3	104.5	104.1	103.9	104.6	105.2	105.2	103.9
天　津	Tianjin	100.7	100.8	100.1	99.3	98.0	97.4	96.5	95.8	94.4	93.9	93.8	93.6
石家庄	Shijiazhuang	96.1	95.9	95.5	95.1	95.1	95.0	95.3	95.5	95.6	95.6	95.7	96.6
太　原	Taiyuan	96.0	95.6	95.1	93.8	94.7	95.2	94.5	94.5	94.5	94.3	94.8	95.3
呼和浩特	Hohhot	98.2	97.6	97.1	97.0	96.6	96.0	96.0	94.9	95.0	95.5	95.9	94.9
沈　阳	Shenyang	101.1	99.7	98.5	97.6	97.0	96.3	95.4	94.5	94.1	93.8	93.4	93.1
大　连	Dalian	103.2	102.4	101.3	99.7	98.6	98.2	97.8	97.1	96.2	95.4	95.0	94.9
长　春	Changchun	99.2	99.0	99.2	99.4	97.4	96.3	95.5	94.9	94.5	94.1	94.0	93.6
哈尔滨	Harbin	97.9	96.6	95.5	94.0	92.8	91.6	91.1	90.5	90.5	90.3	90.5	90.9
上　海	Shanghai	105.8	105.3	104.6	103.7	103.0	102.3	102.4	102.8	103.9	103.9	103.5	102.6
南　京	Nanjing	102.7	101.3	100.3	99.1	97.6	96.5	96.3	96.6	96.6	96.2	96.4	96.3
杭　州	Hangzhou	104.8	104.6	103.6	102.7	101.6	101.4	100.6	100.0	99.8	99.5	99.4	99.1
宁　波	Ningbo	101.8	101.5	100.9	100.1	99.4	99.2	99.1	98.6	98.5	98.3	98.2	98.4
合　肥	Hefei	101.5	100.5	99.5	98.2	97.3	97.6	98.1	98.4	98.8	98.8	98.5	98.6
福　州	Fuzhou	101.8	100.8	99.8	99.3	98.9	98.1	97.8	97.7	97.6	97.4	97.0	96.9
厦　门	Xiamen	101.0	100.4	100.1	100.0	100.4	100.4	99.6	99.0	98.7	98.6	98.5	98.4
南　昌	Nanchang	99.0	99.0	99.2	98.6	98.2	98.0	98.5	98.6	98.4	98.6	98.4	98.3
济　南	Jinan	100.7	100.8	100.5	99.1	98.2	97.6	97.0	96.4	96.7	96.6	96.6	96.5
青　岛	Qingdao	101.1	100.8	100.5	99.4	98.7	99.0	98.4	97.9	97.5	97.0	96.8	96.6
郑　州	Zhengzhou	100.5	99.8	99.2	98.2	97.3	96.2	95.4	94.9	94.7	94.7	94.5	94.3
武　汉	Wuhan	101.3	100.1	99.1	98.1	97.3	95.9	95.4	94.9	94.4	94.2	93.8	93.9
长　沙	Changsha	104.4	103.7	102.9	101.9	101.4	100.7	99.9	99.6	99.6	99.9	99.9	99.9
广　州	Guangzhou	104.1	103.8	102.7	102.0	101.3	101.2	100.6	100.0	99.8	99.8	99.7	99.5
深　圳	Shenzhen	98.5	97.4	96.7	97.2	97.4	96.6	96.5	96.4	96.5	96.5	96.4	96.3
南　宁	Nanning	97.7	97.3	96.8	96.6	96.1	95.4	95.1	94.6	94.5	94.0	94.2	93.9
海　口	Haikou	107.2	106.6	106.6	105.8	105.1	104.7	103.1	102.1	100.8	99.9	99.3	98.7
重　庆	Chongqing	104.7	104.4	103.7	101.9	100.5	100.1	100.2	99.8	99.1	98.5	97.9	97.9
成　都	Chengdu	103.6	103.3	103.2	103.6	103.8	105.4	106.7	106.8	107.0	107.5	108.5	109.1
贵　阳	Guiyang	97.8	97.7	96.6	96.0	95.0	94.6	94.1	94.8	95.3	95.0	95.3	96.0
昆　明	Kunming	100.6	99.4	99.5	99.5	99.5	100.1	99.8	100.8	101.5	101.2	102.1	101.9
西　安	Xi'an	104.5	103.2	102.7	101.8	100.4	99.6	99.3	98.5	97.9	97.9	97.7	97.7
兰　州	Lanzhou	100.4	99.4	98.7	97.9	96.4	96.0	95.2	95.0	94.9	94.8	95.1	94.9
西　宁	Xining	100.7	99.6	99.4	99.3	98.7	97.5	97.0	96.8	96.5	96.3	96.6	96.8
银　川	**Yinchuan**	**101.9**	**101.1**	**100.2**	**99.1**	**97.8**	**97.3**	**96.8**	**96.8**	**96.5**	**96.5**	**96.3**	**96.4**
乌鲁木齐	Urumqi	98.0	97.0	97.4	96.9	97.0	96.5	96.4	96.6	97.1	97.6	98.0	97.7

附-12 续表 continued

(上年=100) (preceding year=100)

城市	City	一月 January	二月 February	三月 March	四月 April	五月 May	六月 June	七月 July	八月 August	九月 September	十月 October	十一月 November	十二月 December
唐山	Tangshan	98.3	97.7	97.6	97.5	96.9	95.8	95.5	95.4	95.3	95.0	94.3	94.2
秦皇岛	Qinhuangdao	96.8	96.9	96.2	96.3	96.6	96.5	96.6	96.1	95.9	95.5	95.3	95.5
包头	Baotou	100.0	99.6	98.8	97.7	97.0	96.5	96.4	96.1	95.6	95.7	95.6	95.5
丹东	Dandong	99.5	98.4	97.6	97.0	96.6	96.5	95.6	95.0	94.0	93.5	93.3	93.0
锦州	Jinzhou	97.5	96.7	96.4	96.1	95.7	95.5	95.5	94.9	94.7	94.1	94.4	94.4
吉林	Jilin	98.8	98.1	97.8	97.6	95.9	94.9	93.9	93.2	92.9	92.3	91.6	91.4
牡丹江	Mudanjiang	93.4	92.2	90.3	90.4	89.5	89.6	89.5	89.3	89.0	88.9	88.2	88.4
无锡	Wuxi	103.0	102.5	102.1	101.1	101.5	101.0	100.7	100.7	100.3	100.2	100.3	100.4
徐州	Xuzhou	102.0	101.2	99.3	98.3	97.5	96.5	96.3	95.8	95.8	96.3	97.0	97.7
扬州	Yangzhou	101.7	100.7	100.2	98.1	97.1	96.4	96.6	96.5	96.3	96.6	96.8	97.2
温州	Wenzhou	102.5	101.5	100.4	99.1	97.8	96.5	95.9	95.3	95.4	95.5	95.0	95.2
金华	Jinhua	101.5	100.4	99.2	98.4	96.8	95.4	94.6	94.5	94.2	94.1	93.9	93.9
蚌埠	Bengbu	101.2	100.7	99.9	99.4	98.2	97.4	96.8	96.1	95.9	95.9	96.7	96.9
安庆	Anqing	95.6	95.5	94.8	94.7	94.5	94.0	94.0	93.8	93.6	93.6	93.3	93.3
泉州	Quanzhou	102.2	101.2	100.0	98.5	97.3	96.3	95.4	94.3	93.9	93.7	93.7	93.8
九江	Jiujiang	100.5	100.0	99.2	99.0	98.7	98.2	97.8	97.4	97.4	96.8	96.9	97.0
赣州	Ganzhou	100.4	99.8	100.0	100.4	100.9	100.9	100.7	100.5	100.1	99.5	98.9	98.8
烟台	Yantai	101.5	100.6	99.8	98.5	97.5	97.2	97.5	97.3	97.0	97.4	97.2	97.2
济宁	Jining	100.7	99.7	99.2	98.4	97.1	96.1	96.1	95.5	94.5	93.8	92.9	92.9
洛阳	Luoyang	100.6	99.9	99.1	97.3	96.0	95.0	94.3	93.6	93.0	92.3	92.5	92.4
平顶山	Pingdingshan	99.8	99.2	98.6	98.1	97.7	97.5	97.1	96.7	96.4	96.1	96.0	95.8
宜昌	Yichang	97.4	97.1	96.6	96.6	96.0	94.9	94.8	93.8	93.5	93.1	93.3	93.2
襄阳	Xiangyang	99.0	98.9	98.5	97.6	96.5	95.7	95.4	94.9	94.3	94.3	94.1	94.3
岳阳	Yueyang	97.0	97.0	97.4	97.8	97.1	96.2	96.2	96.2	95.7	95.4	95.2	95.2
常德	Changde	97.1	96.6	96.2	95.7	95.2	94.9	94.6	94.4	94.4	93.8	93.5	93.4
韶关	Shaoguan	99.3	98.5	97.9	96.7	96.5	96.5	96.1	95.6	95.3	95.8	95.8	95.7
湛江	Zhanjiang	99.2	98.8	97.9	97.1	96.0	95.6	95.3	94.6	94.2	94.2	93.4	93.5
惠州	Huizhou	100.3	100.4	99.7	99.2	98.6	97.8	98.1	98.2	98.2	98.3	98.4	98.4
桂林	Guilin	98.3	97.8	97.9	97.7	97.9	97.4	96.5	96.4	96.2	96.5	96.4	96.1
北海	Beihai	97.2	96.9	96.7	96.7	95.8	95.1	94.3	93.5	92.7	92.1	91.9	91.4
三亚	Sanya	103.7	103.0	102.4	101.6	100.5	100.0	99.4	99.2	98.9	97.9	97.6	98.1
泸州	Luzhou	99.1	98.6	98.4	97.8	97.2	96.8	97.0	96.4	96.5	96.5	96.6	96.9
南充	Nanchong	94.8	95.3	95.6	95.7	96.6	98.1	99.4	99.7	99.9	101.1	101.4	101.4
遵义	Zunyi	97.7	97.2	96.3	96.1	95.8	95.3	95.8	95.8	95.6	95.6	95.6	95.0
大理	Dali	97.3	96.0	95.3	94.3	93.6	94.0	94.2	94.7	95.0	95.5	95.6	95.9